PAGE 38

SUR LA ROUTE

RÉGIONS, VILLES, VILLAGES
Visites, activités et bonnes adresses

PAGE 297

LES PAYS-BAS PRATIQUE

TOUT POUR S'ORGANISER
Location de voiture, lignes de train, organismes à connaître

ÉDITION ÉCRITE ET ACTUALISÉE PAR

Ryan Ver Berkmoes et Karla Zimmerman

Bienvenue aux Pays-Bas

Art et icônes

Tout écrasante qu'elle soit, la renommée de Rembrandt et de Van Gogh ne saurait nous faire oublier Frans Hals, Jérôme Bosch, Piet Mondrian et, bien sûr, Vermeer. Les Pays-Bas sont également associés à un lot d'emblèmes traditionnels, comme les moulins à vent, les sabots, le fromage à pâte pressée non cuite et les tulipes, dont les bulbes, dans la splendeur d'une floraison propre à sublimer les champs, participent de la fortune du pays.

Une vraie hauteur de vue

Les Néerlandais, s'ils se voient grands, le font à bon escient, puisqu'ils sont, au plan statistique, la nation dont les citoyens ont la plus grande taille au monde. Sociabilité, épargne, bon sens et ironie font partie de leurs traits de caractère, au même titre que le franc-parler. Vous l'aurez compris, il ne s'agit pas d'un pays où l'on s'encombre de faux-semblants.

Amsterdam

La capitale est en soi emblématique des Pays-Bas. Les actuels soubresauts européens ne sauraient mettre à mal cette cité coutumière des turpitudes et du changement. Méconnu de la plupart des touristes, qui croient l'aborder en sachant déjà ce qu'ils y trouveront, ce cœur virtuel du pays a pourtant de quoi surprendre les

Mettez-vous en quête, juché sur un vélo, des secrets de ce pays d'une tranquille beauté, au gré de ses chefs-d'œuvre, de ses canaux et de ses moulins. Le soir viendra le temps de la fête, parmi des commensaux chaleureux et pleins d'esprit.

(Ci-contre) Moulins à vent, Kinderdijk, près de Rotterdam (p. 183)
(Ci-dessous) Tulipes, Bloemenmarkt, Amsterdam (p. 63)

voyageurs venus pour la première fois. Les vitrines osées et autres coffee shops interlopes se cantonnent pour l'essentiel à un seul quartier (à côté de la gare), tandis que le reste de la ville affiche, au long de ses canaux, une beauté intacte.

... et le reste des Pays-Bas

D'autres villes de toutes tailles, aussi anciennes qu'Amsterdam, sont empreintes d'une beauté pittoresque. Ainsi en va-t-il d'Edam, de Delft et de Deventer, pour ne citer que quelques-uns de ces petits bijoux. Au palmarès, figurent également les métropoles, plus grandes, sillonnées de canaux, de Leyde, de Haarlem et d'Utrecht, ainsi que Rotterdam, chef-d'œuvre moderniste né des décombres de la guerre.

Le meilleur moyen de découvrir le cœur des Pays-Bas consiste probablement à faire comme les Néerlandais, et les villes excentrées, plus traditionnelles, comme Groningue, Maastricht ou Bois-le-Duc, s'y prêtent admirablement. Comme eux, fréquentez les cafés, à la terrasse desquels les habitués viennent prendre du bon temps et bavarder joyeusement dès que le soleil commence à poindre. Vous ne manquerez pas non plus de les croiser en parcourant à vélo les milliers de kilomètres de pistes cyclables qu'offrent les Pays-Bas. Quiconque s'y aventure découvre à son rythme un pays à fleur d'eau aux charmes pérennes.

MER DU NORD
4°E
5°E
6°E
7°E
53°N
Texel
Gastronomie, dunes et loisirs (p. 125)
Amsterdam
Des canaux mondialement célèbres propices à la flânerie (p. 40)
Parc national de Schiermonnikoog
Schiermonnikoog
Ameland
Terschelling
Vlieland
Texel
Den Helder
Mer des Wadden
IJsselmeer
Holwerd
Lauwersoog
Roodeschool
Uithuizen
Delfzijl
Hogebeintum
Dokkum
GRONINGUE
N355
Leeuwarden
Eemskanaal
Margrietkanaal
Groningue
Winschoterdiep
E22
A7
A31
Harlingen
Franeker
FRISE
Drachten
Bourtange
Makkum
Sneek
Assen
Workum
Hindeloopen
Heerenveen
E232
A28
Stavoren
A32
HOLLANDE-SEPTENTRIONALE
Medemblik
Parc national de Weerribben
Giethoorn
DRENTHE
Emmen
A6
A37
E233
Enkhuizen
Urk
Schokland
Alkmaar
Hoorn
Kampen
Zwolle
Purmerend
Edam
Volendam
Lelystad
FLEVOLAND
Noordzeekanaal
Velsen
IJmuiden
A8
Monnickendam
Réserve naturelle de Oostvaardersplassen
OVERIJSSEL
IJssel
Parc national de Kennemerland
A9
A10
AMSTERDAM
Haarlem
Almere
Almelo
Muiden
Amstelveen
A50

Delft
Petite ville raffinée, parsemée de canaux (p. 165)
Parc national de la Haute-Veluwe
Un chef-d'œuvre d'art et de nature (p. 236)
Rotterdam
Un musée de l'architecture en plein air (p. 170)
Maastricht
Vestiges antiques et cafés (p. 239)
ALTITUDE
500 m
200 m
0
sous le niveau de la mer
0
30 km
ALLEMAGNE
BELGIQUE
HOLLANDE-MÉRIDIONALE
UTRECHT
GUELDRE
BRABANT-SEPTENTRIONAL
LIMBOURG
ZÉLANDE
La Haye
Delft
ROTTERDAM
Leyde
Katwijk aan Zee
Alphen a/d Rijn
Gouda
Utrecht
Amersfoort
Hilversum
Apeldoorn
Deventer
Enschede
Zutphen
Arnhem
Nimègue
Dordrecht
Gorinchem
Breda
Tilburg
Bois-le-Duc
Eindhoven
Helmond
Venlo
Roermond
Maastricht
Heerlen
Kerkrade
Sittard
Valkenburg
Thorn
Oss
Zaltbommel
Kinderdijk
Oudewater
Nieuwegein
Zeist
Doorn
Amerongen
Veenendaal
Ede
Oosterbeek
Monster
Hoek van Holland
Willemstad
Roosendaal
Bergen op Zoom
Zierikzee
Westenschouwen
Plan Delta
Domburg
Veere
Middelburg
Goes
Vlissingen
Walcheren
Noord-Beveland
Zuid-Beveland
Schouwen-Duiveland
Zeeuws-Vlaanderen
Parc national de la Haute-Veluwe
Parc national de Veluwezoon
Parc national de Biesbosch
Lek
Waal
Meuse
Twentekanaal
Julianakanaal
52°N

10 FAÇONS DE VOIR LES PAYS-BAS

Les canaux d'Amsterdam

1 Amsterdam compte plus de canaux que Venise. Aussi rien de tel qu'une balade sur l'eau pour prendre le pouls de la ville. On peut s'asseoir en bordure de canal et regarder passer les bateaux : quantité de cafés semblent d'ailleurs avoir été fondés dans ce seul but. On peut aussi flâner au bord de l'eau en admirant quelques-unes des 3 300 maisons-péniches de la capitale ou, mieux encore, participer à une croisière. Au détour de la courbe d'un canal, vous comprendrez alors pourquoi l'Unesco a inscrit ces voies d'eau quadricentenaires au Patrimoine mondial. Le Keizersgracht (canal de l'Empereur)

Chefs-d'œuvre néerlandais

2 Les Pays-Bas ont vu naître une myriade d'artistes célèbres. À Amsterdam, le musée Van Gogh (p. 65) réunit la plus importante collection au monde de toiles de l'artiste. La *Laitière* de Vermeer, la *Ronde de nuit* de Rembrandt et d'autres chefs-d'œuvre du Siècle d'or sont exposés au majestueux Rijksmuseum (p. 65), tandis que le Stedelijk Museum (p. 66), dévolu à l'art contemporain, expose des œuvres de Mondrian ou de De Kooning. Citons aussi le Frans Hals Museum (p. 104) dédié, à Haarlem, au peintre éponyme et la Mauritshuis (p. 157) de La Haye, où l'on retrouve les maîtres hollandais. Le Rijksmuseum

1

JORG GREUEL/GETTY IMAGES ©

2

KEVIN STEELE/GETTY IMAGES ©

Une journée à Delft

3 Les villes pittoresques et chargées d'histoire ne manquent pas aux Pays-Bas, à l'exemple de Haarlem, Leyde ou Utrecht pour ne citer que les plus connues. Avec leurs canaux séculaires bordés d'édifices de caractère, elles ont donné témoignage à notre époque de la beauté du Siècle d'or. L'une d'entre elles, Delft (p. 165), n'en éclipse pas moins les autres. Même si vous n'y logez pas, vous ne regretterez pas d'y passer un après-midi à la découverte de ses canaux, ses églises, ses musées ou tout simplement assis à l'un de ses cafés. Canal, Delft

Cyclotourisme rural

4 Nul autre pays ne se prête mieux au cyclotourisme, autant du fait du relief plat que des milliers de kilomètres de pistes cyclables et autres sentiers quadrillant ce petit territoire. Il ne vous reste plus qu'à enfourcher un vélo (on peut en louer partout) et à vous lancer. Depuis une piste cyclable sur une digue, vous apercevrez des polders plus bas que les canaux, entendrez le meuglement des vaches dans les champs et admirerez de vieux moulins à vent. D'un village à l'autre, l'exploration vous enchantera. Champs de tulipes, Hollande-Septentrionale

FRANS LEMMENS/GETTY IMAGES ©

LONELY PLANET/GETTY IMAGES ©

ANTON LUHR/IMAGEBROKER ©

L'autre pays du fromage

5 En cubes ou fondu, en tranches dans un sandwich ou râpé sur une salade, impossible d'échapper au fromage néerlandais. La notoriété du gouda et de l'édam dépasse celle des villes qui leur ont donné leur nom. Oubliez les variétés insipides de supermarché, il y a ici un large choix pour tous les styles et tous les goûts. Commencez donc par goûter un fromage au cumin des prés et faites suivre d'un gouda affiné, cristallisé comme un bon parmesan, à accompagner d'une pointe de moutarde et d'une bière. Fromages, De Kaaskamer (p. 96)

Le plus beau parc néerlandais

6 Vaste et belle étendue alternant forêts, dunes, marais et étangs, le parc national de la Haute-Veluwe (p. 236) constitue une alternative bucolique aux villes densément peuplées. On peut facilement passer la journée à apprécier la nature de cet ancien terrain de chasse privé. De plus, au centre du parc se trouve l'un des meilleurs musées du pays. La collection Van Gogh du musée Kröller-Müller rivalise de fait avec celle du musée consacré à l'artiste, à Amsterdam, sans compter les admirables sculptures dans le jardin. Cerfs, parc national de la Haute-Veluwe

7

8

Maastricht, la festive

7 La ville de la monnaie unique (p. 239) a vu défiler, au gré des siècles, des peuples qui tous y ont laissé témoignage, à commencer par les Romains et leurs ouvrages souterrains que l'on peut encore visiter aujourd'hui. Au-delà de ces 2 000 ans d'histoire, de monuments, de ruines, d'églises et de musées, Maastricht se distingue surtout par sa capacité à vivre l'instant présent. Peu d'endroits aux Pays-Bas offrent une telle concentration de beaux cafés, petits et grands, où l'on mord la vie, tout comme la bonne cuisine, à pleines dents. Sorties nocturnes à vélo, Maastricht

Rotterdam, l'audacieuse

8 Contrairement à bien d'autres villes européennes reconstruites hâtivement sur les cendres de la Seconde Guerre mondiale, Rotterdam (p. 170) a suivi dès le début un chemin différent. Privilégiant l'anticonformisme au fonctionnel, elle possède, chose rare en Europe, un panorama urbain identifiable. Les meilleurs architectes internationaux sont en lice pour remporter des appels d'offres débouchant sur un design ingénieux. Emblématique de la ville, l'Erasmusbrug, un pont "oiseau", est entouré de bâtiments aussi beaux qu'inédits. Les maisons cubes de Piet Blom

EDDY MARISSEN/FOTO NATURA COLLECTION/GETTY IMAGES ©

LONELY PLANET/GETTY IMAGES ©

Charme insulaire à Texel

9 L'Unesco a classé la vaste région de la mer des Wadden où le nord-ouest de l'Europe se fond avec l'eau au Patrimoine mondial de l'humanité. Un chapelet d'îles ponctue ces étendues envasées au charme hypnotique que la marée découvre. La plus grande, l'île de Texel (p. 125), se prête à de longues marches sur ses jolies plages et à d'innombrables activités dans un cadre somptueux à apprécier sur la terre ferme ou lors d'une croisière ornithologique. Et quant à marquer une pause, l'île compte de bonnes adresses où dormir et se régaler (le poisson fumé est un délice). Estran vaseux, Texel

Les cafés bruns

10 Difficile de définir la *gezelligheid* – un savant mélange de convivialité, de décontraction, le tout servi dans un cadre agréable et confortable, à l'ambiance chaleureuse –, une expérience typiquement néerlandaise à vivre dans l'un des célèbres cafés bruns (p. 89) du pays. Ainsi appelés en raison de leurs murs patinés par la nicotine ou le temps, ces petits bars respirent la joie de vivre. On se retrouve vite, même si c'est la première fois, happé par la chaleur et la bonne humeur communicative.
Le Hoppe (p. 88), quartier du Spui, Amsterdam

L'essentiel

Monnaie

» Euro (€)

Langues

» Néerlandais et anglais

Quand partir

Haute saison (juin-août)

» Tout est ouvert.

» Douceur du climat – à savourer à la terrasse d'un café.

» Forte affluence dans les grands musées.

» Prix élevés : réservation indispensable.

Saison intermédiaire (avr-mai, sept-oct)

» La plupart des sites restent ouverts.

» Affluence moindre.

» Prix modérés ; réserver les adresses les plus prisées.

» Temps mitigé ; températures en baisse.

Basse saison (nov-mars)

» Beaucoup de sites fermés en dehors des grandes villes.

» Grands musées désertés.

» Temps froid et humide.

» Nombreuses bonnes affaires.

Budget quotidien

Moins de 100 €

» Dortoirs 22–35 €, chambre privative à moins de 60 €

» Plats du jour et courses au supermarché 15 €

» Promenades gratuites

100-200 €

» Chambre double 100 €

» Bon repas dans un petit restaurant 30 €

» Billets de train et de musée 20 €

Plus de 200 €

» Chambre double en hôtel de luxe 160 €

» Repas, boissons comprises dans un restaurant haut de gamme 60 €

» Billets de train en 1re, visites guidées 40 €

Argent

» DAB courants. Cartes bancaires acceptées dans la plupart des hôtels, mais pas dans tous les restaurants. Les cartes non européennes ne fonctionnent pas toujours.

Visa

» Une carte d'identité ou un passeport en cours de validité suffit pour les ressortissants de l'Union européenne ; pas de visa requis pour les ressortissants suisses ou canadiens.

Téléphones portables

» Les cartes SIM locales fonctionnent sur les mobiles européens ainsi que sur la plupart des smartphones nord-américains.

Transports

» Les trains et les bus desservent presque tout le territoire.

Sites Web

» **Le Forum** (www.leforum.nl). Portail de la communauté francophone des Pays-Bas.

» **Office du tourisme des Pays-Bas** (www.holland.com). Sites touristiques, articles sur la culture et renseignements utiles.

» **Uitburo** (www.uitburo.nl). Agenda culturel, en néerlandais, mais d'utilisation aisée.

» **Répertoire des moulins à vent** (www.molendatabase.org). Pour choisir son moulin à vent préféré (en néerlandais).

» **Lonely Planet** (www.lonelyplanet.fr). Informations sur le pays, forum de voyageurs, etc.

Taux de change

Canada	1 $C	0,76 €
Suisse	1 CHF	0,82 €

Consultez le site www.xe.com pour des taux de change actualisés.

Numéros utiles

Pour appeler les Pays-Bas depuis l'étranger, composez le code d'accès international en vigueur dans votre pays (☎00 en France, en Belgique et en Suisse, ☎011 au Canada) suivi du ☎31 (indicatif des Pays-Bas) et du numéro sans le 0 initial.

Urgences	☎112
Opérateur	☎0800 04 10

Arriver aux Pays-Bas

La plupart des voyageurs arriveront à Amsterdam :

» **Centraal Station**
En centre-ville ; la plupart des lignes de tramway rallient le reste de la ville ; file de taxis près de l'entrée principale.

» **Aéroport de Schiphol**
Départs toutes les 10 minutes pour Amsterdam Centraal Station de 6h à 0h30 (4 €). Le même trajet en taxi coûte 45 €. Départs fréquents pour Rotterdam (30 minutes à 1 heure, 11 à 15 €).

Comment circuler aux Pays-Bas

Selon le moyen de locomotion que vous choisirez pour vous rendre d'un point à un autre, le voyage fera pleinement partie de l'aventure, voire en constituera l'attrait principal.

» **Vélo** Le cyclotourisme est l'une des excellentes raisons de venir aux Pays-Bas. Des itinéraires cyclables quadrillent le pays et traversent de superbes régions. On trouve des loueurs de vélo dans la plupart des villes et stations de train (sauf les plus modestes).

» **Train** Les distances sont courtes et les trains rapides et fréquents. Une fois son billet acheté (ce qui n'est pas toujours simple), le trajet peut réserver de bonnes surprises, comme au printemps au milieu des champs de tulipes à Leyde et alentour.

Quoi de neuf ?

Pour cette première édition du guide Pays-Bas, nos auteurs sont partis en quête de trouvailles insolites, de lieux reconvertis ou récemment inaugurés et de bons plans branchés ou hors du commun, dont voici une courte sélection.

Rijksmuseum, Amsterdam

1 Après dix ans de travaux de rénovation, le principal musée d'art du pays a rouvert entièrement au public, en avril 2013, ses 1,5 km de salles présentant des Rembrandt, des Vermeer et 7 500 autres chefs-d'œuvre (p. 65).

Stedelijk Museum, Amsterdam

2 La nouvelle aile en forme de "baignoire" du musée d'Art moderne d'Amsterdam a enfin été inaugurée, doublant les espaces d'exposition de tableaux (Monet, Mondrian), de verreries, d'affiches et de textiles (p. 66).

EYE Film Institute, Amsterdam

3 L'Institut du cinéma néerlandais – où voir de grands classiques et des films d'auteur pour tous les âges – occupe désormais un nouveau bâtiment étonnant, sur les quais d'Amsterdam-Noord (p. 45).

Taxis à deux roues, Amsterdam

4 Avec sa flotte de scooters électriques vert citron à l'allure de Vespa, Hopper propose dans les rues d'Amsterdam une alternative écologique aux taxis classiques, à la merci des bouchons en centre-ville (p. 99).

Centraal Station, Rotterdam

5 Après plusieurs années de travaux chaotiques, Rotterdam s'offre une toute nouvelle grande gare en adéquation avec l'architecture audacieuse de la ville (p. 183).

Museum Broeker Veiling, Broek Op Langedijk

6 Exemple réussi de l'intérêt et de la particularité des musées de Hollande, ce nouvel espace multimédia fait revivre l'activité fluviale de 15 000 fermes maraîchères régionales (p. 119).

Oudeschild, Texel

7 Idéal pour faire une balade en mer, visiter un musée remarquable ou savourer du poisson fumé, le port de pêche d'Oudeschild s'est doté d'un vrai centre sur le front de mer (p. 130).

Musée Aan Het Vrijthof, Maastricht

8 Donnant sur l'emblématique Vrijthof, la place médiévale, ce beau musée tout neuf fait découvrir Maastricht au Siècle d'or (p. 241).

Fries Museum, Leeuwarden

9 Le remarquable musée de la Frise rouvre ses portes dans un nouvel écrin sur la grand-place réhabilitée de Leeuwarden. Sa superbe collection d'argenterie et d'objets d'art n'a jamais été aussi bien mise en valeur, tout comme les cafés sur la place (p. 197).

Envie de…

Architecture

Les Néerlandais ont un don en matière d'architecture, des maisons en bordure de canal du Siècle d'or aux créations contemporaines épurées et audacieuses.

Canaux d'Amsterdam Chacune des maisons étroites à pignons au bord des canaux a sa propre personnalité. (p. 78)

Rotterdam Le centre-ville est une vitrine de l'architecture moderne. Les architectes ont fait preuve d'une créativité débordante comme avec le projet Overblaak, grand classique cubiste. (p. 170)

Rijksmuseum Le magnifique musée dessiné par Pierre Cuypers en 1875 évoque une autre époque avec ses ornements Renaissance sculptés dans la façade en pierre. (p. 65)

NEMO Le musée des Sciences, sorte de grand navire vert-de-gris conçu par Renzo Piano, est un classique contemporain. (p. 68)

ARCAM Un centre amstellodamois où assister à des expositions d'architecture et se procurer guides et cartes spécialisés. (p. 68)

Netherlands Architectuur Institute Cet institut de Rotterdam accueille régulièrement des expositions sur l'architecture néerlandaise. (p. 177)

Art

De grands musées riches en chefs-d'œuvre émaillent tout le pays.

Musée Van Gogh La plus importante collection au monde de toiles de l'artiste. (p. 65)

Rijksmuseum Le roi des musées néerlandais réunit des Rembrandt, des Vermeer, des faïences de Delft et bien d'autres trésors. (p. 65)

Stedelijk Museum De grands noms de l'art moderne s'affichent dans ce musée rénové. (p. 66)

Hermitage Amsterdam Cette antenne du musée de l'Ermitage de Saint-Pétersbourg organise des expositions d'exception. (p. 60)

Mauritshuis Les collections du musée royal de la peinture néerlandaise, à La Haye. (p. 157)

Museum Boijmans Van Beuningen Ce grand musée de Rotterdam présente des œuvres remontant pour les plus anciennes à Jérôme Bosch. (p. 171)

Musée Kröller-Müller Une collection de Van Gogh et d'autres chefs-d'œuvre nichée dans le plus beau parc national néerlandais. (p. 237)

Frans Hals Museum Les aficionados d'art trouveront là motif à se rendre à Haarlem. (p. 104)

Marchés

Aux Pays-Bas, même les plus petites villes ont leur marché. Certains ont leur spécialité : produits bio, objets anciens…

Albert Cuypmarkt Fleurs, vêtements, articles pour la maison et toutes sortes de produits alimentaires garnissent le marché le plus grand et le plus animé d'Amsterdam depuis un siècle. (p. 67)

Marché aux puces de Waterlooplein Curiosités, chaussures d'occasion, vieux matériel électronique, souvenirs New Age et pièces détachées de vélo ravissent les amateurs de bonnes affaires aux célèbres puces d'Amsterdam. (p. 51)

Marché aux livres d'Oudemanhuis Le milieu universitaire apprécie ce marché du livre d'occasion installé dans un ancien passage couvert. (p. 95)

Marché bio de La Haye Le grenier des Pays-Bas alimente ce marché de produits alimentaires variés. (p. 160)

De Bazaar Beverwijk Une ambiance internationale flotte sur l'un des plus grands marchés d'Europe. (p. 109)

Marché de Blaak Vieux objets et alimentation exotique voisinent sur ce grand marché bigarré de Rotterdam. (p. 182)

» Maisons en bois à Marken, Zuiderzee (p. 112)

Cyclotourisme

Certaines belles excursions d'une journée permettent de ne pas rentrer trop fatigué pour pouvoir ressortir le soir. Vous n'aurez aucun mal à louer des vélos pour les balades suivantes.

Waterland Facilement accessible à vélo depuis Amsterdam, cette région dévoile une version compacte des paysages néerlandais traditionnels avec leurs vaches, leurs digues, leurs canaux et leurs tapis de verdure. (p. 29)

Champs de tulipes Au printemps, partez de Leyde et pédalez vers l'ouest au milieu d'un kaléidoscope de couleurs au moment de la floraison des tulipes et autres fleurs de Hollande. (p. 30)

Parc national de Weerribben-Wieden Des pistes cyclables traversent cette terre ancestrale de tourbières à la riche avifaune. (p. 230)

Parc national de la Haute-Veluwe La beauté de la nature et les meilleures glaces du pays attendent les cyclistes profitant des vélos mis gratuitement à disposition dans le parc. (p. 236)

Plages de Hollande-Méridionale Au départ de Scheveningen, longez les dunes et les plages vers le nord ou le sud pour respirer l'air marin, loin des foules. (p. 159)

Histoire

Dans ce pays chargé d'histoire, les sites notables ne manquent pas.

Maison d'Anne Frank L'annexe secrète, la chambre de l'adolescente et son journal ; tout est là pour rappeler les heures tragiques de la Seconde Guerre mondiale. (p. 55)

Amsterdam Museum D'étonnantes expositions multimédias font découvrir l'histoire mouvementée de la ville. (p. 44)

Delfshaven Cet ancien quartier de Rotterdam a conservé une grande partie de sa physionomie d'autrefois. (p. 172)

Lakenhal Le rez-de-chaussée de cet excellent musée d'art reconstitue une galerie à l'apogée du Siècle d'or à Leyde. (p. 151)

Hindeloopen Ce bourg de pêcheurs, comme figé dans le temps, témoigne de la rudesse de leur vie d'alors. (p. 203)

Deventer L'écho de la ligue hanséatique résonne encore dans toute la vieille ville huit siècles après. (p. 223)

Airborne Museum Hartenstein Revivez le désastre, marqué d'abnégation, de l'opération Market Garden. (p. 236)

Îles

L'omniprésence de l'eau donne parfois l'impression qu'une grande partie du pays se résume à une île. Les Pays-Bas comptent d'ailleurs quelques véritables îles et elles méritent le détour.

Texel La plus grande île des Wadden recèle d'excellentes adresses pour dormir et se restaurer ainsi que des plages et une nature accessibles de mille façons. (p. 125)

Vlieland La moins touristique des îles frisonnes, presque entièrement vierge, permet réellement de s'évader, surtout dans sa partie ouest dénudée. (p. 205)

Schiermonnikoog De belles dunes et plages font de la plus petite des îles frisonnes une destination idéale pour se ressourcer et pratiquer le *wadlopen* (marche dans la vase). (p. 208)

Marken Ancien port de pêche insulaire isolé au milieu du Zuiderzee, ce village, désormais desservi par une chaussée, offre un retour dans le passé. (p. 112)

Noordereiland Ne manquez pas, à la faveur d'une balade à pied, de faire halte sur cette île en plein Rotterdam ménageant une vue dégagée sur le panorama urbain. (p. 176)

Envie de... shopping ? Direction les adorables échoppes et boutiques pleines de surprises des Negen Straatjes (Neuf Rues) d'Amsterdam (p. 58) pour une journée de lèche-vitrine.

Cafés

Chaque Néerlandais a son café favori, voire plusieurs : autant de lieux conviviaux où marquer une pause, se faire des amis ou en retrouver.

De Sluyswacht Pour prendre un verre dans l'ancienne maison aux murs carrelés d'un éclusier, en face de la maison de Rembrandt, à Amsterdam. (p. 89)

Cafe Belgique Avec ses bons lambics et ses bières trappistes, ce bar à bières sombre emmène ses clients en Belgique. (p. 88)

't Oude Pothuys Des générations d'étudiants en musique se sont produites dans ce vieux bar d'Utrecht dont la terrasse donne sur un canal. (p. 144)

Take One Une véritable institution à Maastricht, qui réunit tous les critères d'un café néerlandais ; accueillant, décalé et avec un choix merveilleux de bières. (p. 244)

De Zwarte Ruiter Le Tout-La Haye semble se retrouver au moins une fois dans la journée sur la vaste terrasse de ce café très prisé. (p. 161)

Heksenketel De sympathiques habitants de Deventer fréquentent ce café à l'excellent choix de bières. (p. 225)

Moulins à vent

Rien ne saurait être plus emblématique du pays que ses moulins à vent. Il en reste aujourd'hui près de 1 000.

Zaanse Schans Incontournable si les moulins à vent vous intéressent un tant soit peu. Six d'entre eux dressés sur une jolie digue fonctionnent encore. Une visite vous permettra de comprendre qu'ils font bien plus que pomper l'eau. (p. 109)

Kinderdijk Escapade idéale à vélo pour une journée depuis Rotterdam, ces 19 moulins à vent joliment alignés sur une digue sont classés au patrimoine mondial de l'Unesco (p. 183).

De Valk Ce moulin restauré fait la fierté de Leyde. Il abrite un joli petit musée expliquant le fonctionnement des moulins à vent. (p. 151)

Alkmaar Pour s'attabler à l'ombre d'un moulin à vent à Abby's. (p. 118)

Circuit des moulins à vent Toute une série de moulins près d'Alkmaar, à découvrir à vélo ou en voiture. (p. 115)

Insolite

Repus d'art et de musées ? Le pays recèle d'autres motifs de réjouissances – un peu moins sérieux.

Kattenkabinet Une vieille demeure en bord de canal emplie de curiosités artistiques à la gloire des chats signées, entre autres, Picasso, Steinlen et Rembrandt. (p. 91)

Electric Ladyland Un voyage psychédélique dans le premier musée consacré à l'art fluorescent. (p. 55)

Condomerie Het Gulden Vlies Un vaste choix de préservatifs – de tous les goûts, de toutes les formes et de toutes les tailles – dans un cadre sympathique. (p. 94)

Cannabis Cup Ce festival déjanté ne pouvait avoir lieu qu'à Amsterdam. (p. 74)

Kampen La Nieuwe Toren de la ville est affublée d'une étrange présence bovine, souvenir d'une histoire rocambolesque. (p. 229)

Mois par mois

Le top 5

1. **Fête du Roi,** avril
2. **Saint-Sylvestre,** décembre
3. **Carnaval,** février
4. **Jardins de Keukenhof,** mars
5. **Journée nationale des moulins à vent,** mai

Janvier

Certes, il fait froid, mais vous n'avez pas fait la queue au musée et vous voilà assis au coin du feu dans un café douillet.

Amsterdam International Fashion Week

La scène amstellodamoise de la mode fait parler d'elle deux fois par an à travers des défilés, des soirées, des conférences et des projections de films organisés dans toute la ville durant la Semaine de la mode (www.amsterdamfashionweek.com). De nombreuses manifestations – gratuites ou payantes – sont ouvertes au public. L'autre Fashion Week a lieu en juin.

Février

Le climat reste froid et les journées sont courtes. Heureusement, les provinces catholiques du sud font la fête.

Carnaval

Le week-end précédant Mardi gras, les défilés joyeux qui se tiennent surtout dans les provinces méridionales catholiques du Brabant-Septentrional, de la Gueldre et du Limbourg n'ont rien à envier à ceux de Rio de Janeiro ou de La Nouvelle-Orléans. À Maastricht, la fête bien arrosée avec danse et musique de rue dure plusieurs jours. Le carnaval tombe parfois début mars.

Mars

Si le temps le permet, vous pourrez admirer les tulipes dès le mois de mars, sans la foule de la haute saison.

The European Fine Art Fair (TEFAF)

Cette importante foire d'art et d'antiquités prend ses quartiers à Maastricht pendant 10 jours durant la première quinzaine de mars. Si vous ne pouvez pas vous offrir un Monet, vous pourrez au moins vous en mettre plein les yeux.

Jardins de Keukenhof

La plus grande collection au monde de tulipes (www.keukenhof.nl) ouvre ses portes de la mi-mars à la mi-mai près de Leyde. Achetez vos billets à l'avance pour le week-end.

Avril

La Fête du Roi est le temps fort incontournable du riche calendrier amstellodamois. À voir absolument.

Fête du Roi (Koningsdag)

Le 27 avril, la plus grande – et peut-être la plus belle – fête de rue d'Europe célèbre la monarchie néerlandaise avec force alcool, musique et bonne humeur ainsi qu'un immense vide-grenier où l'on trouve de tout.

World Press Photo

Cette exposition annuelle (www.worldpressphoto.org) de clichés des meilleurs photoreporters de la planète a lieu à l'Oude Kerk d'Amsterdam de fin avril à fin juin. En trois mots : saisissant, émouvant, stupéfiant.

Mai

L'alternance de pluie et de beau temps et

les nombreuses fêtes à caractère historique font du mois de mai une période idéale pour explorer le pays. Profitez d'un doux week-end pour rendre visite aux moulins à vent.

Herdenkingsdag et Bevrijdingsdag

(Jour du Souvenir et jour de la Libération). Le 4 mai, une cérémonie à Amsterdam rend hommage aux victimes de la Seconde Guerre mondiale suivie le lendemain par une journée de concerts et de débats, et par un marché.

Journée nationale des moulins à vent

Le deuxième samedi de mai, 600 moulins dans tout le pays déploient leurs ailes et ouvrent leurs portes au public (www.nationale-molenengemalendag.nl). Les moulins participants arborent un fanion bleu.

Juin

L'arrivée des longs et beaux jours incite les Néerlandais à sortir.

Holland Festival

Pendant tout le mois de juin, Amsterdam vit au rythme du plus important festival de musique, de théâtre et de danse du pays (www.hollandfestival.nl). Il y en a pour tous les goûts, du plus cérébral au plus léger.

Ronde om Texel

La plus grande course en catamaran de la planète (www.roundtexel.com) se déroule au large de Texel. Le public reste des heures sur la plage à admirer les allées et venues des bateaux inclinés sur l'eau.

Oerol

Très populaire dans tout le pays, ce festival de plein air organisé la deuxième quinzaine de juin sur l'île de Terschelling (www.oerol.nl) constitue l'excuse idéale pour se rendre à la mer.

Parkpop

Fin juin, ce festival de musique attire quelque 350 000 visiteurs à La Haye (www.parkpop.nl).

Juillet

Les jours sont longs, le soleil brille et les terrasses de café font le plein d'habitants et de touristes. Tout le monde vit dehors.

North Sea Jazz Festival

À la mi-juillet, à Rotterdam, le plus important festival de jazz du monde (www.northseajazz.nl) accueille des vedettes internationales et un public nombreux.

Vierdaagse

Fin juillet, des milliers de marcheurs parcourent en 4 jours de 120 km à 200 km autour de Nimègue (www.4daagse.nl).

Août

Les températures beaucoup plus douces que dans nombre d'autres lieux touristiques européens font du mois d'août une période fort agréable pour visiter les Pays-Bas. Beaucoup de Néerlandais passent leurs vacances ailleurs.

Noorderzon

Groningue est à la fête durant 11 jours à la mi-août pour ce festival artistique.

Amsterdam Pride Festival

Le drapeau arc-en-ciel flotte sur Amsterdam le premier week-end d'août (www.amsterdampride.nl). Clou des nombreuses fêtes et manifestations, la parade dénudée de la Gay Pride a lieu, chose unique au monde, sur les canaux.

Lowlands

À la mi-août, Biddinghuizen (Flevoland) accueille un grand festival de musique et de culture alternatives avec possibilité pour la foule de camper sur place (www.lowlands.nl).

Grachtenfestival (Canal Festival)

Festival de musique classique (www.grachtenfestival.nl) dont les concerts ont lieu autour de la ceinture des canaux, à Amsterdam, dans la seconde quinzaine d'août. Le concert Prinsengracht se tient sur des péniches devant l'Hotel Pulitzer.

Septembre

Septembre est l'un des meilleurs mois pour découvrir les Pays-Bas avec un temps doux quasi estival et moins de touristes.

Wereld Havendagen
Début septembre, Rotterdam met à l'honneur son port, avec moult portes ouvertes, balades en bateau et feux d'artifice.

Nederlands Film Festival
La modestie de l'industrie cinématographique néerlandaise ne l'empêche pas de produire de bons longs métrages. Pour s'en convaincre, il suffit de se rendre au festival du film néerlandais (www.filmfestival.nl) fin septembre qui culmine avec la remise du très convoité *Gouden Kalf* (veau d'or).

Octobre

La météo est parfois encore clémente, les prix baissent et les files d'attente disparaissent.

Leydens Ontzet
Le 3 octobre, Leyde commémore la levée, en 1574, du siège espagnol qui causa la famine en ville. La veille au soir, la boisson coule à flots.

Amsterdam Dance Event
Plus de 700 DJ et 80 000 danseurs invétérés font la fête dans les discothèques de la ville (www.amsterdam-dance-event.nl) pendant un week-end frénétique à la fin du mois.

Novembre

Les agréables manifestations culturelles compensent le froid et la pluie parfois de mise (même si les températures ne sont pas si fraîches). Vous trouverez des tarifs de basse saison partout.

Sinterklaas Intocht
Chaque année à la mi-novembre, saint Nicolas accoste dans un port différent "en provenance d'Espagne" avec sa troupe et le Père Fouettard.

International Documentary Film Festival
Le très intéressant Festival international du film documentaire se tient pendant 10 jours dans tout Amsterdam fin novembre (www.idfa.nl).

Cannabis Cup
Organisé par le magazine *High Times*, ce festival amstellodamois décalé (www.hightimes.com) remet le prix de la meilleure herbe et du plus gros joint.

Décembre

La magie des fêtes s'empare des Pays-Bas, même en l'absence de neige (cela dit, les Néerlandais ont eu la joie de passer des Noëls enneigés ces dernières années).

Sinterklaas
Le 5 décembre, les familles néerlandaises s'échangent de petits cadeaux avant les célébrations religieuses de Noël.

Saint-Sylvestre
À Amsterdam, des feux d'artifice sont tirés au-dessus de l'Amstel et sur d'autres sites en ville comme à Nieuwmarkt. Les Néerlandais raffolent de pyrothecnie et font de la moindre fête un spectacle éblouissant. Des groupes se produisent sur de grandes scènes à Museumplein où se dressent les tentes à bières pour une fête géante. Des rassemblements festifs s'improvisent sur les places principales d'autres villes.

Itinéraires

Que vous disposiez d'une semaine ou de deux mois, ces itinéraires constituent des bases pour élaborer un voyage inoubliable. Encore en manque d'inspiration ? Consultez le forum des voyageurs de Lonely Planet à l'adresse www.lonelyplanet.fr/forum.

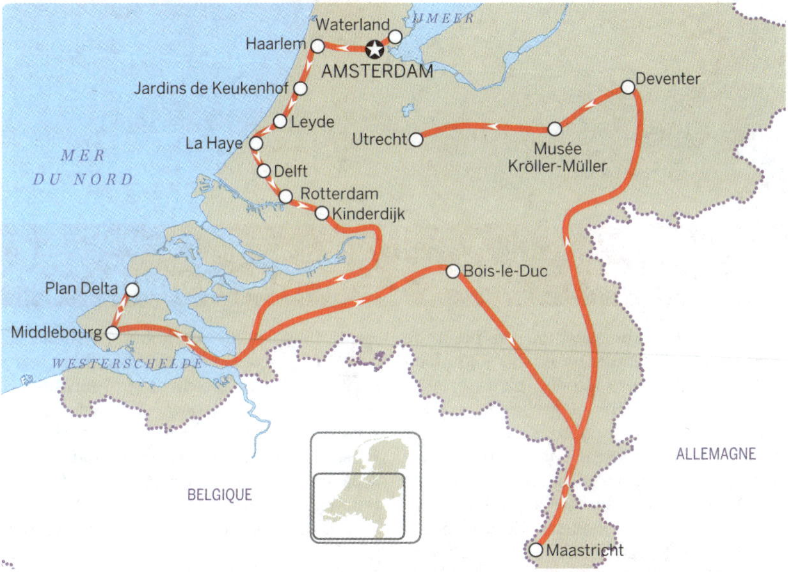

Trois semaines

Le Sud

Consacrez les trois premiers jours à **Amsterdam** pour visiter ses grands musées et décompresser au **Vondelpark**. Partez à la découverte du **Jordaan** et de la **ceinture des canaux sud**, sans oublier de faire une pause au Hoppe, un grand café sur le Spui. Plongez dans la célèbre **vie nocturne** amstellodamoise et évadez-vous à vélo au fil des beaux paysages traditionnels de la région du **Waterland**.

Prévoyez une semaine pour découvrir **Haarlem, Leyde** (et les **jardins de Keukenhof** en saison), **La Haye** et **Rotterdam**, en ajoutant un jour à **Delft**, la ville de Vermeer. Rejoignez en bateau les moulins à vent de **Kinderdijk**, puis gagnez **Middelbourg**, riche chef-lieu de la Zélande, et le tout proche **Plan Delta**. Traversez en train les provinces méridionales en vous arrêtant à l'adorable **Bois-le-Duc** dotée de canaux méconnus puis poursuivez jusqu'à **Maastricht**, une ville de caractère. Deux jours devraient suffire pour s'y régaler de bonne cuisine et flâner dans son centre médiéval. Remontez vers le nord et la ville hanséatique de **Deventer** avant de bifurquer à l'est pour visiter l'excellent **musée Kröller-Müller**. Terminez ce circuit à **Utrecht**, ville cosmopolite chargée d'histoire.

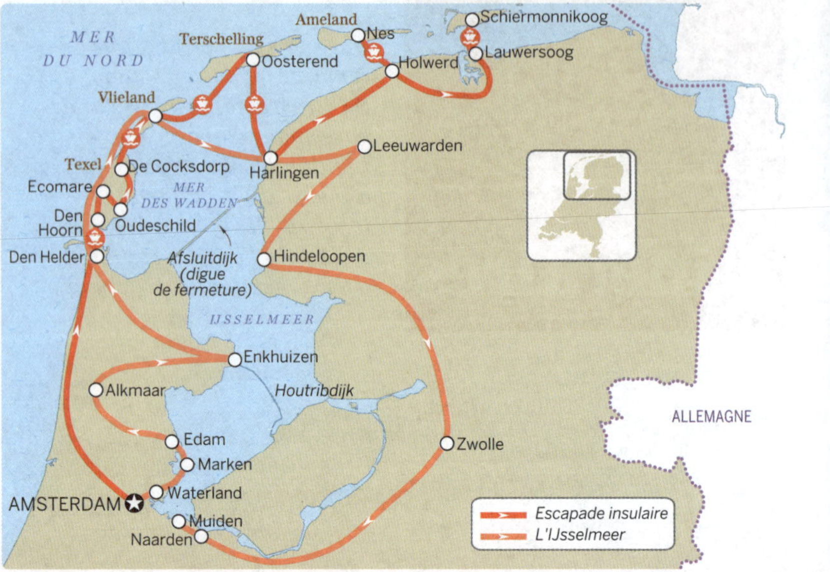

Deux semaines
L'IJsselmeer

Amsterdam constitue un point de départ pratique avec trois jours bien remplis entre musées, parcs, balades sur les canaux et sorties nocturnes. Direction ensuite le nord en longeant le littoral de l'IJsselmeer via la région du **Waterland** jusqu'au village de pêcheurs de **Marken**. Une balade à vélo sur les digues vous mènera à la coquette **Edam** pour y passer la nuit avant de rejoindre de bonne heure **Alkmaar** et son marché au fromage délicieusement kitsch. Ne manquez pas le passionnant **Zuiderzeemuseum** à **Enkhuizen**.

Prenez ensuite un bus à destination de **Den Helder** et un bateau pour **Texel**. Passez deux jours (ou deux semaines !) sur l'île en partageant votre temps entre plage et cyclotourisme. Reprenez le bateau pour **Vlieland**, la plus sauvage des îles des Wadden, puis pour la charmante **Harlingen**, à proximité en train de **Leeuwarden**, séduisante capitale de la Frise. Le chapelet de villes bordant l'IJsselmeer avec en tête **Hindeloopen** ne manque pas non plus d'intérêt.

Le train vous conduira jusqu'à la ville hanséatique de **Zwolle** ; arrêtez-vous aussi dans les cités fortifiées de **Naarden** et de **Muiden**.

Une à deux semaines
Escapade insulaire

Classées au patrimoine mondial de l'Unesco, les îles des Wadden (Texel, Vlieland, Terschelling, Ameland et Schiermonnikoog) invitent à un séjour insulaire. En théorie, des bateaux relient les îles entre elles, mais il faut parfois repasser par le continent. D'Amsterdam, rejoignez **Texel**. Une balade à vélo sur la côte ouest vous conduira de **Den Hoorn** jusqu'au refuge pour oiseaux et phoques **Ecomare** à travers les taillis. Dans l'est de l'île, **Oudeschild** accueille un formidable **musée maritime et des pilleurs d'épaves**.

À la pointe nord de Texel, à **De Cocksdorp**, embarquez sur le ferry du matin menant à **Vlieland**, où profiter de la nature et des chemins de randonnée avant de prendre le bateau pour **Terschelling**, l'île la plus touristique de la Frise. Prenez vos quartiers dans la paisible **Oosterend** et partez découvrir à vélo les dunes vierges. Regagnez en ferry **Harlingen**, joli port de la côte frisonne puis de **Holwerd**, embarquez pour **Ameland** où vous logerez dans le port de pêche à la baleine de **Nes**. Après un passage par les ports de Holwerd et de **Lauwersoog**, reprenez le bateau pour **Schiermonnikoog**, la plus petite île des Wadden au beau parc national battu par les vents.

Une semaine
Cap à l'Est

L'Est des Pays-Bas est en grande partie ignoré des touristes, pourtant les sites remarquables ne manquent pas.

Ce circuit débute à **Groningue**, ville étudiante dynamique riche en bars, en cafés et dotée de quelques musées intéressants. Descendez à vélo jusqu'à **Bourtange**, au sud-est, une ville fortifiée du XVIIe siècle intacte et poursuivez vers les ***hunebedden*** de **Borger**, des monuments funéraires préhistoriques. Pédalez à travers bois jusqu'au **camp de Westerbork**, témoignage poignant sur les horreurs de l'histoire. Rejoignez en train **Zwolle**, ville hanséatique tranquille dont les petites rues se prêtent à la flâncrie. Lors de la visite du tout proche **parc national Weerribben-Wieden**, pensez à louer un canoë.

De Zwolle, on est vite arrivé en train à **Deventer**, l'une des plus jolies petites villes des Pays-Bas. À proximité s'étend le parc national **Hoge Veluwe**, une oasis naturelle abritant un musée d'art réputé. Direction ensuite Bois-le-Duc et son musée consacré à Jérôme Bosch puis **Breda**, au centre-ville constellé de cafés. Renouez avec la nature au **parc national Biesbosch** avant de terminer par les jolies rues anciennes et les canaux de **Dordrecht**.

Une semaine
Voyage en Hollande

À **Amsterdam**, ne manquez pas la visite du **musée Van Gogh** et du **Rijksmuseum**, et louez un vélo pour parcourir le beau quartier du **Jordaan**. Le lendemain, découvrez les **canaux en bateau-mouche** et le **quartier Rouge** à pied avant de jeter votre dévolu sur un café brun.

Prenez la direction de **Haarlem**, vers l'ouest. Une balade dans la vieille ville compacte, les chefs-d'œuvre du **Frans Hals Museum** et les vitraux de la **Grote Kerk Van St Bavo** figureront au programme. À la saison des tulipes (mi-mars à mi-mai), admirez leurs incroyables couleurs aux **jardins de Keukenhof,** au nord de Leyde. Consacrez aussi une journée à la splendeur surannée de **Leyde**. Puis, passez-en une autre à **La Haye**, sans oublier d'admirer les chefs-d'œuvre de la **Mauritshuis**, de Vermeer à Warhol.

Dédiez le reste du temps à **Rotterdam** avec un tour du port en bateau et la visite du **Museum Boijmans Van Beuningen** et du **Maritiem Museum Rotterdam**. Le lendemain, découvrez à pied l'**architecture contemporaine** de la ville. Rejoignez ensuite **Kinderdijk** et sa nuée de moulins à vent inscrits au Patrimoine mondial de l'Unesco.

Les Pays-Bas à vélo

Une journée à vélo

Voici quelques possibilités...

D'Amsterdam au Waterland (boucle de 37 km) Pour en savoir plus sur cet itinéraire, voir p. 29.

D'Amsterdam à Haarlem (de 50 km à 70 km aller-retour) Aller-retour vers une destination idéale pour une journée, pouvant comprendre un saut à la plage.

De La Haye à Gouda (de 70 km à 80 km aller-retour) Excursion d'une journée dans une jolie petite ville connue pour son fromage, en traversant la luxuriante campagne néerlandaise.

De Rotterdam à Kinderdijk (25 km/50 km aller/aller-retour) Pour découvrir les moulins à vent classés au Patrimoine mondial. Faites l'aller à vélo et le retour en ferry rapide.

De Dordrecht au parc national Biesbosch (de 25 km à 50 km aller-retour) Une excursion dans un parc naturel étonnant, que l'on apprécie mieux à vélo. Explorez les vastes marais à la recherche de castors.

Quels que soient votre forme physique et votre âge, les Pays-Bas sont propices à une exploration à *fiets* (vélo). Que vous pédaliez toute une journée le long des canaux d'Amsterdam, ou quelques heures dans les paysages verdoyants des polders (bandes de terres cultivées séparées par des canaux), le jeu en vaut la chandelle et vous serez récompensé par le sentiment de liberté (et les bons moments) que seul le vélo peut offrir.

Les quelque 35 000 km de *fietspaden* (sentiers cyclables) sont autant de raisons d'imiter les Néerlandais : tous semblent se déplacer à vélo et les Pays-Bas comptent plus de bicyclettes que ses 16 millions de citoyens.

Les routes principales disposent de pistes cyclables et, hormis sur les autoroutes, les vélos peuvent aller presque partout. Cela dit, dans des endroits comme la région du Delta et le long de la côte, une bonne dose d'endurance est nécessaire pour affronter les vents contraires de la mer du Nord.

Vous pouvez passer d'excellentes vacances à pédaler aux Pays-Bas. Que vous vous déplaciez uniquement à vélo ou que vous fassiez quelques excursions d'une journée, ou même seulement quelques balades, vous découvrirez que le cyclotourisme peut être le plus beau souvenir de votre voyage. Et dans de nombreux endroits, comme les parcs nationaux, les plages du littoral et les îles frisonnes, la bicyclette constitue l'unique moyen de se déplacer.

Routes LF

Le pays est sillonné de pistes cyclables, petites et grandes, et certaines se présentent comme l'autoroute des cyclistes : les routes LF (*landelijke fietsroutes*, "routes longues distances"). Ce réseau sans cesse grandissant de routes quadrille le pays et (comme les autoroutes) est conçu pour vous conduire d'une localité à une autre. Il en existe aujourd'hui plus de 25, soit près de 7 000 km. Toutes sont signalées par des panneaux vert et blanc.

Elles empruntent généralement des routes de campagne et des sentiers cyclables existants, souvent installés derrière des digues. De nombreux guides leur sont consacrés, une série notamment comprenant un titre par route.

Principales routes LF

Citons notamment :

» **LF1** Elle longe le littoral de la Hollande sur 280 km, depuis la frontière belge jusqu'à Den Helder, au nord ; incursion dans les terres près de La Haye et de Haarlem.

» **LF2** Depuis la frontière belge (l'itinéraire commence à Bruxelles), cette route passe par Dordrecht, Rotterdam, Gouda et finit à Amsterdam.

» **LF3** Itinéraire de 500 km allant du nord de Maastricht jusqu'à Arnhem, en passant par Nimègue, puis à Zwolle, via Deventer, et enfin à Leeuwarden et jusqu'à la côte nord.

» **LF4** Itinéraire de 300 km depuis La Haye, sur la côte, jusqu'à la frontière allemande à l'est, en passant par Utrecht et Arnhem.

» **LF7** Parcours de 350 km depuis Maastricht vers le nord-ouest, jusqu'à Alkmaar, via Bois-le-Duc, Utrecht et Amsterdam.

Comment utiliser ce guide

À la fin des rubriques "Depuis/vers" des villes et sites touristiques, nous indiquons les renseignements utiles relatifs au cyclotourisme, notamment :

» la présence (ou non) d'un loueur de vélos dans la gare ;

» où trouver des loueurs de vélos ;

» les routes LF passant à proximité ou dans une ville ;

» les détails et les distances pour rejoindre d'autres villes et sites à vélo ;

» des idées d'excursions à la journée.

Renseignements

Les renseignements liés au cyclotourisme sont nombreux et largement disponibles.

Cartes et guides

Tous les offices du tourisme disposent d'une multitude de cartes et de guides consacrés à la pratique du vélo. Le personnel a l'habitude de répondre aux questions des cyclistes, notamment sur les itinéraires. Toutefois, à Amsterdam, le volume élevé de visiteurs ne laisse que peu de temps au personnel des offices du tourisme pour vous conseiller, mais vous trouverez des renseignements dans les librairies. Vous pouvez également vous procurer des cartes et livres dans les bureaux de l'ANWB (p. 302), l'association des automobilistes néerlandais.

Les meilleures cartes, disponibles partout aux Pays-Bas, sont les Falk/VVV *Fietskaart met Knooppuntennetwerk* (réseau cyclable), une série de 20 cartes qui couvrent le pays à l'échelle 1/50 000, au prix de 8 €. Les légendes (en anglais), très détaillées, sont faciles à utiliser. Chaque piste, sentier, et autre route, ainsi que les distances, sont indiqués. On les trouve parfois sur les sites de librairies en ligne.

Outre ces cartes, il existe une large gamme de cartes régionales et spécialisées, certaines au 1/30 000. La plupart sont disponibles uniquement dans les offices du tourisme de la région couverte.

Sites Web

Il existe de nombreuses ressources en ligne (essentiellement en anglais et en néerlandais). Voici quelques très bons sites :

» **www.nederlandfietsland.nl** Site officiel de l'Office néerlandais du cyclotourisme : conseils, itinéraires, cartes...

» **http://holland.cyclingaroundtheworld.nl** Quantité de renseignements utiles et d'idées.

Cyclisme et smartphones

Circuler à vélo aux Pays-Bas avec l'aide d'un smartphone est d'une extrême simplicité. Vous savez où vous êtes à tout moment et êtes en mesure de décider de votre prochaine

JENS-CHRISTOF NIEMEYER/IMAGEBROKER©

» (Ci-dessus) Cyclistes devant les moulins du Zaanse Schans (p. 109)
» (À gauche) Pause au Vondelpark, Amsterdam (p. 66)

QUELQUES RÈGLES À VÉLO

La circulation dense peut intimider, mais en respectant quelques règles de base, vous serez bientôt aussi autonome que les Néerlandais :

» Attention aux voitures. Les cyclistes ont la priorité, sauf lorsque le véhicule arrive de la droite, mais tous les conducteurs ne respectent pas cette règle.

» Attention aux piétons. Les touristes se promènent sur les sentiers cyclables sans même savoir qu'ils se trouvent dans un endroit dangereux.

» Utilisez la piste cyclable à droite de la route ; des lignes blanches et des dessins de vélos indiquent la piste.

» Pédalez dans le même sens que les voitures, respectez tous les panneaux et la signalisation.

» Quand vous tournez, indiquez-le en tendant votre bras.

» La nuit, la loi impose d'allumer les phares du vélo (avant et arrière) et d'avoir des réflecteurs sur les deux roues. Si votre vélo n'est pas équipé de phare, vous devrez utiliser des lumières qui se fixent, à l'avant et à l'arrière.

» Il est poli d'avertir par un petit coup de sonnette. Si quelqu'un est sur le point de vous percuter, un bon cri est efficace.

» Les casques ne sont pas obligatoires. La plupart des Néerlandais n'en portent pas, et ils ne sont généralement pas fournis par les loueurs.

étape. Encore mieux, vous pouvez connaître les distances à l'aide des options de calculs d'itinéraires des applications cartes pour être sûr de pouvoir réaliser votre balade.

Attention toutefois à la véracité des informations fournies et au coût souvent exorbitant de l'accès à Internet via un smartphone à l'étranger. Certaines applications permettent désormais de télécharger des cartes avant de partir pour les utiliser gratuitement une fois sur place, grâce au GPS du téléphone.

Planifier son parcours

Les cyclistes expérimentés connaissent les distances qu'ils sont capables de parcourir quotidiennement. En général, les habitués affirment qu'un itinéraire entre 80 km et 100 km par jour ne leur demande pas trop d'efforts et leur laisse le temps de s'arrêter pour visiter des sites ou, comme c'est le cas aux Pays-Bas, admirer les fleurs.

Si vous ignorez la distance que vous pouvez ou souhaitez parcourir quotidiennement, il vous faudra le découvrir. Les novices peuvent généralement effectuer 50 km par jour, ce qui est simple aux Pays-Bas car les villes intéressantes sont rarement aussi éloignées les unes des autres. Ne vous lancez pas sur un itinéraire trop ambitieux si vous n'avez aucune idée de vos capacités. Essayez plutôt quelques boucles d'une journée pour commencer. La route du Waterland, longue de 37 km, est une parfaite introduction au cyclotourisme aux Pays-Bas.

Tenue et équipement

Le vent et la pluie sont très fréquents aux Pays-Bas. Une veste légère en nylon de type Gore-Tex ou similaire protège et permet de rester frais et sec. Il en va de même pour les pantalons ou les shorts pour cyclistes.

Un simple vélo de cyclotourisme suffit pour le paysage plat des Pays-Bas, et pour transporter une tente et des provisions. Les vitesses sont utiles pour affronter le vent ou les côtes de l'Overijssel ou du Limbourg – mais ce ne sont tout de même pas les Alpes. Parmi les autres accessoires habituels, la sacoche de cadre (pouvant contenir un coupe-vent et un pique-nique), les bouteilles d'eau, et le porte-carte sur guidon pour toujours savoir où l'on va. Bien que le casque constitue une protection efficace, peu de Néerlandais en portent.

Assurez-vous d'avoir une sonnette : les sentiers peuvent être très fréquentés, ou bloqués par des groupes à l'arrêt. Également indispensable, le kit de réparation est fourni sur demande par la plupart des loueurs.

Trouver un vélo

Vous pouvez louer un vélo, en acheter un ou utiliser le vôtre. Chaque option a ses avantages et ses inconvénients.

Location

Les boutiques de location abondent. De nombreux visiteurs partant en excursion d'une journée profitent des boutiques de vélos des gares ferroviaires, appelées **Rijwiel shops** (www.ov-fiets.nl), présentes dans plus d'une centaine de gares.

Ouvertes généralement de 6h à minuit, ces boutiques louent des vélos entre 3 € et 12 € la journée et offrent des réductions pour une semaine. Beaucoup proposent plusieurs modèles. Vous devrez présenter un passeport ou une carte d'identité, et laisser une caution en liquide ou par carte de crédit (souvent entre 25 € et 100 €).

Les boutiques proposent aussi généralement des réparations, des vélos neufs à la vente et des parkings à vélos sécurisés et bon marché.

Les boutiques privées pratiquent des tarifs similaires mais peuvent être plus flexibles sur la forme de la caution. En été, il est conseillé de réserver à l'avance car les boutiques louent régulièrement tout leur stock, en particulier dans des endroits comme les îles frisonnes, quasiment piétonnes, où chaque arrivant veut un vélo.

Il faut généralement rapporter le vélo à la boutique de location. Les distances étant courtes, il est facile de prendre le train pour retourner au point de départ. Certaines Rijwiel shops offrent la possibilité de rendre le vélo dans une autre boutique pour 10 €, renseignez-vous.

Achat

Une simple bicyclette d'occasion (sans vitesse, avec frein à rétropédalage, voire un peu délabrée) peut se vendre environ 75 € dans les boutiques de vélos ou par petites annonces. Comptez 100 € minimum pour un modèle fiable avec vitesses. Les bons modèles neufs démarrent autour de 200 €, mais les marques haut de gamme peuvent dépasser 1 000 €. Vous ne devriez avoir aucun mal à trouver un vélo à votre goût : on trouve des boutiques partout. Des vélos volés sont revendus dans les rues pour 15 € : leur achat est bien sûr illégal.

Apporter son vélo

Traverser à vélo la frontière depuis la Belgique et l'Allemagne ne pose aucun problème et les trains Thalys (voir p. 306) permettent d'apporter sans supplément son vélo dans une housse de transport, roue avant démontée. Si vous arrivez en avion, consultez la politique et les tarifs de votre compagnie aérienne en la matière : les vélos voyagent en soute, pour un tarif généralement inférieur au prix d'un bagage supplémentaire.

Plus important à prendre en considération : les risques de vous faire voler votre vélo à Amsterdam, et dans une moindre mesure, à Rotterdam, sont élevés.

Dans le train

Les vélos sont autorisés à bord de tous les trains tant qu'il y a de la place ; un pass journalier pour vélos (*dagkaart fiets* ; 6 €) est valable dans tout le pays, indépendamment de la distance parcourue. Les vélos pliables, considérés comme un bagage à main, ne nécessitent pas de billet.

TROIS ITINÉRAIRES LONGUE DISTANCE

Une semaine suffit à un cycliste ordinaire pour réaliser chacun de ces itinéraires, avec le temps nécessaire pour s'arrêter et découvrir des sites en chemin. Prévoyez plus de temps si vous souhaitez en faire des itinéraires circulaires plus longs, ou bien rentrez en train. Vous pouvez aussi éviter les alentours d'Amsterdam en vous rendant en train dans une ville voisine pour démarrer à partir de là.

» **Vieille Hollande** Amsterdam-Haarlem-Leyde-la côte/les tulipes-La Haye-Delft-Dordrecht.

» **Nord de la Hollande** Amsterdam-Waterland-Marken-Edam-Enkhuizen-Alkmaar-la côte-Den Helder-Texel.

» **Hollande classique** Amsterdam-Muiden-Utrecht-Amersfoort-parc national de la Haute-Veluwe-Arnhem-Deventer-Zwolle.

Les trains néerlandais disposent souvent de voitures réservées aux deux-roues – repérez les logos de vélo sur le côté du wagon. En semaine, pendant les heures de pointe (6h30-9h et 16h30-18h), les vélos sont interdits à bord des trains, sauf dans ceux à destination ou en provenance du terminal de ferry de Hoek van Holland. Aucune restriction n'est appliquée pendant les jours fériés, les week-ends, juillet et août.

Sécurité

» Assurez-vous d'avoir un ou deux antivols. Les chaînes et les antivols flexibles sont les plus efficaces pour fixer le cadre et la roue à un point d'attache solide.

» Même le plus solide des cadenas n'arrêtera pas un voleur déterminé. Si vous possédez un modèle onéreux, mieux vaut acheter ou louer un vélo sur place.

» De nombreuses boutiques de cyclisme dans les gares gèrent aussi des *fietsenstallingen*, des espaces sécurisés où laisser son vélo à moindre coût (moins de 2 €/jour).

» On trouve parfois des "consignes" à vélo à accès électronique.

» Ne laissez jamais votre vélo non attaché, même un court instant. Le commerce des vélos d'occasion est très lucratif, des centaines de milliers de deux-roues sont volés chaque année aux Pays-Bas. Même si vous signalez le vol à la police, les chances de retrouver l'objet sont quasiment nulles.

Circuits organisés

Plusieurs compagnies proposent des visites d'Amsterdam à vélo. Il existe des circuits sur plusieurs jours à travers le pays et de nombreux opérateurs.

Hébergement

Outre les campings recommandés, il existe de nombreux campings naturels le long des sentiers cyclables, souvent contigus à une ferme. Ils sont généralement plus petits, plus simples et moins chers que les campings ordinaires, et beaucoup interdisent les voitures et les caravanes. La **Stichting Natuurkampeerterreinen** (Fondation des campings naturels ; www.natuurkampeerterreinen.nl) possède plus de 130 sites dans le pays.

Vous pouvez aussi essayer les *trekkershutten*, de simples cabanes de randonneurs disponibles dans de nombreux campings.

De multiples auberges de jeunesse, B&B et hôtels à travers le pays sont bien adaptés pour les cyclistes ; souvent, ceux installés sur les itinéraires cyclables les plus fréquentés, notamment le long du littoral, visent directement les touristes en deux-roues. Comme toujours, les offices du tourisme peuvent vous aider.

Itinéraires

Pour vous donner une idée des possibilités, voici quelques-uns de nos itinéraires cyclables favoris.

D'Amsterdam au Waterland (37 km, de 3 heures 30 à 5 heures)

C'est une excellente première expérience de cyclotourisme aux Pays-Bas : beau paysage, jolies villes et itinéraire facile sur pistes cyclables et routes.

La partie est du Waterland (p. 110) offre un choc culturel : un saut de quelques siècles en arrière à 20 minutes du centre d'Amsterdam. La zone abrite des communautés agricoles isolées et des oiseaux parmi les digues, fossés et lacs.

Sortir de la ville prend quelques minutes.

» Tout d'abord, embarquez votre vélo sur le ferry gratuit Buiksloterwegveer, derrière Centraal Station à Amsterdam, pour traverser l'IJ.

» Continuez 1 km sur la rive ouest du Noordhollands Kanal. Traversez le deuxième pont, continuez sur la rive est sur quelques centaines de mètres et tournez à droite, passez sous l'autoroute et longez Nieuwendammerdijk en passant devant le camping Vliegenbos.

» Au bout de Nieuwendammerdijk, tournez à angle droit et poursuivez dans Schellingwouderdijk. Suivez cette route sur les deux grands ponts routiers quand elle devient Durgerdammerdijk ; vous êtes sur la bonne voie.

» La jolie ville de **Durgerdam** donne sur l'eau et **IJburg**, un important projet d'assèchement des terres qui devrait permettre de loger 45 000 personnes.

» Plus au nord, la route sur la digue passe à côté de plusieurs lacs et anciens îlots – des tourbières basses asséchées qui furent inondées lors de tempêtes et qui forment désormais d'importantes zones d'élevage d'oiseaux (pluviers, barges, butors, garrots à œil d'or, bécassines des marais, hérons et spatules). Grimpez sur la digue à l'un des points de vue pour profiter d'un panorama imprenable sur les deux côtés.

D'Amsterdam au Waterland

» La route – qui prend alors le nom d'Uitdammerdijk – passe la ville de **Uitdam**, après laquelle vous tournez à gauche (ouest) en direction de **Monnickendam** (p. 110).

» Autrement, vous pouvez aussi tourner à droite et continuer le long de la chaussée jusqu'à l'ancienne île de **Marken** (p. 112). Après la visite de Marken, en été, vous pouvez prendre le ferry pour **Volendam** (p. 112) et rentrer en longeant la digue maritime jusqu'à Monnickendam. Ou bien, rentrez par la route depuis Marken et reprenez notre itinéraire en direction de Monnickendam. Ces détours par Marken et (surtout) Volendam rallongeront considérablement votre trajet (55 km, de 7 heures à 10 heures).

» À Monnickendam, rebroussez chemin (en empruntant le premier itinéraire, et non les détours par Marken). À environ 1,5 km au sud de la ville, tournez à droite (sud-ouest) en direction de **Zuiderwoude**. À partir de là, continuez jusqu'à **Broek in Waterland** (p. 110), une jolie ville aux maisons en bois.

» Longez la rive sud du canal Broekervaart en direction de **Het Schouw**, située sur le Noordhollands Kanal. Traversez-le (le pont se trouve légèrement au nord) ; les ornithologues amateurs voudront peut-être remonter la rive ouest en direction de Watergang et ses zones d'élevages d'oiseaux.

» Redescendez la rive ouest jusqu'à Amsterdam-Noord. Puis il suffit de continuer tout droit pour rejoindre le ferry pour Centraal Station.

De Leyde aux champs de fleurs à bulbe (de 50 km à 60 km, de 4 heures à 7 heures)

Cet itinéraire vous emmène au cœur des champs de fleurs mondialement connus de la Hollande. La meilleure période pour le réaliser est entre mi-mars et mi-mai, quand les tulipes et les jonquilles fleurissent, créant des rubans de couleurs vives éblouissants. Mais le trajet est appréciable à tout moment ; il comprend un arrêt à la plage et est donc particulièrement agréable en été pour faire une pause sur le sable et se rafraîchir dans la mer.

» Démarrez à **Leyde** (p. 149), où vous pouvez louer un vélo à la gare ou dans une boutique de la ville.

» Dirigez-vous vers le nord depuis la gare en suivant les sentiers et pistes cyclables du côté est de la voie ferrée. Longez les rails qui marquent une courbe vers le nord. Après avoir traversé plusieurs ponts (à environ 3 km), vous apercevrez de l'eau et le village de **Warmond** sur votre droite.

De Leyde aux champs de fleurs à bulbe

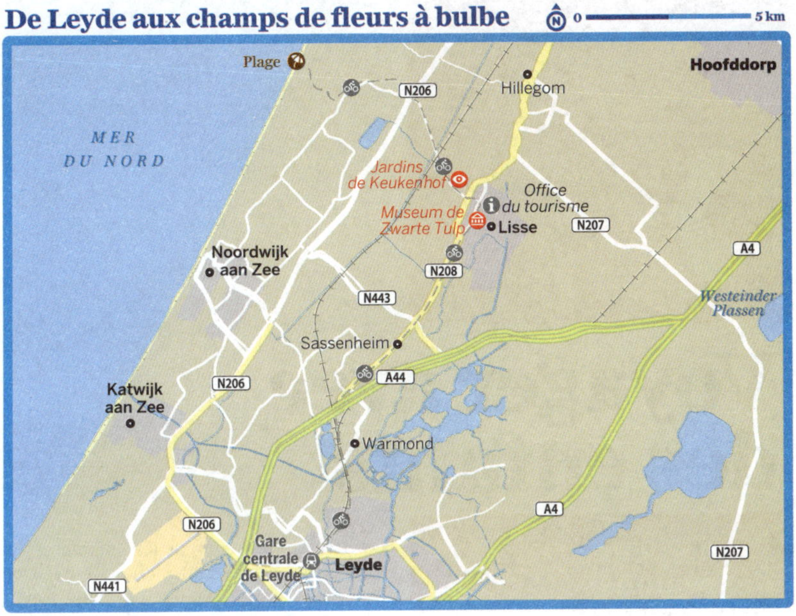

» Poursuivez sur le chemin près des rails (*spoorpad*) et passez sous l'A44. Vous serez sur le réseau routier Rijksstraatweg. Tournez à droite (nord-est) et suivez la route sur 4 km quand elle prend le nom de Hoofdstraat et rejoint le joli petit village de **Sassenheim**. Vous verrez les premières tulipes et les champs de bulbes. Restez sur cette petite route, dépassez les églises, vous atteignez alors la N443, très fréquentée.

» Traversez la N443 et poursuivez sur les pistes cyclables longeant Heereweg sur près de 4 km, jusqu'au milieu du village de **Lisse** (p. 155). Vous pouvez alors faire un arrêt à l'office du tourisme pour en savoir plus sur les champs de fleurs, puis visiter le Museum de Zwarte Tulp, qui recèle de nombreuses intéressantes histoires de bulbes.

» Les **jardins de Keukenhof** (p. 158) ne sont qu'à 1,25 km à l'ouest de Lisse.

» Après la visite du parc, dirigez-vous vers l'ouest, jusqu'à la plage, à 7,5 km. Empruntez Delftweg au milieu des champs de fleurs et restez sur les voies cyclables au croisement entre la route et la N206 (Oosterduinen). Ici, l'itinéraire cyclable quitte la route. Restez sur le chemin cyclable traversant un paysage toujours plus sablonneux.

» L'itinéraire marque une courbe vers le sud et, à Langevelderslag, empruntez le chemin parallèle à travers les dunes. Lorsque vous croiserez la route nationale cyclable LF1, vous serez à la **plage.**

» Au retour, improvisez. Une fois les dunes passées, empruntez les petits chemins à travers champs qui conduisent vers le sud en direction de Leyde. Au printemps, les couleurs sont éblouissantes. Vous finirez par retomber sur une section de votre itinéraire aller. Il suffit alors de le suivre à l'envers jusqu'à la gare.

Voyager avec des enfants

Le meilleur des régions

Amsterdam L'une des métropoles les plus agréables d'Europe pour les petits. Presque toute la ville, hormis le quartier Rouge bien entendu, peut être un terrain de jeu pour les plus jeunes.

Haarlem et la Hollande-Septentrionale Charmantes bourgades anciennes, vaches à profusion, quelques musées ludiques et les étendues sablonneuses tel un immense bac à sable de l'île de Texel.

Utrecht Beaux canaux et balades à vélo jusqu'à des châteaux.

Rotterdam et la Hollande-Méridionale Coquettes vieilles villes néerlandaises, parc d'attractions à La Haye, beau programme d'activités à Rotterdam, moulins à vent et plage en Zélande.

La Frise Encore des vaches et des îles sablonneuses.

Le Nord-Est Parcs et vieilles pierres.

Le Centre Petites villes sympathiques et parcs.

Maastricht et le Sud-Est On y trouve le meilleur parc d'attractions du pays.

Les Néerlandais adorent les enfants et les statistiques le prouvent : le pays enregistre l'un des taux de natalité les plus élevés d'Europe occidentale. Les Néerlandais de tout âge se montrent bienveillants et tolérants envers les enfants qui en plus de se sentir à l'aise trouveront de quoi s'amuser.

Les Pays-Bas en famille

Les Pays-Bas conviennent particulièrement aux voyages en famille. La prise en compte des besoins des petits est systématique.

Hébergement

Peu d'hôtels refusent les enfants, et quand c'est le cas il s'agit principalement d'établissements situés dans des quartiers d'Amsterdam déconseillés de toute façon aux plus jeunes. On trouve couramment des chambres familiales pour 4 et, dans les hôtels haut de gamme, un service de baby-sitting.

Au restaurant

Les enfants sont les bienvenus dans tous les restaurants, à l'exception des plus formels. La mode actuelle pour les bistrots élégants hauts de plafond et au niveau sonore assez élevé se prête particulièrement aux repas bruyants en famille. Personne ne froncera les sourcils si vos enfants se lèvent de table pour gambader. Vous verrez des familles néerlandaises partager un repas en salle ou en terrasse dans des cafés, des pubs ou des restaurants, mais aussi se régalant de frites ou de poisson sur un banc.

Les menus enfants, courants, se composent souvent de fritures toujours appréciées. Nombre de restaurants fournissent aussi à la demande des chaises hautes et même des crayons de couleur.

Équipement

Seuls les grands magasins, les principaux musées et les gares sont équipés de tables à langer, par ailleurs payantes. L'allaitement en public ne pose généralement aucun problème si cela est fait avec discrétion.

Sur la route

Si la majorité des boutiques de location de cycles loue des vélos pour enfants, rares sont celles qui proposent des casques adaptés, le port du casque étant peu répandu aux Pays-Bas.

Les trains comportent des voitures "silencieuses" pour qui ne supporte pas le bruit.

Réductions

On trouve fréquemment des billets Famille permettant des économies substantielles. Dans beaucoup de musées, les enfants paient demi-tarif. Même si les coupes budgétaires gouvernementales ont parfois entraîné une flambée des prix, nombre de grands musées ne font pas payer les enfants.

À ne pas manquer

Activités de plein air

Les nombreux espaces verts, parcs, moulins à vent et canaux raviront petits et grands. L'hiver, les enfants profiteront des patinoires et des festivités de carnaval dans quantité de villes de toute taille.

» **Vondelpark, Amsterdam** Ce vaste parc, riche en coins arborés pour pique-niquer et en mares à canards, dispose aussi de toboggans futuristes à son extrémité ouest et d'une aire de jeux en son centre.

» **Westerpark, Amsterdam** Beau parc doté de ponts-levis en bois.

» **Amsterdamse Bos** Les chérubins pourront nourrir des chèvres et grimper aux arbres dans les bois.

» **Jardins de Keukenhof, Rotterdam** Si les millions de fleurs fascinent les enfants un temps, ils leur préfèrent l'immense aire de jeux.

» **Pédalo, Amsterdam** Une balade unique en son genre le long des superbes canaux amstellodamois.

» **Canaux, Bois-le-Duc** La majorité des villes sillonnées de canaux proposent des circuits en bateau d'une durée raisonnable d'une heure ménageant de beaux panoramas. À Bois-le-Duc, les bateaux-mouches traversent de grands canaux souterrains !

» **Artis Royal Zoo, Amsterdam** Les enfants auront des étoiles plein les yeux à la vue des singes, des gros félins, des poissons frétillants et du planétarium, tandis que les adolescents et les adultes apprécieront les beaux espaces paysagers du zoo.

» **Ecomare, Texel** Éco-centre accueillant une faune insulaire variée venue des îles, dont des phoques blessés. Nombreuses expositions pour jeune public.

» **Kinderdijk** Louez des vélos pour découvrir avec toute la famille ces 19 moulins à vent près de Rotterdam.

» **Zaanse Schans** Ces moulins à vent au nord de Haarlem ouvrent leurs portes au public.

Plage et surf

» **Plages** Texel et les autres îles de la Frise possèdent de bonnes plages pour les enfants. La côte ouest se résume pour l'essentiel à une longue plage. Citons aussi la plage familiale de Scheveningen, près de La Haye.

» **Surf** Initiations au surf et autres activités pour les plus jeunes (comme l'équitation) sur l'île de Texel.

» **Vasières** Au nord de Groningue, à vous les joies d'une journée dans la gadoue. Le *wadlopen* (marche dans la vase) permet d'évoluer en bord de mer sur les vastes étendues découvertes à marée basse pendant des heures. Amusement et douche au retour garantis.

À table

Pancakes, frites, fromages, glaces... Même les grands apprécient la sympathique cuisine néerlandaise. Chaque commune accueille au moins une fois par semaine un marché où l'on trouve souvent toutes sortes de délices. Ne manquez pas les succulentes spécialités de saison comme les *poffertjes*, de petits beignets hollandais que l'on mange en hiver.

TARIFS DE TRAIN

C'est probablement la meilleure affaire du pays : dans les trains néerlandais, les enfants de 4 à 11 ans accompagnés d'un adulte paient 2,50 € par trajet. Il suffit pour cela d'acheter un **Railrunner** pour chaque enfant (maximum 3 enfants pour un adulte). Encore mieux, de 3 ans et moins voyagent gratuitement.

» **Pancakes!, Amsterdam** L'une des nombreuses adresses à Amsterdam servant ces petites crêpes dont raffolent les enfants.

» **De Pannenkoekenboot, Rotterdam** Pour se régaler de pancakes au cours d'une balade en bateau.

» **Albert Cuypmarkt, Amsterdam** Gaufres au sirop (*stroopwafel*) ou à d'autres garnitures fantaisistes, smoothies aux fruits, chocolat, bonbons et fruits frais.

» **Vleminckx, Amsterdam** Dans cette vénérable petite friterie, une partie du plaisir consiste à choisir entre des douzaines de sauces.

» **Reitz, Maastricht** Friterie incontournable.

» **De Haerlemsche Vlaamse, Haarlem** Véritable institution locale, cette friterie déjantée est décorée de moult maximes sur les murs.

» **Ijs Van Co, parc national Hoge-Veluwe** Outre le musée Kröller-Müller et ses Van Gogh que les parents voudront voir absolument, ce parc national compte un autre atout de taille près de l'entrée Hoenderloo : une boutique toute simple où l'on vend les meilleures glaces du pays.

» **Talamini, Deventer** Immense boutique ouverte toute l'année proposant plus d'une cinquantaine de parfums de glaces.

» **Ijssalon W Laan, Alkmaar** On peut y suivre la fabrication de la crème glacée dans d'énormes machines d'un autre âge.

Musées

Si traîner des enfants réticents à une exposition sur la peinture flamande, réputée pour être sombre, constitue la hantise de tout parent, quantité de musées s'avèrent accessibles, instructifs et amusants.

» **NEMO, Amsterdam** Construit sur mesure, ce musée des sciences interactif pour les enfants comprend un toit-terrasse avec plage de sable artificielle et vendeur de glaces.

» **Tropenmuseum, Amsterdam** La section Jeunesse consacrée aux destinations exotiques parlera aux enfants, toutes nationalités confondues. Passez l'après-midi à faire des vocalises, à vous asseoir dans des yourtes et à voyager à travers des expositions d'ailleurs.

» **Het Scheepvaartmuseum, Amsterdam** Pour monter à bord d'une réplique grandeur nature d'une goélette du XVIIe siècle, canons compris.

» **TunFun, Amsterdam** Une salle de jeu où grimper, sauter, dessiner et faire des constructions. Idéal les jours de pluie.

» **Rijksmuseum, Amsterdam** Pour que les enfants ne passent pas à côté des chefs-d'œuvre du musée, ils disposent de leur propre audioguide afin d'en découvrir les trésors.

» **Zuiderzeemuseum, Enkhuizen** Ce musée compte un fonds d'objets anciens suffisamment conséquent pour divertir les enfants pendant des heures. Agréable aire de jeux juste devant.

» **Maastricht souterrain** Explorez des grottes et des tunnels vieux de 2 000 ans qui donnent doublement la chair de poule (ça fait peur et il fait froid).

» **Maritiem Museum, Rotterdam** Des maquettes de bateaux par centaines.

» **Maison Dick Bruna, Utrecht** Découvrez la vie de Miffy, l'un des personnages de dessin animé les plus appréciés aux Pays-Bas, et d'autres héros dans ce musée dédié à leur créateur, Dick Bruna.

» **Musée des chemins de fer néerlandais, Utrecht** Pour voir des trains de toutes formes et tailles.

Parcs d'attractions

Le paradis des enfants.

» **Efteling, Kaatsheuvel** Le plus célèbre parc de loisirs des Pays-Bas semble avoir laissé de bons souvenirs à tous les Néerlandais, toutes générations confondues. Manèges, personnages de dessin animé, etc. Dans le sud du pays, près de Breda.

» **Madurodam, La Haye** La Hollande en miniature (en extérieur) ; voilà ce que construirait un enfant sans limites de temps ni d'argent.

» **Miniworld, Rotterdam** La Hollande en miniature (en intérieur). Un train électrique traverse une maquette des faubourgs de Rotterdam.

» **Euromast, Rotterdam** Pour voir toute la ville du haut d'une plate-forme d'observation pourvue d'équipements qui procureront des sensations fortes aux enfants.

» **Waterland Neeltje Jans, Zélande** Au cœur de l'incroyable et vaste Plan Delta, ce parc raconte comment les Néerlandais ont dompté la mer. Expositions pour les plus jeunes, phoques, parc aquatique et manèges.

Divertissements

» **Amsterdams Marionetten Theater** Spectacles de marionnettes captivants comme *La Flûte enchantée* de Mozart.

» **Openluchttheater, Amsterdam** Musiciens, acrobates et conteurs se produisent souvent sur la scène gratuite du Vondelpark les samedis après-midi d'été.

Les régions en un clin d'œil

Amsterdam

Musées ✓✓✓
Canaux ✓✓✓
Divertissements ✓✓✓

Bain de culture

Les musées mondialement connus d'Amsterdam attirent des millions de visiteurs chaque année. L'art occupe le devant de la scène : impossible de parcourir un kilomètre sans tomber sur un chef-d'œuvre de Van Gogh, de Rembrandt ou de Mondrian. La maison d'Anne Frank laisse une empreinte indélébile avec ses pièces oppressantes et ses fenêtres encore tendues de toiles noires. Un bel éventail de musées originaux lève le voile aussi bien sur les sacs à main que sur les péniches.

Splendeur du Siècle d'or

Le centre remarquablement préservé d'Amsterdam ravit l'œil. Les maisons à pignons n'ont guère changé depuis le XVIIe siècle, les bateaux parcourent les mêmes canaux qu'il y a quatre siècles et les cafés bruns fréquentés par les contemporains de Rembrandt servent encore à boire aujourd'hui. L'aura des siècles passés n'est jamais bien loin…

Sorties

Les clubs de jazz abondent, si bien qu'on peut y écouter des concerts tous les soirs. L'electro fait vibrer Amsterdam, avec la présence de grands DJ dans des discothèques un peu partout en ville. Quant à la musique classique, les salles à la programmation variée font le plein. Les coffee shops et les vitrines du quartier Rouge, beaucoup moins recommandables, font aussi partie du paysage.

p. 40

Haarlem et la Hollande-Septentrionale

Villes anciennes ✓✓
Nature ✓✓
Aventure ✓✓

Petites villes

Haarlem s'apparente à une version ancienne et miniature d'Amsterdam. Son centre compact, que l'on découvre à pied, évoque le Moyen Âge et le Siècle d'or. D'autres villes plus petites ont encore plus de charme, à l'instar notamment d'Edam, de Marken et d'Alkmaar. Quant à Hoorn, on s'attendrait presque à voir entrer un ancien navire marchand dans le port.

Oiseaux et phoques

Au large de la Hollande-Septentrionale, Texel, la plus grande île des Wadden, est ourlée de plages et de dunes. Toutes sortes d'oiseaux viennent y nicher et des colonies de phoques évoluent dans l'eau.

Dans le vent

Il est possible de pratiquer le surf, le vélo, la randonnée et la navigation de plaisance sur le littoral de Texel. Sur le continent, de belles journées d'excursions à vélo sur les digues et dans la campagne verdoyante vous attendent.

p. 101

Utrecht

Villes anciennes ✓✓✓
Sites touristiques ✓
Escapades d'un jour ✓

Une jolie ville ancienne
Avec les travaux de réaménagement de la gare qui donnait une première image négative de la ville, Utrecht se fait belle. Ses canaux uniques ajoutent à l'attrait de ses séduisants quartiers d'époque.

Passé et futur
La ville compte, entre autres points d'intérêt, le Domtoren, un immense campanile ménageant une vue imprenable. Parmi les principaux musées, la maison Rietveld-Schröder à la renommée mondiale vaut le détour. Quantité d'autres musées, petits ou grands, constituent de bonnes solutions, qu'il pleuve ou qu'il vente.

Excursions
Les grands peintres néerlandais ne sont pas tous antérieurs au XXe siècle. À Amersfoort, ville natale de Mondrian, la maison du célèbre peintre se visite. Des excursions vous mèneront aussi à des châteaux ruraux et à l'ensorcelante ville d'Oudewater.

p. 137

Rotterdam et la Hollande-Méridionale

Authenticité ✓✓✓
Paysages ✓✓✓
Cyclotourisme ✓✓✓

Le cœur de la Hollande
Leyde incarne la parfaite petite ville néerlandaise avec ses canaux paisibles et sa belle architecture ancienne. La majestueuse ville de La Haye est elle à l'image de l'engagement des Pays-Bas pour la tolérance, et la saisissante modernité de Rotterdam personnifie un futur audacieux affranchi du passé.

Plein les yeux
On ne peut qu'être subjugué par le tableau de toute beauté qu'offre une balade dans les rues bordant les canaux de Delft sur les traces de Vermeer, sans parler des champs de tulipes au printemps.

Balades à vélo
De Rotterdam, une promenade plaisante vous conduira aux moulins à vent de Kinderdijk inscrits au Patrimoine mondial de l'Unesco. La pittoresque ville de Gouda, les plages de Zélande et bien d'autres destinations sont aussi à portée de roue.

p. 148

La Frise

Îles ✓✓✓
Petites villes ✓
Aventure ✓✓

Un chapelet de perles
La mer des Wadden, au large de la côte septentrionale des Pays-Bas, figure depuis 2009 au Patrimoine mondial de l'humanité. Ses îles faisant la part belle au sable et aux arbres ont la cote auprès des vacanciers, ne serait-ce que pour leurs plages désertes à perte de vue, même quand les ferries arrivent bondés.

Petites villes typiques
Loin de se résumer à un morne port maritime, Harlingen est une adorable ville chargée d'histoire. Leeuwarden, pourvue d'un nouveau musée remarquable, ne manque pas non plus de charme, tout comme l'ancien village de pêcheurs de Hindeloopen.

Bateaux et vélos
Destinations propices aux activités de plein air et au cyclotourisme, les îles des Wadden sont reliées entre elles par bateau. À Sneek, vous pourrez louer une embarcation pour faire du tourisme.

p. 195

Le Nord-Est

Histoire ✓✓✓
Parcs ✓
Vie nocturne ✓

Le poids de l'histoire
L'extrême nord-est des Pays-Bas recèle certains des sites les plus anciens du pays : les *hunebedden* (des monuments funéraires préhistoriques), mais aussi la ville fortifiée de Bourtange telle qu'elle était au XVIe siècle et Groningue où résonne encore le Siècle d'or. L'histoire beaucoup plus récente et tragique s'est aussi écrite au camp nazi de Westerbork.

Réserves naturelles
Les parcs nationaux de la région préservent son patrimoine ancien (comme les *hunebedden*) et actuel (ses terres verdoyantes). Au programme : vieilles fermes, forêts et lande le long de kilomètres de pistes cyclables et de sentiers de randonnée.

Que la fête commence
Les 20 000 étudiants de la vénérable ville universitaire de Groningue assurent à la ville une animation permanente.

p. 209

Le Centre

Villes anciennes ✓✓
Nature ✓
Histoire ✓✓

Cachet ancien
Une promenade le nez au vent dans les petites rues de Deventer vous permet de découvrir le passé intact de cette ancienne cité marchande de la ligue hanséatique. À proximité, Zwolle et la modeste Kampen ont ce même cachet.

Terre et mer
L'eau façonne tout le centre des Pays-Bas. Dans le superbe parc national de Weertribben-Wieden, longez des canaux et des chenaux creusés par des tourbiers et des fermiers. Non loin de là, Giethoorn offre un cadre rural idyllique au milieu des canaux.

Splendeurs et horreurs passées
Deventer, Zwolle et Kampen témoignent de la richesse de la région il y a plusieurs siècles, quand Nimègue, Arnhem et leurs environs rappellent par leurs monuments et leurs musées les combats féroces de la Seconde Guerre mondiale et leurs conséquences.

p. 221

Maastricht et le Sud-Est

Histoire ✓✓
Art ✓✓
Gastronomie ✓✓

Au temps des Romains
Maastricht aurait aussi bien pu être construite sur une vieille meule de gouda. Son sous-sol est criblé de tunnels et de fortifications ayant traversé des siècles de conflit et remontant à l'occupation romaine. En surface, chaque époque a laissé son monument ou son bâtiment dans le beau centre-ville ramassé.

L'art dans le viseur
Les tableaux sophistiqués de Jérôme Bosch, fin observateur des faiblesses humaines, sont encore d'actualité aujourd'hui. À Bois-le-Duc, sa ville natale, vous en apprendrez plus sur ce peintre de génie. Maastricht accueille chaque année la plus importante foire internationale d'art ancien et ses musées font le bonheur des amateurs d'art.

Pause café
À Maastricht, Bois-le-Duc et Breda, la culture des cafés est bien vivante. Qu'attendez-vous pour vous asseoir et en profiter ?

p. 238

Les pictos pour se repérer :

Les coups de cœur de l'auteur

Les adresses écoresponsables

GRATUIT Entrée, accès libre

Voir aussi l'index (p. 320), où figurent tous les sites couverts dans ce guide.

Sur la route

Amsterdam

☎020 / 780 600 HABITANTS

Dans ce chapitre »

Le top des restaurants

» Piet de Leeuw (p. 84)
» Gartine (p. 81)
» Latei (p. 82)
» De Kas (p. 87)
» Van Dobben (p. 84)

Le top des hébergements

» Cocomama (p. 78)
» Collector (p. 79)
» Backstage Hotel (p. 78)
» Hotel Résidence Le Coin (p. 75)
» Hotel Brouwer (p. 75)

Pourquoi y aller

La magie d'Amsterdam opère de diverses manières : à travers les maisons à pignons du Siècle d'or, les canaux scintillants où naviguent les bateaux, et surtout les cafés bruns conviviaux, plusieurs fois centenaires, où les bougies brûlent lentement et la bière coule à flots. Les amateurs d'art seront aux anges dans cette ville qui abrite tant de chefs-d'œuvre, grâce aux riches collections du Rijksmuseum, des musées Van Gogh, Stedelijk et de l'Hermitage. Les mélomanes fréquenteront les salles de concerts à la large programmation internationale. En ce qui concerne les activités au parfum sulfureux auxquelles Amsterdam doit en partie sa renommée, comme la vente de cannabis dans les coffee shops et les vitrines du quartier rouge, sachez qu'elles connaissent de plus en plus de restrictions.

La ville est particulièrement intimiste et accessible, son cœur compact ne demande qu'à être exploré. On ne sait jamais à quoi s'attendre dans les charmantes ruelles : un jardin caché, un marché aux livres anciens, une distillerie du XVIIe siècle – une chose en cache une autre et rien n'est jamais pareil.

Quand partir

L'été est la période où la ville est la plus fréquentée, les terrasses de café sont bondées et des festivals se déroulent presque chaque week-end. Beaucoup de commerces ferment entre fin juillet et fin août, au moment où les Néerlandais partent en vacances. Le nombre de visiteurs commence à diminuer en octobre et, dès novembre, on peut trouver des tarifs hors saison. De décembre à février, patinage sur glace, cafés chauffés au feu de cheminée et musées où l'on n'a pas à faire la queue consolent du froid. Les foules reviennent en mars, autour de Pâques, et le pic est atteint autour de la fête du Roi (27 avril), de la journée du Souvenir (4 mai) et de la fête de la Libération (5 mai).

Histoire

Au XIIIe siècle, une communauté de pêcheurs connue sous le nom d'Aemstelredamme – "la digue sur l'Amstel" – se forma sur l'actuelle place du Dam. La ville devint rapidement un centre de commerce maritime. Une société individualiste et capitaliste vit le jour, libérée des impôts élevés et de la structure médiévale féodale. L'Amsterdam moderne – libre, ouverte, progressive – était née.

La ville prospéra durant le Siècle d'or (XVIIe). Marchands et artisans affluaient, Rembrandt peignait, et les urbanistes construisirent les canaux. Cependant, au siècle suivant, des guerres internationales et la concurrence commerciale firent stagner l'économie locale.

En 1806, Louis Bonaparte, le frère de Napoléon, devint roi de Hollande. Il emménagea dans l'hôtel de ville, situé sur la place du Dam, et en fit un palais royal. Les projets d'infrastructure comme la Centraal Station, le Rijksmuseum et l'expansion du port virent le jour plus tard, au XIXe siècle.

La Seconde Guerre mondiale et la Grande Dépression entraînèrent des pénuries alimentaires et un accroissement de la pauvreté. La communauté juive locale connut la famine et la dévastation durant la Seconde Guerre mondiale, sous l'occupation nazie. Parmi les 90 000 juifs d'Amsterdam, moins de 6 000 survécurent à la guerre.

Dans les années 1960, Amsterdam devint le "centre magique" de l'Europe : les hippies fumaient de l'herbe sur le Dam et campaient dans Vondelpark. En 1972, le premier coffee shop ouvrit, et en 1976 la marijuana fut dépénalisée pour permettre à la police de se concentrer sur les drogues dures.

Dès les années 1990, la ville s'embourgeoisa. Elle comptait surtout des emplois de bureau et une industrie des services florissante. La composition ethnique changea, les étrangers (notamment marocains, surinamiens et turcs) représentant plus de 45% de la population.

Les premières années du XXIe siècle ont été marquées par les assassinats très médiatisés de Theo van Gogh et de Pim Fortuyn (p. 266) et des polémiques liées à l'immigration. L'attention des Amstellodamois se porte aujourd'hui sur la nouvelle ligne de métro, les grandes îles artificielles de banlieue et d'autres grands projets d'urbanisme. L'assainissement du quartier Rouge et les politiques changeantes autour des coffee shops occupent les dirigeants locaux.

À voir

Amsterdam est compacte et se parcourt aisément à pied. Montez dans un tramway si vous souhaitez vous reposer. Les principaux sites sont regroupés dans le centre-ville ou à quelques kilomètres, comme les musées d'art du Oud-Zuid (Vieux Sud, à 3 km de Centraal Station).

Pour découvrir la ville plus en profondeur, procurez-vous les guides *Amsterdam* ou *Amsterdam en quelques jours* de Lonely Planet.

AMSTERDAM EN...

Deux jours

Le premier jour, admirez les chefs-d'œuvre du **musée Van Gogh** et du **Rijksmuseum**, dans le Vieux Sud. L'après-midi, dans le centre-ville, révisez l'histoire néerlandaise sur le **Dam**, à l'**Amsterdam Museum**, au **Begijnhof** ou au **palais royal**. Le soir, aventurez-vous dans l'étonnant **quartier Rouge**, puis prenez un verre dans un café brun comme l'**In 't Aepjen**. Le lendemain, commencez par flâner dans l'**Albert Cuypmarkt**, le plus grand marché d'Amsterdam. Dirigez-vous vers la ceinture des canaux sud et jetez un œil au **musée Van Loon**, au **Kattenkabinet** et aux demeures opulentes du canal avant de faire un **tour de bateau**. Le soir, rendez-vous sur l'animée **Leidseplein**. Vous trouverez des billets de spectacles à l'**Uitburo** ; **Paradiso** et **Melkweg** ont les meilleures programmations.

Quatre jours

Le troisième jour, direction les canaux ouest pour vous immerger dans les **Negen Straatjes** (Neuf Rues), un entrelacs d'excentriques boutiques spécialisées. Non loin, l'émouvante **maison d'Anne Frank** est à voir. Passez la soirée dans le **Jordaan** pour un dîner *gezellig* et un verre en bordure de canal. Démarrez le jour suivant par la **maison de Rembrandt,** puis baladez-vous dans le Plantage à la découverte de l'**Amsterdam Tattoo Museum** et de **Brouwerij 't IJ**, une brasserie bio, au pied d'un moulin à vent.

À ne pas manquer

1 Les saisissants tourbillons d'un génie torturé au **musée Van Gogh** (p. 65)

2 La découverte de la vie d'une jeune fille juive sous l'occupation allemande dans la **maison d'Anne Frank** (p. 55)

3 La **maison de Rembrandt** (p. 51) pour découvrir le sanctuaire privé du peintre du Siècle d'or

4 La *gezelligheid* (un agréable sentiment de bien-être) dans les ruelles et les cafés de **Jordaan** (p. 54)

5 Les produits exotiques de l'**Albert Cuypmarkt** (p. 67), le plus grand marché de rue d'Amsterdam

6 Les œuvres de Vermeer, Rembrandt et autres artistes nationaux au **Rijksmuseum** (p. 65) rénové

7 Le **quartier Rouge** (p. 48) où se côtoient charmants cafés et femmes dénudées en vitrine

8 Un moment de détente parmi les étangs, pelouses, buissons et allées du **Vondelpark** (p. 66)

9 Une bière maison au pied d'un moulin à vent du XVIIIe siècle à **Brouwerij 't IJ** (p. 91)

NDSM-werf
BUIKSLOOT
NIEUWENDAM
Ringweg Noord
Florapark
NOORD
0
2 km
WESTELIJKE EILANDEN
EYE Film Institute
SCHELLINGWOUDE
Voir carte Centre d'Amsterdam (p. 46)
Het IJ
Muziekgebouw aan 't IJ & Bimhuis
Centraal Station
Javabrug
Java Eiland
DOCKS DE L'EST
KNSM Eiland
Stationsplein
IJ Haven
Sporenburg
Damrak
7
Voir carte Îles de l'Est et Plantage (p. 62)
Piet Heinkade
Keesje Brijdeplantsoen
Zuiderzeeweg
Quartier Rouge
Rietlandpark
Zeeburg
Piet Hein Tunnel
OOSTELIJKE EILANDEN
Borneo Eiland
Nieuwmarkt
Oude Schans
OOSTENBURG
Maison de Rembrandt
3
Nieuwe Vaart
Entrepotdok
Brouwerij 't IJ
9
Singel
Waterlooplein
Zeeburgerdijk
PLANTAGE
Borneostr
DAPPERBUURT
Weesperplein
Tropenmuseum
Molukkenstr
Mauritskade
OOST
Flevopark
Muiderpoort
Oosterpark
Linnaeusstr
Ruyschstr
1e Oosterparkstr
Amstel
Albert Cuypmarkt
5
OOSTERPARKBUURT
DE PIJP
Wibautstraat
Middenweg
Ferdinand-Bolstr
Park Frankendael
Weesperzijde
Amsteldijk
Hugo de Vrieslaan
Wibautstr
Amstelkanaal
Amstelstation
WATERGRAAFSMEER
Diemen
Biesboschstr
Rijnstr
Hartveldseweg
Amstel
Spaklerweg
Sportpark Drie Burg
Sportpark Voorland
OVER AMSTEL
Gooiseweg
DIEMEN
RAI
Spaklerweg
Randweg
Cimetière Zorgvlied
Nieuwe Utrechtseweg
DUIVENDRECHT
Diemen Zuid
Veerijn Stuartweg
Amstelpark
Ringweg Zuid
Overamstel
Bergwijkdreef
Van der Madeweg
Venserpolder
Van der Madeweg
Duivendrecht
Duivendrecht
Vers l'Amsterdam Arena (3 km)
BIJLMERMEER

CENTRE HISTORIQUE

C'est dans le centre historique, très touristique, que bat le cœur d'Amsterdam. L'activité principale consiste à flâner dans les ruelles sinueuses abritant pubs du XVIIe siècle, jardins secrets et étonnantes boutiques spécialisées. Centraal Station en est le point de repère principal. Damrak, l'artère principale, part de la gare vers le sud jusqu'au Dam (la place centrale d'Amsterdam). La rue, qui continue vers le sud, prend ensuite le nom de Rokin (actuellement prise dans le chaos des travaux du métro).

Palais royal PALAIS

(Koninklijk Paleis ; carte p. 46 ; ☎620 40 60 ; www.paleisamsterdam.nl ; Dam ; adulte/enfant 7,50/3,75 € ; ⊙11h-17h tlj juil et août, 12h-17h mar-dim sept-juin). À l'origine, l'imposante structure construite en 1665 abritait l'hôtel de ville d'Amsterdam. Elle devint un palais en 1808, lors du règne de Louis, le frère de Napoléon Bonaparte. La visite, sans guide, dévoile ses 1 000 meubles de style Empire et objets décoratifs, ainsi que des salles aux multiples lustres, damas et peintures de Ferdinand Bol et de Jacob de Wit. Officiellement résidence royale, les lieux sont surtout utilisés pour les cérémonies. Les fermetures sont indiquées sur le site. On trouve parfois des audioguides gratuits à l'accueil.

Amsterdam Museum MUSÉE

(Carte p. 46 ; ☎523 18 22 ; www.amsterdammuseum.nl ; Kalverstraat 92 ; adulte/enfant 10/5 € ; ⊙10h-17h ; 🚋1/2/5 Spui). Les rénovations en cours rendent le musée d'histoire de la ville toujours plus chic. Commencez par la présentation multimédia, qui divise 1 000 ans d'histoire d'Amsterdam en sept périodes. Explorez ensuite les niveaux inférieurs, à la découverte d'objets religieux, de porcelaines et de peintures, notamment la macabre *Leçon d'anatomie du docteur Deyman* par Rembrandt. Des flashcodes permettent d'accéder à des contenus via un smartphone.

ÇA PENCHE !

Non, vous ne rêvez pas... les édifices d'Amsterdam sont bien penchés. Certains – comme De Sluyswacht (p. 89) – se sont inclinés au fil des siècles, mais de nombreuses demeures en bordure de canal furent délibérément construites pour pencher vers l'avant. Les escaliers intérieurs étant étroits, il fallait trouver un moyen simple pour hisser les objets et meubles imposants aux étages supérieurs. Un palan fut fixé dans le pignon pour soulever et faire passer les objets par les fenêtres, l'inclinaison permettant de ne pas abîmer la façade.

GRATUIT **Galerie des gardes civiques** GALERIE

(Carte p. 46 ; Kalverstraat 92 ; ⊙10h-17h ; 🚋1/2/5 Spui). Cette sympathique galerie appartenant à l'Amsterdam Museum occupe une ruelle à côté de l'entrée du musée. Elle expose de grands portraits de groupes, des gardes médiévaux peints durant le Siècle d'or néerlandais (rappelant *La Ronde de nuit* de Rembrandt) aux *Gardes civiques modernes,* ainsi que des tableaux représentant Anne Frank ou Alfred Heineken.

GRATUIT **Béguinage** BÂTIMENTS HISTORIQUES

(Begijnhof ; carte p. 46 ; ☎622 19 18 ; www.begijnhofamsterdam.nl ; entrée principale près de Gedempte Begijnensloot ; ⊙8h-17h ; 🚋1/2/5 Spui). Cette cour secrète bordée de maisonnettes fut réalisée au XIVe siècle pour les béguines, un ordre de femmes catholiques, célibataires ou veuves, qui s'occupaient des personnes âgées. Deux églises généralement ouvertes au public s'y cachent : une **chapelle** "clandestine" (1671), où les béguines pratiquaient leur culte à l'insu des calvinistes, et l'**église anglaise** (vers 1392), où se réunissaient les réfugiés presbytériens anglais et écossais (dont les Pères pèlerins). La **maison en bois du n°34** (vers 1465) est la plus ancienne du pays.

Dam PLACE

(Carte p. 46 ; 🚋4/9/16/24/25 Dam). C'est ici qu'Amsterdam fut fondée vers 1270. Aujourd'hui, pigeons, touristes, musiciens de rue et, parfois, une fête foraine, ont investi la place. C'est toujours un lieu de rassemblement national qui accueille les discours importants et les manifestations.

Nationaal Monument MONUMENT

(Carte p. 46 ; Dam). L'obélisque dans la partie est du Dam fut construit en 1956 pour commémorer les soldats tombés pendant la Seconde Guerre mondiale. Les 12 urnes situées à l'arrière renferment de la terre provenant des cimetières de guerre des 11 provinces et des Indes orientales néerlandaises.

Nieuwe Kerk ÉGLISE

(Nouvelle église ; carte p. 46 ; ☎638 69 09 ; www.nieuwekerk.nl ; Dam ; adulte/enfant 8 €/gratuit ;

VAUT LE DÉTOUR

NDSM-WERF ET EYE FILM INSTITUTE

Des ferries gratuits, au départ des quais situés derrière Centraal Station, voguent sur l'IJ en direction de deux destinations avant-gardistes d'Amsterdam-Noord.

À 15 minutes en amont, **NDSM-Werf** (www.ndsm.nl) est un ancien chantier naval à l'abandon qui accueille une communauté artistique d'avant-garde. Il y règne une ambiance post-apocalyptique : un vieux sous-marin baigne dans le port, des tramways rouillés gisent au bord de l'eau, des artistes tagueurs arpentent les rues et une tête de Tiki géante en bois observe l'ensemble. Outre la **salle de skate-board** (www.skateparkamsterdam.com ; 5,50 €, locations 5 € ; ⏲15h-22h mar-ven, 13h-20h sam et dim) et le sympathique **Cafe Noorderlicht** (www.noorderlichtcafe.nl ; TT Neveritaweg 33 ; ⏲11h-tard), aménagé dans une serre décorée de drapeaux, on y découvre des œuvres d'art de rue réalisées grâce au recyclage. L'immense marché aux puces **IJ Hallen** (www.ij-hallen.nl ; 4 € ; ⏲9h-16h30) s'y tient un week-end par mois ; consultez les dates sur le site. Le ferry NDSM circule entre 7h (9h le week-end) et minuit, il part de Centraal Station toutes les demi-heures à partir de 7h15.

Le tout nouveau **EYE Film Institute** (☎589 14 00 ; www.eyefilm.nl ; IJpromenade 1 ; ⏲10h-18h) est accessible en 5 minutes depuis la gare ferroviaire par le ferry "Buiksloterweg" qui circule 24h/24. Quatre salles projettent des films (d'art et d'essai principalement) provenant d'un fonds de 37 000 titres, et accueillent parfois des concerts. Des expositions (8 € à 12 €) de costumes, d'art numérique et autres thèmes pour cinéphiles sont toujours liées aux projections. Les cafés avec superbe vue et les projections gratuites de films néerlandais au sous-sol ajoutent au charme de l'endroit. Petite particularité du lieu : les espèces ne sont pas acceptées, tout doit être payé par carte de crédit.

⏲10h-17h ; 🚊1/2/5/13/14/17 Raadhuisstraat). Édifiée en 1408 et "nouvelle" uniquement par rapport à l'Oude Kerk, la Nieuwe Kerk accueille les couronnements et les mariages royaux. En dehors de ces cérémonies, l'édifice sert plutôt de salle d'expositions artistiques et culturelles. Pour un aperçu gratuit, entrez par la boutique (près de l'entrée) et montez à l'étage qui renferme une exposition sur l'histoire de l'église.

Spui — PLACE

(Carte p. 46). Cafés et librairies entourent le Spui (prononcez "spa-o"), un endroit apprécié des professeurs et étudiants. Le vendredi, un marché aux livres occupe les lieux ; le dimanche, place au marché d'art.

Sexmuseum Amsterdam — MUSÉE

(Carte p. 46 ; www.sexmuseumamsterdam.nl ; Damrak 18 ; 4 € ; ⏲9h30-23h30 ; 🚊4/9/16/24/25 Centraal Station). Interdit aux moins de 16 ans, l'endroit est idéal pour une bonne rigolade. On y trouve des copies d'assiettes pornographiques de Pompéi, des bronzes érotiques viennois du XIVe siècle, certaines des premières photos de nu au monde, un exhibitionniste automatisé et une boîte à musique jouant "Edelweiss" et dévoilant un couple en flagrant délit. Plus loufoque et amusant que l'Erotic Museum (p. 50).

Madame Tussauds Amsterdam — MUSÉE

(Carte p. 46 ; www.madametussauds.nl ; Dam 20 ; adulte/enfant 22/17 € ; ⏲10h-20h30 juil et août, jusqu'à 17h30 sept-juin ; 👪). L'accent mis sur la culture locale confère un côté amusant à ce musée de cire onéreux et kitsch : membres de la famille royale, politiciens, peintres et pop stars sont aux côtés de célébrités mondiales (tel Justin Bieber !). Les enfants adorent. L'achat de billets en ligne permet d'économiser quelques euros et d'entrer plus rapidement. Réduction également après 15h.

Point de vue Noord/Zuidlijn — CHANTIER

(Carte p. 46 ; www.noordzuidlijn.amsterdam.nl ; en face de Rokin 96 ; ⏲13h-18h mar-dim ; 🚊4/9/14/16/24/25 Rokin). Au bas des escaliers, face au n°96, se déploie le chantier de la ligne de métro nord/sud, digne d'un film de science-fiction : un abîme rempli de boue, de tuyaux et de colossales machines. On entend le grondement des tramways qui passent au-dessus. Les panneaux et indications sont en néerlandais, mais des guides anglophones sont souvent présents.

Centraal Station — ARCHITECTURE

(Carte p. 46 ; Stationsplein). Plus qu'un simple centre de transit, la gare centrale, construite en 1889 et dotée de tours, vaut le coup d'œil. L'un des architectes, P.J. Cuypers, a

Centre d'Amsterdam

N 0 — 200 m

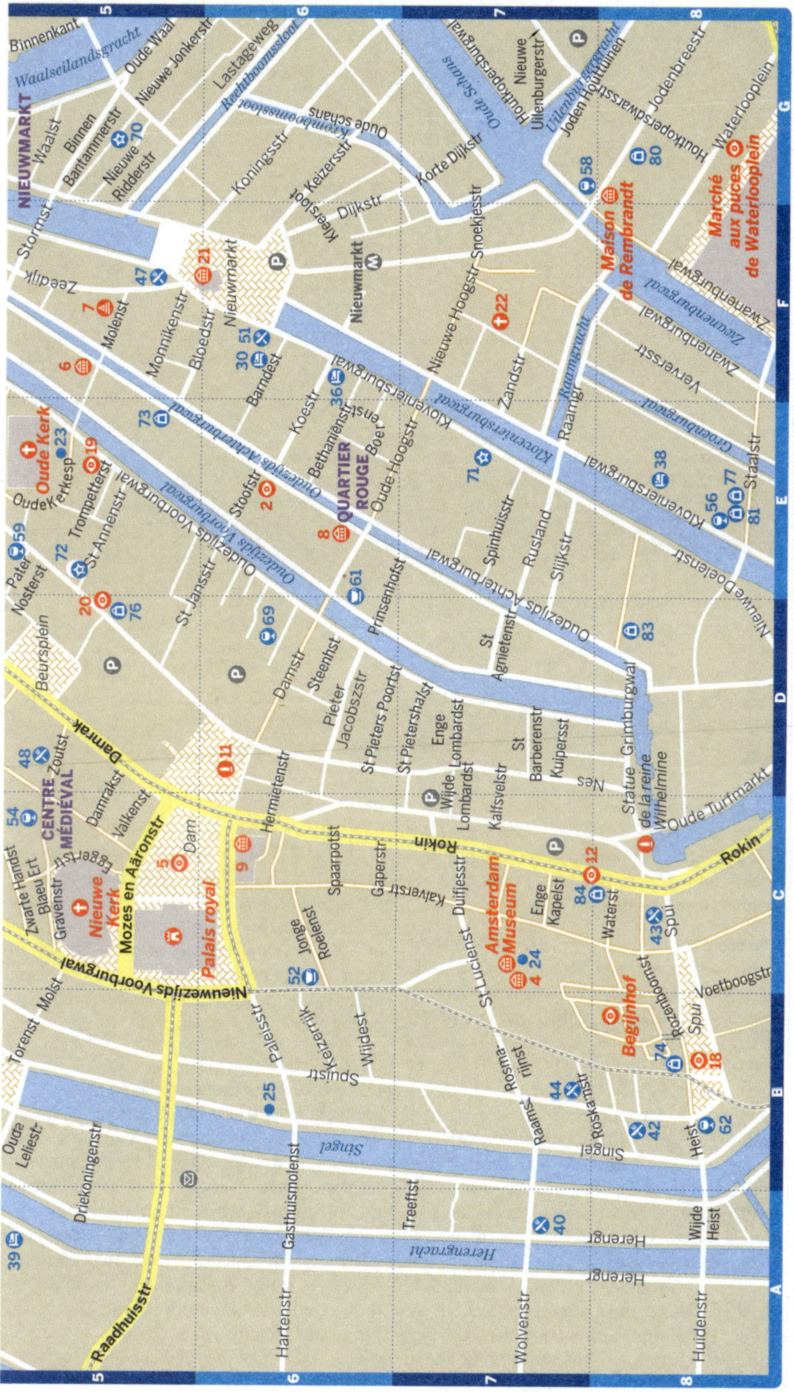
NIEUWMARKT
CENTRE MÉDIÉVAL
QUARTIER ROUGE
Oude Kerk
Nieuwe Kerk
Palais royal
Amsterdam Museum
Begijnhof
Maison de Rembrandt
Marché aux puces de Waterlooplein
Statue de la reine Wilhelmine
Nieuwmarkt
Binnenkant
Waalseilandsgracht
Oude Waal
Nieuwe Jonkerstr
Lastageweg
Rechtboomssloot
Kromboomssloot
Oude Schans
Houtkopersburgwal
Nieuwe Uilenburgerstr
Uilenburgergracht
Joden Houttuinen
Houtkopersdwarsstr
Jodenbreestr
Waterlooplein
Waalstr
Binnen Bantammerstr
Nieuwe Ridderstr
Koningsstr
Keizersstr
Kleersloot
Dijkstr
Korte Dijkstr
Snoekjesstr
Nieuwe Hoogstr
Zwanenburgwal
Verversstr
Groenburgwal
Raamgracht
Zandstr
Kloveniersburgwal
Stormst
Zeedijk
Molenst
Monnikenstr
Bloedstr
Barndest
Koestr
Bethaniënstr
Oudezijds Achterburgwal
Oudezijds Voorburgwal
Oude Hoogstr
Spinhuisstr
Rusland
Slijkstr
Raamgr
Staalstr
Nieuwe Doelenstr
Oudekerkspl
Trompetterst
St Annenstr
Stoofstr
St Jansstr
Pater Nosterst
Beursplein
Damstr
Steenhst
Pieter Jacobszstr
Prinsenhofst
St Pieters Poortst
St Pieterhalst
Enge Lombardst
Wijde Lombardst
St Agnietenstr
Grimburgwal
St Barberenstr
Kuipersst
Nes
Kalfsvelstr
Oude Turfmarkt
Rokin
Damrak
Zoutst
Damrakst
Valkenst
Hermietenstr
Lange Niezel
Dam
Zwarte Handst
Blaeu Ert
Gravenstr
Eggertst
Mozes en Aäronstr
Nieuwezijds Voorburgwal
Spaarpotst
Gaperstr
Kalverstr
Duifjesstr
St Luciënst
Jonge Roelenst
Enge Kapelst
Waterst
Spui
Rozenboomst
Voetboogstr
Torenst
Molst
Paleisstr
Keizerrijk
Wijdest
Spuistr
Rosmarijnst
Raamst
Roskamstr
Singel
Heist
Oude Leliestr
Driekoningenstr
Gasthuismolenst
Treefst
Herengracht
Herengr
Wijde Heist
Raadhuisstr
Hartenstr
Wolvenstr
Huidenstr

Centre d'Amsterdam

Les incontournables

- Amsterdam Museum ... C7
- Béguinage (Begijnhof) ... B8
- Maison de Rembrandt ... G8
- Museum Ons' Lieve Heer op Solder ... F4
- Nieuwe Kerk ... C5
- Oude Kerk ... E5
- Palais royal ... C5
- Marché aux puces de Waterlooplein ... G8

À voir

1 Beurs van Berlage ... E4
2 Cannabis College ... E6
3 Centraal Station ... F2
4 Galerie des gardes civiques ... C7
5 Dam ... C5
6 Erotic Museum ... F5
7 Temple Fo Guang Shan He Hua ... F5
8 Hash, Marijuana & Hemp Museum ... E6
9 Madame Tussauds Amsterdam ... C6
10 Multatuli Museum ... C3
11 Nationaal Monument ... D6
12 Point de vue Noord/Zuidlijn ... C7
13 Poezenboot ... C2
14 Prostitution Information Centre ... E4
15 Reypenaer Cheese Tasting ... B4
16 Schreierstoren ... G3
17 Sexmuseum Amsterdam ... E3
18 Spui ... B8
19 Trompettersteeg ... E5
20 W139 ... D5
21 Waag ... F6
22 Zuiderkerk ... F7

Activités

23 Drugs Tour ... E5
24 Mee in Mokum ... C7
25 Orangebike ... B6
Prostitution Information Centre Red Light District Tour ... (voir 14)
26 Randy Roy's Redlight Tours ... E3
Sandeman's New Amsterdam Tours ... (voir 11)
27 Yellow Bike ... D4

Où se loger

28 Aivengo Youth Hostel ... D3
29 Chic & Basic Amsterdam ... C2
30 Christian Youth Hostel "The Shelter City" ... F6
31 Frederic's Rentabike & Houseboats ... B1
32 Hotel Brouwer ... C3
33 Hotel Luxer ... F4
34 Hotel The Exchange ... D4
35 Maes B&B ... B3
36 Misc Eat Drink Sleep ... F6
37 Sebastian's ... B2

également conçu le Rijksmuseum, et les similitudes sont flagrantes : tours en faux style gothique, briques rouges et abondance de bas-reliefs (symbolisant la marine, le commerce et l'industrie).

Schreierstoren BÂTIMENT HISTORIQUE

(Carte p. 46 ; www.schreierstoren.nl ; Prins Hendrikkade 94-95 ; 4/9/16/24/25 Centraal Station). C'est depuis cette tour, édifiée comme partie intégrante des remparts de la ville autour de 1480, que l'explorateur anglais Henry Hudson aurait pris la mer en direction du Nouveau Monde en 1609 ; on trouve d'ailleurs une plaque commémorative à l'extérieur. Les publications touristiques l'appellent la "tour des pleurs" (*schreien* signifie pleurer ou gémir) et prétendent que les femmes de marins venaient pleurer ici lorsque les bateaux appareillaient pour des terres lointaines – à l'intérieur, dans le joli **VOC Cafe**, une fausse plaque leur est dédiée. En réalité, le nom provient du mot "shrap" (aiguisé), en référence à la façon dont l'angle s'avance dans la baie.

Beurs van Berlage ARCHITECTURE

(Carte p. 46 ; 530 41 41 ; www.beursvanberlage.nl ; Damrak 243). Le grand architecte et fervent socialiste H.P. Berlage (1856-1934) construisit la Bourse en 1903. Il emplit ce temple du capitalisme de décorations honorant le travail – dans le café, le carrelage mural représente le prolétariat du passé, du présent et du futur. L'édifice accueille des orchestres et des expositions artistiques.

QUARTIER ROUGE

Le célèbre quartier continue de surprendre, même si les vitrines où attendent les prostituées sont le plus vieux cliché d'Amsterdam. Loin d'être un coupe-gorge, De Wallen (nom local du quartier) renferme de beaux cafés et édifices historiques. Boutiques et restaurants (parfois libertins) fourmillent dans Zeedijk et Warmoesstraat, principales artères commerciales. On trouve des adresses plus douteuses dans Oudezijds Achterburgwal, qui abrite boutiques fétichistes, sex shows et musées du cannabis. Les rues principales du quartier sont bien surveillées et sécurisées.

Oude Kerk ÉGLISE

(Vieille église ; carte p. 46 ; ☎625 82 84 ; www.oude-kerk.nl ; Oudekerksplein 23 ; adulte/enfant 8/6 € ; 11h-17h lun-sam, 13h-17h dim ; 4/9/16/24/25 Dam). Le plus ancien édifice d'Amsterdam (XIVe siècle) trône au milieu des vitrines du quartier Rouge. À l'intérieur, l'orgue Müller, les sculptures osées de la stalle du chœur et, au sol, les pierres tombales d'Amstellodamois célèbres (tels que Saskia, l'épouse de Rembrandt) attirent l'attention ; demandez un plan à l'entrée. Une messe a lieu le dimanche à 11h, mais l'église accueille généralement des expositions comme le World Press Photo Show (p. 73). Vous pouvez grimper à la **tour** (7 € ; 13h-17h jeu-sam avr-sept). De grands travaux de restauration s'achèvent en 2013, l'intérieur sera donc resplendissant.

Trompettersteeg RUE

(Carte p. 46). Juste à côté de l'église, la ruelle la plus étroite de la ville est déconseillée aux claustrophobes : le passage, d'un mètre de large, est souvent bondé en raison des devantures aux lumières rouges qui le bordent.

Museum Ons' Lieve Heer op Solder MUSÉE

(Notre-Père-au-Grenier ; carte p. 46 ; ☎624 66 04 ; www.opsolder.nl ; Oudezijds Voorburgwal 40 ; adulte/enfant 8/4 € ; 10h-17h lun-sam, 13h-17h dim ; 4/9/16/24/25 Centraal Station). Cette maison d'apparence ordinaire, au bord du canal, renferme une église catholique, construite au milieu des années 1600 à l'insu des calvinistes. L'intérieur à la décoration d'époque dévoile des escaliers labyrinthiques, de riches œuvres d'art et l'imposante église à deux niveaux. Certains objets ont été retirés pour la restauration du musée.

Prostitution Information Centre CENTRE D'INFORMATION

(PIC ; carte p. 46 ; ☎420 73 28 ; www.pic-amsterdam.com ; Enge Kerksteeg 3 ; 13h-20h sam ou sur rdv). Fondé par une ancienne prostituée, le PIC fournit des renseignements honnêtes aux travailleuses du sexe, à leurs clients et aux touristes. La boutique du centre vend des lectures instructives et des souvenirs, mais elle propose surtout de découvrir le quartier et la chambre d'une prostituée au cours d'une excellente visite pédestre d'une heure (17h samedi, 15 €/personne, sans réservation). Visitez également le mini-musée, aménagé comme une maison close historique (gratuit avec la visite, ou 1 €/personne).

Cannabis College CENTRE D'INFORMATION
(Carte p. 46 ; ☎423 44 20 ; www.cannabiscollege.com ; Oudezijds Achterburgwal 124 ; ⏲11h-19h). Ce centre d'information à but non lucratif délivre des conseils aux visiteurs sur l'usage du cannabis et sur les lois en vigueur concernant la consommation de drogues douces.

Temple Fo Guang Shan He Hua TEMPLE BOUDDHIQUE
(Carte p. 46 ; www.ibps.nl ; Zeedijk 106-118 ; ⏲12h-17h mar-sam, 10h-17h dim toute l'année, et 12h-17h lun juin-août). Le premier temple bouddhique de style Chine impériale en Europe (2000) est dédié à Kuan Yin, la déesse bouddhique de la miséricorde. Faites un don, allumez un bâton d'encens et observez les milliers d'yeux et de mains de la statue de Kuan Yin.

Hash, Marijuana & Hemp Museum MUSÉE
(Carte p. 46 ; ☎623 59 61 ; www.hashmuseum.com ; Oudezijds Achterburgwal 148 ; 9 € ; ⏲10h-23h). Ce musée rénové récemment traite de botanique et de la relation entre cannabis et religion. Ne manquez pas l'impressionnante collection de pipes, l'exposition interactive et une guitare dont le corps est en chanvre. Le droit d'entrée comprend l'accès à la **Hemp Gallery**, remplie d'objets artistiques et historiques liés au chanvre, située dans un bâtiment distinct, à quelques portes au nord. Les visiteurs au budget restreint préféreront le Cannabis College (ci-contre).

> **PHOTOGRAPHIER LE QUARTIER ROUGE**
>
> Vous serez peut-être tenté de photographier les femmes dévêtues dans leur vitrine à l'éclairage rouge. Abstenez-vous – par respect d'une part, d'autre part pour éviter à votre appareil photo de finir dans un canal.

Erotic Museum MUSÉE
(Carte p. 46 ; www.erotisch-museum.nl ; Oudezijds Achterburgwal 54 ; 7 € ; ⏲11h-1h). Articles de bondage, photos osées et dessins érotiques. Mieux situé, l'Erotic Museum est toutefois moins amusant et plus cher que le Sexmuseum Amsterdam (p. 45) dans Damrak.

W139 ESPACE CULTUREL ET ARTISTIQUE
(Carte p. 46 ; www.w139.nl ; Warmoesstraat 139 ; ⏲12h-18h). Centre d'art contemporain proposant des expositions multimédias, avec un angle souvent politique. Voir le site Internet pour la programmation.

NIEUWMARKT

Le Nieuwmarkt (Nouveau Marché) est un quartier chargé d'histoire – comme souvent à Amsterdam. Rembrandt a peint ses canaux et ses marchands juifs ont généré une bonne partie de la richesse de la ville grâce, entre autres, au commerce diamantaire. La place Nieuwmarkt, juste à l'est du quartier Rouge, en est le point de convergence. Lumineuse et

> **QUARTIER ROUGE : CE QU'IL FAUT SAVOIR**
>
> » **Année de la légalisation de la prostitution aux Pays-Bas :** 1810
>
> » **Année de la légalisation des maisons closes :** 2000
>
> » **Pourcentage de prostituées nées aux Pays-Bas :** 5%
>
> » **Prix moyen d'une vitrine :** entre 75 et 150 € pour 8 heures (payés par la prostituée), selon l'emplacement.
>
> » **Argent généré par cette industrie :** environ 650 millions d'euros annuels, d'après le Bureau central de statistique.
>
> » **Les prostituées paient-elles des impôts ?** Oui.
>
> » **Que se passe-t-il si un client est violent ?** Les logements des prostituées sont équipés d'un bouton qui, lorsqu'on le presse, active une lumière à l'extérieur. La police arrive en vitesse.
>
> » **Pourquoi une lumière rouge ?** Parce qu'elle est flatteuse. En particulier quand elle est associée à la lumière noire, elle fait briller les dents. Dès le XIVe siècle, des femmes portant des lanternes rouges allaient à la rencontre des marins près du port.

LA FIN DU QUARTIER ROUGE ?

Depuis 2007, les autorités municipales réduisent le nombre de vitrines du quartier Rouge. La raison avancée n'est pas morale mais criminelle : proxénètes, trafiquants et blanchisseurs d'argent sale ont pris les commandes et entraînent le quartier vers le bas. Les opposants au projet dénoncent un conservatisme local croissant et affirment que le crime sert de prétexte au gouvernement qui n'apprécie pas l'actuelle réputation d'Amsterdam, ville du péché.

À mesure que les vitrines disparaissent, ateliers de mode, galeries d'art et cafés branchés récupèrent les espaces désertés grâce à un programme de location bon marché. Le projet, Project 1012, porte le numéro du code postal du quartier. Reste à découvrir jusqu'où la municipalité poursuivra ses efforts de "nettoyage".

décontractée, bordée de cafés, de boutiques et de restaurants, cette place est sans conteste le lieu le plus majestueux de la ville après le Dam.

♥ Maison de Rembrandt — MUSÉE

(Museum het Rembrandthuis ; carte p. 46 ; ☎520 04 00 ; www.rembrandthuis.nl ; Jodenbreestraat 4-6 ; adulte/enfant 10/3 € ; ⏲10h-17h ; 🚊9/14 Waterlooplein). On s'attend presque à croiser le maître lui-même dans cette maison sur trois niveaux en bord de canal où Rembrandt van Rijn vécut et dirigea le plus grand atelier du pays entre 1639 et 1658. Le charmant intérieur, rempli de bibelots, permet d'imaginer Rembrandt passant ses journées à peindre, jusqu'à ce que la faillite l'oblige à trouver un logement moins cher dans le Jordaan. Ne manquez pas sa collection complète de gravures (une cinquantaine d'œuvres) et les démonstrations quotidiennes de cette technique ; son atelier, où des artistes montrent comment il obtenait et mélangeait ses peintures ; son cabinet renfermant coquillages, bustes romains, alligators empaillés et autres curiosités. Demandez l'audioguide gratuit. Vous pouvez acheter vos billets en ligne, mais ce n'est pas aussi indispensable que pour d'autres grands musées.

Joods Historisch Museum — MUSÉE

(Musée d'Histoire juive ; carte p. 62 ; ☎626 99 45 ; www.jhm.nl ; Nieuwe Amstelstraat 1 ; adulte/enfant 12/3 € ; ⏲11h-17h ; 👪 🚊9/14 Mr Visserplein). Consacré à l'histoire des juifs aux Pays-Bas, ce complexe joliment restauré, composé de quatre synagogues ashkénazes des XVIIe et XVIIIe siècles, dévoile une communauté juive dynamique disparue pendant la Seconde Guerre mondiale. La visite audioguidée en anglais, gratuite, offre un complément d'informations. Le billet comprend l'entrée dans la synagogue portugaise israélite.

Synagogue portugaise israélite — SYNAGOGUE

(Carte p. 62 ; www.portugesesynagoge.nl ; Mr Visserplein 3 ; adulte/enfant 12/3 € ; ⏲10h-16h dim-ven ; 🚊9/14 Mr Visserplein). Quand elle fut achevée, en 1675, cette synagogue, toujours en service aujourd'hui, était la plus grande d'Europe. Elle renferme d'imposantes colonnes et une vingtaine de candélabres en cuivre. Dehors (près de l'entrée), les escaliers conduisent au sous-sol, vers les "chambres aux trésors" qui abritent des manuscrits et des tapisseries brodées d'or du XVIe siècle. Le droit d'entrée inclus l'accès au Joods Historisch Museum.

Waag — BÂTIMENT HISTORIQUE

(Carte p. 46 ; www.indewaag.nl ; Nieuwmarkt 4 ; ⏲10h-1h ; Ⓜ Nieuwmarkt). Le Waag aux multiples tours date de 1488, il faisait alors partie des fortifications de la ville. Au XVIIe siècle, il est devenu le principal Poids public d'Amsterdam, puis un lieu d'exécutions. Un bar-restaurant occupe désormais l'endroit. Devant, la place Nieuwmarkt accueille divers événements, dont un marché fermier le samedi et un déballage d'antiquaires le dimanche.

Marché aux puces de Waterlooplein — MARCHÉ

(Carte p. 46 ; www.waterloopleinmarkt.nl ; ⏲9h-17h lun-sam ; 🚊9/14 Waterlooplein). Sur la place autrefois surnommée Vlooienburg (ville des puces), le marché propose de tout, des vieux bibelots aux faux jeans de marque, en passant par les sucettes au chanvre et les antivols de vélo à petits prix. Le marché est né en 1880, lorsque les commerçants juifs du quartier commencèrent à y vendre leurs marchandises.

GRATUIT Gassan Diamonds — ATELIER DIAMANTAIRE

(Carte p. 62 ; www.gassan.com ; Nieuwe Uilenburgerstraat 173-175 ; ⏲9h-17h ; 🚊9/14 Waterlooplein). On découvre dans ce vaste atelier comment

Jordaan et ceinture des canaux ouest

Jordaan et ceinture des canaux ouest

Les incontournables
Maison d'Anne Frank C4

À voir
1 Amsterdam Tulip Museum C3
2 Bijbels Museum D7
3 Electric Ladyland C3
4 Het Grachtenhuis D7
5 Homomonument D4
6 Houseboat Museum C6
7 Huis Marseille D7
8 Johnny Jordaanplein C6
9 Negen Straatjes D6
10 Noorderkerk D1
11 Noordermarkt D1
12 Pianola Museum C2
13 Westerkerk C4

Où se loger
14 All Inn the Family B&B C3
15 Christian Youth Hostel "The Shelter Jordaan" A5
16 Dylan D7
17 Hotel Acacia B2
18 Hotel Amsterdam Wiechmann C7
19 Hotel Nadia D4
20 Hotel van Onna B4
21 The Toren D3

Où se restaurer
22 Balthazar's Keuken B7
23 Brasserie Blazer B7
24 De Bolhoed D2
25 Festina Lente C7
26 Hostaria C3
27 Koevoet D1
28 La Oliva C3
29 Lunchcafe Nielsen C6
30 Moeders A5
31 Pancakes! C6
32 Wil Graanstra Friteshuis C4
33 Winkel D2

Où prendre un verre
34 Café de Vergulde Gaper D2
35 Café Restaurant van Puffelen C5
36 Café 't Smalle C3
37 De Kat in de Wijngaert C1
38 De Twee Zwaantjes C3
39 Finch D1
40 Saarein B6

Où sortir
41 Felix Meritis D7
42 Maloe Melo B6

Achats
43 Boekie Woekie C6
44 De Kaaskamer C7
45 De Looier Antiques Centre B7
46 Frozen Fountain C7
47 Lady Day D5

dégrossir la pierre brute pour obtenir un beau diamant. On apprend aussi à déterminer la qualité des pierres et l'on observe des experts les tailler et les polir. La visite d'une heure est la plus intéressante parmi celles proposées en ville, d'où la présence de nombreux bus touristiques. N'ayez crainte, l'attente n'est pas longue.

Zuiderkerk ÉGLISE
(Église du Sud ; carte p. 46 ; www.zuiderkerkamsterdam.nl ; Zuiderkerkhof 72 ; adulte/enfant 7/3,50 € ; 13h-17h lun-sam avr-sept ; M Nieuwmarkt). Hendrick de Keyser, célèbre architecte néerlandais de la Renaissance, a construit l'"église du Sud" en 1611. L'intérieur accueille désormais des événements privés, mais la tour se visite avec un guide toutes les 30 minutes. Après avoir grimpé les nombreuses marches, dépassé les carillons, on atteint un point d'observation offrant une vue imprenable sur la ville.

Scheepvaarthuis ARCHITECTURE
(Maison de la Navigation ; carte p. 62 ; Prins Hendrikkade 108 ; 4/9/16/24/25 Centraal Station). La majestueuse Scheepvaarthuis, construite en 1916, fut la première véritable réalisation de l'école d'architecture d'Amsterdam. L'extérieur, orné de détails nautiques, ressemble à la proue d'un bateau. C'est désormais un hôtel de luxe, à l'intérieur duquel on peut admirer des vitraux, de magnifiques luminaires et l'escalier central Art déco.

De Appel ESPACE CULTUREL ET ARTISTIQUE
(Carte p. 62 ; 625 56 51 ; www.deappel.nl ; Prins Hendrikkade 142 ; adulte/enfant 7 €/gratuit ; 12h-20h mar-sam, jusqu'à 18h dim ; 4/9/16/24/25 Centraal Station). Les conservateurs de ce centre artistique chic sont doués pour dénicher de jeunes talents internationaux et agrémenter les expositions de conférences, de projections et de spectacles.

JORDAAN

Si l'on devait élire le quartier d'Amsterdam à "la plus belle personnalité", le Jordaan l'emporterait certainement. Sa convivialité contagieuse s'exprime à travers les sympathiques galeries, les cafés bruns et les restaurants ornés de fleurs débordant dans les ruelles étroites. Ancien quartier ouvrier, le Jordaan est aujourd'hui l'un des secteurs les plus recherchés pour qui veut vivre à Amsterdam.

GRATUIT **Noorderkerk** ÉGLISE

(Église du Nord ; carte p. 52 ; www.noorderkerk.org ; Noordermarkt 48 ; ⏲10h30-12h30 lun, 11h-13h sam, 13h30-17h30 dim). La Noorderkerk était une église calviniste destinée aux "gens ordinaires" du Jordaan. Elle présente un plan en croix grecque (quatre transepts de longueur égale) autour d'une chaire centrale. Près de l'entrée, une sculpture commémore les émeutes du Jordaan, en juillet 1934. Cinq personnes moururent lors de ces protestations contre les mesures d'austérité du gouvernement. L'église accueille de fameux **concerts** (☎620 45 56 ; www.noorderkerkconcerten.nl ; billets à partir de 15 € ; ⏲14h sam mi-sept à mi-juin) les samedis après-midi .

Noordermarkt MARCHÉ

(Marché du Nord, Noorderkerkplein ; carte p. 52 ; www.boerenmarktamsterdam.nl ; ⏲8h-14h lun, 9h-16h sam ; 🚋3 Nieuwe Willemsstraat). Entourant la Noorderkerk, le marché du Nord accueille en réalité deux marchés. Le lundi matin, on y trouve des vêtements d'occasion (de grandes piles où fouiller) et des objets anciens. Le samedi, place aux fromages et autres superbes produits des agriculteurs des environs d'Amsterdam.

Houseboat Museum MUSÉE

(Carte p. 52 ; ☎427 07 50 ; www.houseboatmuseum.nl ; Prinsengracht, face au 296 ; adulte/enfant 3,75/3 € ; ⏲11h-17h mar-dim mars-oct, 11h-17h ven-dim nov-fév, fermé janv ; 🚋13/14/17 Westermarkt). L'étrange musée, aménagé sur une péniche de 23 m de long datant de 1914, permet de découvrir le confort de la vie sur l'eau. L'exposition est limitée, mais on peut voir un diaporama présentant des bateaux extravagants, et la chambre, le salon, la cuisine et la salle à manger se visitent.

Johnny Jordaanplein PLACE

(Carte p. 52 ; angle Prinsengracht et Elandsgracht ; 🚋13/14/17 Westermarkt). La petite place est

VAUT LE DÉTOUR

WESTERPARK ET LES ÎLES OCCIDENTALES

Ces deux enclaves décontractées d'Amsterdam sont situées juste au nord du Jordaan. Vous pouvez facilement passer l'après-midi à flâner entre architecture et cafés dans ce mélange urbain écologique et branché.

Commencez par le remarquable **Het Schip** (☎418 28 85 ; www.hetschip.nl ; Spaarndammerplantsoen 140 ; 7,50 € ; ⏲11h-17h mar-dim ; 🚌22 Zaanstraat), l'immeuble d'habitation phare de l'école d'Amsterdam. Conçu par Michel de Klerk pour les employés des réseaux ferrés, ce bâtiment triangulaire aux lointains airs de navire accueille désormais un petit musée renfermant un vieux bureau de poste et un appartement.

Depuis le Het Ship, longez la voie ferrée vers le sud-est, puis empruntez un petit passage souterrain menant au Westerpark. Cet espace vert parsemé d'étangs est un lieu branché adossé à la **Westergasfabriek** (☎586 07 10 ; www.westergasfabriek.nl ; Haarlemmerweg 8-10 ; 🚋3 Haarlemmerplein), une ancienne usine à gaz transformée en espace culturel d'avant-garde, qui accueille bars, clubs et salles de concert.

Idéal pour goûter l'ambiance, **Toko MC** (☎475 04 25 ; www.tokomc.nl ; Polonceaukade 5 ; plats 17-20 € ; ⏲à partir de midi mar-dim ; 🚋10 Van Limburg-Stirumstraat) est à la fois un restaurant caribéen (avec sardines grillées et potiron rôti), un bar éclairé aux lanternes servant des cocktails, et une discothèque où les DJ diffusent de la world music.

Dirigez-vous vers l'est en passant la grande Haarlemmerpoort en pierre (porte de Haarlem) jusqu'aux îles occidentales. Celles-ci accueillaient à l'origine des chantiers navals et les entrepôts de la Compagnie néerlandaise des Indes orientales, à l'activité florissante au début du XVIIe siècle. Le quartier, véritable monde à part, est entrecoupé de canaux et relié par de petits ponts à bascule. La balade parmi les demeures et les ateliers d'artistes, et un dîner au Marius (p. 83), méritent le détour.

Les tramways 3 et 10 passent dans le secteur ; le bus n°22 dessert le Het Schip. Le quartier est accessible à pied ou à vélo depuis Centraal Station, située à 1,6 km du parc.

dédiée à Johnny Jordaan, héros local et chanteur de titres larmoyants tels que *Bij ons in de Jordaan* ("Nous, dans le Jordaan"). Des bustes en bronze le représentent avec son groupe, mais le véritable attrait est le poste de transformation municipal, coloré et couvert de paroles nostalgiques.

Pianola Museum MUSÉE
(Carte p. 52 ; ☎627 96 24 ; www.pianola.nl ; Westerstraat 106 ; adulte/enfant 5/3 € ; 🕒14h-17h dim ; 🚊3/10 Marnixplein). Ce lieu très particulier renferme des pianolas du début du XXe siècle et près de 20 000 rouleaux de carton perforé. Chaque mois (sauf en juillet et août), des concerts de pianola ont lieu, des airs de Mozart à Fats Waller et des mélodies classiques ou jazz composées spécialement pour l'instrument sont joués. Le conservateur fait des démonstrations pleines d'enthousiasme.

Electric Ladyland MUSÉE
(Carte p. 52 ; www.electric-lady-land.com ; 2e Leliedwarsstraat 5 ; adulte/enfant 5 €/gratuit ; 🕒14h-17h mar-sam ; 🚊13/14/17 Westermarkt). Le premier musée au monde consacré à l'art fluorescent offre une expérience hallucinatoire. Nick Padalino, artiste et propriétaire, conduit les visiteurs au sous-sol de sa boutique pour leur montrer toutes sortes d'objets phosphorescents, des sculptures psychédéliques aux roches luminescentes. Comptez une heure.

Amsterdam Tulip Museum MUSÉE
(Carte p. 52 ; ☎421 00 95 ; www.amsterdamtulipmuseum.com ; Prinsengracht 112 ; adulte/enfant 6/4 € ; 🕒10h-18h). Ce petit musée expérimental tenu par des producteurs de bulbes présente l'histoire de la tulipe, de ses origines turques à la "tulipomanie" néerlandaise. On y découvre que les bulbes servaient de nourriture pendant la guerre, et les méthodes scientifiques actuelles de culture et de récolte. Nombreux souvenirs liés aux tulipes dans la boutique.

CEINTURE DES CANAUX OUEST

La ceinture des canaux ouest est l'un des plus beaux secteurs d'Amsterdam. Des édifices majestueux et d'insolites petites boutiques bordent les cours d'eau autour desquels on peut flâner pendant des jours.

Maison d'Anne Frank MUSÉE
(Anne Frank Huis ; carte p. 52 ; ☎556 71 05 ; www.annefrank.org ; Prinsengracht 276 ; adulte/enfant 9 €/gratuit ; 🕒9h-19h tlj, plus tard sam, et mi-mars à mi-sept ; 🚊13/14/17 Westermarkt). La maison dans laquelle Anne, sa famille et ses amis essayèrent d'échapper aux nazis de juillet 1942 à août 1944 attire près d'un million de visiteurs par an. Le bâtiment renfermait le commerce de pectine d'Otto Frank ; on peut voir aux niveaux inférieurs les anciens bureaux. Dans l'*achterhuis* (maison de derrière), vous franchissez la bibliothèque pivotante de l'"annexe secrète" pour pénétrer dans l'habitation exiguë, dont le dépouillement a été conservé. Les huit habitants y vécurent, observant un silence total en journée, collant des photos de stars hollywoodiennes sur les murs et lisant Dickens, avant d'être mystérieusement dénoncés. D'autres objets fascinants et des vidéos vous attendent dans la maison de devant – notamment le journal à carreaux rouges d'Anne, exposé seul dans sa vitrine, et des lettres déchirantes d'Otto, le seul occupant rescapé des camps de concentration.

> **VISITER LA MAISON D'ANNE FRANK**
>
> » Arriver après 18h permet d'éviter la foule et de limiter l'attente.
>
> » Acheter ses billets à l'avance dispense des files d'attente et permet entrer par une autre porte (à gauche de l'entrée principale).
>
> » Réserver de deux façons : via le site Web (supplément 0,50 €), mais il faut s'y prendre plusieurs jours à l'avance et pouvoir imprimer les billets ; ou via l'office du tourisme de Centraal Station (supplément 1 €), même au dernier moment. Par ces deux méthodes, on a un horaire d'entrée précis.
>
> » Télécharger "Anne's Amsterdam", une application gratuite disponible en néerlandais, en anglais et en allemand sur le site du musée.

Westerkerk ÉGLISE
(Église ouest ; carte p. 52 ; ☎624 77 66 ; www.westerkerk.nl ; Prinsengracht 281 ; 🕒11h-15h lun-ven avr-sept, et sam juil et août ; 🚊13/14/17 Westermarkt). Couronnée de bleu, l'église protestante, construite en 1631, est emblématique du Jordaan. On considère que les véritables natifs du quartier sont nés à portée du carillon de la Westerkerk. Rembrandt y reposerait, dans une simple tombe sans nom. Accessible uniquement lors de visites,

Ceinture des canaux sud et De Pijp

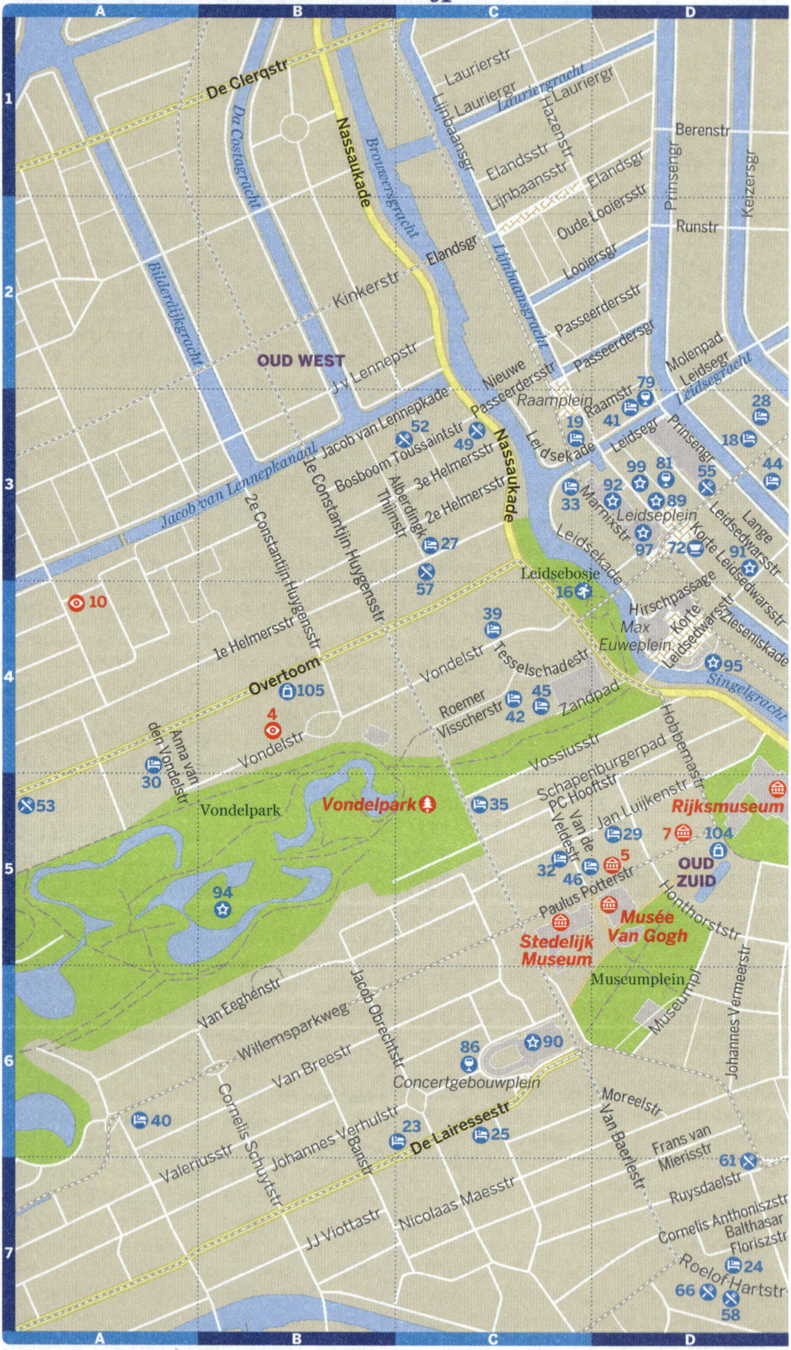

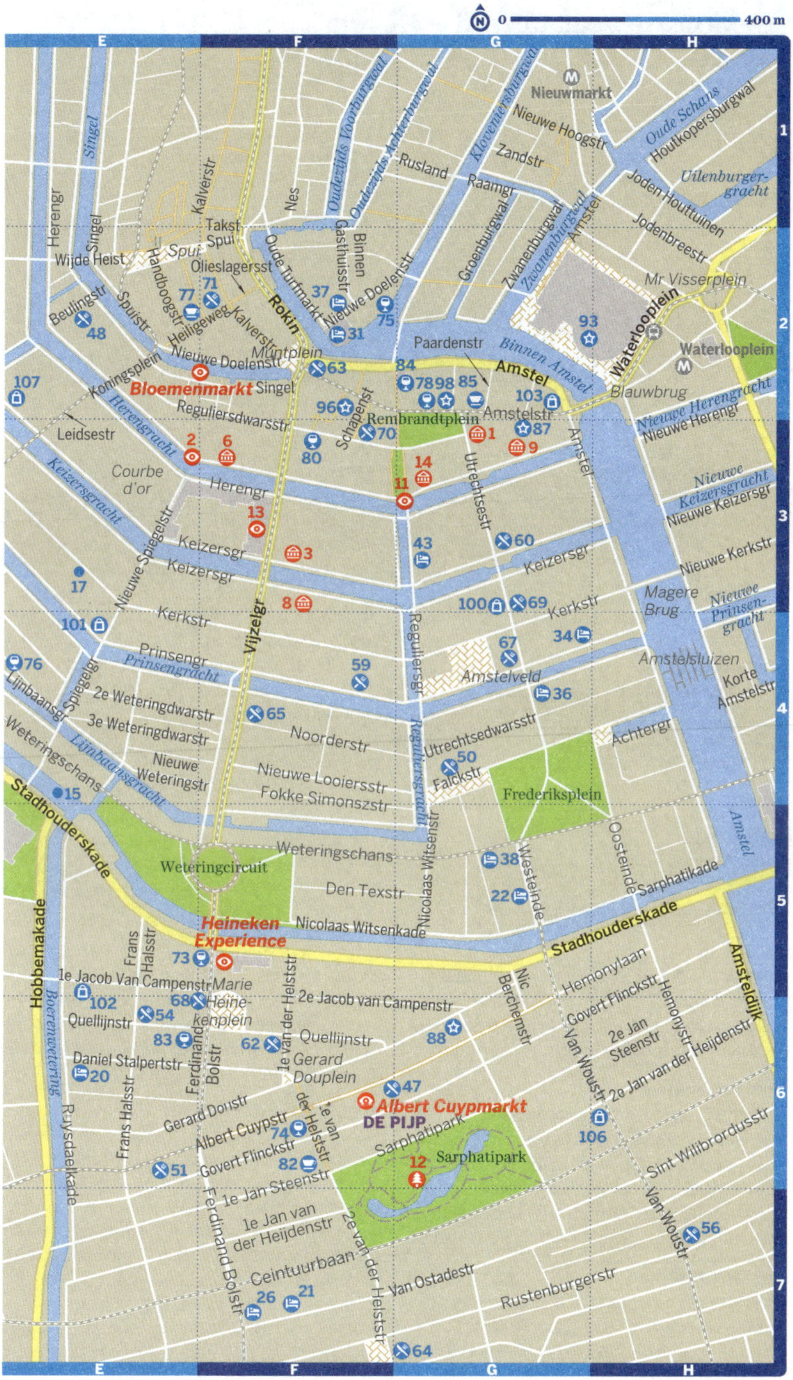
0
400 m
E
F
G
H
1
2
3
4
5
6
7
Nieuwmarkt
Nieuwe Hoogstr
Zandstr
Raamgr
Rusland
Oudezijds Voorburgwal
Oudezijds Achterburgwal
Kloveniersburgwal
Groenburgwal
Zwanenburgwal
Amstel
Oude Schans
Houtkopersburgwal
Uilenburger-gracht
Joden Houttuinen
Jodenbreestr
Mr Visserplein
Waterlooplein
Singel
Herengr
Kalverstr
Nes
Gasthuisstr
Binnen
Takst
Spui
Wijde Heist
Handboogstr
Olieslagerssf
Oude Turfmarkt
Nieuwe Doelenstr
Rokin
Beulingstr
Spuistr
Heiligeweg
Kalverstr
Muntplein
Nieuwe Doelenstr
Paardenstr
Binnen Amstel
Amstel
Bloemenmarkt
Singel
Koningsplein
Herengracht
Reguliersdwarsstr
Schapenstr
Rembrandtplein
Amstelstr
Blauwbrug
Nieuwe Herengracht
Nieuwe Herengr
Leidsestr
Keizersgracht
Courbe d'or
Herengr
Utrechtsestr
Nieuwe Keizersgracht
Nieuwe Keizersgr
Nieuwe Spiegelstr
Keizersgr
Keizersgr
Keizersgr
Nieuwe Kerkstr
Kerkstr
Vijzelgr
Reguliersgr
Kerkstr
Magere Brug
Nieuwe Prinsengracht
Prinsengr
Prinsengracht
Amstelveld
Amstelsluizen
Korte Amstelstr
Lijnbaansgr
Spiegelgr
2e Weteringdwarstr
3e Weteringdwarstr
Noorderstr
Reguliersgracht
Utrechtsedwarsstr
Achtergr
Weteringschans
Lijnbaansgracht
Nieuwe Weteringstr
Nieuwe Looiersstr
Fokke Simonszstr
Falckstr
Frederiksplein
Amstel
Stadhouderskade
Weteringcircuit
Weteringschans
Nicolaas Witsenstr
Westeinde
Oosteinde
Sarphatikade
Den Texstr
Nicolaas Witsenkade
Heineken Experience
Stadhouderskade
Hobbemakade
Frans Halsstr
1e Jacob Van Campenstr
Marie Heine-kenplein
1e van der Helststr
2e Jacob van Campenstr
Nic Berchemstr
Hemonylaan
Govert Flinckstr
Hemonystr
Amsteldijk
Boerenwetering
Quellijnstr
Quellijnstr
Daniel Stalpertstr
Ferdinand Bolstr
Gerard Douplein
Van Woustr
2e Jan Steenstr
2e Jan van der Heijdenstr
Ruysdaelkade
Frans Halsstr
Gerard Doustr
Albert Cuypstr
2e van der Helststr
Albert Cuypmarkt
DE PIJP
Sarphatipark
Sarphatipark
Govert Flinckstr
1e Jan Steenstr
Sint Willibrordusstr
Van Woustr
Ferdinand Bolstr
1e Jan van der Heijdenstr
2e van der Helststr
Ceintuurbaan
Van Ostadestr
Rustenburgerstr
1
2
3
6
8
9
11
12
13
14
15
17
20
21
22
26
31
34
36
37
38
43
47
48
50
51
54
56
59
60
62
63
64
65
67
68
69
70
71
73
74
75
76
77
78
80
82
83
84
85
87
88
93
96
98
100
101
102
103
106
107

Ceinture des canaux sud et De Pijp

Les incontournables
Albert Cuypmarkt F6
Bloemenmarkt F2
Heineken Experience F5
Musée Van Gogh D5
Rijksmuseum D5
Stedelijk Museum C5
Vondelpark C5

À voir
1 Ajax Experience G3
2 Courbe d'or E3
3 FOAM F3
4 Hollandsche Manege B4
5 House of Bols D5
6 Kattenkabinet F3
7 Musée du diamant D5
8 Musée Van Loon F3
9 Museum Willet-Holthuysen G3
10 New Art Space Amsterdam A4
11 Reguliersgracht G3
12 Sarphatipark G6
13 Stadsarchief F3
14 Tassenmuseum Hendrikje G3

Activités
15 Blue Boat Company E4
Boom Chicago Boats .... (voir 89)
16 Canal Bike C4
17 Mike's Bike Tours E3
St Nicolaas Boat Club .... (voir 89)

Où se loger
18 Amistad Hotel D3
19 Backstage Hotel C3
20 Between Art & Kitsch B&B E6
21 Bicycle Hotel Amsterdam F7
22 Cocomama G5
23 Collector C6
24 College Hotel D7
25 Conscious Hotels Museum Square C6
26 easyHotel F7
27 Flynt B&B C3
28 Golden Bear D3
29 Hotel Aalders D5
30 Hotel de Filosoof A4
31 Hotel de L'Europe F2
32 Hotel Fita C5
33 Hotel Freeland C3
34 Hotel Orlando G4
35 Hotel Piet Hein C5
36 Hotel Prinsenhof G4
37 Hotel Résidence Le Coin F2
38 Hotel V G5
39 Hotel Vondel C4
40 Hotel Zandbergen A6
41 International Budget Hostel D3
42 Owl Hotel C4
43 Seven Bridges G3
44 Seven One Seven D3
45 Stayokay Amsterdam Vondelpark C4
46 Van Gogh Hostel & Hotel C5

Où se restaurer
47 Bazar Amsterdam F6
48 Beulings E2
49 Blue Pepper C3
50 Bouchon du Centre G4
51 Burgermeester E6
52 Café Toussaint C3

la **tour** de 85 m (7 €/personne ; 10h-17h30 lun-ven, jusqu'à 19h30 sam avr-sept) dévoile une belle vue sur le canal, mais l'ascension peut sembler éreintante et assez oppressante.

Homomonument — MONUMENT

(Carte p. 52 ; angle Keizersgracht et Raadhuisstraat). Les trois triangles en granite rose derrière la Westerkerk rappellent la persécution des homosexuels, forcés par les nazis de porter ce symbole. Les habitants y déposent des fleurs lors de la fête de la Libération (4 mai).

Het Grachtenhuis — MUSÉE

(Maison des Canaux ; carte p. 52 ; www.hetgrachtenhuis.nl ; Herengracht 386 ; adulte/enfant 12/6 € ; 10h-17h mar-dim ; 1/2/5 Spui). Vous découvrirez ici, grâce à une visite audioguidée de 40 minutes, comment les canaux et les maisons qui les bordent sont intégrées dans l'urbanisme de la ville. Les billets sont valables pour un horaire précis ; réservez en ligne pour obtenir une réduction.

Negen Straatjes — RUES

(Neuf Rues ; carte p. 52 ; www.de9straatjes.nl). Délimitées par Reestraat, Hartenstraat et Gasthuismolensteeg au nord, et Runstraat, Huidenstraat et Wijde Heisteeg au sud, les Neuf Rues abritent un ensemble de petites boutiques où l'on trouve des vêtements vintage, des articles pour la maison et des souvenirs excentriques comme des brosses à dents, ou des montures de lunettes anciennes. Il y a même un docteur pour poupées !

Huis Marseille — MUSÉE

(Carte p. 52 ; www.huismarseille.nl ; Keizersgracht 401 ; adulte/enfant 5 €/gratuit ; ⏲11h-18h mar-dim ; 🚊1/2/5 Keizersgracht). Musée de la photographie accueillant des expositions temporaires d'artistes internationaux. Les thèmes traités incluent le portrait, la nature ou la région. La galerie, installée sur plusieurs étages d'une demeure historique, s'étend jusque dans un pavillon du jardin. Superbe petite bibliothèque.

Reypenaer Cheese Tasting — GASTRONOMIE

(Carte p. 46 ; ☎320 63 33 ; www.reypenaer.com ; Singel 182 ; dégustations à partir de 10 € ; 🚊1/2/5/13/17 Raadhuisstraat). Devenez expert en *kaas* (fromage) grâce aux dégustations proposées par Reypenaer, fromager ouvert depuis plus d'un siècle. Dans une ancienne salle de classe sous la boutique, la session d'une heure (dispensée aussi en anglais) comprend la dégustation de six fromages ; vin et porto en option. Le personnel indique comment apprécier l'aspect, l'odeur et le goût de chaque morceau. Appelez pour les horaires.

Bijbels Museum — MUSÉE

(Musée de la Bible ; carte p. 52 ; www.bijbelsmuseum.nl ; Herengracht 366-368 ; adulte/enfant 8/4 € ; ⏲10h-17h lun-sam, 11h-17h dim ; 🚊1/2/5 Spui). Cette maison au bord du canal est consacrée à l'importance de la Bible dans la culture du XIXe siècle. Elle renferme de vieilles momies, des modèles sculptés à la main du Tabernacle et du temple de

ASTUCES POUR LES MUSÉES

Les prestigieux musées d'Amsterdam attirent des millions de visiteurs chaque année, et les files d'attente au musée Van Gogh, au Rijksmuseum, à la maison d'Anne Frank, entre autres, sont parfois interminables, notamment l'été. Quelques astuces.

Comment éviter la foule

» **Profitez des e-billets** La pluparts des monuments en proposent, avec un léger supplément ou non. Ils permettent généralement l'accès à une file d'attente distincte et plus rapide. Attention, il faut souvent pouvoir imprimer les billets.

» **Arriver tard** L'attente est moins longue en fin d'après-midi et en début de soirée. Visitez le Rijksmuseum et le musée Van Gogh (nocturne le vendredi soir) après 15h, et la maison d'Anne Frank (nocturne en été) après 18h.

» **Essayez les offices du tourisme** Vous pouvez aussi acheter vos billets dans les offices du tourisme, mais il y a souvent autant de monde que dans les musées.

» **Achetez une carte de réduction** Outre les économies sur les tarifs, ces cartes permettent généralement d'entrer plus rapidement.

Comment économiser

Museumkaart (www.museumkaart.nl ; adulte/enfant 45/22,50 €, plus 5 € pour la première inscription). Adaptée aux longs séjours aux Pays-Bas, cette carte permet d'entrer dans 400 musées du pays pendant un an.

I Amsterdam (www.iamsterdam.com ; pour 24/48/72 heures 40/50/60 €). Idéale pour de courts séjours dans la ville. Elle comprend l'accès aux mêmes sites que la Museumkaart, un pass de transport GVB, une croisière sur les canaux et des réductions dans les restaurants. La carte n'est rentabilisée que si l'on visite trois musées par jour.

Holland Pass (www.hollandpass.com ; 2/5/7 sites 28/44/54 €). Similaire à l'I Amsterdam, la précipitation en moins ; vous pouvez visiter les sites sur une période plus longue. L'économie réalisée est difficile à estimer car on doit choisir des "catégories" d'attractions (les plus populaires/chères appartiennent à la catégorie supérieure).

Jérusalem, et plusieurs bibles anciennes (dont une édition Delft de 1477). Près du joli jardin se trouve une exposition de "senteurs" bibliques.

Poezenboot BATEAU

(Bateau du chat ; carte p. 46 ; www.poezenboot.nl ; Singel 38 ; entrée sur don ; 13h-15h, fermé mer et dim). Dans les années 1960, cette péniche abritait des centaines de chats errants. C'est aujourd'hui une fondation – un petit don permet de câliner les félins.

GRATUIT **Multatuli Museum** MUSÉE

(Carte p. 46 ; www.multatuli-museum.nl ; Korsjespoortsteeg 20 ; 10h-17h mar, 12h-17h sam et dim). Le romancier Eduard Douwes Dekker, mieux connu sous le pseudonyme Multatuli ("j'ai beaucoup souffert", en latin), est l'auteur de *Max Havelaar* (1860), un ouvrage sur la corruption des colons dans les Indes orientales néerlandaises. Dans cette petite mais fascinante maison-musée, on découvre sa vie, son œuvre, ainsi que des meubles et objets rapportés de son séjour en Indonésie.

CEINTURE DES CANAUX SUD

Deux secteurs de vie nocturne animée composent la ceinture des canaux sud : Leidseplein et Rembrandtplein. Éclairés aux néons, tous deux accueillent les fêtards. Entre eux, on trouve d'intéressants musées, restaurants, cafés et une multitude de boutiques.

Hermitage Amsterdam MUSÉE

(Carte p. 62 ; 530 74 88 ; www.hermitage.nl ; Amstel 51 ; adulte/enfant 15 €/gratuit ; 10h-17h ; 9/14 Waterlooplein). Cette annexe du musée de l'Ermitage de Saint-Pétersbourg occupe l'Amstelhof, ancien hospice pour nécessiteux du XVIIe siècle. Les prestigieuses expositions, composées de trésors venus du palais russe comme de chefs-d'œuvre de Van Gogh et de Gauguin, changent environ deux fois par an et sont de véritables succès. L'ancienne cuisine et d'autres salles historiques conservées derrière les galeries principales se visitent également.

DÉPART KAASKAMER
ARRIVÉE WYNAND FOCKINK
DISTANCE 2 KM
DURÉE 1 HEURE 30 AVEC ARRÊTS

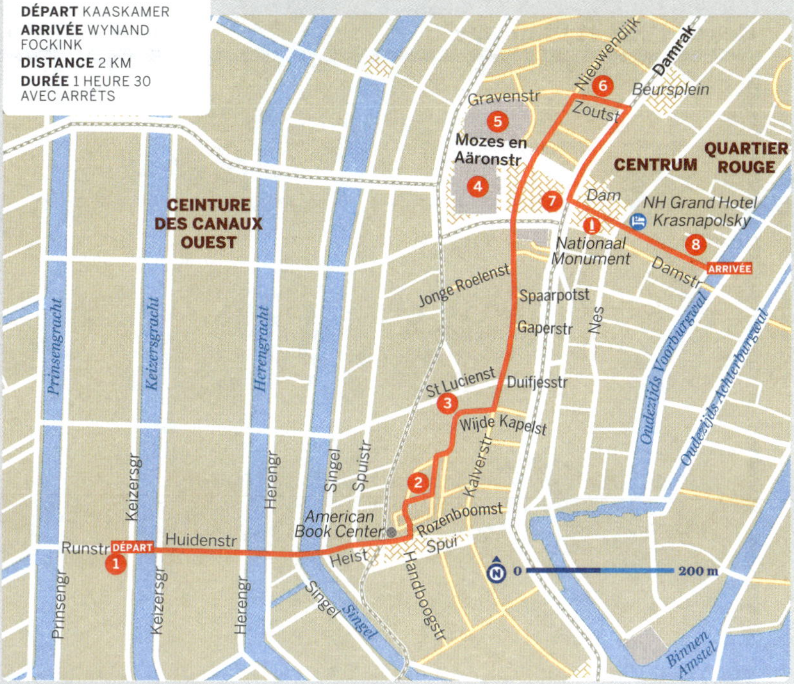

Promenade à pied

Fromage, gin et monuments

Cette balade est un florilège des monuments historiques et culinaires d'Amsterdam.

Les Néerlandais mangent plus de 14 kg de fromage par personne et par an, et il semble que la grande partie de ce délice soit vendue par 1 **De Kaaskamer**, qui déborde de meules de gouda, d'édam et autres fromages locaux. Achetez un morceau à emporter.

En traversant le Spui, repérez la modeste porte en bois juste après l'American Book Center. Poussez-la et vous voilà dans la communauté secrète du 2 **béguinage**, qui comprend deux églises historiques et des jardins. Traversez la cour jusqu'à l'autre entrée.

À partir du Begijnhof, prenez vers le nord sur une courte distance, jusqu'à la 3 **galerie des gardes civiques.** Des toiles représentant des personnages austères au col en fraise ornent les murs. Traversez la galerie et sortez par la cour du restaurant de l'Amsterdam Museum dans Kalverstraat.

Kalverstraat vous conduit au 4 **palais royal**, demeure du roi Willem-Alexander et de la reine Máxima. L'intérieur somptueux mérite le coup d'œil. Voisine du palais, la 5 **Nieuwe Kerk** est le lieu dédié aux couronnements. Après avoir admiré sa beauté, continuez dans Nieuwendijk, puis prenez dans Zoutsteeg. N'hésitez plus face au poisson cru, et commandez un fameux hareng néerlandais au 6 **Rob Wigboldus Vishandel,** une minuscule boutique pourvue de trois tables. Quittez ensuite Zoutsteeg pour Damrak.

Traversez Damrak pour vous trouver du côté du Nationaal Monument sur le 7 **Dam**, lieu de naissance d'Amsterdam. Derrière le monument, une multitude de vélos dissimulent des urnes contenant de la terre récoltée dans les cimetières de guerre des Indes orientales. Suivez ensuite la rue passant derrière le NH Grand Hotel Krasnapolsky jusqu'à 8 **Wynand Fockink.** La salle de dégustation du fabricant de gin date de 1679. Le barman remplira votre verre jusqu'au bord ; pour ne pas gaspiller, faites comme tout le monde, penchez-vous et buvez sans lever le verre.

Îles de l'Est et Plantage

Îles de l'Est et Plantage

Bloemenmarkt MARCHÉ

(Marché aux fleurs ; carte p. 56 ; Singel, entre Muntplein et Koningsplein ; 9h-17h30 lun-sam, 11h-17h30 dim ; 1/2/5 Koningsplein). Le touristique marché aux fleurs flotte au bord du canal depuis les années 1860, époque où les jardiniers remontaient l'Amstel et vendaient depuis leur bateau. On y trouve principalement des bulbes exotiques. Si vous prévoyez d'en acheter, renseignez-vous bien, il peut être interdit d'en rapporter dans votre pays. Les vendeurs doivent fournir un certificat avec la plupart des bulbes.

Fotografie Museum Amsterdam GALERIE

(FOAM ; carte p. 56 ; www.foam.nl ; Keizersgracht 609 ; adulte/moins de 12 ans 8,50 €/gratuit ; 10h-18h sam-mer, jusqu'à 21h jeu et ven ; 16/24/25 Keizersgracht). Vastes et fonctionnelles, les salles, parfois équipées de lucarnes ou de grandes fenêtres laissant pénétrer la lumière, font de ce musée un excellent espace pour la photographie. Sur deux niveaux, on admire des expositions tournantes de photographes célèbres, comme Annie Leibovitz ou Henri Cartier-Bresson.

Musée Van Loon MUSÉE

(Carte p. 56 ; 624 52 55 ; www.museumvanloon.nl ; Keizersgracht 672 ; adulte/enfant 8/4 € ; 11h-17h mer-lun ; 16/24/25 Keizersgracht). Incontestablement le meilleur des musées abrités dans des maisons sur canal, celui-ci fut la demeure du peintre Ferdinand Bol, édifiée en 1672. Au XIXe siècle, les Van Loon (descendants de Willem van Loon, cofondateur de la Compagnie néerlandaise des Indes orientales) s'y installèrent, et la famille occupe toujours les étages supérieurs. Prenez le temps de visiter les pièces sombres ornées d'un riche papier peint, de tapis usés et de mobilier Louis XV.

GRATUIT **Stadsarchief** ARCHIVES HISTORIQUES

(Archives municipales ; carte p. 56 ; 251 15 11 ; www.stadsarchief.amsterdam.nl ; Vijzelstraat 32 ; 10h-17h mar-ven, 12h-17h sam et dim). Les archives d'Amsterdam occupent l'imposant bâtiment d'une banque datant de 1923. Prenez à gauche en entrant, en direction de la vaste salle carrelée du sous-sol abritant des archives précieuses, tel le rapport de police de 1942 relatif au vol de la bicyclette d'Anne Frank. Des expositions temporaires bien faites, parfois payantes (jusqu'à 6 €), occupent la galerie à l'étage.

Kattenkabinet MUSÉE

(Cabinet des chats ; carte p. 56 ; 626 53 78 ; www.kattenkabinet.nl ; Herengracht 497 ; adulte/enfant 6/3 € ; 10h-16h lun-ven, 12h-17h sam et dim ; 4/16/24/25 Keizersgracht). L'insolite demeure de la Courbe d'or est consacrée à l'art lié aux chats. Un dessin de Picasso, des lithographies et d'autres objets insolites, comme un flipper avec des chats, peuplent la vieille maison au bord du canal. Quelques félins se prélassent près des fenêtres.

Museum Willet-Holthuysen MUSÉE

(Carte p. 56 ; ☎523 18 22 ; www.willetholthuysen.nl ; Herengracht 605 ; adulte/enfant 8 €/gratuit ; ⏲10h-17h lun-ven, 11h-17h sam et dim ; 🚋4/9/14 Rembrandtplein). Musée depuis 1895, cette demeure et ses trésors (mobilier, peintures et de nombreuses pièces de porcelaine du XVIIIe siècle) furent offerts à la ville par une riche veuve. Un peu plus chargée que le Museum Van Loon voisin, elle renferme de jolis objets. La “salle des collections” du 3e étage impressionne par ses vitraux et ses murs de velours rouge.

Tassenmuseum Hendrikje MUSÉE

(Musée du sac à main ; carte p. 56 ; ☎524 64 52 ; www.tassenmuseum.nl ; Herengracht 573 ; adulte/enfant 8,50 €/gratuit ; ⏲10h-17h ; 🚋4/9/14 Rembrandtplein). Même les plus réfractaires à la mode apprécieront cette demeure chic en bord de canal consacrée aux sacs à main : pochette froissée en peau de chèvre du XVIe siècle, délicats sacs Art déco et classiques de Chanel, Gucci et Versace. La décoration du XVIIe siècle et les arômes des gâteaux du salon de thé valent à eux seuls le prix d'entrée.

Gouden Bocht ARCHITECTURE

(Courbe d'or ; carte p. 56 ; Herengracht, entre Leidsestraat et Vijzelstraat). Lieu branché du Siècle d'or, la Courbe d'or était fréquentée par les Amstellodamois les plus fortunés. La plupart des demeures qui bordent le Herengracht datent des années 1660. Sous la pression d'un puissant lobby, l'hôtel de ville autorisa la construction de pignons deux fois plus larges que les modèles standards d'Amsterdam.

Reguliersgracht CANAL

(Carte p. 56). Le Reguliersgracht, surnommé le canal aux sept ponts, est particulièrement romantique le soir quand scintillent les petites lumières blanches de ses sept arches. Pour obtenir la plus belle vue, placez-vous dos à la Thorbeckeplein, face au Herengracht qui s'étire des deux côtés, et admirez droit devant le Reguliersgracht.

Magere Brug PONT

(Pont Maigre ; carte p. 62 ; entre Kerkstraat et Nieuwe Kerkstraat). De nombreuses photos de mariage se prennent sur le très pittoresque pont Maigre. Datant des années 1670, la structure aux neuf arches a été reconstruite plusieurs fois en béton et en bois. Toujours actionné à la main, il est très photogénique de nuit, quand les 1 200 ampoules lui donnent un air de guirlande de Noël.

Ajax Experience MUSÉE

(Carte p. 56 ; www.ajaxexperienceamsterdam.com ; Utrechtsestraat 9 ; adulte/enfant 17,50/12,50 € ; ⏲11h-19h). Sur Rembrandtplein, le musée du club de foot adoré d'Amsterdam s'adresse principalement aux jeunes et aux inconditionnels. Pratiquez vitesse de dribbles et précision de frappe dans les espaces interactifs. Assistez au discours de motivation de l'entraîneur Frank De Boer dans les vestiaires reconstitués de l'Ajax. Célèbres maillots, trophées et autres objets sont exposés.

Musée Van Gogh

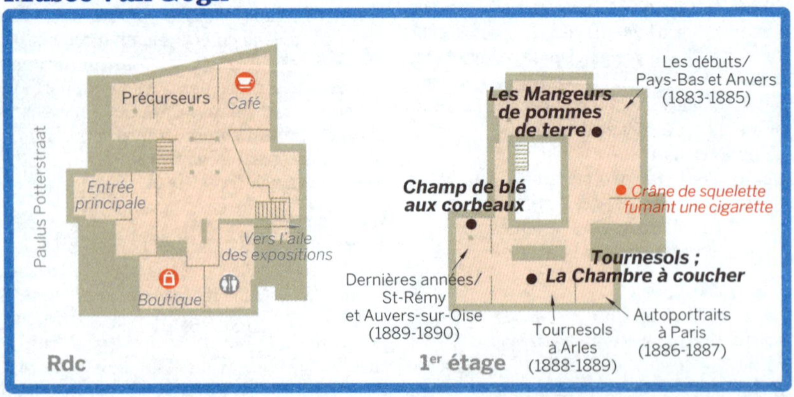

VIEUX SUD

Souvent appelé le quartier des musées, le Vieux Sud (Oud Zuid) renferme les prestigieux musées Van Gogh, Stedelijk et Rijksmuseum. Ces derniers sont regroupés autour de Museumplein, une pelouse fréquentée, dotée d'une rampe de skate-board, d'une patinoire (en hiver) et de la sculpture *I Amsterdam* (très photographiée). Plutôt résidentiel, ce quartier chic compte peu de restaurants et de bars.

Musée Van Gogh MUSÉE

(Carte p. 56 ; ☎570 52 00 ; www.vangoghmuseum.nl ; Paulus Potterstraat 7 ; adulte/enfant 14 €/gratuit, audiotour 5 € ; ⏲10h-18h sam-jeu, jusqu'à 22h ven ; ; 2/3/5/12 Van Baerlestraat). La plus grande collection de Van Gogh au monde et une superbe sélection de chefs-d'œuvre ! Découvrez la vie de l'artiste, depuis ses premiers essais aux vifs tournesols, et jusqu'à sa période sombre. Des toiles de ses contemporains, Gauguin, Toulouse-Lautrec, Monet et Émile Bernard, sont aussi exposées.

Ce musée étant le plus visité de la ville, l'attente est parfois interminable. Mieux vaut arriver après 15h. Les e-billets réservés sur Internet et les cartes de réduction permettent d'entrer plus rapidement. Profitez sinon des nocturnes du vendredi, le musée offre à boire et accueille des événements culturels gratuits.

Rijksmuseum MUSÉE

(Musée national ; carte p. 56 ; ☎674 70 00 ; www.rijksmuseum.nl ; Stadhouderskade 42 ; adulte/enfant 15 €/gratuit ; ⏲9h-17h ; ; 2/5 Hobbemastraat). Le plus grand musée d'art des Pays-Bas abrite des toiles de Rembrandt, Vermeer et 7 500 autres chefs-d'œuvre sur 1,5 km de galeries. Il a réouvert entièrement en avril 2013, après 10 années de rénovation.

Les œuvres du Siècle d'or sont incontournables. Admirez les natures mortes représentant de la viande, les gentlemen au col en fraise et les paysages baignés d'une lumière jaune pâle. Assaillie par les visiteurs, l'immense *Ronde de nuit* (1642)

DÉCOUVRIR LE MUSÉE VAN GOGH

Pour voir le cœur de la collection, dirigez-vous vers le 1er étage. Les toiles de Van Gogh sont exposées dans l'ordre chronologique.

» **Pays-Bas/Salle des débuts** Les peintures sombres datant de l'époque où Van Gogh résidait dans la campagne néerlandaise et à Anvers ornent la salle. *Les Mangeurs de pommes de terre* (1885) sont sa toile la plus célèbre de cette période. L'artiste réalisa *Crâne de squelette fumant une cigarette* (1886) alors qu'il était étudiant à l'Académie des beaux-arts d'Anvers.

» **Paris/Salle des autoportraits** En mars 1886, Van Gogh emménagea à Paris, où son frère Theo était marchand d'art. Le peintre voulait maîtriser l'art du portrait, mais il était trop pauvre pour payer des modèles.

» **Tournesols/Salle Arles** En 1888, Van Gogh se rendit à Arles, en Provence, pour étudier ses paysages colorés. La salle présente une superbe sélection de *Tournesols* (1889) et autres fleurs. Mais également *La Chambre à coucher* (1888), qui dépeint la chambre qu'occupait Van Gogh dans la maison où il comptait créer une colonie d'artistes avec Paul Gauguin. L'année 1888 est peut-être plus connue comme étant celle où l'artiste se coupa l'oreille.

» **Salle des dernières années** Van Gogh s'était fait interner dans un asile à Saint-Rémy en 1889. Il y peignit plusieurs paysages avec des cyprès et des oliviers. En 1890, il quitta la clinique pour Auvers-sur-Oise. L'une de ses dernières peintures, *Champ de blé aux corbeaux* (1890), est une œuvre inquiétante achevée peu avant son suicide.

» **Les autres niveaux** Le rez-de-chaussée présente principalement des toiles d'artistes antérieurs à Van Gogh, comme Millet et Courbet, avec tout de même quelques œuvres du peintre. Le 2e niveau accueille des expositions temporaires et des œuvres sur papier. Le 3e niveau réunit des œuvres de contemporains du peintre et d'artistes qu'il a influencés. On y trouve notamment des paysages de Monet et de Gauguin, et une salle dédiée aux fauvistes français.

» **Aile des expositions** En retournant vers Museumplein, on découvre l'aile des expositions, conçue par Kisho Kurokawa, appelée communément "la Moule".

À NE PAS MANQUER

LES PIÈCES MAÎTRESSES DU RIJKSMUSEUM

» *La Ronde de nuit* (1642), Rembrandt

» *La Laitière* (1658), Vermeer

» *Le Joyeux Buveur* (1628-1630), Frans Hals

» *La Joyeuse Famille* (1668), Jan Steen

» Collection de faïence de Delft (fin du XVIIe siècle)

de Rembrandt tient une place d'honneur. D'abord nommée *La Compagnie de Frans Banning Cocq* (chef de la milice), la toile fut nommée *La Ronde de nuit* des années plus tard, en raison de la saleté qui encrassait le tableau et donnait l'impression d'une scène nocturne. Ne manquez pas la faïence de Delft (poterie bleu et blanc), les maisons de poupées extrêmement détaillées et le tout nouveau pavillon asiatique. Les jardins parsemés de sculptures sont gratuits. Pour éviter la foule, arrivez après 15h. Réserver en ligne permet d'entrer plus rapidement.

Stedelijk Museum MUSÉE

(Carte p. 56 ; ☎573 29 11 ; www.stedelijk.nl ; Museumplein 10 ; adulte/enfant 15 €/gratuit ; ⏲11h-17h mar et mer, 11h-22h jeu, 10h-18h ven-dim ; 👪 ; 🚊2/3/5/12 Van Baerlestraat). Cet imposant musée d'art moderne parmi les meilleurs au monde recèle des découpages de Matisse, l'art abstrait de Kandinsky, des dessins de Picasso, des sculptures de Rodin, et une collection de toiles des Néerlandais Piet Mondrian, Willem De Kooning, Charley Toorop et Karel Appel. Après neuf ans de rénovation, le Stedelijk a rouvert en septembre 2012, et une nouvelle aile immense ("la baignoire") abrite des installations ultra-contemporaines. Le bâtiment principal expose également textiles, verrerie, affiches et pièces au design industriel (telle une chaise de Mies van der Rohe). Renseignez-vous sur les visites guidées gratuites.

House of Bols MUSÉE

(Carte p. 56 ; www.houseofbols.com ; Paulus Potterstraat 14 ; 14,50 € ; ⏲12h-17h30 dim-jeu, jusqu'à 21h ven, jusqu'à 19h sam ; 🚊2/5 Hobbemastraat). Musée du *jenever* (genièvre) un peu kitsch mais amusant. La visite d'une heure inclut un test d'odorat déroutant, l'histoire de la société Bols et un cocktail concocté par l'un des formidables barmen qui s'entraînent dans l'école située à l'étage, rappelant Tom Cruise dans *Cocktail*. Le vendredi après 17h, l'entrée coûte 9,50 €. Réductions sur le site.

Musée du Diamant MUSÉE

(Carte p. 56 ; www.diamantmuseum.nl ; Paulus Potterstraat 8 ; adulte/enfant 7,50/5 € ; ⏲9h-17h ; 🚊2/5 Hobbemastraat). Presque toutes les pièces de ce petit musée traditionnel sont de belles reproductions. Les moins fortunés préféreront peut-être économiser en se rendant à Coster Diamonds (la société adjacente, propriétaire du musée) pour suivre la visite gratuite de l'atelier, qui permet de voir les tailleurs à l'œuvre.

VONDELPARK

Le poumon vert de la ville s'étend à côté du quartier des musées.

Vondelpark PARC

(Carte p. 56 ; www.vondelpark.nl ; Stadhouderskade ; ⏲24h/24 ; 🚊2/5 Hobbemastraat). Par beau temps, la ville entière semble converger dans ce parc immense. Le parc, qui tient son nom du poète et dramaturge du XVIIe siècle Joost van den Vondel, le "Shakespeare néerlandais", abrite étangs, pelouses, jardins et chemins sinueux propices aux balades à vélo. Le loueur de vélos le plus proche, **MacBike** (www.macbike.nl ; Weteringschans 2 ; 🚊1/2/5/7/10 Leidseplein), se trouve de l'autre côté du Singelgracht par rapport à l'entrée principale. En été, assistez aux événements gratuits de l'Openluchttheater (p. 93).

♥ **Hollandsche Manege** ÉCOLE D'ÉQUITATION

(Carte p. 56 ; www.dehollandschemanege.nl ; Vondelstraat 140 ; ⏲10h-17h ; 🚊1 1e Constantijn Huygensstraat). En bordure de Vondelpark, ce manège hollandais, construit en 1882 dans le style néoclassique, abrite une école équestre. La boutique vend de quoi nourrir les chevaux et vous pouvez

À NE PAS MANQUER

LE TOP DES MUSÉES INSOLITES

» **Kattenkabinet** Art félin, dont un Picasso (p. 63).

» **Houseboat Museum** Aperçu de la vie sur l'eau dans un bateau (p. 54).

» **Tassenmuseum Hendrikje** Sacs à main et bourses à foison (p. 64).

» **Electric Ladyland** Hallucinations dans ce musée du fluo (p. 55).

observer les instructeurs les mettre au pas en sirotant une boisson dans l'élégant café. Pour vous y rendre, passez sous la longue arcade de Vondelstraat, prenez à gauche et montez les escaliers.

New Art Space Amsterdam BÂTIMENT CULTUREL
(Carte p. 56 ; www.nasaonline.net ; Arie Biemondstraat 105-113). Fin 2012, le Netherlands Media Art Institute (NMAI) a fusionné avec le Smart Project Space (SPS) pour former le New Art Space Amsterdam (NASA). Le lieu accueille des expositions temporaires et des performances. Programmation et infos pratiques sur le site Internet.

DE PIJP

Ce secteur à la population hétéroclite s'est embourgeoisé depuis le XIXe siècle : l'ancien quartier pauvre de la ville en est désormais l'un des plus branchés. On y trouve peu de sites touristiques mais nombre de cafés tendance.

Albert Cuypmarkt MARCHÉ
(Carte p. 56 ; www.albertcuypmarkt.nl ; Albert Cuypstraat, entre Ferdinand Bolstraat et Van Woustraat ; ⏲10h-17h lun-sam ; 🚋16/24 Albert Cuypstraat). Avec ses 800 m de long, ce marché est le plus grand et le plus animé d'Amsterdam. Immigrés surinamiens et indonésiens se mêlent à la population locale autour d'étals vendant rice cookers, épices et en-cas néerlandais, tels les sandwichs au hareng et les *stroopwafels* (deux gaufres fourrées au caramel).

Heineken Experience BRASSERIE
(Carte p. 56 ; ☎523 9435 ; www.heinekenexperience.com ; Stadhouderskade 78 ; adulte/enfant 17/13 € ; ⏲10h30-19h juin-août, 11h-17h30 sept-mai ; 🚋16/24 Stadhouderskade). Autrefois, la Heineken était brassée dans ce bâtiment ; on y fait désormais une visite multimédia autonome. Le prix élevé est légèrement compensé par les trois bières offertes. Et l'on peut découvrir les robustes chevaux de trait de la brasserie dans leur écurie d'origine. Prévoyez 1 heure 15 pour la visite, et attendez-vous à être nombreux. Acheter ses billets en ligne permet d'économiser quelques euros. Les mineurs doivent être accompagnés d'un adulte.

Sarphatipark PARC
(Carte p. 56 ; Centuurbaan ; ⏲24h/24 ; 🚋16/24 Albert Cuypstraat). Beaucoup moins fréquenté que le Vondelpark, plus grand et plus célèbre, Sarphatipark offre un moment de détente tout aussi agréable. Au centre, vous découvrirez un temple orné d'une fontaine, de gargouilles et d'un buste de Samuel Sarphati (1813-1866), médecin, homme d'affaires et urbaniste novateur juif qui aida à aménager le quartier.

> **L'AUTRE QUARTIER ROUGE**
>
> À la limite ouest du Pipj, on trouve un petit quartier Rouge le long de Ruysdaelkade, entre 1e Jan Steenstraat et Albert Cuypstraat. Le plus vieux métier du monde s'exerce ici aussi, sans les nombreux jeunes hommes en virée que l'on croise dans De Wallen.

PLANTAGE

Situé à côté du Nieuwmarkt, le Plantage fut aménagé comme un parc urbain, et il y règne toujours une agréable atmosphère de jardin.

Amsterdam Tattoo Museum MUSÉE
(Carte p. 62 ; www.amsterdamtattoomuseum.com ; Plantage Middenlaan 62 ; adulte/enfant 10/5 € ; ⏲10h-19h ; 🚋9/14 Plantage Badlaan). Surnommé le "Tattican", ce musée regorge de reliques : la première machine électrique à tatouer, des morceaux de chair tatouée (notamment celle d'un baleinier de Boston datant de 1850) et des instruments tribaux qui semblent douloureux provenant de Bornéo à la Birmanie. Envie d'un souvenir de votre visite ? Au 2e étage, des tatoueurs exauceront vos souhaits. Attention : au moment où nous imprimions ce guide, un désaccord était survenu entre les propriétaires des collections et les propriétaires des lieux, et le musée n'était plus accessible. En attendant la fin du démêlé judiciaire, l'équipe a ouvert une **boutique/studio de tatouage** (Amsterdam Tattoo Museum Shop/Blue Bone Society ; carte p. 56 ; ☎ 20 77 65 891 ; van Woustraat 78) à proximité du Sarphatipark (ci-contre).

Hortus Botanicus JARDIN
(Jardin botanique ; carte p. 62 ; www.dehortus.nl ; Plantage Middenlaan 2a ; adulte/enfant 7,50/3,50 € ; ⏲10h-17h ; 🚋9/14 Mr Visserplein). Établi en 1638, l'Hortus Botanicus accueillait les graines et les plantes tropicales rapportées des périples en terres exotiques par les navires néerlandais. On y trouve une serre à palmiers abritant un cycas vieux de 300 ans, l'une des plus anciennes plantes en pot du monde, et un jardin semi-circulaire représentant les plantes du royaume. Visites guidées (1 €) le dimanche à 14h.

QUE FAIRE À AMSTERDAM S'IL PLEUT ?

» **Amsterdam Museum** Découvrir la ville sans faire la queue sous la pluie (p. 44).

» **Cafés** Lire un journal en prenant un verre ou un en-cas.

» **Centrale Bibliotheek** Consulter ses e-mails ou lire un livre dans cette bibliothèque très agréable (p. 69).

» **Tropenmuseum** Découvrir les activités coloniales néerlandaises, de nouveau sans faire la queue sous la pluie (p. 69).

» **Tuschinskitheater** Regarder un film dans un lieu à l'architecture splendide (p. 94).

Verzetsmuseum MUSÉE

(Musée de la Résistance néerlandaise ; carte p. 62 ; ☎620 25 35 ; www.dutchresistancemuseum.org ; Plantage Kerklaan 61 ; adulte/enfant 8/4,50 € ; ⏲10h-17h mar-ven, 11h-17h sam-lun ; 🚋9/14 Plantage Kerklaan). Découvrez le combat des habitants contre l'occupation allemande pendant la Seconde Guerre mondiale, le fonctionnement de la presse illégale et comment des milliers de personnes ont vécu cachées (comme Anne Frank). Un autre espace expose les raisons pour lesquelles de nombreux citoyens refusèrent d'abriter des juifs. Une aile plus petite couvre la résistance dans les Indes orientales.

Hollandsche Schouwburg MÉMORIAL

(Théâtre hollandais ; carte p. 62 ; ☎626 99 45 ; www.hollandscheschouwburg.nl ; Plantage Middenlaan 24 ; don conseillé 2,50 € ; ⏲11h-16h ; 🚋9/14 Plantage Kerklaan). En 1942, ce théâtre est devenu un centre de détention, accueillant quelque 80 000 juifs en attente de déportation. Des panneaux de verre dévoilent les noms des déportés, et, à l'étage, une petite salle expose des photos et objets datant de cette période ; découvrez la déchirante histoire d'Abraham et Eva Beem.

Wertheimpark PARC

(Carte p. 62 ; Plantage Parklaan ; ⏲aube-crépuscule ; 🚋9/14 Mr Visserplein). Face à l'Hortus Botanicus, ce parc à l'ombre des saules est idéal pour paresser près du Nieuwe Herengracht. Dans la partie nord-est du parc, les habitants déposent des fleurs au mémorial d'Auschwitz, un panneau de miroirs brisés reflétant le ciel.

Artis Royal Zoo ZOO

(Carte p. 62 ; ☎523 34 00 ; www.artis.nl ; Plantage Kerklaan 38-40 ; adulte/enfant 19/15,50 € ; ⏲9h-18h avr-oct, jusqu'à 17h nov-mars ; 👪 ; 🚋9/14 Plantage Kerklaan). L'Artis compte une multitude d'animaux (alligators, oiseaux, chimpanzés, zèbres, etc.) mais on apprécie surtout les espaces de nature avec les étangs, les statues et les chemins verdoyants. Ne manquez pas, dans l'aquarium, la coupe transversale d'un canal amstellodamois. Si vous préférez les animaux empaillés, vous en trouverez au musée du zoo, aux côtés d'autres vestiges du XIXe siècle.

ÎLES ET DOCKS DE L'EST

Durant les 15 dernières années, le quartier abandonné des chantiers navals et des entrepôts qui constituait la limite de la ville s'est transformé en un haut lieu de l'architecture avant-gardiste. Plus vaste que les autres, ce quartier aux formidables structures innovantes se prête à l'exploration à vélo.

♥ **Het Scheepvaartmuseum** MUSÉE

(Musée d'Histoire maritime ; carte p. 62 ; ☎523 22 22 ; www.scheepvaartmuseum.nl ; Kattenburgerplein 1 ; adulte/enfant 15/7,50 € ; ⏲9h-17h ; 👪 ; 🚌22/43 Kattenburgerplein). Ce musée dispose d'une incroyable collection de globes des années 1600, de maquettes de bateaux, d'argenterie et de porcelaine rapportées des périples. Le 2e étage réunit d'effrayantes figures de proue et de vieux instruments de navigation. Une réplique grandeur nature de l'*Amsterdam*, un vaisseau de 700 tonnes de la Compagnie néerlandaise des Indes orientales, est amarrée à l'extérieur.

GRATUIT **ARCAM** ARCHITECTURE

(Stichting Architectuur Centrum Amsterdam ; carte p. 62 ; ☎620 48 78 ; www.arcam.nl ; Prins Hendrikkade 600 ; ⏲13h-17h mar-sam ; 🚌32/33/34/35/359/361/363 IJ-Tunnel). La Fondation d'architecture d'Amsterdam est une étape obligatoire pour les amateurs d'architecture et de design urbain, avec ses expositions temporaires. Vous y trouverez également des ouvrages, des cartes et des suggestions d'itinéraires à pied, à vélo et en transports publics. Ressources numériques et applications gratuites sur les édifices de la ville disponibles sur le site.

NEMO MUSÉE

(Carte p. 62 ; ☎531 32 33 ; www.e-nemo.nl ; Oosterdok 2 ; 13,50 € ; ⏲10h-17h, fermé lun sept-mai ; 👪 ; 🚌32/33/34/35/359/361/363 IJ-Tunnel).

S'élevant dans le port tel un navire, l'éblouissant édifice de cuivre vert de Renzo Piano est un excellent musée des sciences et de la technologie, doté de laboratoires interactifs pour les enfants. Les adultes préféreront le toit (accès libre), la plus grande terrasse de la ville, d'où la vue est magnifique.

GRATUIT Centrale Bibliotheek Amsterdam BIBLIOTHÈQUE
(Bibliothèque centrale d'Amsterdam ; carte p. 62 ; ☎523 09 00 ; www.oba.nl ; Oosterdokskade 143 ; ⏲10h-22h ; 🚊25/26 Muziekgebouw). Chaises, canapés et ordinateurs avec accès à Internet (1 €/30 minutes) sont disséminés sur les neuf étages de la bibliothèque moderne d'Amsterdam. Au dernier étage, la cafétéria (accessible sans consommation) offre une vue imprenable sur la ville et l'eau.

OOSTERPARK

Quartier particulièrement multiculturel d'Amsterdam, l'Oosterpark possède des enclaves marocaines et turques, et des sites moins fréquentés par les touristes.

Tropenmuseum MUSÉE
(Musée des Tropiques ; ☎568 82 15 ; www.tropenmuseum.nl ; Linnaeusstraat 2 ; adulte/enfant 10/6 € ; ⏲10h-17h mar-dim ; 👪 ; 🚊9/10/14 Alexanderplein). Ce passionnant musée anthropologique avec des clips de Bollywood, des reconstitutions de marchés africains, et de vieux enregistrements de yodel était au départ une collection de butins coloniaux. Les sections couvrant l'ancien territoire néerlandais sont donc particulièrement riches, avec de magnifiques bijoux indonésiens et d'énormes canoës de guerre polynésiens.

Oosterpark PARC
(Carte p. 62 ; 's-Gravesandestraat ; ⏲aube-crépuscule). Aménagé en 1891 pour le plaisir des négociants en diamants qui avaient fait fortune dans les mines sud-africaines, Oosterpark respire toujours l'élégance et l'espace, avec ses quelques hérons cendrés qui plongent dans les étangs. Dans le sud-est du parc, **De Schreeuw** (Le Cri) est un monument argenté en l'honneur de la liberté d'expression et, plus particulièrement, du réalisateur Theo van Gogh, assassiné ici en 2004.

VAUT LE DÉTOUR

AMSTERDAMSE BOS ET COBRA MUSEUM

Des chèvres gambadant dans la forêt et des œuvres folles récompensent les visiteurs qui s'aventurent au sud-ouest de la ville, dans la paisible banlieue d'Amstelveen, près de l'aéroport de Schiphol.

Véritable joyau, l'**Amsterdamse Bos** (Bois d'Amsterdam ; www.amsterdamsebos.nl ; Bosbaanweg 5 ; ⏲parc 24h/24, vélos 10h-18h mar-dim ; 👪) est un ensemble de lacs, de bois et de champs sillonnés de sentiers. On trouve à l'entrée principale des **vélos à louer** (9,50 €/jour ; 10h-18h mar-dim), nécessaires pour explorer les lieux. Le parc d'accrobranche **Fun Forest** (www.funforest.nl ; adulte/enfant 21,50/19,50 € ; ⏲10h-19h avr-oct ; 👪) se trouve aussi près de l'entrée principale.

Le site le plus adorable du parc est situé à 4 km dans les bois. **De Ridammerhoeve** (www.geitenboerderij.nl ; entrée libre ; ⏲10h-17h mer-lun) est une ferme de chèvres bio où les enfants peuvent nourrir les petits au biberon (8 € les deux biberons). La cafétéria vend des smoothies et des glaces au lait de chèvre, ainsi que du fromage maison. On trouve également plusieurs cafés, une crêperie, des **locations de canoës et kayaks** (6 €/heure) et un théâtre en plein air.

Près du parc, le fascinant **CoBrA Museum** (www.cobra-museum.nl ; Sandbergplein 1 ; adulte/enfant 9,50/6 € ; ⏲11h-17h mar-dim) renferme des peintures avant-gardistes aux couleurs vives, des céramiques et des statues, réalisées notamment par Karel Appel, le plus célèbre représentant du style. Le mouvement CoBrA (Copenhague, Bruxelles, Amsterdam), formé par des artistes de ces trois villes après la Seconde Guerre mondiale, a produit des œuvres semi-abstraites connues pour leur aspect primitif et enfantin.

Depuis Centraal Station, prenez le bus n°170 ou 172. Comptez 40 minutes de trajet jusqu'à la forêt, et 10 minutes supplémentaires jusqu'au musée. Depuis Centraal Station, le tramway 5 jusqu'au terminus de la ligne à Amstelveen, conduit également au musée. Le trajet est un peu plus long et vous arrivez à 1 km environ du CoBrA, mais vous économiserez de l'argent si vous possédez un pass de transport GVB (qui n'est pas valable pour les bus n°170 ou 172).

LES CANAUX D'AMSTERDAM

En néerlandais, un canal est un *gracht* (prononcez "RhraRht"), et les principaux canaux forment la *grachtengordel* (ceinture) centrale. Au début du XVIIe siècle, quand la population d'Amsterdam s'étendait au-delà des fortifications médiévales, les urbanistes élaborèrent d'ambitieux plans d'expansion et ces merveilles virent le jour. Bien plus qu'un élément décoratif ou pittoresque, ou que de simples voies navigables pour le transport, ces canaux servaient à assécher les terres gorgées d'eau.

En 2010, l'Unesco a inscrit ces voies navigables au patrimoine mondial. En 2013, une série d'événements marquent leur 400e anniversaire.

Les principaux canaux semi-circulaires sont Singel, Herengracht, Keizersgracht et Prinsengracht. Moyen mnémotechnique : à l'exception de Singel, ces canaux se présentent dans l'ordre alphabétique à mesure que l'on s'éloigne du centre.

» **Singel** À l'origine, les douves qui protégeaient les limites extérieures d'Amsterdam.

» **Herengracht** C'est ici que les Amstellodamois les plus aisés firent construire leurs demeures. Ils nommèrent le cours d'eau d'après les Heeren XVII (17 Seigneurs) de la Compagnie néerlandaise des Indes orientales.

» **Keizersgracht** Presque aussi chic, le Keizersgracht (canal de l'Empereur) faisait référence à l'empereur romain Maximilien Ier.

» **Prinsengracht** Du nom de Guillaume le Taciturne, prince d'Orange et figure de l'indépendance néerlandaise, Prinsengracht était un canal légèrement moins onéreux, bordé de résidences plus petites et d'entrepôts. Il servait également de barrière avec le quartier ouvrier voisin, le Jordaan. Avec ses cafés, ses boutiques et ses péniches bordant les quais, le Prinsengracht est aujourd'hui le plus animé des canaux intérieurs.

» **Brouwersgracht** Le Brouwersgracht (canal des Brasseurs) est un canal transversal qui coupe les autres. Son nom provient des nombreuses brasseries qui se trouvaient le long des berges. Il est souvent considéré comme la plus belle voie d'eau de la ville.

Dappermarkt MARCHÉ
(www.dappermarkt.nl ; Dapperstraat, entre Mauritskade et Wijttenbachstraat ; 10h-16h30 lun-sam ; 3/7 Dapperstraat). Moins important que l'Albert Cuypmarkt dans De Pijp, Dappermarkt vaut tout de même le détour. Reflétant la diversité des populations immigrées de l'Oost, les stands de rues offrent un mélange de nationalités (Africains, Turcs, Néerlandais...), de nourriture (abricots, olives, poisson...) et de produits (tissus, fleurs...).

Activités

Vélo

Amsterdam compte plus de *fiets* (vélos) que de voitures. Les boutiques de location sont partout. Vondelpark et les îles et docks de l'Est se prêtent aisément aux balades à vélo.

À seulement 20 minutes au nord du centre-ville, le paysage se transforme, dévoilant des moulins, des vaches et de petites communautés agricoles. On peut visiter le coin en un après-midi, à vélo. Embarquez votre deux-roues sur le ferry gratuit Buiksloterweg, derrière Centraal Station, pour traverser l'IJ. Le trajet dure environ 5 minutes, et les bateaux naviguent toute la journée. Pédalez ensuite vers le nord en longeant le canal de la Hollande-Septentrionale. En quelques kilomètres, vous êtes à la campagne. Des cartes du réseau cyclable sont disponibles au bureau principal de VVV (office du tourisme), près de Centraal Station. Des tour-opérateurs couvrent également le secteur.

Bateau

Pédalos LOCATION DE PÉDALOS
(Carte p. 56 ; www.canal.nl ; 8 €/heure par personne ; 10h-18h avr-oct, jusqu'à 22h en été). Ces pédalos vous permettent de voguer à votre rythme sur les canaux. Les débarcadères se trouvent près du Rijksmuseum, de Leidseplein, de la maison d'Anne Frank et à l'angle de Keizersgracht et Leidsestraat. Caution demandée : 20 €.

Patin à glace

En hiver, le bassin de Museumplein devient une jolie patinoire populaire. L'accès est gratuit mais la location des patins est payante.

AMSTERDAM AVEC DES ENFANTS

Vélos, bateaux, spectacles de marionnettes et pancakes font de cette ville l'une des plus accueillantes d'Europe pour les enfants.

Des musées pour jouer

» **NEMO** Destiné aux enfants, avec des laboratoires interactifs ; plage artificielle avec sable et stands de glaces sur le toit (p. 68).

» **Het Scheepvaartmuseum** Embarquez à bord de la réplique grandeur nature d'un navire du XVIIe siècle doté de canons (p. 68).

» **Tropenmuseum** Passez l'après-midi à apprendre le yodel, dans une yourte, ou voyagez à travers des expositions d'un autre monde (p. 69).

» **Rijksmuseum** Les enfants ont leur propre audiotour pour explorer le musée (p. 65).

Parcs, animaux et activités

» **Vondelpark** Toboggans futuristes à l'extrémité ouest, aire de jeux au milieu, plusieurs mares aux canards (p. 66).

» **Artis Royal Zoo** Singes, félins, poissons et planétarium enchantent les petits (p. 68).

» **Amsterdamse Bos** Les bambins peuvent nourrir les chèvres et grimper aux arbres dans les bois (p. 69).

» **TunFun** (carte p. 62 ; www.tunfun.nl ; Mr Visserplein 7 ; adulte/enfant gratuit/8,50 € ; ⏲10h-18h, dernière entrée à 17h ; 👪) Salle de jeux en sous-sol où construire, grimper, sauter, dessiner, etc. ; idéale par temps pluvieux.

» **Pédalos** Parcourez les canaux de la ville (p. 70).

Délices et spectacles

» **Pancakes!** Même les plus difficiles diront oui à ces délicieuses crêpes géantes et moelleuses (p. 84).

» **Taart van m'n Tante** Des gâteaux superbement décorés dans un cadre fantastique égaient les troupes (p. 87).

» **Amsterdams Marionetten Theater** Propose des spectacles captivants comme *La Flûte enchantée* de Mozart (p. 93).

» **Openluchttheater** Le théâtre gratuit de Vondelpark accueille musiciens, acrobates ou conteurs presque tous les samedis après-midi en été (p. 93).

Parfois, les canaux gèlent. Allez-y uniquement si de nombreux patineurs s'y amusent déjà. La glace peut être fine, notamment sur les bords et sous les ponts.

Skate-board

Le half-pipe de Museumplein attire de nombreux skateurs. On trouve aussi un espace pour faire du skate-board (voir p. 45) au NDSM-werf, mais il est prévu qu'il ferme en 2014. Mieux vaut apporter son équipement à Amsterdam, les locations étant assez rares.

Circuits organisés

Circuits à vélo

Les agences suivantes louent également des vélos.

Mike's Bike Tours VÉLO
(Carte p. 56 ; ☎622 79 70 ; www.mikesbiketours.com ; Kerkstraat 134 ; visites 22 €). Belles visites de 4 heures dans le centre et au sud de la ville, le long de l'Amstel, des exploitations laitières et des moulins. Réservez.

Orangebike VÉLO
(Carte p. 46 ; ☎528 99 90 ; Singel 233 ; visites 15-33 €). Plusieurs excursions de 3 heures, de la traditionnelle visite historique "Historic City Tour" aux circuits thématiques (en-cas néerlandais, bière, architecture du port de l'Est, promenades dans la campagne). Réservez. Autre adresse : Geldersekade 37.

Yellow Bike VÉLO
(Carte p. 46 ; ☎620 69 40 ; www.yellowbike.nl ; Nieuwezijds Kolk 29 ; visites ville/campagne

AMSTERDAM GRATUIT

On peut facilement dépenser des fortunes à Amsterdam, mais de nombreux sites et activités ne coûtent rien.

À voir

» **Galerie des gardes civiques** Parcourez l'immense collection de portraits, du Siècle d'Or à aujourd'hui (p. 44).

» **Begijnhof** Explorez la cour secrète du XIVe siècle et ses églises clandestines (p. 44).

» **Stadsarchief** Découvrez les trésors des archives de la ville (p. 63).

» **Albert Cuypmarkt** Le plus grand marché d'Amsterdam regorge de fromages, d'antivols de vélo et de chaussettes, comme tous les autres marchés de la ville – le coup d'œil est gratuit (p. 67).

Où sortir

» **Concertgebouw** Jouez des coudes pour assister au concert du mercredi midi, qui sert de répétition aux musiciens qui jouent dans la soirée (p. 92).

» **Muziektheater** Toujours de la musique classique, le mardi pendant le déjeuner (p. 93).

» **Bimhuis** Des bœufs de jazz réchauffent cette salle sacrée le mardi soir (p. 92).

Circuits guidés

» **Sandeman's New Amsterdam Tours** De jeunes guides vous dévoilent les grands sites du centre-ville (p. 73).

» **Gassan Diamonds** Vous apprendrez à distinguer une taille princesse d'une taille marquise, et le blanc exceptionnel du légèrement teinté (p. 51).

Promenades

» **Canaux** Longez les voies navigables âgées de 400 ans et repérez la maison à pignons la plus penchée.

» **Ferries** Derrière Centraal Station, des ferries gratuits conduisent en 15 minutes à NDSM-werf, la communauté artistique avant-gardiste au nord d'Amsterdam, et à l'EYE Film Institute, à 5 minutes sur l'autre rive.

» **Centre historique et quartier Rouge** Flâner hors des artères principales permet de découvrir un dédale de ruelles pittoresques.

19,50/29,50 €). Précurseur en matière de visites d'Amsterdam à vélo, Yellow Bike est plutôt rodé. Circuit de 2 heures dans la ville ou de 4 heures à la campagne dans la jolie région de Waterland, au nord. Clientèle moins jeune que chez Mike's. Réservations recommandées.

Circuits en bateau

Les circuits sur les canaux, certes touristiques, sont aussi une agréable façon de voir la ville. Plusieurs opérateurs partent des embarcadères de Centraal Station, Damrak, Rokin et en face du Rijksmuseum. Les prix sont similaires (environ 13 €/adulte). Pour éviter la buée sur les vitres, optez pour un bateau avec des places à l'extérieur. De nuit, on peut voir les ponts éclairés (mais ces balades coûtent généralement plus cher).

Boom Chicago Boats CIRCUIT EN BATEAU
(Carte p. 56 ; www.boomchicago.nl ; Leidseplein 12 ; 15 €/personne ; visites 14h45 ; 1/2/5/7/10 Leidseplein). Les sorties de 1 heure 15 se font à bord de petits bateaux ouverts (couverts lors d'intempérie), avec un membre du comedy-club Boom Chicago. Ces circuits s'adressent à une clientèle jeune.

♥ **St Nicolaas Boat Club** CIRCUIT EN BATEAU
(Carte p. 56 ; www.amsterdamboatclub.com ; Leidseplein 12). L'excellent circuit se fait sur une embarcation découverte de 10 places pouvant se faufiler sur les canaux les plus étroits. Le prix n'est pas fixe mais un don de 10 € est conseillé. Départ devant Mike's Bike. Lors de l'impression du guide, le club avait des problèmes de licence. Consultez les nouvelles sur le site.

Canal Bus CIRCUIT EN BATEAU
(www.canal.nl ; pass journalier adulte/enfant 22/11 €). Circuit à arrêts multiples, avec 17 amarrages dans la ville, situés près des grands musées.

Blue Boat Company CIRCUIT EN BATEAU
(Carte p. 56 ; www.blueboat.nl ; Stadhouderskade 30 ; ⏲toutes les 30 min 10h-19h ; 🚋7/10 Spiegelgracht). Circuit principal de 1 heure 15 (adulte/enfant 14/7,50 €) et croisières nocturnes, pour enfants, et croisières artistiques en partenariat avec le Rijksmuseum.

Circuits pédestres

Prostitution Information Centre Red Light District Tour CIRCUIT PÉDESTRE
(Carte p. 46 ; www.pic-amsterdam.com ; Enge Kerksteeg 3 ; visites 15 € ; ⏲17h sam). Ce centre à but non lucratif (voir p. 49) propose de découvrir l'envers des vitrines du quartier Rouge et de visiter l'une d'elles lors d'un fascinant circuit d'1 heure. Les recettes sont reversées au centre.

Randy Roy's Redlight Tours CIRCUIT PÉDESTRE
(Carte p. 46 ; ☎06 4185 3288 ; www.randyroysredlighttours.com ; visites 12,50 € ; ⏲20h dim-jeu, 20h et 22h ven et sam, fermé déc-fév). Anecdotes croustillantes et secrets de célébrités sont au programme de cette visite animée de 1 heure 30. Rendez-vous devant le Victoria Hotel (Damrak 1-5), en face de Centraal Station, par tout temps.

Sandeman's New Amsterdam Tours CIRCUIT PÉDESTRE
(Carte p. 46 ; www.newamsterdamtours.com ; dons conseillés ; ⏲11h15 et 13h15). De jeunes guides professionnels proposent une balade divertissante de 3 heures dans le centre-ville et le quartier Rouge. Départ au Nationaal Monument sur le Dam, quel que soit le temps.

Drugs Tour CIRCUIT PÉDESTRE
(Carte p. 46 ; www.drugstour.nl ; dons demandés ; ⏲18h ven). Pour une plongée informative dans ce qui touche aux mythes et à la réalité de la consommation de drogue à Amsterdam. Départ devant l'Oude Kerk ; réservez. Possibilité de visites privées (40 €/4 personnes) en plusieurs langues, notamment en français.

Mee in Mokum CIRCUIT PÉDESTRE
(Carte p. 46 ; www.gildeamsterdam.nl ; Kalverstraat 92 ; visites 7,50 € ; ⏲11h et 14h mar-dim). Visites bon marché menées par des personnes âgées bénévoles qui agrémentent souvent leurs commentaires de souvenirs personnels. La qualité des balades dépend du guide, mais elles valent généralement le coup. Le départ se fait au café de l'Amsterdam Museum.

Fêtes et festivals

5 Days Off MUSIQUE
(www.5daysoff.nl). Pendant 5 jours début mars, festival de musique électronique, avec piste de danse au Paradiso et au Melkweg.

Fête du Roi ROYAL
(Koningsdag). Le 27 avril, le pays rend hommage au roi, mais c'est à Amsterdam que la fête bat son plein. Les rues s'emplissent de participants vêtus d'orange, de groupes tonitruants et d'un marché aux puces.

Herdenkingsdag CULTUREL
(Jour du Souvenir). Le 4 mai, le monarque dépose une couronne de fleurs sur le Dam en l'honneur des victimes de la Seconde Guerre mondiale et la ville observe deux minutes de silence à 20h. Le 5 mai, place au Bevrijdingsdag (jour de la Libération), avec ses fêtes et concerts de rue, notamment dans le Vondelpark.

Exposition World Press Photo CULTUREL
(www.worldpressphoto.org). Les clichés des meilleurs photojournalistes sont exposés dans l'Oude Kerk de mi-avril à juin.

Holland Festival CULTUREL
(www.hollandfestival.nl). Le plus grand festival néerlandais de musique, de théâtre et de danse s'installe à Amsterdam au mois de juin. Tous les styles sont représentés, du plus intellectuel au plus léger.

Roots Festival MUSIQUE
(www.amsterdamroots.nl). Paradiso, Bimhuis et d'autres lieux programment de l'excellente musique du monde pendant un long week-end début juillet, marqué par une fête gratuite dans l'Oosterpark.

Over het IJ Festival CULTUREL
(www.overhetij.nl). Théâtre, musique et exposition investissent pendant 10 jours début juillet des lieux originaux, autour des chantiers navals NDSM d'Amsterdam-Noord.

Amsterdam Pride GAY PRIDE
(www.weareproud.nl). Le premier week-end d'août, cet excentrique événement se termine par une parade de bateaux sur les canaux, suivie de fêtes de rues.

Grachtenfestival MUSIQUE
(www.grachtenfestival.nl). Concerts de musique classique organisés dans les parcs en bord

AMSTERDAM GAY ET LESBIEN

Renseignements

Gay Amsterdam (www.gayamsterdam.com). Fournit une liste d'hôtels, de boutiques, de restaurants et de clubs, ainsi que des cartes.

Pink Point (www.pinkpoint.org ; 12h-18h mars-août, horaires restreints sept-fév). Situé derrière la Westerkerk, Pink Point est à la fois un kiosque d'information et une boutique de souvenirs. Renseignez-vous sur les lieux et activités LGBT, et prenez un exemplaire du complet *Bent Guide*.

Où se loger

La plupart des hôtels de la ville accueillent les homosexuels, mais certains s'adressent en particulier à cette clientèle :

Amistad (Carte p. 56 ; 624 80 74 ; www.amistad.nl ; Kerkstraat 42 ; ch sans sdb 100 €, s/d avec sdb à partir de 130/160 € ; @). Chaises signées Philippe Starck, lecteurs CD, élégant mobilier et ordinateurs habillent les chambres de cet adorable hôtel. La salle du petit-déjeuner (avec murs rouges et grandes tables) se transforme plus tard en cybercafé.

Golden Bear (Carte p. 56 ; 624 47 85 ; www.goldenbear.nl ; Kerkstraat 37 ; ch avec sdb partagée/privée à partir de 75/100 € ;). Occupant deux édifices du XVIIIe siècle, le plus vieil hôtel gay d'Amsterdam est ouvert depuis 1948. Chambres aux tons vifs, avec mobilier moderne et mini-réfrigérateurs. Petit-déjeuner compris.

Où sortir

Avec cinq centres festifs principaux, la scène gay d'Amsterdam figure parmi les plus importantes du monde. **Warmoesstraat**, dans le quartier Rouge, abrite des bars à la clientèle fétichiste et adepte du cuir. Non loin, dans la partie supérieure de **Zeedijk**, les homosexuels fréquentent les terrasses des bars. Dans la ceinture des canaux sud, le secteur de **Rembrandtplein** (surnommé "quartier Amstel") possède des pubs et cafés bruns traditionnels, certains orientés vers une clientèle gay. **Leidseplein** compte quelques lieux tendance le long de Kerkstraat. Et, une rue sous le marché aux fleurs,

de canal et dans les jardins cachés pendant 10 jours à la mi-août. Très apprécié, le concert gratuit sur une scène flottante dans le Prinsengracht est le clou du festival.

Amsterdam Dance Event MUSIQUE
(www.amsterdam-dance-event.nl). Mi-octobre, 700 DJ et 200 000 clubbers se retrouvent dans les soirées d'Amsterdam pendant un long week-end enfiévré.

Cannabis Cup DÉCALÉ
(www.cannabiscup.com). Organisé fin novembre par le magazine *High Times*, ce festival étrange récompense la meilleure herbe et le plus gros joint.

Où se loger

Réservez bien à l'avance pour les week-ends et l'été. Les hôtels proposant plus de 20 chambres sont considérés comme grands, souvent confortables. Le Wi-Fi gratuit est très répandu, contrairement à la climatisation et aux ascenseurs. Préparez-vous à porter vos valises dans des escaliers raides.

Les prix énoncés sont les tarifs sans réduction ; sauf mention contraire, le petit-déjeuner n'est pas compris. Les prix chutent généralement d'octobre à avril. La plupart des tarifs indiqués comprennent la taxe de séjour de 5,5%, mais mieux vaut se renseigner avant de réserver. Certains hôtels facturent jusqu'à 5% supplémentaires pour les règlements par carte bancaire.

Prenez garde avec les hébergements du centre-ville : certains sont bruyants et d'un mauvais rapport qualité/prix. Les hôtels de la ceinture des canaux ouest sont proches du centre mais plus agréables et plus paisibles. Le Vieux Sud et Vondelpark offrent des logements de qualité, à proximité des musées et à une courte distance de Leidseplein. La location d'appartement est fréquente dans les secteurs résidentiels comme le Jordaan et De Pijp. **Citymundo** (www.citymundo.fr) propose des appartements pour

Reguliersdwarsstraat attire du beau monde (mais de nombreux établissements ont récemment rencontré des soucis financiers ; consultez www.reguliers.net pour connaître les ouvertures et les fermetures).

Quelques adresses, en plus des très appréciés 't Mandje (p. 88) et Cafe de Barderij (p. 89) :

FUXXX (carte p. 46 ; www.clubfuxxx.com ; Warmoesstraat 96 ; à partir de 23h jeu-dim). Établissement très animé. Réservé aux hommes du jeudi au samedi, pour des danses lascives, voire plus. Ouvert aux femmes le dimanche.

Getto (carte p. 46 ; www.getto.nl ; Warmoesstraat 51 ; mar-dim ; 4/9/16/24/25 Centraal Station). Dans ce bar-restaurant branché et accueillant, les clients, jeunes, dégustent des plats bon marché et s'observent. Idéal pour une ambiance bohème dans le quartier Rouge.

Montmartre (carte p. 56 ; www.cafemontmartre.nl ; Halvemaansteeg 17). Dans un décor extravagant, les clients entonnent des ballades néerlandaises et des tubes, comme dans une version gay de l'Eurovision. C'est pour certains le meilleur bar gay du Benelux.

Queen's Head (carte p. 46 ; www.queenshead.nl ; Zeedijk 20). Autrefois tenu par le légendaire drag-queen Dusty, ce beau café ancien donnant sur le canal accueille désormais une clientèle mixte. Bingo et drag-queen le mardi.

Saarein (carte p. 52 ; www.saarein.info ; Elandsstraat 119 ; à partir de 16h mar-ven et dim, à partir de midi sam ; 7/10/17 Elandsgracht). Ancien repaire de féministes, ce café installé dans un bâtiment datant des années 1600 est toujours le lieu de rendez-vous des lesbiennes, même si les gays sont les bienvenus. Petit menu de tapas et de soupes.

Vivelavie (carte p. 56 ; www.vivelavie.net ; Amstelstraat 7 ; à partir de 16h ;). Près de Rembrandtplein, filles dragueuses, musique assourdissante et terrasse pour cet établissement animé qui est certainement le café lesbien le plus populaire d'Amsterdam.

Festivals

Le **Roze Wester**, la plus grande fête gay, avec concerts et pistes de danse, a lieu à l'Homomonument (p. 58), le jour de la fête du Roi (27 avril). Unique au monde, la parade de l'Amsterdam Pride (p. 73) défile sur les canaux à bord de bateaux décorés avec extravagance.

3 nuits minimum. **AirBnB** (www.airbnb.fr) ou **Homelidays** (www.homelidays.com) proposent également de nombreux hébergements à Amsterdam.

CENTRE HISTORIQUE ET QUARTIER ROUGE

Hotel Résidence Le Coin APPARTEMENTS €€
(Carte p. 56 ; 524 68 00 ; www.lecoin.nl ; Nieuwe Doelenstraat 5 ; s 125 €, d 145-160 €, f 240 € ;). En plein centre-ville, face au populaire Café de Jaren et à 5 minutes du joli Nieuwmarkt, cet établissement propre géré par l'université d'Amsterdam propose 42 petits appartements haut de gamme répartis dans 7 bâtiments historiques. Équipés de mobilier design, parquet et kitchenette, tous sont accessibles par ascenseur. Petit-déjeuner 11,50 €/pers. Wi-Fi : 5 € pour 24 heures.

Hotel Brouwer HÔTEL €€
(Carte p. 46 ; 624 63 58 ; www.hotelbrouwer.nl ; Singel 83 ; ch 60-100 € ;). Apprécié et bon marché, le Brouwer occupe une demeure de 1652. Meublées simplement, les 8 chambres portent le nom de peintres néerlandais et donnent sur le canal. Le cadre mêle faïence de Delft et décoration du XXe siècle. Petit ascenseur. Personnel de bons conseils. Réservez bien à l'avance. CB non acceptées.

Hotel de L'Europe HÔTEL DE LUXE €€€
(Carte p. 56 ; 531 17 77 ; www.leurope.nl ; Nieuwe Doelenstraat 2-8 ; ch à partir de 340 € ;). Propriété de la famille Heineken, l'hôtel, rénové pour 85 millions de dollars, mêle classicisme (lustres en verre, portiers coiffés d'un haut-de-forme) et design fantaisiste. Chambres grandioses avec iPad, vue sur le canal, chauffage au sol, baignoire en marbre blanc ; Wi-Fi gratuit. Le fumoir et le Freddy's bar, avec tables en cuivre et fauteuils en cuir, attirent une clientèle d'affaires.

Hotel The Exchange HÔTEL DE CHARME €€
(Carte p. 46 ; 561 36 99 ; www.exchangeamsterdam.com ; Damrak 50 ; ch 100-400 € ;). Hôtel récent, l'Exchange propose 61 chambres

PRÈS DE L'AÉROPORT

Besoin d'un hôtel près de l'aéroport de Schiphol ? Le **Citizen M** (☎811 70 80 ; www.citizenmamsterdamairport.com ; Plezierweg 2 ; ch 79-139 € ; ❄@wifi) n'est qu'à 5 minutes à pied. Dans les chambres douillettes aux airs de navettes spatiales, l'espace est totalement optimisé, avec un lit confortable calé entre les murs, et des cabines de douche et de WC. Éclairage (violet, rouge ou blanc), stores, TV écran plat (films gratuits sur demande), musique, température et douche sont gérés par une télécommande centrale. Sushis, saké et en-cas en self-service à la cafétéria dans le hall.

aménagées par des étudiants de l'Amsterdam Fashion Institute. Des peintures d'yeux sur les murs à la robe de Marie-Antoinette suspendue au-dessus du lit, tout est permis. Si vous n'aimez pas l'excentricité, passez votre chemin. Chambres d'une étoile (petite et sans vue) à cinq étoiles ; toutes avec balcon privé. Celles donnant sur Damrak peuvent être bruyantes.

St Christopher's at the Winston AUBERGE DE JEUNESSE FESTIVE €
(Carte p. 46 ; ☎623 13 80 ; www.winston.nl ; Warmoesstraat 123 ; dort 34-42 €, ch 80-120 € ; wifi). Auberge centrale, animée à toutes heures, accueillant des groupes en tournée. Chambres rock'n'roll, club très fréquenté, bar, café en plein air et coin fumeur au rdc. Dortoirs (avec sdb) accueillant jusqu'à 8 personnes. Des artistes locaux ont décoré librement les chambres qui vont du très avant-gardiste (tout en acier inoxydable) et amusant, au totalement grivois. Pas d'Internet dans les chambres, mais Wi-Fi gratuit au rdc (hall et bar). Petit-déjeuner compris.

Hotel Luxer HÔTEL €€
(Carte p. 46 ; ☎330 32 05 ; www.hotelluxer.nl ; Warmoesstraat 11 ; ch 90-150 € ; ❄@wifi). Ce charmant petit établissement est une agréable surprise et offre probablement le meilleur rapport qualité/prix dans le quartier Rouge. Chambres petites mais bien équipées (avec clim !). Le soir, l'espace petit-déjeuner se change en un bar chic. Petit-déjeuner : 10 €.

Aivengo Youth Hostel AUBERGE DE JEUNESSE €
(Carte p. 46 ; ☎421 36 70 ; www.aivengoyouthhostel.com ; Spuistraat 6 ; dort 18-26 €, ch 80-100 € ; @wifi). L'Aivengo occupe deux bâtiments, l'un au décor moyen-oriental, l'autre avec poutres apparentes. Les chambres, de tailles variées, comptent un dortoir pour femmes de 10 lits, un autre mixte de 20 lits et quelques chambres. L'établissement est calme par rapport aux nombreuses auberges de jeunesse du quartier Rouge. Le "salon" qui fait office de salle commune est à côté (un peu trop près) de la sdb commune.

NIEUWMARKT

Misc Eat Drink Sleep HÔTEL DE CHARME €€€
(Carte p. 46 ; ☎330 62 41 ; www.misceatdrinksleep.com ; Kloveniersburgwal 20 ; ch 155-245 € ; @wifi). Près de la place Nieuwmarkt, le Misc propose 6 chambres thématiques, de la "baroque" (plutôt romantique) à la "chambre des merveilles" (d'inspiration marocaine). Deux chambres disposent de ventilateurs de plafond originaux et toutes ont une cafetière Nespresso. Les chambres avec vue sur le canal coûtent plus cher que celles, aussi charmantes (et plus grandes), donnant sur le jardin. Petit-déjeuner, en-cas et boissons sans alcool du minibar gratuits.

Stayokay Amsterdam Stadsdoelen AUBERGE DE JEUNESSE €
(Carte p. 46 ; ☎624 68 32 ; www.stayokay.com ; Kloveniersburgwal 97 ; dort 20-33 €, ch 60 € ; @wifi). Les routards affluent dans cet établissement bon marché et l'on comprend pourquoi. Le personnel est accueillant et les 11 impeccables dortoirs unisexes et mixtes (chacun contenant jusqu'à 20 lits, avec coffres gratuits) offrent un minimum d'intimité. Grande salle TV, billard, laverie, Wi-Fi gratuit dans le hall, local à vélos (2 €/jour) et petit-déjeuner continental gratuit. Location de PC portable : 3 €/heure.

Christian Youth Hostel "The Shelter City" AUBERGE DE JEUNESSE €
(Carte p. 46 ; ☎625 32 30 ; www.shelter.nl ; Barndesteeg 21 ; dort 25-39 € ; @wifi). Annexe, plus grande, du Shelter Jordaan (p. 77).

JORDAAN

♥ **All Inn the Family B&B** B&B €€
(Carte p. 52 ; ☎776 36 36 ; www.allinnthefamily.nl ; 2e Egelantiersdwarsstraat 10 ; ch 95-140 € ; wifi). Aménagé dans une charmante demeure ancienne en bordure de canal, ce B&B de 4 chambres, avec sdb commune, obtient d'excellentes critiques. Les hôtes enjoués parlent cinq langues et l'établissement, installé au calme au cœur du Jordaan, est idéal pour profiter d'un accueil *gezellig* et

de l'ouverture d'esprit que les voyageurs recherchent à Amsterdam. Généreux petit-déjeuner bio néerlandais.

Hotel Amsterdam Wiechmann HÔTEL €€
(Carte p. 52 ; ☎626 33 21 ; www.hotelwiechmann.nl ; Prinsengracht 328 ; ch 90-210 € ; @📶). Hôtel familial aménagé dans 3 maisons en bordure de canal, à deux pas des Negen Straatjes. Les chambres douillettes et bien tenues sont dignes d'un magasin d'antiquités, avec dessus-de-lit campagnards et chintz, et dans le hall, les bibelots sont présents depuis environ 60 ans. Petit-déjeuner inclus.

Christian Youth Hostel "The Shelter Jordaan" AUBERGE DE JEUNESSE €
(Carte p. 52 ; ☎624 47 17 ; www.shelter.nl ; Bloemstraat 179 ; dort 25-39 € ; @📶). Certes, on ne peut pas y boire, ni faire la fête, mais cette petite auberge est un vrai bijou. Dortoirs unisexes calmes et propres, excellent petit-déjeuner gratuit – avec pancakes moelleux – et paisible patio. Le café sert des repas bon marché le reste de la journée. Draps gratuits, serviettes 1 €. Étude de la Bible facultative.

Hotel van Onna HÔTEL €€
(Carte p. 52 ; ☎626 58 01 ; www.hotelvanonna.nl ; Bloemgracht 102-108 ; ch 65-150 € ; @📶). Ces 41 chambres fonctionnelles et sans fioriture à des prix raisonnables se trouvent dans un coin magnifique du Jordaan, à portée de carillons de la Westerkerk (les plus sensibles au bruit préféreront une chambre à l'arrière). Les 2 chambres sous le toit disposent de poutres en bois et d'une vue panoramique sur le Bloemgracht (canal des fleurs). Petit-déjeuner continental inclus. Pas de téléphone, ni de TV dans les chambres.

Hotel Acacia HÔTEL €€
(Carte p. 52 ; ☎622 14 60 ; www.hotelacacia.nl ; Lindengracht 251 ; ch 65-145 € ; @📶). Idéal pour se reposer après avoir sillonné les canaux toute la journée, l'hôtel est situé dans une partie calme du Jordaan. Les chambres situées dans l'angle de l'immeuble sont les plus grandes. Propose également des studios avec kitchenette. Petit-déjeuner compris.

International Budget Hostel AUBERGE DE JEUNESSE €
(Carte p. 56 ; ☎624 27 84 ; www.internationalbudgethostel.com ; Leidsegracht 76 ; dort 18-40 €, ch 65-80 € ; @📶). L'emplacement en bord de canal, la proximité de la vie nocturne, les chambres propres pour 4 personnes maximum avec casiers, le joyeux mélange international de routards, les vélos en location et le personnel chaleureux sont autant de raisons d'y séjourner. Espace fumeur.

CEINTURE DES CANAUX OUEST

The Toren HÔTEL DE CHARME €€
(Carte p. 52 ; ☎622 60 33 ; www.toren.nl ; Keizersgracht 164 ; ch 130-210 €, ste à partir de 300 € ; ❄@📶). Hôtel apprécié pour ses tarifs, la taille de ses chambres et l'agréable personnel. Les espaces communs mêlent le faste du XVIIe siècle – miroirs dorés, cheminées et lustres – au charme d'un boudoir français. Élégamment meublées, les 36 chambres disposent d'équipements modernes.

Sebastian's HÔTEL DE CHARME €€
(Carte p. 46 ; ☎433 23 42 ; www.hotelsebastians.nl ; Keizersgracht 15 ; ch 100-230 € ; 🚭❄@📶). Dans la même veine que le Toren, du même propriétaire, avec un décor plus bohème. À quelques rues, le long du même canal.

Dylan HÔTEL DE LUXE €€€
(Carte p. 52 ; ☎530 20 10 ; www.dylanamsterdam.com ; Keizersgracht 384 ; ch à partir de 350 € ; @📶). Un hôtel très élégant, apprécié des célébrités. On entre par le jardin dans une demeure du XVIIe siècle en bordure de canal. Les 41 chambres, somptueuses, sont décorées différemment, des couleurs vives au minimalisme zen ; la suite Dylan Thomas comporte un bar bien fourni. Personnel adorable.

Maes B&B B&B €€
(Carte p. 46 ; ☎427 51 65 ; www.bedandbreakfastamsterdam.com ; Herenstraat 26hs ; s 95-115 €, d 115-135 €, app 135-260 € ; @📶). Cette maison traditionnelle dans le quartier des canaux ouest, avec tapis orientaux, parquet et murs de briques, est plutôt spacieuse pour un édifice si ancien. La cuisine (ouverte toute la journée pour les clients) est très *gezellig*. Petit-déjeuner continental.

Sunhead of 1617 B&B €€
(Carte p. 46 ; ☎626 18 09 ; www.sunhead.com ; Herengracht 152 ; ch 100-150 €, app 120-150 € ; @📶). Carlos, l'hôte fabuleux et amusant, propose des chambres et suites chaleureuses donnant sur un des plus jolis canaux. Charmant équilibre entre le design moderne et le charme traditionnel néerlandais. Excellent petit-déjeuner.

Frederic's Rentabike & Houseboats APPARTEMENT, PÉNICHE €€
(Carte p. 46 ; ☎624 55 09 ; www.frederic.nl ; Brouwersgracht 78 ; ch/app/péniche à partir de

75/115/120 € ;). Ces péniches bien équipées sur le Prinsengracht, le Brouwersgracht et le Bloemgracht sont de véritables maisons flottantes avec tout le confort moderne. La société propose également divers appartements et chambres en centre-ville. Frais supplémentaires à prévoir (15% pour le ménage, 7,50 € pour les draps, supplément de 10% pour une seule nuit).

Chic & Basic Amsterdam HÔTEL DE CHARME €€

(Carte p. 46 ; 522 23 45 ; www.chicandbasic.com ; Herengracht 13-19 ; ch à partir de 110 € ;). Occupant trois maisons en bordure de canal, les chambres modernes, blanches, sont plus basiques que chics, mais elles arborent ce minimalisme avec style (malgré les photos au-dessus des lits). Bel emplacement sur un petit canal, à 10 minutes à pied de Centraal Station, près de boutiques et de restaurants. Petit-déjeuner (café et toasts) inclus.

Hotel Nadia HÔTEL €€

(Carte p. 52 ; 620 15 50 ; www.nadia.nl ; Raadhuisstraat 51 ; ch 70-160 € ; ; 13, 14, 17). Le bel édifice possède un escalier escarpé, mais le personnel monte vos valises. Chambres petites mais impeccables ; certaines ont un balcon, et celles en façade offrent une belle vue sur Westerkerk (mais le tramway est bruyant). Petit-déjeuner compris.

CEINTURE DES CANAUX SUD

Cocomama AUBERGE DE JEUNESSE €

(Carte p. 56 ; 627 24 54 ; www.cocomama.nl ; Westeinde 18 ; dort/ch à partir de 37/108 € ;). Ouverte en 2010, la première auberge de jeunesse “de charme” d’Amsterdam joue de son passé de maison close haut de gamme. Certains dortoirs à lits superposés sont ornés de rideaux rouges et de photos coquines ; d’autres, plus discrets, comportent de la faïence de Delft ou des moulins à vent. Les chambres privées (dont la chambre “Royal” sur le thème de la monarchie) disposent de stations d’accueil pour iPod et d’écran plat. Chambres avec sdb et Wi-Fi, beau jardin, cuisine équipée, service d’échange de livres et salon confortable pour les soirées films.

Backstage Hotel HÔTEL €€

(Carte p. 56 ; 624 40 44 ; www.backstagehotel.com ; Leidsegracht 114 ; ch sans sdb 85-155 €, ch avec sdb 125-205 € ;). Agréable hôtel au thème musical apprécié des musiciens qui se produisent aux Melkweg et au Paradiso voisins, comme le prouvent le piano et le billard couverts d’autographes au bar du hall. Couloirs tapissés d’affiches de concerts (souvent signées). Stations d’accueil pour iPod et lampes au-dessus des lits dans les chambres au tons noirs et blancs. Le soir, les groupes (et leurs fans) occupent le bar animé.

Seven One Seven HÔTEL DE LUXE €€€

(Carte p. 56 ; 427 07 17 ; www.717hotel.nl ; Prinsengracht 717 ; ch 450-650 € ;). Les 9 chambres somptueuses et joliment équipées sont spacieuses. Une fois dans la lumineuse suite Picasso – avec haut plafond, grand canapé et une décoration mélangeant antiquités et modernité – vous ne voudrez plus la quitter. Petit-déjeuner, thé, vin maison et multiples services personnalisés inclus.

Hotel V HÔTEL DE CHARME €€

(Carte p. 56 ; 623 13 29 ; www.hotelv.nl ; Weteringschans 136 ; ch 80-160 € ;). Face à la verdoyante Fredericksplein et à quelques minutes des superbes restaurants d’Utrechtsestraat, l’hôtel aux 48 chambres surprend par son style et son emplacement pour ce prix. Les chambres aux tons anthracite disposent d’une sdb aux murs de pierres et d’une literie impeccable et confortable. Bar et lobby moderne avec cheminée à gaz. Petit-déjeuner buffet inclus.

Seven Bridges HÔTEL DE CHARME €€

(Carte p. 56 ; 623 13 29 ; www.sevenbridgeshotel.nl ; Reguliersgracht 31 ; d 110-220 € ;). Ce petit hôtel intimiste et sophistiqué, parmi les plus charmants de la ville, donne sur un joli canal. Somptueux tapis orientaux et élégant mobilier ancien habillent les 8 chambres décorées avec goût.

Hotel Freeland HÔTEL €€

(Carte p. 56 ; 622 75 11 ; www.hotelfreeland.com ; Marnixstraat 386 ; ch 70-150 €, sans sdb à partir de 60 € ;). Le Freeland surpasse ses concurrents dans les environs de Leidseplein. Chambres propres et thématiques (tulipes, roses et tournesols, et certaines avec de subtiles touches marocaines). Excellent emplacement en bordure de canal. Savoureux petit-déjeuner.

Hotel Orlando HÔTEL DE CHARME €€

(Carte p. 56 ; 638 69 15 ; www.hotelorlando.nl ; Prinsengracht 1099 ; ch 100-160 € ;). Parmi les diverses raisons d’aimer l’Orlando, citons les 7 chambres plutôt grandes à petit prix, avec haut plafond, donnant sur le canal, les hôtes chaleureux, le copieux petit-déjeuner, et le charme de l'hôtel avec son mobilier sur mesure et ses rideaux en satin. Gay friendly.

Hotel Prinsenhof HÔTEL €
(Carte p. 56 ; ☎623 17 72 ; www.hotelprinsenhof.com ; Prinsengracht 810 ; s/d sans sdb 55/75 €, avec sdb 75/95 € ; 📶). Demeure du XVIIIe siècle d'un rapport qualité/prix correct. Vue sur le canal, chambres au mobilier dépareillé et monte-charge électrique (qui évite de porter les valises dans les escaliers étroits). Petit-déjeuner inclus.

VIEUX SUD

Collector B&B €€
(Carte p. 56 ; ☎673 67 79 ; www.the-collector.nl ; De Lairessestraat 46hs ; ch 80-115 € ; @📶). Près du Concertgebouw, impeccable B&B orné de réveils, de sabots en bois, de patins à glace, que collectionne Karel, le propriétaire. Accès au balcon et TV dans les 3 chambres. Karel fournit les produits pour que les clients préparent le petit-déjeuner à leur convenance (les œufs sont ceux des poules du jardin), et la cuisine est ouverte toute la journée pour ceux qui souhaitent mitonner leur dîner. Deux vélos sont également à disposition.

Hotel Fita HÔTEL €€
(Carte p. 56 ; ☎679 09 76 ; www.hotelfita.com ; Jan Luijkenstraat 37 ; ch 109-169 € ; @📶). Dans une rue paisible, près de Museumplein et de PC Hooftstraat, cet hôtel familial avec ascenseur offre 15 jolies chambres avec sdb équipée. Les jeunes propriétaires dynamiques améliorent l'endroit (nouveau mobilier, peinture neuve), et le service est des plus attentionnés. C'est l'un des hébergements du Vieux Sud au meilleur rapport qualité/prix, souvent fréquenté par des Américains âgés. Petit-déjeuner copieux (œufs, pancakes, fromage et pain) inclus.

Hotel Aalders HÔTEL €€
(Carte p. 56 ; ☎662 01 16 ; www.hotelaalders.nl ; Jan Luijkenstraat 13-15 ; ch 107-205 € ; @📶). La ville compte des établissements plus chics, mais cet hôtel familial est confortable et proche des musées. Occupant 2 maisons mitoyennes, les 28 chambres sont de tailles et de styles différents (certaines avec lambris et fenêtres à vitraux). Au petit-déjeuner, savourez les pâtisseries maison dans la salle ornée d'un beau lustre. Location de vélos.

Conscious Hotels Museum Square HÔTEL DE CHARME €€
(Carte p. 56 ; ☎671 95 96 ; www.conscioushotels.com ; De Lairessestraat 7 ; ch 120-190 € ; @📶). Hôtel écologique avec mur végétal dans le hall et petit-déjeuner bio (10 €). Les chambres modernes disposent de lits en matériaux naturels, de bureaux en pots de yaourt recyclés, et d'écrans plasma à basse consommation. Autre adresse à Overtoom 59, près de Vondelpark.

Xaviera Hollander's Happy House B&B €€
(☎673 39 34 ; www.xavierahollander.com ; Stadionweg 17 ; ch/ste à partir de 110/130 € ; @📶). L'ancienne tenancière de maison close et auteur de *Madam'* reçoit chez elle, dans le luxueux quartier de Beethovenstraat, à 1 km au sud de Museumplein. Les 2 chambres (avec sdb commune) sont décorées de photos érotiques, d'oreillers en forme de cœur rouges et de livres, dont son dernier ouvrage. Le jardin accueille un chalet équipé (sdb, réfrigérateur, terrasse). Séjour minimum de 2 nuits.

College Hotel HÔTEL DE CHARME €€€
(Carte p. 56 ; ☎571 15 11 ; www.thecollegehotel.com ; Roelof Hartstraat 1 ; ch à partir de 225 € ; ❄@📶). Les 40 chambres – avec haut plafond, mobilier de bon goût et quelques vitraux – ont été aménagées dans d'anciennes salles de classe d'une école du XIXe siècle. Des étudiants en hôtellerie y font leurs armes, tandis que les célébrités profitent du luxueux résultat. L'hôtel est bien situé, à environ 1 km du quartier des musées et des sites et cafés de De Pijp.

Van Gogh Hostel & Hotel AUBERGE DE JEUNESSE, HÔTEL €€
(Carte p. 56 ; ☎262 92 00 ; www.hotelvangogh.nl ; Van de Veldestraat 5 ; dort 20-45 €, ch 90-160 € ; ❄@📶). Le musée Van Gogh est à côté, et toutes les chambres sont ornées d'une reproduction d'une peinture de l'artiste. L'auberge de 200 lits est séparée de l'hôtel par la salle commune du petit-déjeuner (5 €). Les dortoirs disposent de 6 à 8 lits, de sdb et de TV écran plat. Les chambres de l'hôtel ont un balcon aux étages supérieurs (à réclamer lors de la réservation).

VONDELPARK

Hotel de Filosoof HÔTEL DE CHARME €€
(Carte p. 56 ; ☎683 30 13 ; www.hotelfilosoof.nl ; Anna van den Vondelstraat 6 ; s/d/ste à partir de 90/130/200 € ; @📶). Chacune des

38 chambres de cet hôtel porte le nom d'un philosophe, de Thoreau à Nietzsche. Selon la personnalité honorée, le décor peut être chic ou minimaliste. Élégant bar et paisible jardin à l'anglaise fort agréable en été.

Hotel Vondel HÔTEL DE CHARME €€€
(Carte p. 56 ; ☎612 01 20 ; www.vondelhotels.com ; Vondelstraat 28-30 ; ch 125-235 € ; @ 📶). Hôtel chic aux confortables chambres à l'ambiance tamisée (nombreuses touches d'un élégant gris). Les clients peuvent se détendre près des bassins de poissons rouges et de carpes koï dans le jardin zen. Au rez-de-chaussée, le Restaurant Joost propose une petite carte de poisson, viande et légumes dans une salle spectaculaire, où l'on peut juste venir siroter une *caïpirinha* au bar. Wi-Fi 10 € les 24 heures.

Hotel Zandbergen HÔTEL €€
(Carte p. 56 ; ☎676 93 21 ; www.hotel-zandbergen.com ; Willemsparkweg 205 ; s/d à partir de 100/140 € ; @ 📶). Le Zandbergen se distingue par son personnel aux petits soins, et des chambres impeccables ; celles de l'arrière ont un balcon donnant sur une paisible cour. Le Vondelpark est de l'autre côté de la rue, et le quartier des musées, à 1 km, est accessible par Willemsparkweg (puis Paulus Potterstraat). Le tramway 2 passe à proximité et conduit dans le centre-ville.

Hotel Piet Hein HÔTEL DE CHARME €€
(Carte p. 56 ; ☎662 72 05 ; www.hotelpiethein.com ; Vossiusstraat 52-53 ; s/d à partir de 100/145 € ; @ 📶). Donnant sur la tonnelle ancienne de Vondelpark, cet hôtel impeccable offre un grand choix de chambres contemporaines (dont des simples "business" douillettes). Emplacement paisible avec magnifique jardin et bar où l'on peut se relaxer.

Owl Hotel HÔTEL €€
(Carte p. 56 ; ☎618 94 84 ; www.owl-hotel.nl ; Roemer Visscherstraat 1 ; s/d à partir de 90/115 € ; @ 📶). Certains clients apprécient tellement l'établissement qu'ils envoient des figurines de hiboux (*owl*) du monde entier. Personnel chaleureux et accueillant. Chambres soignées, lumineuses et calmes. Petit-déjeuner buffet (inclus) servi dans une salle lumineuse et tranquille donnant sur un jardin. Wi-Fi 10 €/jour.

Flynt B&B B&B €€
(Carte p. 56 ; ☎618 46 14 ; www.flyntbedandbreakfast.nl ; 1e Helmersstraat 34 ; ch 85-120 € ; @ 📶 🐾). Les sdb spacieuses en ardoises donnent une impression d'hôtel de charme. Mais les couleurs gaies, l'accueil chaleureux, le coin petit-déjeuner cosy et le fait d'accepter les animaux rappellent qu'il s'agit d'un B&B. Les voyageurs solitaires adoreront la chambre Bouddha.

Stayokay Amsterdam Vondelpark AUBERGE DE JEUNESSE €
(Carte p. 56 ; ☎589 89 96 ; www.stayokay.com ; Zandpad 5 ; dort 27-39 €, ch à partir de 60 € ; @ 📶). À deux pas du Vondelpark, cette auberge de 536 lits accueille chaque année plus de 75 000 clients – le lobby (avec billard et flipper) est inévitablement très international. Dans les chambres rénovées : casiers, douche, toilettes et lits superposés bien espacés. Agréable bar-café. Petit-déjeuner inclus.

DE PIJP

Between Art & Kitsch B&B B&B €€
(Carte p. 56 ; ☎679 04 85 ; www.between-art-and-kitsch.com ; Ruysdaelkade 75-2 ; s/d à partir de 80/90 € ; @ 📶). Mondrian a vécu ici : c'est la partie art ; le lustre en cristal dans la chambre baroque et le bouddha souriant en cuivre représentent le kitsch. La chambre Art déco possède un magnifique carrelage et donne sur le Rijksmuseum. Ebo et Irene, le couple d'hôtes (et Hartje, leur chat blanc), sont des plus chaleureux. Sdb privée dans les chambres. Préparez-vous à grimper, c'est au 3e étage.

Bicycle Hotel Amsterdam HÔTEL €€
(Carte p. 56 ; ☎679 34 52 ; www.bicyclehotel.com ; Van Ostadestraat 123 ; ch sans sdb 50-95 €, avec sdb 100-155 € ; @ 📶). Tenu par Marjolein et Clemens, adeptes du cyclisme, l'endroit est idéal pour se reposer après une journée à vélo. Hôtel décontracté, chaleureux, écologique avec chambres simples, confortables et intimes. Location de vélos à petits prix, et copieux petit-déjeuner (inclus). Le Wi-Fi ne fonctionne pas très bien aux étages supérieurs.

easyHotel HÔTEL €
(Carte p. 56 ; www.easyhotel.com ; Van Ostadestraat 97 ; d à partir de 49 € ; @ 📶). Convient aux voyageurs cherchant un hébergement propre et bon marché. Les chambres sont aseptisées et minuscules (n'emportez pas trop de bagages), et tout est en supplément : Wi-Fi (7,50 €), TV (5 €), nettoyage de la chambre après le premier jour (15 €), films (lot pour 12,50 €), etc. Toutefois, si vous n'avez pas besoin de tout cela, les tarifs

s'avèrent plus bas que dans une auberge de jeunesse. Réservation en ligne uniquement.

PLANTAGE, ÎLES DE L'EST ET OOSTERPARK

Lloyd Hotel HÔTEL DE CHARME €€

(☎561 36 36 ; www.lloydhotel.com ; Oostelijke Handelskade 34 ; ch 90-400 € ; @📶). En 1921, le Lloyd accueillait les immigrants, et nombre d'éléments d'origine (carrelage, mobilier...) sont encore présents, aux côtés de pièces de design contemporain néerlandais. Élégamment restaurées, les chambres vont d'1 étoile (sdb dans le couloir) à 5 étoiles (avec grand et somptueux piano). L'établissement est aussi un centre culturel et un lieu de rassemblement.

DoubleTree Amsterdam Centraal Station HÔTEL €€€

(Carte p. 62 ; ☎530 08 00 ; http://doubletree3.hilton.com ; Oosterdoksstraat 4 ; ch 210-330 € ; ❄@📶). On trouve moins cher, mais beaucoup apprécient la marque haut de gamme DoubleTree des Hilton, et particulièrement ce nouvel édifice vitré, ouvert en 2011, juste à côté de la gare ferroviaire. Il dispose de 553 chambres ultramodernes (comportant chacune un iMac). Sur le toit, le Skylounge est agréable au coucher du soleil.

Hotel Rembrandt HÔTEL €€

(Carte p. 62 ; ☎627 27 14 ; www.hotelrembrandt.nl ; Plantage Middenlaan 17 ; s/d à partir de 75/95 € ; @📶). Hôtel de caractère dans un cadre boisé entre le zoo et le jardin botanique. La plupart des chambres, modestes, arborent des toiles pop art représentant le maître du Siècle d'or. Petit-déjeuner impressionnant (10 €), servi dans une salle lambrissée aux murs couverts de tentures avec lustres et toiles du XVIIe siècle.

Hotel Allure HÔTEL €€

(Carte p. 62 ; ☎627 27 14 ; www.hotelallure.com ; Sarphatistraat 117 ; ch 109-139 € ; @📶). Hôtel paré de rouge, modeste et correct à moins d'1 km au sud de l'Artis Zoo, souvent référencé sur les sites de réservation. Wi-Fi 5 €/jour. Petit-déjeuner continental généralement inclus, mais vérifiez tout de même.

Stayokay Amsterdam Zeeburg AUBERGE DE JEUNESSE €

(☎551 31 90 ; www.stayokay.com ; Timorplein 21 ; dort 21-37 €, ch 30-100 € ; @📶). Filiale du Stayokay Vondelpark et du Stayokay Stadsdoelen, avec ses 508 lits répartis sur 3 étages, le Zeeburg est peut-être le meilleur. Il compte des dortoirs impeccables, majoritairement de 4 ou 6 lits, avec sdb et décor orange vif. Petit-déjeuner chaud inclus, Wi-Fi (dans le hall) gratuit. À côté, on trouve le Studio K, centre artistique/cinéma/café, et un loueur de vélos (11 €/jour). Dappermarkt et Javaplein – qui abritent des restaurants comme le Wilde Zwijnen (p. 88) – sont à quelques pas. À 15 minutes en tramway 14 du Dam.

Où se restaurer

Amsterdam dispose de centaines de restaurants et *eetcafés* (pubs servant des repas) pour tous les goûts.

De nombreux restaurants n'acceptent pas les cartes de crédit (y compris les plus luxueux) ; s'ils le font, ils appliquent un supplément de 5%. Assurez-vous d'avoir assez d'espèces.

Réservez par téléphone dans les restaurants de catégories moyenne et supérieure. L'anglais est parlé couramment. De nombreux établissements pratiquent la réservation en ligne.

CENTRE HISTORIQUE ET QUARTIER ROUGE

Zeedijk abrite plusieurs adresses thaï et chinoises. Les restaurants ne manquent pas dans Spuistraat.

♥ **Gartine** CAFÉ €€

(Carte p. 46 ; ☎320 41 32 ; www.gartine.nl ; Taksteeg 7 ; plats 6-12 €, goûter 12-21 € ; ⏱10h-18h mer-dim ; 🖉 ; 🚊4/9/14/16/24/25 Spui). Établissement magique à la vaisselle ancienne dépareillée, dissimulé dans une allée en retrait de Kalverstraat. Pâtisseries au petit-déjeuner, salades et sandwichs succulents (réalisés à partir de produits du jardin). Délicieux goûter sucré/salé.

Vleminckx FRITES €

(Carte p. 56 ; Voetboogstraat 31 ; petite/grande portion 2,20/2,70 €, sauces 0,80 € ; ⏱11h-18h mar-sam, jusqu'à 19h jeu, 12h-18h dim et lun ; 🚊1/2/5 Koningsplein). Ce minuscule établissement attire une clientèle nombreuse depuis 1887 avec ses frites monumentales, généralement nappées de mayonnaise, de Ketchup ou de diverses sauces.

'Skek CAFÉ €€

(Carte p. 46 ; ☎427 05 51 ; www.skek.nl ; Zeedijk 4-8 ; sandwichs 3-7 €, plats 12-14 € ; ⏱12h-22h ; 📶 ; 🚊4/9/16/24/25 Centraal Station). Chaleureux café-bar tenu par des étudiants pour des étudiants (30% de remise sur présentation

À NE PAS MANQUER

UN PETIT CREUX ?

Quel que soit le moment – avant d'aller prendre un verre, ou après, pendant les visites – essayez ces en-cas typiques :

» *Les kroket* de Van Dobben (p. 84).

» Les frites-mayonnaise de Vleminckx (p. 81).

» Le sandwich au hareng de Rob Wigboldus Vishandel (ci-contre).

» Le gouda vieilli chez De Kaaskamer (p. 96).

» Le rôti d'agneau de Roopram Roti (p. 88).

d'une carte), idéal pour savourer de gros sandwichs composés d'épaisses tranches de pain aux céréales, et des plats de poulet, poisson ou pâtes. Concerts certains soirs.

D'Vijff Vlieghen NÉERLANDAIS CONTEMPORAIN €€€
(Carte p. 46 ; ☎530 40 60 ; www.vijffvlieghen.nl ; Spuistraat 294-302 ; plats 26-33 €, menus fixes à partir de 45,50 € ; ⏲soir ; 🚋1/2/5 Spui). Tous les touristes et voyageurs d'affaires s'y rendent et ils ont raison. “Les cinq mouches” est un restaurant classique, occupant cinq maisons du XVIIe siècle en bordure de canal. Les salles à manger de caractère en vieilles boiseries s'ornent de faïences de Delft et d'œuvres originales de Rembrandt et de Breitner.

Thais Snackbar Bird THAÏ €€
(Carte p. 46 ; ☎420 62 89 ; www.thai-bird.nl ; Zeedijk 77 ; plats 9-15 € ; ⏲13h-22h ; 🚋4/9/16/24/25 Centraal Station). Un des meilleurs restaurants asiatiques de la rue. Les cuisiniers, dans l'étroite cuisine, ne lésinent pas sur la citronnelle, la sauce de poisson ou le piment. Curries, plats de fruits de mer et de viande au basilic à tomber.

Haesje Claes NÉERLANDAIS TRADITIONNEL €€
(Carte p. 46 ; ☎624 99 98 ; www.haesjeclaes.nl ; Spuistraat 273-275 ; plats 16-25 €, menus fixes à partir de 27,50 € ; ⏲12h-22h ; 👪 ; 🚋1/2/5 Spui). Dans un cadre chaleureux, légèrement touristique, doté de boiseries foncées et d'objets anciens, on savoure une bonne soupe aux pois et du *stamppot* (pommes de terre écrasées avec chou frisé, endive ou choucroute). Différents poissons néerlandais sont proposés en entrées.

Hofje van Wijs CAFÉ €
(Carte p. 46 ; ☎624 04 36 ; www.hofjevanwijs.nl ; Zeedijk 43 ; plats 8,50-10,50 € ; ⏲12h-18h mar-ven et dim, 10h-18h sam ; 🚋4/9/16/24/25 Centraal Station). Wijs & Zonen, marchand de thé et café depuis 200 ans (fournisseur de la famille royale), possède ce joli café sur cour. Outre des gâteaux, il sert des ragoûts néerlandais bon marché, des bières et des liqueurs locales.

Rob Wigboldus Vishandel SANDWICHERIE €
(Carte p. 46 ; ☎626 33 88 ; Zoutsteeg 6 ; sandwichs 2,50-4,50 € ; ⏲matin et midi ; 🚋4/9/16/24/25 Dam). Minuscule oasis de 3 tables dans un cadre touristique, cette poissonnerie installée dans une petite allée sert d'excellents sandwichs au hareng dans du pain croustillant, blanc ou complet.

NIEUWMARKT

La place Nieuwmarkt abrite de nombreux cafés fréquentés par les habitants.

♥ **Latei** CAFÉ €€
(Carte p. 46 ; www.latei.net ; Zeedijk 143 ; plats 6-16 € ; ⏲8h-18h lun-mer, jusqu'à 22h jeu et ven, 9h-22h sam, 11h-18h dim ; 🥕 ; Ⓜ Nieuwmarkt). Café sympathique à la clientèle jeune et locale servant sandwichs, tartes aux pommes et *koffie verkeerd* (café au lait). Les lampes (et tout le mobilier moderne) sont à vendre. Du jeudi au samedi, cuisine du monde au dîner, généralement éthiopienne ou indienne.

Lastage FRANÇAIS €€€
(Carte p. 46 ; ☎737 08 11 ; www.restaurantlastage.nl ; Geldersekade 29 ; menus fixes à partir de 38 € ; ⏲soir mer-dim ; 🚋4/9/16/24/25 Centraal Station). Petit établissement délicat qui dénote dans cette partie délabrée du quartier Rouge. Le menu changeant peut comprendre une pintade farcie sur lit de chou rouge, suivie d'un flétan au riz sauvage de Camargue aux noisettes et purée de betterave. Tout est divinement présenté et s'accorde parfaitement avec les vins.

Toko Joyce INDONÉSIEN €
(Carte p. 46 ; www.tokojoyce.nl ; Nieuwmarkt 38 ; plats 5-10 € ; ⏲16h-20h lun, 11h-20h mar-sam, 13h-20h dim ; Ⓜ Nieuwmarkt). Composez une assiette de spécialités indonésiennes et surinamiennes à partir des plats présentés. La lunch box (comprenant nouilles ou riz, et deux garnitures épicées à la noix de coco) est intéressante. Pour finir, prenez une part de *spekkoek* (pain d'épice moelleux).

Installez-vous à l'une des quelques tables à l'étage ou sur un banc au bord du canal.

JORDAAN ET ÎLES OCCIDENTALES

Les petits établissements conviviaux, notamment de nombreux restaurants italiens, sont typiques du Jordaan. À l'extrémité nord, Haarlemmerstraat et Haarlemmerdijk abritent les dernières adresses à la mode. Et une table appréciée des gastronomes se trouve sur les îles occidentales.

Koevoet ITALIEN €€

(Carte p. 52 ; ☎624 08 46 ; Lindenstraat 17 ; plats 12-23 € ; soir mar-dim ; ; 3 Nieuwe Willemsstraat). Les sympathiques propriétaires italiens ont racheté cet ancien café dans une petite rue paisible, gardé sa déco *gezellig* mais proposent la cuisine de leur pays natal. Ne manquez pas le dessert phare qui se boit, le *sgroppino limone* (7 €) : sorbet, vodka et prosecco, mélangé à votre table et servi dans une flûte.

Balthazar's Keuken MÉDITERRANÉEN €€

(Carte p. 52 ; ☎420 21 14 ; www.balthazarskeuken.nl ; Elandsgracht 108 ; menu de 3 plats 29,50 € ; soir mer-sam ; 7/10/17 Elandsgracht). Restaurant toujours parmi les mieux notés d'Amsterdam. Sa cuisine ouverte et ses quelques tables donnent l'impression de dîner chez quelqu'un. Le menu de 3 plats à prix fixe change toutes les semaines. On y cuisine tous les produits disponibles. Réservations recommandées.

La Oliva ESPAGNOL €€

(Carte p. 52 ; www.laoliva.nl ; Egelantiersstraat 122-124 ; plats 21-26 € ; midi et soir ; 3/10 Marnixplein). Les plats éblouissants s'inspirent du Pays basque. À La Oliva, les *pintxos* colorés (tapas basques) embrochés sur des cure-dents sont présentés sur le bar étincelant. Les gourmets sirotent leur cava (vin pétillant espagnol) et savourent les figues farcies, les tartelettes aux champignons et au manchego (fromage) et le jambon ibérique avec de la poire.

Marius INTERNATIONAL €€€

(☎422 78 80 ; http://deworst.nl ; Barentszstraat 173 ; plats 26-38 €, menu fixe 47,50 € ; soir mar-sam ; 3 Zoutkeetsgracht). Minuscule établissement adoré des gourmets, situé dans les îles occidentales, au nord du Jordaan. Ancien élève du restaurant californien Chez Panisse, Kees s'approvisionne quotidiennement aux marchés locaux, puis crée son menu à partir des ingrédients trouvés (par exemple, crevettes grillées avec purée de fèves). Il tient aussi un bar à vins et saucisses, **Worst**, juste à côté. Prendre le tramway 3, jusqu'à Zoutkeetsgracht.

> À NE PAS MANQUER
>
> **LES MEILLEURES ADRESSES VÉGÉTARIENNES**
>
> » **De Waaghals** Chaque mois, le "Casse-cou" s'inspire d'un pays différent, pour le bonheur des végétariens (p. 87).
>
> » **De Peper** Le squat OT301 prépare des repas végétariens en quantité (p. 86).
>
> » **De Bolhoed** Grand choix de plats internationaux, et tarte banane-crème en dessert (ci-dessous).
>
> » **Maoz** Plusieurs adresses en ville servent des falafels brûlants (p. 85).

Moeders NÉERLANDAIS TRADITIONNEL €€

(Carte p. 52 ; ☎626 79 57 ; www.moeders.com ; Rozengracht 251 ; plats 15-19 €, menus de 3 plats 25-30 € ; 17h-minuit lun-ven, midi-minuit sam et dim ; ; 10/13/14/17 Marnixstraat). Lors de l'ouverture il y a 25 ans, des clients du "Mères" firent don d'assiettes et de photos de leur mère – qui ornent aujourd'hui les murs. Côté cuisine, on sert aussi bien du *stamppot* que des fruits de mer et des petites assiettes de plats traditionnels néerlandais, façon *rijsttafel*. Réservez.

Hostaria ITALIEN €€

(Carte p. 52 ; ☎420 21 14 ; 2e Egelantiersdwarsstraat 9 ; plats 13-26 € ; soir mar-dim ; 3/10 Marnixplein). Dans une rue aux nombreuses excellentes tables italiennes, les spécialités toscanes, raviolis frais et merveilleux desserts de l'Hosteria ont notre préférence. Lors de notre passage, une cliente a tellement aimé ses raviolis qu'elle a voulu embrasser le chef, qui s'est poliment laissé faire.

De Bolhoed VÉGÉTARIEN €€

(Carte p. 52 ; ☎626 18 03 ; Prinsengracht 60-62 ; plats 13-15 €, menu de 3 plats 22 € ; midi et soir ; ; 13/14/17 Westermarkt). Agréable adresse adorée des végétariens, avec œuvres d'art sur les murs et couleurs vives. Généreux plats bio d'inspiration mexicaine, asiatique et italienne. Terrasse verdoyante au bord du canal par beau temps. Gardez de la place pour la tarte banane-crème.

Festina Lente CAFÉ €

(Carte p. 52 ; www.cafefestinalente.nl ; Looiersgracht 40b ; sandwichs 4-8 €, petites assiettes 5-10 € ; ⏲12h-22h30 dim et lun, à partir de 10h30 mar-sam ; 📶). Ce café de quartier en bordure de canal incarne la *gezelligheid* – la convivialité – du Jordaan. Les habitués jouent et lisent des poèmes. Plats méditerranéens légers et gros sandwichs.

Brasserie Blazer FRANÇAIS €€

(Carte p. 52 ; ☎620 96 90 ; www.brasserie-blazer.nl ; Lijnbaansgracht 190 ; plats 13-15 € ; ⏲midi et soir, fermé mar). Brasserie française très simple, installée dans le De Looier Antiques Centre. Pas prétentieux, mais une réputation bohème grâce à la formule gagnante mêlant spécialités abordables – dont le *confit de canard* et le faux filet à la Béarnaise –, personnel enjoué, et un charme certain.

Winkel CAFÉ €

(Carte p. 52 ; www.winkel43.nl ; Noordermarkt 43 ; plats 4-14 € ; ⏲matin, midi et soir ; 👪 ; 🚋3 Nieuwe Willemsstraat). Vaste établissement avec terrasse, idéal pour observer les passants. On y sert des cafés, des repas légers et une remarquable tarte aux pommes. Les jours de marché (lundi et samedi), on y fait presque toujours la queue.

CEINTURE DES CANAUX OUEST

D'adorables cafés et petits restaurants bordent les Negen Straatjes ; Berenstraat compte de nombreuses adresses.

Pancakes! NÉERLANDAIS TRADITIONNEL €

(Carte p. 52 ; www.pancakesamsterdam.com ; Berenstraat 38 ; pancakes 6-10 € ; ⏲10h-19h ; 👪 ; 🚋13/14/17 Westermarkt). Gens du cru et touristes s'installent aux tables en faïence bleue de ce restaurant confortable. Au menu : pancakes classiques et spécialités du jour (jambon, endives et fromage ou poulet au curry). La pâte est préparée avec la farine d'un moulin local.

Buffet van Odette CAFÉ €€

(Carte p. 46 ; www.buffet-amsterdam.nl ; Herengracht 309 ; plats 8-16 € ; ⏲10h-20h30 mer-sam, jusqu'à 17h dim et lun ; 📶 ; 🚋1/2/5 Spui). Le week-end, les places sont chères dans ce petit café ; les nombreux clients savourent des sandwichs au pain de viande et des omelettes au fromage truffé. Délicieux gâteaux au caramel et à la carotte. Les places près de la fenêtre offrent une magnifique vue sur le canal.

Wil Graanstra Friteshuis FRITES €

(Carte p. 52 ; ☎624 40 71 ; Westermarkt 11 ; frites 2-3,75 € ; ⏲11h-18h lun-sam). Beaucoup d'Amstellodamois raffolent des croustillantes frites de Wil. L'affaire familiale est installée près de la Westerkerk depuis 1956. Les habitués recouvrent généralement leur cône de mayonnaise, mais les sauces *oorlog* (mayonnaise et sauce aux arachides), curry et *picalilly*, sont aussi savoureuses.

De Belhamel FRANÇAIS €€€

(Carte p. 46 ; ☎622 10 95 ; www.belhamel.nl ; Brouwersgracht 60 ; plats 24-26 €, menus fixes 33-43 € ; ⏲midi et soir). Par beau temps, les tables au bord du Herengracht sont très romantiques, et le somptueux intérieur Art nouveau est un cadre parfait pour un excellent plat d'inspiration française et italienne, comme le moelleux rôti de bœuf.

Lunchcafe Nielsen CAFÉ €

(Carte p. 52 ; ☎330 60 06 ; www.nielsen-ontbijt-lunch.nl ; Berenstraat 19 ; plats 5-10 € ; ⏲8h-16h lun-ven, jusqu'à 18h sam, 9h-17h dim ; 🚋13/14/17 Westermarkt). C'est entre ces murs ornés de plantes que les habitants viennent déjeuner et bruncher dans les Negen Straatjes. Les spécialités (quiches, salades, gâteaux au citron et à la pomme) disparaissent aussi vite qu'elles apparaissent.

CEINTURE DES CANAUX SUD

Quelques pas au sud de la tapageuse Rembrandtplein, Utrechtsestraat est une artère tranquille où l'on trouve des boutiques attrayantes, des bars design et des restaurants cosy – en somme, un endroit idéal pour se balader (quand les travaux seront terminés).

Piet de Leeuw GRILL €€

(Carte p. 56 ; ☎623 71 81 ; www.pietdeleeuw.nl ; Noorderstraat 11 ; plats 13-20 € ; ⏲midi lun-ven, soir tlj ; 🚋16/24/25 Prinsengracht). Dans un édifice de 1900, l'atmosphère tamisée et douillette de ce grill ouvert dans les années 1940 a à peine changé. Tables individuelles et tables communes où l'on rencontre d'autres clients, en dégustant un steak à prix raisonnable, accompagné d'oignons, de champignons ou de bacon, d'une salade et de frites.

♥ **Van Dobben** SANDWICHERIE €

(Carte p. 56 ; ☎624 42 00 ; www.eetsalonvandobben.nl ; Korte Reguliersdwarsstraat 5 ; ingrédients 2,75-6,50 € ; ⏲10h-21h lun-jeu, jusqu'à 2h ven et sam, 11h30-21h dim ; 🚋4/9/14 Rembrandtplein). Vénérable établissement ouvert dans les années 1940, avec murs de carrelage blanc et serveurs vêtus de la même couleur qui plaisantent facilement. Les préparations de viande traditionnelles néerlandaises sont la spécialité. Essayez le *pekelvlees* (semblable au corned-beef), ou le *halfom* (le même, mais mélangé à du foie). Les meilleures *kroketten* (croquettes) de la ville sont incontournables après une soirée à Rembrandtplein.

Beulings FRANÇAIS, ITALIEN **€€€**
(Carte p. 56 ; ☎320 61 00 ; www.beulings.nl ; Beulingstraat 9 ; menu de 3/5 plats 36/49 € ; ⏲à partir de 6h30 mar-sam). Restaurant typique d'Amsterdam : chef passionné, salle charmante et raffinée, cuisine fraîche et savoureuse et petit menu changeant. Tout – saucisses, pain, pâtes – est fait maison. Parfaits accords de vins proposés. Fermé le mardi en été.

Loekie SANDWICHERIE **€**
(Carte p. 56 ; www.loekie.net ; Utrechtsestraat 57 ; sandwichs 5-9 € ; ⏲9h-18h lun-sam, jusqu'à 13h mer ; 🚊4 Keizersgracht). Cette épicerie propose de délicieux sandwichs frais garnis de bœuf fumé et d'œuf, ou de fromage de chèvre aux pignons de pin et miel.

Le Zinc... et les Autres FRANÇAIS **€€**
(Carte p. 56 ; ☎622 90 44 ; www.lezinc.nl ; Prinsengracht 999 ; plats 15-30 €, menu de 3 plats 34,50 € ; ⏲17h30-23h lun-sam ; ✎ ; 🚊4 Prinsengracht). Un restaurant romantique au charme suranné dans une vieille demeure cosy en bordure de canal. Le menu est à l'avenant : des plats rustiques comme le pigeon et le lapin, accompagnés de vin rouge et blanc. Les végétariens se régaleront aussi, avec un plat de betteraves et de fromage de chèvre ou une tarte chaude à la tomate.

Tempo Doeloe INDONÉSIEN **€€€**
(Carte p. 56 ; ☎625 67 18 ; www.tempodoeloerestaurant.nl ; Utrechtsestraat 75 ; plats 20-25 €, rijsttafel et menus fixes 28-40 € ; ⏲soir lun-sam ; ✎ ; 🚊4 Keizersgracht). L'un des restaurants indonésiens les plus respectés d'Amsterdam (et les plus épicés !). L'établissement, légèrement guindé, sert des *rijsttafel* (un choix de légumes, viandes et poissons, servi avec du riz) pour une personne quand la plupart des restaurants n'en proposent que pour 2 minimum. Mais les choix à la carte sont encore meilleurs. Réservation requise – autrement, le Tujuh Maret à côté, plus décontracté, appartient aux mêmes propriétaires.

Segugio ITALIEN **€€€**
(Carte p. 56 ; ☎330 15 03 ; www.segugio.nl ; Utrechtsestraat 96 ; pâtes 17-20 €, plats 24-36 € ; ⏲soir lun-sam ; 🚊4 Prinsengracht). Restaurant sur 2 niveaux à la devanture minimaliste branchée, le genre d'endroit où vont dîner les chefs cuisiniers. Réputé pour son risotto et ses ingrédients de qualité. Établissement presque toujours complet ; réservez.

Bouchon du Centre FRANÇAIS **€€**
(Carte p. 56 ; ☎616 74 14 ; www.bouchonducentreamsterdam.com ; Falckstraat 3 ; plats à partir de 15 € ; ⏲12h-15h et 17h-20h mer-sam ; 🚊4 Frederiksplein). Secret bien gardé des amateurs de viande et des francophiles, ce petit restaurant s'adresse aux initiés. Le menu, renouvelé quotidiennement, se compose de quelques plats de viande divins.

Maoz MOYEN-ORIENTAL **€**
(Carte p. 56 ; ☎420 74 35 ; www.maozusa.com ; Muntplein 1 ; plats 4-8 € ; ⏲11h-1h dim-jeu, jusqu'à 3h ven et sam ; ✎ ; 🚊4/9/14/24/25 Muntplein). Le falafel, prisé des végétariens du monde entier, est parfaitement préparé dans cette mini-chaîne. Pour environ 5 €, vous avez droit à 4 de ces boulettes de pois chiche frites avec pain pita et accès illimité à un grand buffet de salades. D'autres adresses en ville, généralement ouvertes tard.

Febo FAST-FOOD **€**
(Carte p. 56 ; ☎620 86 15 ; Leidsestraat 94 ; plats 3-6 € ; ⏲11h-3h dim-jeu, 11h-4h ven et sam ; 🚊1/2/5 Prinsengracht). Un peu partout dans la ville, les distributeurs jaunes Febo proposent des en-cas frits. Si la qualité n'est pas forcément au rendez-vous, nous saluons l'aspect pratique, particulièrement pour les petits creux au milieu de la nuit.

VIEUX SUD ET VONDELPARK

Agréable refuge non loin de l'agitation de Leidseplein, les rues au nord de Vondelpark, autour d'Overtoom, regorgent d'adresses de cuisine internationale.

La Falote NÉERLANDAIS TRADITIONNEL **€€**
(Carte p. 56 ; ☎622 54 54 ; www.lafalote.nl ; Roelof Hartstraat 26 ; plats 13-19 € ; ⏲soir lun-sam ; 🚊3/5/12/24 Roelof Hartplein). Ce petit restaurant aux nappes à carreaux propose une cuisine traditionnelle : foie de veau, boulettes de viande aux endives, et poisson mijoté aux betteraves et à la moutarde. Tarifs intéressants pour ce quartier chic. Le propriétaire joue parfois de l'accordéon.

Loetje NÉERLANDAIS TRADITIONNEL €€
(Carte p. 56 ; www.loetje.com ; Johannes Vermeerstraat 52 ; plats 15-25 € ; midi lun-ven, soir lun-sam ; 16/24 Ruysdaelstraat). Le menu est inscrit au tableau mais tout le monde commande un épais steak cuit à point dans une délicieuse sauce marron. Personnel enjoué et clientèle bruyante.

Café Toussaint FRANÇAIS €€
(Carte p. 56 ; 685 07 37 ; www.bosboom-toussaint.nl ; Bosboom Toussaintstraat 26 ; sandwichs 5-7 €, plats 13-19 € ; 9h-22h ; 3/12 Overtoom). Dans l'une des plus jolies rues d'Amsterdam, ce restaurant décontracté semble sorti tout droit d'une chanson d'Édith Piaf. On y savoure un cappuccino sous les arbres, ou des spécialités françaises revisitées le soir, aux chandelles. Les propriétaires tiennent aussi une pizzeria en face, proposant des plats sans gluten.

Lalibela ÉTHIOPIEN €
(www.lalibela.nl ; 1e Helmersstraat 249 ; plats 8-12 € ; soir ; 1 Jan Pieter Heijestraat). Le tout premier restaurant éthiopien des Pays-Bas est toujours aussi apprécié. La bière éthiopienne est servie dans une demi-calebasse, et l'on mange son ragoût, avec œuf et légumes, à l'aide d'une *injera* (une crêpe moelleuse) et non avec des couverts. La musique africaine entraînante complète l'expérience. Juste au nord de Vondelpark.

Blue Pepper INDONÉSIEN €€€
(Carte p. 56 ; 489 70 39 ; www.restaurantbluepepper.com ; Nassaukade 366 ; menus fixes 53-70 € ; soir ; 3/12 Overtoom). Le chef, Sonja Pereira, élève la cuisine indonésienne au rang d'art. L'exquis *rijsttafel* comprend un assortiment de plats du Pacifique (crabe, satay d'agneau, noix de Saint-Jacques aux fruits tropicaux et flan à la noix de coco). Nombreux plats végétariens.

Hap Hmm NÉERLANDAIS TRADITIONNEL €
(Carte p. 56 ; www.hap-hmm.nl ; 1e Helmersstraat 33 ; plats 8-11 € ; 16h30-20h lun-ven ; 3/12 Overtoom). Dans cet établissement lambrissé, 8 € suffisent pour un dîner entier. Cuisine néerlandaise simple (soupe, avec viande, légumes et pommes de terre), servie dans des plats en inox.

Restaurant Elements INTERNATIONAL €€
(Carte p. 56 ; 579 17 17 ; www.heerlijkamsterdam.nl ; Roelof Hartstraat 6-8 ; menu fixe de 4 plats 24,50 € ; soir lun-ven ; 3/5/12/24 Roelof Hartplein). Des étudiants – ceux du College Hotel voisin (p. 79) – préparent et servent des plats internationaux contemporains dans ce restaurant moderne. Résultat : un service de qualité pour un excellent prix. Généralement 2 services par soir (17h30 et 19h). Réservez.

De Peper VÉGÉTALIEN €
(Carte p. 56 ; 412 29 54 ; www.depeper.org ; Overtoom 301 ; repas 7-10 € ; dîner 19h-20h30 mar, jeu, ven et dim ; 1 Jan Pieter Heijestraat). Juste au nord de Vondelpark, ce chaleureux restaurant du squat OT301 sert des repas végétaliens, bio et bon marché dans une atmosphère agréable. Table commune pour faire des rencontres. Réservez le jour même ; appelez entre 16h et 18h30.

DE PIJP

L'Albert Cuypmarkt offre de quoi se restaurer. À l'ouest, Albert Cuypstraat et Ferdinand Bolstraat abritent des restaurants de cuisine du monde.

Firma Pekelhaaring ITALIEN €€
(Carte p. 56 ; www.pekelhaaring.nl ; Van Woustraat 127-129 ; plats le midi 5-10 €, soir 10-23 € ; 10h-minuit ; 4 Lutmastraat). Une clientèle nombreuse, de graphistes et de designers, prend ses repas aux saveurs italiennes accompagnés de vin dans le cadre artistique et industriel de ce modeste établissement. Magazines, jeux de société et jouets pour les enfants.

Mamouche MAROCAIN €€
(Carte p. 56 ; 670 07 36 ; www.restaurantmamouche.nl ; Quellijnstraat 104 ; plats 16-24 € ; soir ; 16/24 Stadhouderskade). Apprécié pour sa cuisine nord-africaine aux accents français, ce restaurant parmi les plus chics du quartier associe Maroc et minimalisme. Choix renouvelé de tajines et couscous bio de saison, servis dans un cadre design épuré (sol nu, murs de plâtre et poutres au plafond).

Op de Tuin MÉDITERRANÉEN €€
(Carte p. 56 ; 675 26 20 ; www.opdetuin.nl ; Karel du Jardinstraat 47 ; menu de 3 plats 26-30 € ; à partir de 16h mar-dim ; 3/25 2e Van der Helststraat). Un restaurant de quartier, joyeux et informel, à quelques rues au sud de Sarphatipark. On vient pour savourer une assiette d'*antipasti* (le chef réalise un assortiment de spécialités méditerranéennes) ou un menu de trois plats joliment préparé. L'établissement a beaucoup d'habitués dans le quartier.

De Waaghals
VÉGÉTARIEN €€

(Carte p. 56 ; ☎679 96 09 ; www.waaghals.nl ; Frans Halsstraat 29 ; plats 13-19 € ; ⏰17h-21h30 mar-dim ; ✍ ; 🚊16/24 Stadhouderskade). Le "Casse-cou", restaurant apprécié aux murs blancs, est si élégant qu'il attire même les non-végétariens. Chaque mois, le menu est consacré à un pays et comprend en outre quelques plats créatifs de saison et bio. Réservez (en ligne également).

Bazar Amsterdam
MOYEN-ORIENTAL €€

(Carte p. 56 ; www.bazaramsterdam.nl ; Albert Cuypstraat 182 ; plats 8-15 € ; ⏰11h-minuit lun-jeu, 11h-1h ven, 9h-1h sam, 9h-minuit dim ; ✍👪 🚊16/24 Albert Cuypstraat). Sous un ange doré au milieu de l'Albert Cuypmarkt, cette ancienne église réformée est dotée d'un magnifique carrelage aux murs et de milliers de lumières. Cuisine aux influences marocaine, turque, libanaise et iranienne, proposant des plats de poisson et de poulet, ou d'aubergines et de champignons pour les végétariens. Allez-y pour le buffet géant du petit-déjeuner, ou simplement pour une bière et un baklava.

Burgermeester
BURGERS €

(Carte p. 56 ; www.burgermeester.eu ; Albert Cuypstraat 48 ; burgers 7-9 € ; ⏰12h-23h ; 👪 🚊16/24 Albert Cuypstraat). Ce joli petit bistro prépare les meilleurs hamburgers de la ville, aux généreuses portions de bœuf (agneau, falafel ou poisson) bio, agrémentées de feta, menthe fraîche, pesto, pancetta, etc. Vous pouvez aussi prendre un succulent milk-shake, mais pas de frites.

Taart van m'n Tante
BOULANGERIE €

(Carte p. 56 ; www.detaart.com ; Ferdinand Bolstraat 10 ; parts 4-7 € ; ⏰10h-18h ; 👪 🚊16/24 Stadhouderskade). Ce salon de thé kitsch aux murs roses en accord avec les gâteaux-Barbie est l'une des pâtisseries les plus appréciées d'Amsterdam. Au choix : diverses tartes aux pommes (certaines alcoolisées), tartes aux noix de pécan et autres merveilleux gâteaux.

PLANTAGE, ÎLES ET DOCKS DE L'EST

Greetje
NÉERLANDAIS CONTEMPORAIN €€

(Carte p. 62 ; ☎779 74 50 ; www.restaurantgreetje.nl ; Peperstraat 23-25 ; plats 23-28 € ; ⏰soir ; Ⓜ Nieuwmarkt). Restaurant élégant où redécouvrir la cuisine néerlandaise. Oubliez le *stamppot* – la carte se compose de soupe au poireau, maquereau mariné et venaison, préparés avec des produits frais et joliment présentés. Les amateurs de desserts termineront par le *Grand Finale* : un assortiment de 6 crèmes, fruits et gâteaux.

Fifteen
INTERNATIONAL €€

(☎509 50 15 ; www.fifteen.nl ; Jollemanhof 9 ; plats 18-23 € ; ⏰midi lun-sam, soir tlj sept à mi-juin, soir uniquement mar-sam mi-juil à août ; 🚊25 PTA). Le chef Jamie Oliver a exporté son concept initié à Londres : pendant un an, 15 jeunes défavorisés apprennent le métier de la restauration. L'intention est noble, mais le résultat parfois inégal. Le cadre est toutefois indiscutable : l'établissement donne sur l'IJ, et l'espace avec cuisine ouverte est décontracté et urbain, avec ses murs tagués et ses poutres apparentes.

Koffiehuis van den Volksbond
INTERNATIONAL €€

(Carte p. 62 ; www.koffiehuisvandenvolksbond.nl ; Kadijksplein 4 ; plats 16-19 € ; ⏰soir ; 🚊22/42/43 Kadijksplein). Cet ancien café caritatif pour dockers relancé par des squatteurs conserve une ambiance grunge tendance : plancher en bois, lustres ternis et une immense peinture murale rouge et rose. Renouvelé régulièrement, le menu compte d'énormes assiettes créatives et des plats comme la tarte au bleu et oignons rouges, et l'agneau avec purée d'artichauts.

De Pizza Bakkers
ITALIEN €

(Carte p. 62 ; ☎625 07 40 ; www.depizzabakkers.nl ; Plantage Kerklaan 2 ; plats 7-13 € ; ⏰midi et soir ; 🚊9/14 Plantage Kerklaan). "Pizza et Prosecco" est la devise de cette mini-chaîne où l'on déguste la boisson pétillante pendant que la pizza cuit au feu de bois. Pancetta, mascarpone, jambon et sauce aux truffes comptent parmi les généreuses garnitures, mais nous avons une préférence pour la pizza végétarienne, comprenant *taleggio* (fromage), aubergines et courgettes. Paiement par CB, le restaurant n'accepte pas les espèces.

OOSTERPARK

À l'est du parc, 1e van Swindenstraat, puis Javastraat, conduisent à un ensemble d'excellentes boulangeries marocaines et turques.

De Kas
INTERNATIONAL €€€

(☎462 45 62 ; www.restaurantdekas.nl ; Kamerlingh Onneslaan 3, Park Frankendael ; menu midi 37,50 €, menu soir 49,50 € ; ⏰midi lun-ven, soir lun-sam ; ✍ ; 🚊9 Hogeweg). Les gourmets de la ville admirent l'attitude bio de l'établissement, en accord avec son cadre chic dans une serre en verre – à voir pendant un orage ! La plupart des produits, cultivés sur place, sont savoureux et préparés de manière innovante. Un menu fixe est proposé quotidiennement, en fonction de la récolte. Réservez.

Wilde Zwijnen NÉERLANDAIS CONTEMPORAIN €€
(☎463 30 43 ; www.wildezwijnen.com ; Javaplein 23 ; plats 18-21 €, 3/4 plats 29,50/35,50 € ; ⏲midi et soir mar-dim ; ; 14 Javaplein). Son nom signifie "sanglier" et vous en trouverez au menu si c'est la saison. Le restaurant rustique aux tables en bois sert des plats audacieux de produits frais et locaux. On trouve généralement une option végétarienne, et une ganache au chocolat avec baies de genévrier en dessert. À environ 1 km à l'est d'Oosterpark.

Roopram Roti SURINAMIEN €
(1e van Swindenstraat 4 ; plats 4-10 € ; ⏲14h-21h mar-sam, 15h-21h dim ; 9 1e Van Swindenstraat). Il y a souvent la queue devant ce restaurant surinamien rudimentaire, situé à l'extrémité est d'Oosterpark. Pas d'inquiétude, on entre assez vite. Commandez au bar – on recommande le rôti d'agneau "extra" (avec un œuf) et un *barra* (beignet de lentilles) –, et n'oubliez pas la sauce piquante. Délicieux et des plus légers, le rôti est à emporter ou à savourez sur place à l'une des quelques tables.

Où prendre un verre

Le centre-ville ne manque pas de bars. Pour côtoyer les habitants, préférez les quartiers du Jordaan ou De Pijp.

CENTRE HISTORIQUE ET QUARTIER ROUGE

Wynand Fockink MAISON DE DÉGUSTATION
(Carte p. 46 ; www.wynand-fockink.nl ; Pijlsteeg 31 ; ⏲15h-21h ; 4/9/16/24/25 Dam). Cette petite maison de dégustation (de 1679) sert de multiples *jenever* (genièvre) et liqueurs dans une galerie derrière le Grand Hotel Krasnapolsky. Sans chaise, ni tabouret, l'endroit est tout de même assez intimiste pour prendre un verre avec un ami. Visite en anglais de la distillerie le samedi à 12h30 (9 € ; réservation non requise).

Hoppe CAFÉ BRUN
(Carte p. 46 ; www.cafehoppe.com ; Spui 18-20 ; 1/2/5 Spui). Ouvert depuis plus de 300 ans, le vieux Hoppe s'enorgueillit d'avoir le plus important débit de bière de la ville. Une clientèle hétéroclite s'abreuve dans la salle sombre – qui déborde souvent sur le Spui.

In 't Aepjen CAFÉ BRUN
(Carte p. 46 ; ☎626 84 01 ; www.cafeintaepjen.nl ; Zeedijk 1 ; 4/9/16/24/25 Centraal Station). Des bougies se consument même en journée dans ce bar aménagé dans une maison du milieu du XVIe siècle, l'un des 2 derniers édifices en bois de la ville. Le jazz en fond sonore renforce le côté suranné. Son nom serait inspiré du rôle du bar aux XVIe et XVIIe siècles qui accueillait les marins souvent accompagnés d'*aapjes* (singes) au retour d'Extrême-Orient.

Cafe Belgique BAR À BIÈRES
(Carte p. 46 ; www.cafe-belgique.nl ; Gravenstraat 2 ; ⏲à partir de 14h ; 4/9/16/24/25 Dam). Sur un tabouret, au bar en bois sculpté, choisissez parmi les tireuses en laiton. On ne sert que des bières belges : 8 sont servies à la pression et une trentaine en bouteille. L'ambiance, typiquement *gezellig*, attire de nombreux habitués venus se détendre.

In de Olofspoort CAFÉ BRUN
(Carte p. 46 ; ☎624 39 18 ; www.olofspoort.com ; Nieuwebrugsteeg 13 ; ⏲à partir de 16h mer et jeu, à partir de 15h ven-dim ; 4/9/16/24/25 Centraal Station). Ce café brun, où l'on chante parfois tous en chœur, est installé dans un bâtiment construit en 1619, sur l'emplacement de l'une des anciennes portes de la ville. Incroyable sélection de *jenever*, que l'on peut également rapporter chez soi.

'T Mandje CAFÉ BRUN
(Carte p. 46 ; www.cafetmandje.nl ; Zeedijk 63 ; ⏲mar-dim ; 4/9/16/24/25 Centraal Station). Ouvert en 1927, le plus ancien bar gay d'Amsterdam a fermé en 1982 – Zeedijk était alors mal famée. L'intérieur, couvert de bibelots, a toutefois été dépoussiéré avec amour et le café a réouvert en 2008. Les barmen peuvent vous raconter des anecdotes sur l'excentrique fondatrice du bar, Bet van Beeren. L'un des endroits les plus *gezellig* du centre.

Brouwerij De Prael BAR À BIÈRES
(Carte p. 46 ; ☎408 44 69 ; www.deprael.nl ; Oud-ezijds Armsteeg 26 ; ⏲11h-23h mar-dim ; 4/9/16/24/25 Centraal Station). Des bières bio aux noms de chanteurs néerlandais vous seront servies dans la salle à plusieurs niveaux de cette brasserie, qui emploie des personnes atteintes de troubles mentaux. La clientèle se compose principalement de jeunes qui savourent la bière, les ragoûts et autres classiques néerlandais abordables, dans les confortables canapés et aux grandes tables en bois. Concerts certains soirs.

Café de Barderij BAR

(Carte p. 46 ; www.barderij.com ; Zeedijk 14 ; 4/9/16/24/25 Centraal Station). Ce bar chaleureux, éclairé à la bougie, attire une clientèle gay d'habitués et de touristes. À l'arrière, la vue sur le canal est magnifique. Le lundi et le mercredi, le bar sert un menu maison composé de 2 plats néerlandais (12,50 €) au sous-sol.

Café de Jaren GRAND CAFÉ

(Carte p. 56 ; www.cafedejaren.nl ; Nieuwe Doelenstraat 20 ; à partir de 21h30 ; 4/9/14/16/24/25 Muntplein). Le balcon et les terrasses de ce très grand café lumineux donnent sur l'Amstel. La grande table de lecture propose nombre de publications étrangères pour passer le temps en buvant une bière.

NIEUWMARKT

De Sluyswacht CAFÉ BRUN

(Carte p. 46 ; www.sluyswacht.nl ; Jodenbreestraat 1 ; à partir de 11h30 ; 9/14 Waterlooplein). Construit en 1695, De Sluyswacht penche tel un bateau par grand vent. Autrefois, ce petit édifice noir était la demeure d'un éclusier. Sa terrasse au bord du canal est désormais un des endroits les plus agréables pour se détendre et boire une bière néerlandaise (Dommelsch est la spécialité de la maison).

Café De Doelen CAFÉ BRUN

(Carte p. 46 ; Kloveniersburgwal 125 ; à partir de 10h ; 4/9/14/16/24/25 Muntplein). À un carrefour animé, entre l'Amstel et le quartier Rouge, De Doelen date de 1895 (têtes de chèvre en bois sculpté, lampes en verre teinté et sable sur le sol). Par beau temps, les tables sont installées de l'autre côté de la rue, offrant une belle vue sur le canal.

JORDAAN

Café 't Smalle CAFÉ BRUN

(Carte p. 52 ; www.t-smalle.nl ; Egelantiersgracht 12 ; à partir de 10h ; 13/14/17 Westermarkt). Terrasse au bord du canal extrêmement conviviale par temps ensoleillé, et salle romantique du XVIIIe siècle parfaite en hiver. Preuve de son importante *gezelligheid,* 't Smalle reste un endroit animé apprécié des locaux, même s'il figure dans de nombreux guides.

De Kat in de Wijngaert CAFÉ BRUN

(Carte p. 52 ; 620 45 54 ; Lindengracht 160 ; 3 Nieuwe Willemsstraat). Peut-être est-ce dû à l'influence des habitués qui s'y trouvent, De Kat in de Wijngaert est le genre d'endroit où une bière est vite suivie d'une autre. Accompagnez-les d'un *tosti* (sandwich grillé), que beaucoup considèrent comme le meilleur d'Amsterdam.

Finch BAR DESIGN

(Carte p. 52 ; 626 24 61 ; Noordermarkt 5 ; 3 Nieuwe Willemsstraat). Ce bar sympathique et délicieux au décor rétro (dépareillé mais harmonieux) est idéal pour prendre un verre après la visite du Noordermarkt. Connu pour sa clientèle d'artistes et de gens de la mode, l'établissement est toujours plein le week-end.

De Pieper CAFÉ BRUN

(Carte p. 56 ; Prinsengracht 424 ; 7/10 Raamplein). Petit, modeste et indéniablement ancien (1665), De Pieper renferme des vitraux, du sable sur le sol et d'anciennes chopes de bière de Delft accrochées au bar. C'est un endroit sympathique pour déguster une bière Wieckse Witte en admirant le cadre au plafond bas.

De Twee Zwaantjes CAFÉ BRUN

(Carte p. 52 ; www.detweezwaantjes.nl ; Prinsengracht 114 ; à partir de 15h ; 13/14/17 Westermarkt). Idéal pour découvrir la célèbre tradition du Jordaan consistant à chanter en chœur en buvant ! L'ambiance bat son plein les soirs de week-end, quand les crooners aux coupes volumineuses et chemises à volants entonnent des airs nostalgiques, accompagnés d'un accordéon. En été, place au karaoké.

CEINTURE DES CANAUX OUEST

't Arendsnest BAR À BIÈRES

(Carte p. 46 ; www.arendsnest.nl ; Herengracht 90 ; à partir de 16h lun-ven, à partir de 14h sam et dim ; 1/2/5/13/17 Nieuwezijds Kolk). Magnifique

À NE PAS MANQUER

LE TOP DES CAFÉS BRUNS

Toute la quintessence d'Amsterdam est concentrée dans ses fameux *bruin cafés*. Les vieux planchers en bois, les tables éclairées à la bougie... et surtout l'atmosphère cosy qui pousse les amis à s'attarder pour discuter pendant des heures en buvant un verre. Quelques lieux enchanteurs :

» Café 't Smalle (ci-contre)

» In 't Aepjen (p. 88)

» De Pieper (ci-dessus)

» 'T Mandje (p. 88)

café brun servant uniquement de la bière néerlandaise. Demandez les conseils avisés des barmen : les mousses viennent de plus de 50 brasseries, dont de nombreux petits fournisseurs difficiles à trouver ailleurs.

Café Tabac BAR

(Carte p. 46 ; www.cafetabac.eu ; 2e Brouwersgracht 101 ; à partir de 11h sam-lun, à partir de 16h mar-ven ; 3 Nieuwe Willemsstraat). Ce café brun/bar design est typiquement l'endroit sympathique pour passer un bon moment, près des deux des plus canaux de la ville. On profite de la jolie vue et on se relaxe sur fond de rock, sous le haut plafond avec poutres apparentes.

Café Restaurant van Puffelen GRAND CAFÉ

(Carte p. 52 ; www.restaurantvanpuffelen.com ; Prinsengracht 377 ; à partir de 15h lun-jeu, à partir de 13h ven, à partir de midi sam et dim ; 13/14/17 Westermarkt). Un vaste café, apprécié des cadres aisés et des intellectuels. Nombreux recoins cosy pour prendre un verre, et grandes tables communes pour partager des *antipasti* et de grosses salades.

Café de Vergulde Gaper CAFÉ BRUN

(Carte p. 52 ; www.goodfoodgroup.nl ; Prinsenstraat 30 ; à partir de 10h ;). La clientèle entre 20 et 40 ans se rassemble en nombre après le travail pour partager quelques verres et de grandes assiettes de fritures dans cette ancienne pharmacie, ornée de vieux flacons et d'affiches anciennes. Personnel aimable et terrasse ensoleillée.

CEINTURE DES CANAUX SUD

De Kroon GRAND CAFÉ

(Carte p. 56 ; www.dekroon.nl ; Rembrandtplein 17-1 ; à partir de 11h ; 4/9/14 Rembrandtplein). De Kroon, avec ses hauts plafonds et ses chaises en velours, a retrouvé son éclat de 1898 depuis sa restauration. Depuis le 2e étage, on aperçoit les passants tout petits sur Rembrandtplein en contrebas. Le bar décoré façon bibliothèque anglaise abrite une curieuse exposition d'instruments médicaux du XIXe siècle.

Eijlders CAFÉ BRUN

(Carte p. 56 ; www.eijlders.nl ; Korte Leidsedwarsstraat 47 ; à partir de midi ven-lun, à partir de 16h30 mar-jeu ; 1/2/5/7/10 Leidseplein). Pendant la Seconde Guerre mondiale, l'Eijlders était un repaire d'artistes refusant la culture imposée par les nazis, et cet esprit a perduré. Concerts de musique classique, et lectures de poèmes certains dimanches.

Café de Spuyt BAR À BIÈRES

(Carte p. 56 ; www.cafedespuyt.nl ; Korte Leidsedwarsstraat 86 ; à partir de 16h ; 1/2/5/7/10 Leidseplein). Charmant et chaleureux café non loin de l'effervescente Leidseplein. Le personnel vous conseillera face au grand tableau comportant une centaine de bières, qu'il s'agisse d'une trappiste belge ou d'une américaine brassée dans la Sierra Nevada.

Door 74 BAR À COCKTAILS

(Carte p. 56 ; 06 3404 5122 ; www.door-74.nl ; Reguliersdwarsstraat 74 ; à partir de 20h ; 9/14 Rembrandtplein). Les meilleurs cocktails d'Amsterdam, servis dans une atmosphère élégante mais sans prétention ! Réservation obligatoire le jour même, par téléphone avant 20h, ou par sms après 20h. Pas d'enseigne sur la porte.

VIEUX SUD ET VONDELPARK

Welling CAFÉ BRUN

(Carte p. 56 ; www.cafewelling.nl ; Jan Willem Brouwersstraat 32 ; à partir de 16h lun-ven, à partir de 15h sam et dim ; 3/5/12/16/24 Museumplein). Derrière le Concertgebouw, un établissement paisible où se détendre en lisant le journal, en sirotant un *biertje* (verre de bière) frais et en côtoyant des intellectuels et des artistes. Amical, le chat du café viendra peut-être réclamer des caresses.

DE PIJP

Kingfisher BAR DESIGN, CAFÉ

(Carte p. 56 ; www.kingfishercafe.nl ; Ferdinand Bolstraat 24 ; à partir de 10h lun-sam, à partir de midi dim ; 16/24 Stadhouderskade). En journée, la table commune accueille ordinateurs, journaux et déjeuners. L'ambiance bat son plein durant l'happy hour. Le Kingfisher est fréquenté par nombre d'Amstellodamois, et son emplacement dans l'une des rues principales du secteur offre une belle vue sur l'animation du quartier.

Café Berkhout CAFÉ BRUN

(Carte p. 56 ; www.cafeberkhout.nl ; Stadhouderskade 77 ; à partir de 11h30 ; 16/24 Stadhouderskade). Autrefois abandonné, ce superbe café brun rénové, avec boiseries foncées, miroirs et une élégance un peu élimée, est une étape naturelle après l'Heineken Experience (situé juste en face).

Café de Groene Vlinder CAFÉ BRUN

(Carte p. 56 ; Albert Cuypstraat 130 ; à partir de 10h ; 16/24 Albert Cuypstraat). Son parfait équilibre entre tendance et cosy en fait un endroit idéal pour un *koffie verkeerd* (café au lait) dans la chaleureuse salle aux boiseries, suivi d'un *biertje* entre amis sur la terrasse animée.

PLANTAGE, ÎLES ET DOCKS DE L'EST

♥ **Brouwerij 't IJ** CAFÉ BRUN
(www.brouwerijhetij.nl ; Funenkade 7 ; ⏲14h-20h ; 🚊10 Hoogte Kadijk). Une photo et une bière s'imposent ! La plus éminente microbrasserie d'Amsterdam est aménagée au pied du moulin De Gooyer, bâti au XVIIIe siècle, unique survivant des 5 moulins à vent qui se dressaient autrefois dans ce secteur de la ville. Les bières bio maison sont excellentes. La dégustation de 5 bières (6,50 €) peut s'accompagner de *skeapsrond* (fromage de brebis). Circuits (4,50 €, comprenant une bière) du vendredi au dimanche à 15h30 et 16h. La brasserie est située non loin de l'Artis Zoo, à l'est ; empruntez Hoogte Kadijk ou prenez le tramway 10 jusqu'à Hoogte Kadijk.

COFFEE SHOPS

Le "café" dans le sens où l'entendent les Néerlandais est en réalité un bar, et le "coffee shop" désigne un lieu où l'on se procure de la marijuana. Après une période d'incertitude, pendant laquelle on évoquait l'interdiction des coffee shops d'Amsterdam aux touristes, la "carte cannabis" nationale a finalement été abandonnée fin 2012. Le gouvernement qui avait voté cette loi ayant perdu le pouvoir, le nouveau gouvernement laisse aux municipalités le choix de l'appliquer ou non. À Amsterdam, où un tiers des touristes se rend dans un coffee shop, il a été décidé que l'activité se poursuivrait comme à l'accoutumée.

Lonely Planet déconseille à tous ses lecteurs l'usage de drogues, même les plus "douces", qui modifient le comportement, mais si vous souhaitez néanmoins faire l'expérience d'un coffee shop, il y a des règles à respecter (voir p. 269 pour plus de conseils) :

» Demandez au bar la carte des produits disponibles, généralement emballés dans des pochons. Vous pouvez également acheter des joints déjà roulés (3-7 €). La plupart des établissements proposent des feuilles, des pipes ou des bongs.

» Ne fumez jamais ailleurs que dans un coffee shop sans vérifier que c'est autorisé.

» L'alcool et le tabac sont interdits dans les coffee shops.

Dampkring (carte p. 56 ; www.dampkring.nl ; Handboogstraat 29 ; ⏲à partir de 10h ; 📶 ; 🚊1/2/5 Koningsplein). On l'aperçoit dans *Ocean's Twelve* ; le voici en vrai. Constamment récompensée par la Cannabis Cup, cette salle douillette à l'éclairage tamisé est célèbre pour son menu le plus complet de la ville, détaillant l'odeur, le goût et l'effet.

Abraxas (carte p. 46 ; www.abraxas.tv ; Jonge Roelensteeg 12 ; ⏲à partir de 10h ; 📶). Un paradis pour fumeurs : musique douce, canapés confortables, épais milk-shakes et salles aux différentes ambiances réparties sur 3 étages. Le personnel bienveillant en fait un excellent endroit pour les novices. Wi-Fi et accès aux ordinateurs gratuits.

Greenhouse (carte p. 46 ; Oudezijds Voorburgwal 191 ; ⏲à partir de 9h ; 📶 ; 🚊4/9/16/24/25 Dam). Ce coffee shop, l'un des plus appréciés de la ville, propose également petit-déjeuner, déjeuner et dîner. Les fumeurs apprécient la musique, les mosaïques multicolores, les vitraux psychédéliques et la qualité des produits.

Katsu (carte p. 56 ; www.katsu.nl ; 1e van der Helststraat 70 ; ⏲à partir de 11h lun-sam, à partir de midi dim ; 🚊16/24 Albert Cuypstraat). Le flamboyant Katsu, coffee shop favori dans De Pijp, accueille une clientèle variée. La table couverte de journaux à l'entrée prête une atmosphère studieuse à l'endroit enfumé.

Siberië (carte p. 46 ; www.coffeeshopsiberie.nl ; Brouwersgracht 11 ; ⏲à partir de 11h ; 📶). Attrayant coffee shop apprécié des locaux. Les propriétaires organisent régulièrement des événements culturels (expositions artistiques, récitations de poèmes, concerts acoustiques, soirées DJ et mêmes lectures d'horoscopes). Salon fumeur sur place.

Bulldog (carte p. 56 ; www.thebulldog.com ; Leidseplein 13-17 ; 📶). Bulldog, la célèbre chaîne d'Amsterdam, possède plusieurs adresses au cadre extravagant, accueillant principalement des enterrements de vie de garçon et des routards. L'établissement de Leidseplein, comportant une partie pour boire, et une autre pour fumer, est le plus couru.

Café Orloff BAR

(Carte p. 62 ; www.orloff.nl ; Kadijksplein 11 ; à partir de 8h lun-ven, à partir de 10h sam, à partir de 11h dim ; 22/42/43 Kadijksplein). On s'installe sur la vaste terrasse ou à l'intérieur, où les clients discutent autour d'une table commune couverte de magazines. En journée, petits-déjeuners légers et sandwichs au pain au maïs, et le soir, dîners légers accompagnés de vin français.

☆ Où sortir

I Amsterdam (p. 98) recense toutes sortes d'événements musicaux et culturels, tout comme le mensuel *Time Out Amsterdam* (www.timeoutamsterdam.com).

Musique live

ROCK ET FUNK

Melkweg MUSIQUE LIVE, CLUB

(Carte p. 56 ; www.melkweg.nl ; Lijnbaansgracht 234a ; 1/2/5/7/10 Leidseplein). Lieu incontournable, cette ancienne laiterie, à l'écart de Leidseplein, est le club/galerie/cinéma/café/salle de concert le plus animé d'Amsterdam. Il y en a pour tous les goûts (discothèques avec DJ internationaux, concerts de groupes punk ou théâtre d'avant-garde).

Paradiso MUSIQUE LIVE, CLUB

(Carte p. 56 ; www.paradiso.nl ; Weteringschans 6 ; 7/10 Spiegelgracht). Cette ancienne église, magnifique, est désormais dédiée à la musique. Lady Gaga et d'autres grands noms se sont produits dans le Main Hall. À l'étage, l'intimiste Small Hall accueille des groupes montants du monde entier. Soirées discothèque à petit prix en milieu de semaine.

De Nieuwe Anita MUSIQUE LIVE

(415 35 12 ; www.denieuweanita.nl ; Frederik Hendrikstraat 111 ; 3 Hugo de Grootplein). Non loin à l'ouest du Jordaan (de l'autre côté du Singelgracht), De Nieuwe Anita est le club du quartier. Un salon d'art intimiste qui s'est agrandi pour les adeptes du rock, avec un superbe café.

Sugar Factory MUSIQUE LIVE, CLUB

(Carte p. 56 ; www.sugarfactory.nl ; Lijnbaansgracht 238 ; 1/2/5/7/10 Leidseplein). Excellent établissement de taille moyenne à l'atmosphère chaleureuse, qui se définit comme un "théâtre nocturne multidisciplinaire et avant-gardiste". La soirée avec DJ commence souvent par un concert, un film, un spectacle de danse ou du théâtre. Salon fumeur à l'étage.

Winston Kingdom MUSIQUE LIVE, CLUB

(Carte p. 46 ; www.winston.nl ; Hotel Winston Warmoesstraat 127 ; 4/9/16/24/25 Dam). Un petit club apprécié même par ceux qui ne sont pas amateurs de discothèques, grâce à sa musique indépendante et alternative, ses DJ souriants et ses groupes de reprises.

JAZZ ET BLUES

Bimhuis JAZZ

(788 21 88 ; www.bimhuis.nl ; Piet Heinkade 3 ; tickets 10-22 € ; fermé août ; 25/26 Muziekgebouw). Cœur de la scène musicale d'improvisation et de jazz d'Amsterdam depuis 1973, la Bimhuis n'a pas changé de cap, même après sa fusion (architecturale) avec la classique Muziekgebouw. Le mardi à 22h, de septembre à juin, le café accueille des sessions jam divertissantes et gratuites (tout comme l'atelier musical qui les précède à 20h).

Jazz Café Alto JAZZ

(Carte p. 56 ; www.jazz-cafe-alto.nl ; Korte Leidsedwarsstraat 115 ; à partir de 21h ; 1/2/5/7/10 Leidseplein). Joyau dans le cœur touristique d'Amsterdam, ce club est si petit que l'on pourrait presque toucher les musiciens. L'établissement ouvre à 21h mais le concert ne démarre qu'autour de 22h – arrivez tôt si vous voulez vous asseoir.

Badcuyp JAZZ

(Carte p. 56 ; www.badcuyp.org ; 1e Sweelinckstraat 10 ; tickets 4-8 € ; mar-dim ; 4/25 Stadhouderskade). Des sessions jazz (dimanche à 14h30) aux soirées salsa, ce café musical du De Pijp allie convivialité et excellents artistes internationaux.

Maloe Melo BLUES

(Carte p. 52 ; 420 45 92 ; www.maloemelo.com ; Lijnbaansgracht 163 ; 7/10/17 Elandsgracht). Haut lieu indépendant et agréable de la petite scène blues d'Amsterdam. L'établissement défraîchi mais charmant programme souvent du bluegrass et de la soul.

MUSIQUE CLASSIQUE

♥ **Concertgebouw** MUSIQUE CLASSIQUE

(Carte p. 56 ; 671 83 45 ; www.concertgebouw.nl ; Concertgebouwplein 2-6 ; billetterie 13h-19h lun-ven, 10h-19h sam et dim ; 3/5/12/16/24 Museumplein). Construite en 1888, cette salle à l'excellente acoustique est l'une des plus fréquentées du monde. Concerts gratuits d'une demi-heure le mercredi à 12h30 de mi-septembre à fin juin ; arrivez tôt. Les moins de 27 ans peuvent acheter des billets à 10 € 45 minutes avant les représentations.

Muziekgebouw aan 't IJ SALLE DE CONCERTS
(☎788 20 00 ; www.muziekgebouw.nl ; Piet Heinkade 1 ; tickets 26-37 € ; ⏱billetterie 12h-18h lun-sam ; 🚋25/26 Muziekgebouw). Ce bâtiment moderne accueille le Holland Symfonia, qui accompagne généralement le ballet national, et le prestigieux Metropole Orkest, qui réalise de superbes arrangements de jazz et de pop. Les moins de 30 ans peuvent acheter des billets à 10 € à la billetterie 30 minutes avant les représentations, ou en ligne via earlybirds.muziekgebouw.nl.

Muziektheater MUSIQUE CLASSIQUE
(Carte p. 56 ; ☎625 54 55 ; www.hetmuziektheater.nl ; Waterlooplein 22 ; ⏱billetterie à partir de midi, fermé août ; 🚋9/14 Waterlooplein). Installé dans le bâtiment original et moderne du Stopera – moitié *stadhuis* (hôtel-de-ville), moitié opéra – le Muziektheater accueille l'Opéra des Pays-Bas et le Ballet national. Concerts de musique classique gratuits (de 12h30 à 13h) la plupart des mardis, de septembre à juin dans le Boekmanzaal.

Conservatorium van Amsterdam MUSIQUE CLASSIQUE
(Carte p. 62 ; www.cva.ahk.nl ; Oosterdokskade 151 ; 🚋25/26 Muziekgebouw). La prestigieuse école d'Amsterdam occupe un édifice spectaculaire donnant sur le port. Idéal pour assister à des concerts de jazz, de musique classique et des opéras à petits prix.

Théâtre et humour

Felix Meritis ESPACE CULTUREL ET ARTISTIQUE
(Carte p. 52 ; www.felix.meritis.nl ; Keizersgracht 324 ; 🚋13/14/17 Westermarkt). Superbe espace proposant musique, danse et pièces de théâtre expérimentales, ainsi que des conférences portant sur la politique, l'art et la littérature. Agréable café aux grandes fenêtres. Nombreux événements en 2013 pour les 225 ans du centre.

Chicago Social Club et Boom Chicago COMÉDIE
(Carte p. 56 ; ☎423 01 01 ; www.boomchicago.nl ; Leidseplein 12 ; ⏱billetterie 14h-20h30 lun-mer, à partir de 13h jeu-dim ; 🚋1/2/5/7/10 Leidseplein). En 2011, le Boom Chicago a ajouté une corde à son arc, devenant la sainte trinité du divertissement à Leidseplein : à la fois comédie-club, bar nocturne et discothèque. La troupe d'improvisation anglophone, qui s'inspire de la troupe Second City de Chicago, reste l'attraction principale. Les sujets traités portent sur les problèmes européens et locaux ; idéal pour prendre le pouls de la politique néerlandaise. Début 2013, la troupe a emménagé au **Rozentheater** (carte p. 46 ; Kloveniersburgwal 50), dans le centre, mais le club et le bar sont restés à Leidseplein.

> **ACHETER SES BILLETS**
>
> Besoin d'idées pour la soirée ? À l'angle du Stadsschouwburg (théâtre municipal) sur Leidseplein, **Uitburo** (carte p. 56 ; ☎621 13 11 ; www.amsterdamsuitburo.nl ; Leidseplein 26 ; ⏱10h-19h lun-ven, 10h-18h sam, 12h-18h dim ; 🚋1/2/5/7/10 Leidseplein) propose des billets pour tous styles d'événements – comédie, danse, concert, ou même discothèque – contre un petit supplément. Le bureau **Last Minute Ticket Shop** (www.lastminuteticketshop.nl) d'Uitburo vend des places à moitié prix pour les spectacles du jour même. Les billets disponibles sont en ligne dès 8h, mais on ne peut les acheter en personne qu'à partir de midi. D'autres boutiques Last Minute se trouvent dans la Centrale Bibliotheek Amsterdam (p. 69) et le bureau principal du VVV (p. 97) de Centraal Station.

Amsterdams Marionetten Theater THÉÂTRE
(Carte p. 46 ; ☎620 80 27 ; www.marionettentheater.nl ; Nieuwe Jonkerstraat 8 ; adulte/enfant 16/7,50 €). Dans une ancienne forge, les marionnettistes proposent un répertoire composé principalement des opéras de Mozart. La scène féerique, les costumes d'époque et les chants fascinent. Représentations réservées aux groupes de juin à août.

Openluchttheater THÉÂTRE
(Open-Air Theatre ; carte p. 56 ; www.openluchttheater.nl ; Vondelpark 5a ; ⏱juin-août ; 👪 ; 🚋1 1e Constantijn Huygensstraat). Chaque été, le petit théâtre en plein air de Vondelpark accueille des concerts et des spectacles gratuits : musique du monde, danse, théâtre, programmes pour enfants, etc. Réservation possible par Internet (2,50 €/place) jusqu'à 2 heures avant la représentation.

Stadsschouwburg THÉÂTRE
(Théâtre municipal ; carte p. 56 ; ☎624 23 11 ; www.stadsschouwburgamsterdam.nl ; Leidseplein 26 ; ⏱billetterie 12h-18h lun-sam ; 🚋1/2/5/7/10 Leidseplein). Construit en 1894, ce théâtre, de style néo-Renaissance, accueille les pièces, opérettes, spectacles de danse et festivals

importants. Vous y trouverez la principale billetterie de la ville, qui propose parfois des places à moitié prix.

Discothèques

La plupart des clubs ferment vers 4h les vendredis et samedis (quelques heures plus tôt le reste de la semaine). L'animation ne démarre pas avant minuit. De nombreuses salles de concert, comme le Melkweg (p. 92) et le Paradiso (p. 92), disposent aussi d'excellentes discothèques.

Air CLUB

(Carte p. 56 ; ☎820 06 70 ; www.air.nl ; Amstelstraat 16 ; ⏲jeu-dim ; 🚋4/9/14 Rembrandtplein). Air, l'un des clubs tendance d'Amsterdam, arbore un design branché et une piste de danse en gradins. Les très hauts plafonds donnent une impression d'espace même quand l'établissement est bondé. Entrée : entre 9 € et 15 €.

Studio 80 CLUB

(Carte p. 56 ; ☎521 83 33 ; www.studio-80.nl ; Rembrandtplein 17 ; ⏲mer-sam ; 🚋4/9/14 Rembrandtplein). Fréquenté pour sa musique (électronique), cet espace brut est aussi un studio et une station de radio. Jeunes branchés, fashionistas et artistes au style androgyne se mêlent sur la piste de danse. L'entrée peu chère (généralement entre 6 € et 16 €) assure une fréquentation jeune.

Cinémas

Le temps pluvieux d'Amsterdam et le grand nombre de superbes salles favorisent les sorties au cinéma. Les projections sont généralement en version originale sous-titrée en néerlandais.

Pathé Tuschinskitheater CINÉMA

(Carte p. 56 ; www.pathe.nl/tuschinski ; Reguliersbreestraat 26-34 ; 🚋4/9/14 Rembrandtplein). Ce somptueux cinéma est un vestige Art déco de l'école d'Amsterdam. Blockbusters hollywoodiens (généralement dans la salle principale, la *grote zaal*) et films d'essai.

Movies CINÉMA

(☎638 60 16 ; www.themovies.nl ; Haarlemmerdijk 161 ; 🚋3 Haarlemmerplein). Joyau Art déco de 1912, le plus ancien cinéma d'Amsterdam diffuse des films indépendants et grand public. Café-bar attrayant sur place.

EYE Film Institute CINÉMA

(☎589 14 00 ; www.eyefilm.nl ; IJpromenade 1). Le centre cinématographique ultramoderne des Pays-Bas propose tous genres de films – nouveau, ancien, étranger, néerlandais, pour enfants – et des expositions cinématographiques.

Sport

Ajax Amsterdam FOOTBALL

(www.ajax.nl ; Arena Blvd 1). Quatre fois championne d'Europe, l'Ajax est l'équipe de football la plus célèbre du pays. Elle joue à l'Amsterdam Arena (7 km environ au sud-est du centre ; prendre le métro jusqu'à Bijlmer Arena), généralement les samedis soir et dimanches après-midi, entre août et mai. Les fans suivront une **visite guidée du stade** (adulte/enfant 12/10 €). Les inconditionnels visiteront le musée **Ajax Experience** (p. 64) dans la Ceinture des Canaux Sud.

Achats

La capitale regorge de toutes sortes de produits exotiques, mais le véritable plaisir est de dénicher quelques petites boutiques originales aux objets totalement insolites. Parmi les spécialités, les vêtements et articles pour la maison de créateurs néerlandais sont réputés pour leur aspect décontracté et pratique. Les objets anciens, artistiques et vintage sont aussi prisés des habitants. Bulbes de tulipes, bouteilles de *jenever*, et faïence de Delft font des souvenirs appréciés.

CENTRE HISTORIQUE ET QUARTIER ROUGE

Les grands magasins sont regroupés autour du Dam. Les enseignes de chaînes bordent la rue piétonne Kalverstraat.

♥ **Condomerie Het Gulden Vlies** BOUTIQUE SPÉCIALISÉE

(Carte p. 46 ; www.condomerie.nl ; Warmoesstraat 141 ; 🚋4/9/16/24/25 Dam). Parfaitement située dans le quartier Rouge, la Condomerie propose des centaines de préservatifs originaux, des lubrifiants et des souvenirs coquins.

American Book Center LIVRES

(ABC ; carte p. 46 ; www.abc.nl ; Spui 12 ; ⏲11h-20h lun, à partir de 10h mar-sam, 11h-18h30 dim ; 🚋1/2/5 Spui). Nul besoin de lire l'anglais pour se rendre dans cette immense librairie. Son agencement original mérite le coup d'œil.

PGC Hajenius BOUTIQUE SPÉCIALISÉE

(Carte p. 46 ; www.hajenius.com ; Rokin 96 ; 🚋4/9/14/16/24/25 Spui). Ce grand magasin spécialisé dans le tabac mérite le coup d'œil

TRUFFES MAGIQUES ET SMARTSHOPS

Les *smartshops*, qui vendent des stimulants bio et des hallucinogènes naturels, ont longtemps été connus pour leurs champignons "magiques". Mais en 2008, le gouvernement a interdit ces derniers suite au décès d'une jeune touriste française qui s'est jetée d'un pont après en avoir consommé. Une liste de près de 200 variétés de champignons interdits a été établie – mais la truffe magique n'y figurait pas.

Les truffes proviennent d'une partie différente de la plante, mais elles contiennent les mêmes ingrédients actifs que les champignons et constituent désormais le fonds de commerce des *smartshops*. Le personnel dispense des conseils sur les nuances de dosages et les effets possibles. Ne passez pas outre si vous tenez à y goûter : chaque année, les urgences reçoivent des personnes mal en point ayant consommé plus que les doses recommandées. Et bien évidemment, n'achetez jamais de truffes et autres drogues dans la rue.

pour ses vitraux Art déco, ses moulures dorées et ses hauts plafonds. Possibilité de tester des cigarillos cubains ou autres achats dans le beau salon fumeur.

Hempworks MODE, ACCESSOIRES
(Carte p. 46 ; www.hempworks.nl ; Nieuwendijk 13 ; 1/2/5/13/17 Martelaarsgracht). Les vêtements et sacs sont tous fabriqués en chanvre, coton et bambou biologiques.

Kokopelli SMARTSHOP
(Carte p. 46 ; Warmoesstraat 12 ; 11h-22h ; 4/9/16/24/25 Centraal Station). Si l'on n'y vendait pas des truffes magiques, on jurerait que ce vaste et bel espace est une boutique de vêtements ou d'articles de maison. Café et bar à jus de fruits sur place.

Marché aux livres Oudemanhuis LIVRES
(Carte p. 46 ; Oudemanhuispoort ; 11h-16h lun-ven ; 4/9/14/16/24/25 Spui). Les livres d'occasion, principalement en néerlandais, recouvrent les tables de cette charmante allée couverte, entre Oudezijds Achterburgwal et Kloveniersburgwal, où l'on côtoie des professeurs de l'université d'Amsterdam.

Absolute Danny ÉROTISME
(Carte p. 46 ; www.absolutedanny.com ; Oudezijds Achterburgwal 78 ; 11h-21h lun-sam, à partir de midi dim ; 4/9/16/24/25 Dam). Ce sex-shop, élu le plus chic d'Amsterdam par l'édition néerlandaise de *Playboy*, est spécialisé en vêtements fétichistes, lingerie et cuir. Vous y trouverez également des vidéos et les accessoires habituels.

Hema GRAND MAGASIN
(Carte p. 46 ; www.hema.nl ; Nieuwendijk 174 ; 4/9/16/24/25 Dam). Ce grand magasin attire autant les amateurs de design que de bonnes affaires. Le stock varié comprend des vêtements, des articles de maison, du vin et des produits d'épicerie fine aux prix intéressants.

Chills & Thrills SMARTSHOP
(Carte p. 46 ; www.chillsandthrills.com ; Nieuwendijk 17 ; 10h-22h). Toujours bondé de touristes, Chills & Thrills propose truffes, plantes hallucinogènes, cactus psychoactifs et bongs. D'étranges sculptures grandeur nature fumant des joints marquent l'endroit.

NIEUWMARKT

Le quartier compte plusieurs rues abritant des boutiques excentriques.

Droog DESIGN, ARTICLES POUR LA MAISON
(Carte p. 46 ; www.droog.nl ; Staalstraat 7b ; mar-dim ; 4/9/14/16/24/25 Muntplein). Droog, qui signifie "sec" en néerlandais, vend des articles de maison originaux au design local (chaises, rideaux). Le magasin s'agrandit, avec une galerie, un jardin et un café au mobilier inventif.

Het Fort van Sjakoo LIVRES
(Carte p. 46 ; 625 89 79 ; www.sjakoo.nl ; Jodenbreestraat 24 ; 11h-18h lun-ven, jusqu'à 17h sam ; 9/14 Waterlooplein). Toutes les informations sur la scène squat, des fanzines locaux et des traductions de Trotsky dans cette librairie de gauche, ouverte depuis 1977.

Juggle BOUTIQUE SPÉCIALISÉE
(Carte p. 46 ; www.juggle-store.com ; Staalstraat 3 ; mar-sam ; 4/9/14/16/24/25 Muntplein). Cette petite boutique propose des articles de cirque, des monocycles aux cerceaux de feu, en passant par des tours de magie.

JORDAAN ET CEINTURE DES CANAUX OUEST

Dans le haut du Jordaan, Haarlemmerstraat et Haarlemmerdijk sont bordées de boutiques tendance et de magasins alimentaires. Dans la Ceinture des Canaux Ouest, les Negen Straatjes (Neuf Rues) renferment de minuscules boutiques originales.

Frozen Fountain DESIGN, ARTICLES POUR LA MAISON
(Carte p. 52 ; www.frozenfountain.nl ; Prinsengracht 645 ; 🚋1/2/5 Prinsengracht). Le magasin le plus célèbre de la ville pour le mobilier et les articles d'intérieur occupe deux demeures en bordure de canal. Objets très ingénieux, mais plutôt onéreux.

De Kaaskamer CONFISERIE, ALIMENTATION
(Carte p. 52 ; www.kaaskamer.nl ; Runstraat 7 ; ⏲12h-18h lun, 9h-18h mar-ven, 9h-17h sam, 12h-17h dim ; 🚋1/2/5 Spui). Le nom signifie "salle au fromage" et, effectivement, l'endroit déborde de variétés néerlandaises et biologiques. Dégustation possible avant achat. Sandwichs à emporter.

Boekie Woekie LIVRES
(Carte p. 52 ; Berenstraat 16 ; ⏲12h-18h ; 🚋13/14/17 Westermarkt). Cette librairie ancienne vend des livres d'artistes, qu'il s'agisse de monographies autopubliées ou d'histoires illustrées à la main.

De Looier Antiques Centre OBJETS ANCIENS
(Carte p. 52 ; www.antiekcentrumamsterdam.nl ; Elandsgracht 109 ; ⏲11h-18h lun et mer-ven, jusqu'à 17h sam et dim ; 🚋7/10/17 Elandsgracht). Les amateurs d'objets anciens pourraient passer des heures dans ce mini centre commercial où l'on trouve aussi bien des robes en soie des années 1940 que des films pornographiques suédois des années 1970. À l'intérieur, la Brasserie Blazer sert une cuisine française à un prix raisonnable.

Lady Day MODE
(Carte p. 52 ; www.ladydayvintage.com ; Hartenstraat 9 ; 🚋13/14/17 Westermarkt). Lady Day propose d'impeccables vêtements vintage : vestes en cuir, tenues des années 1960 et 1970, et manteaux de marin en laine.

CEINTURE DES CANAUX SUD ET DE PIJP

Le quartier du Spiegel, le long du Spiegelgracht et du Nieuwe Spiegelstraat, est l'épicentre de l'art et des objets anciens de qualité.

Young Designers United MODE
(Carte p. 56 ; www.ydu.nl ; Keizersgracht 447 ; ⏲lun-sam ; 🚋1/2/5 Keizersgracht). La vitrine des jeunes créateurs néerlandais, qui ont chacun leur rayon. Le choix est large, des fourreaux asymétriques aux robes fluides, à prix abordables.

Heineken City Store SOUVENIRS
(Carte p. 56 ; Amstelstraat 31 ; ⏲11h-20h lun-sam ; 🚋4/9/14 Rembrandtplein). Ce magasin thématique à plusieurs niveaux compte plus d'objets que la boutique de l'Heineken Experience (p. 67). Certains vêtements portant le logo sont extravagants (les vestes chics), mais les bouteilles décorées dans l'immense réfrigérateur font de sympathiques souvenirs.

Ajax Experience Store SOUVENIRS
(Carte p. 56 ; www.ajaxexperienceamsterdam.com ; Utrechtsestraat 9 ; ⏲11h-19h ; 🚋4/9/14 Rembrandtplein). Attenante à l'Ajax Museum, la boutique du club de foot adoré d'Amsterdam propose casquettes, T-shirts et autres souvenirs aux couleurs rouge et blanc de l'équipe.

Eduard Kramer OBJETS ANCIENS
(Carte p. 56 ; www.antique-tileshop.nl ; Nieuwe Spiegelstraat 64 ; ⏲mar-dim ; 🚋16/24/25 Keizersgracht). Spécialisé dans les carreaux néerlandais anciens, ce petit magasin vend de vieux bijoux, des montres de gousset, des bougeoirs en argent et des carafes en cristal. Quelques portes plus bas, le reste de la collection occupe une ancienne épicerie rénovée, à Prinsengracht 807.

À NE PAS MANQUER

LES MEILLEURS MARCHÉS D'AMSTERDAM

» **Albert Cuypmarkt** Imprégnez-vous de l'ambiance locale et dénichez des objets exotiques dans le plus grand marché d'Amsterdam (p. 67).

» **Marché aux puces de Waterlooplein** Des tas de curiosités, de chaussures d'occasion et de pièces détachées de vélo à petits prix (p. 51).

» **Bloemenmarkt** Achetez de beaux bulbes fleuris au marché aux fleurs en bord de canal (p. 63).

» **Noordermarkt** Marché matinal où l'on trouve aliments bio et vêtements vintage (p. 54).

» **Dappermarkt** Le marché multiculturel de l'Oost reflète la diversité de sa population (p. 70).

Fietsfabriek VÉLOS

(Carte p. 56 ; www.fietsfabriek.nl ; 1e Jacob van Campenstraat 12 ; 13h-18h lun, 9h-18h mar-ven, 10h-18h sam ; 16/24 Stadhouderskade). Ancien étudiant en architecture, Wessel van den Bosch fabrique désormais des vélos sur mesure. Découvrez les *bakfiets* (vélos cargo), les *familiefiets* (vélos avec "landau" couvert) ou les *omafiets* (vélo de ville à une vitesse).

Concerto MUSIQUE

(Carte p. 56 ; Utrechtsestraat 52-60 ; 4 Keizersgracht). On passerait des heures à fouiner dans cette vaste boutique offrant le meilleur choix de disques neufs et d'occasion d'Amsterdam. Produits souvent bon marché et toujours intéressants. Bornes d'écoute.

Stadsboekwinkel LIVRES

(Carte p. 56 ; www.stadsboekwinkel.nl ; Vijzelstraat 32 ; mar-dim ; 16/24/25 Keizersgracht). Tenue par l'imprimeur municipal, cette librairie, aménagée dans le Stadsarchief (archives municipales), est la meilleure source d'ouvrages sur l'histoire, le développement urbain, l'écologie et la politique d'Amsterdam.

VIEUX SUD ET VONDELPARK

Chanel, Gucci, Lacoste et de nombreuses autres enseignes de luxe bordent PC Hooftstraat.

Museum Shop at the Museumplein SOUVENIRS

(Carte p. 56 ; Hobbemastraat ; 2/5 Hobbemastraat). Magasin régi par le musée Van Gogh et le Rijksmuseum. On y trouve des posters, des cartes et d'autres souvenirs artistiques de ces deux institutions.

Pied à Terre LIVRES

(Carte p. 56 ; www.jvw.nl ; Overtoom 135-137 ; lun-sam ; 1 1e Constantijn Huygensstraat). Élégante librairie de voyage où l'on boit un cappuccino en rêvant de sa prochaine destination. Guides de randonnées à pied ou à vélo, et cartes.

Renseignements

Accès Internet

Plusieurs cafés proposent le Wi-Fi gratuit, notamment l'enseigne omniprésente **Coffee Company** (www.coffeecompany.nl). De nombreux coffee shops disposent des ordinateurs connectés à Internet pour les clients. Des cybercafés sont disséminés aux alentours de Centraal Station. Comptez généralement 3 €/heure.

Internet City (Nieuwendijk 76 ; 9h-minuit). Plus de 100 terminaux.

> **À NE PAS MANQUER**
>
> **DE L'ART DANS L'AÉROPORT**
>
> Le Rijksmuseum possède une annexe à l'aéropor t de Schiphol contenant 10 à 15 superbes peintures du Siècle d'or. Ouverte tous les jours de 7h à 20h, elle est située après les contrôles de passeports, entre les portes E et F.

Agences de voyages

Joho (517 13 57 ; www.joho.nl ; Taksteeg 8 ; 11h30-17h30 lun-sam). Services de voyage, guides et conseils sur le travail et le bénévolat.

Argent

Les DAB sont répandus dans le centre-ville, mais il y a souvent de l'attente. Pour le change, essayez **GWK Travelex** (0900 05 66 ; www.gwk.nl ; Centraal Station ; 8h-22h lun-sam, 9h-22h dim ; Centraal Station), qui possède des agences à **Leidseplein** (Leidseplein 31a ; 9h30-17h30 lun-sam, 13h30-17h30 dim) et à l'**aéroport international de Schiphol** (24h/24).

Médias

Het Parool (www.parool.nl). Journal favori à Amsterdam, il recense les événements de la ville.

Time Out Amsterdam (www.timeoutamsterdam.com). Mensuel anglophone contenant les bonnes adresses de restaurants, de bars et de loisirs.

Offices du tourisme

Bureau principal VVV (Stationsplein 10 ; 7h-21h lun-ven, 10h-18h sam et dim). Situé à l'extérieur de Centraal Station, ce bureau renseigne sur tout. Carte de réductions I Amsterdam, places de théâtre et entrée aux musées, bon plan de la ville (2,50 €), cartes de voies cyclables, cartes de transport (le bureau GVB est attenant) et billets de train pour l'aéroport de Schiphol sont proposés. Réservation d'hôtel gratuite. L'attente peut être longue ; prenez un numéro en entrant.

Bureau VVV de Leidseplein (Carte p. 56 ; Leidseplein 26 ; 10h-19h lun-ven, 10h-18h sam, 12h-18h dim). Géré avec le comptoir de tickets Uitburo.

Holland Tourist Information (7h-22h). Bureau tenu par VVV à l'aéroport Schiphol.

Poste

Principal bureau de poste (Singel 250 ; 9h-18h lun-ven, 9h-midi sam). Grand et bien équipé.

LA NOUVELLE LIGNE DE MÉTRO D'AMSTERDAM (NOORD/ZUIDLIJN) EN BONNE VOIE

Elle ne fait que 9,7 km de long, mais la Noord/Zuidlijn (ligne de métro nord-sud) s'est transformée en défi considérable. Le projet démarré en 2003 devait s'achever en 2011, mais la date butoir a été reportée à 2017.

Rien d'étonnant étant donné l'ampleur de la tâche : pour construire la ligne entre Amsterdam-Noord et le World Trade Center au sud, les ingénieurs doivent creuser sous l'IJ et les édifices plusieurs fois centenaires du centre-ville. La première partie des travaux s'est bien déroulée, mais quand certains monuments historiques du centre ont commencé à bouger sur leurs fondations, la construction a été stoppée.

Le débat a fait rage sur la marche à suivre. Fallait-il continuer, malgré l'augmentation nécessaire du budget ? Arrêter et perdre les millions d'euros déjà dépensés ? Combien de temps les résidents allaient-ils accepter de voir leurs rues en travaux ? La municipalité a finalement décidé de poursuivre. Des poutres de soutènement supplémentaires ont été ajoutées sous les édifices concernés. Pour l'instant, tout va bien. Jetez un œil au gigantesque chantier au Noord/Zuidlijn Viewpoint (p. 45) souterrain.

Services médicaux

Dam Apotheek (☎624 43 31 ; Damstraat 2 ; ⏲8h30-17h30 lun-ven, 10h-17h sam, 12h-17h dim). Pharmacie juste en retrait du Dam.

Onze Lieve Vrouwe Gasthuis (☎599 91 11 ; www.olvg.nl ; 1e Oosterparkstraat 1 ; ⏲24h/24). À Oosterpark, près du musée des Tropiques. Hôpital public le plus proche du centre-ville.

Sites web

I Amsterdam (www.iamsterdam.com). Portail géré par la ville comportant des renseignements touristiques sur l'hébergement et les événements.

Overdose.am (www.overdose.am). Présente les activités liées à l'art, la musique et la mode.

ℹ Depuis/vers Amsterdam

Avion

La plupart des grandes compagnies aériennes desservent l'**aéroport de Schiphol** (www.schiphol.nl), à 18 km au sud-ouest du centre-ville. Sur place : DAB, bureaux de change, renseignements touristiques, location de voiture, comptoirs de billets de train, consigne à bagage, restauration et Wi-Fi gratuit (pendant 1 heure).

Bus

Eurolines (www.eurolines.com) dessert toutes les grandes capitales européennes. Les bus arrivent à l'Amstelstation, au sud du centre-ville, d'où l'on accède facilement à Centraal Station en métro (environ 15 minutes). La **billetterie Eurolines** (Rokin 38a) est près du Dam.

Vélo

Amsterdam est facilement accessible à vélo. Des routes nationales cyclables rayonnent dans toutes les directions :

LF20/LF23 Vers l'est, jusqu'à Muiden et au-delà.

LF7 Vers le nord, en traversant l'IJ en ferry ; on atteint rapidement la campagne du Waterland.

LF20 Vers l'ouest, jusqu'à Haarlem (25 km) et jusqu'à la côte.

LF2 Vers le sud, jusqu'à Gouda, Rotterdam et la Belgique.

Pour organiser son itinéraire dans la région, visiter le www.routecraft.com, qui calcule les meilleurs itinéraires à vélo ; cliquer sur "Bikeplanner".

Train

Les trains nationaux et internationaux, dont **Thalys** (www.thalys.com) arrivent à Centraal Station (CS) dans le centre-ville. Dans la gare : DAB, bureaux de change, bureau touristique, restaurants, boutiques, consigne à bagages (5 €/jour), et ventes de billets de trains nationaux et internationaux.

Amsterdam est le terminus de la ligne à grande vitesse **Fyra** (www.fyra.com), desservant à l'origine Rotterdam, Breda et la Belgique, mais dont le service est suspendu depuis février 2013. Lors de la rédaction de ce guide, seules les dessertes nationales étaient assurées.

Voiture et moto

Des autoroutes relient Amsterdam à La Haye et Rotterdam au sud, et à Utrecht et Amersfoort au sud-est. L'embarcadère des ferries Hoek van Holland se trouve à 80 km ; IJmuiden est située non loin, au bord du Noordzeekanaal.

Distances entre Amsterdam et quelques villes européennes : Paris 480 km ; Munich 840 km ; Berlin 680 km ; Copenhague 730 km.

Comment circuler

Depuis/vers l'aéroport

BUS Le bus n°197 (4 € aller, 25 minutes) est le plus rapide pour gagner des endroits proches de Museumplein ou de Leidseplein. Le départ se fait à l'extérieur du hall des arrivées.

NAVETTE PORTE À PORTE **Connexxion** (www.airporthotelshuttle.nl ; aller/retour 16/26 €) gère une navette (toutes les 30 minutes, de 6h à 21h) conduisant de l'aéroport à plusieurs hôtels. Le comptoir Connexxion se trouve dans le hall des arrivées 4.

TAXI Le centre-ville est accessible en 20 à 30 minutes (plus pendant l'heure de pointe), pour 45 € à 50 €. La borne des taxis est située juste devant le hall des arrivées.

TRAINS Les trains desservent Centraal Station (4 € aller, 20 minutes) 24h/24. De 6h à 0h30, ils circulent toutes les 10 à 15 minutes ; toutes les heures pendant la nuit. Pour acheter des tickets, prévoyez des espèces ou une carte bancaire avec puce (généralement seules les cartes néerlandaises fonctionnent). Les machines n'acceptent que les pièces. Les guichets, situés derrière les machines, acceptent les billets pour un supplément de 0,50 €.

Bateau

CANAL BUS On monte et on descend à sa guise aux 17 embarcadères de **Canal Bus** (www.canal.nl ; pass journalier adulte/enfant 22/11 €) en ville et près des grands musées.

FERRIES Des ferries gratuits pour Amsterdam-Noord partent des quais situés derrière Centraal Station. Les vélos sont autorisés sur toutes les lignes. La ligne menant à Buiksloterweg est la plus directe (5 minutes) et circule 24h/24. Un autre bateau conduit au NDSM-werf (15 minutes) entre 7h (à partir de 9h le week-end) et minuit. Un autre se rend à IJplein (6h30-minuit).

Taxi

Les taxis sont chers et peu rapides dans le dédale des rues d'Amsterdam. On en trouve aux stations de Centraal Station, de Leidseplein et de quelques hôtels. Si vous en appelez un, **Taxicentrale Amsterdam** (TCA ; ☎777 77 77 ; www.tcataxi.nl) est le plus fiable.

Les prix sont calculés au compteur qui démarre à 2,65 €, puis chaque kilomètre coûte 1,95 €. Une course de Leidseplein au Dam revient à 12 € environ ; de Centraal Station au Jordaan, comptez entre 10 € et 15 €.

Autre possibilité : les scooters à trois roues de **TukTuk Company** (www.tuktuk company.nl ; ⏰22h-3h ven et sam) et de **Bicycle Taxis** (www.fietstaxiamsterdam.nl). Ils sont souvent moins chers et peuvent être hélés dans la rue, notamment près de Leidseplein et de Rembrandtplein.

Autrement, **Hopper** (☎0900 8890 ; www.hopperamsterdam.nl ; 2,50 €/course ; ⏰8h-20h) propose une nouvelle série de scooters vert citron électriques de style Vespa. À héler dans la rue ou à réserver par téléphone ou en ligne.

Transport public

GVB gère le réseau de transport public. Tickets, pass et cartes sont disponibles au **bureau d'information GVB** (www.gvb.nl ; Stationsplein 10 ; ⏰7h-21h lun-ven, 10h-18h sam et dim), situé face à Centraal Station, derrière les rails du tramway, et attenant au principal bureau touristique VVV.

BUS ET MÉTRO Les bus et le métro desservent principalement les quartiers excentrés. Les prix sont les mêmes que pour le tramway. Les *nachtbussen* (bus de nuit) circulent quand les autres transports s'arrêtent (de 1h à 6h, toutes les heures). Un ticket coûte 4 €.

TRAMWAY Le tramway est le mode de transport public le plus utilisé en ville. Rapide, fréquent et omniprésent, il circule entre 6h et 0h30. Dans les tramways avec contrôleur, entrez par l'arrière ; vous pouvez acheter une **OV-chipkaart** (www.ov-chipkaart.nl ; 2,70 €, valable 1 heure) ou un pass journalier (7,50 €) à bord. Dans les trams sans contrôleur (ligne 5, et certains tramways de la ligne 24), achetez un ticket auprès du chauffeur. À la montée comme

TRAINS AU DÉPART D'AMSTERDAM

DESTINATION	PRIX (€)	DURÉE	FRÉQUENCE (PAR HEURE)
La Haye	11	50 minutes	4-6
Groningue	24	2 heures 20	2
Maastricht	24	2 heures 30	2
Rotterdam	14	1 heure 05	5-6
Rotterdam (grande vitesse)	11-21	41 minutes	2-3
Aéroport de Schiphol	4	20 minutes	6
Utrecht	7	30 minutes	3-6

TOURISME EN TRAMWAY

Le tramway est idéal pour un peu de tourisme passif : les lignes traversent de grandes sections de la ville. L'une des meilleures lignes, la 10, démarre près de Westerpark, contourne la ceinture de canaux et rejoint les docks de l'Est, en passant devant des quartiers résidentiels datant du XIXe siècle, le Rijksmuseum et le moulin Brouwerij 't IJ. Le tramway 5 part de Centraal Station et traverse le centre-ville en direction du sud.

à la descente, passez votre carte devant le composteur rose.

La plupart des lignes partent de Centraal Station et desservent divers quartiers. Voici quelques lignes :

Jordaan et canaux ouest Tramways 1, 2, 5, 13

Ceinture des canaux sud Tramways 1, 2, 5 pour Leidseplein ; 4, 9 pour Rembrandtplein

Vieux Sud et Vondelpark Tramways 1, 2, 5

De Pijp Tramways 16, 24

Nieuwmarkt et Plantage Tramway 9

CARTES DE TRANSPORTS GVB propose des pass pratiques valables pour un nombre de trajets illimité pendant 1/2/3/4/5/6/7 jours (7,50/12/16/20,50/25/28,50/31 €), dans les tramways, la plupart des bus et le métro. Les pass sont disponibles aux bureaux de GVB, de VVV (pass de 1 à 4 jours uniquement) et auprès des contrôleurs (pass journalier uniquement). La carte I Amsterdam (p. 60) comprend également une carte de transport.

Vélo

Le vélo est le principal mode de déplacement des gens du cru ; les 400 km de voies cyclables leur facilitent la tâche. De nombreux visiteurs louent un vélo à la fin de leur séjour et regrettent de ne pas l'avoir fait plus tôt.

Les loueurs sont omniprésents dans toute la ville ; la plupart ouvrent de 9h à 18h (au moins). Un vélo avec une vitesse et frein par rétropédalage coûte 12,50 € pour 24 heures. Les vélos avec vitesses, freins à main, et surtout assurance, coûtent plus cher. Il faut présenter un passeport ou une carte d'identité européenne, et laisser une empreinte de carte bancaire ou une caution (souvent 50 €). Les antivols sont généralement fournis ; utilisez-les, les vols sont fréquents. En général, les casques ne sont pas fournis (les Néerlandais n'en portent pas). La plupart des agences de circuits guidés à vélo louent aussi des deux-roues (p. 70).

Bike City (☎626 37 21 ; www.bikecity.nl ; Bloemgracht 68-70). Les vélos ne portent pas de pub, vous pourrez passer pour un Amstellodamois.

Black Bikes (☎670 85 31 ; www.black-bikes.com ; Nieuwezijds Voorburgwal 146). Compagnie sans enseigne, propose des vélos avec remorque pour transporter les enfants.

MacBike (☎620 09 85 ; www.macbike.nl). Plutôt voyants, les vélos rouges sont équipés d'un panneau qui attire l'attention. Mais la compagnie possède des boutiques bien situées à Centraal Station (Stationsplein 5), Waterlooplein (Waterlooplein 195) et près de Leidseplein (Weteringschans 2). Elle vend aussi d'excellentes cartes des voies cyclables.

Recycled Bicycles (☎06 5468 1429 ; www.recycledbicycles.org ; Spuistraat 84a ; ⏲lun-sam). Vélos fabriqués à partir de pièces récupérées. Prix correct : 5 €/jour. Réservez au moins 24 heures à l'avance.

Voiture et moto

Les places de parking sont chères et rares. Se garer dans la rue en centre-ville coûte autour de 5/40 € par heure/jour. Mieux vaut utiliser un parc relais ("P+R") aux abords de la ville, dont le prix (environ 8 € les 24 heures) donne droit à des tickets de transport gratuits. Plus de renseignements sur www.bereikbaar.amsterdam.nl.

Toutes les grandes agences de location sont en ville ; beaucoup ont des bureaux dans Overtoom, près de Vondelpark. Les tarifs démarrent autour de 35 € la journée.

Haarlem et la Hollande-Septentrionale

Dans ce chapitre »

Le top des restaurants

» Kroft (p. 120)
» Freya (p. 129)
» Restaurant Topido (p. 130)
» Van Der Star (p. 130)

Le top des hébergements

» Stempels (p. 106)
» Posthoorn (p. 111)
» Hotel De 14 Sterren (p. 129)
» Bij Jef (p. 130)

Pourquoi y aller

Semblable à un diadème où se trouverait enchâssée Amsterdam, la Hollande-Septentrionale (Noord Holland) est riche de culture et de traditions. À l'ouest de la capitale, Haarlem, perle de la région, est une charmante ville du XVIIe siècle bordée, sur sa partie occidentale, de grandes plages de sable.

Plus au nord, l'étonnant village de Zaanse Schans doit sa renommée à ses moulins à vent. Prisées des touristes, les jolies petites villes d'Edam, de Volendam et de Marken tiennent quant à elles une place à part dans la culture néerlandaise, marquée de traditions, notamment fromagères, et d'une défiance de longue date envers la mer. Les ports de Hoorn et d'Enkhuizen, qui connurent la prospérité durant le Siècle d'or, doivent leur actuel succès à leurs vieux centres. Enkhuizen abrite également le Zuiderzeemuseum, un musée à ciel ouvert à ne rater sous aucun prétexte.

Sur la route menant à l'île de Texel, sur la mer des Wadden, la ville d'Alkmaar est célèbre pour sa traditionnelle vente de fromage aux enchères. Texel en elle-même est un véritable bijou avec ses belles plages tout en longueur, ses petits villages animés, ses bois et ses polders (bandes de terres agricoles séparées par des canaux) où paissent les moutons.

Quand partir

Haarlem compte suffisamment de beaux musées, d'activités en intérieur et de restaurants pour mériter d'être visitée toute l'année. Mieux vaut en revanche découvrir le reste de la Hollande-Septentrionale à la belle saison. Les petites localités comme Edam et Alkmaar sombrant dans la torpeur en hiver, la période d'avril à octobre est la meilleure pour explorer cette région pétrie de traditions néerlandaises. L'île de Texel se révèle fascinante hors saison, lorsque les vents venus de la mer du Nord battent ses plages désertes, leur conférant une ambiance et une mélancolie toutes particulières. Rien ne vaut malgré tout les journées d'été passées au soleil sur le sable.

HOLLANDE-SEPTENTRIONALE (NOORD-HOLLAND)

La jolie province de Hollande-Septentrionale compte, outre Haarlem, suffisamment de jolies petites villes pour mériter au moins une semaine de balade.

Histoire

Jusqu'au XIIe siècle, la péninsule aujourd'hui connue sous le nom de Noord Holland faisait partie intégrante de la Frise. À cette époque, une série de tempêtes et d'inondations isolèrent la partie ouest de ce territoire, donnant naissance au Zuiderzee. Les comtes de Hollande, favorables au commerce, régnaient alors sur la région. L'un des premiers d'entre

À ne pas manquer

1. La découverte des musées de **Haarlem** (p. 103) et de son centre-ville, datant du Siècle d'or
2. Les fromages et l'ambiance pastorale de la bourgade d'**Edam** (p. 113)
3. Un aperçu de la rude existence de jadis dans les villes portuaires avant l'édification de l'Afsluitdijk (digue de fermeture), au **Zuiderzeemuseum** (p. 121) d'Enkhuizen
4. Une balade dans les dunes de sable, les bois et les pâturages de **Texel** (p. 125)
5. Un tour à vélo sur les digues de la région, dominées par l'agréable **Marken** (p. 112)
6. La découverte du **Museum Broeker Veiling** (p. 119) à Broek op Langedijk
7. La dégustation d'un excellent poisson fumé à **Oudeschild** (p. 130)
8. Une expédition jusqu'à la vaste forteresse de **Naarden** (p. 132), avec à la clef un savoureux déjeuner sur place

eux, Guillaume II de Hollande, fut fait souverain du Saint Empire romain germanique en 1247, mais périt dans un raid contre les habitants de Frise-Occidentale. Son fils, le comte Florent V, ne soumit ces sujets rebelles que 40 ans plus tard.

La Frise-Occidentale était dès lors propriété du comté de Hollande, l'une des provinces fondatrices de la république des sept Provinces-Unies (1579). La Hollande-Septentrionale joua un rôle crucial dans la lutte contre la domination espagnole et la ville d'Alkmaar fut la première à en secouer le joug. La période de prospérité qui suivit fut connue sous le nom de Siècle d'or : durant celle-ci furent bâtis bon nombre des édifices richement ornementés de la Hollande-Septentrionale. Les ports de commerce et de pêche d'Enkhuizen, de Medemblik et d'Edam furent au cœur de ce boom économique.

La France de la Convention envahit la Hollande en 1795 et la scinda en deux, à la faveur de la création de la République batave, afin d'en briser la puissance économique. Cette division perdura, même une fois ces territoires passés dans le giron de la Maison d'Orange, en 1813. Les provinces de Noord Holland et de Zuid Holland (Hollande-Méridionale) furent officiellement créées en 1840.

L'agriculture, avec notamment la production de fromage, constitue désormais la principale activité du Noord Holland.

Comment s'y rendre et circuler

Facilement accessible depuis Amsterdam, à l'exception de Texel, cette région peut se visiter au fil d'excursions à la journée. Elle est bien desservie par le train, relayé par des lignes de bus.

Un réseau dense de pistes cyclables sillonne la province. L'étendue plate qui s'étend entre Amsterdam et Den Helder peut ainsi se parcourir en deux jours, à un rythme tranquille.

Haarlem

☎ 023 / 152 000 HABITANTS

On est invariablement séduit par cette ville néerlandaise classique où, au charme des rues pavées, des monuments, des églises et des musées, s'ajoute celui de petits bars et de beaux cafés bordant les canaux. L'aller-retour depuis Amsterdam se fait sur la journée, mais la ville a tant à offrir sur une zone très compacte que vous pourriez bien choisir de vous installer à Haarlem, plutôt que dans la capitale, pour explorer les environs.

Histoire

Son nom vient de *Haarlo-heim*, terme s'appliquant à un lieu boisé sur un plateau sablonneux. Ses origines remontent au Xe siècle, quand les comtes de Hollande décidèrent d'installer un poste de douane sur la Spaarne. Haarlem devint rapidement le port d'arrière-pays le plus important après Amsterdam, mais connut un important revers avec l'invasion espagnole de 1572. Ayant capitulé au terme d'un siège de 7 mois, la ville perdit le plus gros de sa population dans le massacre qui s'ensuivit. Guillaume le Taciturne finit par repousser les Espagnols et Haarlem profita alors pleinement de la prospérité du Siècle d'or, attirant peintres et artistes de toute l'Europe.

À voir

La **Grote Markt** (Grand-Place), flanquée d'une poignée d'édifices historiques, représente le centre à la fois réel et symbolique de la ville, notamment pour les marchés qui s'y tiennent les lundis et samedis. Située à 500 m à pied de la gare ferroviaire, c'est un bon point de départ pour découvrir la ville.

Hôtel de ville ÉDIFICE HISTORIQUE

À l'ouest de la Grote Markt se dresse l'hôtel de ville (XIVe siècle). Plusieurs extensions y ont depuis été adjointes, dont un balcon, d'où étaient prononcés les jugements de la haute cour. La salle comtale abrite des panneaux peints du XVe siècle et peut en général se visiter durant les heures de bureau.

Grote Kerk van St Bavo ÉGLISE

(www.bavo.nl ; Oude Groenmarkt 23 ; adulte/enfant 2,50 €/gratuit ; ⏲10h-17h lun-sam). Face à l'hôtel de ville, l'imposante cathédrale dresse son clocher, haut de 50 m, réalisé en bois recouvert de zinc – la structure de l'édifice se révélant trop fragile pour supporter le poids d'une tour en pierre. Édifice gothique tardif ajouté d'éléments néogothiques, elle abrite de belles œuvres de la Renaissance. La pièce principale est l'orgue Müller, l'un des plus beaux au monde, installé à 30 m de haut et fort de près de 5 000 tuyaux. Handel et Mozart (qui n'avait alors que 10 ans) vinrent en jouer. En juillet et août, des concerts sont organisés à 20h15 le mardi et à 16h le jeudi.

De Hallen GALERIE D'ART

(www.dehallen.nl ; Grote Markt 16 ; adulte/enfant 6 €/gratuit ; ⏲11h-17h mar-sam, 12h-17h dim). Le musée d'art moderne et contemporain de Haarlem occupe deux "halles" historiques : la

Haarlem

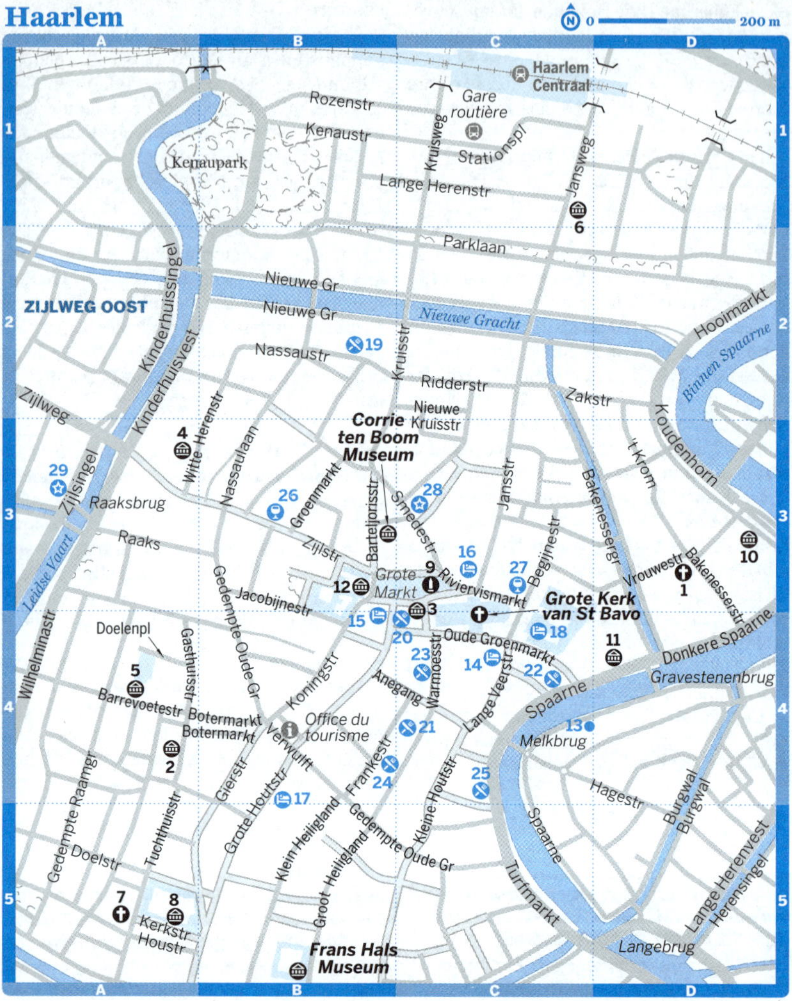

Vleeshal (halle aux viandes), bâtiment de la renaissance flamande du XVIIe siècle, ancien marché des bouchers et seul endroit de la ville où était autorisée la vente de viande du XVIIe au XIXe siècle, et la **Verweyhal** (halle aux poissons), de style néoclassique. La rotation des œuvres se fait tous les 3 mois et affiche une sélection éclectique, depuis les impressionnistes flamands et les artistes du CoBrA jusqu'aux vidéos, installations ou photographies d'artistes avant-gardistes.

Statue de Laurens Coster MONUMENT
Sur la place au nord de la Grote Kerk trône une statue de Laurens Coster, que les habitants de la ville tiennent, avec Gutenberg, pour l'un des inventeurs de l'imprimerie à caractères mobiles.

Frans Hals Museum GALERIE D'ART
(www.franshalsmuseum.nl ; Groot Heiligland 62 ; adulte/enfant 7,50 €/gratuit ; ⏲11h-17h mar-sam, 12h-17h dim). À quelques minutes à pied au sud de Grote Markt, ce musée est incontournable pour les amateurs des grands maîtres flamands. La collection, rassemblée dans un ancien hospice où Hals passa les dernières années de sa vie, se concentre sur l'école de Haarlem du XVIIe siècle. Elle s'enorgueillit notamment de 8 portraits de

Haarlem

groupe de la Garde civique, lesquels témoignent de l'attention portée par le peintre à la psychologie de ses personnages. On y trouve également les œuvres de grands peintres comme Pieter Bruegel le Jeune et Jacob van Ruysdael. Le musée rassemble entre autres trésors des réalisations du maître de Hals, Carel van Mander : d'incroyables illustrations de l'anatomie humaine, ponctuées de références bibliques et mythologiques.

GRATUIT Corrie ten Boom Museum — ÉDIFICE HISTORIQUE

(www.corrietenboom.com ; Barteljorisstraat 19 ; ⏲10h-16h mar-sam avr-oct, 11h-15h mar-sam nov-mars). Aussi appelée "la cachette", cette maison doit son nom à la mère de famille qui y vécut durant la Seconde Guerre mondiale. Elle utilisa un local secret dans sa chambre pour cacher des centaines de juifs et de résistants jusqu'à ce qu'ils puissent être emmenés en sûreté. En 1944, la famille fut trahie et envoyée dans un camp de concentration, où périrent trois de ses membres. Corrie ten Boom consacra ensuite sa vie à prêcher le pardon évangélique. Des visites, menées en anglais, sont organisées quotidiennement.

Proveniershuis — ÉDIFICE HISTORIQUE

(non loin de Grote Houtstraat). Au sud-ouest de Grote Markt se dresse le Provenierhuis, ancien quartier général de la St-Joris Doelen (garde civique de Saint-Georges), qui tint au départ fonction de *hofje* (hospice de pauvres). L'un des plus beaux bâtiments de la ville.

Teylers Museum — MUSÉE

(www.teylersmuseum.eu ; Spaarne 16 ; adulte/enfant 10/2 € ; ⏲10h-17h mar-sam, 11h-17h dim). D'aucuns pourront préférer le Teylers Museum au Frans Hals Museum. Ce musée, le plus ancien des Pays-Bas (1778), rassemble une vaste collection d'inventions étonnantes, telle cette machine électrostatique du XVIIIe siècle. S'y ajoutent des œuvres de peintres français et néerlandais. Nombreuses expositions temporaires. L'intérieur du musée se révèle aussi intéressant que son contenu : dans la magnifique Ovale Zaal (salle ovale), à l'éclairage zénithal, des spécimens de l'histoire naturelle sont exposés sur 2 niveaux.

Bakenesserkerk — ÉGLISE

(angle Vrouwestraat et Bakenesserstraat). Dressée au nord-est du Teylers Museum, Bakenesserkerk est une église de la fin du XVe siècle pourvue d'une tour en grès – la pierre utilisée ici était initialement prévue pour celle de la Grote Kerk (voir p. 111). Désacralisé, l'endroit n'ouvre que lors d'expositions temporaires.

LES OASIS URBAINES DE HAARLEM

Haarlem possède un nombre surprenant d'espaces verts, désignés collectivement sous le terme *hofjes*, lesquels tiennent de cours verdoyantes entourées de petites maisons. D'abord jardins monastiques au Moyen Âge, ces ensembles devinrent des hôpitaux ou des lieux d'accueil pour les orphelins, les veuves et les vieillards. On remonte là aux sources de l'intérêt néerlandais pour les questions sociales et aux prémices de l'État-providence.

La plupart des *hofjes* furent édifiés entre le XVe et le XVIIIe siècle et sont ouverts aux visites uniquement le week-end. Il est néanmoins souvent possible d'y jeter discrètement un œil à tout moment. Demandez la brochure de l'office du tourisme intitulée *Hofjeswandeling*, qui recense entre autres les balades suivantes :

Brouwers Hofje (Tuchthuisstraat 8). Logements pour les membres de la guilde des brasseurs (1472).

Frans Loenen Hofje (Witte Herenstraat 24). Hospices bâtis sur la propriété d'un commerçant (1607).

Hofje van Loo (Barrevoetestraat 7). Hôpital pour femmes offert par le maire Sijmon Pieterszoon van Loo (1489) ; l'un des *hofjes* les plus aisés d'accès de Haarlem.

Hofje van Staats (Jansweg 39). L'un des plus grands, offert par un commerçant de Haarlem aux femmes pauvres de l'Église réformée (1733). Il accueille toujours des femmes seules et âgées.

St Joris Doelen (Grote Houtstraat 144). Un *proveniershuis* offert en donation ; hospice puis auberge pour messieurs (1591).

Teylers Hofje (Koudenhorn 144). Étonnamment imposant, édifié par Pieter Teyler van der Hulst, fondateur du Teyler Museum (1787).

Nieuwe Kerk ÉGLISE
(Nieuwe Kerksplein ; ⏲10h-16h dim). En descendant le long de la charmante Korte Houtstraat, on arrive à l'église Nieuwe Kerk, bâtie au XVIIe siècle. Supportée par une base carrée dessinée par Jacob van Campen, la tour est l'œuvre de Lieven de Key.

☞ Circuits organisés

Haarlem Canal Tours BALADE SUR LE CANAL
(www.haarlemcanaltours.com ; Spaarne ; 12,50 €/pers ; ⏲circuits 10h-16h, également 17h30 et 19h juin-août). Promenades amusantes d' 1 heure.

Où se loger

♥ **Stempels** HÔTEL €€
(☎512 39 10 ; www.stempelsinhaarlem.nl ; Klokhuisplein 9 ; ch 95-160 € ; @📶). Cette adresse, l'une des plus belles de Haarlem, occupe, à l'est de la Grote Kerk, les splendides bâtiments d'une ancienne imprimerie. Ses 17 vastes chambres aux hauts plafonds, décorées avec goût, abondent en détails luxueux ; chacune dispose d'un ordinateur. Il est possible de se restaurer dans le café installé sur place. Le petit-déjeuner inclus est excellent.

Hotel Carillon HÔTEL €€
(☎531 05 91 ; www.hotelcarillon.com ; Grote Markt 27 ; s/d à partir de 60/80 € ; 📶). Cet établissement tout proche de la Grote Kerk loue des chambres petites mais propres, dont 8 avec vue sur le Grote Markt. Quelques-unes proposent des sdb partagées (à partir de 40 €). Le petit-déjeuner inclus peut être pris en terrasse, dans les chaises en osier du café du rez-de-chaussée.

Hotel Amadeus HÔTEL €
(☎532 45 30 ; www.amadeus-hotel.com ; Grote Markt 10 ; ch 45-90 € ; @📶). Idéalement situé, l'Amedeus se niche dans l'un des alignements d'anciennes maisons à pignons de la Grand-Place. Les chambres sont assez spartiates, mais confortables, avec quelques commodités. Un petit café est aussi installé sur place. Les réductions en ligne sont parfois très intéressantes. Petit-déjeuner inclus.

Ambassador City Centre Hotel HÔTEL €€
(☎512 53 00 ; www.acc-hotel.nl ; Oude Groenmarkt 20 ; ch 70-120 € ; @📶). Non loin de la Grote Kerk, cet hôtel occupe tout un pâté de maisons et propose plus d'une centaine de chambres et des studios avec kitchenette. Il fonctionne de pair avec le Joops Hotel.

Haarlem Stayokay Hostel AUBERGE DE JEUNESSE €
(☎537 37 93 ; www.stayokay.com ; Jan Gijzenpad 3 ; dort/ch à partir de 21/52 € ; @). Pas de couvre-feu dans cette auberge de jeunesse en bord de lac, mais le silence est demandé après 22h. Elle peut accueillir 41 personnes au total, dans des chambres très simples, d'une propreté irréprochable. La décoration est plus élaborée dans le café-bar. À 10 minutes de la gare ferroviaire par le bus n°2 (direction : Haarlem Noord).

Où se restaurer

Les bonnes adresses ne manquent pas ! De nombreux cafés et restaurants bordent Zijlstraat, Spaarne et surtout Lange Veerstraat, mais des pépites se cachent partout en ville.

De Haerlemsche Vlaamse FRITES €
(Spekstraat 3 ; frites 2,10 €). Installé à deux pas de la Grote Kerk, ce comptoir, guère plus grand qu'une cabine téléphonique, est une institution locale. On y fait la queue pour déguster ses frites dorées et croustillantes. Près d'une dizaine de sauces au choix, dont 3 mayonnaises différentes.

De Lachende Javaan INDONÉSIEN €€
(☎532 87 92 ; www.delachendejavaan.nl ; Frankestraat 27 ; plats 10-20 € ; soir mar-dim). Le cadre de ce restaurant indonésien est somptueux, à l'aune de la cuisine. L'intérieur de cette ancienne demeure de marchand est embelli de vitraux et d'œuvres d'art anciennes rapportées de Java. La carte affiche des grands classiques de bonne tenue. Le *ristafel* (assortiment de plats servis avec du riz) à 22 € est d'un excellent rapport qualité-prix.

Vis & Ko FRUITS DE MER €€€
(☎512 79 90 ; www.visenko.nl ; Spaarne 96 ; formules à partir de 35 € ; 12h-14h mar-ven, 18h-21h30 mar-sam, 13h-21h30 dim). La mer n'est pas loin, et ses trésors de saison se retrouvent sur les tables de ce bistrot animé. Dans la cuisine ouverte, on observe avec fascination s'activer Imko Binnerts. Service élégant sans être guindé (mention spéciale pour les fausses tenues de marin).

Complimenti per Voi ITALIEN €
(www.complimenti.nl ; Nassaustraat 24 ; en-cas à partir de 3 € ; 12h-18h mer-ven, 10h-17h sam). Véritable paradis pour les amateurs de pique-nique, cette épicerie répand ses effluves d'ail jusque dans la rue. Derrière ses vitrines, un assortiment de pains italiens tout frais, de pesto, fromages et autres denrées.

Jacobus Pieck INTERNATIONAL €€
(www.jacobuspieck.nl ; Warmoesstraat 18 ; plats midi 6-10 €, soir 10-20 € ; midi et soir mar-sam). Cet agréable bistrot se distingue par de petits détails, tel son jus d'orange fraîchement pressé. La carte du midi abonde en plats frais, salades et sandwichs, auxquels s'ajoutent en soirée des préparations un peu plus élaborées de pâtes et fruits de mer. Le personnel est très accueillant. Essayez d'attraper une table dans la petite cour ensoleillée, à l'arrière.

La Forca ITALIEN €€
(☎532 25 00 ; www.laforca.nl ; Frankestraat 17-19 ; plats 11-25 € ; midi mar-dim, soir tlj). Installée dans une ruelle paisible, cette *trattoria* attire dans sa petite salle une foule d'habitués, venus déguster des spécialités italiennes, toscanes notamment, parfaitement préparées (le steak en croûte de parmesan est délicieux). Les denrées proviennent de chez les meilleurs producteurs locaux.

Grand Cafe Nobel CAFÉ €
(Spaarne 36 ; plats 6-15 €). Au moindre rayon de soleil, le vaste patio a jolie vue sur l'eau. La carte affiche les classiques des bistrots : salades, soupes et sandwichs.

Où prendre un verre

Les bars et cafés de Haarlem sont parfaits pour goûter à la Jopen, une bière brassée localement depuis 1501. La couleur sombre et les riches arômes de la Jopen Koyt cachent un taux d'alcool de 8,5%.

Proeflokaal in den Uiver CAFÉ BRUN
(www.indenuiver.nl ; Riviervismarkt 13). Tout un bric-à-brac d'objets de marine décore cette adresse à l'ambiance sympathique qui s'ouvre sur le Grote Markt. Concerts de jazz les jeudis et dimanches.

Café Het Melkwoud CAFÉ BRUN
(Zijlstraat 63) Une bonne adresse pour prendre un verre (large choix de bières à la bouteille) en compagnie d'habitués à la fibre écologique. Les boiseries anciennes sont baignées de la lumière d'immenses fenêtres.

Où sortir

Café Stiels MUSIQUE LIVE
(www.stiels.nl ; Smedestraat 21) Des groupes de jazz et de rhythm and blues y jouent presque

TRAINS AU DÉPART DE HAARLEM

DESTINATION	PRIX (€)	DURÉE (MINUTES)	FRÉQUENCE (PAR HEURE)
Alkmaar	6,50	30-50	4
Amsterdam	4	15	5-8
Den Haag (La Haye)	8	35-40	4-6
Rotterdam	11	50	4

chaque soir, à partir de 22h, et parfois jusqu'à 4h le week-end.

Patronaat MUSIQUE LIVE
(www.patronaat.nl ; Zijlsingel 2) Les groupes se pressent pour venir jouer sur la meilleure scène de Haarlem, également discothèque. À partir de 21h.

Achats

Un marché se tient sur **Botermarkt** les lundis et vendredis ; **Grote Markt** est aussi très animé le lundi et le samedi. Outre d'excellents primeurs et denrées alimentaires de producteurs locaux réputés, divers étals proposent des spécialités néerlandaises fraîchement préparées.

Le mercredi, un marché aux livres est organisé sur Botermarkt. Les magasins d'antiquités et de livres d'occasion sont d'ailleurs nombreux à Haarlem. Les boutiques de **Zijlstraat** se font moins huppées et plus originales en allant vers l'ouest.

Renseignements

Suny Telecom (Kruisweg 42 ; 1 € pour 20 min ; 10h-20h). Accès Internet et appels bon marché.

Office du tourisme (0900 616 16 00 ; www.haarlemmarketing.com ; Verwulft 11 ; 9h30-18h, lun-ven, 9h30-17h sam, 12h-16h dim avr-sept, fermé dim oct-mars). Installé dans un bâtiment moderne en verre au milieu de la rue. Le personnel peut se charger de réserver votre hébergement pour 3,50 € et il est possible d'y acheter des billets à tarif réduit pour les musées. Brochures en anglais sur les circuits de visite.

Depuis/vers Haarlem

TRAIN La belle gare ferroviaire de la ville, de style Art déco, a été restaurée. Elle est fréquemment desservie par les trains circulant entre Amsterdam et Rotterdam. Consignes au niveau de la voie 3.

VÉLO Il faut parcourir 25 km par la **LF20** pour rejoindre Haarlem depuis Amsterdam. La zone étant fortement urbanisée, oubliez l'idée de balade à la campagne. Plus à l'ouest, il est néanmoins possible de rejoindre la **LF1**, plus jolie, qui longe la côte vers le nord et le sud. La gare ferroviaire abrite une grande **boutique de vélos** (531 70 66).

Comment circuler

Le bus n°300 relie la gare ferroviaire de Haarlem à l'aéroport Schiphol (40 min ; 10/h ; 5h-minuit).

Devant la gare, les bus n°2, 3, 4, 5 et 8 (entre autres) marquent l'arrêt à Zijlstraat, juste à l'est de Grote Markt (5 min).

Environs de Haarlem

PLAGES

À seulement 5 km des paisibles faubourgs de Haarlem, **Zandvoort** est une petite station balnéaire très appréciée. Moins jolie que d'autres localités littorales, elle aligne sur son front de mer des immeubles résidentiels, mais sa proximité avec Amsterdam lui assure un flot régulier de vacanciers.

Située 3 km environ au nord de Zandvoort, **Bloemendaal aan Zee** est la seconde plage de Haarlem, loin du bruit et de l'animation de sa grande voisine. Moins développée, elle est forte d'une poignée de restaurants et de cafés, ainsi que de très longues plages.

Le lieu d'hébergement le plus proche de Bloemendaal est De Lakens. Les adresses ne manquent pas à Zandvoort, en revanche.

Deux trains par heure quittent Amsterdam Centraal Station pour Zandvoort (5,50 €, 30 min) via Haarlem (2,50 €, 10 min).

PARC NATIONAL DU ZUID-KENNEMERLAND

Cette vaste enclave naturelle située au cœur de la zone très urbanisée de la Randstad s'emploie à restaurer près de 3 800 hectares d'un paysage de dunes côtières typique des Pays-Bas. Le centre des visiteurs du parc, **De Zandwaaier** (023-541 11 23 ; www.npzk.nl ; Zeeweg ; entrée libre ; 10h-17h mar-dim avr-oct, 12h-17h mar-dim nov-mars), abrite des expositions sur la nature et constitue une bonne source de renseignements : il propose plusieurs itinéraires détaillés de balades à pied ou à vélo, dont un circuit de 35 km, très agréable. Depuis les parkings situés aux entrées de Koevlak et de Parnassia, des sentiers pédestres mènent dans la réserve. Les chemins serpentent à travers les collines coiffées de bosquets de pins laricio et les vallées couvertes de fourrés bas pour finalement arriver à l'extrémité ouest du parc, sur une impressionnante barrière de sable doré vieille de plus d'un siècle.

C'est au printemps que les couleurs éclatent sur la dune, avec les orchidées du désert et les taches blanches de la parnassie. Les renards roux, les daims et les nombreux oiseaux sont également des espèces endémiques de la région. Les chauves-souris sommeillent dans les bunkers abandonnés du parc, et en sortent au crépuscule.

On y trouve, entre autres aménagements, une cabane destinée à l'observation des oiseaux, laquelle domine la rive sud du **lac Vogelmeer**. En été, les baigneurs sont nombreux à venir profiter du **lac artificiel 't Wed**. Des points d'observation aux noms évocateurs, comme Hazenberg (la montagne du lièvre), ponctuent l'endroit. Avec ses 50 mètres, la **Kopje van Bloemendaal** est la plus haute dune du pays. Située juste de l'autre côté de la limite orientale du parc, elle offre une belle vue sur la mer et Amsterdam.

Lieu de recueillement et de souvenir, l'**Erebegraafplaats Bloemendaal** (☎020-660 19 45 ; entrée libre ; ⏲9h-18h avr-sept, 9h-17h oct-mars) est un cimetière de la Seconde Guerre mondiale où gisent 372 membres de la Résistance néerlandaise. Sis au milieu des dunes et enceint de murs, il est isolé du reste du parc et accessible uniquement par la route principale.

Pour rejoindre le parc, empruntez le bus n°81 au départ de la gare ferroviaire de Haarlem ou suivez, en voiture ou à vélo, la N200 en direction de Bloemendaal aan Zee. Le parc se trouve à moins de 5 km de la ville.

Zaanse Schans

☎075

Les visiteurs s'attardent de coutume plusieurs heures dans ce musée à ciel ouvert installé sur la Zaan, lieu idéal où voir fonctionner des **moulins à vent**. Dimension touristique mise à part, les 6 moulins sont parfaitement authentiques, fonctionnels, et bien entretenus. Il est possible de les visiter à sa guise, en commençant par les gigantesques éléments mobiles si caractéristiques. Les berges de la rivière sont par ailleurs un endroit ravissant. Pour plus d'informations sur les moulins à vent, rendez-vous p. 184.

La liste des moulins à visiter :

Moulin à épices De Huisman L'air est ici empli du parfum des épices mises à contribution dans la moutarde vendue sur place.

Moulin de sciage De Gekroonde Poelenburg Des ouvriers scient des bûches à l'aide d'un dispositif aux engrenages de bois mus par l'énergie éolienne.

Moulin à pigments De Kat Ce moulin où sont broyés des pigments emploie les mêmes matériaux que ceux qui furent utilisés pour peindre les chefs-d'œuvre de la Renaissance. Demandez à voir l'entrepôt où sont stockés les pigments. Le spectacle, inchangé depuis Rembrandt, est fascinant.

Moulin à huile De Zoeker Ici, un axe rotatif anime différentes machines afin d'extraire l'huile des noix et des graines.

Moulin à huile De Bonte Hen Autre moulin à huile, datant de 1693.

Moulin de sciage Houtzaagmolen Het Jonge Schaap "Le jeune mouton" est un autre moulin de scierie, pourvu d'un toit rotatif assez rare.

Les autres bâtiments du site y ont été apportés de tout le pays afin de recréer une

VAUT LE DÉTOUR

BEVERWIJK

Chaque week-end, jusqu'à 80 000 visiteurs rejoignent la ville de Beverwijk afin de visiter le **De Bazaar Beverwijk** (www.debazaar.nl ; Montageweg 35 ; adulte/enfant 2,30 €/gratuit ; ⏲8h30-18h sam et dim), un des plus grands marchés couverts d'Europe pour les produits exotiques : aliments et d'épices en provenance des pays arabes, tapis turcs, vêtements...

La plus animée des trois halles est celle du **Zwarte Markt**. On peut y marchander avec l'un des 3 000 vendeurs ou savourer le brouhaha, les concerts et les parfums.

Il est difficile de trouver une place de parking (3 €, gratuit avant 9h) après 9h30. En train, quittez Amsterdam Centraal Station pour Beverwijk (5,50 €, 40 min, 2/heure) puis marchez 1 km.

communauté telle qu'au XVIIe siècle. On y trouve une épicerie d'autrefois, un **fromager** et un **fabricant de sabots** très couru.

L'accès au site est libre ; le tarif d'entrée pour chacun des moulins est en moyenne de 3/1,50 € par adulte/enfant. Il y en a toujours au moins un ou deux d'ouverts chaque jour, de 10h à 16h environ. Plusieurs cafés et restaurants sont installés sur le site. L'un d'eux vend de savoureux **pancakes**.

Le **Zaans Museum** (☎616 28 62 ; www.zaansmuseum.nl ; adulte/enfant 9/5 € ; ⏲10h-17h) explique les techniques mises en œuvre dans la maîtrise de l'énergie éolienne et hydraulique.

Renseignements

Bureau d'information du Zaanse Schans (Zaans Museum ; ⏲9h-17h). Très pratique.

Comment s'y rendre et circuler

Depuis Amsterdam Centraal Station (3 €, 17 min, 4 par heure), le train omnibus en direction d'Alkmaar s'arrête à Koog Zaandijk. De là, le trajet de 1 km à pied jusqu'au Zaanse Schans est bien indiqué.

Après la visite des moulins à vent, prenez le petit **bateau** (traversée 1 € ; ⏲9h-18h mai-sept) qui traverse la Zaan et revenez à la gare à pied par le village historique de Zaandijk (15 min). Les sympathiques bénévoles vous remettront l'itinéraire de la balade sur le bateau.

Il est possible de suivre la piste cyclable nationale **LF7** jusqu'au site depuis Amsterdam Centraal Station. Une fois sortie de la ville, la route serpente sur 22 km entre les terres agricoles et les lacs.

L'entrée la plus proche du pont est la meilleure pour accéder au site. Celle située juste à côté du grand parking et du Zaans Museum est prise d'assaut par les vendeurs de photos. Il est possible de louer un vélo pour 6,50 €/heure.

Région du Waterland

☎ 075

Le temps s'écoule lentement dans cette région rurale aux sols gorgés d'eau, qui débute à seulement 9 km au nord d'Amsterdam. Malgré la proximité de la mer, c'est surtout la présence des bovins des nombreuses exploitations agricoles qui se fait ici sentir.

Broek in Waterland est un ravissant petit bourg, en plein cœur de la région. Certaines maisons du XVIIe et du XVIIIe siècle arborent une teinte de gris très particulière appelée *Broeker grijs*, d'après les peintures de paysages réalisées ici par Monet entre autres grands maîtres. L'église du village fut brûlée par les Espagnols en 1573 puis restaurée. Un joli vitrail y rappelle ce tragique épisode. Sur la rive du lac se dresse la Napoleonhuisje, un bâtiment blanc en forme de pagode qui doit son nom à la rencontre qui s'y déroula entre l'Empereur et le maire, en 1811. On peut louer auprès de Waterland Recreatie une embarcation pour visiter les environs au fil des canaux.

> **LE WATERLAND EN BUS**
>
> Pour qui projette de voyager en bus à la journée dans le Waterland, à Monnickendam, Marken, Volendam et Hoorn, l'achat d'un billet Waterland (10 €) est intéressant. Délivré par les conducteurs, il permet de voyager toute la journée dans la zone (desservie par les bus, dont les nos 110, 111, 115 et 311).

Comment s'y rendre et circuler

VÉLO C'est le meilleur moyen de découvrir la région du Waterland. Louez un vélo à Amsterdam puis partez vers le nord sur la véloroute **LF7**.

BUS Les bus n°118, 311 et 315, entre autres, desservent Broek in Waterland depuis Amsterdam Centraal Station. Achetez un billet Waterland (voir encadré ci-dessus).

Monnickendam

☎ 0299 / 10 800 HABITANTS

Les origines de Monnickendam, laquelle doit son nom aux Bénédictins qui y édifièrent une digue, remontent à 1356. Après la disparition de l'activité de pêche, elle est devenue un port de plaisance huppé.

Les chalutiers d'autrefois se consacrent désormais à la pêche aux vacanciers mais un parfum d'histoire flotte encore dans les ruelles qui entourent les chantiers navals.

À voir

La rue principale, **Noordeinde**, offre le spectacle permanent de ses vieilles maisons de briques, qui s'enfoncent en d'improbables inclinaisons dans le sol détrempé.

Tout en vous baladant, cherchez les **enseignes murales** sur les façades des bâtiments : bon nombre d'entre elles ont une histoire. Celle du Kerkstraat 32 date de 1620 tandis que celle du Kerkstraat 12 raconte comment 5 juifs furent cachés avec succès dans le bâtiment durant toute la Seconde Guerre mondiale.

Speeltoren ÉDIFICE HISTORIQUE

Le monument emblématique de la ville est le Speeltoren, une tour du XVe siècle d'inspiration italienne, qui abrita autrefois l'hôtel de ville. Le carillon (*glockenspiel*) de la tour date du XVIIe siècle et on peut l'entendre sonner le samedi, à 11h et à midi. À cette occasion, 4 chevaliers mécaniques apparaissent dans l'ouverture de la fenêtre en bois, s'y pavanant deux fois de suite avant de se retirer.

À l'intérieur de la tour de l'horloge se trouve le **musée De Speeltoren** (www.despeeltoren.nl ; Noordeinde 4 ; adulte/enfant 4,50/2 € ; 11h-17h mar-dim avr-oct, sam et dim uniquement nov-mars), récemment rénové. Il présente la région à travers 5 périodes d'occupation humaine et permet d'admirer le mécanisme ancien qui fait fonctionner le carillon.

GRATUIT **Grote Kerk** ÉGLISE

(De Zarken ; 10h-16h mar-sam, 14h-16h dim et lun juin-août). Située dans la frange sud de la ville, la Grote Kerk, de style gothique, se distingue par sa triple nef, ses hautes galeries et son beau jubé en chêne du XVIe siècle. Impossible de manquer l'orgue, gigantesque, de la nef. Le bâtiment est en cours de rénovation.

Waag ÉDIFICE HISTORIQUE

Donnant sur le canal central, le Waag (Poids public) est un autre bel exemple d'architecture et fut un haut lieu de l'activité économique de la région. Bâti en 1669, on lui rajouta en 1905 d'imposantes colonnes toscanes afin de lui donner un aspect plus ancien, comme il était d'usage à l'époque.

In de Bonten Os ÉDIFICE HISTORIQUE

(Bœuf coloré ; Noordeinde 26) In de Bonten Os est le seul édifice du XVIIe siècle resté dans son état d'origine. Avant l'utilisation du vitrage, les singulières fenêtres installées au niveau de la rue avaient pour fonction de laisser entrer l'air et la lumière.

Activités

Comme ailleurs sur l'IJsselmeer, les grands bateaux de plaisance sont un incontournable.

Dans le port, on ne compte plus les magnifiques *tjalken*, *botters* et *klippers*, ces bateaux anciens disponibles à la location (des skippers proposent leurs services en cas de besoin). Il est possible de louer un *botter* en groupe, à partir de 500 € par jour environ. Les prix s'envolent pour les plus hauts de gamme, tels ces clippers à trois mâts.

Waterland Yacht Charter PLAISANCE

(652 099 ; www.waterlandyacht.nl ; Galgeriet 5a ; locations à la journée à partir de 800€). Cette importante société loue des voiliers et des yachts modernes.

Bootvloot PLAISANCE

(06 5494 2657 ; www.bootvloot.nl ; Hemmeland beach ; location à la journée/demi-journée à partir de 45/60 € ; 10h-17h avr-oct). On trouve ici des bateaux plus petits, pour 2 à 4 personnes. Traversez à pied (500 m) la zone de loisir verdoyante d'Hemmeland, au nord-est de la marina de Monnickendam en suivant simplement le panneau "Zeilbootverhuur".

Où se loger et se restaurer

La spécialité locale est l'anguille fumée (pêchée dans l'IJsselmeer). Un fumoir à anguilles existe encore sur Havenstraat.

Posthoorn HÔTEL DE CHARME €€€

(654 598 ; www.posthoorn.eu ; Noordeinde 43 ; ch à partir de 150 € ;). Cet hôtel magnifiquement restauré date de 1697, mais les propriétaires subodorent qu'il pourrait être plus ancien encore. Y sont louées 5 chambres romantiques alliant confort traditionnel et style moderne. Le restaurant (plats à partir de 15 € ; dîner buffet du mardi au samedi) propose de solides plats de viande et de fruits de mer à base de produits locaux. Pour un séjour en week-end, mieux vaut réserver la chambre et le dîner sur cour.

't Markerveerhuis NÉERLANDAIS €€

(www.hetmarkerveerhuis.nl ; Brugstraat 6 ; plats 10-18 € ; midi et soir). Dégustez des plats traditionnels néerlandais en écoutant de vieux loups de mer disserter sur les allées et venues dans le port de Monnickendam. Une scène accueille des concerts de musique traditionnelle le week-end. La musique house est réservée à l'ambiance plus branchée de la terrasse à l'arrière.

Renseignements

Office du tourisme (VVV ; 820 046 ; www.onswaterland.nl ; Zuideinde 2 ; 10h-17h). Excellents conseils, y compris sur les balades, les attractions méconnues et presque toutes les activités aquatiques.

Comment s'y rendre et circuler

BUS Les bus n°314, 315 et 317 (25 min, plusieurs par heure) relient le centre de Monnickendam à Amsterdam Centraal Station, côté port.

VÉLO Les bonnes pistes cyclables, tout comme les sentiers, sont nombreuses dans le Waterland. La **LF21**, en particulier, part d'Amsterdam et suit les digues de campagne le long de l'IJsselmeer. Location de vélos chez **Ber Koning** (651 267 ; www.berkonig.nl ; Noordeinde 12 ; à partir de 10 €/jour ; 10h-17h mar-sam).

Marken

0299 / 500 HABITANTS

De l'autre côté de la baie de Gouwzee, les habitants de la jolie Marken forment une communauté réduite mais au caractère bien trempé. L'endroit était jadis une île isolée dans le Zuiderzee. En 1957, la construction d'une chaussée la relia au "continent", la transformant de fait en une sorte de village-musée. Elle a néanmoins su préserver son atmosphère de village de pêcheurs (on aperçoit toujours des sabots usés devant les maisons) et l'interdiction faite aux voitures d'y pénétrer limite l'affluence touristique.

À voir et à faire

Le quartier très coloré de **Kerkbuurt** est la partie la plus authentique de Marken, avec ses maisons peintes ou recouvertes de goudron, surélevées pour échapper aux inondations du Zuiderzee. D'un ancien fumoir à anguilles est né le **Marker Museum** (www.markermuseum.nl ; Kerkbuurt 44 ; adulte/enfant 2,50/1,25 € ; 10h-17h lun-sam, 12h-16h dim avr-oct), consacré à l'histoire de l'île. On y trouve aussi la reconstitution d'un intérieur de pêcheur, agrémenté de tout un bric-à-brac d'objets personnels. Le musée propose un itinéraire de promenade (0,50 €), qui vous permettra de vous orienter dans le dédale des ruelles.

La **kerk** (église ; Buurterstraat ; 10h-17h lun-sam, 12h-16h dim avr-oct) est remplie de modèles réduits de bateaux destinés à attirer la clémence divine sur les pêcheurs de la région. Comptez un peu plus de 2 km, à pied ou en voiture, pour rejoindre le phare situé à l'extrémité est.

Où se loger et se restaurer

Hof Van Marken HÔTEL €€
(601 300 ; www.hofvanmarken.nl ; Buurt II 15 ; ch 80-155 €). Il faudrait être de marbre pour résister aux grands lits, aux oreillers moelleux et aux divines couettes de cette adresse. Les 7 chambres confortables sont décorées dans des tons pastel typiques de cette région où la terre et la mer se fondent dans la brume. Toutes bénéficient d'une connexion Internet haut débit. Le **restaurant** (plats 20-27 € ; midi sam-dim, soir jeu-lun) propose des variations pleines de style autour des produits locaux et des fruits de mer. Réservation indispensable.

Depuis/vers Marken

BUS Le bus n°311 relie Marken à Amsterdam (40 min, toutes les demi-heures) via Monnickendam (12 min).

FERRY Le **Marken Express** (www.markenexpress.nl ; adulte/enfant aller-retour 8/4,50 € ; 10h30-18h mars-sept) effectue toutes les demi-heures la traversée de 45 minutes entre Volendam et Marken. À Volendam, le ferry part des quais de Havendijkje.

VÉLO La balade de 8 km le long de la digue depuis Monnickendam est parfaite pour admirer les reflets changeants de la mer.

Volendam

0299 / 20 700 HABITANTS

Cet ancien port de pêche est devenu un véritable attrape-touristes. La ville a l'attrait de son charme désuet, avec ses maisons en bois et les tenues traditionnelles qu'arborent certains habitants pour se rendre à l'église ou aux jours de fête. Mais le port, envahi de magasins de souvenirs et d'échoppes de poisson frit, grouille de visiteurs le week-end. Monnickendam, Marken ou Edam, toute proche, sont beaucoup plus agréables.

À voir

Volendams Museum MUSÉE
(Zeestraat 41 ; adulte/enfant 3/1,75 € ; 10h-17h mi-mars à oct). Les amateurs de cigare ne rateront pour rien au monde ce musée. La culture locale y est abordée par l'intermédiaire de costumes traditionnels, d'estampes, de tableaux représentant des scènes du port et même la reproduction d'une petite cabine de bateau. L'endroit abrite surtout près de 11 millions de bagues de cigares disposées en mosaïques sur ses murs.

Où se restaurer

Les produits de la mer sont rois à Volendam : des étals alignés dans la rue principale (et sur le port) vendent du cabillaud fumé, de

Edam

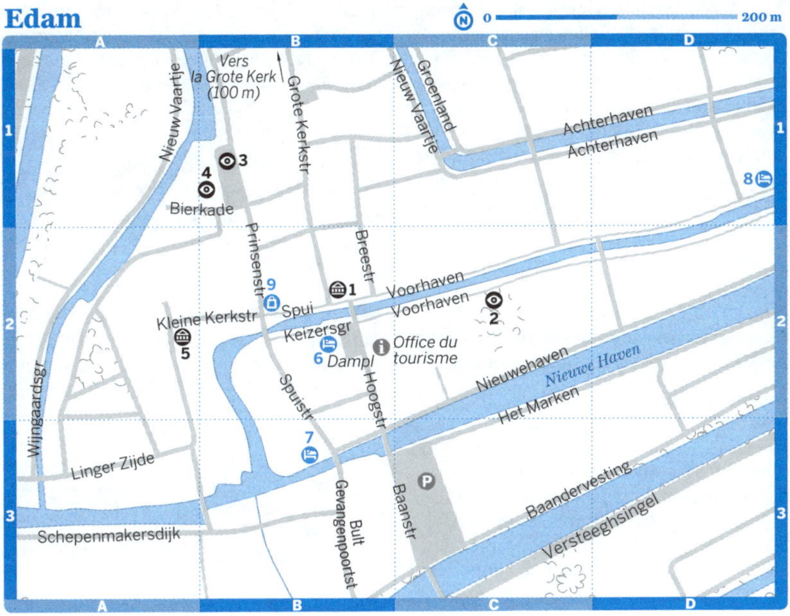

Edam

À voir

1 Edams Museum ... B2
2 Gestam ... C2
3 Kaasmarkt ... B1
4 Kaaswaag ... B1
5 Speeltoren ... A2

Où se loger

6 Dam Hotel ... B2
7 De Fortuna ... B3
8 De Harmonie ... D1

Achats

9 Edammer Kaaswinkel ... B2

l'anguille, du hareng ou de petites crevettes. Soyez vigilants : certains vendeurs ont l'art de préparer des sandwichs copieux en apparence, mais contenant au final plus de pain que de garniture.

Renseignements

Office du tourisme (VVV ; 363 747 ; www.vvv-volendam.nl ; Zeestraat 37 ; 10h-17h lun-sam toute l'année, 11h-16h dim juin-août). Adresses d'hébergement et infos sur les balades à vélo.

Comment s'y rendre et circuler

BUS Les bus n°110 et 316 relient Volendam à Amsterdam (25 min) et Edam (8 min) toutes les 30 minutes jusqu'à 1h30.

VÉLO La véloroute **LF21** longe le port ; Monnickendam est à 6 km au sud et Amsterdam à environ 22 km au sud-ouest.

Edam

0299 / 7 500 HABITANTS

Ancien port baleinier de renom, Edam connut son apogée au XVIIe siècle : 33 chantiers navals y étaient alors en activité et c'est là que fut construite la flotte du légendaire amiral Michiel de Ruijter. La jolie bourgade compte aujourd'hui au nombre des perles cachées de la Hollande-Septentrionale. Avec ses anciens entrepôts à bateaux, ses rues pavées, ses ponts à bascule manuelle et ses canaux, difficile de résister à l'envie d'une balade. Il est étonnant que, fors les jours du marché aux fromages, tant de touristes lui préfèrent Volendam, à 2 km de là.

À voir

Kaasmarkt SITE HISTORIQUE

(Marché aux fromages ; 10h30-12h30 mer juil-août). Au XVIe siècle, Guillaume le Taciturne accorda à Edam le droit de tenir un

Kaasmarkt, lequel devint le point d'ancrage économique de la ville jusque dans les années 1920. Au plus fort de l'activité, près de 250 000 meules de fromage y étaient vendues chaque année. Côté ouest du Kaasmarkt se dresse le **Kaaswaag** (entrée libre ; ⏲10h-17h avr-sept), lieu de pesée des fromages datant de 1778, qui abrite une exposition sur le produit phare de la ville. Plus petit que celui d'Alkmaar mais tout aussi touristique.

Gestam PRODUCTEUR DE FROMAGE
(www.gestam.com ; Voorhaven 127 ; ⏲10h-16h mer et ven). Cette adresse offre à goûter un incroyable choix de fromages dans un entrepôt où sont stockées des productions locales.

Edams Museum MUSÉE
(www.edamsmuseum.nl ; musée Damplein 8, annexe Damplein 1 ; adulte/enfant 4 €/gratuit ; ⏲10h-16h30 mar-sam, 13h-16h30 dim avr-oct). Les trois niveaux de l'Edams Museum rassemblent une collection assez simple, mais un peu à l'étroit, de meubles anciens, de porcelaine et d'argenterie. Il est surtout connu pour sa remarquable cave flottante, qui monte et descend en fonction du niveau de la rivière, réduisant ainsi les contraintes supportées par la structure du dessus. Datant de 1530, sa façade de brique très travaillée est la plus ancienne d'Edam. De l'autre côté d'une place arquée assez originale, qui enjambe un canal, une annexe du musée est installée au-dessus de l'office du tourisme, dans le bâtiment de l'hôtel de ville de 1737. Elle expose notamment quelques tableaux connus.

Grote Kerk ÉGLISE
(www.grotekerkedam.nl ; Grote Kerkstraat ; tour 2 € ; ⏲13h30-17h avr-sept). Édifiée au XVe siècle, la Grote Kerk fit jadis les frais des caprices de la météo néerlandaise. Ses vitraux représentant des scènes historiques et des armoiries furent ajoutés après 1602, date à laquelle l'église, frappée par la foudre, fut entièrement détruite par un incendie. On a du haut de la tour une belle vue sur les environs.

Speeltoren ÉDIFICE HISTORIQUE
(Kleine Kerkstraat) À environ 100 m au sud de la Grote Kerk, la Speeltoren, légèrement penchée au-dessus de Kleine Kerkstraat, est tout ce qui reste de la Kleine Kerk du XVe siècle.

Circuits organisés

En été, l'office du tourisme organise des **promenades en bateau** (adulte/enfant 4/3 € ; ⏲12h et 14h mer juil et août) d'une heure à bord d'un *tuindersvlet* (petite embarcation découverte), si le temps le permet. Il propose aussi des **balades guidées** (adulte/enfant 4/3 € ; ⏲13h mer juil et août).

Fluisterbootjes CIRCUIT SUR LE CANAL
(Bateaux des murmures ; www.fluisterbootverhuur-edam.nl ; VVV, Damplein 1 ; 23 €/heure ; ⏲avr à mi-oct). Glissez sur les canaux d'Edam à bord d'un petit bateau électrique, à piloter soi-même.

Où se loger et se restaurer

Outre les adresses ci-dessous, l'office du tourisme fournit une liste d'hébergements privés et de séjours à la ferme à partir de 25 € par personne.

L'excellent Gestam n'est pas la seule adresse où acheter du fromage pour un pique-nique. Le choix est également vaste chez **Edammer Kaaswinkel** (☎371 683 ; angle Spui et Prinsenstraat) et l'épicerie adjacente vend de bon produits.

Dam Hotel HÔTEL DE CHARME €€
(☎371 766 ; www.damhotel.nl ; Keizersgracht 1 ; ch à partir de 125 € ; wifi). Au cœur de la ville, cette adresse, parfaite pour un séjour romantique, marie subtilement mobilier ancien et œuvres d'art. Elle propose 11 chambres, parfois un peu petites, mais dotées d'immenses lits et de salles de bains résolument modernes. Son grand café (plats à partir de 8 €) s'ouvre sur la place principale. Le bistrot (formules à partir de 35 €) sert une cuisine française moderne dans un cadre élégant.

De Harmonie CAFÉ BRUN €€
(☎371 664 ; www.harmonie-edam.nl ; Voorhaven 92-94 ; s/d à partir de 60/80 € ; wifi). Ce vieux café au style dépouillé remonte au XVIIe siècle. À l'étage, 5 chambres, aménagées à l'arrière du bâtiment, s'ouvrent sur les jardins voisins. D'un bon rapport qualité-prix, elles disposent d'un coin cuisine. Petit-déjeuner inclus. Juste à bonne distance de l'animation de Damplein, l'établissement compte une agréable terrasse en bord de canal. Des concerts y sont parfois organisés en soirée et la Budels à la pression est délicieuse.

De Fortuna HÔTEL €€
(☎371 671 ; www.fortuna-edam.nl ; Spuistraat 3 ; ch à partir de 88 € ; wifi). Véritable petit bijou, cette adresse aurait pu servir de modèle à un tableau flamand. Elle abrite 23 chambres, jolies et chaleureuses. Le restaurant (le

soir, plats à partir de 20 €) sert une cuisine néerlandaise traditionnelle dans un cadre tout en peintures à l'huile, grandes baies vitrées et sièges en cuir poli par les ans. Il est possible de prendre un verre et de grignoter sur la terrasse au bord de l'eau et dans le jardin luxuriant. Petit-déjeuner inclus.

Renseignements

Office du tourisme (VVV ; ☎315 125 ; www.vvv-edam.nl ; Damplein 1 ; ⏲10h-15h lun-sam nov-mars, 10h-17h lun-sam avr-oct, 11h-13h30 dim juil et août). Installé dans le splendide hôtel de ville du XVIIIe siècle. Une belle brochure en anglais, *A Stroll Through Edam* (2,50 €), propose des circuits autoguidés de 90 minutes.

Comment s'y rendre et circuler

BUS Les bus n°110 et 316 font la liaison entre Edam et Amsterdam (35 min) en passant par Volendam, toutes les 30 minutes jusqu'à 1h30.

VÉLO Il est possible de louer des vélos chez **Ton Tweewielers** (www.tontweewielers.nl ; Schepenmakersdijk 6 ; à partir de 8,50 €/jour). Edam se trouve sur la véloroute **LF21** ; les nombreuses digues d'IJsselmeer font d'excellentes balades.

Alkmaar

☎072 / 94 000 HABITANTS

Chaque vendredi, le pittoresque centre-ville d'Alkmaar est envahi de touristes, impatients de découvrir son célèbre marché aux fromages (encadré p. 117). C'est un spectacle à part entière et sans doute la meilleure raison de visiter la ville au charme suranné, dont l'attrait reste modeste le reste de la semaine.

Loin d'être un simple fournisseur de produits laitiers, Alkmaar occupe une place à part dans le cœur des Néerlandais. De fait, elle fut la première ville, en 1573, à repousser les troupes espagnoles. Ouvrant les écluses installées sur les digues, ses habitants inondèrent la zone, surprenant ainsi l'ennemi et le forçant à battre en retraite. Forte de cette victoire, la ville obtint des droits de pesage, à l'origine de son marché aux fromages.

À voir

Avant de vous lancer à l'assaut de la ville, rendez-vous à l'office du tourisme pour vous procurer le livret *Walking Tour of the Town Among the Historic Buildings* (*Promenade historique dans la ville* ; 2,50 €). Il propose un itinéraire détaillé à la découverte de bâtiments historiques comme le **Stadhuis** (Hôtel de ville ; Schoutenstraat) de la Renaissance.

VAUT LE DÉTOUR

ROUTES PANORAMIQUES : DIGUES ET MOULINS

À mi-chemin entre Edam et Alkmaar, le village de De Rijp, sur la N244, représente l'extrémité sud de plusieurs routes pour automobiles et vélos le long des digues – une excellente occasion de vérifier la différence de niveau entre les sols et les canaux qui courent entre les murs de terre. La route entre Oostdijk et Westdijk part vers le nord et rejoint après 6 km le hameau de Schermerhorn sur la N243. Tout de suite à l'ouest, une autre route de digue circule en parallèle et passe en serpentant devant plusieurs moulins. Ces deux voies étroites sont le domaine des cyclistes et des moutons : si vous les empruntez en voiture, roulez doucement.

Waaggebouw ÉDIFICE HISTORIQUE

(Poids public ; Waagplein 2 ; ⏲carillon 18h30 et 19h30 jeu, 11h et 12h ven, 12h et 13h sam de mi-avr à mi-sept). Édifié comme chapelle au XIVe siècle, le Waaggebouw fut transformé en maison de pesage 2 siècles plus tard. Ce beau bâtiment abrite l'office du tourisme et le Hollands Kaasmuseum. Le **carillon** mécanique de la tour, avec ses 2 chevaliers en pleine joute, est toujours en état de marche.

Hollands Kaasmuseum MUSÉE

(Musée du fromage néerlandais ; www.kaasmuseum.nl ; Waagplein 2 ; adulte/enfant 3/1,50 € ; ⏲10h-16h lun-sam avr-oct). À l'intérieur du Waaggebouw, ce musée expose avec déférence des ustensiles destinés à la fabrication du fromage et une étrange collection de tableaux réalisés par des femmes peintres du XVIe siècle.

Stedelijk Museum MUSÉE

(www.stedelijkmuseumalkmaar.nl ; Canadaplein 1 ; adulte/enfant 8 €/gratuit ; ⏲10h-17h mar-dim). Bon nombre de visiteurs passent à côté de ce musée, se contentant du marché aux fromages, et c'est bien dommage. Sa collection de peintures à l'huile de grands maîtres flamands, dont d'impressionnants portraits grandeur nature de nobles d'Alkmaar, justifie à elle seule la visite. D'autres œuvres évoquent le déclin de la ville après le Siècle d'or, et des scènes sombres de femmes s'occupant des

Alkmaar

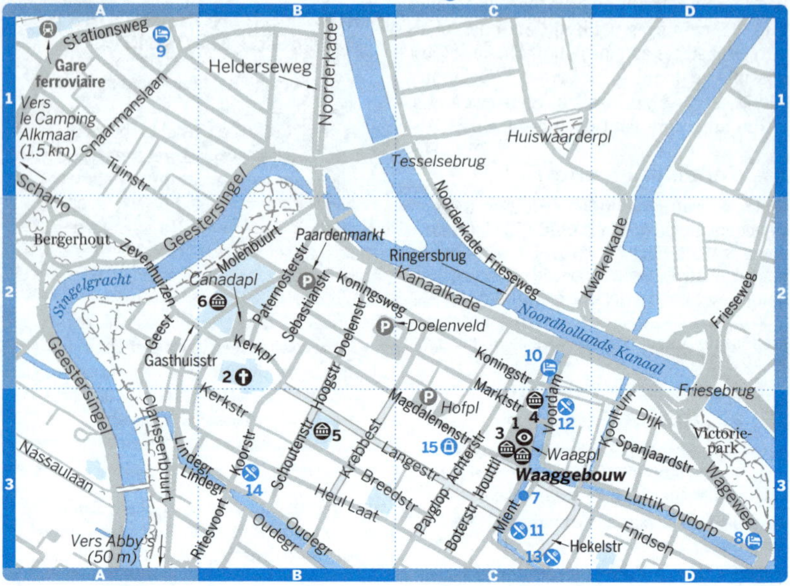

Alkmaar

Les incontournables

Waaggebouw C3

À voir

1 Marché aux fromages C3
2 Grote Kerk B2
3 Hollands Kaasmuseum C3
4 Nationaal Biermuseum C3
5 Stadhuis B3
6 Stedelijk Museum B2

Activités

7 Grachtenrondvaart Alkmaar C3

Où se loger

8 Alkmaarse Bed & Breakfast D3
9 Hotel Stad en Land A1
10 Pakhuys City Centre Hotel C2

Où se restaurer

11 Cafe Restaurant De Buren C3
12 De Vlaminck C3
13 Eet Palais C3
14 Ijssalon W Laan B3

Où prendre un verre

De Boom .... (voir 4)

Où sortir

Theater De Vest .... (voir 6)

Achats

15 De Tromp Kaashuis C3

Renseignements

Office du tourisme .... (voir 3)

pauvres dans les hospices rappellent le rôle grandissant de l'Église face au déclin du commerce. Parmi les œuvres plus modernes, les représentations grotesques des porteurs de fromage de Charley Toorop (1891-1955) suscitent la controverse.

Grote Kerk ÉGLISE

(Kerkplein ; www.grotekerk-alkmaar.nl, en néerlandais ; ⏱10h-17h mar-dim juil et août, mer et ven-dim seulement sept-juin). La Grote Kerk, dont les vitraux pastel baignent l'intérieur de couleurs printanières, nous rappelle l'amour des habitants de la région pour les orgues. Le plus célèbre est ici le plus petit des deux, datant de 1511, installé dans le transept nord. L'orgue de tribune, installé dans la nef, est une réalisation du XVIIe siècle à laquelle a pris part Jaco van Campen. Des concerts

À NE PAS MANQUER

LE MARCHÉ AUX FROMAGES D'ALKMAAR

On ne plaisante pas avec le fromage, aux Pays-Bas, il suffit pour le savoir d'avoir pris un petit déjeuner dans un B&B ou d'être entré dans un supermarché. Mais dans le Schiereiland, en Hollande-Septentrionale, le sujet est encore plus sérieux.

Le traditionnel **marché aux fromages** (Waagplein ; ⏲10h-12h ven avr-début sept) d'Alkmaar remonte au XVIIe siècle. Près de 30 000 kg de meules de gouda, d'édam et de leyden entourées de cire sont empilées avec cérémonie sur le Waagplein, juste avant l'arrivée des porteurs, coiffés de chapeaux colorés et prêts à passer à l'action. Les négociants (à l'allure très officielle dans leurs vestes blanches) utilisent une sorte de tige creuse pour extraire un échantillon de fromage et se lancent dans des dégustations-tests, reniflant et émiettant la pâte pour évaluer son taux de graisse et d'humidité. Alkmaar est l'une des rares villes néerlandaises où les anciennes guildes du fromage officient encore et les chapeaux des portefaix, vert, rouge, ou jaune vif, indiquent à laquelle de ces guildes ils appartiennent. Une fois les marchés conclus, les porteurs emportent à toute vitesse les fromages sur des traîneaux en bois jusqu'à l'ancienne balance à fromages. Tout ici est fait surtout pour le spectacle : les corporations laitières actuelles verrouillent le commerce du fromage. Cet amusant spectacle est néanmoins un vestige du passé à ne pas manquer.

Renseignez-vous auprès de l'office du tourisme pour connaître les producteurs locaux qui organisent des présentations et vendent directement leurs produits. Vous pourrez aussi goûter de nombreux échantillons chez De Tromp Kaashuis (p. 118).

d'orgue sont organisés le mercredi soir et à midi les jours d'ouverture de l'église.

Nationaal Biermuseum MUSÉE
(www.biermuseum.nl ; Houttil 1 ; 4 € ; ⏲13h-16h lun-sam). Installé dans la brasserie De Boom, ce musée possède une belle collection d'outils destinés à la fabrication de la bière. Des mannequins y figurent les étapes du brassage. La vidéo consacrée aux publicités pour les bières néerlandaises depuis les années 1950 est très drôle. Après la visite, un bar sympathique offre le choix parmi 30 sortes de breuvages différents (dont 8 à la pression).

Circuits organisés

Grachtenrondvaart Alkmaar BALADE SUR LE CANAL
(www.rondvaartalkmaar.nl ; Mient ; adulte/enfant 6/4,50 € ; ⏲à partir de 11h avr-oct). Des "croisières" multilingues de 45 minutes sont organisées au départ de Mient, à côté du Waag.

Où se loger

Pakhuys City Centre Hotel HÔTEL €€
(☎520 25 00 ; www.hotelpakhuys.nl ; Pepersstraat 1 ; ch 90-140 € ; 📶). Ce vaste établissement occupe plusieurs bâtiments en plein centre-ville. Il propose 17 chambres décorées avec goût (tons rouge vif pour certaines, confortables chaises longues pour la version deluxe), qui ont su tirer profit de leur cadre historique. Certaines ont vue sur le canal. Petit-déjeuner inclus. Également un café animé sur place.

Alkmaarse Bed & Breakfast B&B €
(☎06 1111 6661 ; www.alkmaarsebedandbreakfast.nl ; Wageweg 15 ; s/d à partir de 40/70 €). Installé dans un joli petit bâtiment de 1630, ce B&B à proximité du centre fait face à un canal. Chambres et appartements, plus vastes, parfaits pour de plus longs séjours. On peut acheter son petit-déjeuner et d'autres douceurs dans l'excellente boulangerie du rdc.

Hotel Stad en Land HÔTEL €€
(☎512 39 11 ; www.stadenland.com ; Stationsweg 92 ; s/d à partir de 65/85 €). Tout près de la gare ferroviaire, ces 22 chambres simples mais confortables sont une bonne option pour des séjours d'une seule nuit à Alkmaar. Les plus calmes, situées à l'arrière du bâtiment, donnent sur une petite mare.

Camping Alkmaar CAMPING €
(☎511 69 24 ; www.campingalkmaar.nl ; Bergerweg 201 ; empl 21-26 €, bungalow 40 € ; 📶). Un camping installé dans un agréable espace boisé à 1 km à l'ouest de la gare ferroviaire, facilement accessible depuis la rocade. Les emplacements pour tente sont ombragés

et les bungalows en bois peuvent abriter 2 personnes. Prendre le bus n°6 jusqu'à Sportpark (10 min).

Où se restaurer

Les bars et restaurants agréables ne manquent pas autour du Waag et du quai de Bierkade. Un peu à l'écart de l'agitation du marché, Koorstraat et Ritesvoort proposent de très bons bistrots et cafés.

Cafe Restaurant De Buren NÉERLANDAIS CONTEMPORAIN €€
(www.restaurant-deburen.nl ; Mient 37 ; plats 6-20 €). La terrasse de ce café à l'ancienne s'étend au-dessus du canal et s'enroule jusqu'à l'ancien marché aux poissons. Spécialités néerlandaises revisitées avec fraîcheur, piquante soupe à la moutarde et des curries thaï.

Eet Palais GRAND CAFÉ €€
(www.eetpaleis.nl ; Verdronkenoord 102 ; plats 8-20 € ; mar-dim). Des chandeliers ajoutent une note élégante à ce café-brasserie, situé juste au coin du marché aux fromages. À la carte : soupes, salades, sandwichs, plats du jour et spécialités. Sirotez un verre à l'une des tables installées au bord du canal mais attention : le nom de la rue signifie "noyé".

Ijssalon W Laan GLACES €
(511 56 85 ; Koorstraat 45 ; glaces 1,20 € ; 12h-20h). Voilà plus de soixante ans que de grands mixeurs industriels produisent de savoureuses crèmes glacées dans cette jolie petite boutique. Un seul parfum, la vanille, mais accommodé en de nombreuses préparations.

De Vlaminck FRITES €
(Voordam ; frites à partir de 2 €). Ce comptoir donnant sur la rue sert des frites succulentes dans des cornets en papier. Installez-vous sur l'un des bancs en face, le long du canal, pour les déguster ; les canards viendront promptement vous tenir compagnie.

Abby's INTERNATIONAL €€
(511 11 11 ; Ritesvoort 60 ; formule 8-20 €). Optez pour l'ambiance jazz de la salle ou la douce brise de la terrasse, dominée par un ancien moulin à vent. On y déjeune de soupes, de salades et de sandwichs.

Où prendre un verre et sortir

Alkmaar compte une scène artistique dynamique. Le mensuel *Alkmaar Agenda,* disponible gratuitement à l'office du tourisme, vous renseignera sur les animations.

De Boom CAFÉ BRUN
(Houttil 1). Le pub situé au rez-de-chaussée du musée de la Bière est à la hauteur de son emplacement. L'intérieur n'a pas bougé depuis les années 1930 et l'on s'attendrait à y entendre un 78 tours jouer un air de scat. Dehors, des sièges installés sur un vieux bateau, amarré sur le canal, permettent de siroter tranquillement l'une des nombreuses bières. Concerts de jazz le jeudi soir.

Theater De Vest ARTS DU SPECTACLE
(548 98 88 ; www.theaterdevest.nl ; Canadaplein 2). Ce centre accueille les événements culturels d'Alkmaar, depuis les pièces de théâtre traditionnelles et les spectacles de marionnettes jusqu'à la danse contemporaine. À la belle saison, Canadaplein devient la scène centrale du festival d'arts du spectacle **Zomer op het plein** ("l'été sur la place").

Achats

Les enseignes internationales monopolisent la rue piétonne de Langestraat ; l'offre de Laat est plus intéressante et diversifiée.

De Tromp Kaashuis FROMAGE
(www.kaashuistromp.nl ; Magdalenenstraat 11 ; 10h-18h lun-sam). Si la vision de telles quantités de fromage vous a donné envie d'en acheter, cette boutique de qualité est faite pour

TRAINS AU DÉPART D'ALKMAAR

DESTINATION	PRIX (€)	DURÉE (MINUTES)	FRÉQUENCE (PAR HEURE)
Amsterdam	7	30-40	4
Den Helder	7,50	35	2
Enkhuizen	7,50	50	2
Hoorn	5	25	2

vous. Fromages néerlandais et français s'y empilent. Vous pourrez goûter à de nombreux échantillons et on y vend également du pain frais : parfait pour un sandwich sur le pouce, garni d'un délicieux gouda tout frais acheté.

Renseignements

Office du tourisme (VVV ; ☎511 42 84 ; www.vvvalkmaar.nl ; Waagplein 2 ; ⊙10h-17h lun-sam). Installé dans le Waaggebouw, l'ancienne maison de pesage. Le personnel peut se charger de votre réservation d'hébergement pour 3 €.

Depuis/vers Alkmaar

TRAIN La gare ferroviaire propose de nombreux services, dont des consignes et un bureau de change. Voir l'encadré p. 118 pour les liaisons.

VÉLO Une **boutique de vélos** (☎511 79 07) est installée à la gare ferroviaire. Le Pakhuys City Centre Hotel loue des vélos (10 €/jour) et des scooters (50 €/jour).

La route nationale **LF7** part vers l'ouest et rejoint, 9 km plus tard, la route côtière **LF1**. Vers l'est, elle rejoint après 28 km la **LF21** qui suit l'Ijsselmeer, reliant Edam et Hoorn.

Comment circuler

Le centre-ville s'articule autour de Waagplein, à 500 m au sud-est de la gare ferroviaire. Depuis celle-ci, les bus n°2, 3 et 4 rallient Kanaalkade (1,80 €, 5 min). Il est assez difficile de circuler à vélo les jours du marché aux fromages, à cause de la foule, et les vélos "disparaissent" souvent à cette occasion.

Broek op Langedijk

☎0226

L'immense zone couverte d'eau qui s'étend au nord d'Alkmaar accueillait jadis près de 15 000 fermes, minuscules mais de bon rendement, qui constituaient chacune une île. Plutôt que de s'occuper de leurs cultures en tracteur ou de se déplacer par la route, les fermiers utilisaient alors des bateaux à rames. La plupart des fermes ont été remplacées par des lotissements mais dans la ville de Broek op Langedijk, à environ 8 km au nord-est d'Alkmaar, le fascinant **Museum Broeker Veiling** (www.broekerveiling.nl ; 1721 BW Broek op Langedijk) rappelle ce mode de vie.

L'élément central est l'immense halle aux enchères, où les producteurs arrivaient par bateau, leurs embarcations chargées de produits, et attendaient de pouvoir ramer jusqu'à une salle où leurs cargaisons étaient vendues à l'encan à des grossistes en produits maraîchers. Bâti en 1878, l'entrepôt repose sur 1 900 pilotis. Les visiteurs peuvent aujourd'hui encore se promener dans la halle et participer à des reconstitutions de ces enchères. L'exercice est très amusant.

Un nouveau et vaste musée a ouvert ses portes en 2012. La partie extérieure présente quelques-unes des 15 000 îles. À l'intérieur, l'exposition qui présente les exploitations agricoles, mélangeant technologie de pointe et gadgets mécanisés à l'ancienne, se révèle encore plus divertissante.

Le musée organise des circuits classiques de 45 minutes sur quelques-unes des 200 parcelles insulaires qui existent encore à proximité. Autour du musée, on peut voir *in situ* une partie des cultures traditionnelles. Un petit café ouvre également sur place.

Pour vous y rendre en train, rejoignez d'abord Alkmaar puis prenez le bus n°10 (30 min, toutes les heures) et descendez devant le musée. Une piste cyclable de 9 km, au départ d'Alkmaar, longe les canaux et traverse le vieux village de Sint Pancras.

Hoorn

☎0229 / 71 200 HABITANTS

Avec ses musées, son charme prospère et son port animé, Hoorn attire les flâneurs du week-end et les navigateurs. La ville fut jadis la capitale de la Frise-Occidentale et, grâce à la présence de la flotte de commerce hollandaise, une puissante cité commerciale. Membre de la ligue des Sept Provinces – les futures Provinces-Unies –, elle contribua à libérer le pays de l'emprise des Espagnols, qui occupèrent la ville en 1569.

Son plus illustre représentant, l'explorateur Willem Schoutens, donna en 1616 le nom de sa ville natale à la pointe située à l'extrémité de l'Amérique du Sud, battue par les tempêtes : le cap Horn.

À voir

L'activité la plus agréable à Hoorn consiste à arpenter les rues où voisinent des bâtiments du XVIe et du XXe siècle – les plus anciens penchent un peu. D'imposantes demeures à pignons s'alignent sur le port, notamment le long de **Veermanskade**. Allez jeter un œil aux anciens entrepôts sur **Bierkade**, où arrivait la bière importée d'Allemagne.

Rode Steen SQUARE

Il y a bien longtemps que Hoorn n'est plus une ville maritime d'importance, mais la **statue de Jan Pieterszoon Coen**, fondateur de la

Compagnie néerlandaise des Indes orientales, veille toujours sur la Rode Steen (pierre rouge). Cette place doit son nom au sang coulant des gibets qui y étaient jadis dressés. Côté nord-est de la place, impossible de manquer le **Waag**, le Poids public du XVIIe siècle, ornée d'une licorne gravée, symbole de la ville.

Westfries Museum MUSÉE
(☎280 028 ; www.westfriesmuseum.nl, en néerlandais ; Rode Steen ; adulte/enfant 5 €/gratuit ; ⊙11h-17h lun-ven, 13h-17h sam et dim). On s'absorbe aisément dans la découverte de ce musée et de sa riche collection de toiles historiques. En 2005, une vingtaine de tableaux y furent d'ailleurs dérobés (et jamais retrouvés à ce jour) pour une valeur de 10 millions d'euros. Fort heureusement, les 4 grands portraits de groupe représentant d'éminents *schutters* (gardes civiques), peints par Jan Albert Rotius (1624-1666), restèrent en place.

Le musée occupe l'ancien siège du Staten-College (Collège des États), l'instance qui gouvernait jadis la Frise-Occidentale et le Noorderkwartier (la partie de la Hollande au nord de l'IJ). La façade en escalier du bâtiment de 1632 porte les armoiries d'Orange-Nassau, la dynastie royale germano-néerlandaise qui régna sur les Pays-Bas après le départ de Napoléon. La cour à l'arrière de l'édifice expose d'intéressantes plaques de pierre issues des façades de la ville.

Hoofdtoren ÉDIFICE HISTORIQUE
Dominant les édifices environnants, cette tour de défense massive (1532) abrite aujourd'hui un bar et un restaurant. Le petit beffroi est un ajout postérieur (1651).

Museum van de Twintigste Eeuw MUSÉE
(Musée du Vingtième Siècle ; www.museumhoorn.nl ; Krententuin 24, Oostereiland ; adulte/enfant 6/3,50 € ; ⊙10h-17h mar-ven, 12h-17h sam et dim). Installé dans un complexe récent sur Oostereiland, au sud de la Hoofdtoren, cet amusant musée se consacre pour l'essentiel aux équipements de la maison et aux inventions modernes. On marque notamment l'arrêt devant un ordinateur de 1964 – sorte de meuble massif doté d'1 Ko de mémoire – et l'immense maquette de Hoorn en 1650.

Speelgoed Museum de Kijkdoos MUSÉE
(Musée du Jouet de Kijkdoos ; Italiaanse Zeedijk 106 ; adulte/enfant 4/2 € ; ⊙11h-17h mar-dim). Ce musée modèle réduit, consacré aux jouets, ravira les petits et les grands enfants avec ses nombreuses merveilles mécaniques, ses jolies poupées et bien d'autres.

Affiche Museum MUSÉE
(Musée des affiches néerlandaises ; www.affichemuseum.nl ; Grote Oost 2-4 ; adulte/enfant 4/2 € ; ⊙10h-17h mar-ven, 12h-17h sam et dim). Un petit musée qui donne des envies de voyage. Il célèbre la tradition néerlandaise en matière d'arts graphiques à travers ses nombreuses affiches, parfois très anciennes. Certaines d'entre elles, particulièrement belles, suscitent la nostalgie d'une époque de trains et de bateaux à vapeur.

Museum Stoomtram TRAIN À VAPEUR
(☎214 862 ; www.museumstoomtram.nl ; tour complet adulte/enfant à partir de 20/15 € ; ⊙av-oct). Le Museum Stoomtram n'est pas un musée en tant que tel, mais une locomotive à vapeur ralliant la gare de Hoorn à Medemblik (22 km ; 1 heure). Il est possible de combiner train et bateau dans un circuit appelé le "Triangle historique" : vous y emprunterez le train à vapeur de Hoorn à Medemblik, puis un bateau jusqu'à Enkhuizen et enfin un train NS normal pour le retour à Hoorn. Horaires changeants : renseignez-vous.

Où se loger

L'office du tourisme propose une liste de B&B, à partir de 30 € par personne environ.

Bed & Breakfast Grote Noord B&B €€
(☎06 2871 9018 ; www.bedandbreakfastgrotenoord.nl ; Grote Noord 3 ; ch 55-150 € ; wifi). Ce beau B&B, proche de Rode Steen, propose 2 chambres : une moyenne et une grande, installées tout en haut du bâtiment, avec poutres apparentes du XVIIe siècle. Aménagées avec goût dans un style dépouillé et sans artifices, elles disposent d'un certain nombre d'agréments, comme des supports iPod.

Hotel de Keizerskroon HÔTEL €€
(☎212 717 ; www.keizerskroonhoorn.nl ; Breed 33 ; s/d à partir de 75/95 € ; wifi). Très central, cet hôtel-restaurant loue 25 chambres confortables et pleines de style. Ses fenêtres au double vitrage donnent sur les ruelles animées du marché. Petit-déjeuner inclus.

Où se restaurer

Un marché en plein air se tient le mercredi (juin à août) et le samedi (toute l'année) le long de Breed.

♥ **Kroft** NÉERLANDAIS CONTEMPORAIN €€
(☎232 676 ; www.restaurantkroft.nl ; West 52 ; plats 12-25 € ; ⊙midi et soir mer-dim). Cette table créative a redonné vie à une minuscule

TRAINS AU DÉPART DE HOORN

DESTINATION	PRIX (€)	DURÉE (MINUTES)	FRÉQUENCE (PAR HEURE)
Alkmaar	5	25	2
Amsterdam	8	40	2
Enkhuizen	4	22	2

maison ouvrière à proximité du centre. Dans une cuisine ouverte, on prépare des produits de saison servis avec talent. Influences françaises et asiatiques, mais les plats de viande et de fruits de mer restent la spécialité.

Restaurant (B)eet NÉERLANDAIS CONTEMPORAIN €€
(☎214 659 ; www.restaurantbeet.nl ; Veemarkt 8-10 ; formules midi/soir à partir de 30/35 € ; ⏲midi mar-ven, soir mar-dim). Si les grains de la mer du Nord vous en laissent l'occasion, installez-vous dans le beau jardin à l'arrière. Ce bistrot chic situé non loin de la gare ferroviaire mais hors de la zone touristique sert une délicieuse cuisine de saison, aux associations aromatiques élaborées.

Vishandel Leen Parlevliet FRUITS DE MER €
(en-cas à partir de 3 €, formules à partir de 6 € ; ⏲10h-19h). Voisin de la Hoofdtoren sur le port, ce petit espace vitré affiche d'excellents sandwichs aux fruits de mer et des plats plus copieux. On a une vue dégagée depuis les tables installées sur sa grande terrasse.

Wormsbecher FRUITS DE MER €
(☎214 408 ; Wijdebrugsteeg 2 ; en-cas à partir de 3 € ; ⏲11h-18h). Reconnaissable à ses carreaux turquoise, cette échoppe traditionnelle de poisson frit est l'adresse idéale où déguster la spécialité locale : l'anguille fumée. Délicieuse salade de fruits de mer à 5 € : une aubaine !

De Waag Café-Restaurant GRAND CAFÉ €€
(Rode Steen 8 ; plats 8-30 €). Les tables en terrasse ne désemplissent pas et l'animation est permanente dans ce café installé à la place d'honneur dans le Waag, sur la grand-place. Plus guindé, le restaurant revisite avec élégance les plats de viande traditionnels.

Renseignements

Office du tourisme (VVV ; ☎218 343 ; www.vvvhartvannoordholland.nl ; Veemarkt 44 ; ⏲13h-18h lun, 9h30-18h mar-ven, 9h30-17h sam). Face à la gare ferroviaire, à côté d'un bureau ANWB.

Comment s'y rendre et circuler

Le vieux quartier commence à environ 1 km au sud-ouest de la gare ferroviaire : depuis celle-ci, longer la large Veemarkt vers le sud jusqu'à Gedempte Turfhaven, tourner à droite puis prendre la première à gauche dans Grote Noord, la rue commerçante piétonne. Elle débouche sur la belle place principale, Rode Steen. Le port n'est alors plus très loin au sud en suivant Grote Havensteeg.

BUS La gare routière se trouve à l'extérieur de la gare ferroviaire. Le bus n°135 en part toutes les heures pour Den Helder (1 heure), où un changement permet de traverser l'IJsselmeer en direction de Leeuwarden. Les bus n°314 et 317 desservent Edam (30 min, 4 par heure).

TRAIN Un service régulier dessert notamment les destinations de l'encadré ci-dessus. Le Museum Stoomtram (p. 120) gère une ligne touristique à destination de Medemblik et d'Enkhuizen.

VÉLO Louez votre deux-roues à la **boutique de vélos** (☎217 096), tout de suite à droite en sortant de la gare de Hoorn. La véloroute **LF21** mène à Edam, 20 km au sud, où elle rejoint la **LF15** qui longe la côte jusqu'à Enkhuizen, à 25 km.

Enkhuizen

☎0228 / 18 300 HABITANTS

La pittoresque petite ville d'Enkhuizen fut durant le Siècle d'or un port stratégique abritant la flotte commerciale néerlandaise. Elle tomba petit à petit dans l'oubli à la fin du XVIIe siècle, mais possède désormais l'une des plus grandes flottes de bateaux de plaisance de l'IJsselmeer. La plupart des voyageurs viennent cependant à Enkhuizen visiter le Zuiderzeemuseum, l'un des plus beaux musées du pays.

À voir

Zuiderzeemuseum MUSÉE
(☎351 111 ; www.zuiderzeemuseum.nl ; adulte/enfant 14,50/9 € ; ⏲10h-17h). Ce captivant musée se divise en deux parties : le Buitenmuseum, à ciel ouvert riche de plus de

LA ROUTE DE LA DIGUE

La N302 entre Enkhuizen et Lelystad mérite une mention particulière, en ce qu'elle suit une digue de 32 km de long, terminée en 1976, laquelle constitua la première étape de l'assèchement du Markerwaard. Sur la route, on passe sous une chaussée ultramoderne, reliant le port d'Enkhuizen à l'IJsselmeer, et sur laquelle des bateaux flottent au-dessus de la route destinée aux voitures.

Il n'y a pas grand-chose à voir le long du chemin, à l'exception des bateaux qui tanguent sur l'IJsselmeer et d'un monument de pierre à mi-chemin du trajet, représentant une chaîne qui symbolise le trait d'union entre la Frise-Occidentale et le Flevoland.

130 bâtiments (habitations et ateliers) déplacés et reconstitués sur place, et le Binnenmuseum, en intérieur, consacré à l'agriculture, la pêche et la navigation. Les deux parties du musée se trouvent à 300 m l'une de l'autre. Pour éviter les embouteillages, les visiteurs sont encouragés à laisser leur véhicule sur un parking (5 €) le long de la N302, en bordure sud de la ville, d'où un ferry (inclus dans le prix du billet ; toutes les 15 minutes d'avril à octobre) fait la liaison avec la gare ferroviaire (cherchez les drapeaux rouge et bleu à côté de l'office du tourisme) et le Buitenmuseum. Prévoyez une demi-journée pour visiter tranquillement les deux sections.

Buitenmuseum

Ouvert en 1983, ce lieu vaut à lui seul le voyage. Il rassemble des maisons, des fermes et des ateliers, apportés ici par camion de toute la région, afin de plonger le visiteur dans la vie du Zuiderzee entre 1880 et 1932. Tout a été pensé dans le moindre détail, depuis les décorations de barrière et le choix des arbustes jusqu'à la disposition des villages eux-mêmes, et le résultat est d'une indéniable authenticité. Le guide illustré (en anglais) offert avec le billet d'entrée sera le compagnon indispensable de votre visite.

Les habitants portent des tenues traditionnelles et on trouve là de vraies boutiques comme la boulangerie, la pharmacie et le magasin de bonbons. Des démonstrations sont organisées dans les ateliers tout au long de la journée. Bien que très différentes les unes des autres, les expositions s'enchaînent avec fluidité : les fours à chaux d'Akersloot ne sont qu'à quelques mètres du quartier de Zuidende et de son alignement de maisons de Monnickendam, initialement bâties à l'extérieur des digues. Ne ratez pas le quartier d'Urk, édifié pour reproduire le lieu-dit du même nom, lequel était une île avant l'assèchement du Noordoostpolder. Les amateurs de timbres originaux enverront leurs lettres depuis le vieux bureau de poste de Den Oever. Le Marker Haven est une reproduction du port édifié en 1830 sur ce qui était alors l'île de Marken. Une aire de jeux est installée à l'entrée.

Le site est ouvert toute l'année mais les animations n'y ont lieu que d'avril à octobre.

Binnenmuseum

Adjacent au Peperhuis, ce musée occupe l'ancienne demeure et entrepôt d'un négociant de la marine marchande. Une belle salle y est consacrée à la marine : tableaux, estampes et autres objets liés à l'expansion puis au déclin de l'industrie de la pêche et à l'édification des digues. On y trouve aussi des objets culturels : costumes régionaux, porcelaine, argenterie ou bijoux, révélateurs de la richesse de la Hollande à l'époque. Les bâtiments sont situés à 300 m de la sortie arrière du Buitenmuseum.

Drommedaris ÉDIFICE HISTORIQUE

Dressée entre le Buitenhaven et l'Oude Haven, la Drommedaris était à l'origine une tour de défense intégrée à l'enceinte de la ville du XVIe siècle. Après avoir été une prison, elle sert désormais de point de rencontre visible de loin. Son carillon sonne toujours les heures avec gaieté.

Flessenscheepjes Museum MUSÉE

(Musée des Bateaux en bouteilles ; www.flessenscheepjesmuseum.nl ; Zuiderspui 1 ; adulte/enfant 3,50/2,50 € ; 12h-17h mar-dim). Ce minuscule musée est à la taille des objets de sa collection : un fascinant ensemble de bateaux en bouteilles, sculptés par les marins à travers les époques. Il en abrite plus de 1 000 et une vidéo dévoile les secrets de leur fabrication.

Waag ÉDIFICE HISTORIQUE

Suivez Breedstraat vers le nord pour atteindre l'extrémité est de Westerstraat où ce Waag (Poids public) du XVIe siècle domine l'ancien marché aux fromages. Non loin de là, l'**hôtel de ville**, de facture classique, fut édifié sur le modèle de celui qui se dressait jadis sur le Dam (place principale) d'Amsterdam. En jetant un coup d'œil à travers les fenêtres, on aperçoit de somptueuses tapisseries, certaines issues des Gobelins.

Westerkerk ÉGLISE

En longeant Westerstraat vers l'est, on découvre la remarquable Westerkerk, église gothique du XVe siècle au beau clocher en bois. Son jubé très ornementé et son imposante chaire méritent un coup d'œil. Face à l'église se trouve le **Weeshuis**, un orphelinat du XVIIe siècle au porche orné de nombreuses enjolivures.

Où se loger

Stedemaagd Hotel HÔTEL DE CHARME €€

(☎321 271 ; www.stedemaagd.com ; Spoorstraat 10-14 ; ch à partir de 95 € ; wifi). Une adresse pleine de charme, installée sur les quais, à 200 m au nord de la gare ferroviaire. Dans un cadre Art déco, elle propose des chambres au mobilier rétro, avec baignoires hydromassantes. Petit-déjeuner inclus. Au rdc, le grand café est l'endroit idéal pour une petite pause, avec sa jolie terrasse et sa vaste salle meublée de grandes tables, même pour qui ne loge pas sur place.

Hotel Garni RecuerDos B&B €€

(☎562 469 ; www.recuerdos.nl ; Westerstraat 217 ; s/d à partir de 63/88 € ; wifi). Propriété d'un amateur de musique, cette imposante demeure est un havre de tranquillité. Ses 3 chambres donnent sur un espace horticole parfaitement entretenu. On déguste le petit-déjeuner dans le jardin d'hiver, où sont souvent organisés des concerts.

Camping Enkhuizer Zand CAMPING €

(☎317 289 ; www.campingenkhuizerzand.nl ; Kooizandweg 4 ; emplacements 15-26 € ; ⌚avr-sept ; piscine). Installé au nord de la section extérieure (Buitenmuseum) du Zuiderzeemuseum, ce camping très apprécié offre tout le nécessaire : plages de sable, courts de tennis et épicerie.

Où se restaurer

Pour déguster un bon café, essayez le Stedemaagd Hotel, sur les quais.

De Drie Haringhe FUSION €€€

(☎318 610 ; www.diedrieharinghe.nl ; Dijk 28 ; formules à partir de 35 € ; ⌚midi mer-ven, soir mer-dim). Ce restaurant haut de gamme reçoit depuis des années d'élogieuses critiques pour sa cuisine d'inspiration française et néerlandaise et se distingue notamment par ses plats de fruits de mer. Installé dans un ancien entrepôt de la Compagnie néerlandaise des Indes orientales, il s'ouvre en été sur un ravissant jardin clos de murs.

De Smederij NÉERLANDAIS CONTEMPORAIN €€

(☎323 079 ; www.restaurantdesmederij.nl ; Breedstraat 158 ; formules à partir de 35 € ; ⌚soir jeu-mar). Qui imaginerait que cette adresse intimiste était jadis une forge ? Sa somptueuse décoration (notamment de très beaux encadrements de cartes anciennes) évoque ce passé plus prosaïque. Les plats, copieux et originaux, viennent idéalement clore une journée passée dans les décors d'autrefois du Zuiderzeemuseum.

Grand Cafe Restaurant Van Bleiswijk GRAND CAFÉ €€

(☎325 909 ; www.vanbleiswijk.nl ; Westerstraat 84-86 ; plats 8-25 €). Dans la rue principale de la ville, les tables installées sur l'immense terrasse ombragée de cette brasserie sont très appréciées. On y retrouve tous les classiques : salades, sandwichs et plats du jour, ainsi que de bons cafés. Si le vent souffle trop fort, réfugiez-vous à l'intérieur, dans un cadre de chaudes boiseries.

Renseignements

Office du tourisme (VVV ; ☎313 164 ; www.vvvenkhuizen.nl ; Tussen Twee Havens 1 ; ⌚8h-17h tlj juin-août, 8h-17h mar-sam sept-mai). À l'est de la gare. Tickets pour le ferry et brochure de visite autoguidée en anglais (1,50 €).

TRAINS AU DÉPART D'ENKHUIZEN

DESTINATION	PRIX (€)	DURÉE (MINUTES)	FRÉQUENCE (PAR HEURE)
Alkmaar	8	50	2
Amsterdam	10	60	2
Den Helder	11,50	90	2
Hoorn	4	22	2

Depuis/vers Enkhuizen

Un plaisant circuit historique, combinant train à vapeur et bateau (p. 120) relie Enkhuizen à Hoorn et Medemblik.

FERRY L'**Enkhuizen–Stavoren Ferry** (326 667 ; www.veerboot.info ; adulte/enfant 11/7 € ; mi-avr à oct) emprunte l'IJsselmeer pour relier la Hollande-Septentrionale à la Frise. Le trajet dure 90 minutes et les départs ont lieu une ou deux fois par jour près de l'office du tourisme, où sont vendus les tickets. Les bateaux accostent à Stavoren, située sur la ligne de train qui dessert Leeuwarden en passant par Sneek.

TRAIN La gare ferroviaire d'Enkhuizen n'est pas un modèle du genre. Les services (comme une consigne) y sont inexistants. Vous pourrez néanmoins essayer de négocier gentiment auprès du personnel du café de la gare pour que vos sacs soient gardés tandis que vous visiterez la ville. Acheter des billets de train est un vrai casse-tête : il n'y a pas de personnel, juste des automates, et la société des chemins de fer a désormais interdit la vente des billets par l'office du tourisme.

Consultez l'encadré p. 123 pour connaître les dessertes régulières.

Pour vous rendre à Alkmaar, faites un changement à Hoorn. Si vous souhaitez rejoindre Den Helder, une correspondance s'impose à la fois à Hoorn et à Heerhugowaard : peu pratique mais cela reste la solution la plus rapide par les transports en commun.

VÉLO Il n'y a pas de boutique de vélo à la gare. Hoorn se trouve à 25 km à l'ouest par les véloroutes côtières **LF15** et **LF21**.

Medemblik

0227 / 8 000 HABITANTS

À 12 km environ au nord-ouest d'Enkhuizen, Medemblik est le plus ancien port sur l'Ijsselmeer, remontant au XIIe siècle et à la Ligue hanséatique (voir encadré p. 226). La bourgade en soi n'est pas très jolie mais son port animé, ses vieilles rues en retrait des quais et sa forteresse médiévale méritent que l'on y passe une heure ou deux.

À voir et à faire

Le château se dresse sur la partie est de la ville. Des panneaux indiquent le chemin pour s'y rendre depuis le port. Les façades richement décorées sur Kaasmarkt, Torenstraat, Nieuwstraat et le long du canal Achterom sont assez impressionnantes.

Kasteel Radboud CHÂTEAU

(www.kasteelradboud.nl ; Oudevaartsgat 8 ; adulte/enfant 5,50/3,50 € ; 11h-17h lun-sam mai-sept, 14h-17h dim tte l'année). À l'extrémité du port, le petit Kasteel Radboud ressemble davantage à un manoir fortifié qu'à la forteresse qu'il fut jadis. Édifiée au XIIIe siècle par le comte Florent V afin de maintenir sous sa coupe les turbulents habitants de la région, la place fut utilisée comme prison avant de se trouver remaniée au XIXe siècle par Pierre Cuypers, à qui l'on doit le Rijksmuseum d'Amsterdam. Le plan de niveau d'origine fut conservé et l'imposante **Ridderzaal** (salle des chevaliers) conserve pour l'essentiel l'aspect qui était le sien au Moyen Âge. La visite autoguidée est ponctuée de détails sur la longue histoire du château et sur la ruine du comte.

Stoommachine Museum MUSÉE

(Musée de la Machine à vapeur ; www.stoommachinemuseum.nl ; Oosterdijk 4 ; adulte/enfant 5,50/4,25 € ; 10h-17h jours variables). Le Stoommachine Museum occupe l'ancienne station de pompage située à l'extérieur de Medemblik. Trente machines à vapeur anciennes venues des Pays-Bas, d'Angleterre et d'Allemagne y sont mises en marche pour des démonstrations. Consultez le site Internet pour connaître les jours de fonctionnement.

Le Museum Stoomtram (p. 120) part de l'ancienne gare ferroviaire pour rejoindre Hoorn. Il est aussi possible d'emprunter un bateau pour Enkhuizen dans le cadre d'un "circuit triangulaire".

Où se restaurer

De Driemaster FRUITS DE MER €€

(www.restaurantdedriemaster.nl ; Pekelharinghaven 49 ; plats 11-20 € ; 11h-21h tlj, jeu-dim seulement nov-mars). Installez-vous sur la terrasse à l'étage et admirez la vue sur le port et sur l'IJsselmeer en vous régalant d'un plat de poisson local. On peut aussi assister au passage des gros voiliers sous le pont basculant. Le café permet de siroter tranquillement une boisson à l'extérieur.

Renseignements

Office du tourisme (VVV ; 542 852 ; www.vvvmedemblik.nl ; Kaasmarkt 1 ; 11h-16h lun-sam avr-oct). Un endroit sans prétention situé à l'arrière d'une boutique tout en un : papeterie, bureau de poste et bureau de tabac. Possède un bon stock de plans.

Comment s'y rendre et circuler

BUS La gare ferroviaire NS se trouve à Hoorn. De là, le bus n°239 (2/heure) effectue le trajet de 30 minutes vers Medemblik.

VÉLO Ted de Lange (☎570 093 ; www.teddelange-ligfiets.nl ; Vooreiland 1), à l'est de la ville, propose un vaste choix de vélos à louer à partir de 7 €/jour. La véloroute **LF21** part vers le sud et l'est le long des digues pour rejoindre Enkhuizen, à 21 km.

Den Helder

☎0223

Avant d'attraper le ferry pour Texel, allez faire un tour dans l'unique musée de cette ville de chantiers navals, le **Marine Museum** (www.marinemuseum.nl ; Hoofdgracht 3 ; adulte/enfant 6/3 € ; ⏲10h-17h lun-ven, 12h-17h sam et dim, fermé lun nov-avr), installé dans le vaste espace de l'ancien arsenal de la Marine royale néerlandaise. Il couvre essentiellement l'histoire navale après 1815, année de naissance du Royaume uni des Pays-Bas. Il est possible de découvrir plusieurs vaisseaux amarrés sur les docks extérieurs, notamment un cuirassé destiné à l'éperonnage et un sous-marin. Ne manquez pas les expositions sur les pirates contemporains.

Traversant la ville depuis/vers le ferry pour Texel, la N250 passe devant une myriade de navires, anciens ou récents, qui constituent à eux seuls un véritable musée vivant de la marine.

Des trains mènent à Den Helder et le ferry vous conduira à Texel.

Texel

☎0222 / 13 700 HABITANTS

Grandes plages de sable blanc, réserves naturelles luxuriantes, forêts et jolis villages : tels sont les atouts de Texel, la plus vaste et la plus visitée des îles des Wadden. À environ 3 km au nord des côtes de la Hollande-Septentrionale, Texel (prononcé *tes*-sel) s'étend sur 25 km de long et 9 km de large. Elle était à l'origine constituée de deux îles jusqu'en 1835 date à laquelle une petite portion de terre menant à l'île d'Everland fut asséchée.

Avant l'ouverture du Noordzeekanaal au XIXe siècle, Texel était une étape importante pour les navires en route vers l'Asie, l'Afrique et l'Amérique du Nord : c'est ici que débuta et s'acheva la première expédition commerciale vers les Indes orientales. Elle fut aussi le théâtre d'une spectaculaire catastrophe maritime : le jour de Noël 1593, des vents violents frappèrent une flotte marchande amarrée à proximité de la côte, coulant 44 navires et noyant près d'un millier de marins.

Texel vit aujourd'hui principalement du tourisme, avec des visiteurs majoritairement néerlandais et allemands. Les moutons, que l'on voit paresser, brouter ou trotter un peu partout le long des digues, produisent une laine très appréciée. Quiconque prise les longues balades sur des plages désertes battues par les vents sera ici comblé. Les cyclistes y trouveront également leur bonheur et les distractions (dont une brasserie) y sont suffisamment nombreuses pour un séjour de plusieurs jours.

À voir

♥ **Parc national des dunes de Texel** PARC (Nationaal Park Duinen van Texel ; www.npduinen-vantexel.nl). Pour de nombreux amoureux de la nature, le patchwork de paysages dunaires très variés qui couvre toute la côte occidentale de l'île est la principale raison d'une visite sur l'île. Marais salés et landes alternent avec de douces dunes couvertes d'herbe et l'on y trouve certaines plantes endémiques, tel le délicat orchis des marais ou l'argousier, un arbrisseau épineux aux baies orange vif. Une grande partie de la zone constitue un sanctuaire pour les oiseaux et n'est accessible qu'à pied. On trouve un excellent **centre des visiteurs** dans la réserve naturelle d'Ecomare. Renseignez-vous sur les balades guidées dans les dunes, très intéressantes, proposées par les gardes forestiers.

De Slufter s'est transformé en une zone humide saumâtre après l'échec d'une tentative d'assèchement ; lorsqu'une tempête brisa les digues au début des années 1900 la zone fut inondée et un écosystème unique s'y développe depuis. Au sud, **De Muy** est célèbre pour sa colonie de spatules, surveillée avec beaucoup de zèle par les naturalistes locaux.

À seulement quelques mètres de la plage battue par les vents, la forêt sombre et touffue de **De Dennen** s'étend entre Den Hoorn et De Koog. Plantée à l'origine pour fournir du bois de construction, elle compte aujourd'hui un fabuleux réseau de sentiers, à parcourir à pied ou à vélo. Au printemps, le sol est tapissé de perce-neiges, plantés ici dans les années 1930.

♥ **Musée de la Mer et des Pilleurs d'épaves** MUSÉE (Kaap Skil Museum Van Jutters & Zeelui ; ☎314 956 ; www.texelsmaritiem.nl ; Heemskerckstraat 9, Oudeschild ; adulte/enfant 7,50/5,50 € ; ⏲10h-17h

Texel

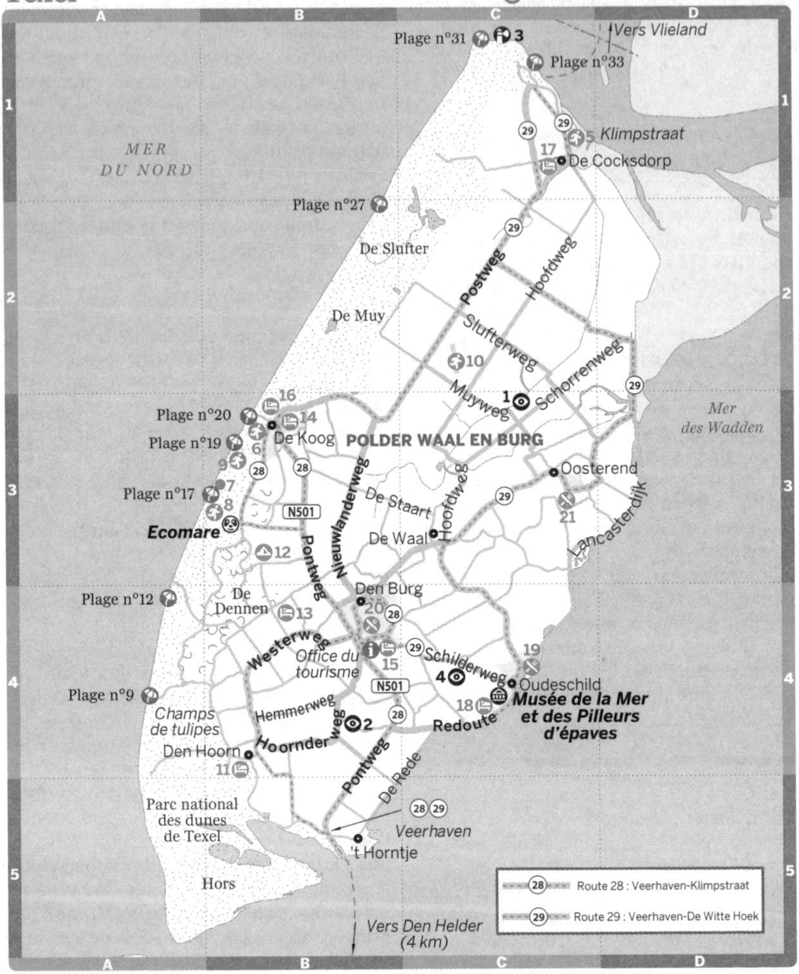

mar-sam, 12h-17h dim). On trouve de tout parmi les musées de Texel, mais celui-ci remporte la palme. On reste abasourdi devant l'extraordinaire bric-à-brac, à la fois drôle et tragique, récupéré sur les navires naufragés et sur la plage. La partie extérieure présente des démonstrations de fabrication de cordes, de fumage de poisson et de forge. L'intérieur couvre des sujets aussi divers que l'archéologie sous-marine ou le fonctionnement des moulins à vent.

Reede van Texel, ou "Routes de Texel", selon la traduction du musée est une grande maquette très détaillée des ports et des routes maritimes tels qu'au XVIIe siècle. On peut ici passer des heures sans s'en apercevoir. Une nouvelle entrée, créée en 2012, a encore amélioré ce beau musée.

Le musée maritime et l'Ecomare se visitent de concert grâce au billet **CombiKaart** (adulte/enfant 13,50/9,50 €), vendu à l'office du tourisme.

Ecomare RÉSERVE NATURELLE

(www.ecomare.nl ; Ruyslaan 92, De Koog ; adulte/enfant 10/6,50 € ; ⌚9h-17h). Créé initialement comme un refuge pour les phoques malades de la mer des Wadden, Ecomare s'est développé pour devenir un centre dédié à la préservation et à la compréhension de la vie

Texel

sauvage de Texel. Il propose des expositions sur l'évolution de l'île depuis la dernière ère glaciaire et sur les interactions entre les îliens et la mer. Il abrite aussi de grands aquariums peuplés d'animaux marins de la mer des Wadden et de la mer du Nord (dont des requins et des raies). À l'extérieur, des itinéraires de balades nature sont balisés.

Les phoques eux-mêmes restent l'attraction phare. Appelés *zeehonden* en néerlandais, littéralement "chiens de mer", leurs jeux et leur ballet aquatique raviront même les visiteurs les plus blasés. Essayez d'être sur place à 11h ou 15h, lorsqu'ils sont nourris. Les oiseaux sauvés par le centre tiennent aussi une place de choix. L'ensemble du complexe est impressionnant et mérite la visite.

Phare PHARE

(www.vuurtorentexel.nl ; Vuurtorenweg 184, De Cocksdorp ; 3,50 €). Victime des tempêtes, mais aussi de la guerre, le vieux phare de Texel est une tour écarlate de 45 m de haut. Du haut de ses 153 marches, on a une belle vue sur les îles et sur les hauts-fonds.

Eureka Orchideeën & Vogelbush JARDINS

(Orchidées et oiseaux Eureka ; www.eurekatexel.nl ; Schorrenweg 20, Oosterend ; 8h30-18h lun-ven, 8h30-17h sam). Pour voir les orchidées sauvages de Texel, très rares dans la région, rendez-vous sur place en juin. Le reste de l'année, habillez-vous légèrement et pénétrez dans la vaste serre moite de l'Eureka Orchideeën & Vogelbush. Elle abrite de délicates espèces d'orchidées endémiques, ainsi que de nombreux oiseaux tropicaux. Une grande boutique sur place permet de financer l'entrée gratuite à la serre.

Texelse Bierbrouwerij BRASSERIE

(www.speciaalbier.com ; Schilderweg 214b, Oudeschild ; visite guidée adulte/enfant 7,50/4 € ; visites 14h et 15h, planning variable). La brasserie de l'île organise des visites guidées selon un planning assez aléatoire ; consultez le site Internet. Heureusement, cette ancienne laiterie dispose d'une terrasse idéale pour prendre un verre. Les 9 bières brassées sur place (essayez la bock) sont servies partout sur Texel.

Kaasboerderijk Wezenspyk FABRIQUE DE FROMAGE

(315 090 ; www.wezenspyk.nl ; Hoondernweg 29, Den Hoorn ; 9h30-17h mar-sam av-oct, fermé jeu nov-mars). Cette petite fabrique de fromage entre Den Hoorn et Den Burg est l'endroit parfait pour une dégustation savoureuse des fromages de vache, de brebis et de chèvre de l'île. Les horaires d'ouverture sont très variables selon la période de l'année, le plus simple est donc de passer voir sur place.

Activités

Même si l'été peut se révéler très doux, mieux vaut ne pas compter dessus. Vents et grains peuvent arriver de la mer du Nord à tout moment, et ce sont justement eux qui donnent à l'île son atmosphère et son charme si particuliers.

L'office du tourisme vend des cartes et des livrets sur les **pistes cyclables** et les

À NE PAS MANQUER

PLAGES DE TEXEL

Entre natation, cyclisme, marche, navigation et détente, Texel est l'île parfaite pour apprécier toutes sortes d'activités. Ses plages de sable immaculées, qui ourlent la côte ouest en un long ruban, sont numérotées par kilomètre du sud au nord et signalées par un *paal* (pieu).

Les eaux peuvent être dangereuses et des maîtres nageurs surveillent la baignade en été depuis la plage n°9, au nord-est de Den Hoorn, jusqu'à la n°21, près de De Koog.

Même s'il y a foule sur l'île, il suffit de marcher un peu pour trouver une étendue de sable déserte. Les plages les plus remarquables sont les suivantes :

» **n°9** Peu de monde, appréciée des habitants de l'île et des nudistes.

» **n°12** Peu de monde, avec un café abrité.

» **n°17** La **plage** (www.paal17.com) festive, où se pressent les ados et où règne toujours une sympathique animation. Beaucoup d'activités en journée, comme de nuit.

» **n°19** La **plage** (www.paal19.nl) où se rendent les couples formés sur la n°17 une fois mariés. Le thème : détente autour d'un bon pique-nique et d'un verre.

» **n°20** Juste en face de l'enclave touristique de De Koog, assez artificielle.

» **n°27** Une plage assez isolée, prisée des nudistes.

» **n°31** Près du phare ; baignade interdite en raison de dangereuses turbulences mais beaucoup de sports de voile.

» **n°33** Pas de baignade ici non plus, mais de nombreux sports de plage. On y aperçoit parfois des phoques.

sentiers de randonnée qui sillonnent l'île. Il existe plusieurs **écoles d'équitation**, ouvertes d'avril à octobre.

Le **Texel Path**, long de 80 km et bien indiqué, conduit à travers dunes et vasières puis bifurque vers l'intérieur de l'île et ses villages ; en chemin, les petits circuits locaux constituent d'agréables randonnées ou balades à vélo d'une à trois heures. Toutes les routes peuvent être empruntées à vélo et il est possible de faire tout le tour de l'île en suivant les digues à l'est et les sentiers derrière les dunes à l'ouest.

De Eilander PLAISANCE
(☎06 2063 4413 ; www.deeilander.nl ; Paal 33, De Cocksdorp ; location de catamaran à partir de 55 €/heure ; ⊙mai-oct). Il est possible de louer des catamarans près du quai du bateau pour Vlieland. Comptez 160 € pour un cours de voile de 5 heures.

Jutters Plezier ÉQUITATION
(☎316 225 ; circuits adulte/enfant à partir de 15/7,50 € ; promenades à cheval à partir de 60 €). Pour aller vous-même chercher votre trésor sur la plage, embarquez dans une voiture tirée par des chevaux conduite par Jutters Plezier. Les balades de 3 heures valent plus pour le paysage que pour le trésor et se terminent chez le propriétaire lui-même, par une tournée d'un breuvage local. Le circuit (15 personnes minimum) part du phare. Renseignez-vous auprès de l'office du tourisme pour les horaires.

Tessel Air SAUT EN PARACHUTE
(☎311 436 ; www.paracentrumtexel.nl ; aéroport de Texel ; vol de découverte 38 €, saut en parachute en tandem 209 €). Tessel Air organise des vols d'agrément de 15 minutes au-dessus de Texel (2 personnes minimum) et, pour un peu plus cher, au-dessus des autres îles des Wadden. Les amateurs de sensations fortes pourront essayer le saut en tandem.

Kitesurf School Texel KITE-SURF
(☎06 1097 1992 ; www.kitesurfschooltexel.nl ; Beach, De Koog ; location à partir de 15 €/heure, cours à partir de 95 €). Kitesurf School Texel propose un choix de cours de kite-surf et de planche à voile, ainsi que la location de matériel.

Ozlines ÉCOLE DE SURF
(www.ozlines.com ; Paal 17, De Koog ; location à partir de 8 €, cours adulte/enfant à partir de 80/25 € ; ⊙13h-19h sam et dim avr-oct, tlj juil et août). Louez des planches et prenez quelques cours dans cette boutique installée sur la plage du kilomètre 17, très animée.

☞ Circuits organisés

Le port d'Oudeschild accueille nombre d'anciens chaluts utilisés pour la pêche à la crevette et désormais reconvertis pour les promenades en mer. La concurrence est rude : le meilleur moyen de choisir votre embarcation est donc de descendre sur les quais et de vous balader pour comparer les prix et les itinéraires. La sortie standard de 2 heures autour de Texel passe à proximité d'une colonie de phoques, désormais menacés, installée sur les bancs de sable.

Le prix moyen des promenades de 2 heures est d'environ 10 €. Les premiers départs se font en général à 10h, en fonction des marées.

Orion TX20 CIRCUIT EN BATEAU
(☎06 5104 4235 ; www.robbentochttexel.nl ; Oudeschild ; adulte/enfant à partir de 10/9 €). L'*Orion* TX20 explore les vasières qui s'étendent entre Texel et Den Helder. Il n'est pas rare de voir des phoques.

Emmie TX 10 CIRCUIT EN BATEAU
(☎313 639 ; www.garnalenvissen.nl ; Oudeschild ; adulte/enfant à partir de 10/9 € ; ⏲départs 10h30 et 14h lun-sam). Les crevettes pêchées lors du voyage de l'*Emmie* sont préparées, toutes fraîches, pour les passagers.

Texel 44 CIRCUIT EN BATEAU
(☎06 5110 5775 ; www.tx44.nl ; Oudeschild ; adulte/enfant à partir de 10/9 €). Ce bateau a été construit spécialement pour le tourisme. On aperçoit tantôt des phoques depuis son joli pont supérieur.

Fêtes et festivals

Lammetjes Wandeltrocht FESTIVAL
(Promenade des moutons). À Pâques, cette balade autour de l'île, très appréciée, attire de nombreux Néerlandais du continent.

Ronde om Texel COURSE DE CATAMARAN
(www.roundtexel.com). La plus grande course de catamarans au monde se déroule mi-juin. Les spectateurs s'alignent sur les plages pour admirer des heures durant le ballet des bateaux sur la mer.

Où se loger et se restaurer

L'île compte plus de 45 000 places d'hébergement, mais la réservation n'en est pas moins indispensable, surtout en juillet et en août. C'est à De Koog que l'on a le plus de choix, mais des hameaux tels que Den Hoorn ou De Cocksdorp se révèlent plus tranquilles.

L'office du tourisme dispose d'une liste de B&B à partir d'environ 30 € la nuit par personne. Consultez aussi le **site Internet VVV** (www.texel.net) ou procurez-vous un exemplaire de *Texel Holiday Guide* pour effectuer vous-même la réservation. Les prix chutent en basse saison (octobre à avril) quand l'île vit au ralenti. En été, les 11 principaux campings de Texel sont pris d'assaut ; l'office du tourisme pourra vous indiquer ceux qui disposent encore de places disponibles. De nombreuses fermes proposent chambres et emplacements de camping.

Avec plus de 27 000 ovins disséminés sur l'île, le mouton tient naturellement le haut du pavé à la carte des restaurants, mais les fruits de mer ne sont pas loin derrière. Au printemps, on y déguste aussi de délicieuses asperges.

DEN BURG

♥ **Hotel De 14 Sterren** HÔTEL €
(☎322 681 ; www.14sterren.nl ; Smitsweg 4, Dennenbos, Den Burg ; ch 60-75 € ; Wi-Fi). Impossible de rêver plus bel emplacement que celui de cet hôtel, en lisière de la forêt de De Dennen. Chacune de ses 14 chambres est décorée dans des teintes chaudes et la plupart disposent d'une terrasse ou d'un balcon avec vue sur le jardin. Le bistrot adjacent, **De Worsteltent** (plats 9-25 € ; ⏲11h-21h), aménagé dans une ancienne grange, sert une cuisine de bonne tenue, aux accents italiens. Petit-déjeuner servi dans la chambre.

Stayokay Texel AUBERGE DE JEUNESSE €
(☎315 441 ; www.stayokay.com ; Haffelderweg 28, Den Burg ; dort 21-32 €, ch 57-80 € ; Wi-Fi). Très moderne, l'auberge de jeunesse de Texel possède quelque 240 couchages dans des chambres propres et colorées, et dispose d'un café sur place. Il est possible de louer des vélos et la plage est à 6 km.

♥ **Freya** BISTROT €€
(☎321 686 ; Gravenstraat 4, Den Burg ; formule 27 € ; ⏲soir mar-sam). Ce petit restaurant sert une cuisine française et néerlandaise remarquable : pas étonnant que la réservation y soit indispensable. L'accueil est chaleureux et les plats figurant sur l'ardoise changent selon les saisons.

Taveerne De Twaalf Balcken NÉERLANDAIS TRADITIONNEL €€
(www.12balcken.nl ; Weverstraat 20, Den Burg ; plats 12-20 € ; ⏲midi et soir). Remplie d'habituée, la "Taverne des 12 rayons" se distingue par son ambiance intimiste et ses spécialités d'agneau. La partie avant, assez sombre, est parfaite pour goûter à l'une des nombreuses

bières trappistes à la carte et contraste avec la vaste et lumineuse véranda à l'arrière.

Timmer BOULANGERIE €
(Hogerstraat 4, Den Burg ; douceurs à partir de 1,50 €). Ne quittez pas Texel sans un sachet empli des délicieux cookies maison de chez Timmer.

DE COCKSDORP

Ce village possède une grande épicerie et plusieurs cafés agréables ponctuent ses rues, aussi jolies que tranquilles.

't Anker HÔTEL €€
(☎316 274 ; www.t-anker.texel.com ; Kikkertstraat 24, De Cocksdorp ; s/d à partir de 47/92 € ; @📶). Un petit hôtel familial à la solide façade de briques et aux chambres simples, mais confortables, où le bois est omniprésent. Son luxuriant jardin est un avant-goût de la réserve naturelle de Roggesloot, toute proche. Le petit-déjeuner, copieux, est inclus dans le prix.

♥ **Restaurant Topido** FRUITS DE MER €€
(☎316 227 ; www.topido.nl ; Kikkertstraat 21-23, De Cocksdorp ; plats 8-25 € ; ⏲midi et soir mar-dim). Chaque année, les producteurs de Texel cherchent à améliorer la qualité de leurs produits. L'agneau et les fruits de mer sont déjà célèbres, mais d'autres produits fermiers sont en train de gagner du terrain. La carte de ce restaurant décontracté met à l'honneur les spécialités issues de la production locale. Renseignez-vous sur les cours de cuisine.

DEN HOORN

♥ **Bij Jef** HÔTEL €€€
(☎319 623 ; www.bijjef.nl ; Herenstraat 34, Den Hoorn ; ch à partir de 200 € ; 📶). Les 8 chambres, simples mais stylées, ont toutes une baignoire et offrent une vue sur la campagne depuis leur balcon baigné de soleil. La véritable attraction reste néanmoins le somptueux restaurant (formules à partir de 75 €), où la carte constamment renouvelée est élaborée à partir des produits de la ferme, de la viande et des fruits de mer locaux. Essayez d'obtenir une table dans le jardin.

DE KOOG

La rue principale, Dorpstraat, paradis des touristes de Texel, aligne échoppes de poisson frit, bistrots aux origines incertaines et bars animés (les seuls de l'île).

De Bremakker CAMPING €
(☎312 863 ; www.bremakker.nl ; Templierweg 40 ; empl 32 €, chalet à partir de 300 €/sem ; ⏲avr-oct). Ce terrain paisible et ombragé est situé entre Den Burg et De Koog, en lisière de forêt, à environ 1 km de la plage. Il possède une laverie et un petit bar, ainsi que des équipements sportifs.

Hotel Friends Texel HÔTEL €
(☎317 906 ; www.hotelfriendstexel.nl ; Nikadel 5, De Koog ; ch 40-70 € ; 📶). L'adresse la plus intéressante en ville pour qui aime la fête. D'une propreté impeccable, les 12 chambres équipées de kitchenettes se partagent des salles de bains neuves. Celles installées à l'arrière sont un peu plus calmes. Très bonne ambiance au café voisin.

Strandhotel Noordzee HÔTEL €€
(☎317 365 ; www.strandhotelnoordzeetexel.nl ; Badweg 200, De Koog ; ch pour 3 nuits à partir de 410 €). Le seul hôtel de Texel donnant directement sur les plages de sable. Ses 10 chambres, confortables et joliment agencées, sont ponctuées de touches de couleur, et plusieurs offrent une vue époustouflante sur la mer du Nord.

OUDESCHILD

Le nombre de restaurants de fruits de mer ne cesse d'augmenter dans cette étonnante ville portuaire. Pour mettre les enfants en appétit, emmenez-les à l'aire de jeux consacrée au thème des pirates située à l'extrémité nord du port.

Texel Yurts MAISON D'HÔTES €€
(☎322 100 ; www.texelyurts.nl ; De Ruyterstraat 36, Oudeschild ; yourte pour 2 pers, pour 2 nuits, à partir de 300 €). Laissez-vous bercer par le bruit du vent dans cette authentique yourte aux murs de toile, installée dans une clairière ombragée à proximité de la ville.

♥ **Van Der Star** FRUITS DE MER €
(www.vispaleistexel.nl ; Heemskerckstraat 15, Oudeschild ; plats 5-8 € ; ⏲11h-21h lun-sam). Ce restaurant de fruits de mer sert le meilleur poisson de l'île. La soupe de fruits de mer, savoureusement aillée, est un régal et les plats de poisson fumé sont tout simplement sublimes. Les divers produits de la mer, fraîchement pêchés par les bateaux du port voisin, sont préparés de mille et une façons. Le cadre est très simple : installez-vous sur l'une des chaises en plastique de la terrasse.

Cafe Veronica FRUITS DE MER €
(www.veronicatexel.nl ; Haven 9a, Oudeschild ; repas 5-9 € ; ⏲10h-18h mar-dim avr-oct, sam et dim uniquement nov-mars). Cette adresse fait partie

S'ORIENTER SUR TEXEL

Les ferries venus du continent accostent à **'t Horntje**, au sud de l'île, d'où des bus partent vers le nord pour rallier les 6 principales localités de Texel :

» **Den Burg** Modeste capitale de l'île et principale destination pour les commerces ; 6 km au nord de 't Horntje.

» **De Koog** Le cœur touristique de Texel, d'assez mauvais goût ; 5 km au nord, là aussi.

» **Den Hoorn** Un charmant village, tout proche des champs de tulipes et des dunes battues par le vent ; 5 km au nord-ouest de 't Horntje.

» **Oudeschild** Les meilleures installations portuaires de l'île, un beau musée et d'excellents restaurants de poisson ; 7 km au nord-est de 't Horntje.

» **Oosterend** Hameau calme à l'architecture intéressante ; 6 km au nord-est de Den Burg.

» **De Cocksdorp** À l'extrémité nord de l'île, ce minuscule village est le point de départ pour l'île de Vlieland et les autres îles de la Frise.

d'un joli petit ensemble récemment édifié près du port et constitué de boutiques et de cafés. Bon marché, elle propose dans un cadre gai des produits de la mer d'une grande fraîcheur, pêchés dans les eaux voisines. Écoutez le bruit des filins contre les mâts.

OOSTEREND

Rôtisserie Kerckeplein AGNEAU €€

(www.rotisserie-texel.nl ; Oesterstraat 6, Oosterend ; plats 11-25 € ; ⌚soir mer-dim). Ce confortable restaurant a élevé au rang d'art la cuisine de l'agneau local, accommodé en pas moins de 7 versions. Vous pourrez vous installer à l'étage pour terminer la soirée devant l'une des bières locales, comme la Texels Speciaalbier. En haute saison, l'endroit sert aussi à déjeuner sur la petite terrasse à l'avant.

Renseignements

Tourisme oblige, les localités de l'île comptent abondance de DAB. Den Burg possède banques, librairies, pharmacies et de nombreux autres services.

Office du tourisme (VVV ; ☎314 741 ; www.texel.net ; Emmalaan 66, Den Burg ; ⌚9h-17h30 lun-ven, 9h-17h sam). Indiqué depuis le terminal du ferry et situé à la limite sud de la ville. Il propose un accès Internet gratuit, de nombreuses informations et son personnel peut se charger gratuitement de réserver votre hébergement.

Depuis/vers Texel

Des trains relient Amsterdam à Den Helder (14 €, 75 min, 2 par heure) d'où un bus vous emmènera au ferry pour les voitures.

Teso (☎369 600 ; www.teso.nl ; aller-retour piéton/voiture 2,50/35 €) dessert 't Horntje depuis Den Helder. La traversée à bord des énormes ferries prend 20 minutes. Les départs ont lieu à la demie de chaque heure, de 6h30 à 21h30 ; les ferries du retour partent à l'heure pile, entre 6h et 21h. Certains jours d'été, un service est organisé toutes les demi-heures – consultez les horaires pour vous en assurer. En haute saison, arrivez sur le quai 15 à 30 minutes avant l'heure du départ car la file des voitures est longue

Un ferry mène à Vlieland, où la circulation des voitures est interdite ; rendez-vous p. 206 pour plus d'informations.

Comment circuler

BUS Les bus n°28 et 29 fonctionnent toute l'année et deux itinéraires supplémentaires viennent s'y ajouter durant les mois d'été ; les billets à la journée, vendus par le conducteur, coûtent 6 €. Le bus n°28 relie 't Horntje à Den Burg (7 min) et De Koog (15 min de plus) avant de revenir en passant par la réserve naturelle d'Ecomare. Le bus n°29 part du quai du ferry pour rejoindre Den Hoorn et Den Burg avant de serpenter le long de la côte est jusqu'à De Cocksdorp, via Oudeschild et Oosterend. Les bus passent environ toutes les heures et tant qu'il fait jour (autrement dit jusque vers 22h en été).

TAXI Taxi Botax (☎315 888 ; www.taxibotaxtexel.com) vous emmène depuis le terminal de ferry jusqu'à n'importe quel point de l'île, dont Den Burg (16 €), De Koog (24 €) et De Cocksdorp (40 €). Pensez à réserver.

VÉLO Il est possible de louer des vélos de balade dans toutes les villes de Texel et sur le terminal de ferry pour environ 8 €/jour.

Muiden

☎0294 / 3 500 HABITANTS

Facilement accessible à vélo depuis Amsterdam, Muiden est une petite ville historique paisible, célèbre pour son Muiderslot, un château à la forme presque idéale, de celles que l'on bâtit sur les plages. La vie s'organise par ailleurs autour de l'écluse centrale animée par laquelle circulent de nombreux bateaux de plaisance pour rejoindre le vaste IJsselmeer.

À voir

Muiderslot CHÂTEAU

(Château de Muiden ; www.muiderslot.nl ; Herengracht 1 ; adulte/enfant 12,50/7,50 € ; 10h-17h lun-ven, 12h-17h sam et dim avr-oct, 12h-16h sam et dim nov-mars). La principale attraction de la ville est le Muiderslot, forteresse édifiée en 1280 par l'ambitieux comte Florent V, fils de Guillaume II. Le château fut l'un des premiers aux Pays-Bas doté de tours rondes, une innovation française. Le comte, très populaire, était à la fois le représentant des pauvres et favorable à la France, deux facteurs de troubles inévitables. Il fut emprisonné en 1296 et assassiné alors qu'il tentait de fuir.

Au XVIIe siècle, l'historien PC Hooft accueillit ici certains des plus grands écrivains, artistes et scientifiques de l'époque, formant un groupe célèbre connu sous le nom de Muiderkring (Cercle de Muiden). C'est aujourd'hui le château le plus visité du pays. Mobilier précieux, armes et tapisseries des Gobelins y ont été disposés pour recréer l'ambiance à l'époque de Hooft. L'intérieur n'est visible qu'en suivant les visites guidées, parfois partiellement menées en anglais. Réservez si vous souhaitez une visite entièrement dans cette langue.

Pampus SITE HISTORIQUE

(262 326 ; www.pampus.nl ; adulte/enfant ferry et circuit 17,50/13,50 € ; mar-dim avr-oct). Non loin de la côte, un fort abandonné se dresse sur l'île de Pampus. Cette construction massive du XIXe siècle fut un élément clef d'un cercle de 42 forteresses, destiné à protéger Amsterdam. Son exploration se révèle très distrayante. Sauvé de la ruine par les fonds de l'Unesco, l'ensemble est désormais classé au Patrimoine mondial. Durant la période d'ouverture, les départs du ferry pour Pampus se font depuis le port de Muiderslot (horaires variables). Il y a en général au moins un départ le matin, lequel permet d'arpenter le fort durant quelques heures avant de rentrer en milieu d'après-midi.

Où se restaurer et prendre un verre

Café Ome Ko CAFÉ

(www.cafeomekomuiden.nl ; angle Herengracht et Naardenstraat ; 8h-2h). Par beau temps, la clientèle de ce bar reconnaissable à son store à rayures vertes transforme la rue en un lieu de fête. Quand aucun événement n'est organisé, c'est un endroit idéal pour regarder les nombreuses allées et venues au niveau de l'écluse, située juste en face. Il propose des en-cas typiquement néerlandais et des sandwichs (repas à partir de 6 €).

Comment s'y rendre et circuler

BUS Le bus n°327 relie la gare Amstel d'Amsterdam (20 min, 2/heure) à Muiden. Le château est alors à 15 minutes à pied.

VÉLO La véloroute **LF20** passe non loin de la Leidseplein d'Amsterdam. Suivez-la vers l'est sur 7 km jusqu'à ce qu'elle passe sous l'A10 et cherchez alors le départ de la LF23. Traversez le canal et suivez la LF23 sur 9 km : après avoir traversé plusieurs espaces verts et enjambé des ponts, elle rejoint Muiden, au sud-est.

Het Gooi

Le long des berges de la paisible Vecht, au sud-est d'Amsterdam, Het Gooi est une région boisée, ponctuée de lacs et de landes. Au XVIIe siècle, ce "jardin d'Amsterdam" était un lieu de villégiature très apprécié des riches marchands, et les citadins en mal de nature s'y rendent encore aujourd'hui en masse pour se balader à pied ou à vélo sur ses sentiers ombragés.

La ville de Naarden, située au bord du lac Gooimeer, au nord, a l'attrait d'une étonnante forteresse qui en fait une excellente excursion à la journée. La ville principale, Hilversum, est en réalité un faubourg d'Amsterdam ponctué de quelques intéressants édifices du XXe siècle, notamment le Raadhuis (hôtel de ville, 1931) de Willem Dudok.

NAARDEN

035 / 17 000 HABITANTS

Naarden mérite amplement la visite pour sa remarquable forteresse, **Naarden-Vesting**, installée à la limite nord-ouest de la ville. Ce chef-d'œuvre d'architecture militaire a la forme d'une étoile à 12 branches, chacune terminée en pointe de flèche. Ce système de défense, l'un des mieux préservés des

VAUT LE DÉTOUR

ENCHÈRE AUX FLEURS D'AALSMEER

La ville d'Aalsmeer accueille l'une des plus grandes **ventes aux enchères de fleurs** (www.floraholland.com ; Legmeerdijk 313 ; adulte/enfant 5/3 € ; ⌚7h-11h lun-ven, jusqu'à 9h jeu) au monde, gérée par un vaste conglomérat du nom de FloraHolland. Il est indispensable d'arriver dans la galerie d'observation avant 9h pour profiter de l'action au moment de la mise aux enchères du contenu des chariots emplis de fleurs. La vente a lieu sur le principe des enchères descendantes, dans lesquelles une immense horloge indique le prix de départ. Quand la sonnerie retentit, l'aiguille désigne un prix de plus en plus bas jusqu'à ce que quelqu'un accepte l'offre et conclue ainsi le marché. La visite individuelle avec audio-guide permet de jeter un œil aux salles d'enchères et de voir les organisateurs arranger les bouquets exposés. Le lundi est le jour le plus chargé, le jeudi, le plus tranquille. Arrivez tôt pour profiter du spectacle.

Prenez le bus n°172 depuis Amsterdam Centraal Station jusqu'à l'arrêt BVFH Hoofdingang (55 min, 4 par heure).

Pays-Bas, ne fut édifié qu'après le massacre des habitants par les Espagnols au XVIe siècle. L'armée néerlandaise occupa les bâtiments jusque dans les années 1920, malgré une importance stratégique controversée depuis longtemps.

Protégée par ses murs d'enceinte, la ville de Naarden-Vesting constitue aujourd'hui une luxueuse enclave où voisinent restaurants hauts de gamme, galeries d'art et boutiques d'antiquités.

À voir

Il est très agréable de passer quelques heures à se balader dans cette enceinte hors du temps. À l'intérieur de la forteresse, la plupart des drôles de petites maisons remontent à 1572, année durant laquelle les Espagnols rasèrent la ville lors de la colonisation du Noord Holland. Le massacre, mené par Don Federico de Toledo, est commémoré par une plaque de pierre sur le bâtiment situé au Turfpoortstraat 7.

Vestingmuseum MUSÉE
(Musée de la Forteresse ; www.vestingmuseum.nl ; West-walstraat 6 ; adulte/enfant 6/4 € ; ⌚10h30-17h mar-ven, 12h-17h sam et dim). Le Vestingmuseum permet de replacer l'immense forteresse dans son contexte. Celle-ci serait la seule en Europe à demeurer protégée par une double enceinte et deux fossés. On peut s'y balader sur la totalité des remparts avant de descendre dans les casemates pour un aperçu de la vie de soldat.

Grote Kerk ÉGLISE
(www.grotekerknaarden.nl ; Markstraat 13 ; ⌚10h30-16h30 mar-sam, 13h30-16h30 dim et lun mi-juin à sept). La haute tour de la Grote Kerk, située au centre de la citadelle, est facilement repérable. Cette basilique gothique possède une magnifique voûte du XVIe siècle ornée de scènes bibliques. Il est possible de monter au sommet de la tour (265 marches), d'où l'on a une belle vue sur la verdure du Gooi et sur la Vecht. Des concerts d'orgue y sont organisés toute l'année.

Comenius Museum MUSÉE
(www.comeniusmuseum.nl ; Kloosterstraat 33 ; adulte/enfant 5 €/gratuit ; ⌚12h-17h mar-dim). La Waalse Kapel abrite la sépulture du Tchèque Jan Amos Komenský (Comenius), célèbre réformateur du système éducatif au XVIIe siècle. Le Comenius Museum voisin présente sa vie et ses travaux (il prôna l'éducation pour tous, riches comme pauvres).

Circuits organisés

Balades en bateau SUR L'EAU
(www.vestingvaart.nl ; adulte/enfant 6,50/4,50 € ; ⌚13h-16h avr-oct). D'agréables promenades d'une heure à bord de bateaux anciens, dans les douves puis à la découverte de quelques zones naturelles couvertes de roseaux.

Où se restaurer

L'enceinte de la forteresse recèle quelques très bonnes adresses.

Passionata TRAITEUR €
(www.passionata-naarden.nl ; Marktstraat 31 ; en-cas à partir de 3 € ; ⌚10h-18h mar-dim). Cette épicerie-traiteur italienne est la source d'approvisionnement parfaite pour un pique-nique, à déguster ensuite sur les remparts. Les sandwichs grillés sont un régal.

L'ASSÈCHEMENT DU ZUIDERZEE

À l'origine, le littoral des Pays-Bas s'étendait jusqu'aux plages de sable de Texel et des îles de la Frise. Mais la mer, implacable, semble n'avoir jamais accepté de telles limites : à la fin du XIIIe siècle, poussées par plusieurs tempêtes, les eaux salées emportèrent les fragiles barrières naturelles de la zone et s'engouffrèrent profondément à l'intérieur des terres, créant ainsi le Zuiderzee (littéralement "mer du Sud").

Durant des siècles, les instances dirigeantes néerlandaises ont rêvé d'assécher le Zuiderzee afin de gagner sur la mer d'immenses et précieuses étendues de terres agricoles. Les pêcheurs des villages installés sur ses rives voyaient les choses d'un autre œil, même si les eaux de cette mer peu profonde ne cessaient d'inonder leurs maisons et leurs ateliers, emportant souvent des vies au passage. Il fallait trouver une solution à ce problème et le seul moyen qui se présentait de dompter les vagues consistait à leur bloquer le passage.

La construction d'une immense digue fut proposée dès le milieu du XVIIe siècle, mais ce n'est qu'à la fin du XIXe siècle, grâce au développement de nouvelles techniques, que ce projet put enfin devenir réalité. L'ingénieur Cornelis Lely, qui donna son nom à la ville de Lelystad, fut le premier à dessiner une barrière de rétention. En 1916, une grave inondation donna le coup d'envoi au projet, dont la construction débuta en 1927. Les pêcheurs firent part de leur inquiétude quant à leur source de revenus et des voix s'élevèrent pour évoquer le risque que les îles des Wadden ne disparaissent sous la montée des eaux. Si la première source d'inquiétude s'avérait légitime, la seconde se révéla infondée.

En 1932, le Zuiderzee fut fermé en grande pompe par l'Afsluitdijk (digue barrière), une impressionnante retenue de 30 km de long sur 90 m de large, reliant les provinces de Hollande-Septentrionale et de Frise. Le niveau de l'eau resta relativement stable, mais le projet signa en effet la mort de l'industrie de la pêche, car le bassin se remplit progressivement de l'eau douce apportée par la rivière IJssel – l'IJsselmeer était né. Cependant, de vastes étendues de terres furent créées, rapidement transformées en *polders* (bandes de terres agricoles séparées par des canaux) cultivables. Une seconde barrière entre Enkhuizen et Lelystad fut achevée en 1976 – donnant ainsi naissance au Markermeer – avec l'idée de lancer la phase d'assèchement suivante, mais ce projet fut abandonné en raison de son coût et de préoccupations environnementales.

Pour plus d'informations sur cette gigantesque entreprise humaine, rendez-vous au musée Nieuw Land (p. 136) de Lelystad, qui présente dans le détail le processus d'assèchement.

Fine BRASSERIE €€
(☎694 48 68 ; www.restaurantfine.nl ; Marktstraat 66 ; plats 20-25 €). À la fois bar et restaurant intimiste, cette belle adresse en bord de canal accueille régulièrement des expositions artistiques. La carte met à l'honneur les produits de la mer locaux et les moules durant la saison de pêche. On peut aussi s'y arrêter pour un simple verre de vin accompagné d'une planche de fromages.

ℹ Renseignements

Office du tourisme (VVV ; www.vvvgooivecht.nl ; Utrecht Gate, Westwalstraat 6 ; ⌚12h-15h mar-dim). Dans l'ancienne caserne ; propose un circuit autoguidé en anglais et des listes d'hébergement. Il existe un parking très pratique juste à côté.

ℹ Comment s'y rendre et circuler

TRAIN Des trains directs relient Amsterdam Centraal Station à Naarden-Bussum (5 €, 25 min, 2/heure). Depuis la gare, le bus n° 110 (5 min, 2/heure) va jusqu'à la forteresse. La balade de 20 minutes à pied pour s'y rendre est également très agréable.

VÉLO La véloroute **LF23** traverse Naarden-Vesting : c'est un excellent moyen de découvrir l'ensemble des douves en forme d'étoile et le lac voisin de Gooimeer. Le fort de Muiden se trouve à 11 km au nord-ouest sur la **LF23**.

LE FLEVOLAND

Le Flevoland, la 12e et la plus récente des provinces néerlandaises, est un véritable chef-d'œuvre en matière d'hydro-ingénierie. Au début des années 1920, un ambitieux projet vit le jour afin de récupérer sur la mer plus de 1 400 km² de terre. L'idée elle-même remontait au XVIIe siècle et l'achèvement de l'Afsluitdijk (digue de fermeture) ouvrit la voie à la création du Flevoland. Des digues successives furent élevées, permettant ainsi de pomper très lentement l'eau de la zone. Le Noordoostpolder, qui faisait jadis partie de la province de l'Overijssel, fut inauguré en 1942, suivi par le Flevoland de l'Est (1957) puis du Sud (1968). Les premières autorisations d'installation furent accordées aux travailleurs ayant participé à l'assèchement et aux agriculteurs, notamment ceux de Zélande, qui avaient tout perdu lors de la grande inondation de 1953.

Les villes qui s'y élevèrent sont bien loin des cités du Siècle d'or. Les principaux centres – Almere, Lelystad et Emmeloord – sont de fait plutôt ternes, organisés selon des plans quadrillés monotones. Lelystad propose néanmoins quelques attractions intéressantes et la nouvelle ligne ferroviaire permet d'y faire une halte lors d'un trajet vers le nord-est. Les principaux points d'intérêt sont les vieux villages de pêcheurs d'Urk et de Schokland.

Lelystad

☎0320 / 74 000 HABITANTS

Espace décousu dominé par une architecture moderne sans aucun charme, Lelystad, capitale de la province du Flevoland, est un bon exemple de planification urbaine ratée. Les principales raisons d'une visite dans cette étendue d'acier et de béton sont ses trois musées, qui sauront occuper parents et enfants durant plusieurs heures.

À voir

Les deux principales attractions de Lelystad, l'exposition du Batavia et le musée Nieuw Land, sont situées près du Bataviastad, réplique d'un fort abritant un immense centre commercial, à 3 km à l'ouest de la gare, où tout est démesuré, même la foule qui s'y presse. Le bus n°7 (10 min, 2 à 4/heure) relie les musées à la gare ferroviaire. Se garer sur place est un vrai casse-tête : on accède au parking depuis la N302 en direction de l'IJsselmeer.

Bataviawerf SITE HISTORIQUE

(Chantier Batavia ; www.bataviawerf.nl ; Oostvaardersdijk 1-9 ; adulte/enfant 11/5,50 € ; ⌚10h-17h). Bataviawerf abrite la réplique d'une frégate marchande néerlandaise du XVIIe siècle, la *Batavia,* résultat d'un chantier de reconstitution de 10 ans. L'original était, à l'époque, l'équivalent du célèbre *Titanic* : un énorme navire très coûteux et prétendument insubmersible. Tout comme son homologue, le *Batavia,* plein à ras bord de canons et de denrées destinées aux colonies, coula en 1629 lors de son tout premier voyage, au large de la côte ouest de l'Australie. La réplique sauva l'honneur de son prédécesseur en faisant la traversée du Pacifique en 2000.

L'immense squelette de bois patiné qui se tient à ses côtés appartient au *Sept Provinces,* réplique de l'énorme vaisseau amiral de l'amiral Michiel De Ruijter, également du

À NE PAS MANQUER

SCHOKLAND

Installée sur une île sans relief, la communauté de Schokland vivota pendant des centaines d'années sur une longue et étroite bande de terre au sein du Zuiderzee. Mais au milieu du XIXe siècle, l'heure était venue de quitter les lieux : les prix du poisson dégringolaient et de terribles tempêtes grignotaient petit à petit la surface de l'île. Les courageux habitants s'accrochaient à leur terre, en dépit de leurs épouvantables conditions de vie, contraignant Guillaume II à ordonner leur évacuation en 1859. Tout comme Urk, Schokland fut finalement engloutie par le Noordoostpolder au XXe siècle.

Le **Schokland Museum** (www.schokland.nl ; Middelbuurt 3 ; adulte/enfant 5/3,50 € ; ⌚10h-17h mar-dim avr-oct, tlj juil et août, vend-dim nov-mars) offre un aperçu de ce passé torturé en faisant le récit détaillé de l'histoire de l'île, désormais patrimoine mondial de l'Unesco, notamment grâce à une intéressante vidéo (en anglais). Depuis le sentier le plus bas, on aperçoit la barrière de protection en forme de proue de navire édifiée à partir de grands pieux de bois, qui donne une idée de la hauteur des vagues en ce lieu. Ironie du sort, depuis le drainage de la zone, les fondations ont commencé à sécher. Schokland est en train de s'enfoncer, mais plus dans la mer, heureusement.

Aucun transport public ne dessert le musée. À vélo, la LF15 venue d'Urk, 14 km à l'ouest, traverse le lieu. Une fois sur place, on peut suivre un itinéraire de 10 km tout autour de l'ancienne île.

XVIIe siècle. Sa construction dure depuis plusieurs années, par à-coups, et aucune date d'achèvement n'est pour l'instant en vue. Dans un bâtiment séparé, l'Institut néerlandais d'archéologie sous-marine expose les vestiges d'un navire romain vieux de 2 000 ans, découvert près d'Utrecht.

Nieuw Land MUSÉE

(www.nieuwlanderfgoed.nl ; Oostvaardersdijk 1-13 ; adulte/enfant 7,50/3,50 € ; ⌚10h-17h mar-ven, 11h30-17h sam et dim, également 10h-17h lun juil et août). Près de la moitié des Pays-Bas a été créée par l'assèchement d'immenses étendues de terrain. Nieuw Land propose des expositions sur ces *polders*, destinées aux enfants. Ils peuvent y bâtir des maquettes de ponts ou de retenues et faire passer des bateaux dans des écluses.

Luchtvaart Themapark Aviodrome MUSÉE

(www.aviodrome.nl ; Dakotaweg 11a ; adulte/enfant 16/14 € ; ⌚10h-17h mar-dim). Nul n'a reculé devant la dépense pour créer le Luchtvaart Themapark Aviodrome. Ce gigantesque musée expose 70 avions anciens, dont une réplique du Flyer des frères Wright (1902), le triplan de la Première Guerre mondiale du baron von Richthofen, un Spitfire et un Boeing 747 de la compagnie KLM. Il est aussi possible d'y jouer les contrôleurs aériens dans une tour de contrôle reconstituée ou de regarder des films sur l'aviation dans un cinéma géant. Le musée se trouve sur l'aéroport de Lelystad, 4 km à l'est de la ville (bus n°148 depuis la gare ferroviaire).

Où se restaurer

Les chaînes et les fast-foods tiennent le haut du pavé à Lelystad. Quelques cafés occupent la vaste esplanade à côté du Nieuw Land.

Depuis/vers Lelystad

TRAIN La gare de Lelystad se trouve sur la ligne de Hanze qui a été étendue jusqu'à Kampen et Zwolle. Des trains directs desservent désormais Groningen, Leeuwarden, Zwolle et Amsterdam (9 €, 40 min, 2/heure) via Lelystad.

VÉLO La véloroute **LF20** part à proximité de Muiden puis traverse le *polder* sur 44 km jusqu'à Lelystad avant de bifurquer vers les quais et les musées. De là, elle continue vers le nord-est jusqu'à Urk.

Urk

☎0527 / 18 400 HABITANTS

Cette localité était jadis une fière petite île (assez semblable à Marken dans l'IJsselmeer), qui abritait une flotte de pêche de belle taille et une balise importante, destinée aux navires qui s'engageaient dans la mer du Nord. Dans les années 1940, Urk rejoignit bien malgré elle le continent lorsque le Noordoostpolder environnant fut asséché.

Bien que désormais coupée de la mer du Nord, la ville est toujours un centre actif dans l'industrie des produits de la mer. En s'enfonçant dans la ville, une fois passés les lotissements modernes, on découvre un tertre sur lequel est installée la vieille ville, avec quelques attractions intéressantes et une vue sur le port de pêche.

Des dizaines de bateaux de pêche sont amarrés autour du **port**. À l'extrémité ouest de la ville, la promenade côtière qui contourne le **phare** sera l'occasion de goûter un peu au folklore local. À seulement 70 m du rivage se trouve l'Ommelebommelestien, un rocher glissant qui serait, dit-on, le lieu de naissance de tous les authentiques habitants d'Urk. Toujours selon la légende, les cigognes n'étaient pour rien dans la livraison des enfants, que leur père devait en revanche aller chercher à la rame sur le rocher.

Les piliers qui soutiennent l'église du village, la **Kerkje aan de Zee** (Wijk 3) sont tous d'anciens mâts de navires de la Compagnie néerlandaise des Indes orientales, qui rapportèrent des marchandises exotiques des lointains comptoirs. Des maquettes de navires ornent l'intérieur de l'église, où une chorale offre parfois de beaux récitals. À proximité se trouve le **monument aux pêcheurs**, statue d'une femme solitaire à la robe gonflée regardant vers le large, où disparurent tant d'êtres chers. Des tablettes de marbre tout autour font la liste des marins d'Urk qui ne revinrent jamais – nom, âge et numéro d'identification du navire. Des noms continuent de s'y ajouter aujourd'hui encore.

Le bus n°141 relie Urk et Kampen (50 min, 4/heure) à Zwolle. Le service est très réduit le dimanche.

Urk est à 34 km au nord-ouest de Lelystad sur la véloroute **LF20**. Zwolle, dans l'Overijssel, est à 50 km au sud-est sur la **LF15**, une belle piste longeant les digues, les rivières et le Schokland.

Utrecht

Dans ce chapitre »

Le top des restaurants

» Blauw (p. 143)
» Polman's (p. 143)
» Deeg (p. 143)
» Corazon Coffee (p. 146)

Le top des hébergements

» B&B Utrecht (p. 142)
» Mary K Hotel (p. 142)
» Grand Hotel Karel V (p. 143)

Pourquoi y aller ?

Il ne faut pas sous-estimer la petite province d'Utrecht. Sa ville éponyme – connue pour son centre historique, ses canaux bordés d'arbres et son université, la plus importante du pays – mérite qu'on s'y attarde. Elle offre une ambiance dynamique et compte quantité de bars et de cafés branchés, ainsi que plusieurs musées, petits et grands. On peut s'y rendre seulement pour une excursion plaisante d'une journée au départ d'Amsterdam. En arpentant ses ruelles, on découvre de superbes vestiges du XVIIe siècle.

Dans cette province peu étendue, on peut découvrir à vélo, en moins d'une journée, d'imposants châteaux et de petites bourgades. Le splendide Kasteel de Haar, aux portes d'Utrecht, est l'un des plus beaux châteaux du pays. Amersfoort, au charme médiéval, rend hommage à son enfant prodige, le peintre Piet Mondrian, l'un des pères de l'abstraction. Dans le sud-ouest de la province, Oudewater demeure associée au rituel de pesée des femmes accusées de sorcellerie (les fans de *Sacré Graal* des Monty Python apprécieront).

Quand partir

Cette province située au cœur des Pays-Bas jouit d'un climat tempéré. En hiver, le temps est froid et humide. La saison d'avril à octobre révèle généralement de belles journées ensoleillées : il s'agit de la meilleure période pour passer une journée à sillonner la province à vélo. En automne, la ville d'Utrecht accueille de grandes fêtes autour de la bière artisanale, de nombreux bars et cafés proposant alors le breuvage de saison à la pression.

UTRECHT

☎030 / 317 000 HABITANTS

La ville, l'une des plus anciennes des Pays-Bas, possède un centre historique peu étendu, concentré autour d'un réseau de canaux tout à fait unique. Au XIIIe siècle, des entrepôts furent aménagés au niveau de l'eau, en contrebas de la rue, pour faciliter le transport des marchandises ; ils accueillent aujourd'hui des bars et des restaurants.

La gare ferroviaire donne sur un vaste centre commercial sans attrait, l'Hoog Catharijne, dont la traversée semble interminable. Une fois sorti, on se dirige vers l'est pour rejoindre la vieille ville et l'on perçoit enfin tout le charme d'Utrecht.

Le quartier de la gare subit actuellement d'importants travaux de rénovation qui devraient lui offrir davantage d'attrait. Certaines rues construites sur d'anciens

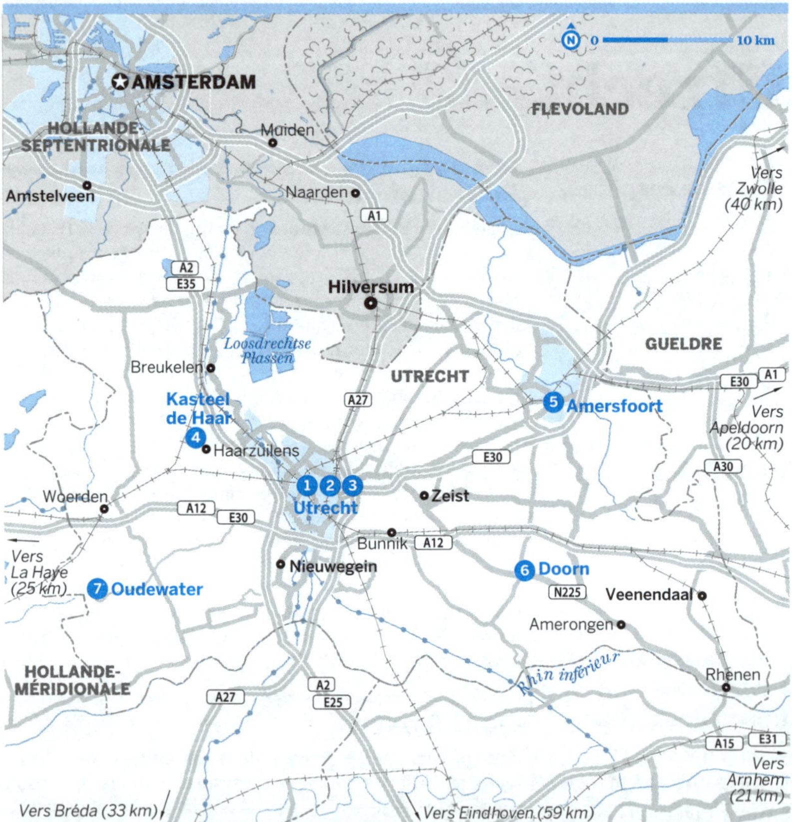

À ne pas manquer

1. La vue sur Amsterdam, à 50 km au nord-ouest, depuis le **Domtoren** (p. 139), le campanile de la cathédrale d'Utrecht érigé au XIVe siècle
2. Les bars et les restaurants au bord de l'eau, le long des **canaux sur deux niveaux** (p. 136) d'Utrecht
3. La culture estudiantine et la **vie nocturne** (p. 144) animée d'Utrecht
4. L'imposant **Kasteel de Haar** (p. 145) et son riche passé
5. Les étroits canaux et les ruelles médiévales d'**Amersfoort** (p. 145)
6. Une promenade à vélo jusqu'au **Huis Doorn** (p. 147), château transformé en manoir
7. Une séance de pesée sur les grandes balances d'**Oudewater** (p. 147)

canaux, dont Catharijnebaan, retrouvent leur vocation d'origine et la gare sera remplacée par un bâtiment en harmonie avec le centre historique. Fin des travaux prévue pour 2019 (www.nieuwhc.nl).

Avec ses 40 000 étudiants, Utrecht abrite la plus importante population estudiantine du pays et offre une ambiance dynamique.

Histoire

À l'époque romaine, la cité, alors appelée Trajectum, était traversée par le Rhin. Foyer des missions d'évangélisation dès le VIIe siècle et important centre chrétien durant le Moyen Âge, Utrecht fut, dès le XIe siècle, un haut lieu de culture et d'enseignement, alors Amsterdam n'était encore qu'un port de pêche peu engageant.

Acte fondateur des Provinces-Unies, l'Union d'Utrecht fut signée le 23 janvier 1579 en réponse à l'Union d'Arras, formée par les provinces catholiques des Pays-Bas, signée quelques jours plus tôt. Instituant le protestantisme religion officielle, elle interdit toutefois de persécuter les catholiques. L'université d'Utrecht fut fondée en 1636, un an avant la publication du *Discours de la méthode* par René Descartes, alors que le philosophe français s'était installé en ville.

En 1702, au terme de plusieurs siècles de rivalité entre l'évêché d'Utrecht et l'Église catholique romaine, l'évêque de la ville fut révoqué pour avoir réfuté l'infaillibilité pontificale. Le schisme qui en résulta entraîna la naissance de l'Église vieille-catholique d'Utrecht, en 1723. Le nombre de ses fidèles ne cessa de croître et, en 1889, la ville accueillit un vaste rassemblement. Par la suite, l'Église vieille-catholique perdit peu à peu ses adeptes et compte aujourd'hui moins de 10 000 membres aux Pays-Bas.

À voir

Les principales curiosités de la ville se situent à moins de 500 m du Domtoren. Toutefois, le quartier des musées, à quelques centaines de mètres au sud, constitue une agréable balade. Utrecht prend soin de ses musées et en compte plus d'une douzaine – certains sont particulièrement originaux.

En déambulant dans la ville, privilégiez les canaux qui coupent Utrecht en deux, l'**Oudegracht** et le **Nieuwegracht**, l'ancien canal et le nouveau, datant respectivement des XIe et XIVe siècles. Un troisième canal circulaire (*singel*), le **Stadsbuitengracht**, délimite le centre historique.

Le soir venu, le coude dessiné par l'Oudegracht est joliment éclairé, offrant un cadre photogénique. Plus au sud, le canal offre son plus beau visage, les rues sont plus tranquilles et s'étirent sur un kilomètre jusqu'à la pointe sud de la vieille ville.

Dans le sud-est du quartier historique, le Stadsbuitengracht longe plusieurs parcs aménagés sur le site des anciennes fortifications. On peut se promener le long de ce canal et revenir vers le nord en suivant le paisible Nieuwegracht, bordé de belles demeures et de vieux ormes majestueux.

Domtoren BÂTIMENT HISTORIQUE

(Campanile de la cathédrale ; www.domtoren.nl ; Domplein ; tarif plein/réduit 9/5 € ; 11h-16h). Le Domtoren, haut de 112 m, compte 465 marches et 50 cloches. L'ascension est ardue mais le panorama sur la ville vous récompensera amplement de vos efforts. On peut même apercevoir Amsterdam par temps clair. Très complète, la visite guidée (en néerlandais ou en anglais) permet d'en savoir plus sur ce bel édifice.

Achevées au XIVe siècle, au terme de près de trois siècles de travaux, la cathédrale et sa tour constituent les vestiges médiévaux majeurs de cette ville qui recensait autrefois plus de 40 cathédrales. En 1674, les vents violents de la mer du Nord détruisirent la nef de la cathédrale, n'épargnant que le campanile et le transept.

Domkerk CATHÉDRALE

(www.domkerk.nl ; Achter de Dom 1 ; 10h-17h mai-sept, 11h-16h oct-avr). Juste au nord du Domtoren, repérez la rangée de pavés qui délimitaient l'ancienne nef ; de l'autre côté se situe le Domkerk, chœur préservé de l'ancienne cathédrale, où se trouvent encore quelques tombeaux. Durant la **visite guidée** (tarif plein/réduit 8/4,50 € ; 11h45 et 14h45 sam, 12h et 14h45 dim), on peut apercevoir le **Trésor** (Schatkamer) de la cathédrale, toujours en cours d'excavation ; billets en vente à l'office du tourisme (p. 144). De retour à l'extérieur, observez les marques récentes qui indiquent les anciennes limites de la cité romaine.

Derrière l'église, on découvre le **Kloostergan**, jardin monastique et havre de paix.

Université d'Utrecht BÂTIMENT HISTORIQUE

(Domplein) Les édifices du XIXe siècle qui s'élèvent sur le côté est de Domplein abritent les bâtiments officiels de l'université d'Utrecht, englobe le chapitre de la vieille église où fut signé le traité d'Utrecht (voir ci-contre).

Utrecht

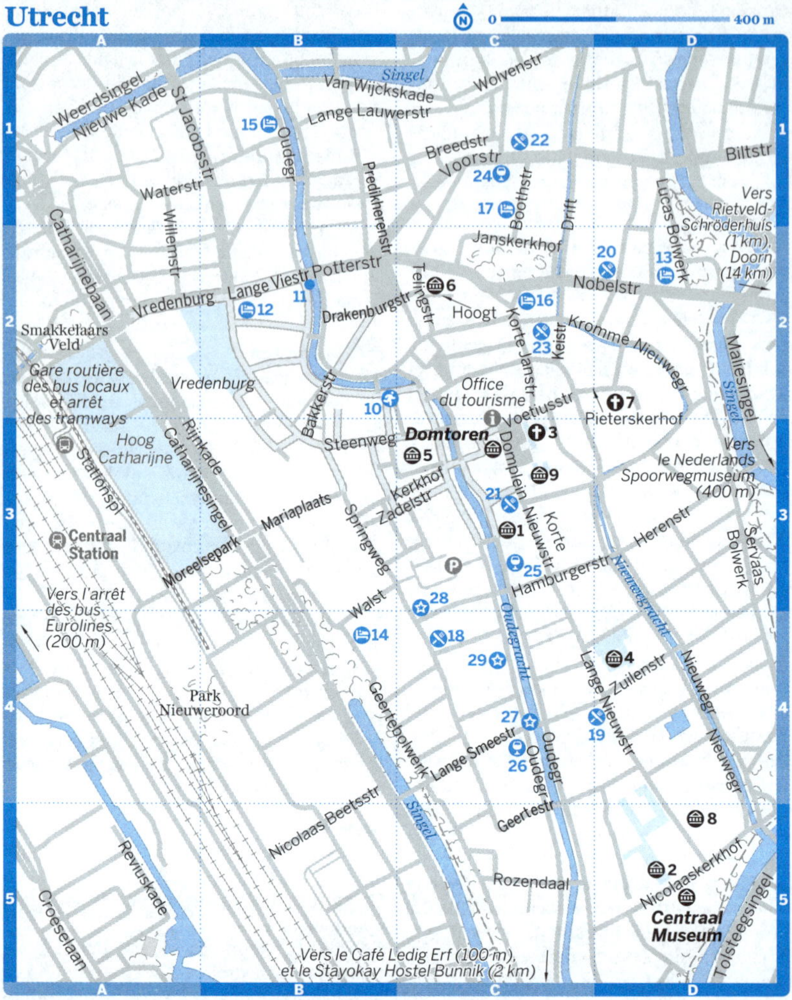

Centraal Museum MUSÉE

(www.centraalmuseum.nl ; Nicolaaskerkhof 10 ; tarif plein/réduit 9/4 € ; 11h-17h mar-dim). Le Centraal Museum possède une large collection, allant des arts décoratifs du XVIIe siècle aux tableaux de maîtres de l'école d'Utrecht, et comprenant des œuvres du mouvement De Stijl (voir p. 277) – dont la plus grande collection d'œuvres du designer et architecte Gerrit Rietveld. Le musée expose également un drakkar viking du XIIe siècle retrouvé dans la vase des canaux, ainsi qu'une somptueuse maison de poupées du XVIIe siècle. Le billet d'entrée donne accès à la maison de Dick Bruna et à la Rietveld-Schröderhuis.

Maison de Dick Bruna MUSÉE

(www.dickbrunahuis.nl ; Nicolaaskerkhof 10 ; 11h-17h mar-dim). Enfant chéri d'Utrecht, l'auteur et illustrateur Dick Bruna est le créateur de *Miffy*, petit lapin héros des livres pour la jeunesse (voir encadré p. 142), qui occupe une place de choix dans l'**atelier** de l'artiste, face au musée. Les enfants seront séduits !

Rietveld-Schröderhuis BÂTIMENT HISTORIQUE

(réservations 236 23 10 ; Prins Hendriklaan 50 ; 3 € en plus du billet du Centraal Museum ; 11h-17h mer-dim). Inscrit au patrimoine mondial de l'Unesco, ce site emblématique se dresse juste à la limite du centre-ville. Bâtie en 1924

Utrecht

Les incontournables
- Centraal Museum D5
- Domtoren C3

À voir
- 1 Aboriginal Art Museum C3
- 2 Maison de Dick Bruna D5
- 3 Domkerk C3
- 4 Museum Catharijneconvent D4
- 5 Museum Speelklok C3
- 6 Museum voor het Kruideniersbedrijf C2
- 7 Pieterskerk D2
- 8 Universiteitsmuseum D5
- 9 Université d'Utrecht C3

Activités
- 10 Pédalos B2
- 11 Promenades sur les canaux B2

Où se loger
- 12 Apollo Hotel Utrecht City Centre B2
- 13 B&B Utrecht D2
- 14 Grand Hotel Karel V B4
- 15 Mary K Hotel B1
- 16 NH Centre Utrecht Hotel C2
- 17 Strowis Budget Hostel C1

Où se restaurer
- 18 Blauw C4
- Café Springhaver ..... (voir 28)
- 19 Deeg D4
- 20 Florin D2
- 21 Lokaal de Reunie C3
- 22 Opium C1
- 23 Polman's C2

Où prendre un verre
- 24 ACU C1
- 25 Kafé België C3
- 26 't Oude Pothuys C4

Où sortir
- 27 Cees Place C4
- 28 Springhaver Theater C3
- 29 Tivoli C4

par Gerrit Rietveld, natif d'Utrecht, la maison est une parfaite illustration des principes du mouvement De Stijl, appliqués à l'architecture. Seules les couleurs primaires (rouge, bleu, jaune) et les "non-couleurs" (blanc, gris et noir) ont été utilisées – l'un des principes du mouvement. Visites guidées uniquement, à réserver auprès du Centraal Museum (voir le site Internet pour plus d'informations) ; le musée vous remettra le plan d'une agréable promenade de 25 min jusqu'à la maison ou vous prêtera gratuitement un vélo.

Museum Catharijneconvent — MUSÉE

(www.catharijneconvent.nl ; Lange Nieuwegracht 38 ; tarif plein/réduit 12/7 € ; 10h-17h mar-ven, 11h-17h sam et dim). Le musée du couvent Sainte-Catherine est le plus intéressant d'Utrecht. Il expose la plus belle collection d'œuvres d'art religieux des Pays-Bas – retraçant pour ainsi dire l'histoire du christianisme – dans un couvent gothique et une demeure du XVIIIe siècle en bordure de canal. Ne manquez pas les manuscrits aux enluminures et les rares Rembrandt.

Pieterskerk — ÉGLISE

(www.kerkenkijken.nl ; Voetiusstraat ; 12h-16h mar-dim juil-sept). Laissez derrière vous la Domkerk, descendez la Voetiusstraat jusqu'à la Pieterskerk, édifiée en 1048. La plus vieille église romane du pays a subi de gros dégâts lors de la tempête de 1674, puis en 1965 lors de travaux de restauration douteux. Les horaires d'ouverture sont aléatoires : tentez votre chance le vendredi ou le samedi.

Universiteitsmuseum — MUSÉE

(253 87 28 ; www.museum.uu.nl ; Lange Nieuwstraat 106 ; tarif plein/réduit 7/3,50 € ; 11h-17h). Le musée de l'Université propose des expositions scientifiques interactives et retrace l'histoire des recherches de l'université d'Utrecht au fil des siècles. On peut y voir une salle de classe de la fin du XIXe, d'anciens ustensiles de dentiste et les représentations de nombreuses maladies. Oasis de tranquillité, le jardin botanique à l'arrière du musée, **De Oude Hortus**, est planté d'essences vénérables et d'espèces rares, rapportées par les explorateurs, comme le ginkgo.

Nederlands Spoorwegmuseum — MUSÉE

(Musée des Chemins de fer néerlandais ; www.spoorwegmuseum.nl ; Maliebaanstation ; 14,50 € ; 10h-17h mar-dim). Aménagé dans une ancienne gare, ce musée national abrite de vieux trains et présente des expositions thématiques. Son petit train à grande vitesse enchante les plus jeunes. Prendre le bus n°3 au départ d'Utrecht CS jusqu'à Maliebaan, puis marcher environ 5 min vers le sud-est.

MIFFY ET DICK

Le dessinateur Dick Bruna est né à Utrecht en 1927 et y a passé toute sa vie. Sa création la plus célèbre est Miffy – Nijntje aux Pays-Bas – un petit lapin avec des points à la place des yeux et une bouche en forme de croix, qui inspira sans doute les créateurs de Hello Kitty.

La carrière de Dick Bruna ne se résume toutefois pas à ce personnage. Le Néerlandais a écrit et illustré plus de 120 livres pour enfants, dessiné plus de 2 000 couvertures et participé à des centaines d'autres ouvrages, affiches, cartes postales et gravures. Bruna continue de se rendre chaque matin dans son atelier d'Utrecht et demeure en quête du dessin parfait. Il a déclaré : "Je ne ferai jamais d'illustration en 3 D, je n'ai pas suffisamment simplifié la 2 D." En France, les aventures de Miffy sont publiées aux éditions Tourbillon. Plus d'informations sur www.editions-tourbillon.fr et sur www.miffy.com (en anglais).

Aboriginal Art Museum MUSÉE
(www.aamu.nl ; Oudegracht 176 ; tarif plein/réduit 9/5 € ; 10h-17h mar-ven, 11h-17h sam et dim). Pour changer un peu des Rembrandt et autres Van Gogh, le musée des Arts aborigènes présente des œuvres contemporaines d'art aborigène australien.

Museum voor het Kruideniersbedrijf MUSÉE
(Musée de l'Épicerie ; www.kruideniersmuseum.nl ; Hoogt 6 ; 12h30-16h30 mar-sam). Cette réplique d'une épicerie ancienne n'est pas qu'un musée : c'est aussi une boutique, où d'adorables dames en tablier vendent des sucreries et du thé (et des lentilles, de la moutarde...). Selon la tradition, les bonbons à la réglisse se mélangent à du lait chaud.

Museum Speelklok MUSÉE
(Musée de l'Horloge musicale ; 231 27 89 ; www.museumspeelklok.nl ; Steenweg 6 ; tarif plein/réduit 9,50/5,50 € ; 10h-17h mar-dim). Ce musée abrite une belle collection d'horloges à carillons et de boîtes à musique remontant parfois au XVIIIe siècle. Des visites guidées, avec démonstration, sont organisées toutes les heures et l'atelier de restauration vous permet de découvrir les mécaniques élaborées de ces petits bijoux.

Activités

Promenades sur les canaux AU FIL DE L'EAU
(www.schuttevaer.com ; Oudegracht a/d Werf 85 ; tarif plein/réduit 10/7 € ; 11h-16h mai-août). Une croisière d'une heure sur les canaux est une agréable façon de découvrir la vieille ville et les anciens entrepôts situés au niveau des eaux. L'embarcadère se trouve sur l'Oudegracht, juste au sud de Lange Viestraat.

Pédalos PLAISANCE
(www.canal.nl ; 8 €/h/pers). Vous pouvez louer des pédalos devant la bibliothèque municipale.

Fêtes et festivals

Holland Festival Oude Muziek FESTIVAL DE MUSIQUE
(Festival hollandais de musique ancienne ; www.oudemuziek.nl). Organisé fin août, ce festival célèbre la musique de la période médiévale jusqu'au baroque.

Nederlands Film Festival FESTIVAL DE CINÉMA
(NFF ; www.filmfestival.nl). Si modeste soit-il, le cinéma néerlandais offre des productions de qualité, comme on peut en juger chaque année au NFF, qui se tient fin septembre et se clôture par la remise du "Veau d'Or".

Où se loger

B&B Utrecht PENSION €
(06 5043 4884 ; www.hostelutrecht.nl ; Lucas Bolwerk 4 ; dort/ch à partir de 21/60 € ;). Entre auberge de jeunesse et hôtel, cette pension irréprochable, aménagée dans une élégante vieille bâtisse, n'est pas sans évoquer l'ambiance d'une grande chaîne de mobilier danoise. Petit déjeuner, déjeuner et provisions pour le dîner sont tous offerts par la maison ! Tout comme l'accès Internet (dans une salle d'informatique équipée de scanners et d'imprimantes), et l'accès à de nombreux instruments de musique et aux DVD.

Mary K Hotel HÔTEL €€
(230 48 88 ; www.marykhotel.com ; Oudegracht 25 ; ch 120-180 € ;). Des artistes et designers d'Utrecht ont décoré les chambres de ce nouvel hôtel, original et idéalement situé. Il existe trois sortes de chambres (petite, moyenne, grande) mais aucune n'est semblable à une autre. Toutes révèlent cependant le goût du détail (poutres mises en valeur dans la salle de bains, peluche nichée dans les chevrons...). Dans une maison ancienne le long du canal.

Grand Hotel Karel V HÔTEL €€€
(233 75 55 ; www.karelv.nl ; Geertebolwerk 1, près de Walsteeg ; s/d à partir de 120/240 € ;). Aménagé dans un ancien monastère du XIVe siècle, l'hôtel le plus chic d'Utrecht offre un cadre et un service d'une élégance discrète. Ses 117 chambres sont réparties dans l'ancien manoir et dans une aile moderne. Le jardin clos est l'endroit idéal pour siroter un thé.

Sandton Malie Hotel HÔTEL €€
(231 64 24 ; www.maliehotel.nl ; Maliestraat 2 ; ch 110 € ;). Située dans une belle avenue arborée, cette demeure soignée du XIXe siècle dispose de 45 chambres spacieuses. Elle dégage un charme suranné, loin de l'agitation du centre. Joli jardin à l'arrière.

Strowis Budget Hostel AUBERGE DE JEUNESSE €
(238 02 80 ; www.strowis.nl ; Boothstraat 8 ; dort à partir de 18 €, ch 65 € ;). Non loin du centre, cette bâtisse du XVIIe siècle a été merveilleusement restaurée et reconvertie en auberge de jeunesse (dortoirs de 4 à 14 lits). Beau jardin ; location de vélos.

NH Centre Utrecht Hotel HÔTEL €€
(231 31 69 ; www.nh-hotels.com ; Janskerkhof 10 ; ch 100-200 € ;). Tradition et modernité s'accordent parfaitement dans cet hôtel plein de charme de 1870. Les 47 chambres tout confort (mini-bar, presse-pantalon, etc.) offrent un cadre raffiné et une belle vue.

Stayokay Hostel Bunnik AUBERGE DE JEUNESSE €
(656 12 77 ; www.stayokay.com ; Rhijnauwenselaan 14 ; dort/ch à partir de 24/67 € ; mars-oct ;). Cette vieille demeure charmante donnant sur un canal se situe à Bunnik, à 5 km à l'est du centre-ville, en bordure d'une réserve naturelle. Elle dispose de trois salles de restaurant, d'un bar et d'une ravissante terrasse. Tout près de la piste cyclable nationale **LF4** (on peut aussi prendre le bus n°40 ou 41 au départ de la gare ferroviaire d'Utrecht). Café avec Wi-Fi.

Apollo Hotel Utrecht City Centre HÔTEL €€
(233 12 32 ; www.apollohotelresorts.com ; Vredenburg 14 ; ch 90-200 € ;). Hôtel d'affaires discret, aux 90 chambres vastes et confortables. Celles du fond sont calmes ; celles sur rue ont vue sur les travaux du centre-ville.

Où se restaurer

Faites comme les habitants : évitez les restaurants agglutinés sur le quai de l'Oudegracht en plein cœur du centre historique, près de l'hôtel de ville. Le cadre est charmant mais le niveau culinaire de ces établissements laisse à désirer. Les bonnes tables d'Utrecht se trouvent ailleurs.

Blauw INDONÉSIEN €€€
(www.restaurantblauw.nl ; Springweg 64 ; menu à partir de 25 € ; dîner). LE restaurant de la ville où déguster des plats indonésiens raffinés. Jeunes et moins jeunes s'y régalent de délicieux *rijsttafels* (assortiment de plats relevés accompagnés de riz) dans un cadre aux teintes rouges associant objets d'art rétro et minimalisme branché.

Polman's GRAND CAFÉ €€
(www.polmanshuis.nl ; angle de Jansdam et Keistraat ; plats 12-25 €). Les convives sont accueillis dans une élégante ancienne salle de bal, avec fresques au plafond et motifs floraux. Influences françaises et italiennes dominent le menu et la longue carte des vins.

Deeg FUSION €€€
(233 11 04 ; www.restaurantdeeg.nl ; Lange Nieuwstraat 71 ; menus à partir de 35 € ; dîner). L'emplacement de ce bistrot, au coin d'une rue du quartier des musées, constitue son atout majeur. La carte, aux accents méditerranéens, change régulièrement et propose des produits locaux très frais. Nombreux ingrédients (dont le fromage) biologiques.

Opium ASIATIQUE €€
(231 55 15 ; www.restaurant-opium.nl ; Voorstraat 80 ; plats 15-20 € ; dîner). Un restaurant asiatique à la décoration très design. L'Opium associe mets d'Asie et produits locaux dans des assiettes superbement présentées. Un DJ assure l'ambiance sonore. Tables installées sur le trottoir (avec chauffage !) ou dans le bel atrium.

Café Springhaver CAFÉ €€
(www.springhaver.nl ; Springweg 50-52 ; plats 12-14 €). Ce café près du cinéma est parfait pour prendre un verre, un en-cas ou son dîner après une projection. Un petit endroit plein de charme dans une ruelle sinueuse, à l'écart de l'agitation. De nombreux ingrédients proviennent de fermes biologiques locales ; vaste choix de plats de saison.

Lokaal de Reunie CAFÉ €€
(231 01 00 ; www.lokaaldereunie.nl ; t Wed 3a ; plats 12-30 €). L'un des nombreux cafés pittoresques près du clocher de la cathédrale, qui se distingue par sa salle spacieuse et attrayante.

TRAINS AU DÉPART D'UTRECHT

DESTINATION	TARIF (€)	DURÉE (MINUTES)	FRÉQUENCE (PAR HEURE)
Amsterdam	7	30	4
La Haye (Den Haag)	10	40	6
Groningue (Groningen)	25	115	2
Maastricht	24	120	2
Rotterdam	10	40	4

Florin CAFÉ BRUN €
(www.florinutrecht.nl ; Nobelstraat 2-4 ; plats 9-15 €). Ses banquettes usées et ses tables en bois sont la marque de fabrique d'un bon café brun (voir p. 293). Le Florin accorde plus d'importance à ses plats que d'autres ; ses burgers, salades... attirent quantité d'étudiants chaque soir.

Où prendre un verre

't Oude Pothuys CAFÉ BRUN
(Oudegracht 279). Petit et sombre, ce bar en sous-sol accueille tous les soirs des concerts de jazz et de rock improvisés par des locaux. On sirote son verre au bord du canal.

ACU BAR
(www.acu.nl ; Voorstraat 71). Autoproclamé "centre culturel politique", l'ACU est un repaire d'étudiants qui fait office de bar et de lieu de représentations ou de conférences, entre autres. On philosophe en se régalant de plats bio végétariens. Avertissement aux clients : "Le racisme, le sexisme et l'homophobie ne sont pas acceptés."

Café Ledig Erf BAR
(Tolsteegbrug 3). Ce pub élégant surplombe la confluence de deux canaux (et d'autres cafés) à la pointe sud de la ville. Sa terrasse et sa carte des bières sont ses points forts. On y apprécie également le festival de la bière artisanale à l'automne.

Kafé België BAR
(Oudegracht 196). L'adresse incontournable des amateurs de bières, où l'on propose à la pression 20 variétés du Benelux et des plats bon marché pour absorber le tout. Quelques tables en extérieur au bord du canal.

Où sortir

Cees Place MUSIQUE LIVE
(www.ceesplace.nl ; Oudegracht a/d werf 275 ; mer-dim). Un lieu dynamique avec un excellent esprit. Le mercredi, c'est scène ouverte, le jeudi, jam sessions et le dimanche, soirée blues et rock. Des concerts sont également proposés les autres soirs. Au niveau inférieur d'une maison au bord du canal.

Tivoli MUSIQUE LIVE
(231 14 91 ; www.tivoli.nl ; Oudegracht 245). Cet ancien monastère, reconverti en immense boîte de nuit décorée de chandeliers, est un haut lieu de la scène musicale locale. S'y produisent aussi bien de grandes formations de jazz que de jeunes groupes british.

Springhaver Theater CINÉMA
(231 37 89 ; www.springhaver.nl ; Springweg 50-52). Un cinéma Art déco aux salles intimistes, qui programme des films d'art et d'essai et des productions indépendantes.

Achats

Une fois reconstruit, l'Hoog Catharijne deviendra peut-être un centre commercial sympathique. Entre cette galerie et l'hôtel de ville, les rues piétonnes sont jalonnées d'enseignes de grandes chaînes et de boutiques classiques. Vous trouverez des magasins plus originaux dans Voorstraat et le long de l'Oudegracht.

De vastes marchés se tiennent dans Vredenburg les mercredis, vendredis et samedis. Le plus insolite est la foire aux tissus qui a lieu le samedi dans Breedstraat.

Renseignements

Office du tourisme (VVV ; 0900 128 87 32 ; www.utrechtyourway.nl ; Domplein 9 ; 12h-17h dim et lun, 10h-17h mar-sam). Infos et billets pour le Domtoren.

Depuis/vers Utrecht

Utrecht est sur l'itinéraire de nombreuses pistes cyclables, de lignes ferroviaires et d'autoroutes desservant tout le pays.

BUS Vous trouverez un guichet **Eurolines** (www.eurolines.nl ; Stationsplein 57 ; 9h30-17h30 lun-ven, 10h-16h sam et dim) en face de la station de tramways. Les bus régionaux s'arrêtent sur le côté ouest de la gare ferroviaire à Jarbeursplein.

TRAIN Une fois achevée la rénovation du quartier de la gare, celle-ci sera remplacée par une structure vaste et aérienne qui ne sera plus attenante au centre commercial ; d'ici là, il faut s'attendre à un certain chaos. Les consignes, le magasin de vélos et tous les autres services seront déplacés. Utrecht CS (Centraal Station) est un nœud ferroviaire national ; vous y prendrez certainement l'une de vos correspondances.

VÉLO Le **LF9** file vers le nord en traversant des terres agricoles sur 23 km, jusqu'à l'embranchement avec le **LF23**, qui rallie la municipalité de Muiden et la Frise (Flevoland). Au sud, la piste traverse de riches zones de cultures et rejoint Breda. Reliant Alkmaar à Maastricht en 350 km, le long **LF7** passe également par Utrecht ; Amsterdam se trouve à 50 km au nord-ouest. Le **LF4** file vers l'est sur 80 km jusqu'à Arnhem.

Comment circuler

Les bus locaux et les tramways partent de l'arrêt situé sous le passage reliant la gare ferroviaire à l'Hoog Catharijne.

ENVIRONS D'UTRECHT

Loosdrechtse Plassen

La ville de Breukelen (à laquelle Brooklyn, à New York, doit son nom) se trouve à 10 km au nord-ouest d'Utrecht. La bourgade, sans grand intérêt, est le point d'accès aux Loosdrechtse Plassen, une succession de lacs formés par des tourbières inondées.

De nombreuses pistes cyclables longent les lacs et le paysage est superbe par endroits. Certains lacs demeurent assez sauvages, tandis que d'autres présentent de ravissantes maisons situées sur des îlots reliés à la route par de petits ponts.

Une excursion à vélo au départ d'Utrecht est la meilleure façon de visiter ce secteur situé à 15 km au nord-ouest par le **LF7**. Suivez les pancartes pour Breukelen. Autre possibilité : prendre le train entre Utrecht et Breukelen (3 €, 13 minutes, 4/heure).

Kasteel de Haar

Le **Kasteel de Haar** (☎677 85 15 ; www.kasteeldehaar.nl ; Kasteellaan 1 ; visite guidée tarif plein/réduit 12,50/9 €, jardins uniquement 3,50/2,50 € ; ⏲parc 10h-17h, visite guidée 11h-16h lun-ven, 10h-17h sam et dim mi-mars à déc), l'un des châteaux les plus imposants du pays, a été restauré il y a un peu plus d'un siècle. L'architecte P.J. Cuypers (à qui l'on doit le Rijksmuseum) a toutefois mal évalué le poids des fondations et l'on peut apercevoir de larges fissures par endroits, au-dessus des douves.

Cette forteresse édifiée dans les années 1500 a ainsi retrouvé son apparence d'origine, agrémentée de tout le confort matériel disponible à la fin du XIXe siècle. Le chantier était d'une telle ampleur que l'église et le hameau voisin d'Haarzuilens ont également été inclus. Le propriétaire du château, le baron Etienne van Zuylen, était allé jusqu'à faire déplacer l'ensemble du village pour récupérer l'espace nécessaire aux jardins et au terrain de chasse.

Le château est en effet entouré d'un vaste parc paysagé à l'anglaise, avec de larges allées, des étangs s'étirant comme des canaux et des statues. Près de l'entrée, le jardin baroque à la française porte la marque d'Hélène de Rothschild, épouse du baron et héritière de la célèbre famille – c'est sa fortune qui permit la restauration. On peut se contenter d'arpenter le parc du château.

Pour rejoindre le château depuis Utrecht, suivre l'A2 vers le nord jusqu'à la sortie 6 (Maarssen) et continuer vers l'est sur 2 km jusqu'à Haarzuilens. On peut aussi prendre le bus n°127 à la gare ferroviaire d'Utrecht en direction de Breukelen et descendre à Castle ou à Brink, d'où il reste 15 min de marche. Le château se situe le long du **LF4**, à 15 km à l'ouest d'Utrecht.

Amersfoort

☎033 / 149 000 HABITANTS

La bière, la laine et le tabac ont assuré la fortune d'Amersfoort dès le XVIe siècle. Cette cité bourgeoise compte de nombreuses demeures de négociants bien restaurées. Le centre historique, assez compact, permet de belles promenades le long des canaux ou dans les ruelles, à l'ambiance médiévale.

Amersfoort se prête à une halte pour qui voyage en train vers/depuis la Frise ou Groningue. On peut y faire une intéressante balade d'une heure avant un bon repas.

À voir et à faire

Le principal attrait d'Amersfoort tient à sa vieille ville, qui abrite de charmants petits canaux et plus de 300 bâtisses antérieures au XVIIIe siècle.

Kade Museum MUSÉE

(www.kunsthalkade.nl ; Smallepad 3 ; tarif plein/réduit 7/3,50 € ; ⌚11h-17h mar-ven, 12h-17h sam et dim). Ce musée original expose toutes sortes d'œuvres, de sculptures et d'installations d'art contemporain. Formidable café.

Musée Mondrian MUSÉE

(Mondriaanhuis ; www.mondriaanhuis.nl ; Kortegracht 11 ; tarif plein/réduit 6 €/gratuit ; ⌚10h-17h mar-ven, 12h-17h sam et dim). Piet Mondrian, peintre emblématique du mouvement De Stijl, est né à Amersfoort. Ce petit musée passionnant, aménagé dans sa maison natale, célèbre sa vie et son œuvre à travers une riche rétrospective (estampes, reproductions et quelques originaux), où les célèbres rectangles de couleur primaire prédominent.

VIEILLE VILLE

Le canal **Zuidsingel** constitue un bon point de départ : l'anneau intérieur du côté nord de la ville le long des **Muurhuizen** invite à la promenade. **Langestraat** est la principale artère commerçante, mais **Krommestraat** compte des enseignes dignes d'intérêt et originales. Ne manquez pas les vieilles maisons dans **Krankeledenstraat**, juste au nord de Langestraat.

La ville a conservé trois anciennes portes : **Koppelpoort**, édifiée au XVe siècle, garde le nord de la cité ; **Kamperbinnenpoort**, datant du XIIIe siècle, s'élève à l'est de la ville ; **Monnikendam**, bâtie en 1430, est une pittoresque porte au sud-est du centre.

♥ **Onze Lieve Vrouwe Toren** ÉDIFICE HISTORIQUE

(Lieve Vrouwekerkhof ; tarif plein/réduit 4/3 € ; ⌚visites guidées 11h-17h mar-dim juil et août, 14h mar et jeu, 12h30 et 14h sam avril-juin et sept-oct). Il ne reste de l'église qui se dressait ici, détruite en 1787 par une explosion, que ce clocher gothique du XVe siècle. Il compte 346 marches et offre un beau panorama. Devant, la place **Lieve Vrouwekerkhof** est l'endroit le plus charmant d'Amersfoort. Un marché aux fleurs s'y tient le vendredi matin.

Sint Joriskerk ÉGLISE

(www.sintjoriskerk-amersfoort.nl ; Hof 1 ; 1 € ; ⌚11h-17h lun-sam mi-mai à sept). Cette église a été reconstruite au XVIe siècle dans un style gothique massif après la disparition dans un incendie de l'église romane d'origine.

Museum Flehite MUSÉE

(www.museumflehite.nl ; Westsingel 50 ; tarif plein/réduit 7/3,50 € ; ⌚11h-17h mar-ven, 12h-17h sam et dim). On accède par un pont à la cour de ce musée situé au confluent de deux canaux, dont les collections présentent la géologie, l'histoire et les arts décoratifs locaux. L'un des tableaux représente Amersfoort en 1671. Vous trouverez sur place un plan gratuit indiquant les sites historiques de la ville.

Drie Ringen Bierbrouwerij BRASSERIE

(www.dedrieringen.nl ; Kleine Spui 18 ; ⌚13h-19h ven-dim). La visite de cette microbrasserie réputée constitue l'un des temps forts de tout passage à Amersfoort. On peut goûter à l'une des cinq bières pression de la maison.

Circuits organisés

Croisière sur les canaux AU FIL DE L'EAU

(☎465 46 36 ; www.amersfoort-rondvaarten.nl ; Krommestraat 5 ; croisière à partir de 4 € ; ⌚mai-oct). Quatre itinéraires différents, de 45 min chacun, sur les vieux canaux.

Où se restaurer et prendre un verre

Le Hof (centre) et la place Lieve Vrouwekerkhof comptent de nombreux cafés et pubs.

♥ **Corazon Coffee** CAFÉ €

(www.coffeecorazon.nl ; Krommestraat 18 ; en-cas à partir de 3 € ; ⌚10h-18h). Un bon choix pour se poser au détour d'une promenade dans le vieux quartier d'Amersfoort. Les cafés, les thés et les jus de fruits frais sont délicieux, tout comme les pâtisseries. Le midi, on peut prendre un sandwich ou une salade, entre autres. Menu et aire de jeux pour les enfants.

Café Kade CAFÉ €

(Smallepad 3 ; repas à partir de 5 € ; ⌚11h-17h mar-dim). Le sympathique café du Kade Museum possède une jolie terrasse, d'où l'on aperçoit les trains, un canal et la porte de Koppelpoort.

Blok's FUSION €€€

(☎461 02 22 ; www.bloksrestaurant.nl ; Krommestraat 49 ; menus à partir de 44 € ; ⌚dîner jeu-lun). De la rue, qui offre l'embarras du choix en matière de bonnes adresses, on peut voir la cuisine du Blok's derrière une grande vitre. Admirez les créations fraîches et modernes servies dans la salle au décor raffiné. La carte change selon la saison.

TRAINS AU DÉPART D'AMERSFOORT

DESTINATION	TARIF (€)	DURÉE (MINUTES)	FRÉQUENCE (PAR HEURE)
Amsterdam	8	35	4
Deventer	10	37	3
Utrecht	4.50	19	6

Renseignements

Office du tourisme (VVV ; ☎0900 112 23 64 ; www.vvvamersfoort.nl ; Breestraat 1 ; ⌚11h-17h lun-ven, plus 11h-16h sam avr-oct). Excellentes cartes de cyclotourisme ; en face de l'Onze Lieve Vrouwe Toren.

Comment s'y rendre et circuler

TRAIN La gare ferroviaire d'Amersfoort se trouve à 500 m à pied à l'ouest du centre. Elle dispose d'une consigne et d'un bureau de change. Des liaisons régulières sont assurées.

VÉLO La gare ferroviaire abrite un magasin de vélos. Située à 23 km au sud-ouest, Utrecht se prête à une superbe excursion à travers fermes et forêts par l'itinéraire **LF9.** La piste cyclable file aussi vers le nord et rejoint, après 23 km, le **LF23 ;** les deux itinéraires vont jusqu'à la Frise.

Doorn

☎0343 / 10 500 HABITANTS

À environ 20 km au sud-est d'Utrecht, la petite bourgade prospère de Doorn est réputée pour le **Huis Doorn** (www.huisdoorn.nl ; Langbroekerweg 10 ; tarif plein/réduit 9 €/gratuit ; ⌚10h-17h mar-sam, 13h-17h dim avr-oct, 13h-17h mar-dim nov-mars), un château du XIVe siècle transformé en manoir dans les années 1700. Au nombre de ses propriétaires successifs figura Guillaume II, dernier empereur d'Allemagne, qui vécut ici durant son exil, de 1920 à sa mort en 1941.

Le château abrite une belle collection d'œuvres d'art allemandes que l'empereur aurait apportée de ses différents palais. Après la visite, on peut se promener dans les jardins en méditant sur le sort du Kaiser, dont l'exil aux Pays-Bas avait été autorisé à condition qu'il demeure assigné à résidence. De la gare d'Utrecht, empruntez un train pour Driebergen-Zeist, puis le bus n°50, 56 ou 81. Comptez environ 45 min. En vélo au départ d'Utrecht, suivez la piste **LF4** vers le sud-est sur 24 km.

Amerongen

☎0343 / 5 200 HABITANTS

La campagne autour de la petite ville d'Amerongen, située au bord du Rhin inférieur (Nederrijn), est émaillée d'anciens séchoirs à tabac en bois. S'y dresse le **Kasteel Amerongen** (☎454 212 ; www.kasteelamerongen.nl ; Drostestraat 20 ; tarif plein/réduit 10/5 € ; ⌚11h-17h mar-dim avr-oct, sam et dim uniquement nov-mars), château fortifié du XIIIe siècle, restauré à la fin des années 1600. Il se trouve à 38 km au sud-ouest d'Utrecht par l'itinéraire cyclable **LF4**. Combinez sa visite avec celle du Huis Doorn.

Oudewater

☎0348 / 10 100 HABITANTS

La ravissante bourgade d'Oudewater dans le sud-ouest de la province abrite, dans son centre historique, l'**Heksenwaag** (Maison de la Pesée des sorcières ; www.heksenwaag.nl ; Leeuweringerstraat 2 ; tarif plein/réduit 4,25/2 € ; ⌚11h-17h mar-dim avr-oct, mer, sam et dim uniquement nov-mars), censée disposer des balances les plus précises du territoire. On y pesait les femmes de tout le pays soupçonnées de sorcellerie dans le but de vérifier si elles étaient assez légères pour voler sur un balai !

À l'étage, une modeste exposition relate l'histoire de la sorcellerie et, à la fin de la visite, on monte soi-même sur la grande balance. On vous remettra également un *certificaet van weginghe* (certificat de pesée) formulé en vieilles livres néerlandaises.

Plusieurs cafés bordent l'étroit canal et l'on peut apercevoir, sur l'hôtel de ville, le plus vieux nid de cigogne du pays – toujours utilisé.

Oudewater est desservie par le bus n°180, qui circule toutes les 30 min entre Gouda (à 33 min) et Utrecht CS (53 min). La ville se trouve à 10 km du sud de Woerden, par une piste cyclable traversant des champs sillonnés de canaux, et de l'itinéraire cyclable **LF4**, lui-même à 26 km d'Utrecht et 11 km au sud-ouest de Kasteel de Haar.

Rotterdam et la Hollande-Méridionale

Dans ce chapitre »

Le top des restaurants

» De Dames Proeverij (p. 153)
» Spijshuis de Dis (p. 169)
» Z&M (p. 179)
» De Ballentent (p. 179)
» De Stroper (p. 187)

Le top des hébergements

» Het Paleis Hotel (p. 160)
» Hotel de Emauspoort (p. 168)
» Hotel New York (p. 177)

Pourquoi y aller

Entre tulipes, fromages, Vermeer et le courage d'un peuple qui tient tête aux flots, la Hollande-Méridionale est un condensé de carte postale hollandaise au sud-ouest d'Amsterdam.

Les meilleurs atouts de la région sont ses grandes villes. Rotterdam a ainsi l'attrait d'une ambiance urbaine brute, d'une scène culturelle étonnante et d'une architecture de premier plan. Leyde, elle, peut compter sur son histoire universitaire et sa vieille ville, mais aussi sur sa proximité avec les champs de fleurs. De La Haye, on apprécie la grandeur, les boutiques de luxe et la plage très kitsch, tandis que la belle Delft médiévale accorde à qui l'arpente un voyage dans le temps. Mais des destinations plus modestes méritent aussi le détour, telles que Gouda et ses canaux, ou la charmante Dordrecht.

Plus au sud, la province de Zélande ("pays de la mer"), protégée par ses barrages, est celle qu'on identifie souvent avec les Pays-Bas quand on ne pense pas aux tulipes et aux moulins : se balader à vélo dans cette région plate, située majoritairement sous le niveau de la mer, est un pur bonheur.

Quand partir

Le cœur battant de la Hollande se visite toute l'année. À Rotterdam, les nombreux musées et l'animation nocturne permettent de faire fi du mauvais temps. On peut en dire autant, ou presque, des principales villes de la région que sont Leyde, La Haye et Delft. Cependant, c'est du printemps à l'automne que vous trouverez le plus de sites ouverts, et que vous aurez le plus de chances de bénéficier d'un ciel clément pour vos promenades sur les bords des canaux. Le printemps est aussi marqué par une explosion de couleurs aux jardins du Keukenhof, tandis que l'été amène son lot d'activités de plage.

HOLLANDE-MÉRIDIONALE (ZUID-HOLLAND)

Avec la Hollande-Septentrionale et Utrecht, la Hollande-Méridionale forme la Randstad, cœur économique et démographique des Pays-Bas. La région abrite deux des métropoles les plus importantes du pays : La Haye, siège de la monarchie et du gouvernement, et Rotterdam, le port le plus actif d'Europe. Elle concentre tant d'incontournables qu'elle peut mériter un voyage à elle seule.

Leyde (Leiden)

✆ 071 / 118 700 HABITANTS

Agrémentée de canaux et de beaux édifices anciens, Leyde est une ville pleine de charme et d'animation, forte d'un riche passé : non contente d'être le berceau de

À ne pas manquer

1. L'architecture et le dynamisme de **Rotterdam** (p. 170), deuxième métropole des Pays-Bas
2. L'explosion printanière des bulbes des **jardins du Keukenhof** (p. 158)
3. Les richesses de la **Mauritshuis** (p. 157) de La Haye, musée royal de peinture
4. La quête d'une "jeune fille à la perle", au gré des rues pittoresques de **Delft** (p. 165), berceau de Vermeer
5. Une carte postale de Hollande grandeur nature : la collection de moulins du village de **Kinderdijk** (p. 183)
6. La traversée en bac vers la belle ville de **Dordrecht** (p. 185)
7. Un repas dans un des charmants cafés du bord des canaux de **Leyde** (ci-dessus)
8. Les maints attraits non fromagers de la jolie **Gouda** (p. 162)

Leyde

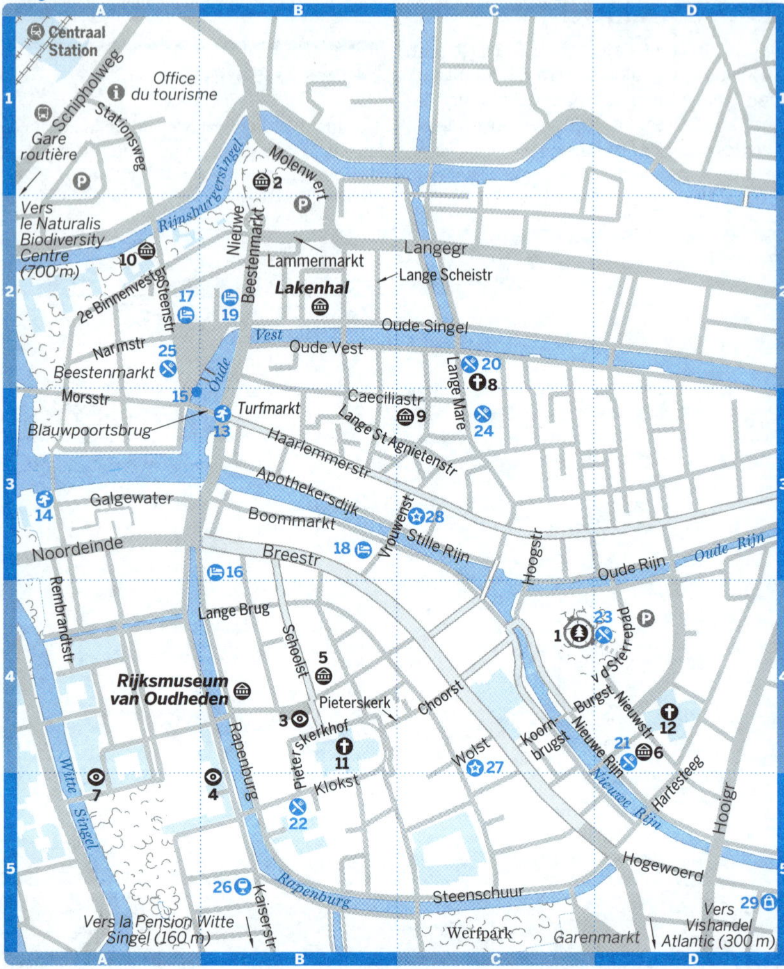

Rembrandt, elle abrite aussi la plus vieille université des Pays-Bas.

Leyde se vit offrir son université par Guillaume le Taciturne pour avoir résisté à deux sièges espagnols en 1574. Cette période terrible prit fin avec l'arrivée des Gueux de mer qui repoussèrent les envahisseurs. Selon la légende, les Espagnols battirent alors en retraite dans une précipitation telle qu'ils abandonnèrent sur place une marmite de *hutspot* (sorte de ragoût) : le plat est devenu un classique de la cuisine néerlandaise, tant au restaurant que sur la table familiale.

Quelques décennies plus tard, les protestants, persécutés dans d'autres régions des Pays-Bas, en France et en Angleterre, y trouvèrent refuge – une centaine d'entre eux, fédérés par le pasteur anglais John Robinson, embarquèrent à bord du *Mayflower*, mirent cap sur l'Amérique, et entrèrent dans l'histoire sous le nom de Pères pèlerins (voir encadré p. 152).

Les lucratives manufactures textiles consolidèrent la prospérité grandissante de Leyde qui, au cours du XVIIe siècle, vit s'épanouir plusieurs artistes de grand talent, dont un certain Rembrandt van Rijn. Plus connu sous son seul prénom, ce natif de Leyde (en 1606) y demeura ses 26 premières années, avant d'aller trouver la gloire à Amsterdam.

Leyde

Les incontournables

Lakenhal ... B2
Rijksmuseum van Oudheden ... B4

À voir

1 De Burcht ... C4
2 De Valk ... B1
3 Gravensteen ... B4
4 Hortus Botanicus ... B5
5 École latine ... B4
6 Leiden American Pilgrim Museum ... D4
7 Université de Leyde ... A5
8 Marekerk ... C2
9 Museum Boerhaave ... C3
10 Museum Volkenkunde ... A2
11 Pieterskerk ... B4
12 St Pancraskerk ... D4

Activités

13 Bootjes en Broodjes ... B3
14 Botenverhuur 't Galgewater ... A3
15 Rederij Rembrandt ... A3

Où se loger

16 Hotel de Doelen ... B3
17 Hotel Mayflower ... A2
18 Hotel Nieuw Minerva ... B3
19 Rembrandt Hotel ... B2

Où se restaurer

20 De Brasserie de Engelenbak ... C2
21 De Dames Proeverij ... D4
22 Fresh 'n Fast ... B5
23 Het Koetshuis ... D4
24 Mangerie De Jonge Koekop ... C3
25 Oudt Leyden ... A2

Où prendre un verre

26 Café L'Esperance ... B5

Où sortir

27 Café de WW ... C4
28 Hunky Dory ... C3

Achats

29 Mayflower Bookshop ... D5

À voir

Leyde compte parmi les grandes cités historiques des Pays-Bas. Il suffit de marcher cinq minutes depuis l'étonnante Centraal Station vers le sud pour découvrir la ville sous son jour traditionnel, en particulier aux alentours de la Pieterskerk. Le vieux quartier des canaux mérite une demi-journée de flânerie.

Lakenhal — MUSÉE

(www.lakenhal.nl ; Oude Singel 28-32 ; adulte/enfant 7,50 €/gratuit ; 10h-17h mar-ven, midi-17h sam-dim). Les amoureux de Rembrandt se rendront au Lakenhal, bâtisse du XVIIe siècle reconvertie en musée municipal, pour admirer des toiles de grands maîtres, des salles dans leur décoration d'époque et des expositions temporaires. Le 1er étage, restauré, est aménagé tel qu'à l'âge d'or de la ville.

Rijksmuseum van Oudheden — MUSÉE

(musée national des Antiquités ; www.rmo.nl ; Rapenburg 28 ; adulte/enfant 9 €/gratuit ; 10h-17h mar-dim). De prestigieuses collections d'antiquités grecques, romaines et égyptiennes sont présentées ici. La pièce maîtresse en est l'extraordinaire temple de Taffeh, offert par le président égyptien Anouar el-Sadate aux Pays-Bas en remerciement de leur participation au sauvetage des monuments lors de la construction du barrage d'Assouan.

Museum Volkenkunde — MUSÉE

(musée national d'Ethnologie ; www.volkenkunde.nl ; Steenstraat 1 ; adulte/enfant 8,50/6 € ; 10h-17h mar-dim). C'est un tour du monde des cultures et des civilisations qu'offre le Museum Volkenkunde qui possède, à l'image du Tropenmuseum d'Amsterdam, plus de 200 000 pièces venues de Chine, d'Amérique du Sud et d'Afrique. La collection indonésienne est particulièrement riche également, et un gamelan, un ensemble musical traditionnel indonésien, se produit régulièrement au musée. De récentes rénovations ont rendu la muséographie plus attrayante.

De Valk — MUSÉE

(Le Faucon ; 516 53 53 ; 2e Binnenvestgracht 1 ; adulte/enfant 3/2 € ; 10h-17h mar-sam, 13h-17h dim). Le moulin historique de Leyde est entretenu avec amour (une nouvelle restauration a débuté en 2012), et beaucoup le considèrent comme le plus beau du genre. Ses ailes sont laissées libres de tourner et il est encore possible d'y moudre du grain.

Museum Boerhaave — MUSÉE

(www.museumboerhaave.nl ; Lange St Agnietensstraat 10 ; adulte/enfant 7,50 €/gratuit ; 10h-17h mar-sam, midi-17h dim). L'université de Leyde fut l'un des premiers centres de recherche médicale du pays, et ce musée en expose les témoignages souvent macabres (cinq siècles d'organes conservés en bocaux, d'outils chirurgicaux...). On peut aller jeter un œil au théâtre anatomique, qui rassemble d'impressionnants squelettes humains et animaux.

Université de Leyde ALMA MATER
(www.leiden.edu). Cette vénérable université, fréquentée jadis par René Descartes et aujourd'hui encore par 20 000 étudiants, fut offerte à Leyde par Guillaume le Taciturne, en remerciement pour sa résistance, en 1574, à deux sièges espagnols. Le campus, disséminé dans toute la ville, forme un mélange d'architecture moderne et ancienne.

Hortus Botanicus JARDIN
(www.hortus.leidenuniv.nl ; Rapenburg 73 ; adulte/enfant 6/3 € ; ⏲10h-18h tlj avr-oct, 10h-16h mar-dim nov-mars). Ce luxuriant jardin botanique, le plus vieux du pays (1590), accueillit les premières tulipes hollandaises. L'endroit est idéal pour la détente, avec ses explosions de couleurs exotiques et une belle serre embuée.

Naturalis Biodiversity Centre MUSÉE
(www.naturalis.nl ; Darwinweg 2 ; adulte/enfant 11/8 € ; ⏲10h-17h). Un éléphant empaillé accueille le visiteur dans ce vaste centre, qui renferme tout l'aréopage habituel des musées d'histoire naturelle. On remarque l'homme de Java, vieux d'un million d'années, découvert par l'anthropologue néerlandais Eugène Dubois en 1891. À 300 m à l'ouest du centre-ville.

VIEUX LEYDE

GRATUIT **De Burcht** PARC, MONUMENT
(⏲aube-crépuscule). Cet ancien château fort du XIe siècle, bâti sur une colline artificielle, a perdu ses fonctions défensives au fil de l'expansion de la ville. C'est aujourd'hui un parc, fort de beaux points de vue avec, dans sa partie basse, un excellent café.

St Pancraskerk ÉGLISE
(Nieuwstraat). Imposante masse de briques, cette église du XVe siècle mélange allègrement les styles.

Pieterskerk ÉGLISE
(Pieterskerkhof ; ⏲10h-16h lun-ven, 13h30-16h sam-dim mai-sept, 13h30-16h tlj oct-avr). Son immense clocher permet de localiser aisément l'église

VERS LE NOUVEAU MONDE

En 1608, des protestants calvinistes se séparèrent de l'église anglicane et, fuyant les persécutions dont ils étaient victimes dans le Nottinghamshire, en Angleterre, entreprirent un voyage long de plusieurs décennies – et de milliers de kilomètres. Échouant d'abord à Amsterdam, ces croyants menés par le pasteur John Robinson se heurtèrent rapidement aux protestants néerlandais.

Ils trouvèrent davantage de tolérance à Leyde, rendue plus ouverte par son université et la présence sur place de calvinistes partageant leurs vues, mais aussi de réfugiés ayant fui comme eux des persécutions. Les calvinistes anglais se virent rapidement rattrapés par leur passé. En 1618, alors même que les Néerlandais commençaient à devenir moins tolérants à l'égard des dissidents religieux, Jacques Ier d'Angleterre décida d'affirmer son autorité sur les calvinistes installés à Leyde. Un premier groupe d'Anglais quitta donc la ville en 1620 pour Delfshaven, quartier de l'actuelle Rotterdam, où ils acquirent le *Speedwell*, avec l'objectif de voguer à son bord jusqu'au Nouveau Monde. Malheureusement, le *Speedwell* était une coquille de noix, et après plusieurs tentatives sur l'Atlantique, ce fut bien à contrecœur que ces candidats à l'émigration renoncèrent et mirent le cap sur Southampton, en Angleterre. Là, après de nouvelles réparations et un énième départ manqué, les calvinistes finirent par se joindre à Dartmouth aux passagers d'un navire d'évidence plus sûr, le *Mayflower*, qui allait les conduire en Amérique et les faire entrer dans l'histoire.

Tous les émigrés anglais de Leyde ne firent pas partie de ce voyage mythique et il fallut attendre 1630 pour que la plupart – environ un millier –atteignent les colonies de l'actuelle Nouvelle-Angleterre, accompagnés de Néerlandais partageant les mêmes croyances.

Les Pères pèlerins n'ont guère laissé de traces dans la Leyde d'aujourd'hui. Pour découvrir leur histoire, rendez-vous au **Leiden American Pilgrim Museum** (☎512 24 13 ; www.leidenamericanpilgrimmuseum.org ; Beschuitsteeg 9 ; entrée 3 € ; ⏲13h-17h mer-sam), fascinante reconstitution d'une maison d'une pièce occupée vers 1610 par ces futurs pères fondateurs. La construction, de 1375, est dotée de mobilier de l'époque des pèlerins. Remarquez le carrelage au sol, qui date du XIVe siècle. Le musée a pour conservateur Jeremy Bangs, véritable puits de science pour ce qui touche aux pèlerins.

Saint-Pierre, souvent en restauration. De fait, elle menace de s'effondrer depuis sa construction au XIVe siècle. Ses abords sont dans le plus pur style "vieux Leyde", avec par exemple la façade à redans de l'**école latine** (Schoolstraat) qui, avant d'accueillir des locaux commerciaux, compta Rembrandt parmi ses élèves de 1616 à 1620. De l'autre côté de la place, ne manquez pas la **Gravensteen**, construction du XIIIe siècle qui fut jadis une prison. Les juges assistaient aux exécutions depuis la tribune donnant sur la place.

Marekerk ÉGLISE

(Lange Mare). Édifiée en 1639, la Marekerk peut se targuer d'une architecture octogonale et, à l'intérieur, de belles boiseries. Jetez-y un œil à la faveur de la messe dominicale.

Activités

Les cyclistes s'élanceront sur la piste de 50 à 60 km (en boucle) qui part de Leyde, traverse les champs de fleurs et les jardins du Keukenhof et débouche sur la plage.

Bootjes en Broodjes PLAISANCE

(www.bootjesenbroodjes.nl ; Blauwpoortsbrug 1 ; location de bateau électrique 45 €/h, croisière sur le canal adulte/enfant 8,50/4,50 € ; 10h-18h avr-oct). Chez "Bateaux et Petits Pains", vous pourrez si vous le souhaitez faire organiser votre repas à bord, que vous décidiez de louer un bateau électrique ou de rejoindre une croisière, privée ou en groupe.

Botenverhuur 't Galgewater PLAISANCE

(www.galgewater.nl ; Galgewater 44a ; à partir de 6 € l'heure ; midi-19h mi-avr à sept). Partez explorer les canaux en canoë ou en kayak.

Circuits organisés

Des croisières de 3 heures sont organisées sur les canaux et les lacs des environs de Leyde : renseignements à l'office du tourisme.

Rederij Rembrandt CROISIÈRE

(513 49 38 ; www.rederij-rembrandt.nl ; Beestenmarkt ; adulte/enfant 10/6,50 € ; croisières 11h-16h mars-oct). Paisibles sorties commentées (en anglais sur demande) d'une heure sur les canaux de la vieille ville.

Fêtes et festivals

Leidens Ontzet FESTIVAL

Tout s'arrête le 3 octobre à l'occasion du Leidens Ontzet, qui commémore la fin de la famine due au siège espagnol, en 1574. *Hutspot*, harengs et pain blanc à foison, arrosés de bière en abondance, surtout la veille.

Où se loger

Hotel Nieuw Minerva HÔTEL €€

(512 63 58 ; www.hotelleiden.com ; Boommarkt 23 ; s/d à partir de 75/80 € ; @). Répartie sur six demeures du XVIe siècle au bord des canaux, cette adresse centrale loue 40 chambres pour la plupart banales, mais avec certaines "à thème", dont une dotée d'un lit dans lequel dormit le roi "Lodewijk" Bonaparte (Louis Bonaparte). Nous avons une prédilection pour la blancheur lumineuse de la "chambre des anges".

Hotel de Doelen HÔTEL €€

(512 05 27 ; www.dedoelen.com ; Rapenburg 2 ; s/d à partir de 85/105 € ; @). Élégance classique et charme légèrement défraîchi pour ce majestueux bâtiment de 128 chambres, dont quelques-unes au rez-de-chaussée. Certaines, donnant sur le canal, sont plus spacieuses et mieux équipées que d'autres.

Rembrandt Hotel HÔTEL €€

(514 42 33 ; www.rembrandthotel.nl ; Nieuw Beestenmarkt 10 ; ch 90-130 € ; @). Les 20 chambres de cette auberge historique, bien entretenue, tirent avantage d'une abondante lumière naturelle et d'un décor immaculé, mais aussi d'un accès Internet haut débit et de bureaux – le mobilier est toutefois un brin vieillot.

Pension Witte Singel PENSION €

(512 45 92 ; www.pension-ws.demon.nl ; Witte Singel 80 ; ch 50-100 € ; @). Sept chambres claires (certaines avec sdb commune) avec de grandes fenêtres donnant sur une vue charmante : à l'avant les eaux paisibles du Singel, à l'arrière un jardin néerlandais typique. Petit-déjeuner compris.

Hotel Mayflower HÔTEL €€

(514 26 41 ; www.hotelmayflower.nl ; Beestenmarkt 2 ; s/d à partir de 75/95 €). Ces 25 chambres sont spacieuses et lumineuses, mais évoquent une autre époque de l'hôtellerie (les années 1980, disons...). L'hôtel a l'avantage d'être bien situé, à proximité de la gare. Il loue aussi des appartements et propose un bon buffet de petit-déjeuner.

Où se restaurer

De Dames Proeverij CAFÉ €€

(www.proeverijdedames.nl ; Nieuwe Rijn 37 ; repas 12-20 €). Géré par deux dames de bon goût, ce café semble pouvoir toujours satisfaire votre envie d'une boisson chaude ou d'un verre de vin (carte longue et de qualité), à siroter en

VAUT LE DÉTOUR

NUMÉRO 1 DU HARENG CRU

En 1989, deux frères turcs montaient une poissonnerie sous l'enseigne **Vishandel Atlantic** (www.vishandelatlantic.nl ; Levendaal 118 ; en-cas iodé à partir de 3 € ; 9h-18h). Depuis, leur formidable souci de la qualité a fait d'eux des stars du poisson aux Pays-Bas : leurs harengs crus décrochent des 10 sur 10 dans des compétitions où un 5,5 est tenu pour une bonne note ! Les frères vendent aussi tous les poissons fumés imaginables (et vous les font goûter) et préparent aussi des plats simples, dont un fish and chips. La boutique se trouve à 10 minutes à pied au sud-est de St Pancraskerk.

terrasse, face au canal. Les pâtisseries maison sont délicieuses, et de nombreuses assiettes sont proposées, parfaites pour caler un petit creux, à partager à plusieurs ou à combiner pour un repas. Bons desserts également.

Mangerie De Jonge Koekop BISTROT €€€
(Lange Mare 60 ; plats à partir de 20-25 € ; soir lun-sam). Sa cuisine fraîche et inventive vaut à ce bistrot une popularité pérenne. L'été, on dîne en terrasse sous les étoiles. La carte change au gré des saisons.

Fresh 'n Fast CAFÉ €
(www.freshnfast.nl ; Kloksteeg 7 ; plats 8-12 € ; 17h-minuit). Superbe trouvaille à proximité de la Pieterskerk : tout ici provient des meilleurs producteurs bio locaux, et les fromages de laiteries renommées. L'appétissante carte mêle salades, hamburgers, plats chauds, pâtes ou encore soupes. Attablez-vous devant, sur un banc.

De Brasserie de Engelenbak NÉERLANDAIS CONTEMPORAIN €€
(www.brasseriedeengelenbak.nl ; Lange Mare 38 ; midi 6-9 €, menus à partir de 32 € ; midi-16h et 17h-22h). Dans l'ombre de la Marekerk, cette adresse élégante déroule une carte à base de produits frais de saison (souvent bio), laquelle puise ses inspirations sur tout le continent européen. Tables en terrasse pour observer la rue et les passants. Un café mitoyen sert des en-cas jusqu'à minuit.

Het Koetshuis CAFÉ €€
(www.koetshuisdeburcht.nl ; Burgsteeg 3 ; plats 15-20 €). Quand le soleil est de la partie, difficile de résister à cette terrasse juste devant l'imposant portail du Burcht : tout le monde se donne rendez-vous ici pour un café ou un *borrel* (boisson alcoolisée au choix).

Oudt Leyden CRÊPERIE €
(Steenstrat 49 ; crêpes 6-13 € ; 11h30-21h30 ;). À vous les crêpes géantes, à la néerlandaise, et leurs garnitures inventives, que vous ayez envie de salé (saumon mariné, crème sure et câpres), de sucré (cerises tièdes et glace vanille) ou d'audace (gingembre et bacon – oui, oui) !

Où prendre un verre

De Dames Proeverij (p. 153) et Het Koetshuis (ci-contre) sont de bonnes adresses pour un verre et un en-cas.

Café L'Espérance CAFÉ BRUN
(www.lesperance.nl ; Kaiserstraat 1). Tout en longueur et en charme ténébreux, ce café a l'attrait de boiseries à l'ancienne et d'une vue sur un joli coin de canal. Nombreuses tables en terrasse l'été. Bonne cuisine également.

Où sortir

Café de WW MUSIQUE LIVE
(www.deww.nl ; Wolsteeg 4). Les vendredis et samedis, les concerts rock débordent parfois sur une scène improvisée dans la ruelle, et les spectateurs se répandent alors jusqu'à la rue principale. Les autres soirs, des DJ y officient. La musique a ici la primauté, mais le choix de bières est également de haute volée.

Hunky Dory MUSIQUE LIVE
(514 63 86 ; Vrouwensteeg 6). Les habitués se pressent dans cet agréable bar musical, pour voir en concert des groupes venus de toute la Hollande et d'ailleurs, du jazz au rock'n'roll.

Achats

Haarlemmerstraat concentre toutes les principales enseignes internationales. Les grands magasins, eux, débordent jusqu'à Breestraat. Pour des boutiques plus intéressantes, flânez dans les petites rues, telle Vrouwenstraat, et dans les ruelles autour de la Pieterskerk.

Mayflower Bookshop LIBRAIRIE
(www.themayflowerbookshop.nl ; Hogewoerd 107). Petite sélection de livres neufs et d'occasion : grands classiques, romans de qualité et guides de voyages.

Renseignements

Stationsweg est bordée de banques et de DAB.

Accès Internet

Centrale Bibliotheek (Nieuwstraat ; internet 3 €/h, Wi-Fi gratuit ; ⏲10h-18h ; 📶)

Telecom (Steenstraat ; internet 2 €/h) Appels à bas prix.

Office du tourisme

Office du tourisme (☎516 60 00 ; www.vvvleiden.nl ; Stationsweg 41 ; ⏲8h-18h lun-ven, 10h-16h sam, 11h-17h dim) En face de la gare ferroviaire, des cartes de bonne qualité et des informations historiques.

Depuis/vers Leyde

Bus

Les bus régionaux et locaux partent de la **gare routière** juste en face de Centraal Station.

Train

La **Centraal Station** (gare centrale) est un édifice moderne et audacieux, offrant tous les services utiles et de nombreux magasins. Consignes à l'étage, près du quai n°1. L'encadré ci-dessous donne des exemples de tarifs et de fréquences.

Vélo

Le **loueur de vélos** de Centraal Station se trouve sur le flanc ouest de la gare.

De la gare, partez vers l'ouest en empruntant la piste cyclable sur Geversstraat et traversez Rijnsburg pour rejoindre, à 10 km, la plage de Katwijk. On peut ensuite rejoindre la véloroute nationale **LF1,** reliée ensuite à **LF20,** pour parcourir 34 km jusqu'à Haarlem, au nord. Vers le sud, la **LF1,** qui longe la mer, rallie Scheveningen puis La Haye, à 20 km.

Comment circuler

Leyde est une ville compacte : vous ne serez jamais à plus de 20 minutes de marche de votre destination.

Environs de Leyde

Vous voilà au cœur des champs de tulipes ! Au printemps, avec un peu de chance, vous survolerez leurs damiers multicolores avant d'atterrir à Schiphol. Ici, la meilleure option consiste évidemment à prendre un vélo à Leyde, à Haarlem ou au jardin lui-même, pour se balader un peu partout.

LISSE

À 1 km à l'est des jardins du Keukenhof, le village de Lisse possède un **office du tourisme** (☎0252-414 262 ; www.vvvlisse.nl ; Grachtweg 53a ; ⏲midi-17h lun, 9h-17h mar-ven, 9h-16h sam) qui saura vous fournir de nombreuses idées pour découvrir les champs de fleurs à bulbe. Toujours à Lisse, le petit **Museum de Zwarte Tulp** (musée de la Tulipe noire ; ☎0252-417 900 ; www.museumdezwarte-tulp.nl ; Grachtweg 2a ; adulte/enfant 5/3 € ; ⏲13h-17h mar-dim) vous apprendra tout ce que vous avez toujours voulu savoir sur les bulbes – et notamment qu'il n'existe pas de tulipe noire, simple légende qui alimenta en 1636 la crise de la tulipe, première bulle spéculative économique de l'histoire moderne.

La Haye (Den Haag)

☎070 / 501 000 HABITANTS

La Haye est une ville majestueuse jalonnée d'ambassades et de demeures princières, d'avenues arborées, de parcs et de musées de qualité, riche en prime d'une excellente scène gastronomique et de cafés animés. Autre atout de taille, le quartier de Scheveningen a l'attrait d'une ambiance kitsch et d'une longue plage.

La Haye, officiellement "'s-Gravenhage" (la haie des comtes), est le siège de la monarchie et du gouvernement des Pays-Bas, après en avoir été la capitale jusqu'en 1806. C'est Louis Bonaparte qui installa cette année-là son gouvernement à Amsterdam. Huit ans plus tard, l'expulsion des Français permit à La Haye d'accueillir de nouveau le gouvernement, mais pas de retrouver son titre de capitale, que conserva Amsterdam.

La ville est par ailleurs devenue au XXe siècle le siège de plusieurs organisations internationales, dont la Cour internationale

TRAINS AU DÉPART DE LEYDE

DESTINATION	PRIX (€)	DURÉE (MINUTES)	FRÉQUENCE (PAR HEURE)
Amsterdam	8	34	6
La Haye	3,50	10	6
Aéroport de Schiphol	6	15	6

Centre-ville de La Haye

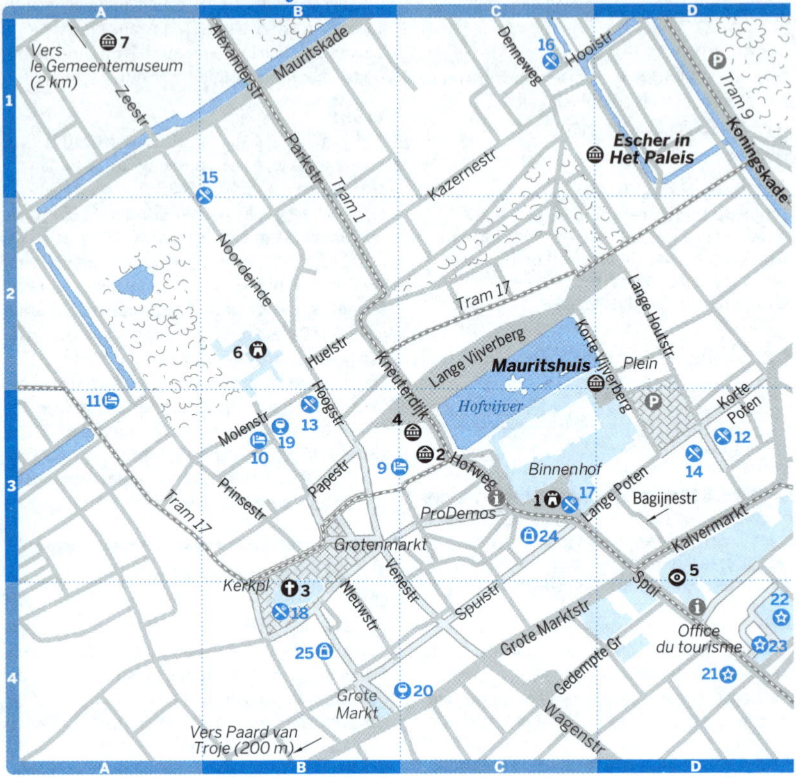

Centre-ville de La Haye

Les incontournables
Escher in Het Paleis D1
Mauritshuis C2

À voir
1 Binnenhof C3
2 Galerij Prins Willem V C3
3 Grote Kerk B4
4 Museum de Gevangenpoort C3
5 Nouvel hôtel de ville D3
6 Paleis Noordeinde B2
7 Panorama Mesdag A1

Activités
8 De Ooievaart E4

Où se loger
9 Corona Hotel C3
10 Het Paleis Hotel B3
11 Hotel La Ville A3

Où se restaurer
12 Bloem D3
13 Brasserie 't Ogenblik B3
14 Cloos D3
15 It Rains Fishes B1
16 Les Ombrelles C1
17 Organic Farmers Market C3
18 Zebedeüs B4

Où prendre un verre
19 Café De Oude Mol B3
20 De Zwarte Ruiter C4

Où sortir
21 Cinematheek Haags Filmhuis D4
22 Dr Anton Philipszaal D4
23 Nederlands Dans Theater D4

Achats
24 De Passage C3
25 Stanley & Livingstone B4

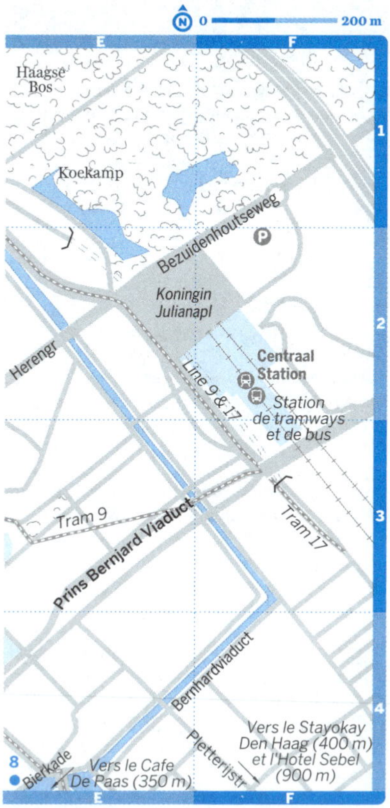

de justice, entité onusienne dont les procès valent à La Haye d'être régulièrement citée dans la presse.

À voir

La Haye n'a pas de véritable centre-ville, mais plutôt plusieurs cœurs de ville, dont le Binnenhof et la Kerkplein voisine. Tous sont facilement accessibles en tramway ou à vélo.

♥ Mauritshuis — MUSÉE

(www.mauritshuis.nl ; Korte Vijverberg 8 ; adulte/enfant 13,50 €/gratuit ; ⏲11h-17h mar-dim). Pour une première approche de l'art flamand et néerlandais, ce petit musée installé dans un vieux palais est une destination de choix. Il possède entre autres joyaux la fameuse Joconde néerlandaise qu'est la *Jeune fille à la perle* de Vermeer, et plusieurs Rembrandt, dont un autoportrait mélancolique réalisé l'année de sa mort, en 1669, et *La Leçon d'anatomie du docteur Nicolaes Tulp*.

Formant vaguement un carré de 25 mètres de côté, cette belle demeure bâtie en 1640 dans le style classique, aux détails soignés, fut d'abord une résidence privée. Elle devint Cabinet royal de peintures en 1822, et expose dans 16 salles sur deux niveaux des collections composées presque exclusivement de chefs-d'œuvre.

Si votre train passe par La Haye, ce musée justifie à lui seul une halte dans la ville.

Binnenhof — PALAIS

(⏲10h-16h lun-sam). Le Binnenhof est une cour bordée de bâtiments parlementaires où la vie politique du pays s'est longtemps faite et défaite ; aujourd'hui, le Parlement se réunit dans un édifice moderne, sur le flanc sud.

Cette cour centrale, qui semble vide aujourd'hui, fut longtemps le théâtre des exécutions. Le complexe a notamment pour pièce maîtresse la **Ridderzaal** (salle des Chevaliers ; entrée 4 € ; ⏲10h-16h lun-sam), salle des fêtes du XIIIe siècle, de style gothique, qui a été restaurée avec grand soin.

L'aile nord et son opulence typique du XVIIe abritent toujours la chambre haute du Parlement néerlandais. La chambre basse, elle, tenait jadis séance dans la salle de bal située dans l'aile du XIXe siècle. À voir ses décors un peu mièvres, on comprend que les parlementaires aient eu hâte de s'installer dans l'élégante extension moderne.

La découverte des bâtiments du Binnenhof se fait uniquement lors de visites guidées. Militant pour la défense de la démocratie, l'organisation **ProDemos** (www.prodemos.nl ; Hofweg 1 ; ⏲10h-17h lun-sam, 11h-16h dim) est également chargée de l'accueil des visiteurs : elle organise la **visite de la Ridderzaal** (4 € ; ⏲10h-16h lun-sam) ainsi que plusieurs **visites du Parlement** (à partir de 6 € ; ⏲horaires variables, généralement lun-sam matin) incluant les deux chambres législatives.

Après la visite, attardez-vous sur les bords du **Hofvijver** (étang de la Cour), où les reflets du Binnenhof et du Mauritshuis ont inspiré bien des photographes.

Museum de Gevangenpoort — MUSÉE

(Musée de la Porte de la prison ; www.gevangenpoort.nl ; Buitenhof 33 ; adulte/enfant 7,50/5,50 € ; ⏲10h-17h mar-ven, midi-17h sam-dim). Face au Binnenhof, de l'autre côté du Hofvijver, le Gevangenpoort est un vestige des fortifications du XIIIe siècle. Des visites (toutes les heures) donnent une idée de la justice au Moyen Âge, et de nouvelles expositions jettent une lumière crue sur les instruments de torture.

À NE PAS MANQUER

LES JARDINS DU KEUKENHOF

Sur quelque 32 hectares, les **jardins du Keukenhof** (www.keukenhof.nl ; adulte/enfant 15/7,50 €, parking 6 € ; ⌚8h-19h30 mi-mars à mi-mai, dernière entrée 18h) sont un unique et vaste écrin dédié au bulbe : pas moins de 800 000 visiteurs s'y rendent chaque année, en tout juste huit semaines. Le parc semble s'étendre à l'infini, et outre les éphémères tulipes, ses serres donnent à voir pléthore de variétés florales aux milliers de touristes présents. On peut facilement passer ici une demi-journée à flâner – près de 7 millions de bulbes sont plantés chaque année.

Les horaires d'ouverture varient légèrement d'une année sur l'autre : renseignez-vous. Les bus n°50 et 54 au départ de la Centraal Station de Leyde desservent le Keukenhof (30 minutes, 4/heure). Tous les billets sont vendus en ligne : vous éviterez ainsi de très longues files d'attente. Les jardins se trouvent à 4 km, vers l'intérieur des terres, de la LF1, la véloroute nationale côtière. Il vous faudra une carte.

Au jardin, des vélos sont à louer (10 €) pour explorer cette région aux mille beautés florales. De Leyde, vous pouvez aussi prendre l'itinéraire cyclable en boucle qui traverse les champs de fleurs et le Keukenhof et rejoint la plage.

Galerij Prins Willem V — GALERIE D'ART

(www.mauritshuis.nl ; Buitenhof 35 ; adulte/enfant 5/2,50 € ; ⌚midi-17h mar-dim). Intégrée au complexe du Gevangenpoort, cette galerie fut le premier musée public des Pays-Bas, inauguré en 1773. Les peintures (dont des Steen et des Rubens) sont exposées selon la muséographie en vogue au XVIIIe siècle.

Grote Kerk — ÉGLISE

(Rond de Grote Kerk 12). Cette église de 1450 abrite une belle chaire, sculptée un siècle plus tard. À côté, l'**ancien hôtel de ville** (*oude raadhuis*, 1565) est un magnifique témoignage de l'architecture Renaissance néerlandaise.

Hôtel de ville — ARCHITECTURE

(Spui 170). Le vaste complexe municipal moderne est l'œuvre très controversée de l'architecte américain Richard Meier. Au "cygne blanc", son surnom semi-officiel, les habitants préfèrent celui de "palais de glace".

Paleis Noordeinde — PALAIS

(Noordeinde 68). Les salons officiels du roi et de la reine au palais Noordeinde ne sont pas ouverts au public. L'architecture Renaissance est d'un formalisme tout régalien.

Escher in Het Paleis — MUSÉE

(www.escherinhetpaleis.nl ; Lange Voorhout 74 ; adulte/enfant 8,50/6 € ; ⌚11h-17h mar-dim). Ce palais situé sur le Lange Voorhout, ancienne résidence de la reine Emma, est aujourd'hui dédié à l'œuvre graphique de l'artiste néerlandais M.C. Escher. L'exposition permanente présente des notes, lettres, croquis et photos, mais aussi des œuvres couvrant toute la carrière d'Escher, de ses débuts réalistes aux fantasmagories plus tardives. La muséographie se montre parfois inventive, comme avec cette reconstitution virtuelle des constructions impossibles de l'artiste.

Gemeentemuseum — MUSÉE D'ART

(Musée municipal ; www.gemeentemuseum.nl ; Stadhouderslaan 41 ; adulte/enfant 13,50 €/gratuit ; ⌚11h-17h mar-dim). Les admirateurs du mouvement De Stijl, et en particulier de Piet Mondrian, ne manqueront sous aucun prétexte ce musée conçu sur les plans de Berlage, fort d'une vaste collection d'œuvres des néoplasticiens et d'artistes de la fin du XIXe siècle, mais aussi de riches expositions sur les arts appliqués, les costumes et les instruments de musique.

Le *Victory Boogie Woogie* de Mondrian, inachevé, occupe une place d'honneur (et pour cause : le musée a déboursé 30 millions d'euros pour l'acquérir), ainsi que quelques Picasso et d'autres grands noms du XXe siècle. Prenez le tramway n°17 depuis la Centraal Station et la Hollandes Spoor.

Madurodam — PARC DE LOISIRS

(www.madurodam.nl ; George Maduroplein 1 ; adulte/enfant 15/11 € ; ⌚9h-19h). Avec ses maquettes à l'échelle 1/25 de Schiphol, d'Amsterdam, de moulins et de champs de tulipes, du port de Rotterdam et des barrages du Delta, Madurodam présente les Pays-Bas en miniature. La cité a rouvert en 2012, suite à un important agrandissement qui a complété sa palette de modèles réduits. Les enfants adorent.

Prenez le tramway n°9 depuis la Centraal Station et la Hollandes Spoor.

Musée de la Photographie MUSÉE
(Foto-Museum Den Haag ; www.fotomuseumdenhaag.nl ; Stadhouderslaan 43 ; adulte/enfant 6 €/gratuit ; midi-18h mar-dim). Voisin du Gemeentemuseum, ce musée accueille chaque année plusieurs grandes expositions.

Panorama Mesdag GALERIE D'ART
(www.panorama-mesdag.com ; Zeestraat 65 ; adulte/enfant 8,50/4,50 € ; 10h-17h lun-sam, midi-17h dim). Un peu après l'extrémité nord du Noordeinde, ce site présente le *Panorama* (1881), une impressionnante représentation de Scheveningen à 360 degrés peinte par Hendrik Willem Mesdag, qu'on admire depuis une dune artificielle avec sable et transats, chants d'oiseaux et grondement des vagues. Pour voir le même paysage aujourd'hui, il suffit de faire 4 km.

Vredespaleis SITE HISTORIQUE
(www.vredespaleis.nl ; Carnegieplein 2 ; centre d'information entrée libre, visite guidée adulte/enfant 8,50 €/gratuit ; 10h-17h mar-dim). Le palais de la Paix est le siège de la Cour internationale de justice : élevé grâce aux fonds du magnat américain de l'acier Andrew Carnegie, ce majestueux édifice fut construit pour accueillir la Cour permanente d'arbitrage, une organisation internationale créée dès 1899 avec l'objectif de prévenir les guerres.

Un tout nouveau **centre d'accueil des visiteurs** présente le travail des institutions du Vredespaleis. Des visites guidées d'une heure sont parfois organisées, sur réservation (la sécurité est drastique) ; renseignez-vous, car elles n'ont pas lieu quand les tribunaux sont en séance. Accessible par le tramway n°1 au départ de la Hollandes Spoor.

SCHEVENINGEN

La longue plage de Scheveningen attire chaque année neuf millions de visiteurs – malgré un urbanisme pour le moins contestable : des architectes sans doute privés de commandes d'hôpitaux se sont défoulés en élevant le long du sable toutes sortes d'horreurs modernes. Les cafés jouent des coudes sur la promenade en terrasses du bord de plage, empruntant leur thématique à des contrées exotiques aux cieux plus cléments. Bref, tout cela est d'un goût douteux, mais l'ambiance carnavalesque peut avoir son charme.

On pourra préférer des plages plus préservées, accessibles sans trop d'effort, en particulier vers le sud, où il suffit de dépasser le port pour sentir l'animation décroître.

La plupart des rues de La Haye orientées ouest rejoignent Scheveningen, à 4 km, mais le trajet est plus agréable à vélo : on pédale 15-20 minutes à peine, au milieu des belles demeures de quartiers cossus.

Circuits organisés

L'office du tourisme propose d'excellents guides de promenades à pied et à vélo (2 €), en anglais, et sur des thèmes variés, dont "The Royal Kilometres".

De Ooievaart CROISIÉRE
(445 18 69 ; www.ooievaart.nl ; Bierkade 18b ; adulte/enfant 10/6 € ; mar-dim mai-sept, lun-dim juil-août). Plusieurs circuits de 1h30 en bateau passent par les plus beaux sites des canaux de La Haye. Faites-vous confirmer les horaires à l'avance.

VAUT LE DÉTOUR

ESCAPADE IODÉE

Plages à perte de vue, dunes quasi sauvages, cris des mouettes et grondement du ressac vous attendent à deux pas de La Haye et de Scheveningen.

Vers le sud, la nature reprend ses droits à peine 1 km après le port. De là, vous pourrez longer la côte aussi longtemps que vos mollets vous le permettront, avec juste ce qu'il faut de petites gargotes de plage pour vous reposer. Au départ de la gare de Hollands Spoor (HS), le tramway n°12 a son terminus en plein cœur des dunes.

Mettez le cap vers le sud et longez la plage, en laissant derrière vous les terminus des tramways n°1 et 9. Les dunes gardent ici une beauté préservée, et plus loin vous irez (à pied ou à vélo), plus vous serez récompensé. La côte est ici truffée de bunkers de la Seconde Guerre mondiale, jalons du mur de l'Atlantique.

La véloroute nationale LF1 longe tout le littoral de la région. Elle ne rentre temporairement dans les terres qu'à proximité de Scheveningen, préférant sans doute traverser des parcs plutôt que ce chaos balnéaire.

Fêtes et festivals

Parkpop MUSIQUE
(www.parkpop.nl). Fin juin, 350 000 fans débarquent en ville pour les concerts gratuits de grands noms de la pop au Zuiderpark.

Où se loger

En dehors des chaînes hôtelières, La Haye compte de charmants petits hôtels disséminés dans la ville. Les chambres avec vue sur mer sont pléthore à Scheveningen.

Het Paleis Hotel HÔTEL DE LUXE €€€
(362 46 21 ; www.paleishotel.nl ; Molenstraat 26 ; ch à partir de 200 € ;). L'emplacement, près du palais Noordeinde, est déjà en soi une promesse de grandeur, et les 20 chambres meublées à l'ancienne ne déméritent pas : luxe et tradition au programme, avec lourdes tentures et tapis épais. Les motifs des tissus de l'hôtel sont uniques.

Hotel Sebel HÔTEL DE CHARME €€
(385 92 00 ; www.hotelsebel.nl ; Prins Hendrikplein 20 ; ch 80-150 € ;). Occupant un bel édifice Art nouveau, cet hôtel de 33 chambres a été modernisé avec goût. Dans les chambres les moins chères, l'espace est toutefois congru. Sur la ligne du tramway n°17 depuis les gares de CS et de HS.

Hotel La Ville HÔTEL €€
(346 36 57 ; www.hotellaville.nl ; Veenkade 5-6 ; ch 50-120 € ;). Avec leur déco minimaliste mêlant blanc, gris et brun, ces 21 chambres (certaines avec sdb commune) sont la meilleure affaire à proximité du centre-ville. Les appartements sont équipés d'une kitchenette. Petit café sur place. Réservez.

Corona Hotel HÔTEL €€
(363 79 30 ; www.corona.nl ; Buitenhof 39-42 ; ch à partir de 110-180 € ;). Agréable établissement, tout proche du Binnenhof, installé dans trois maisons d'époque rénovées en 2011 et doté de tous les services et conforts d'un hôtel d'affaires. Ses 36 chambres affichent des styles variés, dans une veine moderne ponctuée de détails classiques.

Boulevard Hotel HÔTEL €€
(354 00 67 ; www.boulevardhotel.nl ; Seinpostduin 1, Scheveningen ; ch 85-150 € ;). Hôtel de plage classique, sans artifices et plus charmant que ses voisins modernes. Les chambres ont la simplicité du bord de mer ; vous pourrez petit-déjeuner dans le jardin d'hiver ou le patio avec vue sur les vagues.

Stayokay Den Haag AUBERGE DE JEUNESSE €
(315 78 88 ; www.stayokay.com ; Scheepmakerstraat 27 ; dort à partir de 25 €, ch à partir de 66 € ;). À une quinzaine de minutes à pied de la gare HS, cette adresse de la chaîne Stayokay offre tous les services habituels : bar, restaurant, accès Internet, jeux...

Où se restaurer

La Haye peut se targuer d'une excellente scène gastronomique, dont la qualité et la diversité sont à l'aune de cette ville cosmopolite. Les rues pavées et les canaux autour de Denneweg raviront les promeneurs pris d'un petit creux.

Le **marché bio** (Hofmarkt ; 11h-18h mer) propose un choix étourdissant de produits de bouche, dont un stand qui prépare de succulentes crêpes.

Bloem CAFÉ €
(www.bloemdenhaag.nl ; Korte Houtstraat 6 ; plats 5-8 € ; 10h-18h lun-sam). Joli petit café en face du Binnenhof, de l'autre côté de la Plein, avec une terrasse avec tables blanches et fleurs. Les tartes maison sont sublimes, et un savoureux club figure à la carte des sandwichs, tandis que les smoothies sont aussi sains que goûteux. Idéal à l'heure du thé.

Les Ombrelles FRUITS DE MER €€€
(365 87 89 ; www.lesombrelles.nl ; Hooistraat 4 ; plats 15-30 € ; midi lun-ven, soir lun-sam). Dans un des quartiers les plus charmants, au confluent de plusieurs canaux, cette adresse vénérable et prisée installe des tables sur une place ombragée. Les crabes de l'aquarium viennent rappeler que l'on séjourne dans un pays tourné vers la mer ; très longue carte.

Brasserie 't Ogenblik BISTROT €€
(Molenstraat 4c ; plats 6-15 €). Les serveurs s'activent dans ce café à la popularité jamais démentie, situé au carrefour de plusieurs rues piétonnes jalonnées de boutiques ; l'été, les tables sur le trottoir permettent d'observer les va-et-vient sur Hoogstraat. Cafés, thés, et une sélection inventive de salades, sandwichs et soupes, notamment.

Zebedeüs CAFÉ €
(Rond de Grote Kerk 8 ; repas à partir de 8 €). Installé dans les murs de la Grote Kerk, ce sympathique café est l'oasis dont rêve le flâneur urbain, avec ses énormes sandwichs fraîchement préparés, servis toute la journée. Attablez-vous dehors à l'ombre des marronniers, ou à l'une des grandes tables à l'intérieur.

Cloos GRAND CAFÉ €€

(☎363 97 86 ; Plein 12a ; plats à partir de 9 €). Voici l'un des nombreux cafés chics réunis sur la grande Plein, idéal pour reposer ses jambes dans un confortable fauteuil en rotin en regardant les pigeons s'en prendre à la statue de Guillaume le Taciturne. On se demande ce que ce patriote aurait pensé de la cuisine italienne du Cloos.

It Rains Fishes FRUITS DE MER €€€

(☎365 25 98 ; www.itrainsfishes.nl ; Noordeinde 123 ; plats à partir de 22 € ; ⏲midi-14h30 lun-ven, 18h-23h lun-sam). Ce spécialiste des fruits de mer est couronné de nombreux lauriers pour ses poissons grillés, sautés ou pochés, ses moules et ses coquilles Saint-Jacques. La carte met à l'honneur les produits de saison.

Mero BISTROT €€€

(☎352 36 00 ; www.merovis.nl ; Vissershavenweg 61, Scheveningen ; plats 20-30 € ; ⏲midi-14h, 18h-21h30 mer-ven, 15h-21h30 sam-dim). Déco dans le style industriel pour cette brasserie du port qui sert les meilleurs poissons du coin : aux hardies peintures de crustacés aux murs répondent d'audacieuses saveurs dans les assiettes. À proximité du tramway n°11.

Où prendre un verre

Cafe De Paas BAR

(www.depaas.nl ; Dunne Bierkade 16a). Un bar à l'ancienne, plein de charme, offrant un immense choix de bières. Les 17 pressions sont renouvelées fréquemment, et d'originales bières de saison proposées. Installez-vous dehors sur la péniche.

De Zwarte Ruiter GRAND CAFÉ

(Grote Markt 27 ; en-cas à partir de 4 €). Le "Cavalier noir" et son voisin d'en face, le Boterwaag, se livrent une concurrence discrète. Pour nous, c'est à celui-ci que revient la distinction, pour sa terrasse, sa mezzanine Art déco (inondée de lumière, en demi-niveau) et sa turbulente clientèle.

Café De Oude Mol CAFÉ BRUN

(Oude Molstraat 61 ; en-cas à partir de 3 €). Nul doute que certains des vieux exemplaires du *National Geographic* empilés dans la vitrine sont sortis avant la naissance des chalands accoudés au bar. Franchissez cette porte envahie par le lierre, et découvrez un petit coin de La Haye authentique.

Strandclub Doen BAR

(Strandweg 9, Scheveningen ; ⏲mai-sept ; 📶). Tout de blanc immaculé, le Doen compte parmi les bars les moins vulgaires qui s'alignent sur ce ruban de plage. Les palmiers grelottant dans le vent ajoutent un je-ne-sais-quoi à la déco lounge habituelle. Certaines tables sont équipées d'un petit feu de charbon de bois tout à fait bienvenu.

Où sortir

♥ **Paard van Troje** CLUB

(www.paard.nl ; Prinsegracht 12). Cet empire de la nuit propose des soirées club, des concerts et compte un café. Programmation éclectique, du DJ mixant des morceaux fédérateurs au festival d'avant-garde State-X New Forms.

Nederlands Dans Theater DANSE

(www.ndt.nl ; Schedeldoekshaven 60). Cette prestigieuse compagnie se compose de deux grandes troupes, la principale étant la NDT1 (32 danseurs), tandis que la NDT2 réunit 12 danseurs de moins de 21 ans. Son directeur artistique Jiří Kylián a laissé une empreinte créative durable, dont elle commence seulement à se démarquer.

Cinematheek Haags Filmhuis CINÉMA

(☎365 60 30 ; www.filmhuisdenhaag.nl ; Spui 91). Films étrangers et indépendants.

Dr Anton Philipszaal SALLE DE SPECTACLES

(☎360 98 10 ; www.dapz.ldt.nl ; Spui 150). Résidence attitrée du Residentie Orkest, l'orchestre symphonique de La Haye.

Achats

Avec plusieurs quartiers invitant à musarder, La Haye est une Mecque du shopping.

Comme son nom l'indiquera aux plus sagaces (et polyglottes), Grote Marktstraat réunit tous les grands magasins et enseignes de chaînes ; il faut s'en éloigner vers le nord pour trouver moins ordinaire.

Si Hoogstraat, Noordeinde et Huelstraat sont des rues de choix, avec des boutiques et galeries variées et alléchantes, aucune n'arrive à la cheville du trésor qu'est Prinsestraat.

Denneweg est réputée pour ses boutiques décalées, avec en prime de beaux antiquaires et galeries d'antiquités. Au nord, de l'autre côté d'un canal, elle prend le nom de Frederikstraat et compte alors d'excellentes épiceries et boulangeries.

De Passage GALERIE COMMERCIALE

(www.depassage.nl ; angle Spuistraat et Hofweg). De Passage, non loin des rues Hofweg et

Spuistraat, emprunte son nom et sa vocation initiale à la France : ce passage couvert fut construit au XIXe siècle pour offrir aux nantis du coin les nouveautés parisiennes dans un cadre en rapport.

Stanley & Livingstone LIBRAIRIE
(☎365 73 06 ; Schoolstraat 21). Excellente librairie de voyage.

Renseignements

Office du tourisme (VVV ; www.denhaag.com ; Spui 68 ; ⏲10h-20h lun-ven, jusqu'à 17h sam, midi-17h dim ; 🛜). Au rez-de-chaussée de la bibliothèque publique installée dans le nouvel hôtel de ville, ce vaste office couvre à la fois La Haye et Scheveningen.

Depuis/vers La Haye

Bus

Les bus longue distance d'Eurolines ainsi que les bus régionaux partent de la **gare routière (bus et tramway)** située au-dessus des voies ferroviaires de la Centraal Station.

Train

La Haye possède deux grandes gares ferroviaires. La **Centraal Station** (CS) – une gare-terminus – proche du centre-ville, est aussi une importante station de tramways et de bus locaux (de longs travaux y sont en cours). La gare de **Hollandes Spoor** (HS), à environ 1 km au sud du centre, se trouve sur la grande ligne ferroviaire Amsterdam-Rotterdam. Ces deux gares sont équipées de consignes et de tous les services utiles.

Tarifs et fréquences des trains ci-dessous.

Vélo

Les **loueurs de vélos** se trouvent, pour la CS (☎385 32 35), sous la gare, et pour la HS (☎389 08 30), à l'extrémité sud de la gare. La véloroute côtière **LF1** passe juste derrière Scheveningen, dans les terres. Leyde est facilement accessible, à une trentaine de kilomètres au nord en bifurquant ensuite vers l'intérieur. La **LF11**, vers le sud-est, rejoint Delft à 11 km.

Comment circuler

La plupart des tramways convergent vers la Centraal Station (CS), dans la gare routière située au-dessus des voies ferroviaires et sur leur flanc ouest. Plusieurs lignes desservent également la gare de Hollandes Spoor (HS), dont le très utile tramway n°1, qui part de Scheveningen et va jusqu'à Delft en passant par le centre de La Haye. Les tramways n°1, 9 et 11 relient Scheveningen à La Haye. Les derniers tramways, toutes lignes confondues, partent vers 1h30.

La Haye est une ville plutôt étendue. La gare de CS se trouve en plein centre ; la HS, sur le grand axe Amsterdam-Rotterdam (qui dessert aussi d'autres destinations plus au sud), est à 1 km au sud du centre-ville.

Le réseau des tramways et des bus **HTM** (www.htm.net ; aller simple 2,50 €, pass 1 journée adulte/enfant 7,50/5 €) propose un pass à la journée chaudement recommandé, mais vendu uniquement aux guichets de la CS et de la HS, devant lesquels les files sont souvent longues. Pas de machines automatiques.

Pour un taxi, contactez **ATC Taxi** (☎317 88 77).

Gouda

☎ 0182 / 71 200 HABITANTS

La star, évidemment, c'est le fromage : cette pâte pressée non cuite est même l'une des meilleures exportations néerlandaises. Mais Gouda, la ville, a bien plus à offrir.

Depuis le XVIe siècle, Gouda a alterné les mêmes périodes de prospérité et de déclin que le reste de la Hollande. Son fromage lui vaut plus récemment un regain de richesse, tout comme sa fabrique de bougies, la plus grande du pays – un secteur porteur quand on voit la consommation effrénée qu'en font les cafés bruns.

Facilement accessible depuis les grandes villes de Hollande-Méridionale, mais aussi depuis Amsterdam, Gouda se prête bien à une excursion. Compact et situé à 5 minutes à pied de la gare, le centre-ville est entièrement ceinturé de canaux.

TRAINS AU DÉPART DE LA HAYE

DESTINATION	PRIX (€)	DURÉE (MINUTES)	FRÉQUENCE (PAR HEURE)
Amsterdam	11	50	4
Leyde	3,50	15	4
Rotterdam	5	25	4
Schiphol	8	30	4
Utrecht	10	40	4

À voir

La plupart des sites notables se trouvent à moins de 10 minutes de marche de la place trapézoïdale du Markt, mais il est agréable de flâner dans les petites ruelles comme Achter de Kerk et Lage Gouwe, vieilles artères épargnées par le temps et traversées de paisibles canaux. Pensez aussi au Lange Tiendeweg et à la Zeugstraat, avec son petit canal enjambé de ponts.

MARKT

Central, le Markt de Gouda est l'un des plus vastes des Pays-Bas : cette Grand-Place est le cœur du vieux Gouda.

Waag — MONUMENT HISTORIQUE

Sur le flanc nord du Markt, impossible de manquer le Waag, érigé en 1668. Le Poids public, comme en témoignent les bas-reliefs représentant la pesée du fromage, abrite aujourd'hui le **Kaaswaag** (www.goudsewaag.nl ; adulte/enfant 4/3,50 € ; 13h-17h mar-dim avr-oct, jeu-dim nov-mars), musée qui retrace l'histoire fromagère des Pays-Bas, et en particulier celle de Gouda. On peut aussi voir une belle maquette du Markt vers 1990.

Marché au fromage — MARCHÉ

(www.goudakaas.nl ; 10h-12h30 jeu fin juin-août). Ce marché installe sur le Markt ses dizaines d'étals vendant toutes sortes de produits (et de souvenirs) laitiers. Des habitants en costume traditionnel y posent pour les très nombreux touristes.

Stadhuis — MONUMENT HISTORIQUE

(Markt ; entrée 1,50 € ; 10h-16h lun-ven, 11h-15h sam). Au centre du Markt, l'hôtel de ville et sa majestueuse architecture gothique de grès en disent long sur la prospérité de la ville du milieu du XVe siècle, alors riche centre drapier. Ses petits volets rouge et blanc offrent un charmant contraste avec la pierre soigneusement entretenue. Les salons officiels méritent un petit coup d'œil.

AUTOUR DE SINT JANSKERK

Sint Janskerk — ÉGLISE

(Achter de Kerk ; adulte/enfant 4,50/2 € ; 10h-17h). L'église Saint-Jean, juste au sud du Markt, a connu des débuts difficiles : des incendies à répétition l'ont frappée avec une régularité de métronome, tous les siècles environ, de 1361 jusqu'au milieu du XVIe siècle. C'est de cette dernière période que date l'édifice actuel : avec ses 123 m, c'est l'église la plus longue du pays.

Gouda

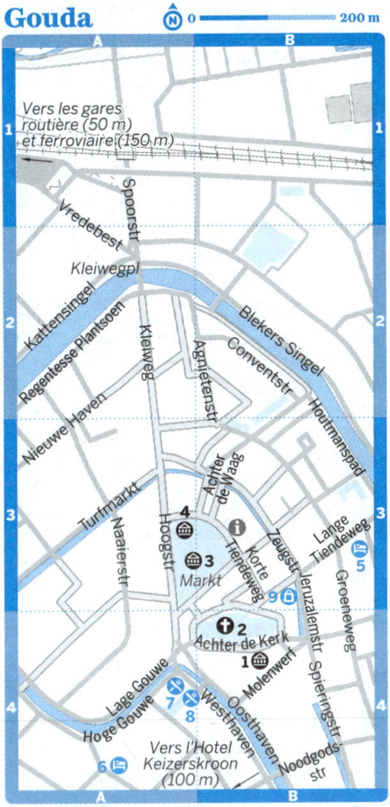

Gouda

À voir

Kaaswaag .... (voir 4)
1 Museum Gouda B4
2 Sint Janskerk B4
3 Hôtel de ville A3
4 Waag A3

Où se loger

5 Hotel de Utrechtsche Dom B3
6 Hotel Keizerskroon A4

Où se restaurer

Brunel .... (voir 7)
7 Kamphuisen A4
8 Scheeps A4

Achats

9 't Kaaswinkeltje B3

Sint Janskerk est donc une jolie église du gothique tardif, mais qui mériterait un plus beau clocher. Elle a cependant pour superbe atout d'immenses vitraux, en particulier ceux créés entre 1551 et 1572 par les frères Dirck et Wouter Crabeth et Lambert van Noort. Parmi ces chefs-d'œuvre (numérotés), on retient notamment les vitraux n°6 (Judith décapitant Holopherne), le plus ancien de l'église (1551), et n°22 (la purification du Temple par Jésus), où l'on prêtera attention à la mine du marchand chassé.

Museum Gouda MUSÉE
(www.museumgouda.nl ; Achter de Kerk 14 ; adulte/enfant 7 €/gratuit ; ⏲10h-17h mer-ven, midi-17h sam-dim). Voisin direct, au sud-ouest, de l'église Saint-Jean, le musée municipal occupe un ancien hôpital en bord de canal, le Catherina Gasthuis : il retrace l'histoire de la ville et présente des œuvres d'art. Son sous-sol abrite une section consacrée aux instruments de torture (et d'exécution) du Moyen Âge, où l'on apprend que si les hommes étaient pendus, les femmes étaient, elles, condamnées à la mort par strangulation afin d'éviter que le public ne regarde sous leur jupe. Le jardin clos est agréable.

Activités

Le centre de la région, baptisé Groene Hart ("cœur vert"), se prête à une agréable boucle de 42 km, au départ du sud du centre-ville, à travers les campagnes sillonnées de canaux au sud de Gouda. Cette route du Krimpenerwaard, puisque c'est le nom de la région, comprend des haltes dans des fromageries. Une brochure est disponible à l'office du tourisme, qui pourra aussi vous fournir les cartes nécessaires pour cette promenade.

Où se loger

La découverte de Gouda se faisant si agréablement à la journée, vous n'envisagez peut-être pas d'y passer la nuit. Cependant, ne négligez pas les charmes de la ville une fois les cars de tourisme repartis.

Hotel Keizerskroon HÔTEL €€
(☎528 096 ; www.hotelkeizerskroon.nl ; Keizerstraat 11-13 ; ch 50-110 € ; wifi). Central, plein de charme, accueillant et confortable, avec de jolies chambres au décor contemporain. Les moins chères partagent des douches. Petit-déjeuner inclus, servi au restaurant au rez-de-chaussée, et location de vélos.

Hotel de Utrechtsche Dom HÔTEL €
(☎528 833 ; www.hotelgouda.nl ; Geuzenstraat 6 ; ch 65-85 € ; wifi). Impeccablement tenue et située dans une rue calme, voilà une adresse jolie, confortable et sans artifices. Petit-déjeuner compris ; sdb commune pour les chambres les moins onéreuses. Ce site était déjà une auberge il y a plus de trois siècles – mais les écuries voient aujourd'hui défiler moins de cochers qu'autrefois.

Où se restaurer et prendre un verre

Lekker Gouds ÉPICERIE €
(Hoogstraat ; en-cas à partir de 3 € ; ⏲10h-18h). Une appétissante boutique, juste à côté du Markt, tenue par un bistrotier aguerri. Vaste choix de fromages, parfait pour découvrir le vieux gouda ou se concocter un pique-nique.

Kamphuisen CAFÉ BRUN €€
(☎514 163 ; www.kamphuisen.com ; Hoge Gouwe 19 ; plats 16-20 € ; ⏲17h-minuit mar-dim, cuisine jusqu'à 22h). Un café brun comme on les imagine, avec liste des boissons à l'ardoise, vieilles tables en bois et lustres dépareillés. Dehors, des tables sont installées sous la halle de l'ancien marché au poisson. Carte ambitieuse (agneau, steaks, poisson...). Pour dîner, réservez.

Scheeps FRUITS DE MER €€
(☎517 572 ; www.restaurantscheeps.nl ; Westhaven 4 ; plats 19-25 € ; ⏲midi-14h30 et 17h-21h lun-sam). La belle façade crème et les oliviers en pots laissent à augurer qu'il ne s'agit pas là d'une adresse comme les autres. De fait, la salle est décorée d'œuvres d'art et la carte contemporaine affiche des produits de saison préparés à la mode méditerranéenne. Joli jardin à l'arrière.

Brunel BISTROT €€
(☎518 979 ; www.restaurantbrunel.nl ; Hoge Grouwe 23 ; plats 18-23 € ; ⏲soir mar-sam). De la cuisine néerlandaise traditionnelle en version haut de gamme, avec quelques touches originales : les assiettes sont garnies de beaux produits régionaux issus de la terre et de la mer, agrémentés çà et là de truffe. L'été, on dîne le long du canal sous les colonnades du vieux marché au poisson.

Achats

Kleiweg, qu'on emprunte en venant de la gare ferroviaire, aligne les chaînes habituelles. On leur préférera les boutiques plus originales qui jalonnent Jeruzalemstraat et Zeugstraat, et leurs alentours.

TRAINS AU DÉPART DE GOUDA

DESTINATION	PRIX (€)	DURÉE (MINUTES)	FRÉQUENCE (PAR HEURE)
Amsterdam	11	55	2
La Haye	6	20	4
Rotterdam	5	19	6
Utrecht	6	20	6

Lekker Gouds (p. 164) est un bon parti pour le fromage.

't Kaaswinkeltje FROMAGERIE (www.kaaswinkeltje.com ; Lange Tiendeweg 30). L'adresse où goûter certains de ces vieux goudas que les Néerlandais gardent jalousement pour eux ! Plus l'affinage a été long, plus la saveur est prononcée : certains des plus vieux ont une texture proche de celle du parmesan et un goût fumé marqué. Rien de tel qu'un beau morceau garni d'une pointe de moutarde et accompagné d'une bière. Découvrez aussi les fromages à pâte molle.

Renseignements

Office du tourisme (VVV ; ☎0182-589 110 ; www.welkomingouda.nl ; Waag, Markt 35 ; ⏰10h-18h avr-oct, horaires réduits l'hiver). Dans l'édifice historique du Waag, avec le musée du fromage et sa boutique – parfait pour une dégustation tout en feuilletant les brochures.

Comment s'y rendre et circuler

La **gare ferroviaire** de Gouda est proche du centre-ville : pour vous déplacer, vos pieds suffisent. Consignes à proximité du quai n°8. Tarifs et fréquences des trains ci-dessus.

La **gare routière** se trouve à gauche en sortant côté "Centrum". Le seul bus intéressant est le n°180, qui rejoint Oudewater et Utrecht.

Le **loueur de vélos** (☎519 751) est installé dans la gare ferroviaire, du côté opposé au centre-ville.

La véloroute nationale **LF2,** qui relie Amsterdam et Rotterdam, passe au milieu du Markt de Gouda. En roulant 12 km vers le nord, notamment sur une impressionnante route de digues, vous atteindrez Bodegraven, où vous pouvez prendre ensuite la **LF4** qui, à travers des paysages bucoliques, court vers l'ouest et rejoint La Haye, à 38 km.

Delft

☎015 / 98 700 HABITANTS

La beauté de Delft, son charme et sa décontraction en font un véritable aimant à touristes : excursionnistes et amoureux du raffinement se pressent pour déambuler dans ses étroites ruelles bordées de canaux, pour admirer son architecture remarquable et pour découvrir les travaux du peintre Johannes Vermeer (voir encadré p. 168).

Né à Delft, l'artiste resta dans sa ville, et sa *Vue de Delft,* l'une de ses œuvres les plus appréciées, en est une vision énigmatique et idéalisée. Delft, bien sûr, ce sont aussi ces fameuses faïences au camaïeu de bleus sur fond blanc : les artisans du XVIIe siècle inventèrent le "bleu de Delft" en copiant d'abord les porcelaines chinoises.

La ville, fondée au Xe siècle, devint une riche cité aux XIIIe et XIVe grâce au textile et au commerce. Au XVe, un canal fut creusé jusqu'à la Meuse, et la ville se dota du petit port de Delfshaven, aujourd'hui absorbé par Rotterdam.

À voir

Delft se découvre à pied : presque tous les sites d'intérêt sont concentrés dans un rayon de 1 km autour du Grote Markt (p. 166). La majeure partie de la ville date du XVIIe siècle et se trouve admirablement conservée.

Le **Beestenmarkt** (marché aux bestiaux) est une vaste place bordée d'élégants édifices. Plus à l'est, l'**Oostpoort** est la seule porte qui subsiste des fortifications de la ville. **Koornmarkt**, qui part du Waag vers le sud, est un paisible canal arboré. Remarquez l'opulente façade de la **Gemeenlandshuis van Delfland** (1505) sur Oude Delft en face de l'Oude Kerk, de l'autre côté du canal.

Le bleu de Delft est si connu qu'il confine au cliché. Ironie de l'histoire pour cet artisanat à l'origine copié sur les porcelaines chinoises, les contrefaçons de Delft qu'on trouve aujourd'hui en grand nombre dans les boutiques pour touristes sont très souvent fabriquées... en Chine. Les vraies faïences, elles, sont produites en quantités assez limitées dans quatre manufactures de Delft et de ses alentours ; vous pouvez voir les faïenciers à l'œuvre dans trois d'entre elles.

♥ Vermeer Centrum Delft MUSÉE
(www.vermeerdelft.nl ; Voldersgracht 21 ; adulte/enfant 7/3 € ; ⏲10h-17h). La ville qui a vu naître, vivre et peindre Vermeer est un incontournable pour de nombreux amoureux de la peinture et de son histoire. Outre des reproductions de tableaux du maître, vous découvrirez ici une reconstitution de son atelier, qui permet de mieux comprendre le travail mené par l'artiste sur la lumière et la couleur. Le "laboratoire de Vermeer" offre une découverte de l'environnement et de la formation du peintre ; des expositions temporaires mettent en avant les artistes inspirés par Vermeer.

Grote Markt PLACE
(Koornmarkt 67). Avec son assemblage agréable de galeries, d'antiquaires, de magasins de vêtements et de boutiques décalées, cette place piétonne mérite qu'on s'y attarde.

Et avant de quitter ce Markt souvent bondé, ne manquez pas l'**hôtel de ville** (Markt), et son mélange étonnant d'architecture Renaissance autour d'une tour du XIIe siècle. Derrière se dresse le **Waag**, le Poids public (1644).

Nieuwe Kerk ÉGLISE
(www.nieuwekerk-delft.nl ; Markt ; adulte/enfant 3,50/1,50 €, avec l'entrée à l'Oude Kerk ; ⏲9h-18h

Delft

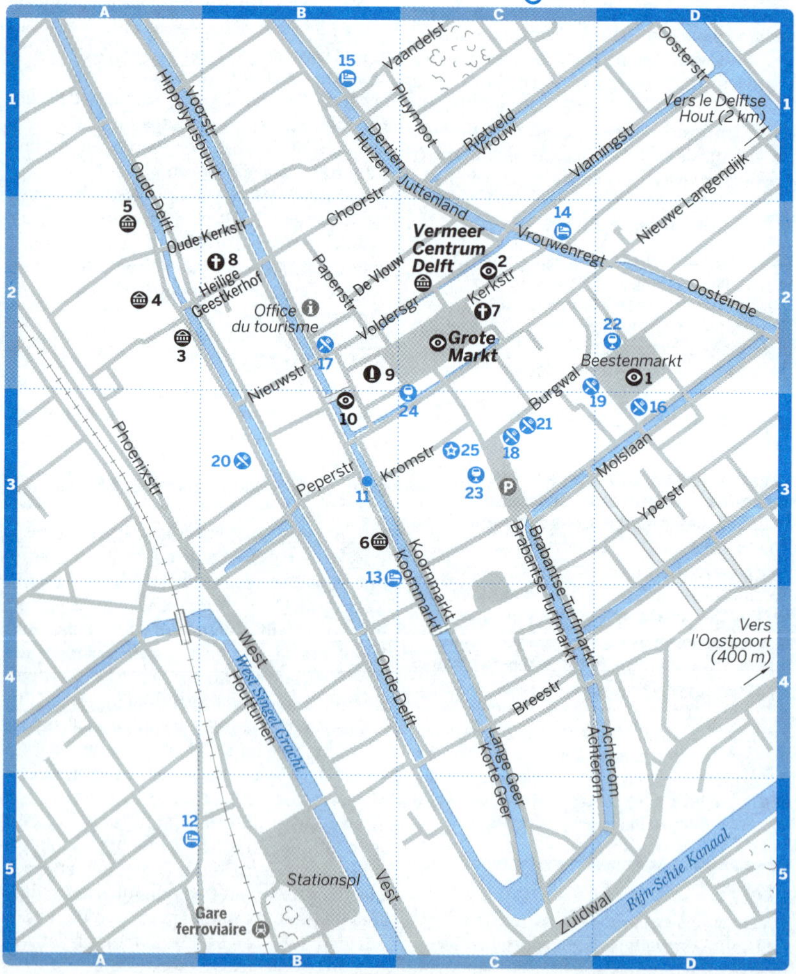

avr-oct, 11h-16h nov-mars, fermé dim). Cette belle église achevée en 1655 renferme aussi la crypte de la famille royale néerlandaise. L'intérieur blanc est remarquable, de même que les 27 vitraux, dont les couleurs chaudes éclaboussent gaiement les murs lorsque le soleil est au rendez-vous. On peut monter admirer la vue du haut de la tour.

Oude Kerk ÉGLISE

(www.oudekerk-delft.nl ; Heilige Geestkerkhof 25 ; adulte/enfant 3,50/1,50 €, avec l'entrée à la Nieuwe Kerk). Surnommée *Oude Jan* ("vieux Jan") par les habitants de Delft en raison de son résident le plus fameux (Johannes Vermeer y est enterré), cette église gothique, vieille de huit siècles et reconnaissable à sa tour sérieusement penchée (+ 2 mètres par rapport à la verticale), dresse une silhouette étonnante.

Het Prinsenhof MUSÉE MUNICIPAL

(www.prinsenhof-delft.nl ; St Agathaplein 1 ; adulte/enfant 7,50 €/gratuit ; ⏲10h-17h mar-sam, 13h-17h dim). En face de l'Oude Kerk, cet ancien couvent fut le théâtre de l'assassinat de Guillaume le Taciturne en 1584 (l'impact de la balle dans le mur est toujours visible). Le musée présente aujourd'hui des collections d'objets retraçant la guerre de Quatre-Vingts Ans contre l'Espagne, mais aussi des peintures du XVIIe siècle. Un peintre à résidence y exécute ses réinterprétations de chefs-d'œuvre néerlandais. La paix des jardins invite à une pause détente.

Museum Paul Tetar van Elven MUSÉE

(www.museumpaultetarvanelven.nl ; Koornmarkt 67 ; adulte/enfant 4/2 € ; ⏲13h-17h mar-dim). Ce musée méconnu renferme de belles surprises. L'artiste néerlandais Paul Tetar van Elven eut ici, au XIXe siècle, son atelier et son domicile. On peut y voir plusieurs Rembrandt, ainsi que de nombreuses reproductions de tableaux connus réalisés par l'ancien maître des lieux. Mais ce que le musée a de plus intéressant, c'est sans doute son bel intérieur du XVIIe siècle, qui conserve son mobilier d'origine et une atmosphère éminemment vivante.

Nusantara MUSÉE

(☎260 23 58 ; www.nusantara-delft.nl ; St Agathaplein 4 ; adulte/enfant 3,50/gratuit € ; ⏲10h-17h mar-sam, 13h-17h dim). Le musée Nusantara braque ses projecteurs sur une ancienne colonie néerlandaise, l'Indonésie : sa collection de mobilier et d'objets du quotidien provient de la Batavia du XVIIe siècle (l'actuelle Jakarta), tandis qu'un "département colonial" retrace l'arrivée des colons néerlandais dans l'archipel.

Museum Lambert van Meerten MUSÉE

(www.lambertvanmeerten-delft.nl ; Oude Delft 199 ; adulte/enfant 3,50/1,50 € ; ⏲11h-17h mar-dim). Cette demeure du XIXe siècle sert d'écrin à une superbe collection de carreaux et de faïences de Delft, remontant, pour les plus anciens, au XVIe siècle.

Delft

Les incontournables

Grote Markt C2
Vermeer Centrum Delft C2

À voir

1 Beestenmarkt D2
2 De Candelaer C2
3 Gemeenlandshuis van Delfland A2
4 Musée Het Prinsenhof A2
5 Museum Lambert van Meerten A2
Nusantara .... (voir 4)
6 Museum Paul Tetar van Elven B3
7 Nieuwe Kerk C2
8 Oude Kerk B2
9 Hôtel de ville B2
10 Waag B3

Activités

11 Rondvaart Delft B3

Où se loger

12 Hotel Coen A5
13 Hotel de Ark B3
14 Hotel de Emauspoort C2
15 Hotel de Plataan B1

Où se restaurer

16 Barrique D3
17 De Visbanken B2
18 Natuurlijk 015 .... C3
19 Spijshuis de Dis C2
20 Stadys Koffyhuis B3
21 't Walletje C3

Où prendre un verre

22 Belgisch Bier Café Belvédère D2
23 Locus Publicus C3
24 Stadcafe de Waag C3

Où sortir

25 Bebop Jazzcafé C3

VERMEER DE DELFT

Johannes Vermeer (1632-1675), l'un des grands maîtres de la peinture du Siècle d'or néerlandais, vécut toute sa vie à Delft, où il donna naissance à 11 enfants, mais aussi à 35 chefs-d'œuvre (plus deux dont l'authenticité est contestée). Ses tableaux se distinguent par le soin apporté aux couleurs, d'une grande richesse, et un sens de la lumière que peu d'autres artistes ont égalé. Le peintre s'inspira du quotidien à Delft, et ses intérieurs immortalisent des scènes d'une grande simplicité, telle la célèbre *Jeune Fille à la perle (ou au turban),* toujours avec des effets quasi photographiques.

Vue de Delft, le paysage le plus connu de Vermeer, rend avec talent les jeux d'ombre et de lumière par une journée partiellement nuageuse et fascinait Proust, notamment son "petit pan de mur jaune". On peut se rendre à l'endroit où le peintre l'a réalisé, de l'autre côté du canal, sur l'Hooikade, au sud-est de la gare. Si Delft ne conserve malheureusement aucune œuvre de Vermeer, le Vermeer Centrum Delft (p. 166) est un bon site pour découvrir le peintre, et l'office du tourisme propose, via une brochure, une intéressante promenade thématique. Les deux œuvres précitées sont exposées à la Mauritshuis (p. 157) de La Haye, tandis que *La Laitière,* sans doute l'œuvre la plus connue de Vermeer, se trouve au Rijksmuseum d'Amsterdam (p. 65).

De la vie de Vermeer, on sait peu de chose – et ce qu'on en sait n'est souvent guère flatteur. Après sa mort, sa femme écrivit ainsi : "... pour cette raison et à cause du lourd fardeau que représentaient ses enfants, sans ressources propres, il en était arrivé à un tel état de ruine et de déchéance, et s'en trouvait à ce point affecté que, comme tombé dans une frénésie, en un jour ou un jour et demi, il était passé de la santé à la mort."

Ce qui n'empêche pas sa renommée d'aller toujours croissant. En 2003, le film *La Jeune Fille à la perle* (inspiré du roman de Tracy Chevalier) imaginait une relation intime du peintre avec son modèle. L'année suivante, un tableau longtemps considéré comme un faux a finalement vu son authenticité confirmée : la *Jeune Femme au virginal* fut alors le premier Vermeer vendu aux enchères depuis plus de quatre-vingts ans, acquis par un anonyme pour la bagatelle de 24 millions d'euros.

L'excellent site Internet www.essentialvermeer.com (en anglais) fourmille de détails sur le peintre et ses œuvres, recensant en temps réel leurs lieux d'exposition.

Circuits organisés

Rondvaart Delft CROISIÈRE SUR LES CANAUX
(www.rondvaartdelft.nl ; Koornmarkt 113 ; adulte/enfant 6,75/3 € ; 11h-17h avr-oct). Découvrez Delft depuis ses canaux (45 min).

Où se loger

L'été, les hébergements sont pris d'assaut, et gonflent souvent très nettement leurs prix durant le week-end : réservez longtemps à l'avance, ou bien venez simplement passer la journée sur place. Or, par sa taille modeste et la proximité de la gare, la ville fait une excellente base pour découvrir le reste de la Hollande-Méridionale.

Hotel de Emauspoort HÔTEL €€
(219 02 19 ; www.emauspoort.nl ; Vrouwenregt 9-11 ; s/d à partir de 90/100 € ;). Nombre de voyageurs ne tarissent pas d'éloges sur ce charmant petit hôtel, ses bons prix et sa proximité avec le Markt. Ses chambres spacieuses offrent un beau mélange de déco ancienne et de confort on ne peut plus moderne. En prime, un petit-déjeuner bien copieux, une terrasse et une boulangerie à demeure. Sous les combles, la chambre Vermeer est une merveille, à prix doux.

Hotel de Plataan HÔTEL €€
(212 60 46 ; www.hoteldeplataan.nl ; Doelenplein 10 ; s/d à partir de 105/115 € ;). Dans un cadre agréable au bord d'un canal, cet hôtel propose des chambres standard petites mais élégantes (avec réfrigérateur), mais surtout de somptueuses chambres thématiques dont un "Jardin d'Éden", une "Ambre" inspirée de l'Orient et une sublime "Tamarin" sur le thème de l'île déserte. Buffet de petit-déjeuner, compris, parfaitement dans le ton.

Delftse Hout CAMPING €
(213 00 40 ; www.delftsehout.nl ; Korftlaan 5 ; empl 24-28 €, chalet à partir de 80 € la nuit ;). Juste au nord-est de la ville, accessible grâce à sa navette ou par les bus n°80 ou 82 depuis la gare routière, ce camping bien équipé réunit 160 emplacements. À 15 minutes de marche du Markt.

Soul Inn
B&B €

(☎071-215 72 46 ; www.soul-inn.nl ; Willemstraat 55 ; s/d à partir de 60/70 € ; @📶). À 10 minutes à pied du centre-ville, ce B&B est une évasion bienvenue pour quiconque a son content de pittoresque delftois : les chambres jouent sur des thématiques et des couleurs pleines d'allant (rose bonbon, *seventies*...), et plusieurs suites s'inspirent de l'Afrique.

Hotel Coen
HÔTEL €€

(☎214 59 14 ; www.hotelcoendelft.nl ; Coenderstraat 47 ; s/d à partir de 72/90 € ; @📶). Juste derrière le chantier de la gare ferroviaire, cet hôtel loue 55 lits dans des chambres variées, de la simple pour petits budgets (aussi serrée que votre bourse) à la double plus confortable. Petit-déjeuner soigné inclus.

Hotel de Ark
HÔTEL €€

(☎215 79 99 ; www.deark.nl ; Koornmarkt 65 ; s/d à partir de 120/150 € ; @📶). Ces quatre demeures du XVIIe siècle, en bordure de canal, ont été rénovées pour former ce petit hôtel raffiné et luxueux. Desservies par un ascenseur, les chambres affichent une élégance surannée sans être vieillotte. À l'arrière s'étend un petit jardin. Des appartements sont proposés à proximité pour les longs séjours.

Où se restaurer

Spijshuis de Dis
NÉERLANDAIS CONTEMPORAIN €€

(www.spijshuisdedis.com ; Beestenmarkt 36 ; midi 5-15 €, soir 16-25 € ; ⏲midi-14h, 17h-21h30 mar-dim ; 🌿👪). Gourmets, âmes romantiques et passionnés d'œnologie se pressent dans ce restaurant aussi chaleureux qu'élégant, où poissons frais et délicieuses soupes (servies dans des bols faits de pain) tiennent la vedette. Les végétariens sont ici gâtés à l'égal des amateurs de viande. Laissez-vous tenter par les entrées, créatives et appétissantes, ou en dessert par le *Klomp de Dis*, un pudding servi... dans un sabot.

Barrique
CAFÉ €

(Beestenmarkt 33 ; repas à partir de 8 €). Juste à l'est du Markt, les cafés s'alignent sur la Beestenmarkt ombragée : cet ancien marché aux bestiaux (1449-1972 ; une plaque en atteste sur la place) est aujourd'hui dédié aux plaisirs liquides entre amis. Ce café stylé se concentre sur le vin (diversion bienvenue à la bière) et les tapas, sur une bande-son "jazzy".

't Walletje
CAFÉ €

(☎214 04 23 ; Burgwal 7 ; plats 7-12 € ; 📶). Fort d'une terrasse dans cette rue piétonne proche du centre-ville, ce petit bistrot propose au déjeuner des smoothies, sandwichs et salades de bonne facture. Le soir, le menu à 3 plats (21 €) révèle une cuisine de talent, dont témoigne le pesto qui parfume les accompagnements.

Natuurlijk 015
CAFÉ €

(www.natuurlijk015.nl ; Burgwal 11 ; plats à partir de 5 € ; ⏲10h-18h mar-sam ; 🌿). Ce café bio fait le bonheur des touristes comme des Delftois, qui se pressent sur sa terrasse pour déguster un sandwich, un smoothie ou une salade qui sort de l'ordinaire.

De Visbanken
FRUITS DE MER €

(Camaretten 2 ; en-cas à partir de 3 € ; ⏲10h-18h). On vend du poisson à cet endroit depuis 1342 ! Les tenanciers actuels présentent un abondant choix de produits de la mer dans leurs vitrines sous l'ancienne halle ouverte. Et vous, votre poisson, le prendrez-vous mariné, fumé ou frit ?

Stadys Koffyhuis
CAFÉ €

(www.stads-koffyhuis.nl ; Oude Delft 133 ; plats 7-12 €). Installez-vous sur le pont de la péniche amarrée devant ce café qui sert boissons, sandwichs et crêpes accompagnés de la plus jolie vue de Delft, sur l'Oude Kerk, qui se dresse juste au bout de ce canal.

Où prendre un verre

Locus Publicus
CAFÉ BRUN

(Brabantse Turfmarkt 67). Ce café chaleureux sert plus de 200 bières. L'endroit est charmant et fait le plein d'habitués enjoués lancés dans un circuit découverte de ces saveurs houblonnées. Les tables en terrasse sont parfaites pour observer la vie comme elle va à Delft.

Belgisch Bier Café Belvédère
BAR

(www.bbcbelvedere.nl ; Beestenmarkt 8). Dans une vieille demeure historique, grand choix de bières (belges notamment, donc), dont six à la pression et bien plus en bouteilles.

Stadcafe de Waag
GRAND CAFÉ

(www.de-waag.nl ; Markt 11 ; ⏲10h-1h). Avec son immense terrasse sur le Markt, voilà l'adresse idéale pour une bière ou une collation.

Où sortir

Des bars égaient la discrète Kromstraat.

Bebop Jazzcafé
MUSIQUE LIVE

(Kromstraat 33). Une petite salle sombre et un excellent choix de bières.

TRAINS AU DÉPART DE DELFT

DESTINATION	PRIX (€)	DURÉE (MINUTES)	FRÉQUENCE (PAR HEURE)
Amsterdam	12	60	2
La Haye	3	12	4
Rotterdam	3,50	12	4

Achats

Chose rare pour une petite ville hollandaise, la plupart des magasins ouvrent ici jusqu'à 21h le vendredi. Le jeudi, un grand marché se tient sur le Grote Markt (p. 166), tandis qu'un marché d'antiquités, de brocante et de livres attire les chineurs tous les samedis, d'avril à septembre.

Bien que la plupart des manufactures proposent l'expédition, on reconnaît les visiteurs ayant marqué l'étape ici au soin qu'ils accordent à la manipulation de leurs bagages : c'est fragile, la faïence !

Royal Delft – De Koninklijke Porceleyne Fles FAÏENCERIE
(www.royaldelft.com ; Rotterdamseweg 196 ; adulte/enfant 12 €/gratuit ; 9h-17h, fermé dim nov-mars). Que vous soyez un amoureux de la céramique ou parfaitement étranger aux subtilités du fameux "bleu de Delft", vous ne manquerez pas d'apprécier ce site, à la fois usine, galerie d'art et boutique. Les plus férus participeront à un atelier (46 €) pour créer leur propre faïence. Le billet classique comprend un audiotour qui passe par une démonstration de peinture sur faïence, le musée de la faïencerie et la découverte des procédés de fabrication. La boutique et ses trésors sont un passage obligé. À 15 minutes à pied de la gare ferroviaire.

De Candelaer ATELIER FAÏENCIER
(www.candelaer.nl ; Kerkstraat 13 ; 9h-17h30 lun-ven, jusqu'à 17h sam tte l'année, 9h-17h dim mars-mai). La faïencerie la plus modeste, et la plus centrale, se trouve à deux pas du Markt. De Candelaer réunit cinq artistes, présents la plupart du temps. Quand cela est possible, ils offrent une visite guidée détaillant leurs méthodes de fabrication.

De Delftse Pauw FAÏENCERIE
(212 49 20 ; www.delftsepauw.com ; Delftweg 133 ; visite gratuite ; 9h-16h30 avr-oct, 9h-16h30 lun-ven, 11h-13h sam nov-mars). "Le Paon de Delft" emploie 35 peintres qui travaillent pour la plupart à domicile. Les visites ont lieu tous les jours, mais le week-end, vous ne verrez pas officier ceux qui œuvrent sur place. Prendre le tramway n°1, arrêt Vrijenbanselaan.

Renseignements

Office du tourisme (VVV ; 215 40 51 ; www.delft.nl ; Hippolytusbuurt 4 ; 10h-16h dim-lun, 9h-18h mar-ven, 10h-17h sam). Brochures de circuits à pied ; accès Internet gratuit.

Comment s'y rendre et circuler

Train

La gare ferroviaire s'est transformée en vaste et chaotique chantier jusqu'en 2018 : les voies deviendront souterraines et une nouvelle gare sortira de terre (www.spoorzonedelft.nl). En attendant, les services sont limités : pas de consignes, notamment. Tarifs et fréquences des trains ci-dessus.

La Haye est également reliée à Delft par le tramway n°1 (30 minutes).

Vélo

Pendant les travaux de la gare, le **loueur de vélos** restera aux abords. La véloroute nationale **LF11** traverse Delft : La Haye se trouve à 11 km au nord-ouest (avec un moulin à vent en chemin, à environ 8 km) et Rotterdam à 28 km au sud-est, par une route sinueuse qui pénètre dans la grande métropole par l'ouest et le joli port de Delftshaven.

Rotterdam

010 / 616 000 HABITANTS

Rotterdam déborde d'énergie. Sa vie nocturne trépidante, sa population cosmopolite, une tradition maritime bien vivante et pléthore de musées de qualité en font un incontournable de tout circuit néerlandais.

Deuxième ville des Pays-Bas, Rotterdam fut rasée lors de la Seconde Guerre mondiale et dut passer les décennies suivantes à se reconstruire. Ici, pas de vieille cité historique au programme : elle a été balayée avec le reste des décombres laissés par les bombardements. La reconstruction a cependant offert à la ville une esthétique architecturale unique en Europe, faisant d'elle un laboratoire d'idées pour cette discipline toujours en mouvement – ce qui va plutôt bien avec la philosophie postmoderne et ouverte tous azimuts de cette métropole-phénix. Entre autres preuves de cette ouverture, on remarquera le **Santa Claus** de Paul McCarthy, statue du père Noël tenant un sex-toy, que la municipalité a choisi de placer dans le quartier commerçant de la ville.

Histoire

Premier port d'Europe, Rotterdam est fort d'une histoire portuaire qui remonte au XVIe siècle. En 1572, les Espagnols pourchassés par les Gueux de mer (un groupe en révolte contre la répression religieuse espagnole) y trouvèrent refuge – et pour tout remerciement, s'empressèrent de mettre la ville à sac. Inutile de dire que Rotterdam rejoignit ensuite avec enthousiasme la révolution, devenant à la même époque un port de premier plan.

Avec son emplacement privilégié à cheval sur les grands fleuves du sud, Rotterdam a tout pour accueillir la navigation marchande. D'amples canaux creusés au XIXe siècle, puis améliorés sans cesse depuis, relient son port au Rhin et à d'autres grands axes fluviaux.

Le 14 mai 1940, les Allemands envahirent le pays et adressèrent un ultimatum au gouvernement : s'il ne capitulait pas, toutes les grandes villes, telle Rotterdam, seraient détruites. Les Pays-Bas cédèrent – mais les bombardiers étaient déjà en route.

À voir

La ville a pour meilleurs atouts des musées de qualité et de belles promenades à travers des quartiers intéressants.

On s'y repère facilement grâce aux nombreux édifices au style affirmé. Le centre-ville est par ailleurs bien plus ramassé qu'on ne s'y attend dans une métropole aussi animée : peut-être n'aurez-vous même pas l'occasion d'emprunter les transports publics, par ailleurs très efficaces. C'est à vélo que la ville se laisse découvrir le plus agréablement, même si le tramway a aussi du bon.

Museum Boijmans van Beuningen MUSÉE

(www.boijmans.nl ; Museumpark 18-20 ; adulte/enfant 12,50 €/gratuit, mer gratuit ; 11h-17h mar-dim). Comptant parmi les plus beaux musées d'Europe, le Boijmans van Beuningen possède des collections permanentes qui couvrent une très large période artistique, aux Pays-Bas et en Europe, et renferment plusieurs tableaux de grands maîtres. Entre autres chefs-d'œuvre, on retient les *Noces de Cana* de Jérôme Bosch, les *Trois Marie au tombeau* de Van Eyck, la très détaillée *Tour de Babel* de Brueghel l'Ancien ou plusieurs Rembrandt dont un *Portrait de Titus*. La Renaissance italienne est bien représentée également, avec notamment des Tintoret et *Le Satyre et la Nymphe*, de Titien.

La peinture et la sculpture depuis le milieu du XIXe siècle sont également à l'honneur, avec de nombreux Monet et d'autres impressionnistes français, mais aussi des œuvres de Van Gogh et de Gauguin, et des statues de Degas. Le musée s'enorgueillit également, à juste titre, de sa collection d'œuvres de ceux qu'il appelle "les autres surréalistes", en l'occurrence Marcel Duchamp, René Magritte et Man Ray. Les agrandissements récents ont offert une salle dédiée à Salvador Dalí – et pour cause : c'est l'une des plus riches collections Dalí hors d'Espagne et de France. Globalement, l'aile surréaliste, où œuvres célèbres côtoient bibelots et objets d'art, est réellement fascinante.

La modernité n'est pas oubliée dans ce musée éclectique : un nu ou une toile de maître du Siècle d'or peuvent côtoyer un poste de télé des années 1970 ou une installation contemporaine.

Le musée possède un sympathique café et un jardin de sculptures, où se dresse notamment la "vis cintrée" de Claes Oldenburg.

ORIENTATION

Traversée par le chenal de navigation de la Nieuwe Maas (Nouvelle Meuse), Rotterdam est sillonnée d'un réseau de tunnels et de ponts, le plus connu de ces derniers étant l'Erasmusbrug. Le centre-ville occupe la rive nord, tandis que de nouveaux quartiers sortent de terre sur la rive sud. La Centraal Station (CS) est transformée en vaste chantier pour plusieurs années encore, en attendant la nouvelle **gare** (www.rotterdamcentraal.nl), assortie de nouveaux métros et de parkings. Travaux ou pas, il suffit de 15 minutes de marche, le long d'étangs aux airs de canaux, pour rejoindre le front de mer. Le centre commerçant de la ville se trouve à l'est, et la plupart des musées à l'ouest. Le quartier historique de Delfshaven est à 3 km, vers l'ouest.

Centre-ville de Rotterdam

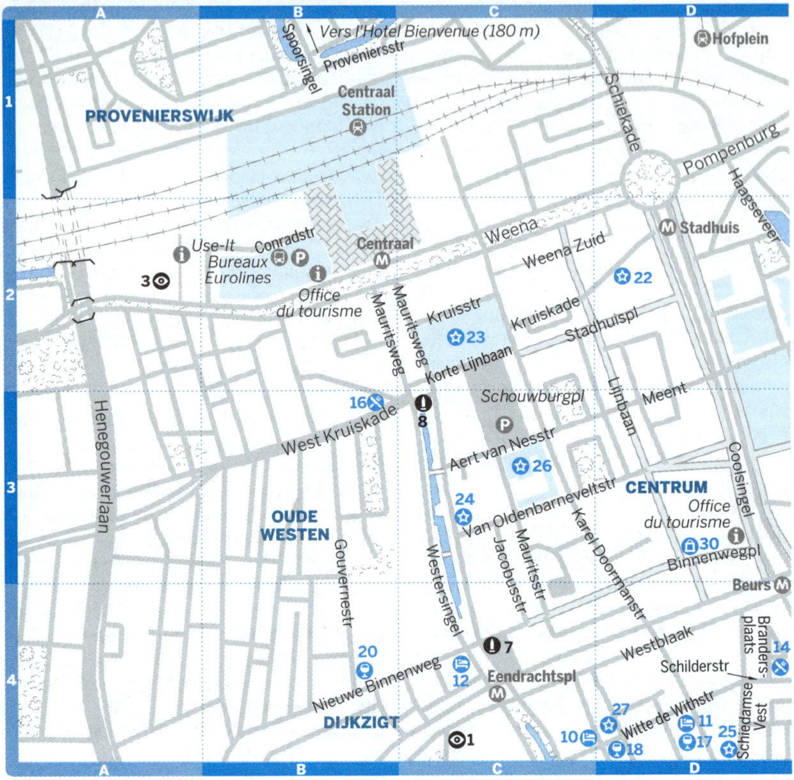

Kunsthal
CENTRE D'ART

(www.kunsthal.nl ; Westzeedijk 341 ; adulte/enfant 11/2 € ; ⏲10h-17h mar-sam, 11h-17h dim). À l'extrémité sud du Museumpark, le Kunsthal organise chaque année une vingtaine d'expositions temporaires, notamment d'art et de design : tout y a sa place, "du plus élitiste au plus populaire" dit la publicité, et c'est vrai. Le Kunsthal a été victime en 2012 d'un vol spectaculaire, lorsque plusieurs chefs-d'œuvre y furent dérobés.

Euromast
PANORAMA

(www.euromast.nl ; Parkhaven 20 ; adulte/enfant à partir de 9/6 € ; ⏲10h-23h). Laissez-vous porter au sommet de l'Euromast (185 m) par l'ascenseur vitré pour admirer la vue à 360 degrés sur Rotterdam. Belle vue également depuis la plate-forme située à 112 mètres au-dessus du sol. L'endroit propose aussi toutes sortes d'activités, et une foule de billets combinés avec d'autres sites touristiques de la ville.

Het Park
PARC

Échapper à l'agitation urbaine est un jeu d'enfant : autour des lacs du Het Park, les habitants viennent l'été s'installer sur les pelouses pour un barbecue. Juste à l'est, s'étend le **Tuin Schoonoord** (Kievitslaan ; ⏲8h30-16h30 lun-ven, à partir de 11h sam-dim), reconstitution d'un pan de nature à la néerlandaise qui semble tout droit sorti d'un tableau de la Renaissance.

♥ Delfshaven
QUARTIER HISTORIQUE

Superbe destination de balade à Rotterdam, l'ancien port officiel de Delft, Delfshaven, a été épargné par la guerre et conserve son pittoresque. On peut y voir la reconstitution d'un **moulin à vent** du XVIIIe siècle (Voorhaven 210 ; ⏲13h-17h mer, 10h-16h sam). C'est de Delfshaven que les Pères pèlerins tentèrent d'appareiller pour l'Amérique sur le *Speedwell* (voir encadré p. 152). Sur Voorhaven, l'**Oude Kerk** (Voorhaven 210 ; ⏲10h-midi lun-sam, 14h-16h dim) accueillit les *Pilgrims*

pour une ultime prière avant leur départ, le 22 juillet 1620 ; l'église donne à voir des maquettes de leurs navires.

Juste au sud, **De Dubbelde Palmboom** (☎476 15 33 ; www.hmr.rotterdam.nl ; Voorhaven 12 ; adulte/enfant 6 €/gratuit ; ⏲11h-17h mar-dim), annexe du Museum Rotterdam aménagée dans un ancien entrepôt de 1826, expose de superbes collections illustrant l'histoire de la ville comme lieu d'échanges, souvent d'un point de vue sociologique.

Delfshaven Info (Voorstraat ; ⏲9h-16h lun-ven) propose une brochure détaillant une bonne promenade. Juste à l'ouest, Schiedamseweg aligne épiceries et restaurants en tout genre. Petite merveille sans mièvrerie, Delfshaven est accessible par les tramways nos4 et 9, ou en métro.

Maritiem Museum Rotterdam MUSÉE
(Musée maritime ; www.maritiemmuseum.nl ; Leuvehaven 1 ; adulte/enfant 7,50/4 € ; ⏲10h-17h mar-sam, 11h-17h dim tte l'année, plus 10h-17h lun juil-août). Ce musée très complet se penche sur la longue tradition maritime des Pays-Bas et ravit les visiteurs de tout âge. La collection de maquettes fera rêver les petits, et les grands en apprendront beaucoup au fil d'expositions éclectiques.

GRATUIT **Havenmuseum** MUSÉE DE PLEIN AIR
(www.havenmuseum.nl ; Leuvehaven 50 ; ⏲quais 11h-17h mar-dim). Juste au sud du Musée maritime, le musée du Port donne à voir, amarrés dans le bassin, toutes sortes de navires anciens, sur lesquels le **centre d'accueil** (⏲11h-17h mer, sam-dim) fournit de plus amples détails. Des coupes dans les budgets publics menacent ce site passionnant.

Walk of Fame de Rotterdam PANTHÉON
(Schiedamsedijk). En face du Havenmuseum, la “promenade des célébrités” est jalonnée d'empreintes de main de personnalités – plus ou moins célèbres – passées par Rotterdam.

Centre-ville de Rotterdam

Les incontournables
Nouveau quartier d'Overblaak F3

À voir
1 Huis Sonneveld C4
2 Appartement-musée du Kijk-Kubus F3
3 Miniworld Rotterdam A2
4 Museum Rotterdam E3
5 Oude Haven F3
6 Walk of Fame de Rotterdam E4
7 Statue de Santa Claus C4
8 Monument Ongebroken Verzet C3
9 Willemswerf F4

Où se loger
10 Home Hotel C4
11 Hotel Bazar D4
12 Hotel Emma C4
13 Stayokay Rotterdam F3

Où se restaurer
14 Bagel Bakery D4
Bagels & Beans .... (voir 31)
Bazar .... (voir 11)
Burger Trut .... (voir 27)
15 Dudok E2
16 Kiem Foei B3

Où prendre un verre
17 Apollo Rotterdam D4
18 De Witte Aap D4
19 Locus Publicus H2
20 Rotown B4
21 Weimar G3

Où sortir
22 Corso D2
23 De Doelen C2
24 De Unie C3
25 Gay Palace D4
26 Schouwburg C3
27 Worm D4

Achats
28 Marché de Blaak F3
29 Gorilli Concept Store E2
30 Selexyz & Donner D3

Oude Haven — QUARTIER

Le quartier d'Oude Haven, près du nouveau quartier d'Overblaak et de la station de métro et de chemin de fer de Blaak, fut le port primitif de Rotterdam, dont une partie remonte au XIVe siècle. La promenade y est agréable, surtout agrémentée d'une pause dans l'un des cafés au bord de l'eau.

Allez jeter un œil à l'**Openlucht Binnenvaart Museum** (Musée des barges en plein air ; Koningsdam 1 ; ⏲variables), dont les collections d'anciens navires fluviaux remplissent une bonne partie du bassin. Asseyez-vous sur un muret et observez les travaux de restauration en cours.

Museum Rotterdam — MUSÉE

(www.hmr.rotterdam.nl ; Korte Hoogstraat 31 ; adulte/enfant 6 €/gratuit ; ⏲11h-17h mar-dim). L'une des rares constructions du XVIIe siècle restée intacte dans le centre-ville abrite aujourd'hui l'Historisch Museum het Schielandhuis, qui, comme de juste, est consacré à l'histoire de la ville. Ses collections mettent l'accent sur la vie quotidienne des habitants de Rotterdam à travers les âges – on peut y voir ce qui serait le plus vieux sabot conservé. Le musée a une annexe à Delfshaven, De Dubbelde Palmboom (p. 173).

Wereldmuseum — MUSÉE

(Musée du Monde ; www.wereldmuseum.nl ; Willemskade 25 ; adulte/enfant 12 €/gratuit ; ⏲10h-20h mar-dim). Ce musée est consacré aux cultures du monde vues à travers le prisme des rites, des récits et des objets sacrés. De longs travaux de rénovation ont donné du faste à la muséographie. Il accueille aussi de grandes expositions temporaires ; superbe café.

Miniworld Rotterdam — TRAINS MINIATURES

(www.miniworldrotterdam.com ; Weena 745 ; adulte/enfant 10/7,50 € ; ⏲en semaine horaires variables, 10h-17h sam-dim). L'amour des Néerlandais pour la miniature est amplement comblé dans ce "minimonde", gigantesque maquette ferroviaire de 500 mètres carrés reconstituant Rotterdam et la Randstad.

Oorlogs Verzets Museum — MUSÉE

(Musée de la Guerre et de la Résistance ; www.ovmrotterdam.nl ; Coolhaven 375 ; adulte/enfant 4/2 € ; ⏲10h-17h mar-ven, midi-17h dim). Le vacarme des bombardiers allemands accueille les visiteurs de ce petit musée installé fort opportunément à l'abri d'un pont. Il retrace la vie à Rotterdam pendant la Seconde Guerre mondiale – image poignante que celle des visages terrifiés des habitants fuyant le bombardement de 1940.

Ongebroken Verzet MONUMENT COMMÉMORATIF
La statue de la "résistance invaincue" clôt le Westersingel. Hommage à l'esprit de la ville durant la Seconde Guerre mondiale, cet homme se dresse, bien droit, le visage tourné vers le ciel. Bien d'autres statues bordent ce canal, manifestations de l'engagement de la municipalité en faveur des arts.

Nederlands Fotomuseum MUSÉE
(www.nederlandsfotomuseum.nl ; Wilhelminakade 332 ; adulte/enfant 7 €/gratuit ; 10h-17h mar-ven, 11h-17h sam-dim). Au bord de l'eau sur l'autre rive de la Meuse, ce musée de la photographie accueille essentiellement de grandes expositions temporaires – l'intérêt de la visite dépend donc de la programmation. L'histoire de la photo néerlandaise vous sera contée par le truchement d'installations interactives. Prenez le tramway n°20, 23 ou 25, ou bien le bateau-taxi.

Circuits organisés

L'été, le Nederlands Architectuur Instituut (p. 177) organise parfois des circuits à vélo pour découvrir la fascinante architecture de Rotterdam : renseignez-vous.

Spido CROISIÈRE
(www.spido.nl ; Willemsplein 85 ; adulte/enfant 11/7 € ; 9h30-17h juin-sept, horaires réduits oct-mai). Des croisières-promenades dans le port sont proposées tous les jours, au départ de l'embarcadère de Leuvehoofd, près de l'Erasmusbrug, de la station de métro de Leuvehaven et du terminus de la ligne 7 du tramway. Spido propose aussi des sorties plus longues en haute saison.

Vous pourrez aussi voguer dans le port tout en prenant un repas sur divers bateaux à thème (dont un où sont servis des pancakes).

Ligne 10 CIRCUIT-DÉCOUVERTE EN TRAMWAY
(06 5351 3630 ; www.lijn10.nl ; adulte/enfant 5/3,50 € ; départs 10h30-15h30 mar-dim juil-août). À bord d'un vieux tramway sur la ligne 10, vous traverserez la ville en compagnie d'un personnel charmant ; excellente brochure. Une superbe façon de découvrir des coins plus excentrés de la ville ! Les tramways partent non loin de l'embarcadère de Spido, sur Willemsplein, au niveau du terminus du tramway n°7 depuis la gare ferroviaire (un autre beau circuit).

Fêtes et festivals

Tout l'été, Rotterdam bourdonne de festivités.

International Film Festival Rotterdam CINÉMA
(www.filmfestivalrotterdam.com). Fin janvier, sélection de haute volée de films indépendants et expérimentaux.

Poetry International Festival POÉSIE
(www.poetry.nl) Mi-juin. Des grands poètes du monde entier sont invités.

North Sea Jazz Festival MUSIQUE
(www.northseajazz.nl). Mi-juillet, c'est l'un des grands moments du calendrier jazz mondial, attirant des milliers de fans – les chambres d'hôtel s'arrachent dans toute la région. En avant-goût du festival, de nombreuses formations organisent des jam-sessions officieuses.

Rotterdam Unlimited CARNAVAL
(Carnaval d'été ; www.zomercarnaval.nl). Le dernier week-end de juillet, grandes festivités tropicales : musique, défilés, danses...

Wereld Havendagen FÊTE DU PORT
(Fête mondiale du port ; www.wereldhavendagen.nl). Début septembre, Rotterdam fête son port– qui fournit à la ville 300 000 emplois directs et indirects. Portes ouvertes dans les coulisses portuaires, tours en bateau et feux d'artifice à gogo.

Où se loger

Auberges de jeunesse, hôtels moyenne gamme ou adresses de luxe, Rotterdam offre un bon choix d'hébergements, souvent avec vue sur l'eau.

BOUCHE-À-OREILLE

JOSKA MOSMAN : ROTTERDAMOISE ET FIÈRE DE L'ÊTRE

West Kruiskade est une artère très cosmopolite, où se mêlent des nationalités, des saveurs et des couleurs du monde entier. Outre une cuisine délicieuse, vous y trouverez des bars, des galeries d'art et des bijouteries, des supermarchés asiatiques, un parc et de nombreuses autres boutiques. C'est une rue très bon marché : on peut y manger pour quelques euros ! La ville de Rotterdam continue d'améliorer West Kruiskade : elle l'a dotée de jolis réverbères, et les façades ont toutes été ravalées. Belle destination de promenade !

Promenade à pied

Rotterdam

Commencez par une leçon d'histoire maritime au 1 **Havenmuseum** et au 2 **Maritiem Museum Rotterdam,** puis traversez le pont piétonnier pour rejoindre Wijnhaven, en admirant la 3 **Witte Huis**, et enfin l'4 **Oude Haven**.

En faisant le tour du bassin, vous pourrez découvrir sous toutes leurs coutures les navires de l'5 **Openlucht Binnenvaart Museum**. Le pont de 6 **Willemsbrug** – avec un panorama magnifique – rallie 7 **Noordereiland**, une île résidentielle autrefois couverte de docks. Sur la gauche se trouve l'immeuble 8 **De Brug**.

Continuez vers le sud-ouest, toujours au bord de l'eau : vous pourrez alors faire une halte pour une bière au 9 **Cafe de Willemsbrug**.

Peut-être un peu ébloui au sortir de ce repaire de marins, vous continuerez vers le sud-ouest jusqu'à la pointe de l'île et remonterez ensuite Prins Hendrikkade. Au carrefour avec Van der Takstraat, 10 **Observator Watersports** est un magasin spécialisé dans les objets nautiques, en particulier les livres et les antiquités. En traversant le Koninginnebrug, regardez sur votre gauche : le pont ferroviaire 11 **De Hef**, classé monument national, date des années 1920.

Se déroulant vers l'ouest, Stieltjesstraat abrite la plus haute construction du pays, la 12 **MaasToren**. Poussez jusqu'au vieux port et Wilhelminakade, où de nouveaux édifices, dont le chantier de 13 **De Rotterdam**, jettent leur ombre sur les 14 **anciens docks** portant la vieille inscription "Celebes, Borneo, Java, Sumatra". Une halte au 15 **Café Rotterdam** vous permettra de vous désaltérer tout en admirant l'emblématique 16 **Erasmusbrug**.

À la pointe sud-est de la péninsule, ne manquez pas le majestueux 17 **Hotel New York**, qui a vu des générations défiler avant le départ pour l'Amérique. Embarquez à bord d'un 18 **bateau-taxi** sur la Nieuwe Maas jusqu'à 19 **Veerhaven**. Une balade dans ce quartier aujourd'hui embourgeoisé est l'occasion de découvrir les anciens sièges des compagnies maritimes, avant d'aller flâner au bord des lacs d'20 **Het Park**. Terminez la journée par un dîner gastronomique chez 21 **De Ballentent**, avec vue sur le vénérable SS *Rotterdam*, amarré juste en face et transformé en hôtel.

TRÉSORS ARCHITECTURAUX

Rotterdam est à elle seule un grand musée d'architecture en plein air. Le bien-aimé **Erasmusbrug**, pont de 800 m construit en 1996 sur des plans de Ben van Berkel, est devenu emblématique de la ville. Ses pylônes élancés lui valent le surnom de "Cygne".

Au sud du pont se trouve le **siège de KPN Telecom**, dessiné par Renzo Piano et sorti de terre en 2000 : la tour, inclinée, semble s'appuyer sur un long pilier. Non loin, deux autres édifices retiennent l'attention : le plus haut gratte-ciel du pays, la **MaasToren** (2009, 165 m), et **De Rotterdam** qui, une fois achevé, en 2014, sera le plus grand bâtiment des Pays-Bas, avec une surface mixte de bureaux, appartements, hôtel, boutiques... de 160 000 m^2.

Revenez sur vos pas pour traverser le fleuve, que vous longerez ensuite vers le nord-est par le Boompjes, où se dressent les trois tours d'habitation **Boompjestorens** (1988). En continuant, toujours au bord de l'eau, vous découvrirez le remarquable **Willemswerf** (1998), reconnaissable à sa blancheur épurée et au relief qui barre sa façade d'une diagonale.

Cent mètres plus loin s'élance un autre pont emblématique de Rotterdam, le **Willemsbrug** (1981 ; p. 181), aux audacieux pylônes rouges. Bifurquez ensuite vers le nord, au niveau d'Oude Haven, pour prendre Geldersekade. À l'angle, la majestueuse **Witte Huis** (maison blanche), de 1897, est l'un des rares vestiges d'avant-guerre et donne une idée de la prospérité alors atteinte par le port de Rotterdam.

Entre une aile surplombant des douves d'eau stagnante et une autre, sur Rochussenstraat, dotée d'une longue façade de briques, le **Nederlands Architectuur Instituut** (NAI ; www.nai.nl ; Museumpark 25 ; adulte/enfant 10 €/gratuit ; ⏲10h-17h mar-sam, 11h-17h dim) est une structure étonnante. Les expositions (d'un intérêt variable) tournent régulièrement, montrant le perpétuel mouvement de l'architecture néerlandaise.

Le billet comprend l'entrée à la **Huis Sonneveld** (Jongkindstraat 25), dessinée par Brinkman et Van der Vlugt, exemple remarquable du style Nieuwe Bouwen, "nouvelle construction", dit aussi fonctionnalisme néerlandais. Cette villa de 1933, restaurée avec soin, conserve toutes ses caractéristiques d'époque, du mobilier aux aménagements en passant par les papiers peints : la visite passionne.

Le nouveau quartier d'**Overblaak**, conçu par Piet Blom et construit entre 1978 et 1984, est desservi par la station de métro Blaak. Reconnaissable à sa tour en forme de crayon et à ses "maisons-cubes", il semble tout droit sorti d'un roman de science-fiction. L'un des appartements a été transformé en musée, le **Kijk-Kubus** (www.kubuswoning.nl ; adulte/enfant 2,50/1,50 € ; ⏲11h-17h). Dans le complexe des cubes, remarquez le minuscule musée des échecs, qui expose un large éventail de pièces de ce jeu, des versions indiennes vieilles de plusieurs siècles à celles à l'effigie du Jabba le Hutt de *Star Wars*.

L'**office du tourisme** (Weena ; ⏲9h-17h30 lun-sam, 10h-17h dim) peut se charger de votre réservation, tout comme Use-It (p. 182), qui négocie par ailleurs des rabais.

♥ **Hotel New York** HÔTEL DE LUXE €€€
(☎439 05 00 ; www.hotelnewyork.nl ; Koninginnenhoofd 1 ; ch 110-280 € ; @📶). L'hôtel le plus prisé de Rotterdam occupe l'ancien siège de la compagnie maritime Holland-Amerika. Fort d'un service et d'installations de grande qualité, il est réputé pour sa vue, son café, et son bateau-taxi qui fait la navette sur la Nieuwe Maas vers le centre-ville. Ses 72 chambres Art nouveau sont proprement divines, de la standard à la chambre aménagée dans une ancienne salle de réunion avec cheminée. Surveillez les promotions.

Maritime Hotel Rotterdam HÔTEL €€
(☎411 92 60 ; www.maritimehotel.nl ; Willemskade 13 ; ch 50-140 € ; @📶). Lieu d'escale des marins en bordée et des voyageurs appréciant un bon rapport qualité-prix, cette adresse moderne offre service attentif, imposant buffet de petit-déjeuner, bar à prix doux avec billard et déco chargée de maquettes et d'affiches de navires. Les 135 chambres sont exiguës, et les moins chères ont des sdb communes, mais moyennant supplément, vous jouirez de la plus belle vue sur les flots de la ville.

Hotel Bazar HÔTEL €€
(☎206 51 51 ; www.hotelbazar.nl ; Witte de Withstraat 16 ; ch 70-130 €). Ces 27 chambres invitant au voyage au Moyen-Orient, en Afrique ou en Amérique du Sud (lourdes tentures de brocart, sdb aux mosaïques exotiques)

Nieuwe Werk, Middelland et Delfshaven (Rotterdam)

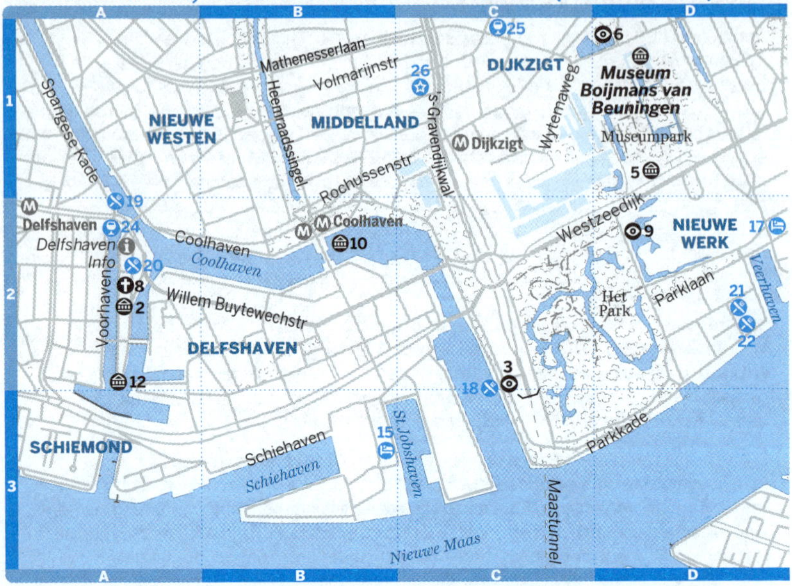

Nieuwe Werk, Middelland et Delfshaven (Rotterdam)

Les incontournables

Museum Boijmans van Beuningen........D1

À voir

1 Boompjestorens E1
2 De Dubbelde Palmboom.........................A2
3 Euromast C2
4 Siège de KPN Telecom F2
5 Kunsthal...D1
6 Nederlands Architectuur Instituut..D1
7 Nederlands Fotomuseum E2
8 Oude Kerk A2
9 Tuin Schoonoord D2
10 Oorlogs Verzets Museum.......................B2
11 Wereldmuseum E2
12 Moulin...A2

Activités

13 Rebus E1
14 Spido E2

Où se loger

15 Hotel Stroom B3
16 Maritime Hotel Rotterdam...E2
17 Room Rotterdam D2

Où se restaurer

18 De Pannenkoekenboot...........................C2
19 Het Eethuisje...A2
20 Stadsbrouwerij De Pelgrim....................A2
21 Z&M..D2
22 Zee Zout D2

Où prendre un verre

23 Cafe de Willemsbrug...............................F1
24 De Oude Sluis A2
25 Westerpaviljoen...................................... C1

Où sortir

26 Dizzy.. C1
27 LantarenVenster E2

méritent largement leur popularité. Les chambres du dernier étage ont l'attrait de balcons et d'une belle vue. Le petit-déjeuner est une merveille : pain pita, fromages du monde entier, pancakes et café. Le bar-restaurant du rez-de-chaussée est lui aussi couru, et à juste titre.

Stayokay Rotterdam AUBERGE DE JEUNESSE €
(☎436 57 63 ; www.stayokay.com ; Overblaak 85-87 ; dort à partir de 20 €, ch à partir de 55 € ; @📶). Avec sa géométrie marquée – que l'on retrouve dans les chambres –, le Stayokay se fond dans l'architecture du quartier d'Overblaak. Ses chambres et dortoirs, parfois climatisés,

accueillent quelque 245 lits. Belle vue depuis les chambres du dernier étage.

Hotel Stroom HÔTEL DE CHARME €€€
(☎221 40 60 ; www.stroomrotterdam.nl ; Lloydstraat 1 ; ch 90-350 € ; ❄📶). Le Stroom, ultramoderne et alternatif, occupe une ancienne centrale électrique. Ses studios design sont proposés dans plusieurs configurations, dont le mode *videstudio,* sublime cocon en mezzanine sous un toit de verre avec sdb ouverte. Épure, blancheur immaculée et métal dominent. En période creuse, ces chambres luxueuses voient leurs prix radoucis.

Home Hotel STUDIO €€
(☎411 21 21 ; www.homehotel.nl ; Witte de Withstraat 81a ; ch à partir de 85 €). Plus de 85 studios sont à louer dans plusieurs immeubles de l'un des plus séduisants quartiers de Rotterdam, certains avec Wi-Fi, tous avec kitchenette. Tarifs dégressifs.

Hotel Emma HÔTEL €€
(☎436 55 33 ; www.hotelemma.nl ; Nieuwe Binnenweg 6 ; ch 60-150 € ; @📶). Joliment réaménagé, l'Emma est une adresse moderne de 24 chambres proche du centre-ville. Sdb plutôt chic, double vitrage et déco simple mais lumineuse. La terrasse sur le toit et son panorama impressionnent. Petit-déjeuner offert, avec viennoiseries.

Hotel Baan HÔTEL €
(☎477 05 55 ; www.hotelbaan.nl ; Rochussenstraat 345 ; ch 55-90 €). Près de Delfshaven, cet hôtel géré en famille occupe un édifice moderne avec vue sur un canal. Déco un peu austère, largement compensée par les prix et l'emplacement. Chambres exiguës mais propres. Vous pourrez prendre votre petit-déjeuner (compris) avec vue sur le jardin à l'arrière. Personnel aux petits soins.

Hotel Bienvenue HÔTEL €€
(☎466 93 94 ; www.hotelbienvenue.nl ; Spoorsingel 24b ; ch 55-85 € ; @📶). Chambres sobres, dans l'esprit suédois, dans un quartier calme et central à la fois. Le petit-déjeuner, résolument néerlandais, est servi dans une salle tout aussi typique. Bien tenu, emplacement imbattable, mais il manque un brin d'âme.

Room Rotterdam AUBERGE DE JEUNESSE €
(☎282 72 77 ; www.roomrotterdam.nl ; Van Vollenhovensraat 62 ; dort à partir de 20 € ; @📶). Cette auberge prisée compte 16 dortoirs équipés de 2 à 10 lits, tous décorés différemment. Une adresse jeune et animée, qui bouge une bonne partie de la nuit, parfois jusqu'à l'heure du petit-déjeuner.

Où se restaurer

On mange très bien à Rotterdam. Les bonnes tables abondent, notamment autour de Veerhaven, Witte de Single, Nieuwe Binnenweg et dans l'Oude Haven. La population sans cesse plus cosmopolite de la ville élargit la variété des saveurs proposées.

♥ De Ballentent CAFÉ €
(www.deballentent.nl ; Parkkade 1 ; repas à partir de 6 € ; ⏲9h-23h). Cette bonne adresse pour manger est aussi le plus agréable des pubs-cafés au bord de l'eau à Rotterdam, où l'on s'attable soit à l'intérieur, soit sur l'une des deux terrasses. La vraie spécialité de la maison, ce sont les *bals,* de roboratives boulettes de viande. La recette nature est délicieuse, mais tentez celle du chef, accompagnée d'une sauce piquante aux poivrons frais et champignons. Serveurs et clients aiment ici la rigolade.

Z&M BISTROT €€
(☎436 65 79 ; www.zenmdelicatessen.nl ; Veerhaven 13 ; midi plats à partir de 7 €, soir plats à partir de 20 € ; ⏲midi-22h mar-dim). Chic et chaleureux, ce bistrot aux saveurs franco-méditerranéennes est apprécié pour son recours exclusif à des produits bio achetés auprès

de petits producteurs – fait rare dans ce pays envahi par l'agriculture intensive. Les petites cuisines, trépidantes, donnent sur la rue où s'alignent des tables. Ouvert toute la journée : en dehors des heures de repas, vous pourrez vous attarder devant une boisson et un en-cas. Coin épicerie.

Bazar MOYEN-ORIENT €€
(Witte de Withstraat 16 ; plats 7-15 €). Au rez-de-chaussée de l'Hotel Bazar (p. 177), ce vaste restaurant très couru mitonne une cuisine fusion orientale inventive en accord avec sa déco. On déguste rarement d'aussi bons *dolmas* à l'ouest d'Istanbul. La terrasse est *le* point de rendez-vous du quartier, en journée comme en soirée.

Zee Zout FRUITS DE MER €€€
(www.restaurantzeezout.nl ; Westerkade 11b ; menu midi/soir à partir de 35/45 € ; midi-14h30 mar-sam, 18h-21h30 mar-dim). L'enseigne, qui signifie "sel de mer", en dit déjà long. Peut-être est-il bon d'ajouter que les poissons frais sont préparés à merveille, que la lumière entre à flots par les fenêtres en arc de cercle, que la terrasse donne sur la Nieuwe Maas et que le service est très soigné. La salle, dans un beau style épuré, arbore de jolis carreaux de faïence assemblés en forme de poissons.

Dudok BRASSERIE €€
(Meent 88 ; plats 6-20 €). Il y a toujours foule dans cette immense brasserie, avec hauts plafonds et murs de verre, située non loin du centre-ville. Côté carte, le choix va du petit-déjeuner au simple en-cas en passant par la cuisine de bistrot, type soupes et pâtes. L'endroit doit son nom à WM Dudok, l'architecte qui dessina cet ancien siège d'une compagnie d'assurances.

Bagel Bakery CAFÉ €
(Schilderstraat 57 ; repas à partir de 4 € ; petit-déjeuner et midi mar-dim, soir jeu-sam). Excellents bagels à emporter, mais on peut aussi manger sur place (à l'intérieur ou à l'ombre des arbres). Large choix végétarien.

Burger Trut VÉGÉTARIEN €
(http://roodkapje.org ; Boomgaardsstraat 71 ; plats à partir de 6 € ; 17h-22h mar, 11h30-22h mer-sam, 14h-20h dim ;). Jouez les mécènes en vous attablant dans ce café, récemment installé dans les locaux du Worm (p. 181), dont les bénéfices soutiennent la galerie **Roodkapje** (http://roodkapje.org ; Teilingerstraat 128). Autre originalité, il sait associer sensibilité végétarienne et goût du hamburger. Carte essentiellement méditerranéenne (hamburgers exceptés), et l'assiette de houmous accompagne merveilleusement un hamburger carotte/avoine au fromage fumé.

Bagels & Beans CAFÉ €
(217 52 87 ; Lijnbaan 150 ; en-cas à partir de 3 € ; 9h30-18h lun-sam, midi-17h dim). Au 5e étage de la librairie Selexyz & Donner, pour un excellent café sur la terrasse, immense, avec vue et transats.

Kiem Foei ASIATIQUE €
(West Kruiskade 29 ; plats à partir de 5 € ; 8h-tard). Les woks de cette trépidante cantine asiatique, au début de la cosmopolite West Kruiskade, ont rarement le temps de refroidir. Faites votre choix parmi des classiques indonésiens et chinois, prestement préparés. La déco sort du lot.

De Pannenkoekenboot PANCAKES €€
(www.pannenkoekenboot.nl ; Ms van Riemsdijkweg ; adulte/enfant à partir de 23,50/18,50 € ; 20h-22h30 sam). Partez en croisière dans le port à bord du "bateau aux pancakes", avec pancakes à volonté. Départ de la rive en face de l'Euromast.

DELFSHAVEN

Quand le soleil est de la partie, ce ne sont pas les adresses qui manquent pour manger au bord des canaux. Et qu'il fasse beau ou non, Nieuwe Binnenweg, la rue principale, concentre un grand nombre de petits restaurants exotiques souvent très bon marché.

Het Eethuisje NÉERLANDAIS TRADITIONNEL €
(Mathenesserdijk 436 ; plats 8-10 € ; 16h-21h lun-sam). Une carte roborative et très carnée, typiquement hollandaise donc, est servie dans ce petit établissement proche d'un canal. Vous êtes là hors des sentiers touristiques.

Stadsbrouwerij De Pelgrim TRADITIONNEL €€
(www.pelgrimbier.nl ; Aelbrechtkolk 12 ; plats 12-22 €). Si la "brasserie des Pèlerins" rend hommage à ceux partis pour l'Amérique, c'est plutôt un voyage à travers la planète bière qu'elle propose, et dans un cadre vintage. Côté cuisine, cela va du déjeuner simple à des menus plus ambitieux pour le dîner.

Où prendre un verre

Dans le centre de Rotterdam, Karel Doormanstraat est bordée de nombreux bars. La majorité des adresses ci-dessous servent aussi une bonne cuisine.

Rotown BAR
(www.rotown.nl ; Nieuwe Binnenweg 17-19). Un bar sympathique, une bonne salle de concerts rock et un restaurant agréable, concentrés dans une même adresse où l'on aime à se retrouver. Nouveaux talents, affiches internationales et rencontres originales.

De Witte Aap CAFÉ BRUN
(Witte de Withstraat 78). À un angle, ce bar sympathique est toujours bondé, apprécié qu'il est par les habitants de ce quartier d'artistes. La devanture s'ouvre en grand, et un immense auvent protège des intempéries.

Westerpaviljoen GRAND CAFÉ
(Nieuwe Binnenweg 136 ; repas 6-16 €). Ce vaste café animé, prolongé d'une terrasse très courue, est l'endroit idéal pour faire une pause dans ce quartier où le shopping va bon train. Petit-déjeuner servi jusqu'à 15h. Longue carte et nombreux plats végétariens.

Weimar CAFÉ
(Haringvliet 637). Reprenant le nom de l'hôtel Weimar, détruit en 1940, c'est l'un des nombreux cafés du bord de l'eau à Oude Haven : faites un petit tour pour choisir le vôtre. Le Weimar est l'un des plus charmants.

Café Rotterdam CAFÉ
(290 84 42 ; Wilhelminakade 699 ; plats à partir de 10 €). Un lieu aménagé dans les grands volumes, inondés de lumière, des anciennes salles d'embarquement des paquebots. Son plus bel atout tient toutefois à son immense terrasse avec vue sur le fleuve et la *skyline*.

De Oude Sluis CAFÉ BRUN
(Havenstraat 7, Delfshaven). Des tables en terrasse, la vue sur le canal se prolonge jusqu'au moulin de Delfshaven. Ce parfait café brun, qui fait le plein de caractères locaux, a le sol jonché de coquilles de cacahuètes – une arachide qui, du reste, accompagne idéalement la bière. La kriek belge, à la pression, affiche un prix imbattable.

Locus Publicus CAFÉ BRUN
(www.locus-publicus.com ; Oostzeedijk 364). Un vrai spécialiste du houblon, avec plus de 200 bières (dont 12 pressions).

Cafe de Willemsbrug BAR
(Maaskade 95). Ce pub vénérable attire dans sa déco maritime tous les loups de mer de l'île, de fort sympathiques braillards. L'endroit a un charme pittoresque qui atteint son comble quand des chansons s'improvisent à gorge déployée. Tables au bord de l'eau.

Apollo Rotterdam BAR
(www.apollo-rotterdam.nl ; Zwarte Paardenstraat 91a ; dès 18h ven, dès 21h sam). Ce sympathique café associatif s'adresse aux gays, lesbiennes et bisexuels de moins de 26 ans. Le vendredi soir, l'ambiance est aux groupes de discussion. Le samedi, c'est soirée club.

Où sortir

Discothèques

Corso CLUB
(www.corsorotterdam.nl ; Kruiskade 22). C'est ici que tout se passe, avec des DJ venus du monde entier pour mixer du "gros son électro qui déchire". *Le* club de Rotterdam, où clubbing rime aussi avec expos d'art.

Gay Palace CLUB
(www.gay-palace.nl ; Schiedamsesingel 139). Le seul club gay de Rotterdam ouvert en semaine. Sur ses quatre étages aux ambiances différentes, des fêtards se déhanchent jusqu'au bout de la nuit.

Worm CLUB
(www.worm.org ; Boomgaardsstraat 71). La musique ici semble ouverte aux quatre vents. *Mash-ups* multimédia, performances et musique expérimentale font partie de la programmation courante.

Musique live

De Unie SALLE DE SPECTACLES
(www.deunie.nu ; Mauritsweg 35). Fondue de culture, cette salle immaculée sert de page blanche à toutes sortes de manifestations, du spectacle de cabaret au forum sur la fiscalité et les classes moyennes en passant par le folk acoustique. Les débats de haut vol qui ont lieu ici débordent jusque sur les tables installées sur la terrasse. Café à l'excellente cuisine.

Dizzy MUSIQUE LIVE
(www.dizzy.nl ; 's-Gravendijkwal 127). Concerts les lundis et mardis soir, et le dimanche après-midi. En soirée, l'ambiance est bouillonnante, avec des formations qui peuvent aussi bien jouer du hot jazz que des sons brésiliens endiablés ou de la salsa. Des jams de jazz ont lieu régulièrement. Excellente sélection de whiskies écossais.

De Doelen MUSIQUE CLASSIQUE
(217 17 17 ; www.dedoelen.nl ; Schouwburgplein 50). Résidence du prestigieux orchestre philharmonique de Rotterdam, cette somptueuse salle de 1935 peut accueillir 1 300 mélomanes.

Théâtre

Schouwburg THÉÂTRE
(☎411 81 10 ; www.schouwburg.rotterdam.nl ; Schouwburgplein 25). Le Schouwburg, principal lieu de culture de la ville, propose une programmation variée mêlant danse et théâtre. Remarquez les étonnantes “grues” d’éclairage, rouges, sur l’esplanade.

Cinéma

Le festival international du film de Rotterdam (p. 175) est considéré par d’aucuns comme le Sundance européen.

LantarenVenster CINÉMA
(☎277 22 66 ; www.lantarenvenster.nl ; Gouvernestraat 133). Excellente salle art et essai, où cinéma rime aussi avec concerts jazz et house. Plaisant café-restaurant.

Achats

On peut passer un après-midi à flâner sur **Nieuwe Binnenweg**, entre cafés stylés et boutiques de CD d’occasion, de fringues vintage et de tenues de clubbing mêlant plastique et couleurs fluos, le tout agrémenté, çà et là, d’ateliers de jeunes créateurs.

Lijnbaan et les rues adjacentes, jusqu’à **Coolsingel** et **Mauritsweg**, sont bordées d’enseignes internationales, de chaînes et de grands magasins – ici, les sacs des passants alternent entre C&A et H&M. Filez plutôt un peu plus au sud, sur **Witte de Withstraat**, pour des boutiques et galeries d’art et une ambiance plus funky.

Une enfilade d’épiceries et de magasins exotiques vous attend sur **West Kruiskade**.

Le commerce à Rotterdam ne connaît guère le repos du dimanche : la plupart des magasins du centre-ville sont ouverts de midi à 17h.

Marché de Blaak MARCHÉ
(⏲8h-17h mar et sam). Cet immense marché, le meilleur de la ville, s’étend sur la place dont il prend le nom, en face des maisons-cubes. Une nouvelle halle ultradesign devrait ouvrir ses portes en 2015. Déjà, les étals proposent ici toutes sortes de produits alimentaires et des en-cas, mais aussi des gadgets, vêtements, antiquités (vraies et fausses) et bien d’autres articles.

Gorilli Concept Store MODE, ACCESSOIRES
(www.gorilli.com ; Oppert 296-298). Cette superbe marque locale fait tout pour apparaître comme l’antimarque, et propose des vêtements street, branchés mais cools, et à peu près tous les accessoires qui vont avec.

Selexyz & Donner LIBRAIRIE
(☎413 20 70 ; Lijnbaan 150 ; ⏲9h30-18h lun-sam, midi-17h dim). La plus grande librairie du pays, et un secret bien gardé : son café sur le toit.

Renseignements

Accès Internet

La bibliothèque et les offices du tourisme offrent l’accès Internet gratuit. Vous trouverez du Wi-Fi gratuit dans de nombreux cafés.

Centrale Bibliotheek (☎281 61 14 ; Hoogstraat 110 ; ⏲13h-20h lun, 10h-20h mar-ven, 10h-17h sam). Une attraction en soi, avec sur place un café, un échiquier à taille humaine et 30 minutes d’accès Internet gratuit par jour.

Carte de réduction

Rotterdam Welcome Card (adulte/enfant à partir de 10/7 €). Réductions pour des sites touristiques, des hôtels et des restaurants, et transports locaux gratuits. Vendue à l’office du tourisme.

Offices du tourisme

Office du tourisme (VVV ; ☎790 01 40 ; www.rotterdam.info ; Coolsingel 197 ; ⏲9h-18h lun-ven, jusqu’à 17h sam-dim ; Wi-Fi). L’office principal, dans le Centre d’information municipal, présente une bonne exposition sur l’architecture depuis la guerre, avec une immense maquette de la ville. Accès Internet gratuit. Une seconde adresse, près de la gare ferroviaire, est aménagée dans le **Groothandelsgebouw** (Stationsplein 45). Excellents guides de promenade.

Use-It (www.use-it.nl ; Schaatsbaan 41-45 ; ⏲9h-18h mar-dim mi-mai à mi-sept, jusqu’à 17h mar-sam mi-sept à mi-mai ; Wi-Fi). Ce guichet indépendant, jeune et décalé, se retrouve un peu perdu dans le chantier de la gare. Wi-Fi gratuit, réservation d’hébergements bon marché, consignes gratuites. Publie l’indispensable guide local *Simply the Best*.

Depuis/vers Rotterdam

Avion

L’**aéroport de Rotterdam-La Haye** (RTM ; www.rotterdamthehagueairport.nl) est desservi par peu de lignes. Mais si vous tombez sur une bonne affaire, il demeure une porte d’entrée bien commode dans le pays.

Transavia (www.transavia.com). Dessert la ville depuis plusieurs villes françaises.

Bateau

Le Waterbus (p. 185) est un ferry rapide qui relie Rotterdam à Dordrecht via Kinderdijk : une agréable excursion qui peut remplacer le train. Départ de Willemskade toutes les 30 minutes.

TRAINS AU DÉPART DE ROTTERDAM

DESTINATION	PRIX (€)	DURÉE (MINUTES)	FRÉQUENCE (PAR HEURE)
Amsterdam (normal)	14	65	5
Amsterdam (grande vitesse)	11-21	43	2
Breda	9	32	3
Schiphol	11	47	3
Utrecht	10	40	4

Bus

Rotterdam est une importante plate-forme pour les lignes Eurolines vers le reste de l'Europe. Les **bureaux Eurolines** (☎412 44 44 ; Conradstraat 16 ; ⏲9h30-17h30 lun-sam) sont dans le Groothandelsgebouw, près de Centraal Station. L'arrêt des bus longue distance se trouve à proximité.

Train

La **Centraal Station** de **Rotterdam** (CS) est un gros nœud ferroviaire : des lignes régulières pour tout le pays y passent en grand nombre. C'est aussi une gare sur le trajet des trains à grande vitesse **Thalys** (www.thalys.com) et **Fyra** (www.fyra.com). Tarifs et fréquences des trains ci-dessus.

Jusqu'en 2014 au moins, les transports sont assurés, mais la gare est transformée en un vaste capharnaüm : tous ses abords font l'objet de lourds travaux. Les services sont donc installés dans des préfabriqués non loin d'un tunnel temporaire qui permet de rejoindre les quais ; les consignes se trouvent près du quai n°1. Tout devrait être pardonné, paraît-il, une fois la nouvelle gare inaugurée (voir www.rotterdamcentraal.nl). Dans le plus pur esprit de Rotterdam, ce sera un petit bijou d'architecture, surmonté d'un toit métallique se prolongeant au-dessus de l'immense nouvelle esplanade, au sud, le long de Westersingel.

Vélo

Deux importantes véloroutes nationales convergent juste à l'est d'Het Park. La **LF2** arrive du nord, d'Amsterdam via Gouda, puis continue vers le sud et la Belgique en passant par Dordrecht. La **LF11** court de La Haye jusqu'à Breda en passant par Rotterdam. Si la ville peut sembler étendue, il suffit de pédaler à bon rythme pendant 15 minutes pour se retrouver à la campagne.

ℹ Comment circuler

Depuis/vers l'aéroport

Le bus n°33 parcourt le trajet aéroport-CS (20 minutes) toutes les 15 minutes, toute la journée. En taxi, comptez 10 minutes et environ 22 € pour rejoindre le centre-ville.

Bateaux-taxis

Jaune et noir, les **bateaux-taxis** (☎403 03 03 ; www.watertaxirotterdam.nl) filent à grande vitesse sur la Nieuwe Maas ; comptez 30 € pour 15 minutes de trajet.

Vous pouvez toutefois en profiter à moindre coût (2 à 4 par heure, de 11h à 21h du lundi et jeudi, et de 9h à minuit du vendredi au dimanche), sur deux itinéraires fixes, et pratiques :

» Hotel New York-Veerhaven (3 €)

» Hotel New York-Leuvehaven (3,60 €)

Taxi

Rotterdamse Taxi Centrale (☎462 60 60).

Transports publics

Le réseau des tramways, bus et métros de Rotterdam est géré par le **RET** (www.ret.nl) et converge pour une bonne part vers la gare de CS. Le **kiosque d'information du RET** (⏲7h-19h), dans la station de métro Centraal, assure la vente de tickets. D'autres kiosques sont aménagés dans les principales stations de métro.

Des pass sont proposés pour plusieurs durées : comptez 7/10,50/14 € pour 1/2/3 jours. Le ticket simple acheté auprès d'un chauffeur de bus ou de tramway revient à 3 €. Contrôles fréquents.

Le tramway est le meilleur moyen de locomotion dans Rotterdam : il se rend à peu près partout, et a l'avantage de faire découvrir la ville en chemin. Le métro est davantage conçu pour la desserte de la banlieue.

Vélo

Durant les travaux, le **loueur de vélos** de la gare de CS est installé à l'arrière du Groothandelsgebouw.

Environs de Rotterdam

KINDERDIJK

Kinderdijk (www.kinderdijk.nl ; accès libre) fait une superbe escapade à la campagne. Classé au Patrimoine mondial de l'Unesco, l'endroit réunit 19 moulins installés au bord des canaux, à découvrir à pied ou à vélo.

ANCIENS, MAIS TOUJOURS DANS LE VENT

Les premiers moulins à vent, apparus au XIIIe siècle, étaient simplement construits sur des troncs d'arbres. Au siècle suivant, la technique fait un bond en avant, et l'utilisation d'engrenages permet au moulin d'être exploité pour toutes sortes d'activités, la principale étant le pompage de l'eau. Des centaines de moulins sont alors construits sur les digues des Pays-Bas, facilitant de grands travaux d'assèchement.

L'invention de la calotte tournante est, au XVIe siècle, la grande avancée suivante. Au lieu de devoir tourner la masse du moulin pour le mettre face au vent, il suffit désormais de faire pivoter sa tête, qui porte les ailes : dès lors, un seul homme peut faire tourner un moulin.

Outre le pompage de l'eau, les moulins ont de nombreuses applications industrielles : sciage du bois, fabrication de l'argile, pilage des pigments utilisés par les peintres…

Au milieu du XIXe siècle, les Pays-Bas sont constellés de plus de 10 000 moulins. Une apogée de courte durée : l'invention du moteur à vapeur sonne le glas de cette construction emblématique. À la fin du XXe siècle, il n'en restait plus que 950 en état de marche. Heureusement, ce chiffre s'est aujourd'hui stabilisé, car beaucoup s'intéressent désormais à leur préservation. L'État néerlandais propose un cursus scolaire de trois ans destiné aux futurs meuniers, qui doivent être diplômés.

Faire tourner un moulin un jour de grand vent est aussi délicat que d'être capitaine d'un grand navire à voiles – les craquements du bois sont d'ailleurs étonnamment semblables. Le risque principal est celui d'un emballement des ailes, qui tournent trop vite pour qu'on puisse les ralentir. La catastrophe est alors quasi assurée, le moulin volant en éclats.

Les moulins à l'abandon, l'air nu sans leurs ailes, offrent un paysage bien triste, d'autant que la campagne néerlandaise fait aujourd'hui une plus large place aux fermes éoliennes. Le pays conserve néanmoins de beaux spécimens en l'état.

Pour admirer une enfilade de moulins à vent dans le paysage pittoresque d'un polder, entre canaux et terres cultivées, rendez-vous à Kinderdijk (p. 183) près de Rotterdam. Si ce sont les moulins en activité et la découverte de leur machinerie qui vous intéressent, mettez le cap sur Zaanse Schans (p. 109) dans les environs d'Amsterdam.

La quasi-totalité des moulins en état de marche sont ouverts aux visiteurs lors de la Journée nationale des moulins, le deuxième samedi de mai : les bâtiments concernés arborent à cette occasion de petits drapeaux bleus.

Ce polder est depuis des siècles emblématique de la lutte des Néerlandais pour conquérir des territoires sur la mer. Kinderdijk signifie "la digue de l'enfant" : lors des terribles inondations de la Sainte-Élisabeth, en 1421, la mer tempétueuse aurait déposé là un berceau contenant un bébé et un chat. Légende ou pas, le paysage est ici d'une beauté âpre, jalonné de moulins qui se dressent au-dessus des marais et des canaux comme autant de sentinelles.

Plusieurs grands types de moulins sont représentés ici, dont le moulin à pivot et le moulin à calotte tournante. Les représentants de ce dernier, conçus pour offrir une meilleure prise au vent, sont parmi les plus hauts du pays. Tous en état de marche, ils datent du XVIIe siècle. L'été, les canaux sont bordés de hauts roseaux, des nénuphars flottent sur l'eau et des cris d'oiseau percent le silence. Et il suffit de dépasser les deux ou trois premiers moulins pour laisser derrière soi 90% des autres visiteurs. L'ancienne station de pompage diffuse un film sur Kinderdijk.

Les samedis de juillet et d'août, de 14h à 17h, les ailes des moulins sont en mouvement : ce spectacle inoubliable, jadis banal, est aujourd'hui une rareté à ne pas manquer.

ℹ Renseignements

Les canaux de Kinderdijk sont ouverts aux promeneurs toute l'année. Le deuxième moulin après l'accès principal abrite un **centre d'information** (entrée 3,50 €, billet combiné avec film et station de pompage 6 € ; 9h30-17h30 mi-mars à mi-oct). Et ce moulin est aussi en activité presque tous les jours, ce qui n'est pas le cas des autres. Notez parmi les nombreuses cartes vendues à Kinderdijk, seule celle portant le logo de l'Unesco est intéressante.

ℹ Comment s'y rendre et circuler

Kinderdijk se prête parfaitement à une excursion à la journée.

Le site est proche de Rotterdam (16 km) comme de Dordrecht (11 km), par les véloroutes nationales **LF2** et **LF11.**

Le moyen de transport le plus agréable reste le ferry rapide **Waterbus** (www.waterbus.nl ; Willemskade ; pass à la journée adulte/enfant 12,50/9 €). Il met environ une heure au départ de Rotterdam ou Dordrecht et coûte 4 €, plus une correspondance sur un petit bac à Ridderkerk (1,50 €). La liaison se fait toutes les demi-heures, mais le ferry de Kinderdijk prend une longue pause-déjeuner (de 10h à 11h30). Les vélos voyagent gratuitement. L'embarcadère du ferry se trouve à 1 km de l'entrée de Kinderdijk.

Rebus (www.rebus-info.nl ; adulte/enfant 14/11,50 € ; ⏲10h45 et 14h15 mar-dim avr-sept) propose des sorties en bateau (3 h), au départ de Rotterdam, avec une escale rapide aux moulins.

En train depuis la CS de Rotterdam, descendez à Rotterdam Lombardijen puis prenez le bus n°90 (1/heure, trajet d'une heure) qui rejoint Utrecht.

Près de l'entrée du site, le petit café **De Molenhoek** (www.kantinedemolenhoek.nl ; location de vélos 2 heures 2,50 € ; ⏲9h30-18h avr-sept) loue des bicyclettes : c'est la façon la plus agréable d'explorer le site par ses sentiers principaux, sur une boucle de 7 km.

Dordrecht

☎078 / 119 000 HABITANTS

Souvent délaissée par les touristes, Dordrecht a planté ses charmants canaux et son port animé au confluent de l'Oude Maas (Vieille Meuse) et de plusieurs affluents et bras de rivières. Cet emplacement stratégique pour le commerce (qui favorisa un important essor du négoce de vin), et son statut de doyenne des villes néerlandaises (elle acquit ses droits de cité en 1220) lui ont valu d'être l'une des plus puissantes régions du pays jusqu'à la seconde moitié du XVIe siècle. C'est d'ailleurs ici qu'en 1572 se réunirent les députés des Provinces-unies, pour se déclarer indépendants de l'Espagne.

Dordrecht et son centre historique font une halte agréable, ou une belle escapade à la journée grâce au ferry depuis Rotterdam.

À voir

Dordrecht semble faite pour une visite piétonne, ses sites se concentrant autour de trois vieux canaux, le **Nieuwehaven**, le **Wolwevershaven** et le **Wijnhaven**.

La balade débute au **Visbrug** (sur le Wijnhaven), pont fort d'une belle vue sur le majestueux **hôtel de ville**. De l'autre côté du Visbrug (côté nord), prenez à droite dans Groenmarkt. En marchant vers le nord-est, vous passerez devant les plus anciennes demeures de la ville, dont beaucoup datent du début du XVIe siècle.

Arrivé sur la place suivante, Scheffersplein, traversez-la en diagonale jusqu'à Voorstraat, principale artère commerçante. Le canal passe sous la place, qui accueille de nombreux marchés.

L'**Augustinerkerk** (Voorstraat), vieille église dont la façade date de 1773, est un peu plus loin sur votre droite. Juste après, ouvrez l'œil pour ne pas manquer le passage qui mène à **Het Hof** (⏲13h-17h mar-dim), dont le cadre, en particulier de nuit, dégage un charme mélancolique. C'est dans ce tribunal que se réunirent en 1572 les États de Hollande et de Zélande ; il abrite aujourd'hui le **musée Diep** (www.erfgoedcentrumdiep.nl ; Het Hof ; ⏲11h-17h mer-sam, 13h-17h dim), consacré à l'histoire – en rénovation jusqu'en 2014.

De retour sur Voorstraat, filez vers le nord jusqu'au prochain pont sur le canal, le Nieuwbrug. De l'autre côté, prenez à droite dans Wijnstraat, vers le nord. Les maisons de guingois qui bordent cette rue datent pour beaucoup de l'âge d'or du commerce du vin, quand les canaux voisins étaient noirs de barges transportant le nectar de la vigne.

La rue se termine sur un joli pont. Poursuivez sur la rive gauche (ouest) du canal jusqu'au fleuve, et à l'opulente **Groothoofdspoort**, qui fut jadis la porte principale de la cité. Là, une petite place offre un beau panorama sur la confluence des cours d'eau, ainsi que quelques cafés aux tables ombragées.

En repartant vers le sud, Kuipershaven longe le Wolwevershaven, autre vieux canal jalonné de caves à vin restaurées, où sont amarrées des péniches anciennes. Par beau temps, des enfants ajoutent au pittoresque en plongeant dans le canal. Au niveau du minuscule pont mobile, rejoignez la rive nord du Nieuwehaven. Sur la droite se cache le petit **Museum 1940-1945** (www.dordrechtmuseum19401945.nl ; Nieuwehaven 28 ; adulte/enfant 2/1 € ; ⏲10h-17h mar-mer et ven-sam, 13h-17h dim), qui témoigne des privations subies par la région pendant la Seconde Guerre mondiale ; des habitants ayant connu cette époque sont souvent dans l'entrée, à discuter.

Juste au sud, le **musée Simon van Gijn** (www.simonvangijn.nl ; Nieuwehaven 29 ; adulte/enfant 7/3,50 € ; ⏲11h-17h mar-dim) retrace la vie de ce notable et amateur d'art du XVIIIe siècle, avec bibelots, mobilier et tapisseries d'époque superbement exposés.

Vers le sud-ouest, rejoignez l'Engelenburgerbrug qui enjambe la passe entre le Nieuwehaven et l'Oude Maas, et prenez tout de suite à droite dans l'étroite Engelenburgerkade.

Dordrecht

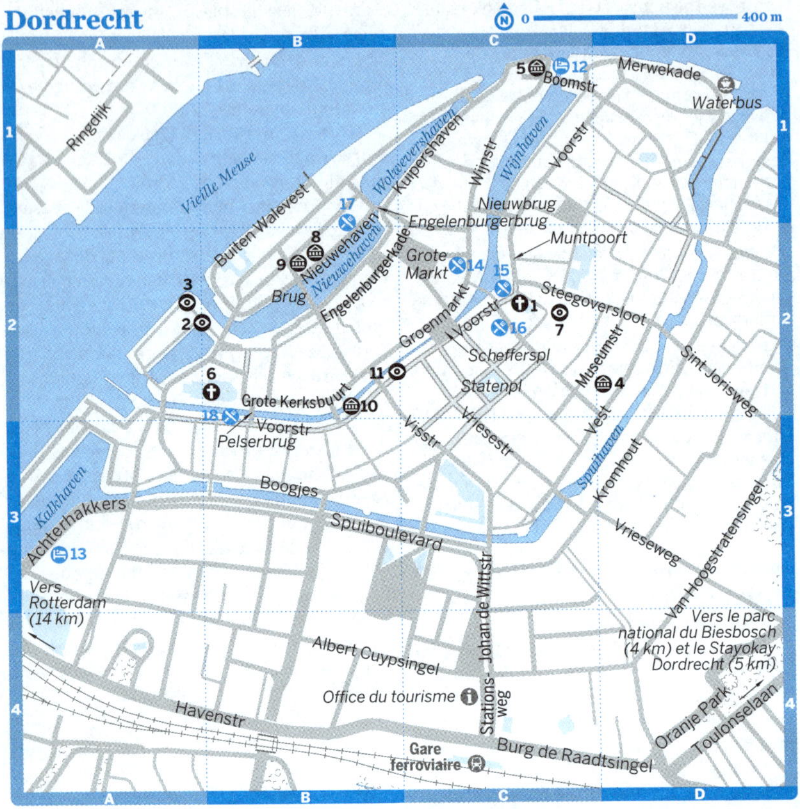

Au numéro 18, la **Beverschaep** (maison au castor et au mouton) est une demeure de 1658 qui doit son nom aux deux créatures qui encadrent les armoiries sur son fronton.

La rue est fermée en son extrémité par la **Blauwpoort** (Engelenburgerkade), une ancienne porte de 1652. Appréciez le panorama et le trafic intense sur l'Oude Maas.

Grote Kerk ÉGLISE

(☎614 46 60 ; www.grotekerk-dordrecht.nl ; Lange Geldersekade 2 ; église entrée libre, tour adulte/enfant 1/0,50 € ; ⏲10h30-16h30 avr-oct, 13h-16h sam-dim nov-mars). Massive, la tour de la Grande Église, des XIVe-XVe siècles, aurait dû être bien plus haute, n'était cette tendance à l'affaissement qu'elle a prise durant les quelque 150 années qu'a duré sa construction. Vous pourrez monter ses 275 marches pour profiter d'une superbe vue sur la ville. À l'intérieur, stalles du chœur richement sculptées, et plusieurs vitraux commémorant des épisodes de l'histoire de Dordrecht.

Dordrechts Museum MUSÉE

(www.dordrechtsmuseum.nl ; Museumstraat 40 ; adulte/enfant 10 €/gratuit ; ⏲11h-17h mar-dim). À l'écart de la vieille ville, ce magnifique musée sert d'écrin aux œuvres d'artistes de la région. On retient surtout les tableaux de Jan van Goyen (1596-1656) et d'Albert Cuyp (1620-1691). Le premier fut l'un des premiers peintres néerlandais à saisir les jeux de lumière sur les paysages (pour preuve, sa *Vue de Dordrecht*), tandis que le second, qui passa toute sa vie à Dordrecht, est réputé pour ses nombreux tableaux représentant sa ville natale et ses environs, dont, parmi ses œuvres de jeunesse, des paysages représentant des moutons, mascottes de la ville.

☞ Circuits organisés

De Stroper CROISIÈRE SUR LES CANAUX

(adulte/enfant 6,50/5 € ; ⏲départs 14h-17h avr-mai et sept-oct, 11h-17h juin-août). Le restaurant De Stroper (voir p. 187) organise des croisières, pour découvrir les beautés de Dordrecht.

Dordrecht

À voir

Où se loger

Où se restaurer

Où se loger

Bellevue Groothoofd HÔTEL DE CHARME €€

(☎633 25 00 ; www.bellevuegroothoofd.nl ; Boomstraat 37 ; ch 125-155 € ; Wi-Fi). Emplacement imbattable pour cet hôtel, face au confluent : de certaines de ses 110 chambres, la vue est sublime. Déco aux tons crème, gris et charbon ; café-restaurant de qualité.

Hotel Dordrecht HÔTEL €€

(☎613 60 11 ; www.hoteldordrecht.nl ; Achterhakkers 72 ; s/d à partir de 90/110 € ; clim, Wi-Fi). Charmante adresse, aux chambres spacieuses et bourgeoises dotées de lits à baldaquin et rideaux, certaines avec un balcon privatif. Parking, jardin avec terrasse. Petit-déj inclus.

Stayokay Dordrecht AUBERGE DE JEUNESSE €

(☎621 21 67 ; www.stayokay.com ; Baanhoekweg 25 ; dort/ch à partir de 23/47 € ; Wi-Fi). Cette auberge, forte d'un bar-restaurant, occupe une construction moderne à deux pas du parc national du Biesbosch, à 10 km à l'est de Dordrecht – que l'on rejoint facilement à vélo (location sur place).

Où se restaurer et prendre un verre

Dordrecht compte d'excellents restaurants. Grande place centrale construite sur un canal, Scheffersplein est bordée de sympathiques cafés.

De Stroper BISTROT €€€

(☎613 00 94 ; www.destroper.com ; Wijnbrug 1 ; menu 25-50 € ; ⏱midi-14h lun-ven, 18h-22h tlj). Vue sur le canal depuis la salle ou, l'été, depuis la terrasse flottante de ce merveilleux restaurant de poisson. Les menus changent tous les jours : la version 6 plats, le soir, est une réussite gastronomique. Menu surprise (35 €).

't Vlak TAPAS €

(Vlak 11 ; assiette à partir de 5 € ; ⏱16h-minuit). Ce bar à tapas, très animé, occupe un édifice de 1616. Sous les arbres au bord du canal, on apprécie la très jolie vue tout en dégustant un excellent rioja.

Zusjes CAFÉ €

(Voorstraat 431 ; repas à partir de 4 € ; ⏱10h-17h mar-sam). Ce sont des *zusjes* (sœurs) qui tiennent cette petite cantine végétarienne, où la plupart des produits sont locaux et bio. Pour un savoureux sandwich baguette accompagné d'un thé, ou simplement une pause-café (issu du commerce équitable). Des tables sont installées sur un bout de rue tranquille.

Christa's Cookies PÂTISSERIE €

(☎843 75 89 ; 'S-Heer Boeijnstraat 2 ; douceur à partir de 1 € ; ⏱10h30-18h mer-sam). Fantastique petite pâtisserie bio dont la propriétaire est aussi délicieuse que ses cookies et cupcakes.

Pim's Poffertjes en Pannekoekenhuis CRÊPERIE €

(www.pimspofenpan.nl ; Nieuwstraat 19 ; plats à partir de 6 € ; ⏱midi-19h30 mer-dim). Grandes et fines, telles sont ces crêpes servies avec des dizaines de garnitures au choix, sucrées et salées. Les petits comme les grands adorent s'attabler dans cette adresse à l'ancienne, aux charmants box en bois patiné par le temps.

Achats

Voorstraat est la rue du shopping. Sa partie nord compte des galeries d'art et des boutiques intéressantes, tandis qu'une enfilade d'épiceries exotiques caractérise les abords du Visbrug. Des boutiques créatives ont essaimé à partir de son virage vers l'ouest.

Renseignements

Le vaste **office du tourisme** (VVV ; ☎0900 46 36 888 ; www.vvvdordrecht.nl ; Spuiboulevard 99 ; ⏱midi-17h30 lun, 9h-17h30 mar-ven, 10h-17h sam) se trouve à mi-chemin entre la gare ferroviaire et la vieille ville (dont il recèle d'ailleurs une maquette).

TRAINS AU DÉPART DE DORDRECHT

DESTINATION	PRIX (€)	DURÉE (MINUTES)	FRÉQUENCE (PAR HEURE)
Amsterdam	16	72-90	4
Breda	6	18	3
Rotterdam	4	14	6

Depuis/vers Dordrecht

Les bus partent de la zone sur votre droite quand vous sortez de la gare ferroviaire.

Bateau

Waterbus (0900 899 89 98 ; www.waterbus.nl ; pass journée adulte/enfant 12,50/9 €) propose un ferry rapide qui relie Dordrecht à Rotterdam via Kinderdijk et change agréablement du train. Il part de Merwekade toutes les 30 minutes et rejoint Rotterdam en une heure (4,20 €).

Train

Située sur l'ancienne grande ligne qui va de Rotterdam vers le sud et la Belgique, la gare ferroviaire possède un bureau de change et des consignes. Le centre-ville est à 700 m à pied, via des quartiers plus récents et moins intéressants. Tarifs et fréquences ci-dessus.

Vélo

Le **loueur de vélos** est installé dans un immeuble, sur la gauche quand on sort de la gare ferroviaire. Les véloroutes **LF2** et **LF11** partent vers le nord et rejoignent Rotterdam, à 27 km, en traversant une belle campagne, via Kinderdijk. Au sud, la **LF11** rallie Breda, à 43 km. Le parc national du Biesbosch est à seulement 10 km à l'est, accessible par plusieurs bons itinéraires.

Parc national du Biesbosch

Sur 7 100 hectares, le parc national du Biesbosch s'étend sur les deux rives de la Nieuwe Merwede à l'est et au sud de Dordrecht, et même sur deux provinces. La partie située en Hollande-Méridionale prend le nom de Hollandse Biesbosch, tandis que plus à l'est, dans le Brabant-Septentrional, se trouve le Brabantse Biesbosch.

En 1970, le plan Delta (voir encadré p. 193) mit la région à l'abri des marées. Les roseaux, qui poussaient ici naturellement, se mirent à dépérir, attirant l'attention sur ce qui est l'un des plus vastes espaces naturels préservés aux Pays-Bas.

Le parc national abrite des castors (réintroduits dans sa partie située au Brabant en 1988) et des campagnols, ainsi qu'une faune ailée très nombreuse. Le **centre d'accueil** (www.biesbosch.org ; Biesboschweg 4, Drimmelen ; 10h-17h mar-dim) présente le parc ; on peut y réserver l'un des circuits en bateau, très intéressants, et louer des kayaks et des canoës. Non loin de là, un poste d'observation permet de voir les castors.

Depuis/vers le parc national du Biesbosch

Un **Waterbus** (0900 899 89 98 ; www.waterbus.nl ; pass journée adulte/enfant 11/6,75 €) part toutes les heures de Dordrecht et vous dépose à 500 m au nord du centre d'accueil (2 €, 25 minutes). Pas de bus. À vélo, de bons itinéraires parcourent les 10 km qui séparent le parc de Dordrecht.

Slot Loevestein

C'est près de la minuscule cité fortifiée de Woudrichem que vous trouverez cette solide forteresse du XIVe siècle. Le **château de Loevestein** (0183-447 171 ; www.slotloevestein.nl ; Loevestein 1 ; adulte/enfant 9/6 € ; 11h-17h mar-ven, 13h-17h sam-dim mai-sept, 13h-17h sam-dim oct-avr) est plein de charme – et on lui en trouve d'autant plus qu'il n'est pas facile d'y accéder. Tour à tour prison, habitation et poste de péage, il accueille aujourd'hui une programmation culturelle variée.

Pour s'y rendre, le plus simple est de prendre le **ferry** (www.veerdienstgorinchem.nl) depuis Woudrichem (1,70 €) ou la bourgade voisine de Gorinchem (2,55 €), par ailleurs dotée d'une gare ferroviaire. La véloroute nationale **LF12** passe par ici, sur son trajet entre Dordrecht et Den Bosch (Bois-le-Duc).

ZÉLANDE (ZEELAND)

La province de Zélande réunit trois grands rubans de terre au cœur d'un vaste delta à l'embouchure de trois fleuves européens. Face à ce paysage plat et paisible, n'oubliez pas qu'il est le théâtre pour les Zélandais d'une bataille séculaire contre la mer du

Nord – parfois avec un succès mitigé. L'eau a d'ailleurs infligé à la région deux violentes tragédies. En 1421, les inondations de la Sainte-Élisabeth firent de 2 000 à 10 000 morts et modifièrent profondément les paysages des Pays-Bas – et avec eux la mentalité de la population. Une nouvelle catastrophe se produisit en 1953, emportant avec elle 2 000 victimes et 800 km de digues, et laissant quelque 500 000 sinistrés. Elle fut à l'origine du plan Delta (voir encadré p. 193), colossal programme de travaux qui s'étalèrent sur près de 50 ans afin, espère-t-on, d'assurer définitivement la sécurité de ces terres. Il est considéré comme l'une des prouesses du génie civil dans le monde.

La Zélande a pour capitale historique Middelbourg, cité plutôt somnolente, et est bordée de plages donnant sur la mer du Nord. Les visiteurs sont nombreux dans cette province où la mer l'emporte sur la terre, souvent curieux de mesurer l'ampleur des digues et des barrages du plan Delta.

Depuis/vers la Zélande

Si Middelbourg est facilement accessible en train, il faut emprunter le réseau de bus pour rallier la plupart des autres villes de la région. Parmi les lignes importantes, la 395 couvre toutes les heures le trajet de 60 minutes entre la station de métro Zuidplein, à Rotterdam, et Zierikzee, d'où partent des correspondances vers le reste de la Zélande.

La véloroute nationale **LF1**, qui longe toute la côte néerlandaise de la mer du Nord, constitue un axe vital en Zélande, à l'instar de la **LF13**, qui court de Breda à l'est jusqu'à Middelbourg avant de rejoindre le littoral (et la LF1). La région est facile à explorer, car on pédale sans difficulté sur ces terres agricoles sillonnées de digues. Il existe aussi des véloroutes régionales, numérotées, et les cartes sont disponibles un peu partout.

Middelbourg (Middelburg)

0118 / 47 600 HABITANTS

Plaisante et prospère, la paisible capitale de la Zélande fait une base idéale pour explorer la région et apprendre à connaître le caractère impassible et si serviable des Zélandais.

Si l'Allemagne a détruit une grande partie du centre historique de Middelbourg en 1940, de nombreux quartiers en ont été reconstruits, et la ville donne encore une bonne idée de la vie telle qu'elle allait il y a plusieurs siècles. On reconnaît le tracé des fortifications bâties par les Gueux de mer en 1595 à celui des principaux canaux qui ceignent aujourd'hui la vieille ville.

À voir

Cette coquette bourgade est faite pour les piétons, qui déambulent dans un dédale de venelles débouchant sur le Markt.

Abdij SITE HISTORIQUE

Cet immense complexe abbatial, qui remonte au XIIe siècle, abrite aujourd'hui le gouvernement provincial, ainsi que trois églises. Chargée d'échos autant que d'histoire, sa grande cour intérieure, l'Abdijplein, est sans égale aux Pays-Bas.

Les trois églises sont accessibles par une petite entrée (les Zélandais ne font pas dans l'ostentation). La **Wandelkerk** (entrée libre, tour 4 € ; 10h30-17h lun-ven, 13h30-17h sam-dim mi-avr à oct, tour 10h-17h) date du XVIIe siècle et renferme les sépultures de Jan et Cornelis Evertsen, deux frères amiraux tombés au combat contre les Anglais en 1666. Elle est surmontée par la Lange Jan ("grand Jean"), sa tour de 91 m (207 marches), qui a donné son nom à une bière locale.

La Wandelkerk conduit aux deux autres églises. Juste à l'est, la **Koorkerk** conserve des parties datant du XIVe siècle, tandis qu'à l'ouest, la **Nieuwe Kerk**, du XVIe, abrite un orgue fameux. Toutes trois jouxtent un magnifique cloître avec en son centre un petit jardin de plantes médicinales.

Le **Zeeuws Museum** (musée de Zélande ; www.zeeuwsmuseum.nl ; adulte/enfant 8,50 €/gratuit ; 11h-17h mar-dim), installé dans les anciens dortoirs conventuels, a été totalement rénové il y a peu. Ses collections sont de vrais trésors, notamment celles de costumes traditionnels – ces tenues devaient peser lourd sur le budget de paysans tirant à peine de quoi vivre de leur activité.

Markt PLACE

Le Markt est le cœur de la vie commerçante et le théâtre d'un marché réputé, le jeudi.

Hôtel de ville ÉDIFICE HISTORIQUE

(675 452 ; adulte/enfant 4,25/3,75 € ; visite guidée 11h30 et 15h15 mars-oct). La Stadhuis domine le Markt et attire tous les regards avec sa beauté très ornée et son pastiche de différents styles : la façade gothique, côté Markt, date du XVe siècle, tandis que l'architecture plus classique qui donne sur Lange Noordstraat remonte au XVIIe.

À l'intérieur, plusieurs beaux salons de réception renferment des trésors, dont des tapisseries belges. Les visites guidées de l'hôtel de ville, de 40 minutes, sont organisées par le *tourist shop*.

Damplein PLACE

Autour de la Damplein tout en longueur (à l'est de l'Abdij), de nombreuses maisons du XVIIIe siècle ont été préservées, accueillant pour certaines des cafés et des boutiques.

Cimetière juif CIMETIÈRE

Sur le Walensingel, le vieux cimetière juif est plutôt vaste. On peut y voir, comme dans tant d'autres, un austère monument à la mémoire des nombreux juifs de Middelbourg tués par les nazis.

Circuits organisés

Rondvaart Middelburg CROISIÈRE SUR LES CANAUX

(☎643 272 ; www.rondvaartmiddelburg.nl ; Achter de Houttuinen 39 ; adulte/enfant 6,50/3,50 € ; ⏰à partir de 10h30 avr-oct). Sorties de 40 minutes sur le canal sud.

Fêtes et festivals

Ringrijdendagen FÊTE

(Journées de la course de l'anneau) Les Ringrijdendagen ont lieu en deux temps, pendant une journée en juillet, autour de la place de

Middelbourg

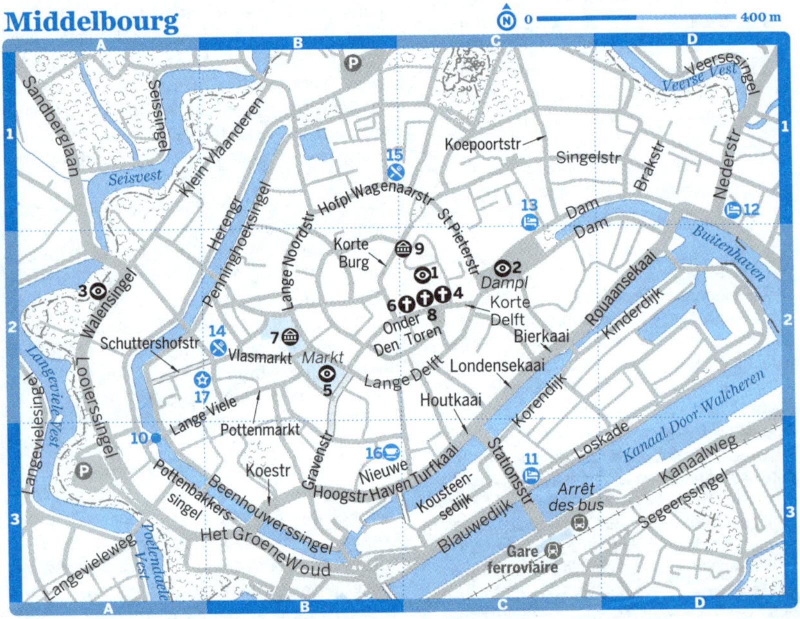

Middelbourg

À voir

1 Abdij ... C2
2 Damplein ... C2
3 Cimetière juif ... A2
4 Koorkerk ... C2
5 Markt ... B2
6 Nieuwe Kerk ... C2
7 Hôtel de ville ... B2
8 Wandelkerk ... C2
9 Zeeuws Museum ... C2

Activités

10 Rondvaart Middelburg ... A3

Où se loger

11 Grand Hotel du Commerce ... C3
12 Het Princenjagt ... D1
13 Hotel Aan De Dam ... C1

Où se restaurer

14 De Mug ... B2
15 Restaurant De Eetkamer ... B1

Où prendre un verre

16 St John ... B3

Où sortir

17 De Spot ... A2

l'Abbaye, et une autre en août au Molenwater. Des cavaliers costumés chargent une cible qu'ils tentent de faire tomber.

Où se loger

Les tarifs peuvent considérablement baisser en basse saison.

Hotel Aan De Dam HÔTEL €€
(☎643 773 ; www.hotelaandedam.nl ; Dam 31 ; s/d à partir de 90/110 € ;). Cette opulente demeure de 1652 (du même architecte que le palais sur le Dam, à Amsterdam) est aujourd'hui un séduisant hôtel : neuf chambres de tailles et aux panoramas variés, mais toutes dans un décor d'époque adapté au confort moderne – en témoignent ces luxueuses sbd. L'hôtel donne sur un canal et un petit parc.

Het Princenjagt HÔTEL €
(☎613 416 ; www.hotelhetprincenjagt.nl ; Nederstraat 2 ; ch 40-85 € ;). Dans un cadre coquet près du port de plaisance, ce bed-and-breakfast de huit chambres met une cuisine à disposition de ses hôtes. On apprécie les petites attentions comme le grille-pain disposé sur chaque table du petit-déjeuner, et les confortables fauteuils dans les chambres. Quatre de ces dernières ont des sdb communes.

Grand Hotel du Commerce HÔTEL €€
(☎636 051 ; www.hotelducommerce.nl ; Loskade 1 ; ch à partir de 90 € ; @). Dans une construction qui ne déparerait pas sur la côte d'Azur, cet hôtel possède d'audacieux volets rouges qui tranchent sur sa façade blanche. L'intérieur a quelque chose de décevant, toutefois, avec des chambres très variables en termes de déco et de superficie, dont des simples aux airs de cagibi, et un Wi-Fi aléatoire. Emplacement très pratique pour la gare ferroviaire.

Où se restaurer et prendre un verre

Le dimanche soir, les pizzas et la restauration rapide du Markt dépannent ; le reste du temps, le choix ne manque pas.

De Mug PUB €€
(www.demug.nl ; Vlasmarkt 54-56 ; plats 16-21 € ; soir mar-sam). Ne vous laissez pas décourager par les logos Heineken : la carte des bières est longue, et inclut plusieurs trappistes rares, mais aussi la Mug Bitter, bien houblonnée. Entre solides plats de poisson et de viande et en-cas plus simples, la cuisine accompagne parfaitement ces breuvages, tout comme la bande-son dédiée aux crooners des années 1950.

De Gouden Bock NÉERLANDAIS CONTEMPORAIN €€
(www.degoudenbock.nl ; Damplein 17 ; plats 12-25 € ; 11h-21h30 mar-sam). Des tons sables, empruntés aux dunes littorales, réchauffent ce restaurant qui compte parmi les plus attirants de Middelbourg. Observez la vie sur la place depuis les amples fauteuils en osier de la terrasse, ou bien installez-vous dans l'élégante salle crème et bleu. Cuisine régionale, avec spécialités de fruits de mer, et carte qui change régulièrement.

St John CAFÉ
(St Jaanstraat 40 ; en-cas à partir de 2 € ; 8h30-18h lun-sam). Un petit antre patiné par le temps idéal pour une pause café, dans la chaleur des boiseries ou à l'ombre sur la jolie place, à deux pas du marché aux poissons.

Restaurant De Eetkamer NÉERLANDAIS CONTEMPORAIN €€€
(☎635 676 ; www.restaurantdeeetkamer.nl ; Wagenaarstraat 13-15 ; repas 35-70 € ; midi-14h et 17h30-21h30 mar-sam). Une adresse tenue au cordeau et si comme il faut qu'on est obligé d'y entrer : des produits locaux nourrissent une carte qui varie au gré des saisons, les charcuteries sont maison, et le souci du détail palpable à chaque instant.

Où sortir

De Spot MUSIQUE LIVE
(www.despotmiddelburg.nl ; Beddewijkstraat 15 ; 22h-4h ven-sam). Une salle qui vise large, du jazz au rock en passant par le rap (et même par un festival South Park). On y pénètre par une porte en arcade.

Renseignements

Il n'y a pas d'office du tourisme officiel VVV, mais un **tourist shop** (☎674 300 ; www.touristshop.nl ; Markt 51 ; 9h30-17h30 lun-sam), installé à un guichet dans l'excellente librairie De Drvkkery. Hormis vendre des circuits et visites, il n'offre guère de renseignements.

Le Wi-Fi est gratuit sur le Markt.

Comment s'y rendre et circuler

Les bus régionaux s'arrêtent sur Kanaalweg, près de la gare ferroviaire.

Train

Middelbourg n'est pas loin du terminus des lignes ferroviaires en Zélande, et sa gare a bien

TRAINS AU DÉPART DE MIDDELBOURG

DESTINATION	PRIX (€)	DURÉE (MINUTES)	FRÉQUENCE (PAR HEURE)
Amsterdam	27	150	1
Roosendaal	11	45	2
Rotterdam	19	60	1

cette ambiance de bout du monde. Les services sont limités : vous pourrez laisser vos bagages chez le loueur de vélo moyennant 5 €.

La gare est à 5 minutes à pied du centre-ville.

Vélo

La gare ferroviaire a son loueur de vélo. La véloroute nationale **LF1** traverse Middelbourg et, vers le nord, emprunte des digues du delta. Vers l'est, la **LF13** rejoint Breda (140 km) en passant par une campagne fertile. De charmants villages, comme Goes (36 km), méritent le détour.

Environs de Middelbourg

La presqu'île de Walcheren est un vrai régal à vélo : organisez votre périple entre vieilles bourgades et farniente sur la plage.

VEERE

☎ 0118 / 1 600 HABITANTS

Cet ancien village de pêcheurs s'est mis à hameçonner d'autres proies (les touristes) une fois son accès à la mer par le Veerse Meer fermé dans le cadre du plan Delta. Cette bourgade possède aujourd'hui un important port de plaisance, et son architecture datant pour une bonne part du début du XVIe siècle en fait un agréable lieu de balade.

L'**office du tourisme** (VVV ; ☎506 110 ; Oudestraat 28 ; ⏲10h-17h tlj juil-août, midi-16h mar-dim avr-juin et sept) se trouve dans un petit bâtiment près de la Grote Kerk. Son personnel vous conseillera sur la location de bateaux et les itinéraires cyclistes. Wi-Fi gratuit.

À voir

Vous vous croirez peut-être ici dans un tableau de Vermeer : les riches demeures de style gothique sont nombreuses, rappelant la prospérité conquise grâce au commerce de la laine avec l'Écosse. Au bord de l'eau, la **Campveerse Toren** (tour) est un vestige des anciennes fortifications. Remarquez sur le côté le marquage témoignant du niveau des inondations successives.

Sur le Markt, l'**hôtel de ville** date de 1474 mais ne fut achevé qu'en 1599, et se trouve couronné d'un beffroi renfermant 48 cloches.

À l'extrémité sud du village, la **Grote Kerk**, du XVIe siècle, n'est pas à la hauteur des ambitions de son concepteur – surtout son clocher, resté inachevé à 42 m.

Où se loger et se restaurer

Hotel 't Waepen van Veere HÔTEL €€
(☎501 231 ; www.waepenvanveere.nl ; Markt 23-27 ; ch 90-140 € ; 📶). Sur la place centrale, cet hôtel doublé d'un charmant café avec terrasse (plats 12-25 €, fermé lun-mar de nov à mars) loue 16 chambres confortables et stylées. On y trouve aussi un restaurant élégant.

Depuis/vers Veere

Veere se rejoint facilement à vélo depuis Middelbourg, par la véloroute **LF1** (8 km). Sinon, le bus n°54 parcourt ce trajet de 11 minutes toutes les heures (toutes les 2 heures le dimanche).

DOMBURG

☎ 0118 / 1 300 HABITANTS

Si Domburg est une petite station balnéaire discrète selon les critères néerlandais (autrement dit, pas excessivement vulgaire), elle n'en fait pas moins le plein en été, surtout sur la **plage**. Pour échapper à ces foules de citadins, dirigez-vous vers le sud en suivant les hautes dunes : vous pouvez pousser au-delà du golf, sur quatre bons kilomètres.

L'**office du tourisme** (VVV ; ☎583 484 ; www.vvvwnb.nl ; Schuitvlotstraat 32 ; ⏲9h-18h lun-sam, 11h-15h dim juil-août, horaires réduits le reste de l'année) se trouve à l'entrée de la ville sur Roosjesweg, et son personnel est maître dans l'art de vous dénicher une chambre.

L'office du tourisme pourra aussi vous orienter vers l'un des nombreux loueurs de vélos et fournit des cartes pour les 35 km de l'itinéraire cycliste de la réserve naturelle du Manteling, qui fait une boucle au départ de Domburg et passe par la plage, la campagne et de charmants villages dont Veere.

Où se loger et se restaurer

L'office du tourisme ne manque pas d'adresses d'hébergement, notamment d'appartements et de camping.

Stayokay Domburg AUBERGE DE JEUNESSE €
(☎581 254 ; www.stayokay.com/domburg ; Duinvlietweg 8 ; dort/ch à partir de 24/65 € ; ⏲avr-oct ; 📶). Cette auberge détonne par sa situation, dans un château du XIIIe siècle, à 2 km à l'est de Domburg et 1 km de la plage : réservez, elle est très demandée. Le bus n°52 de Middelbourg fait halte sur la N287, près de l'entrée.

Het Badpaviljoen FRUITS DE MER €€
(☎582405 ; www.hetbadpaviljoen.nl ; Badhuisweg 21 ; plats 12-30 € ; ⏲11h-minuit jeu-lun). Perché sur les dunes herbeuses de Domburg, cette table de légende occupe un établissement de bains du XIXe siècle, immense et magnifique, et flanqué d'une grande marquise et d'une terrasse. Commandez un plat de fruits de mer au restaurant, ou bien installez-vous dehors pour un apéro-grignotage avec vue sur la mer.

Depuis/vers Domburg

Le bus n°52 fait toutes les heures la liaison directe Domburg-Middelbourg, et le n°53 fait le trajet en passant par les plages du Sud.

La région est sillonnée de pistes cyclables idylliques : procurez-vous une carte et partez en exploration. Middelbourg se trouve à 13 km environ (plusieurs itinéraires).

Deltapark Neeltje Jans

La N57 est en première ligne de la guerre que livrent les Néerlandais contre la mer : elle passe sur les constructions massives du plan Delta, succession de digues et de barrages colossaux conçus pour prévenir les inondations. Le tronçon le plus impressionnant est sans doute celui qui va de la Noord Beveland à la Schouwen-Duiveland, au nord. L'immense Oosterscheldekering (barrage de l'Escaut oriental) est doté de vannes qui permettent de maintenir la communication entre l'estuaire de l'Escaut et la mer. Débutée en 1976, la construction de ce barrage anti-tempête long de plus de 9 km, qui enjambe trois bras de mer et deux îles artificielles, prendra dix ans.

Vers le milieu du barrage, l'ancien centre d'information du plan Delta a été transformé en parc à thème arborant pour mascotte une petite sirène : le **Deltapark Neeltje Jans** (www.neeltjejans.nl ; entrée nov-mars 17 €, avr-oct 22 € ; ⏲10h-17h30 tlj en été, week-end uniquement nov-mars). Ses expositions viennent éclairer le phénomène des inondations, les barrages et le cran des Néerlandais face aux flots (presque) inexorables, mais le Deltapark

LE PLAN DELTA

Lancé en 1958, le plan Delta dévora des milliards de florins, des millions d'heures de travail et des volumes incommensurables de béton et de pierre avant son achèvement en 1997. Ces grands travaux avaient pour objectif d'empêcher que ne se répètent des inondations aussi catastrophiques que celles de 1953, quand une marée de tempête avait remonté les estuaires de Zélande en brisant des digues intérieures. Le raz-de-marée causa des ruptures de digues dans toute la région, et une grande partie de la province fut inondée.

Le projet original prévoyait la fermeture des estuaires, ce qui aurait créé un vaste réseau d'eau douce. Mais dans les années 1960, cette idée radicale était devenue inacceptable pour l'opinion néerlandaise, sensibilisée aux enjeux écologiques. On laissa donc l'Oosterschelde (Escaut oriental) ouvert aux marées grâce à trois sections de vannes mobiles qui permettent de fermer l'estuaire en cas de menace. Ce barrage qui s'étend de Noord Beveland à Schouwen-Duiveland est l'ouvrage le plus spectaculaire du plan Delta, et l'objet du Deltapark Neeltje Jans, où sont détaillés les efforts colossaux qu'ont nécessités les travaux.

Le projet a également surélevé et renforcé les digues de la région, et ajouté un barrage antitempête au niveau du port de Rotterdam, ouvrage qui marqua la fin des travaux. L'opinion publique a par la suite contesté le plan, mais de vastes étendues d'eau étaient déjà barrées et transformées en lacs d'eau douce. Dans le Veerse Meer, l'industrie de la pêche a disparu au profit du tourisme et de la plaisance.

Les conséquences du plan Delta restent bien palpables. Dans le parc national du Biesbosch, la réduction des marées est en train d'exterminer les roseaux qui poussaient là depuis des siècles. Mais pour tous ceux qui se souviennent des inondations de 1953, le jeu en vaut largement la chandelle.

Si ce projet titanesque est arrivé à terme il y a déjà plus de 15 ans, les travaux n'ont pas cessé : il faut toujours renforcer et surélever encore certains tronçons pour faire face à la montée du niveau de la mer qu'induit le réchauffement climatique.

s'est aussi doté de bassins où s'ébattent des phoques, d'un parc aquatique, d'une plage artificielle et d'une attraction à sensations fortes baptisée du nom inquiétant de Moby Dick. Pour en prendre plein la tête, passez dans le simulateur d'ouragan. Une croisière se rend aussi sur l'Oosterschelde (Escaut oriental) pour une découverte panoramique des barrages et du cadre naturel. Bref, ce parc à thème en fait des tonnes et se révèle plutôt cher pour qui aspire simplement à quelque éclairage sur le barrage antitempête.

L'île de Neeltje Jans, où se trouve le Deltapark, est bordée à sa pointe sud d'une longue plage qu'adorent les véliplanchistes. Dans toute la région, certaines parties du littoral font partie du **parc national de l'Escaut oriental** (Nationaal Park Oosterschelde : www.npoosterschelde.nl ; Neeltje Jans ; centre d'information entrée libre ; ⏲10h-17h, jusqu'à 21h juin-août) ; son centre d'information, de l'autre côté de la N57 depuis le Deltapark, a d'intéressantes expositions.

Le bus n°133 suit la N57 et fait halte au Deltapark en venant de la gare ferroviaire de Middelbourg (30 minutes, toutes les 30 minutes à 2 heures) ou de Zierikzee (40 minutes). La **LF1** passe juste devant.

Schouwen-Duiveland

Au milieu du Delta, Schouwen-Duiveland est une petite île tout en dunes. Les plages et les stations balnéaires se concentrent au sud-ouest du village de Renesse. Zierikzee est la plaque tournante des bus ; vous pouvez y prendre le bus n°133 qui rejoint Renesse et traverse les grands ouvrages du Delta jusqu'à Middelbourg.

Le vélo est ici le meilleur moyen de transport. Les pistes ne manquent pas, telle la **LF1** qui court du nord au sud en longeant la côte et la série d'ouvrages du plan Delta.

ZIERIKZEE

☎ 0111 / 10 500 HABITANTS

Zierikzee connut la richesse au XIVe siècle grâce au commerce avec la Ligue hanséatique, mais la situation dégénéra ensuite pour elle quand, en 1576, des Espagnols débarquèrent à pied du continent, à marée basse, pour s'en emparer – et la précipiter dans un long déclin économique. La balade est agréable au bord de l'eau.

L'**office du tourisme** (☎412 450 ; www.vvvschouwenduiveland.nl ; Nieuwe Haven 7 ; ⏲10h-16h lun-sam) pourra vous fournir une liste d'hébergements et des cartes cyclistes.

Dans l'**Oude Haven** (Vieux Port) à l'extrémité est de la ville, la **Noordhavenpoort** et la **Zuidhavenpoort** sont d'anciennes portes datant des XVIe et XIVe siècles respectivement. L'**hôtel de ville** peut se targuer d'une tour en bois du XVIe siècle, couronnée d'une statue de Neptune. Installez-vous dans un café pour admirer les vieux navires.

ℹ Depuis/vers Zierikzee

L'arrêt de bus se trouve au nord du centre-ville, à cinq minutes de marche par Grachtweg, de l'autre côté du canal. Le bus n°395 dessert la station de métro de Zuidplein à Rotterdam (trajet d'une heure, départ toutes les heures).

WESTERSCHOUWEN

☎ 0111 / 18 000 HABITANTS

Protégé par de hautes dunes, ce village de la pointe occidentale de Schouwen-Duiveland jouxte un vaste **parc** entre sable et forêt. Les amoureux du grand air apprécieront les sentiers de randonnée et les pistes cyclables ; on peut encore trouver la solitude dans les coins les plus isolés de ce parc, même pendant la haute fréquentation estivale.

L'**office du tourisme** (VVV ; ☎0900-202 0233 ; www.vvvzeeland.nl ; Noordstraat 45a ; ⏲9h-17h lun-sam), dans la commune voisine de Haamstede, peut vous aider à trouver un hébergement.

Le bus n°133, au départ de Middelbourg, relie ces bourgades à Zierikzee.

Flandre zélandaise (Zeeuws-Vlaanderen)

Sur la rive sud du Westerschelde (Escaut occidental), au nord de la frontière belge, la Flandre zélandaise est une région sans attrait où alternent exploitations agricoles et quelques usines chimiques.

Clocher d'église, beffroi de l'hôtel de ville et moulin : les villages, nombreux par ici, ne dérogent pas à la "sainte trinité" de l'architecture néerlandaise, à l'image d'IJzendijke.

La Flandre zélandaise n'a aucune liaison terrestre avec le reste des Pays-Bas. Seul le **ferry Flessingue (Vlissingen)-Breskens** (www.veolia-transport.nl ; adulte/enfant 3/2 € ; ⏲toutes les 30 minutes) permet de rejoindre le reste du pays sans passer par la Belgique.

Les piétons peuvent rejoindre Bruges, en Belgique, par le bus n°42 de Veolia, au départ de Breskens (5,50 €, 75 minutes, 1/heure). Du port de Flessingue (Vlissingen), prenez un bus ou un train pour rejoindre d'autres destinations, dont Middelbourg.

La Frise

Dans ce chapitre »

Le top des restaurants

» Restaurant By Ús (p. 199)

» Restaurant Eindeloos (p. 199)

» De Tjotter (p. 202)

» Café-Restaurant de Hinde (p. 204)

Le top des hébergements

» Hotel-Paleis Stadhouderlijk Hof (p. 198)

» Zeezicht Harlingen (p. 202)

» Hotel Pension van der Werff (p. 208)

Pourquoi y aller

A priori, la Frise (Fryslân) a tout de la région néerlandaise typique avec ses plaines verdoyantes et ses nombreuses vaches (de race frisonne). Pourtant, à y regarder de plus près, cette province présente des particularités, à commencer par sa propre langue, comme l'attestent les panneaux routiers et autres pancartes.

Les Frisons ont aussi un caractère très autonome au regard des standards néerlandais. Non contents d'avoir dû ériger des digues pour protéger leurs terres, ils ont également dû aménager celles-ci à partir de rien. La subtilité de la frontière entre le nord de la Frise et la mer des Wadden est telle qu'on a bien du mal à différencier les terres gorgées d'eau de l'eau chargée de vase, quoique l'Unesco y soit parvenu.

Au centre de la province, Leeuwarden est du nombre de ces charmantes et vénérables localités néerlandaises où l'on a tôt fait de s'enraciner et d'avoir son café préféré. Ailleurs, d'anciens villages rustiques de pêcheurs, tel Hindeloopen, renaissent en tant que destinations touristiques. Enfin, la région est le berceau du mythique Elfstedentocht, une course en patins à glace de près de 200 km.

Quand partir

L'été semble la période idéale pour découvrir la Frise. Il s'agit de fait de la haute saison des sports nautiques (voile, etc.) sur l'Ijsselmeer et Ameland et les autres îles se présentent alors sous leur meilleur jour. La province n'en réserve pas moins son lot de surprises au fil du calendrier. Il fait bon se promener à Leeuwarden et à Harlingen toute l'année. Les villages de pêcheurs comme Hindeloopen dégagent une mélancolie où l'on perçoit la rudesse de la vie qu'y menaient les anciens dans leurs petits chalets. L'hiver venu, quand les conditions le permettent, tout le pays s'arrête pour suivre les patineurs de l'Elfstedentocht.

Histoire

Avec leurs terres conquises à la force du poignet sur la mer des Wadden, les Frisons savent l'effort que réclame toute lutte pied à pied contre la nature dans ce qu'elle a de plus hostile.

Principales activités menées dans la région des siècles durant, l'agriculture, la pêche ainsi que la construction, la réparation et l'entretien des bateaux ont fait de la Frise l'une des provinces les plus prospères des Pays-Bas d'avant 1581. La construction en 1932 de l'Afsluitdijk (digue du Nord) qui ferma le Zuiderzee (mer du Sud) eut pour conséquence une intégration accrue, quoique pas forcément voulue, des Frisons à la société néerlandaise et une meilleure liaison avec Amsterdam et le Sud. Elle eut,

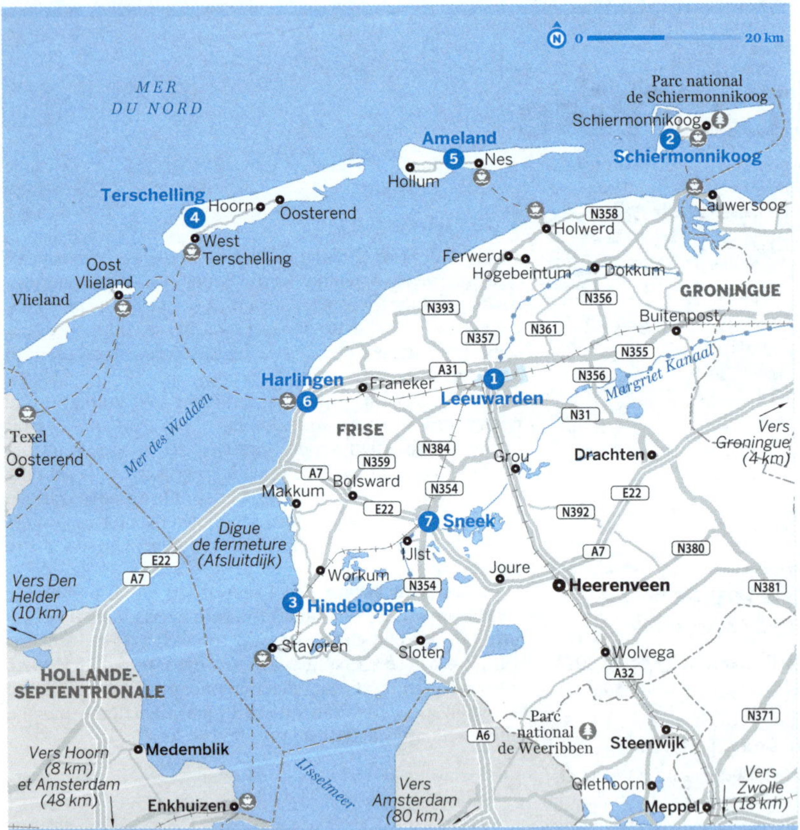

À ne pas manquer

1 Les excellents musées et les ruelles ombragées de **Leeuwarden** (p. 197)

2 L'île de **Schiermonnikoog** (p. 208), un havre de paix doté d'un beau parc national et d'innombrables sentiers dans le calme des dunes

3 La douceur de vivre de **Hindeloopen** (p. 203), charmante ville côtière comme figée dans le temps

4 Une balade à vélo dans les dunes et la campagne de **Terschelling** (p. 205)

5 Le contact avec la nature et des nuits paisibles après le coucher du soleil sur **Ameland** (p. 206)

6 Les allées et venues des bateaux sur les vieux canaux d'**Harlingen** (p. 202), ville à découvrir même sans ferry à y prendre

7 L'environnement aquatique de **Sneek** (p. 201), sur l'eau ou dans l'eau, douce ou salée

en revanche, un effet dévastateur sur les villages de pêcheurs, qui ne donnaient plus que sur un lac.

Langue

La langue régionale, le frison, se révèle plus proche (dans une certaine mesure) de l'allemand et du vieil anglais que du néerlandais, d'où le dicton britannique : *As milk is to cheese, are English and Frise* ("Le lait est au fromage ce que l'anglais est au frison"). La plupart des Frisons n'en parlent pas moins couramment le néerlandais.

Ne vous inquiétez pas si vous ne comprenez pas grand-chose : même les Néerlandais ont du mal à déchiffrer le frison. S'il est généralement utilisé à l'écrit, notamment pour les panneaux, on le parle peu. 'Snits' ne vous en apparaîtra pas moins comme la version frisonne de Sneek, deuxième ville de la région.

Depuis 2002, le nom néerlandais de la province (Friesland) a officiellement laissé place à son pendant local : Fryslân.

Comment s'y rendre et circuler

Leeuwarden, le chef-lieu régional, est facilement accessible en train en provenance du Sud. Des trains relient Leeuwarden aux villes côtières (sud-ouest), au port de Harlingen (ouest) et à Groningue (est) de la Frise. Il faut en revanche prévoir plus de temps pour rejoindre le reste de la province, par bus, ou, pour les îles, par bateau. Il existe plusieurs forfaits journaliers.

Des pistes cyclables nationales sillonnent la Frise. La **LF3** traverse horizontalement la province via Leeuwarden, la **LF10** emprunte la digue du Nord (30 km) pour franchir la mer des Wadden en provenance de Hollande-Septentrionale puis longe la côte nord frisonne et les ports maritimes, la **LF22** longe, elle, la côte sud avant de piquer dans les terres vers Zwolle.

L'ensemble de la province se découvre aussi idéalement en voiture. D'Amsterdam, le trajet le plus rapide passe par la digue du Nord.

LEEUWARDEN (LJOUWERT)

☎058 / 95 300 HABITANTS

La plupart des touristes filent vers les îles de la Frise sans s'arrêter à Leeuwarden. Ce coquet chef-lieu de la province, peu étendu et à l'ambiance décontractée, mérite pourtant une visite, ne serait-ce que pour son superbe trio de musées. En y passant la nuit, vous pourrez flâner dans ses paisibles rues et goûter à l'hospitalité nordique de ses nombreux bars et cafés.

À voir

La plupart des lieux d'intérêt de Leeuwarden se trouvent à quelque 10 minutes à pied maximum de **Nieuwestad Zaailand**, la grand-place centrale. Également appelée Wilhelminaplein, celle-ci fait désormais office de pôle culturel de la ville avec le Fries Museum bien visible à l'une de ses extrémités.

Notez la variété des vieux gréements amarrés le long des canaux.

Fries Museum MUSÉE

(☎255 55 00 ; www.friesmuseum.nl ; Wilhelminaplein 92). L'incontournable musée de la Frise va rouvrir ses portes en septembre 2013 dans un nouvel écrin de verre coiffé d'un toit en bois et en acier s'avançant à 25 m de haut au-dessus de la place.

Il renferme une remarquable collection d'argenterie – une tradition régionale – et du mobilier du XIXe siècle tout aussi intéressant, par exemple d'Hindeloopen. S'y ajoutent une exposition consacrée à la résistance locale à l'occupant nazi et une poignante biographie de Mata Hari (p. 200). Les expositions temporaires mettent souvent en lumière les œuvres avant-gardistes de jeunes artistes.

Waag MONUMENT

Des boutiques entourent désormais le modeste bâtiment du Poids public, sur Waagplein, lieu de pesée du beurre et d'autres denrées de 1598 à 1884. La zone piétonne comprend une vieille rue coquette, la **Weerd**.

Princessehof Museum MUSÉE

(www.princessehof.nl ; Grote Kerkstraat 11 ; adulte/enfant 8 €/gratuit ; ⏲11h-17h mar-dim). Le musée néerlandais de la Céramique ravira les amateurs du genre, que fascinera la plus importante collection internationale de carreaux de faïence, ainsi que des porcelaines de Delft inédites et des spécimens du monde entier, dont de superbes sections sur le Japon, la Chine et le Vietnam. Le musée occupe un beau palais du XVIIe siècle.

Natuurmuseum Fryslân MUSÉE

(www.natuurmuseumfryslan.nl ; Schoenmakersperk 2 ; adulte/enfant 6/4,50 € ; ⏲11h-17h mar-dim). Même les parents les plus inquiets

Leeuwarden

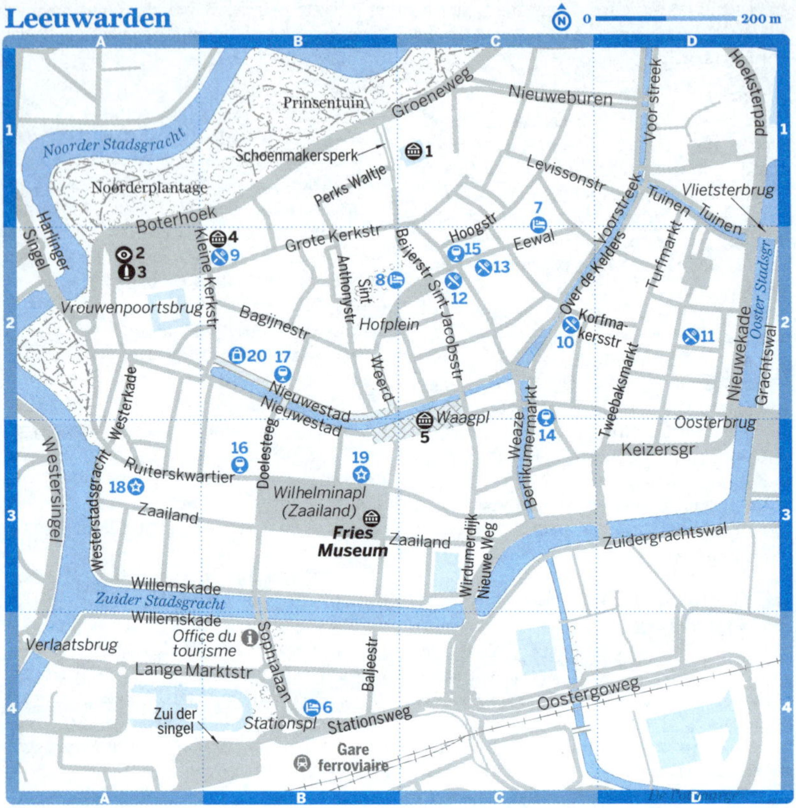

devraient n'éprouver nulle crainte à laisser leurs enfants gambader dans ce musée d'Histoire naturelle interactif adapté à tous les âges. Axé sur la faune et la flore de la province, il a pour temps forts la collection de curiosités du capitaine Severein et la simulation d'un vol d'oiseaux (avec un deltaplane). Rien ne vaut cependant, au sous-sol, l'exposition "Friesland onder Water" (la Frise sous l'eau) pour explorer le fond d'un canal comme un poisson.

Dans la cour intérieure, le café du musée, protégé par une verrière, fera une halte agréable par temps froid.

Oldehove TOUR

(adulte/enfant 2/1 € ; 13h-17h mar-dim mai-sept). À l'ouest de Bagijnestraat, cette tour inclinée domine le disgracieux parking d'Oldehoofsterkerkhof. La construction de l'édifice tourna bientôt court après le début des travaux en 1529. Même si on est bien loin de son homologue pisan, l'édifice ménage, d'en haut, une vue spectaculaire pour peu qu'on fasse l'impasse sur la tour de téléphonie cellulaire attenante. À proximité, la **statue de Pieter Jelles Troelstra**, un socialiste néerlandais qui appela à la révolution après la Seconde Guerre mondiale, se dresse, elle, bien droite.

Où se loger

Sans proposer un choix pléthorique, Leeuwarden saura satisfaire tous les goûts. L'office du tourisme (p. 200) pourra vous renseigner sur les B&B (environ 25 €/pers).

Hotel-Paleis Stadhouderlijk Hof HÔTEL €€€

(216 21 80 ; www.stadhouderlijkhof.nl ; Hofplein 29 ; ch 90-200 € ;). Derrière une façade rose toute simple se cache une luxueuse ancienne résidence royale. L'escalier à tapis rouge mène à 24 chambres personnalisées combinant couleurs chaudes, meubles en fer

Leeuwarden

forgé, et lits à baldaquin. L'entrée principale, agrémentée d'une fontaine, contraste avec la majestueuse cour verdoyante.

Eden Oranje Hotel HÔTEL €€
(☎212 62 41 ; www.edenhotelgroup.nl ; Stationsweg 4 ; ch 60-150 € ; ❄@📶). En face de la gare ferroviaire, un hôtel d'affaires aux belles parties communes et aux chambres spacieuses et confortables, non dépourvues d'élégance (celles du fond se trouvent au calme et entourées de verdure). Les réductions, fréquentes, se révèlent très intéressantes compte tenu de la qualité.

Hotel 't Anker PENSION €
(☎212 52 16 ; www.hotelhetanker.nl ; Eewal 73 ; s/d à partir de 50/70 € ; 📶). Cette pension modeste conviendra à quiconque cherche une chambre basique (demandez à en voir quelques-unes) mais idéalement située. Le lieu est calme, en dépit du vénérable pub très prisé au rez-de-chaussée et de la ribambelle de bars et de restaurants dans la rue. Le petit-déjeuner (inclus) suit la simplicité des chambres.

Où se restaurer

Leeuwarden compte plusieurs restaurants tenus par des chefs créatifs concoctant une bonne cuisine régionale à prix abordable.

Restaurant By Ús NÉERLANDAIS CONTEMPORAIN €€
(☎215 86 63 ; www.restaurantby-us.nl ; Over de Kelders 24 ; plats 19-23 €). Dans une belle salle éclairée aux bougies où le bois et le cuir alternent joliment, ce petit restaurant met à l'honneur les produits bio locaux et renouvelle constamment son offre. Parmi les spécialités d'influence frisonne figurent des soupes et du poisson. Excellente carte des vins et jeune équipe enthousiaste.

Restaurant Eindeloos NÉERLANDAIS CONTEMPORAIN €€€
(☎213 08 35 ; www.restauranteindeloos.nl ; Korfmakersstraat 17 ; menus à partir de 30 € ; ⏲12h-14h mer-ven, 17h-21h30 mar-sam). Une petite perle où les menus changent régulièrement. Tirée au cordeau, la décoration en noir et blanc est à l'image de la cuisine, souvent à base de produits régionaux, de poisson et d'agneau.

Spinoza's BISTROT €€
(☎212 93 93 ; Eewal 50-52 ; plats 10-17 € ; ⏲midi et soir ; 🖉). Ce vaste restaurant a l'avantage, l'été, de dresser des tables à l'ombre des arbres, à l'avant et dans une cour privative. L'hiver, on se réfugie dans la salle éclairée aux bougies. Spécialités régionales (soupes, ragoûts) et nombreuses recettes végétariennes.

De Brasserie GRAND CAFÉ €
(Grote Kerkstraat 7 ; plats à partir de 6 € ; ⏲10h-20h). Ce grand café fait le plein d'habitués et d'amateurs de shopping s'accordant une pause. Sa carte, classique, comprend des cafés et des thés merveilleux. À côté du Princessehof Museum.

Sems BISTROT €€
(www.semsleeuwarden.nl ; Gouverneursplein 36 ; repas 10-28 € ; ⏲12h-minuit). Par beau temps,

MATA HARI

Née à Leeuwarden, Margaretha Geertruida Zelle est plus connue sous son nom de scène Mata Hari ("soleil" en malais). Danseuse exotique à Paris, connue pour ses liaisons sulfureuses et parfois demi-mondaines, elle prisait autant la fortune que l'uniforme et eut, pendant la Première Guerre mondiale, des amants haut placés dans chaque camp – ce qui ne manqua pas de créer des situations délicates. Des officiers français et allemands la persuadèrent respectivement d'espionner ses amants du camp adverse. Son imagination débordante n'aida pas à dénouer ces intrigues et l'on commença à se méfier.

En 1917, alors âgée de 40 ans, elle fut arrêtée par les Français pour espionnage. Au terme d'un procès douteux, au cours duquel aucun de ses anciens compagnons, sûrement par embarras, ne lui apporta son soutien, elle fut condamnée à mort et fusillée.

Aujourd'hui, Mata Hari reste bien présente, en un certain sens, à Leeuwarden. Sa statue de danseuse se dresse sur un pont enjambant un canal près de son lieu de naissance (Over de Kelders 33) et le Fries Museum lui consacre une exposition très détaillée.

la terrasse de ce restaurant distingué est l'un des lieux les plus agréables en ville pour prendre un café, siroter l'un des nombreux vins au verre accompagnés de bons amuse-bouche ou commander entre autres plats simples un hamburger, sous les parasols. En salle, place à des repas plus formels à base de viande et de poisson.

Où prendre un verre

Les bars, clubs et coffee shops se concentrent autour de Doelesteeg, Kleine Hoogstraat et Grote Hoogstraat. Quelques clubs jalonnent Ruiterskwartier.

Grand Cafe De Brass GRAND CAFÉ
(www.cafedebrass.nl ; Nieuwestad 71 ; repas à partir de 8 €). Les tables en terrasse en bordure de canal se déploient dans toutes les directions. Dès la moindre éclaircie, la moitié de la ville semble se retrouver ici, l'autre colonisant les terrasses voisines. Trop de monde ? Jetez votre dévolu sur les gros fauteuils poire au-dessus du pont.

Café De Toeter PUB
(Kleine Hoogstraat 2). Un lieu idéal pour décompresser dans une chaise en faux osier ou sur un banc sous un gros arbre.

Doozo BAR
(☎213 60 69 ; Ruiterskwartier 93). Ce bar à sushis-discothèque attire la faune locale venue paresser dans moult sofas en avalant de l'anguille crue.

Café de Ossekop CAFÉ BRUN
(Uniabuurt 8). Dans ce café brun intemporel, une clientèle locale d'habitués plaisante avec les barmans au caractère bien trempé à coups de lampées de bière et de gin.

Où sortir

De Harmonie THÉÂTRE
(☎233 02 33 ; www.harmonie.nl ; Ruiterskwartier 4). Théâtre grand public ou alternatif et billets de dernière minute vendus à moitié prix.

FilmHuis Leeuwarden CINÉMA
(☎212 50 60 ; www.filmhuisleeuwarden.nl ; Ruiterskwartier 6). Films d'art et d'essai.

Achats

Certaines des boutiques les plus pointues et intéressantes de la ville jalonnent Turfmarkt et Tuinen.

Van der Velde LIBRAIRIE
(Nieuwestad NZ 57). Cette belle librairie dispose d'un choix restreint mais honorable de livres en anglais et de guides de voyages.

Renseignements

GSM Clinic (Berlikumermarkt 21 ; Internet 2 €/heure ; ⌚13h-22h). Une bonne adresse pour passer des communications bon marché, acheter une carte SIM et faire des photocopies.

Office du tourisme (VVV ; ☎0900-202 4060 ; www.vvvleeuwarden.nl ; Sophialaan 4 ; ⌚12h-17h30 lun, 9h30-17h30 mar-ven, 10h-15h sam). Informations sur la Frise, perdues au milieu des souvenirs.

Comment s'y rendre et circuler

Nœud de communications régional, Leeuwarden se situe au terminus de la principale ligne ferroviaire en provenance du Sud (les trains bifurquent souvent à Meppel, attention à ne pas vous retrouver à Groningue). La **gare**, aux prestations complètes, comprend des consignes sur le quai n°8.

Les **bus** stationnent sur la gauche en sortant de la gare.

Un **loueur de vélos** (☎213 98 00) se tient à droite en sortant de la gare. Leeuwarden se trouve à 110 km au nord de Kampen (près de Zwolle). La piste cyclable nationale **LF3,** célèbre pour ses vaches laitières, passe par là. D'autres pistes sillonnent la région, ses digues, ses lacs et ses fermes.

ENVIRONS DE LEEUWARDEN

La N357 relie Leeuwarden à Holwerd, 23 km plus au nord, point d'embarquement pour l'île d'Ameland. Traversant certaines des parties les plus anciennement peuplées de la Frise, elle se prête au tourisme. La piste cyclable nationale **LF3** la longe sur 28 km.

À 6 km au sud-ouest d'Holwerd, à hauteur de Ferwerd, une route mène au nord-est à **Hogebeintum**, à 3 km de la N357. En la suivant, vous apercevrez rapidement le plus haut *terp* (tertre) de la Frise coiffé d'une jolie église ancienne. Une petite exposition intéressante présente les fouilles archéologiques en cours. Par la piste cyclable côtière **LF10**, il faut compter 10 km en direction du sud-ouest au départ d'Holwerd.

Sneek (Snits)

☎0515 / 33 700 HABITANTS

Tous les Frisons savent manœuvrer un bateau et savent pêcher. Cet adage s'applique assurément aux habitants de Sneek, par nécessité... Les lacs et les cours d'eau de la Frise découlant de l'IJsselmeer façonnent le paysage, et en font l'endroit idéal pour s'adonner au nautisme.

À voir et à faire

Presque entièrement tournée vers l'eau, Sneek compte peu de sites traditionnels. Ancienne entrée du vieux port, le **Waterpoort**, aux mémorables tours jumelles, date de 1613.

En face de l'office du tourisme, l'**hôtel de ville** (Marktstraat 15) constitue un exemple évocateur des mairies néerlandaises de l'époque.

Fries Scheepvaart Museum MUSÉE

(☎0515-414 057 ; www.friesscheepvaartmuseum.nl ; Kleinzand 16 ; adulte/enfant 6/2 € ; ⏲10h-17h lun-sam, 12h-17h dim). Ce musée maritime s'intéresse à la vie des marins de la région, notamment du temps où ils tiraient provende de leurs sorties périlleuses en mer du Nord.

Où se loger et se restaurer

Des cafés jouxtent le port dans Oosterkade et Marktstraat.

De Wijnberg HÔTEL/CAFÉ €

(☎412 421 ; www.hoteldewijnberg.nl ; Marktstraat 23 ; s/d à partir de 50/65 €). Face à l'office du tourisme, un hôtel standard de 23 chambres relativement confortables, avec baignoire ou douche. Le bar-café au rez-de-chaussée est souvent animé.

Renseignements

Office du tourisme (VVV ; ☎750 678 ; www.vvvsneek.nl ; Marktstraat 18 ; ⏲10h-17h lun-ven, 9h30-13h sam). Liste exhaustive d'agences de location de bateau, d'écoles de voile, etc. Dans le même bâtiment qu'ANWB.

Comment s'y rendre et circuler

La gare ferroviaire désaffectée, qui abrite désormais un vaste **musée du modélisme ferroviaire** (www.modelspoormuseum.nl), se trouve à 5 minutes à pied du centre-ville par Stationstraat. Le trajet en train depuis/vers Leeuwarden coûte 5 € (22 min, 2/heure).

À 400 m au nord-est de la gare, **Rijwielhandel Twa Tsjillen** (☎413 878 ; Wijde Noorderhorne 8 ; à partir de 8 €/jour) loue des vélos. La campagne entre Sneek et Leeuwarden (à 32 km) possède presque autant de chemins cyclables que de champs.

TRAINS AU DÉPART DE LEEUWARDEN

DESTINATION	PRIX (€)	DURÉE (MINUTES)	FRÉQUENCE (PAR HEURE)
Groningue	9	36	3
Utrecht	24	120	1
Zwolle	15	60	2

SPORTS NAUTIQUES À SNEEK

Entourée d'eau, Sneek s'est fait une spécialité des activités nautiques, en particulier celles qui requièrent du vent, rarement absent ici.

Sur place, plusieurs écoles de voile permettent de faire ses premiers pas ou de se perfectionner en navigation ou en planche à voile. L'une des principales, **Zeilschool de Friese Meren** (☎412 141 ; www.zfm.nl ; Eeltjebaasweg 7), propose toute une série de cours (week-end d'initiation à 190 €).

On trouve aussi de nombreuses agences de location de bateau dont :

» **JFT Watersport** (☎443 867 ; www.jft-watersport.nl ; Henry Bulthuisweg 16 ; à partir de 250 €/sem)

» **Sail Charter Sneek** (☎439 413 ; www.sailchartersneek.nl ; Jan Kuipersweg 5-7 ; à partir de 500 €/sem)

» **Zijda Yachting** (☎432 993 ; www.zijda.nl ; Zoutepoel 2-4 ; à partir de 70 €/jour)

Les amateurs de beaux gréements feront, eux, le déplacement début août pour assister à la **Sneekweek** (www.sneekweek.nl), la plus grande régate européenne en eau douce. Les nombreux concours se déroulent dans une ambiance légère.

L'été, des **croisières** sont organisées alentour. Le programme varie en fonction des conditions climatiques. La plupart partent d'Oosterkade, à l'extrémité du Kleinzand, accessible par une promenade. Sinon, renseignez-vous à l'office du tourisme.

Harlingen (Harns)

☎0517 / 15 900 HABITANTS

Seul ancien port de la Frise encore relié à la mer, Harlingen reste un pôle régional important pour l'expédition maritime de marchandises. On y prend aussi le ferry vers les îles de Terschelling et de Vlieland.

Harlingen a aussi conservé un semblant de son patrimoine architectural. Une grande partie de son centre arbore de belles demeures des XVIe et XVIIIe siècles à admirer à la faveur d'une balade d'environ une heure en attendant le bateau.

À voir et à faire

La ville se découvre de préférence à pied, au fil de ses canaux, dont maints équipés de ponts à bascule se levant avec régularité. Ne manquez pas les bassins portuaires du **Zuiderhaven** et du **Noorderhaven** aux nombreux voiliers. Ce dernier, encadré de maisons datant de l'époque prospère du négoce, accueille les bateaux de haute mer depuis le XVIe siècle.

Voorstraat est l'une des rues principales les plus agréables du pays avec ses boutiques (principalement indépendantes), son animation et ses cafés. Elle débouche sur un canal enjambé de plusieurs ponts.

Museum Hannemahuis Harlingen MUSÉE
(www.hannemahuis.nl ; Voorstraat 56 ; adulte/enfant 3,50/1,50 € ; ⏲11h-17h mar-ven, 13h30-17h sam-dim). Installé dans la het Hannemahuis, une demeure du XVIIIe siècle, le Gemeentemuseum, présente notamment le passé baleinier de Harlingen.

L'agriculture et la pêche à la baleine ont contribué à faire de la Frise l'une des régions les plus aisées des Pays-Bas au XVIIIe siècle. Ce musée réserve donc une place de choix aux dépeceurs de baleine qui retiraient la graisse de la carcasse du cétacé. Le *jenever* (genièvre) a aussi son exposition.

Où se loger et se restaurer

♥ **Zeezicht Harlingen** HÔTEL €€
(☎412 536 ; www.hotelzeezicht.nl ; Zuiderhaven 1 ; s/d à partir de 85/110 € ; 📶). La "vue sur la mer" annoncée dans le nom tient ses promesses dans 22 chambres joliment rénovées qui ont souvent gagné un balcon. Pour admirer le va-et-vient des bateaux depuis son lit, la terrasse ou le café.

♥ **De Tjotter** FRUITS DE MER €€
(☎414 691 ; www.detjotter.nl ; St Jacobsrtraat 1-3 ; repas 12-35 € ; ⏲12h-22h). Donnant sur le Noorderhaven, cet empire du poisson se double d'un bon restaurant qui se fournit directement sur les bateaux et affiche ses spécialités à l'ardoise. Au café à l'avant, la clientèle observe les bateaux et commente sans vergogne le savoir-faire des skippeurs. Nouveau bar à huîtres et vaste choix de poisson frais fumé à emporter.

Renseignements

Office du tourisme (VVV ; www.harlingen-friesland.nl ; Grote Bredeplaats ; 11h-17h lun-sam, 12h-17h dim). Excellente source d'informations, sise dans un kiosque au milieu d'une grand-rue, à l'est de la confluence principale des canaux.

Depuis/vers Harlingen

Des trains relient Harlingen à Leeuwarden (5 €, 23 min) deux fois par heure. Équipée de consignes, la gare ferroviaire du port (Harlingen Haven) se trouve à 300 m de l'embarcadère pour les îles Vlieland et Terschelling.

Faute de piste cyclable adéquate entre Leeuwarden et Harlingen, les cyclistes devront louvoyer sur les petites routes secondaires (environ 30 km via Franeker). La gare maritime se situe sur le trajet de la piste cyclable nationale **LF10**, qui se poursuit sur 8 km vers le sud jusqu'à la digue du Nord et la frontière avec la Hollande-Septentrionale. En direction du nord-est, la **LF10** passe par toutes les gares maritimes.

Hindeloopen (Hylpen)

0514 / 920 HABITANTS

Blotti au bord de l'IJsselmeer, ce bourg de pêcheurs isolé entouré de fermes est resté à l'écart de la Frise pendant des siècles. En s'approchant à travers les champs de blé cernés de moutons, l'apparition soudaine d'une forêt de mâts au loin annonce Hindeloopen.

Avec ses rues et ses canaux étroits, ses petits ponts, son large front de mer et son absence de circulation automobile, Hindeloopen invite à une escapade pittoresque d'un après-midi. Durant les hivers rigoureux, la ville fait partie des étapes de l'Elfstedentocht et consacre même un musée original très sérieux à cette course en patins.

D'autres villes du littoral méritent le détour si vous disposez de temps : la jolie **Makkum** et la bourdonnante **Workum**, au nord d'Hindeloopen.

À voir et à faire

Il fait bon découvrir Hindeloopen sans se presser.

Het Eerste Friese Schaatsmuseum MUSÉE
(Frisian Skating Museum ; www.schaatsmuseum.nl ; Kleine Weide 1-3 ; adulte/enfant 2,50/1,50 € ; 10h-18h lun-sam, 13h-17h dim). Le spectacle gelé de l'Elfstedentocht (p. 204) et plus généralement le patin à glace ont leur musée, lequel retrace de manière captivante l'histoire du patinage au fil des siècles et de la Course des onze villes. La boutique semble avoir en rayon tous les livres sur le patinage publiés à ce jour.

Museum Hindeloopen MUSÉE
(521 508 ; Tuinen 18 ; adulte/enfant 3/2 € ; 11h-17h lun-ven, 13h30-17h sam-dim avr-oct). Le musée d'Hindeloopen présente les modes de vie traditionnels locaux encore en vigueur

VAUT LE DÉTOUR

FRANEKER (FRJENTSJER)

À environ 6 km à l'est de Harlingen, cette ville pittoresque jouissait d'un rayonnement universitaire important avant que Napoléon ne fasse fermer son université en 1810. Aujourd'hui, si son centre-ville préservé invite à une agréable promenade, Franeker a pour principal atout son planétarium.

Plus ancien planétarium en activité au monde, l'**Eise Eisinga Planetarium** (www.planetarium-friesland.nl ; Eise Eisingastraat 3 ; adulte/enfant 4,50/3,75 € ; 10h-17h mar-sam, 13h-17h dim toute l'année, 13h-17h lun avr-oct) doit son nom à un commerçant passionné de mathématiques cosmiques et d'astrologie qui aurait pu devenir célèbre dans le milieu de l'astronomie. À partir de 1774, Eise Eisinga entreprit de construire lui-même le planétarium afin de faire comprendre le fonctionnement des étoiles. On contemple avec stupeur le mécanisme du système horloger encore visible mis au point par Eisinga et pouvant prendre en compte et illustrer autant de variables spatio-temporelles.

Un beau café jouxte les lieux et le **Stadhuis** (hôtel de ville) à la façade décorée se dresse depuis 1591 de l'autre côté du canal. La vénérable **Martinikerk**, une église de 1421, n'est pas loin non plus.

Les trains sur la ligne Harlingen-Leeuwarden s'arrêtent à la gare de Franeker (4 €, 16 min, 2/heure depuis Leeuwarden), à 500 m du centre-ville. Les petites rues de la Franeker conviennent au cyclotourisme.

ELFSTEDENTOCHT : LA COURSE DES ONZE VILLES

Le patin à glace fait partie intégrante de la culture néerlandaise et aucun événement n'incarne mieux ce lien que l'**Elfstedentocht** (www.elfstedentocht.nl), la Course des onze villes. Lancée officiellement en 1909, même si elle existait depuis plusieurs siècles, cette course de près de 200 km a pour point de départ et d'arrivée Leeuwarden et traverse dix autres villes frisonnes : Sneek, IJlst, Sloten, Stavoren, Hindeloopen, Workum, Bolsward, Harlingen, Franeker et Dokkum. Le meilleur temps de parcours, 6 heures et 47 minutes, a été établi en 1985 par Evert van Benthem, également vainqueur en 1986, ce qui en fit une légende vivante.

Ce marathon présente la particularité de ne pouvoir se tenir que les années où le froid a fait geler tous les canaux. Depuis 1909, la course n'a eu lieu qu'à quinze reprises, la dernière remontant à 1997.

En attendant, le comité organisateur scrute la chute du thermomètre. Dès que les canaux semblent geler convenablement, il annonce la course, qui se déroule 48 heures plus tard. Toute la province s'arrête alors de travailler pendant qu'une armada de bénévoles s'active et que les milliers de participants affûtent leurs patins.

Le troisième jour, le départ est donné à 5h30. La vie s'arrête alors dans le pays, occupé à suivre la course à la télévision.

récemment. On y trouve un bon topoguide et d'autres informations sur le secteur.

Grote Kerk ÉGLISE

(⏲9h-17h avr-oct). L'intérieur austère ne laisse pas deviner l'histoire mouvementée (racontée dans un dépliant) entre guerre, incendies et vols de l'église phare de la ville, érigée en 1632.

Où se loger et se restaurer

Quelques restaurants et stands de poisson donnent sur le port.

De Stadsboerderij PENSION €

(☎521 278 ; www.destadsboerderij.nl ; Nieuwe Weide 9 ; s/d à partir de 55/75 € ; wi-fi). Ces chambres confortables, situées dans un quartier calme de la ville, sont propices à des nuits paisibles. Le bar-restaurant attenant est décoré de photos de voiliers donnant de la gîte sur l'IJsselmeer.

Hotel De Twee Hondjes B&B €€

(www.detweehondjes.nl ; Paardepad 2 ; ch à partir de 80 € ; wi-fi). Ce B&B plaisant installé dans une vieille bâtisse typique d'Hindeloopen loue des chambres simples se partageant des sdb. Petit-déjeuner, à base de spécialités locales comme le poisson fumé, compris dans le tarif ; véliplanchistes et cyclistes bienvenus.

♥ **Café-Restaurant de Hinde** POISSON ET FRUITS DE MER €€

(☎523 868 ; www.dehinde.nl ; 't Oost 4 ; plats à partir de 15 € ; ⏲11h-21h). On laisse volontiers filer les heures à la terrasse de ce café-restaurant, propriété de la même famille depuis trois générations et réputé pour ses fruits de mer.

Plusieurs autres cafés l'avoisinent.

Renseignements

Le personnel de l'**office du tourisme** (VVV ; ☎0514 52 25 50 ; www.vvvhindeloopen.nl ; Nieuwstad 26 ; ⏲10h-17h lun-sam avr-oct) pourra vous aider à trouver un hébergement et distribue un topoguide utile. Les banques et les commerces se trouvent à 4 km au nord, à Workum.

Depuis/vers Hindeloopen

Une jolie promenade arborée de 2 km conduit de la **gare** en ville. Un train dessert toutes les heures Leeuwarden (8 €, 40 min), via Sneek (4 €, 18 min). À vélo, comptez environ 30 km sur des chemins de campagne de Sneek à Hindeloopen, située sur la piste cyclable nationale du littoral **LF22**. Harlingen est à 32 km au nord.

ÎLES DES WADDEN

Les quatre îles de la Frise – Vlieland, Terschelling, Ameland et Schiermonnikoog – composent l'archipel des Wadden. Émergeant des laisses de la mer des Wadden, ces bancs de sable et de vase stabilisés par des haies de pins ont la faveur des vacanciers néerlandais et allemands en quête, l'été, de havres de paix bucoliques et de plages. Texel (p. 125), en Hollande-Septentrionale, ferme ce chapelet d'îles.

En 2009, une grande partie de la mer des Wadden au large des Pays-Bas et de l'Allemagne a été classée au Patrimoine mondial de l'Unesco. Si les portions urbanisées des îles n'y figurent pas, le parc naturel national de Schiermonnikoog battu par les vents en fait partie.

Les îles des Wadden disposent d'infrastructures touristiques et possèdent un grand nombre d'hôtels, de chambres d'hôtes et de gîtes au regard de leur superficie. Malgré tout, on y trouve de grands espaces au bord de l'eau et des herbes marines. Chaque île a son intérêt. Des chemins à parcourir à pied ou à vélo en font le tour et les loueurs de vélo ne manquent pas près des débarcadères. À l'écart des zones construites, de longues plages de sable donnent sur le large. Dans toute la mer des Wadden, il est possible de pratiquer le *wadlopen* (la marche dans la vase).

L'été, période de forte affluence, n'espérez pas trouver une chambre sans avoir réservé. Les îles voient régulièrement leur population multipliée par dix les week-ends ensoleillés. Les terrains de camping y sont nombreux.

Depuis/vers les îles

Des bateaux assurent de fréquentes liaisons avec le continent (transport de vélo gratuit). Texel, en Hollande-Septentrionale, est la seule île de l'archipel autorisant les voitures de tourisme. Les îles des Wadden disposent d'un réseau de bus correct et de nombreuses boutiques de location de vélo à proximité des débarcadères. Vérifiez toujours l'horaire de la traversée à l'avance. Les plus aventureux pourront se déplacer d'une île à l'autre.

Vlieland

0562 / 1 180 HABITANTS

Île la plus isolée de l'archipel, Vlieland (7 200 ha) reste méconnue de la majorité des touristes. Le vent souffle fort sur cette terre sauvage, ce qui en fait en partie le charme. Elle ne compte qu'un bourg, Oost-Vlieland et seuls les riverains peuvent y faire venir une voiture.

L'extrémité occidentale de l'île se résume à une pointe de sable à la merci des éléments marins. L'armée a la jouissance de certaines parties et seulement un ou deux sentiers la sillonnent.

À voir et à faire

La main de l'homme a laissé peu de traces à Vlieland dont la nature est le principal attrait. L'essentiel de l'île, dont ses 18 km de plages, fait le bonheur des randonneurs et des cyclistes. En fonction de la condition physique de chacun, se déplacer à vélo se révélera aisé ou un peu plus difficile. Les vététistes sûrs d'eux pourront s'attaquer aux nombreux chemins non goudronnés. Autre solution : louer un kayak pour voguer sur les eaux paisibles.

L'office du tourisme vous renseignera sur les circuits nature et d'observation des oiseaux.

Où se loger et se restaurer

Les différents cafés et restaurants de Vlieland proposent tous une carte basique à base de viande, de poisson et de quelques recettes de pâtes. Les possibilités d'hébergement abondent.

Hotelletje de Veerman HÔTEL €€
(451 378 ; www.hotelletjedeveerman.nl ; Dorpsstraat 173, Oost-Vlieland ; ch 50-110 € ;). Une adresse bien tenue de 12 chambres sommaires (certaines avec sdb commune) à proximité du débarcadère où vous ne vous sentirez pas coupable d'avoir ramené un peu de sable. Également des appartements à louer au bourg.

Renseignements

L'**office du tourisme** (VVV ; 451 111 ; www.vlieland.net ; Havenweg 10, Oost-Vlieland ; 9h-17h lun-ven et 1 heure après l'arrivée de chaque ferry) fait face au débarcadère.

Comment s'y rendre et circuler

Les ferries de **Rederij Doeksen** (0900-363 57 36 ; www.rederij-doeksen.nl) relient régulièrement Harlingen à Vlieland (A/R adulte/enfant 25/12 €, vélo 14 €) en 1 heure 30 environ. Ils partent en général à 9h, 14h15 et 19h. Un bateau rapide (32/19 €, modifications fréquentes des horaires) fait le trajet direct en 45 minutes et via Terschelling en 1 heure 30.

L'été, les ferries desservent l'île voisine de Texel.

On peut parcourir l'île à vélo (location environ 8 €) et un bus sillonne les quelques routes d'Oost-Vlieland.

Terschelling

0562 / 4 900 HABITANTS

La plus grande des îles des Wadden (11 575 ha) est aussi la plus touristique. Ses petits villages, dont le principal West-Terschelling, s'alignent le long de son littoral sud, tandis qu'au nord dominent les dunes et les plages de sable blanc. L'extrémité orientale de l'île, sauvage et isolée, est tout indiquée pour fuir la foule. L'île compte au total 250 km de sentiers et de pistes cyclables, pour la plupart sablonneux.

À l'est de West-Terschelling, les villages plus modestes de Hoorn et d'Oosterend, plus proches des parties sauvages de l'île, ont un aspect beaucoup moins commercial.

À voir et à faire

De Boschplaat PARC NATUREL

Cette vaste réserve naturelle, interdite aux véhicules, à la pointe orientale de l'île, mérite le détour, notamment pour l'observation des oiseaux. Au moins 65 espèces viennent s'y reproduire. D'autres se baladent tout simplement sur les sentiers.

Terschelling Museum 't Behouden Huys MUSÉE

(www.behouden-huys.nl ; Commandeurstraat 30-32, West-Terschelling ; adulte/enfant 3/2 € ; 10h-17h lun-ven, 13h-17h sam avr-oct, 13h-17h dim juil-sept, 13h-17h mer-sam nov-mars). Ce musée retrace l'histoire maritime de l'île.

Fêtes et festivals

Oerol FESTIVAL

(www.oerol.nl). Ce festival de plein air organisé chaque année sur Terschelling est connu de tous les Néerlandais qui y voient l'excuse parfaite pour venir à la mer. Tout a commencé il y a plusieurs années lorsque des fermiers décidèrent de laisser leurs vaches en liberté un jour dans l'année (*oerol* signifie "partout"), aujourd'hui, *tout le monde* participe à l'ambiance festive et bohème qui réveille le littoral nord pendant 10 jours la deuxième quinzaine de juin.

Où se loger et se restaurer

Stayokay Terschelling AUBERGE DE JEUNESSE €

(442 338 ; www.stayokay.com/terschelling ; Burg van Heusdenweg 39, West-Terschelling ; dort/ch à partir de 25/60 € ; avr-oct ;). En bordure de West-Terschelling, une auberge de jeunesse Stayokay comme à l'accoutumée bien tenue. Laverie, vélos à louer, petit restaurant et aire de jeux.

Hotel Eeetcafé 't Wapen van Terschelling CAFÉ/HÔTEL €€

(448 801 ; www.twapenvanterschelling.nl ; Oosterburen 25, Midsland ; ch 63-100 €, repas 5-20 €). Ce chaleureux café de village proposant le meilleur choix de bières de l'île se double de chambres simples. Les moins chères se partagent une sdb, les plus belles ont un balcon.

De Heeren Van Der Schelling NÉERLANDAIS CONTEMPORAIN €€

(448 780 ; www.deheerenvanderschelling.nl ; Oosterend 43, Terschelling-Oosterend ; plats 11-22 € ; 11h-21h30 jeu-lun avr-oct, sinon horaires réduits). Arno van Veen State, le patron de ce restaurant occupant une belle maison en pierre, est l'un des défenseurs aux Pays-Bas du label Slow Food. La carte, à base de produits locaux, d'agneau et de poisson, évolue. Réservation conseillée le soir, surtout pour une table en terrasse.

Renseignements

L'**office du tourisme** (VVV ; 443 000 ; www.vvv-terschelling.nl ; Willem Barentszkade 19a, West-Terschelling ; 9h30-17h30 lun-ven, 10h-15h sam) est bien fourni en topoguide pour les randonneurs et les cyclistes. En face du port.

Comment s'y rendre et circuler

Rederij Doeksen (p. 205) assure régulièrement la traversée entre Harlingen et Terschelling (adulte/enfant A/R 25/12 €, vélo 14 €) en 2 heures environ, plusieurs fois par jour. Des bateaux rapides (adulte/enfant A/R 32/19 €) font le trajet en 45 minutes trois fois par jour. Ces derniers offrent très peu de place sur le ponton contrairement aux ferries. Les horaires changent souvent.

L'été, des **ferries** desservent l'île voisine de Vlieland.

Des bus (billet journalier 6 €) parcourent toutes les heures la route principale. Comptez 8 € pour louer un vélo. Certaines agences livrent les vélos à la descente du ferry et acheminent les bagages jusqu'à l'hôtel.

Ameland

0519 / 3 600 HABITANTS

Si l'on devait qualifier chaque île frisonne, celle d'Ameland (8 500 ha) serait la plus consensuelle. Plus modestes que sur Terschelling ou Texel, ses quatre villages paisibles – Buren, Nes, Ballum et Hollum – offrent néanmoins suffisamment d'animation pour la majorité des touristes. La nature vierge de toute beauté a toute sa place sur l'île pour trouver le calme, mais Dame nature n'a pas la même emprise que sur Schiermonnikoog ou Vlieland.

En somme, Ameland conviendra à tout un chacun.

À voir et à faire

La superficie d'Ameland convient aux balades à vélo. Parmi les **pistes cyclables** couvrant toute l'île, un sentier de 27 km longe presque entièrement le littoral nord derrière les dunes. Le tiers oriental de l'île, le meilleur endroit pour se ressourcer, se compose de zones humides et de dunes sans la moindre construction.

À l'écart des villages, le port de pêche à la baleine (XVIIIe siècle) de **Nes** est le plus joli et le mieux conservé (même si tous peuvent faire l'objet d'une courte balade) avec ses rues bordées de coquettes maisons en brique rouge. Depuis **Hollum,** le village le plus occidental, vous aurez accès à pied à des dunes battues par les vents et apercevrez au loin un célèbre **phare** (adulte/enfant 5/2,50 € ; 10h-17h et 19h-21h mar-sam, 13h-17h et 19h-21h dim) rouge et blanc à la vue dégagée.

Où se loger et se restaurer

Les quatre villages offrent des possibilités d'hébergement, mais Nes, près du port, reste le plus pratique.

Hotel Restaurant De Jong HÔTEL €€
(www.hoteldejong.nl ; Reeweg 29, Nes ; s/d à partir de 60/85 € ;). Le centre de Nes se résume à un joli petit carrefour à l'ombre des arbres, avec au centre de l'animation le De Jong. L'été, un brouhaha s'élève de la terrasse du café où la clientèle observe les passants sur la route du port (à 1 km au sud). Chambres au confort simple.

Stayokay Ameland AUBERGE DE JEUNESSE €
(555 353 ; www.stayokay.com/ameland ; Oranjeweg 59, Hollum ; dort/ch à partir de 25/75 € ;). À 200 m à l'ouest du phare, à la sortie d'Hollum, les dortoirs sommaires (4 à 6 places) mais bien entretenus donnent littéralement sur les dunes. Ambiance de camp de vacances, service de restauration et de paniers-repas (le midi), location de vélos.

Renseignements

Le principal **office du tourisme** (VVV ; 546 546 ; www.vvvameland.nl ; Bureweg 2, Nes ; 9h-17h lun-ven, 10h-15h30 sam) de l'île se situe à 7 minutes de marche ou un arrêt de bus du débarcadère.

Comment s'y rendre et circuler

Wagenborg (0546 111 ; www.wpd.nl ; adulte/enfant A/R 14/8 €, vélo 9 €) relie en ferry Nes au grand port maritime de Holwerd, sur le continent, environ toutes les 2 heures (45 min), toute l'année de 7h30 à 19h30 ou toutes les heures le vendredi et le samedi, de juin à août.

De Leeuwarden, le bus 66 (40 min, toutes les heures) dessert le port de Holwerd. Comptez 26 km à vélo.

Des taxis et les quelques bus assurant la desserte des quatre villages de l'île patientent à l'arrivée des ferries. Le pass de bus journalier coûte 6 €.

D'UNE ÎLE À L'AUTRE

Avec un minimum d'organisation, une bonne météo (les ferries ne circulent pas en cas de tempête) et un peu de chance, il est possible de naviguer entre les cinq îles de la mer des Wadden (Texel et les quatre îles frisonnes).

Voici comment faire pour voyager d'ouest en est (non sans avoir vérifié les horaires) :

Texel-Vlieland De la longue plage au nord de De Cocksdorp, prendre le bateau **De Vriendschap** (www.waddenveer.nl ; adulte/enfant 15,50/9 €, vélo 8,50 €). Après une demi-heure de traversée en eau peu profonde, un camion assure le transfert via la zone militaire jusqu'à Bomenland d'où l'on rejoint Oost-Vlieland en bus ou à vélo.

Vlieland-Terschelling Il existe généralement une liaison rapide quotidienne avec **Rederij Doeksen** (www.rederij-doeksen.nl ; adulte/enfant 8/5,25 €, vélo 14 €).

Terschelling-Ameland Les possibilités sont plus aléatoires. **Robbenboot** (0519-720 550 ; www.robbenboot.nl ; adulte/enfant/vélo aller 28/18/5 €, 3 heures 30) assure la traversée environ une fois par semaine l'été.

Ameland-Schiermonnikoog Une liaison par semaine l'été par bateau assurée par **Robbenboot** (0519-720 550 ; www.robbenboot.nl ; adulte/enfant/vélo aller 28/18/5 €, 3 heures 30).

Schiermonnikoog

☎0519 / 1 000 HABITANTS

Il n'est pas rare de ressentir un sentiment grisant d'isolement à mesure que l'on découvre la plus petite (4 022 ha) et la plus calme des îles des Wadden et ses 18 km de plages. L'"île des moines gris" doit son nom à l'habit des ecclésiastiques qui y vivaient au XVe siècle. Ils ont néanmoins depuis longtemps quitté l'île, en grande partie vierge. Le gouvernement néerlandais a fait de Schiermonnikoog une réserve naturelle en 1989.

Le seul bourg, Schiermonnikoog, reste calme, même par forte affluence. Seuls les insulaires ont le droit de prendre le ferry avec leur voiture.

À voir et à faire

Les sites et activités de l'île ont tous trait aux grands espaces. Le mieux consiste à louer un vélo, vous munir d'une carte et d'un pique-nique et prendre la direction qui vous chante. Les plages à perte de vue absorbent comme une éponge les passagers se déversant du ferry, si bien que vous ne croiserez presque personne.

Il est facile de s'égarer (sans se perdre) sur les nombreux sentiers. Près du bourg, un petit cimetière émouvant contient les dépouilles de jeunes hommes morts dans des accidents d'avion pendant la Seconde Guerre mondiale. Ailleurs sur l'île, quand le vent siffle dans les arbres sans un chat en vue, on se croirait n'importe où.

Le soir, vous aurez en revanche du mal à savoir où vous êtes. L'île, exempte de pollution lumineuse nocturne, a été désignée lieu le plus sombre du pays en 2012. Par temps dégagé, le ciel étoilé est saisissant.

Les *wadlopers* (adeptes de la marche dans la vase) en provenance du continent ont fait de l'île leur destination de prédilection (voir encadré p. 217).

Parc national de Schiermonnikoog RÉSERVE NATURELLE
(www.nationaalpark.nl/schiermonnikoog). Occupant une grande partie de l'île, le parc national comprend des plages, des dunes, des marais salants et des bois. Plusieurs circuits sont proposés, en plus des nombreux itinéraires de randonnée à pied ou à vélo. Pour réserver une activité ou vous renseigner, adressez-vous au **centre d'accueil** (☎531 641 ; Torenstreek 20, Schiermonnikoog ; ⏲10h-12h, 13h30-17h lun-sam, 10h-14h dim, horaire continu juil-août), installé dans une ancienne centrale électrique en ville.

Où se loger et se restaurer

L'île, peu fournie en hôtels et en chambres d'hôtes, dispose en revanche d'un grand choix de bungalows et d'appartements. Des cafés sont installés dans les quelques rues de Schiermonnikoog-ville. Le camping est interdit dans le parc national.

Hotel Pension van der Werff HÔTEL €€
(☎531 306 ; www.hotelvanderwerff.nl ; Langestreek 70 ; ch 80-125 €). Certaines parties de ce grand hôtel ont plus de deux siècles. Les chambres, au confort moderne, ouvrent parfois sur un balcon tandis que le café à l'avant est l'adresse de référence pour un long petit-déjeuner. Transfert en bus vintage du débarcadère à l'hôtel.

Renseignements

L'**office du tourisme** (VVV ; ☎531 233 ; www.vvvschiermonnikoog.nl ; Reeweg 5, Schiermonnikoog ; ⏲9h-13h et 14h-17h lun-ven, 9h-16h sam mai-oct) se trouve au centre-bourg, de même qu'une bonne épicerie, un DAB, une pharmacie, un réparateur de vélo et d'autres services dans un périmètre réduit.

Depuis/vers Schiermonnikoog

Wagenborg (☎0900-455 44 55 ; www.wpd.nl ; adulte/enfant A/R 14/8 €, vélo 9 €) assure la traversée en ferry entre Schiermonnikoog et le port de Lauwersoog, dans la province du Groningue, à raison d'au moins trois rotations par jour (45 min).

Les bus des hôtels et de la commune (A/R 3 €) attendent les passagers à la descente du ferry, au port, à 3 km de Schiermonnikoog-ville. Une grande boutique de location de vélo donne sur le port.

Le bus 50 effectue le trajet de Leeuwarden à Lauwersoog (1 heure) au moins une fois par heure.

Le Nord-Est

Dans ce chapitre »

Le top des restaurants

» 't Feithhuis Grand (p. 214)

» Muller (p. 214)

» Brussels Lof (p. 214)

Le top des hébergements

» Hotel Schimmelpenninck Huys (p. 213)

» Auberge Corps de Garde (p. 213)

Pourquoi y aller

Rares sont les voyageurs à s'aventurer dans cette région excentrée, à l'écart des circuits touristiques. Or cette terre n'en est pas moins le poumon rural des Pays-Bas, une contrée de traditions dont l'horizon est ponctué des témoignages d'une présence humaine remontant à la préhistoire.

Ville jeune et dynamique, grâce à son importante population étudiante, Groningue fait figure de pôle culturel et de loisirs du nord des Pays-Bas. Musées, restaurants, bars, théâtres, canaux, festivals : tout participe à faire de cette ville le point de chute idéal d'où explorer la région.

Et pourquoi ne pas s'essayer, sur le littoral tout proche, à l'étonnante pratique du *wadlopen* (marche dans la vase) ? Plus à l'est, aux confins de l'Allemagne, Bourtange compte au nombre des plus belles villes fortifiées d'Europe. Ses ouvrages défensifs paraissent aussi formidablement solides qu'ils l'étaient au XVIe siècle. Au sud, ne manquez pas les *hunebedden,* des monuments mégalithiques remontant à la préhistoire.

Quand partir

L'été est la saison de prédilection pour visiter le Nord-Est des Pays-Bas. Les journées plus longues apportent davantage de luminosité dont profitent la nature et les hommes. Ces derniers envahissent alors les terrasses de café, dans cette douceur vespérale où la nuit semble ne jamais tomber et le bon temps ne jamais finir. Mieux : en août, Groningue accueille le Noorderzon, un festival artistique et festif. Le printemps et l'automne ont leur charme. Les touristes se font rares. L'hiver venu, chacun regagne sa chaumière et rêve de l'été suivant.

GRONINGUE (GRONINGEN)

050 / 192 800 HABITANTS

Si sur la carte des Pays-Bas Groningue semble, à tort, isolée, cette ville jeune et animée participe de l'activité du pays et tire avantage des atouts d'une métropole moderne. Ses 20 000 étudiants (l'université date de 1614) lui garantissent une vie nocturne animée, tandis que les musées et autres lieux culturels répondent aux besoins de ses résidents de tous âges. Comme partout ailleurs dans cette contrée où terre et eau se confondent, les maisons à pignons se reflètent à la surface de paisibles canaux.

À ne pas manquer

1 Toute la culture du nord des Pays-Bas dans les musées, les cafés et les bars de la dynamique **Groningue** (ci-dessus)

2 La **mer des Wadden à marée basse** (p. 217) pour pratiquer le *wadlopen* (marche dans la vase) et s'enfoncer dans un sentier bourbeux

3 Les remparts de la place forte de **Bourtange** (p. 217), bâtie au XVIe siècle

4 Les ***hunebedden*** (p. 219), imposants mégalithes érigés en un temps immémorial

5 La découverte à pied ou à vélo du beau paysage de tourbières du **parc national de Dwingelderveld** (p. 220)

6 Le **camp de Westerbork** (p. 219) où transitèrent les juifs néerlandais, dont Anne Frank, avant d'être déportés

7 L'ascension de la **Martinitoren** (p. 211), à Groningue, pour profiter de la vue en haut de la tour et apprécier le plat pays dans toute sa beauté

À voir

La vieille ville, joliment ramassée et entièrement cernée de canaux, se traverse à pied en un quart d'heure. Depuis une offensive anti-voiture lancée dans les années 1970, le centre est interdit à la circulation.

Groninger Museum MUSÉE

(www.groningermuseum.nl ; Museumeiland 1 ; adulte/enfant 13/3 € ; 10h-17h mar-dim, 10h-22h ven). Quiconque arrive en train ne saurait manquer d'aviser la silhouette du musée du Groningue, dressé sur trois îles au milieu d'un canal, face à la gare, et dont la curieuse architecture ne lasse pas d'étonner. La collection principale de ce musée relève d'un assemblage éclectique d'œuvres internationales de toutes les époques, dont de la porcelaine asiatique.

On doit son architecture colorée et singulière à Alessandro Mendini. Celui-ci invita trois de ses confrères à concevoir chacun une section, ce qui explique pourquoi, aux yeux de beaucoup, l'ensemble manque de cohérence et semble le fruit du hasard. À l'intérieur en revanche, des couleurs pastel lumineuses égayent les grandes salles d'exposition carrées et la lumière naturelle filtre de tous côtés.

Les vastes espaces sous la ligne de flottaison, déjà inondés par le passé, sont dévolus aux expositions temporaires. Ici comme ailleurs, la mixité et l'originalité font des merveilles.

Noordelijk Scheepvaartmuseum MUSÉE

(www.noordelijkscheepvaartmuseum.nl ; Brugstraat 24-26 ; adulte/enfant 6/3,50 € ; 10h-17h mar-sam, 13h-17h dim). Agréable plongée dans la vie des marins et de leurs bateaux, le musée maritime du Nord vaut bien qu'on lui consacre une heure ou deux. Il occupe plusieurs étages d'un corps de demeures où officiait une distillerie au XVIe siècle. S'orienter dans le labyrinthe des 18 salles relève déjà d'une aventure en soi et constitue un bon entraînement physique.

Parmi les points forts du musée figurent une reproduction finement sculptée d'une église de Paramaribo (capitale de l'ancienne colonie néerlandaise du Surinam) dans une bouteille (salle 3), laquelle donne à comprendre à quel point les marins devaient "tuer" le temps lors des longs voyages. D'autres maquettes détaillées illustrent le travail des nombreux chantiers navals locaux au fil des siècles (salle 8). Après cette salle, trois autres sont réservées au **Niemeyer Tabaksmuseum**, dédié à l'histoire du tabac aux Pays-Bas.

Grote Markt PLACE

La place principale est un vaste espace public bordé de cafés et de quelques bâtiments disgracieux des années 1950 avec pour vedette le **Stadhuis**, l'hôtel de ville érigé en 1810.

Martinikerk ÉGLISE

(www.martinikerk.nl ; Grote Markt ; 2,50 € ; 11h-17h lun-sam avr à mi-nov, 14h-17h dim toute l'année). Cette immense église du XVIe siècle se dresse à l'extrémité nord de la Grote Markt. Sa tour, la **Martinitoren** (adulte/enfant 3/2 € ; 11h-17h lun-sam avr-oct, 12h-17h nov-mars), haute de 96 m, aurait l'une des silhouettes les plus équilibrées du pays. Au sommet, elle ménage une vue imprenable.

Au nord-est, de belles maisons anciennes entourent la **Martinikerkhof**, une autre grande place. À son extrémité, allez humer les senteurs du **Prinsenhoftuin** (Turfsingel ; 10h-crépuscule), vénérable petit jardin du **Prinsenhof**, une demeure du XVIe siècle.

À voir également

Au sud-ouest de la Grote Markt se tient une jolie place plus intimiste, la **Vismarkt** et, au sud de celle-ci l'une des rares **synagogues** (312 31 51 ; Folkingestraat 60 ; adulte/enfant 4 €/gratuit ; 13h30-17h30 mar-ven et dim) du pays encore lieu de culte. Construite en tant que mosquée voilà un siècle (comme en témoignent les arcades délicates et les minarets), elle abrite désormais une école et un espace d'expositions temporaires. Ne manquez pas le plafond en bois, superbement restauré.

Dans l'ancien quartier du port, l'église des marins, l'**Aa-kerk** (www.aakerk.nl ; Akerkhof 2) date en partie du XVe siècle. Enfin, visible de presque partout en ville, le bâtiment principal de l'université, l'**Academiegebouw** (Broerstraat) arbore une façade richement décorée terminée en 1909. À l'angle, de charmants édifices des XVIIe et XVIIIe siècles jalonnent **Oude Boteringestraat**.

Circuits organisés

Fietstours Groningen VÉLO

(301 18 81 ; www.fietsstadgroningen.nl ; rdv Bewaakte Rijwielstallingen, Ruiterstraat 1 ; 15 € ; 15h ven, 10h30 sam). Visite guidée de 2 heures 30 de Groningue (location de vélo incluse), à réserver sur Internet. Le rendez-vous a généralement lieu près du cinéma Pathé.

Groningue

A
B
C
D
1
2
3
4
5
6
7
Ebbingebrug
Maagdenbrug
Kattenhage
Spilsluizen NZ
Spilsluizen ZZ
Lopendediep NZ
Lopendediep ZZ
Boteringebrug
Hofstr
Kijk in 't Jatbrug
Hardewikerstr
Kleine Butjesstr
Oude Ebbingestr
St Walburgstr
11
Noorderhaven NZ
Noorderhaven
Noorderhaven ZZ
Muurstr
Oude Boteringestr
Butjesstr
Jacobijner-str
15
Hoekstr
Oude Kijk in 't Jatstr
Kreupelstr
Visserstr
22
2
Weeshuisstr
4
Rechten en Letteren
Kleine Kromme Elleboog
Broerstr
Visserbrug
Uurwerkersgang
Stalstr
Hôtel de ville
Grote Markt
De Laan
Poststr
3
Naber
24
Grote Kromme Elleboog
Zwanestr
Guldenstr
8
17
19
Westerbinnensingel
Hoge Der A
Lage Der A
23
Turftorenstr
Tussen Beide Markten
28
16
Stoeldraaierstr
Gelkingestr
Lutkenieuwstr
A-Kerkstr
Herestr
20
Vismarkt
A-Brug
A-Kerkhof NZ
Korenbeurs
A-Str
Brugstr
1
18
Noordelijk Scheepvaartmuseum
A-Kerkhof ZZ
Pelsterstr
Haddingestr
Schuitemakersstr
Folkingestr
Schoolholm
Bakkers Rijge
Munnekeholm
Klein Pelsterstr
12
Reitemakersrijge
Torenstr
Nieuwstad
7
Museumbrug
Gedempte Zuiderdiep
10
Herestr
Ganzevoortsingel
Praediniussingel
Stationsstr
Ubbo Emmiusstr
Ruiter Str
Sluiskade
Singel
Coehoorn
Emmapl
Zuiderhaven
Ubbo Emmiussingel
Ubbo Emmiussingel
Emmabrug
Groninger Museum
Emmasingel
9
Stationweg
Gare

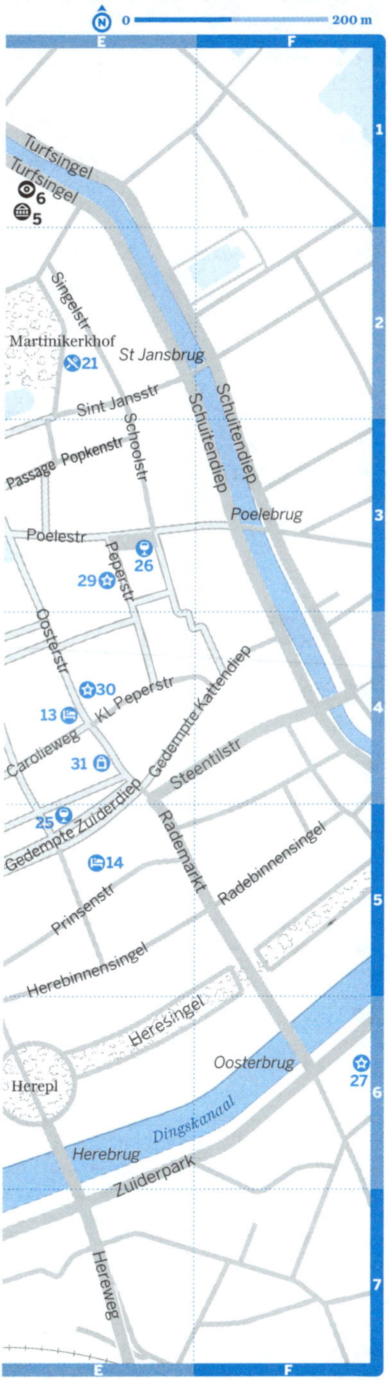

Balade sur les canaux AU FIL DE L'EAU
(☎312 83 79 ; www.rondvaartbedrijfkool.nl ; adulte/enfant 11/6 €). Balade d'environ 1 heure sur les principaux canaux de la ville avec départ devant la gare ferroviaire de 1 à 6 fois par jour, selon la saison.

Fêtes et festivals

Eurosonic Noorderslag CONCERTS
(festival.eurosonic-noorderslag.nl). De jeunes talents se produisent à la mi-janvier.

Noorderzon FESTIVAL MULTICULTUREL
(www.noorderzon.nl). Onze jours de fête et de programmation variée (théâtre, musique, animation pour les enfants, installations électroniques) à la mi-août à Noorderplantsoen.

Bommen Berend FÊTE HISTORIQUE
Le 28 août, feux d'artifice et libations ponctuent la commémoration de la levée du siège de Groningue par les troupes de l'évêque de Münster.

Studenten Cabaret Festival FESTIVAL
(www.gscf.nl). Fin octobre, ce festival attire des artistes de toute l'Europe.

Où se loger

L'office du tourisme (p. 216) peut vous réserver une chambre et fournit une liste des B&B et des pensions (à partir de 25 €/pers).

♥ **Hotel Schimmelpenninck Huys** HÔTEL €€
(☎318 95 02 ; www.schimmelpenninckhuys.nl ; Oosterstraat 53 ; ch 70-120 € ; wifi). Telle une douairière d'un certain âge, la grande dame de Groningue prend ses aises et se déploie sous trois angles. Les parties communes décorées d'objets anciens mènent à une cour paisible et à un bistrot, tandis que le reste du bâtiment abrite 60 chambres, de l'élégante double standard à une suite avec mobilier d'époque et lustres.

Auberge Corps de Garde HÔTEL €€
(☎314 54 37 ; www.corpsdegarde.nl ; Oude Boteringestraat 72-74 ; ch 85-150 € ; clim wifi). Cet ancien corps de garde (XVIIe siècle) compte 19 chambres à la décoration à la fois rétro et actuelle. Les poutres en bois des "chambres d'époque" tiennent soit du ravissement soit du danger... selon la taille des clients.

Martini Hotel HÔTEL €€
(☎312 99 19 ; www.martinihotel.nl ; Gedempte Zuiderdiep 8 ; ch 70-120 € ; clim @ wifi). Cet hôtel joliment décoré date en partie de 1871,

Groningue

Les incontournables
Groninger Museum C7
Noordelijk Scheepvaartmuseum B4

À voir
1 Aa-kerk B4
2 Academiegebouw C2
3 Grote Markt D3
4 Martinikerk D2
5 Prinsenhof E1
6 Prinsenhoftuin E1
7 Synagogue C5
8 Hôtel de ville D3

Activités
9 Balade sur les canaux D7
10 Balade à vélo D5

Où se loger
11 Auberge Corps De Garde C2
12 Hotel Garni Friesland D5
13 Hotel Schimmelpenninck Huys E4
14 Martini Hotel E5
15 NH Hotel De Ville C2

Où se restaurer
16 Brussels Lof B3
17 Het Goudkantoor D3
18 Huis De Beurs C4
19 Muller B3
20 Marché biologique C4
21 't Feithhuis Grand E2

Où prendre un verre
22 Café de Sleutel A2
23 Café Mulder B3
24 De Pintelier B3
25 Roezemoes E5
26 Stadlander E3

Où sortir
27 De Oosterpoort F6
28 Grand Theatre D3
29 Jazz Café De Spieghel E3
30 Vera E4

Achats
31 Kaashandel van der Ley E4

époque où les gens (et les chambres) étaient plus petits. L'essentiel des chambres (parfois climatisées) occupe une aile moderne plus spacieuse en retrait de la rue.

NH Hotel De Ville HÔTEL €€
(☎318 12 22 ; www.nh-hotels.com ; Oude Boteringestraat 43-45 ; ch 90-200 € ; @ 📶). Deux demeures du XVIIIe siècle et une aile moderne regroupent 66 chambres luxueuses. Agréables cour et cheminée ; service 4 étoiles.

Citycamp Stadspark CAMPING €
(☎525 16 24 ; www.citycamps.com ; Campinglaan 6 ; empl. à partir de 18 € ; ⊙mi-mars à mi-oct). Un vaste parc entoure ce camping verdoyant proche de Groningue. Doté d'un magasin, d'un restaurant et d'une aire de jeux, il ne fournit en revanche ni électricité individuelle, ni TV câblée. De la gare ferroviaire, prendre le bus n°4 en direction de Hoogkerk jusqu'à Kranenburg, à environ 3 km à l'ouest.

Hotel Garni Friesland HÔTEL €
(☎312 13 07 ; www.hotelfriesland.nl ; Kleine Pelsterstraat 4 ; ch 40-100 € ; 📶). Un hôtel sans fioritures mais à la situation centrale et aux prix imbattables pour ses 17 chambres correctes avec sdb dans le couloir et petit-déjeuner basique inclus. Personnel à l'écoute.

Où se restaurer

La ville possède quantité de bonnes tables.

't Feithhuis Grand CAFÉ €€
(www.restaurant-feithhuis.nl ; Martinikerkhof 10 ; plats 8-16 €). Sis dans une rue arborée, près de Grote Markt, ce café stylé a l'attrait d'une large terrasse et d'une salle épurée, tout en boiseries, aux murs recouverts d'affiches et aux nombreuses compositions florales. Bagels, sandwichs sophistiqués et plats aux saveurs méditerranéennes à la carte.

Muller CUISINE FUSION €€€
(☎318 32 08 ; www.restaurantmuller.nl ; Grote Kromme Elleboog 13 ; menu à partir de 65 € ; ⊙18h-22h mar-sam). Chez Muller, les passants peuvent observer par la fenêtre les prouesses artistico-culinaires de Jean-Michel Hengge. Il serait cependant dommage de se contenter de regarder. La carte change régulièrement et affiche, entre autres délices, du homard, des Saint-Jacques ou de l'agneau. Un must dans la région. Le chef choisit ses légumes dans son propre potager.

Brussels Lof NÉERLANDAIS CONTEMPORAIN €€
(www.brusselslof.com ; A-Kerkstraat 24 ; plats 15-25 € ; ⊙17h30-21h30). On sait que l'on est

bien tombé quand la carte mentionne la possibilité d'ajouter de l'ail à la fondue. Ce bistrot cultive la décontraction, hormis dans l'assiette, et met à l'honneur les légumes, le poisson et la fondue de l'excellente carte. Musique classique en fond sonore et sérénité.

Huis De Beurs CAFÉ €
(www.huisdebeurs.nl ; A-Kerkhof ZZ 4 ; plats 8-13 €). Un café avec terrasse, parfait pour observer l'animation du carrefour où se télescopent cyclistes pressés et badauds en goguette. La carte toute simple de salades et de sandwichs est complétée par des plats chauds, servis dans la salle au cachet vaguement victorien. Concerts acoustiques certains soirs.

Het Goudkantoor NÉERLANDAIS TRADITIONNEL €€
(www.goudkantoor.nl ; Waagplein 1 ; plats 12-20 €). L'architecture de ce café historique restauré laisse pantois. Érigé en 1635, le "bureau d'or" arbore une façade dorée donnant sur une salle distinguée, décorée de tableaux saisissants. On s'y régale d'une cuisine de tradition à l'image du steak-moutarde.

Marché biologique MARCHÉ
(Vismarkt ; mar). Ce marché est fort d'une notoriété à l'échelle de la région.

Où prendre un verre

Les bars étudiants de Groningue se concentrent dans Poelestraat et les rues alentour.

De Pintelier BAR
(Kleine Kromme Elleboog 9). Dans ce bar douillet rappelant les années 1920, le choix de bières et de genièvre (*jenever*) se lit comme une encyclopédie. Le long comptoir en bois et les nombreuses tables éclairées à la bougie sont eux intemporels. Une arrière-cour moderne donne l'occasion de prendre l'air.

Café Mulder BAR-LOUNGE
(314 14 69 ; Grote Kromme Elleboog 22). Artistes et écrivains complètent la clientèle un peu plus âgée discutant des nouvelles du jour dans ce bar richement décoré et intimiste.

Café de Sleutel CAFÉ BRUN
(www.cafedesleutel.nl ; Noorderhaven 72 ; 16h30-1h lun-sam). Reconnaissable au tonneau décoré d'une clé (*sleutel*) dorée suspendu à l'extérieur, ce bar rétro a élu domicile dans une brasserie du XVIIe siècle. Les repas à 10 € et l'ambiance détendue en bordure de canal lui assurent une fidèle clientèle de quartier.

Roezemoes CAFÉ BRUN
(Gedempte Zuiderdiep 15). Les impacts de balle du siège de 1672 attestent de l'ancienneté de ce superbe café brun. Le soir, on y sert des recettes traditionnelles néerlandaises (plats 15 €) et surtout de la bière. Blues à l'occasion.

Stadlander GRAND CAFÉ
(www.eetcafestadtlander.nl ; Poelestraat 35). La grande salle aux allures de café brun animé donne sur une terrasse, prise d'assaut sitôt qu'il fait doux, comme toutes celles alentour.

Où sortir

Pour connaître la programmation en ville, repérez les affiches placardées partout ou consultez le site Internet www.groningeruitburo.nl.

De nombreux étudiants talentueux montent sur scène pour des performances variées aussi bien de musique jazz que rock.

Jazz Café De Spieghel MUSIQUE LIVE
(312 63 00 ; www.jazzcafedespieghel.nl ; Peperstraat 11 ; concerts à partir de 22h30). Le succès de ce café brun animé ne se dément pas grâce à son excellent bar et ses concerts de jazz organisés chaque soir dans une ambiance gentiment sensuelle.

Vera CLUB
(www.vera-groningen.nl ; Oosterstraat 44 ; jeu-sam). Le lieu où voir la rock-star de demain. U2 s'y produisit au début des années 1980, devant une trentaine de spectateurs, et Nirvana n'y rassembla qu'une soixantaine de personnes… Avant de connaître le succès.

Grand Theatre THÉÂTRE, MUSIQUE
(314 46 44 ; www.grandtheatreGroningue.nl ; Grote Markt 35). Le premier théâtre de la ville programme un choix valable de pièces et de concerts, parfois expérimentaux.

De Oosterpoort MUSIQUE LIVE
(368 03 68 ; www.de-oosterpoort.nl ; Trompsingel). La salle de référence à Groningue pour nombre de grands concerts programmés en ville. Jazz et musique classique occupent le devant de la scène chaque mois.

Achats

De grands marchés se tiennent sur la Grote Markt et la Vismarkt les mardis, vendredis et samedis. Les galeries commerçantes ne manquent pas dans l'ouest, notamment dans Visserstraat, Oude Kijk in 't Jatstraat, et Lopendediep NZ.

TRAINS AU DÉPART DE GRONINGUE

DESTINATION	PRIX (€)	DURÉE (MINUTES)	FRÉQUENCE (PAR HEURE)
Leeuwarden	9	36	3
Utrecht	25	120	1
Zwolle	16	69	3

Kaashandel van der Ley FROMAGE

(Oosterstraat 61-63). Les meilleurs fromages des Pays-Bas et du monde garnissent cette belle échoppe. Repérez les variétés bio locales et les fromages affinés rares que les Néerlandais n'exportent jamais. Partie traiteur (large choix d'olives) pour le pique-nique.

Renseignements

Argent

GWK (8h-19h). Bureau de change à l'intérieur de la gare ferroviaire.

Office du tourisme

Office du tourisme (VVV ; 313 97 41 ; www.toerisme.groningen.nl ; Grote Markt 29 ; 9h30-18h lun-ven, 10h-17h sam toute l'année, 11h-16h dim juil-août). Conseils, circuits, excellents topoguides (en anglais) et vente de billets ainsi que de T-shirts *Er gaat niets boven Groningen* ("Groningue est unique"). Internet gratuit.

Depuis/vers Groningue

La **gare routière** régionale se trouve sur la droite en sortant de la gare ferroviaire.

Train

La majestueuse **gare** de 1896, restaurée dans sa gloire de jadis, vaut le détour pour le simple plaisir des yeux. Vous trouverez des consignes au niveau du quai 2b et tout un panel de services. Les trains se séparent souvent en deux à Meppel, veillez à ne pas vous retrouver dans les wagons à destination de Leeuwarden. Groningue est un carrefour de communications régional. Le tableau ci-dessus récapitule quelques trajets et tarifs.

Vélo

Dans la province de Groningue, les cyclistes emprunteront surtout des petites routes sinueuses. Il existe cependant quelques véloroutes nationales. La **LF9** dessert Utrecht (environ 200 km) au sud et au-delà. Son tracé suit ce que serait la côte néerlandaise sans digues. La **LF14** rejoint Lauwersoog, à 48 km au nord-ouest, d'où partent les bateaux pour Schiermonnikoog.

Comment circuler

Groningue se visite aisément à pied ou à vélo. De la gare ferroviaire, en face du Groninger Museum, il faut compter 10 minutes de marche jusqu'à Grote Markt, la place principale.

Environs de Groningue

La découverte à vélo de la campagne autour de Groningue réserve son lot de plaisirs.

À voir

Museum de Buitenplaats MUSÉE

(309 58 18 ; www.museumdebuitenplaats.nl ; Hoofdweg 76 ; adulte/enfant 7 €/gratuit ; 11h-17h mar-dim). À 5 km au sud de Groningue, la petite bourgade d'Eelde accueille ce charmant musée dédié à l'art figuratif européen. Le bâtiment principal éco-conçu, qui se fond dans la nature, réunit des tableaux d'artistes néerlandais parmi les plus avant-gardistes du XXe siècle tels Wout Müller, Henk Helmantel, Herman Gordijn et Matthijs Röling.

Le musée se double d'un jardin bien entretenu émaillé de sculptures et d'un café baigné de soleil. Des lectures de poèmes et d'histoires ainsi que des concerts (généralement le dimanche après-midi) ont lieu l'été sur la scène en plein air du musée.

De Groningue, prenez le bus 52 (28 min, toutes les demi-heures) ou, à vélo, empruntez l'agréable itinéraire spécifique à l'ouest de Paterswolder Meer.

Zeehondencreche REFUGE ANIMALIER

(0595-52 65 26 ; www.zeehondencreche.nl ; Hoofdstraat 94a, Pieterburen ; 6 € ; 9h-17h). Ce centre qui recueille et soigne des phoques malades ou blessés compte normalement de 20 à 30 pensionnaires que l'on peut apercevoir se prélasser ou nager dans plusieurs bassins. Plus de 200 phoques ont ainsi pu retrouver leur milieu naturel. L'heure des repas à 11h et 16h a la faveur des visiteurs.

L'histoire remonte à 1972. Lenie 't Hart, habitante de la bourgade côtière de Pieterburen, décide d'agir face à la pollution

WADLOPEN : LA MARCHE DANS LA VASE

À marée basse, les Néerlandais et touristes investissent les étendues vaseuses et sablonneuses du littoral nord des Wadden, classées au Patrimoine mondial de l'Unesco, pour s'adonner à la marche (et s'enfoncer) dans la vase. Le *wadlopen* est une activité simple qui incite à se concentrer sur les petites choses en marchant vers l'horizon.

Les laisses de vase se déploient jusqu'au large des îles des Wadden et les randonnées d'île en île rencontrent un franc succès. En raison du danger des marées et du risque pour les randonneurs de se retrouver embourbés et de se perdre, le *wadlopen* se pratique uniquement avec un guide. Les adeptes considèrent la marche dans la vase comme fatigante, mais gratifiante. La vase et le ciel à perte de vue auraient des vertus méditatives tandis que le chant des oiseaux et la possibilité de se concentrer sur les détails comme les petits crabes et les coques au sol permettent de découvrir les merveilles de la nature.

Plusieurs associations de guides formés ont pour base la côte au nord de Groningue, haut lieu du *wadlopen* :

Stichting Wadloopcentrum (☎0595-52 83 00 ; www.wadlopen.org ; Haven 20, Lauwersoog)

Dijkstra's Wadlooptochten (☎0595-52 83 45 ; www.wadloop-dijkstra.nl ; Hoofdstraat 118, Pieterburen)

Les guides pratiquent des tarifs fixes et proposent des randonnées de mai à octobre allant d'une courte traversée de 6 km (11 €, 3 heures) à une formidable excursion physique de 20 km jusqu'à Schiermonnikoog (27 €, 5 heures) et son parc national, destinations les plus prisées des marcheurs. Le prix comprend le retour des îles en ferry.

Il convient de réserver son circuit un mois à l'avance et de se munir de bonnes chaussures (lesquelles finiront invariablement ruinées). On vous indiquera comment vous habiller en fonction de la période de l'année.

et au tourisme qui touchent les colonies de phoques alentour et commence à leur dispenser des soins dans son jardin. Depuis ces débuts modestes, le refuge s'est agrandi. Pour vous rendre à Pieterburen en semaine (pas de bus le week-end), prenez le train de Groningue à Winsum (4 €, 15 min, toutes les heures) puis le bus 68 (20 min).

Menkemaborg MANOIR

(☎0595-43 19 70 ; www.menkemaborg.nl ; Menkemaweg 2, Uithuizen ; adulte/enfant 6/2 € ; ⏲10h-17h mar-dim mars-sept, 10h-16h oct-fév). À environ 25 km au nord-est de Groningue, dans le bourg agricole d'Uithuizen, subsiste l'un des manoirs les plus typiques des Pays-Bas, Menkemaborg. Cet ancien château fortifié du XIVe siècle fut embelli au début du XVIIIe siècle pour prendre l'aspect de trois demeures entourées de douves et d'un jardin impeccable qui n'ont presque pas bougé depuis.

Les pièces ont conservé tout l'apparat de la vie aristocratique des Lumières avec leur manteau de cheminée sculpté en chêne, leurs lits imposants et leur belle porcelaine.

Des trains relient toutes les heures Groningue à Uithuizen (6 €, 34 min) dont la gare se situe à 1 km à pied à l'ouest du manoir. La piste cyclable nationale **LF10** passe devant.

Bourtange

☎0599 / 1 200 HABITANTS

Cette bourgade, proche de la frontière allemande, abrite l'une des places fortes les mieux préservées du pays. Compacte et plus impressionnante vue du ciel avec ses douves, ses ouvrages défensifs massifs et ses pittoresques maisons protégées de toutes parts, elle n'en mérite pas moins une visite. Il en va de même de la jolie campagne sillonnée de canaux bordés d'arbres aux environs, qui, loin des sentiers battus, se découvre idéalement à vélo.

À voir

Bâtie à la fin du XVIe siècle, Bourtange représente le summum des fortifications défensives de l'époque. Derrière ses murs et ses douves, on pouvait y tenir le siège contre l'envahisseur pendant des mois.

En 1964, les autorités régionales entreprirent des travaux de restauration des remparts et de la cité pour leur redonner leur apparence de 1742 lorsque les fortifications autour de la citadelle avaient leur taille maximale. Les travaux durèrent 30 ans pendant lesquels des routes furent déplacées et des bâtiments démolis ou reconstruits.

VAUT LE DÉTOUR

ÉGLISES DE CAMPAGNE

De vénérables églises ponctuent les plaines rurales s'étendant au nord-est de Groningue jusqu'à la mer comme les derniers témoignages de la vie de piété et de misère des habitants qui survivaient sur cette terre sablonneuse et boueuse.

Parfois difficilement accessibles en bus et en train, elles se prêtent bien au cyclotourisme. Les flèches des églises pointant au loin peuvent en effet se substituer aux points d'une boussole pour se repérer sur les petites routes et sur les digues (procurez-vous aussi une carte à l'office du tourisme de Groningue (p. 216). Les églises ne sont pas toujours ouvertes. Voici nos préférées :

Zeerijp Grande église coiffée d'un haut beffroi et à la décoration intérieure inhabituelle en fausses briques. À 3 km de marche au nord-est de la gare ferroviaire de Loppersum.

Kreward Entourée d'une mare à canards, cette église photogénique du XVIe siècle se dresse sagement sur un *terp* (tertre) près de la côte et de la N33.

Bierum La tour penchée de l'église du XIIIe siècle a été sauvée par l'ajout, au XIXe siècle, d'un immense arc-boutant. Le bourg de Bierum se situe à 24 km au nord-est de Groningue à proximité du littoral et de la N33. La véloroute nationale LF10 le traverse.

Le résultat, impressionnant, a débouché sur une place forte de toute beauté ayant entièrement retrouvé la configuration en étoile de ses murs et de ses canaux et le charme de son village du XVIIIe siècle. Cela tient du cliché, mais une visite à Bourtange vous plongera dans le passé, à une époque où des armées de malandrins battaient la campagne tandis que les villageois se cachaient derrière des ouvrages défensifs censés tenir l'ennemi à distance.

Au départ du parking et de l'office du tourisme, il faut franchir deux portes et trois ponts-levis pour gagner la vieille ville. De **Marktplein**, la grand-place, des rues pavées partent dans toutes les directions. Quelques minutes à pied suffisent pour traverser la ville fortifiée au plan en étoile. L'**office du tourisme** (☎35 46 00 ; www.bourtange.nl ; William Lodewijkstraat 33 ; ⏲10h-17h mars-oct, 12h-17h sam-dim nov-fév) dispose d'une brochure pratique en anglais. Un **musée** (adulte/enfant 6/3,50 € ; ⏲10h-17h) détaille les étapes de la reconstruction et de la restauration de Bourtange. Des photographies aériennes montrent les grands changements entre 1965 et 2004.

À l'intérieur des remparts (accessibles) au cœur de la place forte, les maisons en briques témoignent de l'optimisation de l'espace limité entre les cinq bastions. Marktplein constitue un bon point de départ avec ses cafés, ses échoppes d'artisanat et ses bancs sous les arbres.

Six des anciens édifices ont été convertis en espaces d'exposition (accès avec le billet du musée). Deux d'entre eux, la **maison du capitaine** et la **salle De Dagen Van** s'intéressent à la vie du temps où des milices stationnaient à Bourtange (XVIIe-XVIIIe siècles). Le **Museum de Baracquen** présente des objets et des curiosités mis au jour lors de la reconstruction de la forteresse. **De Poort** abrite une maquette réussie de Bourtange. Vous en apprendrez plus sur la vie de la population juive à la synagogue (1842), où une plaque honore la mémoire des 42 habitants victimes des nazis.

Où se loger et se restaurer

Intra-muros, les anciens quartiers des soldats (77 €) et des capitaines (87 €) ont été aménagés en chambres parquetées bien tenues avec petit-déjeuner inclus. L'office du tourisme gère les réservations.

Seuls deux cafés pittoresques de Marktplein servent à manger dans la vieille ville.

Depuis/vers Bourtange

Bourtange est mal desservi par les transports en commun. De Groningue, comptez environ 1 heure 30 de trajet (10 €) en train puis en bus. Des correspondances sont assurées toutes les heures : prenez un train à destination de Winschoten à l'est puis le bus 14 pour Vlagtwedde au sud et enfin le bus 11 pour Bourtange. Avant de partir, vérifiez ces correspondances sur le portail des transports www.9292.nl.

À vélo, vous pouvez coupler en plusieurs jours la visite de Bourtange à celle des églises de campagne à l'est de Groningue et des *hunebedden* de la Drenthe, à une trentaine de kilomètres à l'ouest. Des pistes cyclables quadrillent la région à travers champs. Munissez-vous impérativement d'une carte cyclotouristique.

DRENTHE

Région oubliée des Pays-Bas, sans façade maritime ni métropole digne de ce nom (la quelconque Emmen est la ville la plus grande) et pauvre en sites touristiques majeurs, la Drenthe correspond bien à la description qu'en fit Vincent van Gogh en 1883 avant de sombrer dans la folie : "Ici, j'ai trouvé la paix."

La paix justement (et la guerre) font tout l'intérêt de ce petit coin tranquille à part où les jolies bourgades se succèdent et les parcs nationaux se développent. Il vous faudra aussi partir sur les traces d'Anne Frank et à la découverte des mystérieux *hunebedden*.

Assen

☎0592 / 67 300 HABITANTS

Proche de Groningue, le chef-lieu de la Drenthe a peu de charme. L'**office du tourisme** (VVV ; ☎24 37 88 ; www.ditisassen.nl ; Marktstraat 8 ; ⏲13h-18h lun, 9h-18h mar-veni, 9h-17h sam) constitue une bonne source pour se procurer des cartes cyclotouristiques régionales et se renseigner sur les parcs nationaux.

Non loin du centre-ville, le **Drents Museum** (☎37 77 73 ; www.drentsmuseum.nl ; Brink 1 ; adulte/enfant 12 €/gratuit ; ⏲11h-17h mar-dim) rassemble des objets trouvés dans des *hunebedden* ainsi que des œuvres d'art et des meubles liés à l'histoire de la ville.

L'office du tourisme et le musée se situent à 500 m de la gare via Stationsstraat. Des trains relient fréquemment Assen à Groningue (6 €, 18 min) et Zwolle (13 €, 50 min).

La gare jouxte le principal terminus de bus régionaux et une boutique de location de vélos. La véloroute nationale **LF14** permet de rejoindre au sud Groningue (34 km) et au sud-est Emmen (40 km).

Camp de Westerbork

Pendant la Seconde Guerre mondiale, les nazis déportèrent plus de 107 000 juifs des Pays-Bas. Presque tous périrent dans des camps de concentration et d'extermination d'Europe centrale et orientale. Pour la majorité, la déportation commençait ici, dans une forêt à environ 10 km au sud d'Assen, près du hameau d'Hooghalen.

Ironie de l'Histoire, le **Kamp Westerbork** (☎0593-59 26 00 ; www.kampwesterbork.nl ; Oosthalen 8 ; adulte/enfant 6,50/3 € ; ⏲10h-17h lun-ven toute l'année, 13h-17h sam-dim oct-mars, 11h-17h sam-dim avr-sept) avait été construit

HUNEBEDDEN

Le peuplement de la paisible région de la Drenthe remonte à 3 000 av J.-C. Des tribus préhistoriques y vivaient alors au milieu des tourbières. Elles commencèrent à cultiver la terre (un passe-temps encore très prisé dans la province) et créèrent ce qui constitue aujourd'hui l'une des particularités les plus intéressantes de la Drenthe, les *hunebedden*.

Antérieures à Stonehenge, les *hunebedden* sont des chambres funéraires préhistoriques formées d'assemblages d'immenses blocs de pierre grise pouvant peser jusqu'à 25 tonnes. Ces blocs seraient arrivés de Suède par l'entremise de glaciers il y a 200 000 ans, mais nul n'en a l'assurance. On sait peu de chose des bâtisseurs de *hunebedden*, hormis leur attachement à des rites funéraires précis qui consistaient à enterrer le défunt avec ses effets personnels et ses outils sous des monolithes. La communauté scientifique a émis plusieurs hypothèses sur les méthodes de construction de ces chambres funéraires, sans parvenir à une certitude. La Drenthe et le Groningue comptent 54 de ces impressionnants monuments.

À Borger, petite ville à 17 km au nord-ouest d'Emmen, le **Hunebedden Centrum** (☎0599-23 63 74 ; www.hunebedcentrum.nl ; Bronnegerstraat 12, Borger ; adulte/enfant 7,50/3,50 € ; ⏲10h-17h lun-ven, 11h-17h sam-dim), un centre dédié à ces mégalithes, constitue un bon point de départ. Autre source d'information : le site anglophone www.hunebedden.nl.

Le plus grand *hunebed* se dresse devant le centre, lequel expose de nombreuses présentations sur les mégalithes et les objets mis au jour. On y trouve aussi des cartes des sites, généralement centrées autour de Klijndijk, d'Odoorn, d'Annen et de Midlaren, des villages le long de la N34, une route pittoresque d'Emmen à Groningue.

Mieux vaut être motorisé (ou enfourcher son vélo) pour découvrir les *hunebedden*. Procurez-vous une carte au Hunebedden Centrum et repérez sur la route les grandes pancartes marron signalant les mégalithes. Borger se situe à 25 km au sud-est d'Assen sur la véloroute nationale LF14.

par les autorités néerlandaises en 1939 pour accueillir les juifs allemands fuyant le nazisme. Après l'invasion allemande en mai 1940, les nazis utilisèrent les lieux pour leurs propres et sinistres menées, les transformant en 1942 en camp de transit vers ceux d'extermination. Anne Frank y séjourna malgré elle.

La visite commence par un musée très intéressant situé sur le parking. On y découvre l'histoire de l'holocauste aux Pays-Bas et une chronologie émouvante sur Anne Frank, son journal et sa mort à Bergen-Belsen, en Allemagne, en 1945. La librairie est bien fournie en ouvrages et brochures de qualité.

Un parcours piétonnier de 2 km dans la forêt sépare le musée du camp (2 € en navette, bondée l'été). Il reste peu de traces du camp nazi dans la mesure où le gouvernement néerlandais s'en servit, fait étonnant, après la guerre comme camp de réfugiés à destination des survivants juifs, puis pour des immigrés, notamment des Moluques du Sud. Des expositions illustrent cependant l'organisation du camp sous les nazis avec, par exemple, le bâtiment des punitions et les ateliers où les déportés travaillaient de force.

Une série de dalles indique les lieux où les juifs et les Roms néerlandais périrent.

Depuis/vers le camp de Westerbork

En dépit de son nom, le camp se trouve à 7 km au nord de la ville de Westerbork (et à 7 km au sud d'Assen).

En **train,** descendez en gare de Beilen sur la ligne Zwolle-Assen-Groningue (au moins 2 trains/heure) d'où des *treintaxi* (taxis spéciaux pour les passagers de train) vous conduiront au camp en 10 minutes. La course coûte 5 €. À **vélo,** les chemins cyclables de campagne ne manquent pas.

Parcs nationaux

Plusieurs parcs nationaux ont vu le jour au milieu des champs et des paysages naturels de la Drenthe. Le **Drentsche Aa National Landscape** (☎0592-36 58 64 ; www.drentscheaa.nl) couvre 10 000 ha de paysages variés composés d'anciennes fermes, de champs de fleurs sauvages, d'*hunebedden* et de charmantes routes de campagne. Il compte peu d'infrastructures. Le plan du parc, disponible dans les offices du tourisme, constitue un bon allié. Les cyclistes s'en donnent à cœur joie dans cette région en forme de cloche au nord-ouest d'Assen, traversée en son centre par la piste cyclable nationale **LF14**.

D'une superficie de 3 700 ha, le **parc national de Dwingelderveld** représente la plus vaste lande humide d'Europe. Plus de 60 km de chemins de randonnée et 40 km de pistes cyclables serpentent entre les tourbières, les prés et à travers bois. Cette belle réserve fait le plein les week-ends d'été. Le meilleur **centre d'information** (☎0522-472 951 ; Benderse 22, Ruinen ; ⏲10h-17h tlj, avr-sept, mer-dim oct-mars) des environs se situe à Ruinen, sur la N375, à 7 km à l'ouest de la A28. Il fournit des cartes.

Orvelte

☎0593

Une fondation administre le petit village d'Orvelte, à 17 km au sud d'Assen dans le but – et c'est un succès – de préserver l'âme de la vie villageoise au XIXe siècle. De Pâques à fin octobre, le village propose aux touristes de faire un bond dans le passé par le biais d'activités et d'animations.

Les voitures sont interdites (sauf pour les riverains) et les propriétaires ne peuvent dénaturer le caractère typique des vieux bâtiments. Les habitants exercent essentiellement des métiers traditionnels (boucher, boulanger) et, en été, presque chaque maison a son potager et son jardin fleuri.

L'agenda des manifestations ainsi que des brochures et des cartes du village sont disponibles à l'**office du tourisme** (☎32 23 35 ; www.orvelte.net ; ⏲10h-17h avr-oct) qui pourra aussi vous trouver une chambre d'hôtes dans une maison traditionnelle (à partir de 30 €/pers).

De la gare de Beilen sur la ligne de train Zwolle-Assen-Groningue (au moins 2 trains/heure), le bus 22 (16 min, toutes les heures lun-ven, moins le week-end) dessert Orvelte. Les pistes cyclables convergent vers Westerbork, à 3 km à l'ouest.

Le Centre

Dans ce chapitre »

Le top des restaurants

- » Bouwkunde (p. 225)
- » Cucina Italiana (p. 225)
- » Poppe (p. 228)
- » Restaurant de Bottermarck (p. 229)
- » Ijs van Co (p. 237)

Le top des hébergements

- » Hotel de Leeuw (p. 223)
- » Hotel Fidder (p. 227)
- » Hotel Gilde (p. 224)

Pourquoi y aller

Les provinces oubliées du Centre, l'Overijssel et la Gueldre, compensent l'absence de villes incontournables par la richesse de leur histoire, et l'indéniable beauté naturelle de leurs paysages (forêts, rivières, lacs et parcs nationaux). Le parc national de la Haute-Veluwe, qui abrite le Kröller-Müller Museum (et sa remarquable collection de Van Gogh), devrait figurer au programme de tout voyage aux Pays-Bas.

Fuyez les banlieues tentaculaires de la région et élancez-vous sur les innombrables pistes cyclables qui sillonnent cette campagne luxuriante, à la beauté revigorante. Le parc national de Weerribben-Wieden s'étire dans des zones marécageuses où vivent loutres, castors, oiseaux et anguilles.

Le patrimoine architectural de Deventer, Zwolle et Kampen rappelle le rôle clé joué par ces cités séculaires au sein de la Ligue hanséatique. Située au bord de la Waal, Nimègue offre une ambiance animée, avec ses quais, son importante population étudiante et sa grande marche annuelle qui prend désormais la forme d'une semaine de festivités. Enfin, le secteur d'Arnhem recèle de nombreux sites liés à la Seconde Guerre mondiale et des monuments commémoratifs.

Quand y aller

La campagne néerlandaise affiche son plus beau visage en été, lorsque ses champs sont verdoyants, que l'on peut se baigner dans ses rivières et que les nuits sont longues. À cette période, quel plaisir d'enfourcher un vélo et de parcourir la myriade de pistes cyclables. Les possibilités d'activités de plein air sont légion, notamment au sein du parc national de Weerribben-Wieden, et l'on peut s'adonner au canoë ou au kayak des heures durant. Les villes et bourgades, en revanche, se découvrent en toute saison, et presque tous les jours de l'année sont propices à arpenter les charmantes ruelles de Deventer.

OVERIJSSEL

Le nom de cette province signifie "par-delà l'IJssel", la rivière dessinant une grande partie de sa limite ouest. La province, vallonnée à l'est, près de l'Allemagne, perd son relief et devient plus humide à l'ouest, le long de l'ancien littoral, où s'étend désormais le Noordoostpolder, dans le Flevoland.

Deventer constitue un bon point de départ pour sillonner l'Overijssel, même si Zwolle ne manque pas de charme. Dans le nord, la cité lacustre de Giethoorn est envahie par les visiteurs en été.

À ne pas manquer

1. Une promenade à vélo dans le cadre verdoyant du **parc national de la Haute-Veluwe** (p. 236)
2. Les chefs-d'œuvre du remarquable **Kröller-Müller Museum** (p. 237)
3. Les trésors cachés des ruelles de **Deventer**(p. 223), ancienne cité de la Hanse
4. L'atmosphère irréelle du **parc national de Weerribben-Wieden** (p. 230), avec les étranges marécages de l'Overijssel
5. Les cimetières militaires et les mémoriaux d'**Oosterbeek** (p. 236), ville de la Gueldre marquée par l'Histoire
6. Les édifices du XIVe siècle disséminés dans des rues de **Zwolle** (p. 226)
7. Quelques-uns des 500 vestiges médiévaux de **Kampen** (p. 229)

Deventer

☎0570 / 98 600 HABITANTS

Deventer s'apprécie particulièrement par une belle soirée d'août, lorsque l'on peut déambuler dans ses rues tortueuses, en scrutant les détails de ses façades anciennes. Remarquez les minuscules passages menant à l'Ijssel, cachés entre deux merveilles architecturales.

Port marchand actif dès l'an 800, la ville a entretenu cette activité prospère des siècles durant, comme en témoignent ses édifices aux riches ornementations. C'est un peu la Delft de l'est.

À voir

La place principale, le **Brink**, correspond au cœur marchand de la cité. Flâner au fil des rues qui rayonnent du Brink est une agréable façon de découvrir le centre historique.

Quartier prisé de nombreux comédiens et artistes, le **Bergkwartier** recèle de ravissantes petites maisons blotties les unes contre les autres.

Deventer conserve de nombreux édifices historiques. *Un pont trop loin* (1977), qui évoque le rôle d'Arnhem dans la Seconde Guerre mondiale, y fut d'ailleurs tourné – Arnhem ayant été ravagée par le conflit.

Waag BÂTIMENT HISTORIQUE

(☎69 37 80 ; Brink ; musée adulte/enfant 5/2 € ; ⏲ musée 10h-17h mar-sam, 13h-17h dim). Le Poids public, édifié en 1528 et restauré récemment, se dresse au centre de la place principale. Repérez le chaudron côté nord – la légende veut qu'au XVIe siècle, un employé y a été ébouillanté vivant parce qu'il avait subtilisé des pièces de monnaie pour les remplacer par des métaux sans valeur.

Le Waag abrite un petit **musée**, exposant notamment la plus ancienne bicyclette de Hollande.

Grote of Lebuïnuskerk ÉGLISE

(3 € ; ⏲11h-17h lun-sam). Cette structure gothique édifiée entre 1450 et 1530 est l'église principale de la ville. Elle se dresse à l'emplacement d'églises détruites par le feu ou d'autres catastrophes. Accédez au clocher (220 marches) pour admirer les fortifications de cette ancienne cité de la Hanse.

GRATUIT **Bergkerk** ÉGLISE

(☎61 85 18 ; ⏲11h-17h mar-dim). Située en haut de Bergstraat, l'église de Bergkerk, rénovée dans un style gothique au XVe siècle, possède deux clochers du XIIIe siècle.

À NE PAS MANQUER

RUES HISTORIQUES

Deventer a été bien préservée, et la plupart des rues abritent des éléments architecturaux dignes d'intérêt :

» **Polstraat** Bas-reliefs et fenêtres décorées.

» **Assenstraat** Nombreux bas-reliefs, dont les plus récents, très réussis, aux **n°67-79**.

» **Walstraat n°20** Sculpture représentant une femme qui descend le long d'un mur à l'aide d'un drap.

» **Bergstraat** La rue où admirer les vestiges de l'époque hanséatique (voir la demeure gothique au **n°29**).

» **Kleine Poot** Dans une minuscule venelle en retrait de cette rue, repérez la **plus vieille maison en pierre** de la ville, qui date de l'an 1100. Bien qu'elle ait subi de nombreux ajouts, on aperçoit encore des éléments romans.

Activités

Les rives de l'Ijssel se prêtent bien au **cyclotourisme**. Des paysages verdoyants, striés de voies d'eau, se déploient de toutes parts. On peut emprunter la **LF3** vers le nord jusqu'à Zwolle, à 36 km. Autre possibilité : effectuer une boucle de 32 km en roulant vers le nord le long de la rivière jusqu'à Olst, puis en prenant un ferry pour rejoindre l'autre côté et regagner Deventer. Il est possible d'aller à Zutphen, au sud, une boucle de 47 km.

Fêtes et festivals

Op Stelten FESTIVAL

Au cours du premier week-end de juillet, les rues sont le théâtre de nombreuses représentations. *Op stelten* signifie "sur échasses" car c'est ainsi que se déplacent certains artistes de rue participant au festival.

Bookfest FESTIVAL

Un rassemblement de plus de 800 bouquinistes le premier dimanche d'août.

Où se loger

♥ **Hotel de Leeuw** HÔTEL €€

(☎61 02 90 ; www.hoteldeleeuw.nl ; Nieuwstraat 25 ; ch 80-140 € ; @📶). L'une des adresses les plus douillettes du pays ! L'adorable propriétaire

Deventer

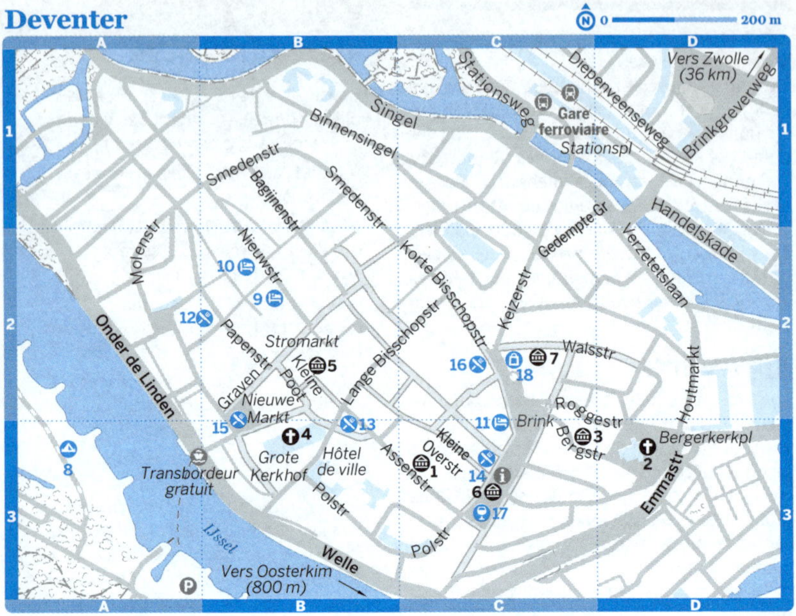

Deventer

À voir
1 Assenstraat 67-79 .... C3
2 Bergkerk D3
3 Bergstraat 29 .... C3
4 Grote of Lebuïnuskerk B3
5 Plus vieille maison en pierre B2
6 Waag C3
7 Walstraat 20 .... C2

Où se loger
8 Camping De Worp A3
9 Hotel de Leeuw B2
10 Hotel Gilde B2
11 Hotel Royal C3

Où se restaurer
12 Bouwkunde B2
13 Cucina Italiana B3
14 Eetcafé De Sjampetter C3
15 't Arsenaal B2
16 Talamini C2

Où prendre un verre
17 Heksenketel C3

Achats
18 Kaashandel De Brink C2

veille au moindre détail, jusqu'aux prévisions météo servies au petit-déjeuner (que l'on peut prendre dans la cour). Le bâtiment date de 1645 ; chambres simples mais confortables, dont beaucoup ont une kitchenette. Sur place, petit musée présentant moules à biscuits ou vieux moulins à café ; épicerie.

Hotel Gilde HÔTEL €€
(☎64 18 46 ; www.hotelgilde.nl ; Nieuwstraat 41 ; s/d à partir de 80/100 € ; 📶). Ce bel hôtel aménagé dans un couvent du XVIIe siècle dispose de 36 chambres. L'établissement le plus sélect de Deventer s'applique à mettre en valeur sa richesse architecturale. Jolie cour.

Camping De Worp CAMPING €
(☎61 36 01 ; www.stadscamping.eu ; Worp 12 ; empl à partir de 14 € ; ⏲avr-oct ; 📶). Sur l'autre rive de l'Ijssel par rapport au centre-ville, à 2 min au nord du transbordeur.

Hotel Royal HÔTEL €€
(☎61 18 80 ; www.royal-deventer.nl ; Brink 94 ; ch 65-100 € ; 📶). Ces 20 chambres sont réparties sur trois niveaux (ascenseur). Certaines donnent sur le Brink. Mention spéciale pour le petit-déj (inclus) en formule buffet.

Où se restaurer

Bouwkunde BISTRO €€
(☎61 40 75 ; www.theaterbouwkunde.nl ; Klooster 4 ; menu à partir de 25 € ; ⏲18h-22h mar-sam). Ce formidable restaurant installé sous un petit théâtre propose les meilleurs produits de la région. Influences françaises et néerlandaises, délicates recettes terre et mer. Service raffiné. En été, tables en extérieur. Réservez !

Cucina Italiana ITALIEN €€
(☎615 900 ; www.cucinadeventer.nl ; Grote Poot 1 ; plats à partir de 15 € ; ⏲17h30-22h mar-dim). Un excellent restaurant italien, aux plats authentiques, souvent à base d'ingrédients locaux et bio. Démarrez avec les *antipasti*. Belle cave à vins. L'été, réservez une table en plein air.

't Arsenaal NÉERLANDAIS CONTEMPORAIN €€€
(☎61 64 95 ; www.restaurantarsenaal.nl ; Nieuwe Markt 33-34 ; menu à partir de 30 € ; ⏲17h-22h lun-sam). Ce restaurant élégant, à côté de la Grote of Lebuïnuskerk, s'anime en été, lorsque la cour et la ruelle, à l'ombre de l'église, offrent un cadre de premier choix. La carte, à l'accent français parfois, change avec la saison.

Talamini GLACES €
(www.talamini.nl ; Brink 103 ; glace à partir de 2 € ; ⏲11h-21h). Cette institution locale (depuis 1892 !), prise d'assaut dès que les températures grimpent, propose 50 parfums.

Eetcafé De Sjampetter CAFÉ BRUN €
(☎61 71 55 ; www.sjampetter.nl, en néerlandais ; Brink 81 ; plats à partir de 8 €). Le café brun à choisir parmi ceux agglutinés sur la place principale. Ses longues tables en bois à l'intérieur sont parfaites pour dérouler une carte tout en sirotant un verre ; celles à l'extérieur sont plus petites. Le midi, les sandwichs sont un régal ; cuisine du monde au dîner.

Où prendre un verre

Le Brink est bordé de bars et de cafés, et l'on passe aisément de l'un à l'autre.

Heksenketel CAFÉ BRUN
(Brink 63). Ce café brun prisé propose au moins une douzaine de bières pression (dont certaines introuvables ailleurs) pour le plus grand bonheur de ses habitués et des étudiants qui fréquentent les lieux.

Achats

La spécialité locale est le *Deventer koek,* un pain d'épices à base de miel et d'écorces d'orange, que l'on trouve un peu partout en ville et qui se conserve très bien.

Le samedi, les étals du **marché** sur le Brink proposent produits frais, fleurs et artisanat local.

Kaashandel De Brink CRÈMERIE
(Brink 2). Admirez les meules de fromage empilées dans la vitrine de cette boutique exceptionnelle, qui vend le meilleur des laits caillés.

Renseignements

Office du tourisme (VVV ; ☎71 01 20 ; www.vvvdeventer.nl ; Brink 56 ; ⏲10h-17h mar-sam, 13h-17h dim et lun). Partage ses locaux avec le **musée** ; bonnes cartes de promenades à pied.

Comment s'y rendre et circuler

La **gare routière** se trouve à droite en sortant de la gare ferroviaire.

Stationnement

On peut stationner à la périphérie de la ville, mais l'endroit le plus pratique est le parking gratuit sur la rive ouest de l'IJssel.
Un **transbordeur** (aller/AR 1/1,40 € ; ⏲8h-23h) relie le parking à la ville. La traversée dure moins de 5 min et le service fonctionne presque 24h/24.

Train

Deventer se situe à l'embranchement de deux lignes ferroviaires ; le service est bon dans toutes les directions. Consignes le long du quai n°3. Voir tarifs et horaires ci-dessous.

TRAINS AU DÉPART DE DEVENTER

DESTINATION	PRIX (€)	DURÉE (MINUTES)	FRÉQUENCE (PAR HEURE)
Amsterdam	16	85	1
Arnhem	8	36	2
Nimègue	11	61	2
Zwolle	6	24	2

LA LIGUE HANSÉATIQUE

Initialement composée de villes du nord de l'Allemagne, comme Lübeck ou Hambourg, la Hanse (ou Ligue hanséatique) incluait aussi plusieurs villes néerlandaises. Formée au milieu du XIIIe siècle, cette puissante association marchande permit aux villes membres de s'enrichir rapidement en important et exportant diverses marchandises – céréales, minerais, miel, tissus, bois, lin... – et en protégeant les navires commerciaux des attaques extérieures. La Ligue n'était pas une structure politique en tant que telle mais liait des accords commerciaux privilégiés avec ses partenaires, notamment avec les Suédois – parfois au prix de pratiques douteuses (pots-de-vin, boycott...). La Ligue s'est toutefois efforcée de maintenir la paix entre ses membres afin d'éviter tout conflit nuisible aux échanges commerciaux.

Sept villes néerlandaises situées le long de l'IJssel figuraient parmi les membres prospères : Hasselt, Zwolle, Kampen, Hattem, Deventer, Zutphen et Doesburg. Ironie du sort, la disparition de la Ligue hanséatique est en grande partie attribuée aux Néerlandais. Au XVe siècle, les marchands d'Amsterdam se sont organisés pour récupérer peu à peu les différents marchés sur lesquels la Hanse possédait la mainmise.

Vélo

Un magasin de vélos est installé dans la gare ferroviaire. La piste cyclable nationale **LF3** s'étire vers le nord jusqu'à Zwolle (36 km), à travers de riches zones cultivées. En direction du sud-ouest, la **LF3,** longeant essentiellement les rives et digues de larges rivières, rejoint Arnhem en 55 km et le point d'accès au parc national de la Haute-Veluwe.

Zwolle

☎038 / 121 600 HABITANTS

Zwolle, chef-lieu de l'Overijssel, est une ville peu étendue qui peut faire l'objet d'une journée de découverte, voire plus en été, lorsque le marché se déroule tout le week-end et que d'innombrables petits festivals se succèdent.

Aux XIVe et XVe siècles, Zwolle a fait fortune en devenant le principal port de commerce de la Ligue hanséatique (voir encadré ci-dessus), ainsi qu'un centre culturel de renom. Aujourd'hui, les douves et les anciennes fortifications témoignent de cette période prospère.

À voir et à faire

De l'**Oude Vismarkt**, on aperçoit les deux principales curiosités de la ville. La superbe **Grote Kerk** l'était encore davantage avant de connaître, comme beaucoup d'autres églises néerlandaises, des catastrophes. Elle fut frappée à trois reprises par la foudre, y perdant son clocher. Pour l'essentiel, ce qu'il reste de l'église date du XVe siècle. Juste à côté, la **Stadhuis** possède une partie typiquement néerlandaise du XVe siècle ainsi qu'une partie plutôt originale datant de 1976.

Onze Lieve Vrouwetoren ÉGLISE
(www.peperbus-zwolle.nl ; Ossenmarkt 10 ; adulte/enfant 2,50/1 € ; 13h30-16h30 lun-sam nov-avr, à partir de 11h mai-oct). Les habitants de Zwolle disent savoir qu'ils sont de retour chez eux lorsqu'ils aperçoivent au loin cette imposante église (également appelée *Peperbus,* ou moulin à poivre) qui domine les toits de la ville. On peut monter dans le **clocher**.

Museum De Fundatie MUSÉE
(www.museumdefundatie.nl ; Blijmarkt 20 ; adulte/enfant 9 €/gratuit ; 11h-17h mar-dim). Aménagé dans un ancien tribunal de style néoclassique, ce musée présente des œuvres d'artistes néerlandais et étrangers, du XVe siècle à nos jours. Grâce à de généreuses subventions, l'édifice s'est vu adjoindre, début 2013, une spectaculaire extension sur son toit. Sans aucun doute l'un des petits musées les plus dynamiques du pays.

Stedelijk Museum Zwolle MUSÉE
(☎421 46 50 ; www.stedelijkmuseumzwolle.nl ; Melkmarkt 41 ; adulte/enfant 7,50/2,50 € ; 10h-17h mar-dim). Ce musée recèle de belles collections, notamment d'objets datant de la Hanse. Il accueille plusieurs expositions par an, des rétrospectives de peintures à la photographie contemporaine en passant par le multimédia. L'aile située dans une élégante demeure du XVIe siècle est consacrée à l'histoire locale.

Sassenpoort BÂTIMENT HISTORIQUE
Située à l'angle de la Sassenstraat et de la Wilhelminasingel, la Sassenpoort date du XVe siècle. C'est l'une des rares portes de la ville à être toujours debout.

Zwolle

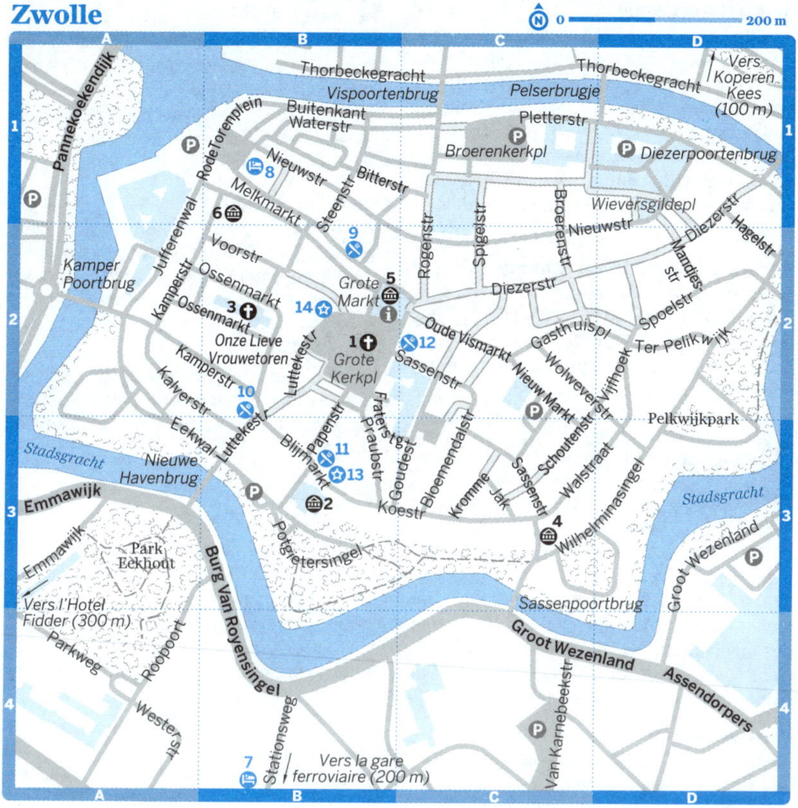

Zwolle

À voir

1 Grote Kerk B2
2 Museum De Fundatie B3
3 Onze Lieve Vrouwe B2
4 Sassenpoort C3
5 Stadhuis B2
6 Stedelijk Museum Zwolle B1

Où se loger

7 Bilderberg Grand Hotel Wientjes B4
8 Hanze Hotel Zwolle B1

Où se restaurer

9 De Vier Jaargetijden B2
10 Poppe B2
11 Public Grand Café & Terras B3
12 Van Orsouw C2

Où sortir

13 Odeon De Spiegel B3
14 Swingcafé De Docter B2

Où se loger

Le nombre d'hébergements est assez limité, mais la ville peut se visiter en une journée : il n'est pas indispensable de loger sur place.

Hotel Fidder HÔTEL €€

(☎421 83 95 ; www.hotelfidder.nl ; Koningin Wilhelminastraat 6 ; ch à partir de 105 € ; wi-fi). Trois belles demeures de la fin du XIXe siècle ont été liées pour créer cet hôtel familial de 21 chambres. Plusieurs d'entre elles ont un lit à baldaquin et elles sont toutes décorées d'objets anciens. Les jardins sont charmants et le petit déjeuner (inclus) copieux. Le centre, situé à 500 m au nord-est, est aisément accessible à pied.

Hanze Hotel Zwolle HÔTEL €€

(☎421 81 82 ; www.hanzehotel.com ; Rode Torenplein 10-11 ; s/d à partir de 90/100 € ; 📶). Dégageant un charme rétro, les chambres de cet hôtel, de superficie variable, sont simples mais soignées. Il faut un peu d'énergie pour monter ses bagages jusqu'à celles du 3e étage ! Bon buffet de petit déjeuner. Un grand café donne sur la place devant l'hôtel.

Bilderberg Grand Hotel Wientjes HÔTEL €€

(☎425 42 54 ; www.bilderberg.nl ; Stationsweg 7 ; ch à partir de 120 € ; 📶). Un hôtel d'affaires majestueux qui loue 56 chambres de toute beauté, proposant toutes les commodités de rigueur et le niveau de service attendu. Abrite un café sélect. Juste au nord de la gare.

Où se restaurer

♥ Poppe NÉERLANDAIS CONTEMPORAIN €€

(☎421 30 50 ; www.poppezwolle.nl ; Luttekestraat 66 ; menus à partir de 32 € ; ⏲12-14h30 mar-ven, 17h-22h mar-dim). Ce restaurant simple mais raffiné est installé dans un ancien atelier de maréchal-ferrant. L'une des meilleures tables de Zwolle, avec de délicieux ingrédients de saison – asperges au printemps, moules en été, etc.

Van Orsouw BOULANGERIE €

(☎421 68 35 ; Grote Markt 6 ; pâtisseries à partir de 2 €). En passant devant cette boulangerie réputée, on en respire les effluves appétissants. Goûtez la spécialité locale : les *blauwvingers* ("doigts bleus") – des sablés couverts de glaçage. Le midi, on se régale de sandwichs et de soupes, entre autres.

Public Grand Café & Terras CAFÉ €

(☎422 66 00 ; www.grandcafepublic.nl ; Blijmarkt 23 ; repas à partir de 8 €). Installé dans une ancienne banque datant de 1817, ce café très apprécié dispose de tables en extérieur, d'où l'on apprécie la charmante place, ainsi que d'une cour plus intimiste. Au menu : salades, soupes, sandwichs, plats chauds, etc.

De Vier Jaargetijden CAFÉ €€

(☎421 99 04 ; Melkmarkt 8 ; repas 8-20 €). Parmi les nombreux cafés du centre, celui-ci est toujours le plus fréquenté, non sans raison : service rapide, cuisine savoureuse et grand choix de boissons. C'est l'endroit parfait où passer une soirée d'été. Remarquez les contreforts de l'autre côté de la ruelle qui permettent aux bâtiments de s'appuyer les uns sur les autres.

Où sortir

Swingcafé De Docter MUSIQUE LIVE

(☎421 52 35 ; www.dedocter.nl ; Voorstraat 3). Assez sombre, ce formidable café à l'accueillante devanture programme des concerts de rock plusieurs soirs par semaine. D'autres salles similaires non loin.

Odeon De Spiegel THÉÂTRE

(☎428 82 80 ; www.odeondespiegel.nl ; Blijmarkt 25). Ce théâtre grandiose accueille diverses représentations : théâtre, danse... mais aussi soirées rock ou électro.

Achats

La principale artère commerçante, Diezerstraat, est jalonnée de boutiques de chaînes et de grandes enseignes. Elle aboutit sur Grote Markt.

♥ Marché MARCHÉ

(⏲ven et sam). Le marché se tient sur une grande partie de l'ancien Melkmarkt, dans Oude Vismarkt et dans le centre en forme d'étoile. On y trouve du poisson, des fruits et légumes, du fromage bon marché, du pain ainsi que des vêtements. Envahi par la foule en été, le marché prend des allures festives.

Renseignements

Office du tourisme (VVV ; ☎421 61 98 ; www.vvvz wolle.nl ; Grote Markt 20 ; ⏲10h-17h lun-ven, 10h-16h sam). Attenant à la Stadhuis, reconnaissable à son architecture unique.

Comment s'y rendre et circuler

Les bus locaux partent de l'arrêt situé à droite de la sortie de la gare.

Train

Ville d'interconnexions, Zwolle offre de bonnes liaisons ferroviaires. Créée en 2012, une nouvelle ligne reliant Zwolle à Lelystad via Kampen permet de rejoindre rapidement Amsterdam.

Vélo

Vous trouverez un magasin de vélos à gauche de la gare. La ville ancienne d'Urk, en Hollande du Nord, se situe à 50 km au nord-ouest par la **LF15** et constitue une belle excursion le long de digues et de rivières. Deventer se trouve à 36 km au sud par la **LF3** ; il existe de nombreuses autres pistes possibles en longeant l'IJssel. Le parc national de la Haute-Veluwe se situe à 40 km en passant par des forêts domaniales, des parcs et la lande. Pour cet itinéraire, une carte est indispensable car des sentiers partent dans toutes les directions.

Kampen

☎038 / 50 800 HABITANTS

Autre ravissante ville de la Hanse, la pittoresque Kampen se prête bien à une excursion sur la journée. Située à 15 km à l'ouest de Zwolle, elle est accessible en 30 min de vélo et bien reliée aux pistes cyclables du réseau national. La ville est entourée de beaux paysages verdoyants et son centre historique est l'un des mieux conservés du pays, avec non moins de 500 édifices médiévaux, dont des maisons, des portes et des tours. La fermeture de l'ancien golfe de Zuiderzee a marqué la fin du rôle majeur joué par le port de Kampen. Le long déclin économique qui s'est ensuivi a tenu la ville à l'écart de la modernisation et préservé ses bâtiments.

On se repère aisément dans cette petite ville, organisée selon un plan linéaire, parallèle à l'IJssel.

À voir et à faire

Oudestraat concentre les principaux sites.

Nieuwe Toren TOUR

(Oudestraat). Impossible de manquer la Nieuwe Toren : cette tour du XVIIe siècle penche terriblement, et une fausse vache y est suspendue, clin d'œil à une anecdote incroyable (voir encadré ci-dessous). Une énième rénovation était en cours lors de notre passage.

Oude Raadhuis BÂTIMENT HISTORIQUE

(Ancien hôtel de ville ; Oudestraat 133). Ravagé par un incendie, l'Oude Raadhuis a été reconstruit en 1543.

Bovenkerk ÉGLISE

(☎331 64 53 ; Koornmarkt 28). Une église du XIVe siècle, qui abrite un orgue comptant plus de 3 000 tuyaux.

Gotische Huis BÂTIMENT HISTORIQUE

(Maison gothique ; Oudestraat 158). Cette maison de marchands du XVe siècle mérite le coup d'œil.

Stedelijk Museum MUSÉE

(☎331 73 61 ; www.stedelijkemuseakampen.nl ; Oudestraat 133 ; adulte/enfant 5 €/gratuit ; ⏲10h-17h mar-sam, 13h-17h dim). Ce musée du centre historique expose des vestiges locaux et de nombreuses œuvres du dernier millénaire. Certains portraits d'habitants fortunés du XVIIe siècle sont troublants.

Ikon Museum MUSÉE

(www.ikonenmuseumkampen.nl ; Buiten Nieuwstraat 2 ; adulte/enfant 7 €/gratuit ; ⏲13h-17h mar et mer, à partir de 10h jeu-sam). Aménagé dans un monastère du XVIIe siècle, ce musée renferme des centaines d'icônes, de provenance et d'âge très divers. Remarquez les couleurs vives des icônes orthodoxes.

Portes de la ville BÂTISSE HISTORIQUE

(Broederweg). Deux portes du XVe siècle, les Broederpoort, se dressent le long du joli parc bucolique situé sur le côté ouest de Kampen.

Où se restaurer

♥ **Restaurant de Bottermarck** NÉERLANDAIS CONTEMPORAIN €€

(☎331 95 42 ; www.debottermarck.nl ; Broederstraat 23 ; menus à partir de 35 € ; ⏲12h-14h mar-ven, 17h30-21h30 mar-sam). Ce sympathique bistrot aménagé dans un vieux bâtiment aux poutres apparentes est tenu par un couple créatif. Les quelques tables en extérieur apportent une note décontractée contrastant avec les nappes blanches des tables à l'intérieur. Produits frais et de saison.

Petit Restaurant Efes CAFÉ €

(☎331 55 98 ; Plantage 2 ; repas à partir de 6 €). Située sur une place bordée de cafés non loin de l'Oudestraat, cette enseigne concocte une cuisine méditerranéenne simple, comportant de nombreux plats grecs.

Banketbakkerij BOULANGERIE €

(Oudestraat 148 ; pâtisseries à partir de 2 € ; ⏲9h-18h lun-sam). On est autant séduit par les douceurs que par l'architecture Art nouveau de cet établissement jouxtant la Nieuwe Toren.

L'ÉTRANGE VACHE DE LA NIEUWE TOREN

Un jour, un fermier de Kampen eut l'idée saugrenue de hisser l'une de ses vaches au sommet de la Nieuwe Toren pour qu'elle puisse brouter ce qu'il prit pour de l'herbe (de la mousse, en réalité). Si l'ascension, à l'aide d'un système de cordes et de poulie, amusa beaucoup les badauds, elle fut fatale à la pauvre bête qui mourut étranglée. À cause de cette aventure, la ville de Kampen a longtemps été la risée du pays et l'objet de nombreuses blagues. La (fausse) vache suspendue sur la tour rappelle l'événement.

TRAINS AU DÉPART DE KAMPEN

DESTINATION	PRIX (€)	DURÉE (MINUTES)	FRÉQUENCE (PAR HEURE)
Deventer	6	24	2
Groningen	16	67	3
Leeuwarden	15	60	2
Utrecht	14	60	3

Renseignements

Office du tourisme (VVV ; ☎038-331 35 00 ; www.vvvijsseldelta.nl ; Oudestraat 41-43 ; ⏲10h-18h lun-ven, 10h-17h sam). Partage ses locaux avec la librairie Plantage Boekhandel.

Comment s'y rendre et circuler

Vélo

Kampen se situe au carrefour de plusieurs pistes cyclables : la **LF15** file vers le nord-ouest jusqu'à Urk et vers l'est en direction de Zwolle (18 km) ; la **LF23**, qui longe les anciennes côtes en deçà du Flevoland et continue sur 130 km jusqu'à l'ouest d'Amsterdam ; la **LF22**, qui longe également les anciennes côtes vers le nord et l'ouest jusqu'à la Frise (Friesland) ; et enfin la **LF3**, qui part vers le sud jusqu'à la Frise via Zwolle.

Train

Kampen est desservie par la nouvelle liaison entre Zwolle (3 €, 10 min, 2/h) et Lelystad. Sa superbe vieille gare a été "modernisée" par la NS (Nederlandse Spoorwegen – société nationale des chemins de fer) et ne dispose plus de consignes ni d'autres services, mais uniquement d'une petite billetterie.

Parc national de Weerribben-Wieden

S'étirant sur 10 000 hectares, le parc national de Weerribben-Wieden offre des paysages paisibles, même s'ils sont parfois inquiétants, composés essentiellement de marécages. La zone était autrefois exploitée pour sa tourbe et ses roseaux. Les longues lignes gorgées d'eau qui strient le paysage proviennent des opérations d'extraction de la tourbe : lorsqu'une rangée de tourbe était ôtée, on la déposait juste à côté pour la faire sécher.

La récolte des roseaux, qui se poursuit encore aujourd'hui, n'est guère plus aisée. On peut en apercevoir d'impressionnants tas à de nombreux endroits du parc. Des générations de moissonneurs ont ainsi vécu dans ce secteur, sans beaucoup de contacts avec le monde extérieur. Leurs descendants habitent certaines des exploitations de la campagne avoisinante, à Ossenzijl ou Blokzijl.

Weerribben-Wieden est également une importante halte pour de nombreux oiseaux migrateurs traversant l'Europe.

À voir et à faire

Naviguer sur les canaux semble ouvrir les portes d'un autre monde, une impression qui s'explique par les bruits inhabituels que l'on perçoit en avançant au milieu des roseaux. Essayez de distinguer ceux émis par les oiseaux, les poissons, les grenouilles, les loutres, les castors et autres anguilles.

Le **centre d'accueil des visiteurs** (☎0561-47 72 72 ; www.np-weerribbenwieden.nl ; Hoogeweg 2, Ossenzijl ; ⏲10h-17h avr-oct) se trouve à Ossenzijl, petit village en lisière nord du parc. Demandez les nombreux topoguides et cartes des pistes cyclables. Le centre abrite un petit café et une boutique, **De Gele Lis** (L'Iris Jaune ; www.degelelis.nl ; Hoogeweg 27a ; ⏲10h-17h avr-oct), qui loue des vélos (7 €/j), des canoës (à partir de 15 €/2h) et des kayaks (à partir de 12 €/2h).

Comment s'y rendre et circuler

Pour rejoindre le centre d'accueil des visiteurs à Ossenzijl, empruntez le bus n°76 au départ de Steenwijk (38 min, toutes les heures), desservie par la liaison ferroviaire Leeuwarden-Zwolle.

Les pistes cyclables **LF3** et **LF22** traversent le parc et longent le centre. La **LF3** continue vers le nord en direction de la Frise et de Leeuwarden. La **LCF3** part vers le sud jusqu'à Zwolle (60 km) en suivant un bel itinéraire aux nombreux détours.

Nord de l'Overijssel

Avant la création du Noordoostpolder, le nord de l'Overijssel se trouvait au bord du golfe du Zuiderzee. Aujourd'hui, les anciens villages côtiers sont enclavés mais cette région marécageuse demeure sillonnée par un réseau de canaux en toile d'araignée. Il est difficile d'y circuler pour qui ne dispose pas d'un véhicule ou d'un vélo (et d'une certaine énergie), les liaisons en bus étant peu fréquentes et les connexions compliquées.

GIETHOORN

☎0521 / 2 500 HABITANTS

Giethoorn, principale curiosité de la région, ne possède pas de véritables rues mais uniquement des canaux, des sentiers et des pistes cyclables. Elle a inévitablement été surnommée "la Venise néerlandaise". À l'inverse de la plupart des autres villes du pays, Giethoorn a été édifiée sur de l'eau traversée çà et là de lopins de terre. Les fermiers y transportaient même leurs vaches dans des barques remplies de foin ! La ville occupe une place à part dans le cœur des Néerlandais car elle a servi de cadre au film *Fanfare* (1958), qui évoquait la population locale et fut l'un des premiers à s'intéresser à l'âme néerlandaise.

L'endroit est pris d'assaut en été ; le reste de l'année, ses voies d'eau dégagent un charme presque mystique.

L'ensemble de la région se prête merveilleusement au **cyclotourisme** et aux promenades en **bateau**. Près de l'office du tourisme, on peut louer un bateau électrique (15 €/h), un canoë (8 €/h) ou un vélo (8 €/j).

L'**office du tourisme** (VVV ; ☎0900 567 46 37 ; www.ervaarhetwaterreijk.nl ; Eendrachtsplein 1 ; ⌚9h30-17h30 lun-sam avr-oct, 11h-15h dim juil et août) de Giethoorn se trouve au cœur de la ville, derrière la supérette Spar, à l'intérieur de la récente bibliothèque. Le personnel vous aidera à choisir parmi les différentes options d'hébergement : terrains de camping, B&B, hôtels et bungalows.

Le bus n°70 dessert Giethoorn sur sa liaison (toutes les heures) entre Steenwijk (18 min) et Zwolle (1 heure).

Pour se déplacer dans Giethoorn, il vous faudra un bateau ou un vélo, voire les deux. Le secteur se trouve à 5 km à vélo des pistes **LF3**, **LF9** et **LF22** par d'agréables sentiers.

GUELDRE (GELDERLAND)

La province luxuriante de la Gueldre possède des trésors en matière d'espaces verts.

Nimègue rend hommage à son passé, tandis qu'Arnhem se tourne vers l'avenir pour tenter de cicatriser les blessures laissées par la Seconde Guerre mondiale. Le parc national de la Haute-Veluwe constitue le joyau de la province, grâce à ses paysages superbes et à son remarquable musée.

Nimègue (Nijmegen)

☎024 / 165 200 HABITANTS

Les 13 000 étudiants de la seule université catholique du pays confèrent à Nimègue une atmosphère dynamique. Le centre – avec son petit mais charmant quartier historique – se situe à 10 min seulement de la gare ferroviaire. Des cafés sont installés sur les quais de la Waal, qui se prête à des excursions en bateau. La ville se visite aisément en 2-3 heures ; attendez-vous toutefois à monter et descendre en permanence.

Histoire

Une petite rivalité oppose Nimègue et Maastricht, qui prétendent toutes deux au titre de ville la plus ancienne des Pays-Bas. Une chose est sûre : les Romains ont conquis la cité en l'an 70 et l'ont rapidement réduite en cendres.

Nimègue s'est développée grâce au négoce et à l'industrie. Elle a connu de nombreuses invasions au fil des siècles. Alors qu'elle servait de point de regroupement aux forces allemandes durant la Seconde Guerre mondiale, la ville a été lourdement bombardée par les Américains en février 1944. Quelques mois plus tard, elle a été dévastée par le fiasco de l'opération Market Garden (voir encadré p. 233). Les années d'après guerre ont donné lieu à plusieurs programmes de reconstruction, plus ou moins réussis.

À voir et à faire

♥ Grote Markt PLACE

Quelques édifices majeurs de la vieille ville ont survécu à la guerre ou ont été reconstruits. Le **Waag** (Poids public ; Grote Markt), bâti en 1612, a un intérieur ravissant. Le **marché** se tient sur Grote Markt le samedi et le lundi.

Sint Stevenskerk ÉGLISE

(www.stevenskerk.nl, en néerlandais ; près de Grote Markt ; accès au clocher adulte/enfant 4/2 € ; ⌚église 10h30-16h30 tlj, clocher 14h-16h mer et sam). Située de l'autre côté d'une arche par rapport à Grote Markt, cette église du XIVe siècle affiche un intérieur réformiste classique avec des murs chaulés. Grimpez les 183 marches jusqu'au sommet.

Nimègue

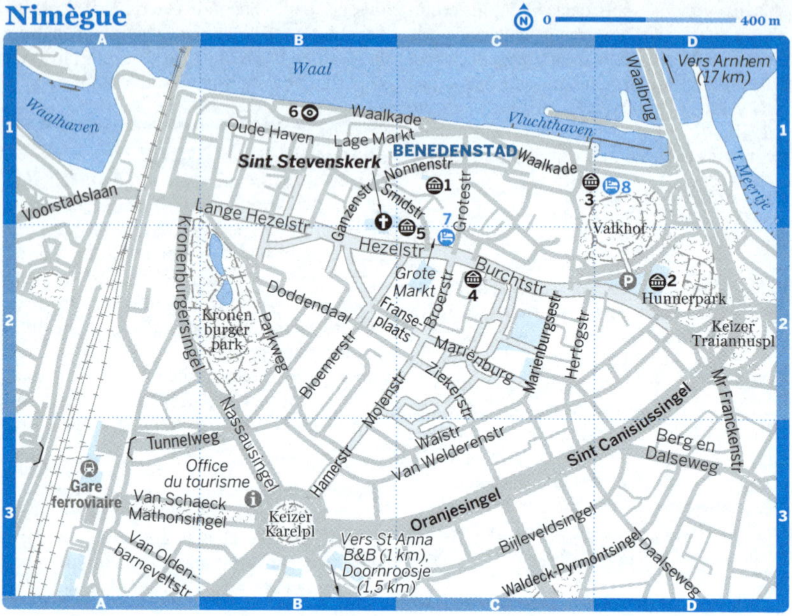

Nimègue

Les incontournables

Sint Stevenskerk B1

À voir

1 Commanderie van St Jan C1
2 Museum het Valkhof D2
3 Nationaal Fietsmuseum Velorama C1
4 Stadhuis C2
5 Waag C2
6 Waalkade B1

Où se loger

7 Hotel Atlanta C2
8 Hotel Courage D1

Où se restaurer

De Waagh .... (voir 5)

Où prendre un verre

Coffyn .... (voir 1)
De Blauwe Hand .... (voir 5)
De Hemel .... (voir 1)

Stadhuis BÂTIMENT HISTORIQUE
(Burchstraat). Situé juste à l'est de Grote Markt, l'hôtel de ville en pierre du XVIe siècle a subi de nombreuses rénovations. À l'extérieur, les statues représentent différents empereurs ayant été cléments avec la cité.

Commanderie van St Jan BÂTIMENT HISTORIQUE
(Franseplaats, angle de Grote Markt). Au nord de Grote Markt dans Franseplaats, cet hôpital du XVe siècle était destiné aux chevaliers de l'ordre de Saint-Jean. Il abrite aujourd'hui une brasserie.

Museum het Valkhof MUSÉE
(☎360 88 05 ; www.museumhetvalkhof.nl ; Kelfkensbos 59 ; adulte/enfant 8/4 € ; 🕐11h-17h mar-dim). Aménagé dans un surprenant édifice de verre, ce musée présente l'art et l'histoire de la région, et possède une riche collection d'objets romains.

Valkhof SITE HISTORIQUE
Le Valkhof est un parc charmant, où se dressent les vestiges d'un château (découvrez-le dans sa version d'origine sur le tableau de Jan Van Goyen dans le musée situé en face). Il abrite la **Sint Nicolaaskapel** de l'époque de Charlemagne, à 16 côtés. La chapelle a été remaniée et rénovée dans une multitude de styles (au gré des dirigeants de Nimègue) pendant ses 950 ans d'existence. On jouit d'une belle vue sur la Waal.

Nationaal Fietsmuseum Velorama MUSÉE
(Musée national du Vélo ; ☎322 58 51 ; www.velorama.nl ; Waalkade 107 ; adulte/enfant 5/3 €, guide en anglais 0,50 € ; 🕐10h-17h lun-sam, 11h-17h dim). Suivez les sentiers qui descendent à flanc de

coteau jusqu'à ce petit musée digne d'intérêt, au bord de la rivière. Il abrite plus de 250 vélos, des modèles en bois du XIXe siècle aux versions à propulsion manuelle. Une salle entière est consacrée aux vélocipèdes. Arrêt indispensable pour les amateurs de cycles !

Waalkade PROMENADE

Il est très agréable de déambuler sur le Waalkade, la promenade au bord de l'eau de Nimègue, surtout pour qui s'intéresse aux bateaux. Sur ce tronçon de rivière, le plus fréquenté d'Europe, on voit passer quantité de péniches et de ferries. Longez, à pied ou à vélo, le **Waalbrug** pour regarder le soleil se coucher sur la vieille ville, avec la rivière et les bateaux en contrebas.

Fêtes et festivals

Vierdaagse FESTIVAL

("Quatre Jours" ; www.4daagse.nl). Grande manifestation annuelle de Nimègue, cette marche de quatre jours créée en 1909 se déroule pendant la seconde quinzaine de juillet. Plusieurs milliers de participants parcourent entre 120 et 200 km. L'itinéraire le plus court ou le plus simple (plusieurs variantes existent selon le sexe et l'âge) implique déjà un minimum de 30 km par jour. Pendant le Vierdaagse, une ambiance festive s'empare de la ville durant toute une semaine. Achever le parcours est considéré comme un honneur national, récompensé d'une médaille.

Où se loger

Il est inutile d'envisager de loger en ville pendant le Vierdaagse.

Hotel Courage HÔTEL €€

(☎360 49 70 ; www.hotelcourage.nl ; Waalkade 108-112 ; ch 85-130 € ;). Cet hôtel jouit d'un superbe emplacement juste au bord de l'eau, au pied du Waalbrug, et abrite un bar et un restaurant sympathiques. Ses 27 chambres douillettes affichent une décoration années 1920 très réussie. Les plus

UN PONT TROP LOIN : L'OPÉRATION MARKET GARDEN

Imaginée par le général britannique Bernard Montgomery dans l'objectif de mettre un terme à la Seconde Guerre mondiale avant l'hiver, cette vaste offensive militaire fut lancée en septembre 1944 contre l'avis de nombreux conseillers. Ces derniers suspectaient Montgomery de vouloir prendre une revanche sur les troupes du général Patton – qui recevaient tous les lauriers pour leur avancée en France – par un coup d'éclat décisif mais risqué.

Selon ses plans, les forces britanniques déployées en Belgique devaient, avec l'aide de troupes aéroportées, réaliser une brèche majeure le long d'un étroit couloir jusqu'à Arnhem, aux Pays-Bas, afin de contourner la ligne de défense allemande Siegfried et de gagner la Ruhr, cœur économique et industriel du IIIe Reich. L'objectif des quelque 34 000 hommes parachutés était de prendre les ponts contrôlés par les Allemands, assurant ainsi la progression rapide des troupes vers Arnhem.

Hélas ! les choses se déroulèrent autrement. Les soldats britanniques parachutés disposaient de peu de rations et les forces venant du sud devaient franchir 14 ponts – qui devaient être intacts et peu défendus pour que l'opération réussisse. Les forces au sud durent affronter des unités allemandes parmi les plus aguerries et faire face à des ponts détruits. Les parachutistes furent bloqués à Arnhem et à Oosterbeek pendant huit jours sans renforts. Les rescapés profitèrent de l'obscurité pour battre en retraite. Au total, plus de 17 000 soldats alliés périrent dans l'offensive. Selon l'expression du lieutenant-général Frederick Browning, Arnhem était "un pont trop loin".

Cette débâcle eut des conséquences tragiques pour les Néerlandais : plusieurs villes dont Arnhem furent détruites et plusieurs centaines de civils massacrés. La Résistance néerlandaise, qui pensait la libération proche, sortit de la clandestinité pour affronter les Allemands. Privés du soutien escompté des Alliés, des centaines de résistants furent capturés et exécutés. En représailles, les Allemands interdirent les ravitaillements en nourriture dans la zone et l'hiver de 1944-1945 resta en mémoire sous le nom d'"hiver de la faim" et fit de nombreux morts néerlandais. La majeure partie des Pays-Bas était encore occupée lorsque le conflit s'acheva en mai 1945.

Outre les musées et sites commémoratifs de ce chapitre, le Nationaal Oorlogs-en Verzetsmuseum (p. 246), dans le nord du Limbourg, retrace lui aussi l'opération.

TRAINS AU DÉPART DE NIMÈGUE

DESTINATION	PRIX (€)	DURÉE (MINUTES)	FRÉQUENCE (PAR HEURE)
Amsterdam	15	70	2
Arnhem	4	15-20	8
Bois-le-Duc	8	30-39	4

onéreuses ont vue sur la rivière. La clientèle de l'hôtel a directement accès au musée du vélo (p. 232) attenant.

St Anna B&B B&B €€
(☎350 18 08 ; www.sintanna.nl ; St Annastraat 208 ; s/d à partir de 70/90 € ; @☜). Peut-être l'adresse la plus charmante de Nimègue. Les deux chambres de ce B&B ont chacune leur thème : celle de la Paix est décorée de motifs japonais et dispose d'un sauna, et celle de la Libération évoque l'atmosphère de liberté qui régnait dans le pays à la fin de la Seconde Guerre mondiale. Ravissant jardin.

Hotel Atlanta HÔTEL/CAFÉ €€
(☎360 30 00 ; www.atlanta-hotel.nl ; Grote Markt 38-40 ; s/d à partir de 65/90 € ; ☜). Avec ses 17 chambres confortables, cet hôtel affiche un excellent rapport qualité/prix. Il abrite un café fréquenté et se trouve sur Grote Markt. Son emplacement central lui vaut d'être parfois bruyant en soirée.

Où se restaurer et prendre un verre

Le Waag et la Waal sont bordés de cafés.

De Blauwe Hand CAFÉ BRUN
("Main Bleue" ; ☎360 61 67 ; Achter de Hoofdwacht 3). Le meilleur bar de Nimègue est aussi le plus ancien (1542). Il doit son nom à sa clientèle du XVIIe siècle : des employés d'un marchand de teintures voisin. La devise de cet endroit accueillant : "Une chope de bière fraîche apporte chaleur, joie et plaisirs sucrés."

De Waagh GRAND CAFÉ €€
(☎323 07 57 ; www.de-waagh.nl ; Grote Markt 26 ; midi à partir de 6 €, soir à partir de 18 € ; ⏲11h-22h). Ancien Poids public datant de 1612, cet endroit plein de charme a subi une rénovation digne des lieux. En symbiose avec le cadre traditionnel, le menu du soir propose de copieux plats de viande. Le menu du café s'apprécie d'autant plus en extérieur, installé dans un large fauteuil en osier.

COMMANDERIE VAN ST JAN
Cet hospice (Franseplaats 1) du XVe siècle abrite plusieurs restaurants.

Plaats 1 FUSION €€
(www.plaats1.com ; Franseplaats 1 ; plats 8-20 € ; ⏲17h30-22h mar, 12h-22h mer-ven, à partir de 10h30 sam et dim). Voici un restaurant séduisant qui sert des ingrédients frais de provenance locale. Quelques tables sont disséminées dans la jolie cour, tandis que l'intérieur affiche un décor chic et minimaliste. On a le choix entre une petite assiette, un sandwich ou un menu opulent. Belle cave à vins.

De Hemel BRASSERIE
("Paradis" ; www.brouwerijdehemel.nl ; Franseplaats ; ⏲12h-22h mar-dim). Une brasserie qui concocte des breuvages dignes d'intérêt, comme la Luna, une blonde à 5%, ou la puissante Nieuw Ligt, avec 10% d'alcool. Café convenable avec des tables ombragées dans la cour.

Coffyn CAFÉ
(Franseplaats ; pâtisseries à partir de 1 € ; ⏲10h-18h mar-dim). Cafés et thés bio et du commerce équitable torréfiés sur place.

Où sortir

Doornroosje MUSIQUE LIVE
(www.doornroosje.nl ; Groenewoudseweg 322) Une salle existant de longue date à la programmation éclectique, accueillant des concerts d'électro, de house mais aussi de rock indé et de world music.

Renseignements

Office du tourisme (VVV ; ☎0900 112 23 44 ; www. vvvarnhemnijmegen.nl ; Keizer Karelplein 32h ; ⏲9h30-17h30 lun-ven, 10h-16h sam). À proximité de la gare ferroviaire.

Comment s'y rendre et circuler

Les bus locaux et régionaux partent des arrêts situés devant la gare.

Train

Vaste et moderne, la gare propose de nombreux services. Les consignes, mal signalées, se situent près du quai n°1A.

Vélo

Vous trouverez un magasin de vélos en sous-sol devant la gare. Arnhem se situe à 40 km par l'itinéraire tortueux de la piste **LF3**, qui longe plusieurs rivières dont la Waal. Bois-le-Duc (Den Bosch) se trouve à environ 70 km au sud-ouest par la **LF12** tout aussi sinueuse. En raison du relief vallonné, mieux vaut disposer d'un vélo à plusieurs vitesses.

Arnhem

☎026 / 49 300 HABITANTS

Arnhem, dont le centre a été presque entièrement rasé pendant la Seconde Guerre mondiale, est une ville quelconque bien que prospère, qui abrite plusieurs musées et centres d'intérêt dans sa périphérie nord.

À voir

Aucune raison de traîner dans le secteur de la gare ferroviaire, zone commerciale sans charme, pleine d'enseignes de grandes chaînes.

John Frostbrug SITE HISTORIQUE

Au sud-est du Korenmarkt se trouve le John Frostbrug, pont moderne et très fréquenté qui remplace le fameux "pont trop loin". Il a surtout valeur symbolique. Près de son angle nord-ouest, à 1,2 km au sud-est de la gare ferroviaire, des monuments commémoratifs et des plaques ont été érigés dans Kadestraat et Oranjewachstraat.

Nederlands Openluchtmuseum MUSÉE

(Musée en plein air des Pays-Bas ; www.openluchtmuseum.nl ; Schelmseweg 89 ; adulte/enfant 15/10,50 € ; ⏲10h-17h avr-oct). Ce musée en plein air présente des édifices et des réalisations symbolisant toutes les provinces du pays, des fermes aux vieux tramways en passant par les moulins à vent. Des bénévoles en costumes d'époque font revivre les activités d'autrefois. Prendre le bus n°3 depuis la gare ferroviaire à destination d'Alteveer.

Où se loger et se restaurer

Les abords de la gare ferroviaire comptent de nombreux cafés et établissements de restauration rapide.

Stayokay Arnhem AUBERGE DE JEUNESSE €

(☎442 01 14 ; www.stayokay.com/arnhem ; Diepenbrocklaan 27 ; d à partir de 22 €, ch à partir de 55 €). Cette auberge, qui dispose de 181 lits et d'un pub, se trouve à 2 km au nord de la ville. Peu commode pour rejoindre le centre, elle est bien située pour qui souhaite découvrir les sites en périphérie, notamment à vélo. Emprunter le bus n°3 (direction Alteveer) et descendre à Ziekenhuis Rijnstate (hôpital).

Hotel Old Dutch HÔTEL €€

(☎442 07 92 ; www.old-dutch.nl ; Stationsplein 8 ; ch 85-120 € ; @). Pratique pour les connexions de transport, cet hôtel se trouve en face de la gare ferroviaire principale et dispose de 22 chambres confortables. Petit-déj inclus.

Comment s'y rendre et circuler

Les bus et les autres modes de transport public partent de la zone en construction située devant la gare.

Train

La gare d'Arnhem subit de grands travaux de rénovation qui devraient durer jusqu'en 2015. Une grande partie de la nouvelle gare sera aménagée en sous-sol ; d'ici là, les choses seront sans doute chaotiques. Les principales liaisons ferroviaires sont indiquées dans l'encadré ci-dessous.

Vélo

La gare abrite un grand magasin de vélos qui déménage régulièrement en raison des travaux. Il est utile d'investir dans un plan des pistes cyclables – le cyclotourisme est idéal pour découvrir les sites et vous trouverez quantité d'itinéraires. La piste **LF3** file vers le nord-est

TRAINS AU DÉPART D'ARNHEM

DESTINATION	PRIX (€)	DURÉE (MINUTES)	FRÉQUENCE (PAR HEURE)
Amsterdam	15	70	2
Deventer	8	36	2
Nimègue	4	15-20	8

jusqu'à Deventer à 55 km ; Nimègue se trouve à 40 km au sud par une route sinueuse le long de larges rivières, et Utrecht se situe à 40 km à l'ouest via la **LF4**.

Environs d'Arnhem

Les offices du tourisme de Nimègue et d'Arnhem vous renseigneront sur les visites et les circuits organisés dans les nombreux sites de la région – tous desservis par les pistes cyclables.

OOSTERBEEK

Banlieue chic à 5 km à l'ouest d'Arnhem, Oosterbeek a été le théâtre de lourds affrontements pendant l'opération Market Garden.

À voir

Airborne Museum Hartenstein MUSÉE

(www.airbornemuseum.nl ; Utrechtsweg 232 ; adulte/enfant 8/3,50 € ; 10h-17h lun-sam, 12h-17h dim). Ce remarquable musée a été aménagé dans une demeure qui a servi de QG tour à tour aux Britanniques et aux Allemands pendant la bataille. Une extension récente sur 6 niveaux propose des expositions multimédias qui décryptent cette offensive complexe. Une grande salle souterraine reconstitue une bataille de nuit à Arnhem. Dans l'entrée, vous trouverez un petit **office du tourisme** disposant de cartes des champs de bataille et des pistes cyclables.

Oosterbeek War Cemetery CIMETIÈRE

Ce cimetière et mémorial se situe à 500 m à l'est de la gare ferroviaire d'Oosterbeek (suivez les panneaux). Plus de 1 700 soldats alliés (essentiellement des Britanniques et des Polonais) sont inhumés ici.

Depuis/vers Oosterbeek

Les trains locaux sur la ligne entre Arnhem (2,50 €, 4 min, toutes les 30 min) et Utrecht s'arrêtent à Oosterbeek. Au départ de la gare ferroviaire d'Arnhem (20 min), le bus n°1 dessert ce secteur. La région est sillonnée de pistes cyclables.

GROESBEEK

La bourgade de Groesbeek, à la limite sud de la Gueldre, à 10 km au sud de Nimègue, abrite le **Nationaal Bevrijdingsmuseum** (musée de la Libération nationale ; 397 44 04 ; www.bevrijdingsmuseum.nl ; Wylerbaan 4 ; adulte/enfant 10,50/5,50 € ; 10h-17h lun-sam, 12h-17h dim). Grâce à des expositions interactives et des objets d'époque, les visiteurs revivent la campagne initialement destinée à libérer les Pays-Bas (qui tourna au fiasco). Le bus n°5 au départ de Nimègue dessert le musée toutes les 15 minutes. À vélo, comptez 8 km d'une piste agréable.

Non loin, le **Groesbeek Canadian War Cemetery** est dédié aux soldats canadiens tombés pendant l'offensive Market Garden (voir encadré p. 233). Un monument donne la liste des hommes morts au combat dont le corps n'a jamais été retrouvé.

Situé dans la petite ville de Jonkerbos (à courte distance de Nimègue), le **Jonkerbos War Cemetery** recèle les tombes de nombreux soldats britanniques.

Parc national de la Haute-Veluwe

Ce **parc** (www.hogeveluwe.nl ; adulte/enfant/véhicule 8,20/4,10/6 € ; horaires variables entre 8hm-22h juin et juil, 9h-18h déc-mars), le plus vaste du pays, est remarquable en soi pour ses marécages, ses forêts et ses dunes de sable, mais son musée le rend particulièrement incontournable.

Le territoire a été acquis en 1914 par Anton and Helene Kröller-Müller, un couple germano-néerlandais fortuné. Lui souhaitait un domaine de chasse, elle un musée ; les deux ont été créés. Donné à l'État en 1930, le parc a vu l'ouverture en 1938 d'un musée consacré à l'exceptionnelle collection d'œuvres d'art d'Helene. La visite du parc peut occuper une journée complète et si l'on ne dispose pas de vélo, il est possible d'emprunter gratuitement l'une des 1 700 bicyclettes blanches du parc.

Les billetteries situées aux trois entrées (Hoenderloo, Otterlo et Schaarsbergen) disposent des renseignements de base et vendent de précieux plans (3 €). Au cœur du parc, le principal **centre d'accueil des visiteurs** (9h30-18h avr-oct, jusqu'à 17h nov-mars) mérite une halte. Il présente des expositions consacrées à la faune et à la flore. On peut y réserver des **promenades guidées**.

Les routes sont peu nombreuses ; en revanche, il existe d'innombrables pistes cyclables et 42 km de sentiers de randonnée, dont trois itinéraires fléchés. Le secteur le plus intéressant est celui de **Wildbaan**, au sud du Kröller-Müller Museum. À la lisière nord, on trouve le **Jachthuis St Hubert**, pavillon de chasse seigneurial bâti par Anton, du nom du saint-patron des chasseurs. On peut visiter ses intérieurs lambrissés.

Les cyclistes pourront éventuellement loger au **camping** (☎055-378 22 32 ; plus parc adulte/enfant à partir de 7/3,50 € ; ⏲avr-oct), situé au niveau de l'entrée Hoenderloo. Il dispose de 100 emplacements ; il est impossible de réserver mais on peut téléphoner pour se renseigner sur les disponibilités.

♥ **Kröller-Müller Museum** MUSÉE
(☎0318-59 12 41 ; www.kmm.nl ; Houtkampweg 6, Otterlo ; entrée au parc plus adulte/enfant 8,20/4,10 € ; ⏲10h-17h mar-dim). Figurant parmi les plus beaux musées du pays, le **Kröller-Müller Museum** présente des œuvres des grands artistes des siècles passés, de Bruyn l'Ancien à Picasso. L'exceptionnelle collection de Van Gogh est digne de celle du musée qui lui est consacré à Amsterdam ; y figurent notamment *Les Mangeurs de pommes de terre* et *Les Tisserands*. Les tableaux sont exposés de façon chronologique afin de témoigner de l'évolution artistique du peintre. Parmi les impressionnistes exposés, Renoir, Sisley, Monet et Manet.

Une aile moderne est consacrée à la sculpture contemporaine. On trouve également un jardin de sculptures avec des œuvres de Rodin et Moore, entre autres. Les amateurs d'art pourront aisément y consacrer une demi-journée en s'offrant une pause au formidable café. Si vous rejoignez le musée à vélo depuis l'une des entrées du parc, sachez qu'il se trouve à 2,5 km d'Otterlo, 4 km d'Hoenderloo et 10 km de Schaarsbergen.

Comment s'y rendre et circuler

De la gare d'Arnhem au sud, prenez le bus n°21 (20 min, toutes les 30 min) jusqu'à l'entrée de Schaarsbergen (arrêt : Museum 40 45). De la gare d'Apeldoorn au nord, empruntez le bus n°108 jusqu'à Hoenderloo (26 min, toutes les heures). Plusieurs bus desservant le parc rallient le musée.

Vous trouverez un parking au centre d'accueil des visiteurs ainsi qu'au musée. Comptez 6 € pour accéder au parc en voiture et 2 € pour vous garer (au niveau des entrées). Les véhicules ne sont plus admis après 20h.

On peut aisément rejoindre le parc à vélo de n'importe quelle direction ; la piste cyclable **LF4** qui passe par Arnhem est l'itinéraire majeur le plus proche. Il est aussi possible d'attendre et d'emprunter l'un des vélos disponibles aux différentes entrées.

À NE PAS MANQUER

MAÎTRE GLACIER

Comptoir très prisé, situé non loin de l'entrée du parc à Hoenderloo, **IJs van Co** (www.ijsvanco.nl ; Krimweg 33d, Hoenderloo ; glaces à partir de 2 € ; ⏲12h-17h30 mars-oct) concocte depuis plusieurs décennies de succulentes glaces à l'italienne, crémeuses et sucrées juste ce qu'il faut. On peut choisir des garnitures (fruits par exemple) mais nous préférons les nôtres sans.

Apeldoorn

Cette ville quelconque présente un seul intérêt : le **Paleis Het Loo** (☎055-577 24 00 ; www.paleishetloo.nl ; Koninklijk Park 1 ; adulte/enfant 12,50/4 € ; ⏲10h-17h mar-dim), édifié en 1685 pour William III et lieu de résidence de la reine Wilhelmine jusqu'en 1962. Le palais abrite désormais un superbe musée rendant hommage à l'histoire de la maison d'Orange-Nassau. Admirez les chambres royales, les tableaux, la fastueuse salle à manger datant de 1686 et les vastes jardins avec leur labyrinthe de haies et d'allées.

Apeldoorn se trouve à l'embranchement des lignes ferroviaires ralliant Deventer, Zutphen et Amersfoort. Sa gare possède désormais une consigne. De nombreux bus locaux se rendent non loin du palais.

Elburg

La superbe Elburg abrite des merveilles sculptées et pavées du XVIe siècle. Son centre historique, peu étendu et organisé de façon linéaire, se découvre aisément à pied. Ne manquez pas le **vieux port** : continuez jusqu'à Jufferenstraat, traversez le **Vischpoort** du XIVe siècle au bout de la Vischpoortstraat puis pénétrez dans le port, où une petite flottille de navires de plaisance et de bateaux de pêche peut vous emmener faire une sortie sur l'eau.

Comment s'y rendre et circuler

De la gare ferroviaire de Zwolle (40 min, 1 à 2/h), prenez le bus n°100S. Elburg est l'occasion d'une halte plaisante pour qui emprunte la véloroute **LF23** ; la ville se trouve à 16 km au sud de Kampen.

Maastricht et le Sud-Est

Dans ce chapitre »

Le top des restaurants

» Artisan (p. 249)
» Gadjah Mas (p. 244)
» Bisschopsmolen (p. 244)
» Reitz (p. 244)

Le top des hébergements

» Kruisherenhotel (p. 243)
» Stadshotel Jeroen (p. 248)
» Eden Designhotel Maastricht (p. 243)

Pourquoi y aller

Le Sud-Est contredit la plupart des clichés sur les Pays-Bas : ici, les tulipes, les moulins à vent et les digues sont rares. En revanche, les influences belges et allemandes sont palpables (notamment à travers le vaste choix de bières).

Entourée de collines, Maastricht figure parmi les plus jolies villes du pays. Elle est aussi différente d'Amsterdam qu'elle en est éloignée géographiquement, hormis sur un aspect : ses habitants sont tout aussi originaux et sympathiques. Ville phare du Limbourg, Maastricht incarne le concept du *bourgondisch* typique du Sud-Est, un épicurisme que l'on prête ici aux habitants de notre Bourgogne.

L'autre province de la région, le Brabant-Septentrional (Noord Brabant), est une terre d'agriculture et d'industrie émaillée de quelques villes agréables. Bois-le-Duc célèbre le fils du pays, Jérôme Bosch, avec un remarquable musée qui plonge au cœur de son œuvre si particulière. Bréda mérite une halte pour sa cathédrale et ses musées ; quant au parc à thème Efteling, il constitue la plus importante attraction touristique du pays.

Quand partir

Maastricht s'apprécie en toute saison, mais les terrasses de ses cafés sont si plaisantes qu'il est préférable, pour en profiter, de venir entre la fin du printemps et le début de l'automne. La ville est réputée pour sa foire internationale d'art en mars. Sillonné de rivières, le Brabant-Septentrional recèle quantité de rivières, et c'est un régal de longer leurs berges à vélo quand le climat est doux. Le Sud-Est n'a pas la fibre ascétique du Nord, comme en témoigne le carnaval qui s'y déroule en février ; les rues sont alors envahies de musiciens, de foules en liesse et les cieux de feux d'artifice.

MAASTRICHT

043 / 121 000 HABITANTS

Avec ses vestiges romains et espagnols, son architecture aux accents français et belges, sa gastronomie et une décontraction qui contraste avec l'habituelle retenue néerlandaise, Maastricht affiche une identité à part.

Cette ville estudiantine joyeuse aux rues chargées d'histoire dégage une énergie et un charme contagieux. Maastricht constitue une halte incontournable pour qui se rend aux Pays-Bas.

Histoire

Nichée entre la Belgique et l'Allemagne, Maastricht semble suspendue à la pointe du pays. C'est sa localisation géographique qui lui a valu d'échapper aux ravages provoqués par les grands conflits du XXe siècle, les

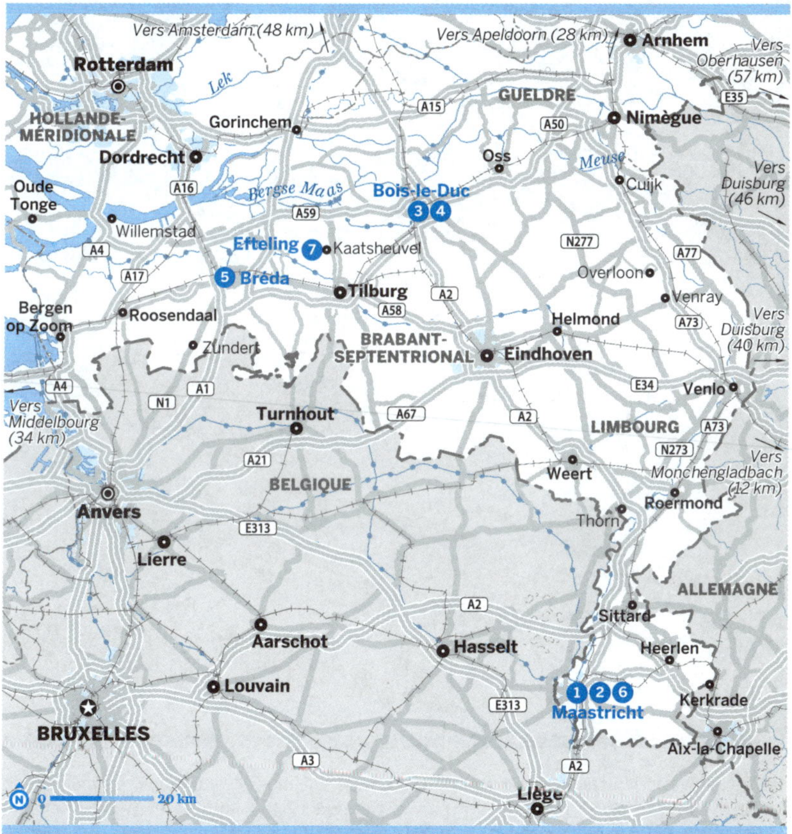

À ne pas manquer

1. La convivialité de **Maastricht** (ci-dessus), ville qui a marqué l'histoire de l'Union européenne
2. Les festivités du **carnaval** (p. 243) de Maastricht, le plus important des Pays-Bas
3. Les canaux originaux et les charmants cafés de **Bois-le-Duc** (p. 246)
4. Les messages cachés dans les tableaux de Bosch exposés au **Jheronimus Bosch Art Center** (p. 248)
5. Une excursion, en train ou à vélo, jusqu'à **Bréda** (p. 250) pour découvrir sa remarquable église gothique
6. Un sandwich fabriqué à partir d'une farine provenant d'un moulin du VIIe siècle à **Maastricht** (p. 244)
7. Le plus grand parc d'attractions du pays et le plus prisé : **Efteling** (p. 250)

Maastricht

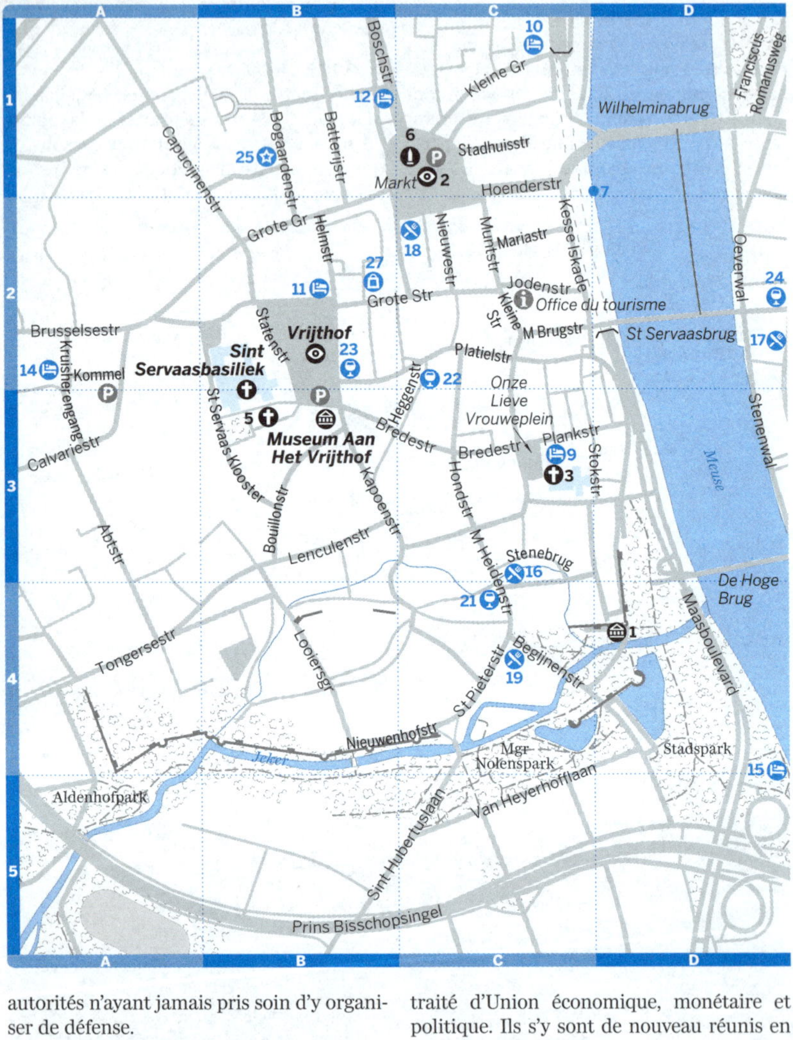

autorités n'ayant jamais pris soin d'y organiser de défense.

Au cours des siècles précédents, toutefois, la plupart des grandes puissances européennes se sont tour à tour emparées de la ville. Ce passé a contribué à apporter à Maastricht son atmosphère paneuropéenne. De nombreux habitants passent sans difficulté du néerlandais à l'anglais, au français, à l'allemand ou au flamand. Cette situation explique sans doute pourquoi la ville a servi de cadre à deux événements majeurs de l'histoire de l'Union européenne. Le 10 décembre 1991, les 12 membres de la Communauté européenne y ont signé le traité d'Union économique, monétaire et politique. Ils s'y sont de nouveau réunis en février 1992 pour signer le traité qui a donné naissance à l'Union européenne et reste connu sous le nom de traité de Maastricht.

À voir

Les principales curiosités se concentrent de part et d'autre de la Meuse (Maas), qui traverse la ville. Le quartier du **Wyck** se trouve côté est, tandis que celui au sud s'appelle **Céramique**.

La meilleure façon de découvrir la ville consiste à flâner au fil des rues pour admirer ses vestiges, ses musées et ses cafés.

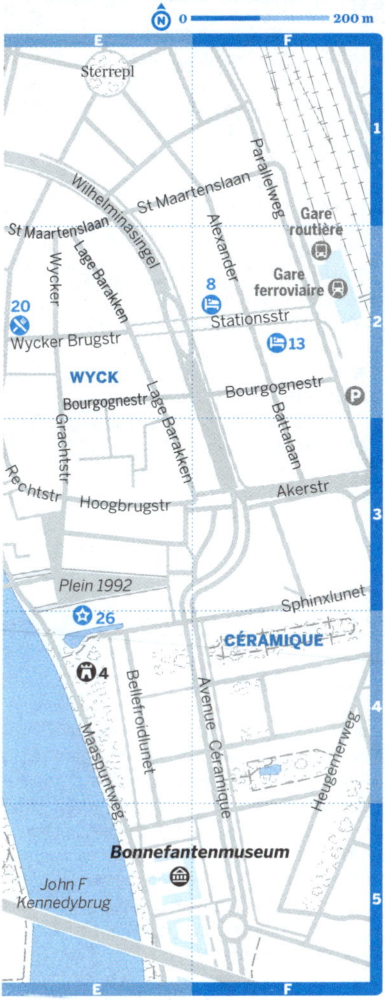

Ne manquez pas les rues au sud et à l'est de la **Vrijthof** qui forment un labyrinthe médiéval ponctué de boutiques et de places.

Datant du XIIIe siècle, le pont **Sint Servaasbrug**, interdit aux véhicules, relie le centre-ville au quartier de Wyck.

♥ Bonnefantenmuseum — MUSÉE

(www.bonnefantenmuseum.nl ; Ave Céramique 250 ; adulte/enfant 9 €/gratuit ; ⏲11h-17h mar-dim). Le "musée des Bons-Enfants" est aisément repérable à sa tour de 28 m de haut. Conçu par Aldo Rossi, le musée a ouvert en 1995. Ses collections sont réparties au sein de différents départements : les grands maîtres et les sculptures médiévales sont exposés au 1er étage, les œuvres d'art contemporain d'artistes du Limbourg se trouvent au niveau supérieur. Les visiteurs empruntent un escalier large et imposant. Prévoyez du temps pour la superbe collection d'art médiéval de Neuteling.

Le musée accueille également des expositions temporaires. Il est aussi le parrain du grand prix bisannuel Vincent van Gogh pour l'Art contemporain en Europe.

Vrijthof — PLACE

Cette vaste place, bordée de cafés, de musées et d'églises, est le centre de gravité de la ville.

Sint Servaasbasiliek — ÉGLISE

(www.sintservaas.nl ; tarif plein/réduit 4 €/gratuit ; ⏲10h-16h30). La basilique Saint-Servais, érigée vers l'an 1000 puis plusieurs fois modifiée, domine la Vrijthof. Son **Trésor** renferme des objets en or du XIIe siècle. Ne manquez pas la châsse de saint Servais, évêque catholique décédé en ces lieux en 384. Pénétrez par l'entrée située à l'arrière de la basilique pour découvrir le paisible jardin du cloître.

Museum Aan Het Vrijthof — MUSÉE

(☎321 13 27 ; www.museumaanhetvrijthof.nl ; Vrijthof 18 ; adulte/enfant 8/2 € ; ⏲10h-18h mar-dim). Inauguré en 2012 sur le côté sud de la Vrijthof, ce musée occupe un édifice du XVIe siècle où Philippe II a banni Guillaume le Taciturne au début de la guerre de Quatre-Vingts Ans. Il mêle art local, histoire et artisanat pour retracer le passé de Maastricht. Les salles recréent différentes périodes de l'histoire de la ville. Petit café sympathique dans le hall.

Sint Janskerk — ÉGLISE

(Église entrée libre, clocher tarif plein/réduit 1,50/0,50 € ; ⏲11h-16h lun-sam). Cette petite église gothique du XVIIe siècle est l'une des plus belles du pays. Sa couleur rouge la rend particulièrement photogénique. Montez au clocher pour profiter de la vue.

Onze Lieve Vrouwebasiliek — ÉGLISE

(Basilique Notre-Dame ; trésor tarif plein/réduit 3/1 € ; ⏲10h-17h). La petite place **Onze-Lieve-Vrouweplein**, encadrée de cafés, doit son nom à cette basilique, dont certains éléments sont antérieurs à l'an 1000, et qui reposerait sur les fondations d'un édifice romain. Le Trésor attenant renferme bijoux et autres richesses. Près de l'entrée, l'autel couvert de cierges de Marie, étoile de la mer attire les pèlerins depuis plus de 300 ans.

Maastricht

Les incontournables
Bonnefantenmuseum ... E5
Museum Aan Het Vrijthof ... B3
Sint Servaasbasiliek ... B2
Vrijthof ... B2

À voir
1 Helpoort ... D4
2 Markt ... C1
3 Onze Lieve Vrouwebasiliek ... C3
4 Ramparts ... E4
5 Sint Janskerk ... B3
6 Statue de Johannes Petrus Minckelers ... C1

Activités
7 Stiphout Cruises ... D1

Où se loger
8 Eden Designhotel Maastricht ... F2
9 Hotel Derlon ... C3
10 Hotel d'Orangerie ... C1
11 Hotel DuCasque ... B2
12 Hotel Holla ... B1
13 Hotel Le Guide ... F2
14 Kruisherenhotel ... A2
15 Stayokay Maastricht ... D4

Où se restaurer
16 Bisschopsmolen ... C3
17 Gadjah Mas ... D2
18 Reitz ... C2
19 Sjieke ... C4
20 Zondag ... E2

Où prendre un verre
21 Cafe Forum ... C4
22 EDD's ... C2
23 In Den Ouden Vogelstruys ... B2
24 Take One ... D2

Où sortir
25 Cinema Lumiere ... B1
26 Derlon Theater ... E4

Achats
27 Selexyz n' Dominicanen ... B2

Markt PLACE
Le Markt est le cœur marchand de la ville. S'y dresse, au nord, la **statue de Jean-Pierre Minckelers**, qui porte une torche en hommage à son invention : le gaz d'éclairage.

Fortifications SITE HISTORIQUE
Au bout de la Sint Bernardusstraat, l'**Helpoort** est la plus ancienne porte des Pays-Bas (1229) ; le secteur est ponctué d'anciens murs d'enceinte. On trouve des vestiges de **remparts** et fortifications du XIIIe siècle de l'autre côté de la Meuse, dans le quartier de Céramique.

Fort Sint Pieter FORTERESSE
(www.maastrichtunderground.nl ; Luikerweg 80 ; visite guidée tarif plein/réduit 5,50/4,50 € ; visite horaires variables). Située à 2 km au sud d'Helpoort, cette forteresse datant de 1701 a retrouvé son apparence d'origine grâce à une rénovation achevée en 2007. Elle est reliée au réseau de galeries et de grottes qui court sous la colline (voir encadré ci-contre).

Rejoindre la forteresse à pied depuis la ville offre l'occasion d'une agréable promenade. Malgré la présence imposante des remparts, ce secteur superbe est bucolique, et la forteresse qui domine le coteau offre une vision saisissante.

Maastricht Underground GROTTES
(325 21 21 ; www.maastrichtunderground.nl ; grottes Nord : Luikerweg 71, grottes de Zonneberg : Slavante 1 ; visites guidées tarif plein/réduit 5,50/4,50 € ; horaires variables). La société Maastricht Underground, qui gère également la forteresse Sint Pieter, propose toute l'année des circuits dans les souterrains de Sint Pietersberg (voir encadré ci-contre), amusants et parfaits pour les amateurs de frissons. Les plus prisés sont ceux des **grottes Nord**, dont l'entrée se trouve près de la forteresse. On peut aussi visiter les **grottes de Zonneberg**, plus bas près de la rivière.

Circuits organisés

L'office du tourisme (p. 245) organise des visites de la ville à pied ou à vélo.

Stiphout Cruises EXCURSIONS EN BATEAU
(351 53 00 ; www.stiphout.nl ; Maaspromenade 58 ; tarif plein/réduit à partir de 8/5 € ; tlj avr-oct, sam et dim nov-déc). Large choix de sorties sur la Meuse.

Fêtes et festivals

Trois événements majeurs se détachent du calendrier bien rempli de Maastricht.

Carnaval PARADES ET COTILLONS
(www.carnavalinmaastricht.nl). Célébré avec une ferveur digne de Venise, le carnaval commence le vendredi précédant Mardi gras et se prolonge jusqu'au mercredi. Tout s'arrête en ville pendant les festivités.

European Fine Art Fair ART ET ANTIQUITÉS
(TEFAF ; www.tefaf.com). Ce grand rendez-vous européen de l'art et des antiquités se déroule mi-mars : plus de 200 exposants proposent des chefs-d'œuvre à une clientèle fortunée. La manifestation est ouverte au public (55 €).

Preuvenemint FESTIVAL GASTRONOMIQUE
(www.preuvenemint.nl). Le "plus grand restaurant de plein air au monde" se tient sur la Vrijthof pendant quatre jours autour du dernier week-end d'août.

Où se loger

Maastricht étant une destination de week-end prisée, il est indispensable de réserver. L'office du tourisme (p. 245) dispose d'une liste de chambres chez l'habitant.

Kruisherenhotel HÔTEL €€€
(☎329 20 20 ; www.chateauhotels.nl ; Kruisherengang 19-23 ; ch à partir de 190 € ; ❄@📶). Aménagé dans un ancien monastère de l'ordre de la Sainte-Croix de 1483, cet hôtel exceptionnel est agrémenté de touches contemporaines qui mettent en valeur le cadre. Ses 60 chambres somptueuses offrent toutes une décoration unique. Certaines recèlent des fresques et des œuvres d'art, d'autres sont nichées sous les combles de l'ancienne église. Petit-déjeuner divin.

Eden Designhotel Maastricht HÔTEL €€
(☎328 25 25 ; www.edendesignhotel.com ; Stationsstraat 40 ; ch 80-160 € ; ❄@📶). Situé dans l'artère principale entre la gare et le centre, ce bel hôtel ancien a bénéficié d'une cure de jouvence. Les 105 chambres affichent un style épuré, avec parquet. De petites sculptures d'animaux ornent l'entrée. Petit-déjeuner inclus.

Hotel Holla HÔTEL €€
(☎321 35 23 ; www.hotelholla.nl ; Boschstraat 104-106 ; ch 65-100 € ; @📶). Installées dans un élégant édifice de 1855, les 24 chambres de cet hôtel sont décorées avec goût. Le café situé en rez-de-chaussée propose du bon café dans un cadre raffiné.

Hotel Derlon HÔTEL €€€
(☎321 67 70 ; www.derlon.com ; Onze Lieve Vrouweplein 6 ; ch à partir de 200 € ; ❄@📶). Établissement luxueux disposant de 48 chambres aux équipements design et à la décoration haute en couleur. Le petit-déjeuner est servi dans une salle au sous-sol bâtie autour de ruines romaines. Parfait pour se faire dorloter.

Stayokay Maastricht AUBERGE DE JEUNESSE €
(☎750 17 90 ; www.stayokay.com/maastricht ; Maasboulevard 101 ; dort à partir de 22 €, ch à partir de 60 € ; @📶). Une remarquable auberge dont la grande terrasse donne sur la Meuse ; 199 lits en dortoirs ou chambres indépendantes. Juste au sud du centre, dans un parc.

Hotel d'Orangerie HÔTEL €€
(☎326 11 11 ; www.hotel-orangerie.nl ; Kleine Gracht 4 ; ch 70-160 € ; 📶). Cet hôtel aménagé dans une belle demeure de 1752 dégage

DE L'AUTRE CÔTÉ DU TUNNEL

Sint-Pieterberg est parcourue d'un réseau de grottes et de galeries, d'anciennes carrières exploitées dès l'époque romaine, creusées dans la marne au rythme laborieux de quatre blocs par jour. Depuis, il a servi régulièrement de refuge aux habitants lors des conflits.

La portion surnommée "tunnels du couloir Nord" (les "grottes Nord" dans les circuits organisés) témoigne d'une véritable prouesse technique : à une époque, il existait 20 000 passages distincts se prolongeant au-delà de la frontière belge et représentant une longueur totale de 200 km.

Emprunter ces tunnels constitue une expérience unique, qui donne la chair de poule, en raison de l'ambiance mais aussi du froid (9°C) et de l'obscurité. Les personnes qui se cachaient ici lors des sièges mouraient souvent d'hypothermie.

Parmi les éléments troublants figurent les inscriptions laissées sur les parois au fil des siècles, des silhouettes esquissées à l'époque romaine aux dessins datant de la guerre et représentant des vedettes hollywoodiennes (comme Bette Davis) en passant par les nus tracés par les hippies dans les années 1970. Les galeries ont été interdites au public dans les années 1980, avant que les graffeurs néerlandais soient autorisés à venir s'y exprimer.

charme et raffinement. Les 22 chambres, dotées de lits de standing, affichent une décoration soignée. Le petit-déj (en sus) peut se prendre dans la vaste cour.

Hotel DuCasque HÔTEL €€
(☎321 43 43 ; www.amrathhotels.com ; Helmstraat 14 ; ch 80-160 € ; 📶). Situé à proximité du quartier commerçant et de la Vrijthof, cet hôtel de 45 chambres dégage une ambiance Art déco surannée. Certaines chambres du 4e étage ont une terrasse avec vue sur la ville.

Hotel Le Guide HÔTEL €
(☎321 61 76 ; www.leguide.nl ; Stationsstraat 17A ; s 35-55 €, d à partir de 64 €). Excellent rapport qualité/prix près de la gare, avec un café fréquenté en rdc et six chambres sans fioriture à l'étage (certaines avec sdb commune).

Où se restaurer

Maastricht offre l'embarras du choix en matière de bonnes tables, à tous les prix. Les restaurants se concentrent notamment à l'extrémité est de la Tongersestraat, dans la Rechstraat, dans les ruelles près des remparts ainsi qu'autour de la Vrijthof.

Les nombreux cafés débordant sur la place d'Onze Lieve Vrouweplein sont parfaits pour se poser quelques instants.

Gadjah Mas INDONÉSIEN €€
(www.gadjahmas.nl ; Rechtstraat 42 ; plats 17-25 € ; ⏲17h-22h). La Rechtstraat, à l'est de la rivière, est l'une des meilleures rues où dîner à Maastricht. Ce charmant petit restaurant indonésien sert des *rijsttafels* (assortiment de plats relevés accompagnés de riz) qui sortent du lot. Saveurs goûteuses et épices bien présentes. Belle carte des vins.

Bisschopsmolen BOULANGERIE/CAFÉ €
(www.bisschopsmolen.nl ; Stenebrug 1-3 ; repas 5-12 € ; ⏲9h30-18h mar-dim). Une roue hydraulique du VIIe siècle encore en fonctionnement alimente un moulin à farine, lequel fournit la boulangerie attenante. On trouve des pains de toutes les formes et quantité de pâtisseries (sortis des fours visibles à l'arrière). Sandwichs et autres produits maison. On peut visiter librement le moulin et assister à la fabrication de la farine.

Reitz FRITES €
(Markt 75 ; frites 2 € ; ⏲11h-18h mar-dim). Rejoignez la file d'attente formée sous l'enseigne lumineuse de ce marchand de frites existant depuis plusieurs décennies.

Sjieke NÉERLANDAIS CONTEMPORAIN €€
(www.cafesjiek.nl ; St Pieterstraat 13 ; repas 12-25 € ; ⏲17h-2h lun-ven, 12h-23h sam et dim, fermeture des cuisines à 23h ; 📶). Ce petit restaurant douillet propose des plats néerlandais traditionnels – copieux ragoûts, rôtis, poissons frais et autres plats colorés et goûteux. En été, des tables sont installées dans le parc situé en face, pour admirer les étoiles tout en dégustant une bière. Somptueux.

Où prendre un verre

Il y a ici quantité de bars et de cafés, pour tous les goûts. La plupart servent à manger.

Take One CAFÉ BRUN
(www.takeonebiercafe.nl ; Rechtstraat 28). Cette petite taverne des années 1930, tout en longueur, propose une centaine de bières produites dans les endroits les plus reculés du Benelux. Le couple de propriétaires vous aidera à faire votre choix. Mention spéciale pour la Bink Blonde, sucrée et piquante.

Zondag CAFÉ
(www.cafezondag.nl ; Wyckerbrugstr 42 ; plats 6-12 €). La musique douce en journée cède la place à des rythmes jazzy le soir venu. L'endroit est vaste et lumineux, et la cuisine de première fraîcheur. Large gamme de sandwichs, produits du jour et boissons créatives.

EDD's GRAND CAFÉ
(www.edds-cafe.nl ; Heggenstraat 3 ; plats 12-25 € ; ⏲11h-2h). Eat, Drink and Dance ("manger, boire et danser") ! Ce café sans prétention, à la décoration postindustrielle, propose des classiques de la cuisine néerlandaise, à base d'ingrédients très frais. Faites votre choix dans la longue carte des boissons et, le samedi soir, lancez-vous sur la piste.

In Den Ouden Vogelstruys PUB
(www.vogelstruys.nl, en néerlandais ; Vrijthof 15). Donnant sur la cathédrale de l'autre côté de la place, ce vieux pub cache, derrière les lourds rideaux rouges à l'entrée, un comptoir décoré de photos anciennes, dans une salle revêtue de boiseries.

Cafe Forum GRAND CAFÉ
(www.cafeforum.eu ; Sint Pieterstraat 4). Installé confortablement dans un fauteuil en osier à l'extérieur, vous aurez du mal à trouver l'énergie de pénétrer à l'intérieur. Et pourtant… ce café propose des concerts plusieurs soirs par semaine, dont du jazz le lundi. Carte du midi simple, à base de tapas ; vaste choix de bières et de vins.

Où sortir

Cinema Lumiere CINÉMA
(☎321 40 80 ; www.lumiere.nl ; Bogaardensstraat 40b). Productions originales et grands classiques.

Derlon Theater SPECTACLE VIVANT
(☎350 30 50 ; www.derlontheater.nl ; Plein 1992 - 15). Situé près de la bibliothèque, le Derlon propose pièces de théâtre et concerts. Belle vue sur la Meuse depuis la terrasse.

Achats

Le **Markt** accueille un marché de produits frais le mercredi et une vaste foire aux objets le vendredi. Un **marché biologique** (⏲ 14h-18h30pm jeu) se tient sur le terre-plein central de la Stationstraat, où se déroule également une brocante tous les samedis.

Les rues qui partent de Grote Straat sont jalonnées des enseignes habituelles. On trouve quelques boutiques de luxe dans la galerie marchande **Entre Doux** (Helmstraat 3). **Stokstraat** recèle des galeries et boutiques d'art, ainsi que d'autres magasins. Les ruelles aux abords des anciens remparts de la ville, notamment dans **St Pieterstraat**, réservent de belles découvertes.

Dans Wyck, la **Rechtstraat** recèle un ensemble de commerces très éclectiques.

Selexyz n' Dominicanen LIBRAIRIE
(☎321 08 25 ; Dominicanenkerkstraat 1). Cette ancienne église dominicaine, reconvertie en librairie, propose un choix de livres immense. Le cadre, à lui seul, mérite le déplacement.

Renseignements

Accès Internet

L'office du tourisme principal (ci-contre) met à disposition un ordinateur qui permet de consulter rapidement et gratuitement ses e-mails.

Centre Céramique Library (☎350 56 00 ; Ave Céramique 50 ; ⏲10h30-20h30 mar et jeu, 10h30-17h mer et ven, 10h-17h sam, 13h-17h dim). Un centre culturel polyvalent avec un accès Internet gratuit.

Office du tourisme

Office du tourisme (VVV ; ☎325 21 21 ; www.vvvmaastricht.nl ; Kleine Straat 1 ; ⏲9h-18h lun-ven, jusqu'à 17h sam toute l'année, 11h-15h dim mai-oct). Installé dans la Dinghuis du XVe siècle ; bons dépliants sur les balades.

Depuis/vers Maastricht

Bus

La **gare routière** se trouve sur la droite en sortant de la gare ferroviaire. Les bus Eurolines assurent une liaison vers/depuis Bruxelles. Les bus Interliner circulent toutes les heures vers/depuis Aix-la-Chapelle.

Train

La vieille **gare ferroviaire** dispose de toutes les prestations nécessaires : les consignes se situent dans un coin, en retrait du hall principal. Quelques tarifs et horaires sont indiqués dans l'encadré ci-dessous.

Un train relie toutes les heures la ville de Liège (30 min), d'où l'on peut prendre un train à grande vitesse pour Bruxelles, Paris ou Cologne.

Vélo

Maastricht est le point de départ du parcours cyclable **LF3**, qui file vers le nord jusqu'à Arnhem à 220 km (et continue vers la côte nord) ; il longe la frontière allemande sur une grande partie du chemin. Plein de charme, le début du trajet suit les rives de la Meuse, que l'on aperçoit au détour des innombrables virages.

La **LF7** longe les voies d'eau et part vers le nord-ouest jusqu'à Alkmaar (350 km) en passant par Amsterdam. Sur ce tronçon, la première ville d'intérêt est Bois-le-Duc (Den Bosch ; 140 km au nord-ouest). Les **LF3** et **LF7** croisent sur leur tracé respectif plus d'une dizaine d'autres pistes cyclables nationales. Pour un périple au-delà des frontières, empruntez la **LF6** plein est sur 35 km jusqu'à Vaals, à la frontière allemande. Aix-la-Chapelle (Aachen) ne se trouve qu'à 5 km.

Comment circuler

La gare et la Vrijthof sont distantes de 750 m.

Vous trouverez un **magasin de vélos** dans un bâtiment séparé, situé sur la gauche en sortant de la gare.

TRAINS AU DÉPART DE MAASTRICHT

DESTINATION	PRIX (€)	DURÉE (MINUTES)	FRÉQUENCE (PAR HEURE)
Amsterdam	24	150	2
Bois-le-Duc	19	85	2
Utrecht	23	120	2

Environs de Maastricht

La longue et étroite province du Limbourg ne semble guère parfois appartenir aux Pays-Bas, en particulier dans son sud vallonné. Le long de l'autoroute A2, on remarque des pancartes mettant en garde contre de "fortes pentes"... qui passeraient inaperçues ailleurs.

Les collines et les forêts du sud du Limbourg se prêtent à la randonnée et au cyclotourisme. Le **Drielandenpunt** (à l'intersection des Pays-Bas, de la Belgique et de l'Allemagne) est le point culminant du pays, à seulement 323 m, dans le Vaals, à 26 km au sud-est de Maastricht. Elle peut être la destination d'une excellente excursion, en voiture comme à vélo.

À l'est de Maastricht, la ville de **Valkenburg** est une destination surfaite, prisée des bus des tour-opérateurs. Elle recèle d'innombrables magasins à prix réduits, installés dans un paysage de forêts étonnamment paisibles.

NETHERLANDS AMERICAN CEMETERY AND MEMORIAL

Situé à Margraten, à 10 km au sud-est de Maastricht, ce **cimetière** (⏲lever au coucher du soleil) est dédié aux soldats américains ayant péri dans l'opération Market Garden ou dans l'avancée alliée destinée à libérer le pays. Les rangées de tombes blanches se succèdent sur ce site désolé.

Le bus n°50 dessert le cimetière au départ de la gare ferroviaire de Maastricht (20 min, 4/h).

Nord du Limbourg

Collée à la Meuse, la moitié nord du Limbourg, à peine 30 km de largeur à son point maximal, est une région d'industrie et d'agriculture. **Venlo**, la ville principale, possède un petit quartier historique près de la gare ferroviaire. La cité mérite un rapide coup d'œil, tout comme **Thorn** et **Roermond**, par exemple si vous y prenez le train ralliant Cologne toutes les heures.

NATIONAAL OORLOGS-EN VERZETSMUSEUM

Overloon, petite bourgade à la limite du Brabant-Septentrional, a été le théâtre de féroces combats entre Américains, Britanniques et Allemands pendant l'offensive Market Garden de 1944. La majeure partie des affrontements s'est déroulée sur le site où se tient désormais le **Nationaal Oorlogs-en Verzetsmuseum** (Musée national de la Guerre et de la Résistance; ☎0478-641 820 ; www.oorlogsmuseum-overloon.nl ; Museumpark ; tarif plein/réduit 13/8 € ; ⏲10h-17h), musée bien conçu qui se penche sur le rôle des Pays-Bas dans la Seconde Guerre mondiale et sur le sort des résistants néerlandais.

Pour rejoindre le musée, empruntez le train qui rallie Venray toutes les demi-heures au départ de Roermond (7,70 €, 40 min) ou de Nimègue (6,60 €, 35 min). Prenez ensuite un taxi jusqu'au musée, à 7 km de la gare (environ 10 €). Organisez-vous avec votre chauffeur pour le retour. Le parcours cyclable **LF3** passe à 6 km à l'est.

BRABANT-SEPTENTRIONAL (NOORD BRABANT)

La plus vaste province des Pays-Bas, le Brabant-Septentrional (Noord Brabant), s'étend au sud du territoire, des terres gorgées d'eau à l'ouest aux zones vallonnées à l'est. Son chef-lieu, Bois-le-Duc (Den Bosch) mérite une visite et la ville de Bréda ne manque pas de charme. Toutefois, malgré son étendue, la province ne vous occupera pas longtemps : il s'agit avant tout d'une région agricole et industrielle.

Bois-le-Duc (Den Bosch)

☎073 / 142 000 HABITANTS

Chef-lieu du Brabant-Septentrional, Bois-le-Duc (s-Hertogenbosch de son nom complet) doit son nom à la forêt qui occupait le site, terrain de chasse de Henri Ier, duc de Brabant, qui fonda la ville au XIIe siècle. La forêt a depuis disparu, et la ville fit l'objet d'une âpre lutte pendant la guerre de Quatre-Vingts Ans. On aperçoit encore la démarcation des anciennes fortifications qui suivaient les contours des canaux. Au XVe siècle, la ville vit naître le peintre Jheronimus van Aken, qui lui doit son nom d'artiste : Jérôme Bosch (voir encadré p. 248).

Ne manquez pas les deux édifices majeurs : la cathédrale et le remarquable musée.

À voir

En réalisant une grande boucle à pied, on peut découvrir l'ensemble de la ville, dont les abords se prêtent à de nombreuses excursions à vélo.

Bois-le-Duc

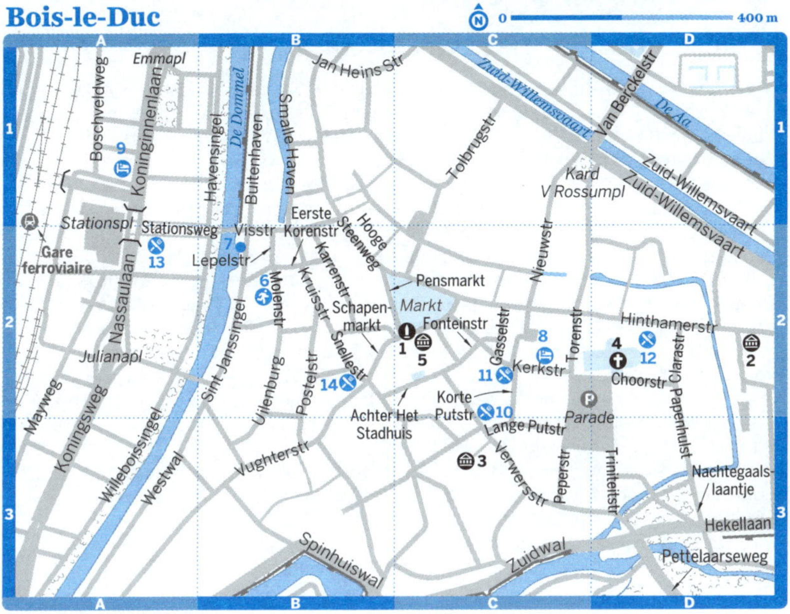

Bois-le-Duc

À voir

1	Statue de Jérôme Bosch	C2
2	Jheronimus Bosch Art Center	D2
3	Noordbrabants Museum	C3
4	St Janskathedraal	D2
5	Stadhuis	C2

Activités

6	Binnendieze	B2
7	Rederij Wolthuis	B2

Où se loger

8	Eurohotel Den Bosch	C2
9	Hotel Terminus	A1
	Stadshotel Jeroen	(voir 2)

Où se restaurer

10	Artisan	C2
11	In de Bossche Eetkamer	C2
12	In de Keulse Kar	D2
13	Jan de Groot	A2
14	Koffiehuis Voltaire	B2

St Janskathedraal — CATHÉDRALE

(www.sint-jan.nl ; Choorstraat 1 ; clocher 4 € ; 8h-17h). Principale curiosité de la ville, cette cathédrale, construite de 1336 à 1550, est l'une des plus belles du pays et présente un intéressant contraste entre le clocher de brique rouge et les contreforts ouvragés en pierre. Prenez le temps de faire le tour de l'édifice pour apprécier sa riche ornementation : vous pourrez remarquer une vingtaine de statues d'anges, plus modernes, ajoutées lors de la dernière campagne de restauration ; l'un d'eux tient un téléphone portable !

La cathédrale recèle des vitraux de la fin du gothique, une imposante représentation de Marie et un buffet d'orgue du XVIIe siècle. La plupart de ses tableaux ont été détruits par les protestants en 1566, mais quelques toiles du XVe siècle ont été mises au jour lors de travaux récents.

N'hésitez pas à grimper au **clocher** (73 m) pour découvrir le carillon et admirer la vue.

Stadhuis — BÂTIMENT HISTORIQUE

L'hôtel de ville, sis sur la vaste **Markt**, date du XVe siècle. Sa façade fut modifiée en 1670 dans le style baroque.

Noordbrabants Museum — MUSÉE

(687 78 77 ; www.noordbrabantsmuseum.nl ; Verwersstraat 41). Aménagé dans l'ancienne résidence du gouverneur bâtie au XVIIIe siècle, ce musée abrite un jardin de sculptures et

À NE PAS MANQUER

JÉRÔME BOSCH, ARTISTE INCLASSABLE

On sait peu de chose sur le peintre Jérôme Bosch (1450-1516), qui vécut toute sa vie à Bois-le-Duc. Les 125 tableaux qui lui sont attribués témoignent d'une créativité qui ne le rattache à aucune grande école artistique. Michael Connelly, auteur américain de romans policiers, a baptisé le personnage principal d'une de ses séries du nom du peintre, car ce dernier "a dessiné des paysages détaillés de la débauche, la violence et la souillure humaines".

Si Jérôme Bosch avait une vision traditionnelle du bien et du mal, l'artiste s'inscrivait en marge de l'iconographie traditionnelle – un simple regard à *La Tentation de saint Antoine* dans laquelle un couple voyage sur le dos d'un poisson volant vous en convaincra.

La ville rend aujourd'hui hommage au peintre : une **statue** (Market) le représente devant le Stadhuis et le passionnant **Jheronimus Bosch Art Center** (www.jheronimusbosch-artcenter.nl ; Jeroen Boschplein 2 ; tarif plein/réduit 6/3 € ; 10h-17h mar-dim) propose des expositions interactives explorant sa vie et son œuvre. Installé dans une ancienne église, il dispose également d'un ascenseur qui monte à 40 m de hauteur pour admirer la vue sur la ville. Ce remarquable musée privé possède des reproductions de tous les tableaux de Bosch et relate l'histoire de chacun. Il présente de nombreux autres joyaux, ainsi qu'une sculpture inspirée d'un personnage du *Jardin des délices*.

Les œuvres de Bosch sont aujourd'hui dispersées dans les plus grands musées. Les plus proches de sa ville natale sont *Le Vagabond* et *Les Noces de Cana*, exposées au musée Boijmans van Beuningen de Rotterdam. Le célèbre *Jardin des délices* se trouve au Prado, à Madrid (les Espagnols se piquèrent de curiosité pour l'œuvre de Bosch et emportèrent un certain nombre de tableaux dans leurs bagages au XVIe siècle).

propose des expositions sur la vie et les arts dans le Brabant. Il possède un Van Gogh et une statue de Bacchus d'inspiration romaine. Dans le cadre de grands travaux d'aménagement, une vaste cour, le **Museumkwartier**, est en cours de création. Elle reliera le musée rénové à son voisin dédié à l'art moderne, le **Stedelijk Museum**. Les travaux devraient être achevés d'ici 2014.

Circuits organisés

Les **canaux** de Bois-le-Duc ne ressemblent pas à ceux que vous avez pu voir jusque-là : beaucoup possèdent de longs tronçons qui passent sous des édifices, des places et des routes. Ces passages souterrains agrémentent les habituelles balades sur les canaux et sont particulièrement romantiques.

Binnendieze — CROISIÈRES SUR LES CANAUX
(www.binnendieze.nl ; Molenstraat 15a ; tarif plein/réduit 7/3,50 € ; billets 9h30-17h avr-oct). Passionnantes balades (50 min) sur les canaux du centre. Départ généralement toutes les heures, plus les week-ends d'été.

Rederij Wolthuis — CIRCUITS EN BATEAU
(631 20 48 ; www.rederijwolthuis.nl ; tarif plein/réduit 8/7 € ; 12h-15h mar-dim mai-sept). Excursions (1 h) sur les anciens canaux défensifs et maritimes qui entourent la vieille ville.

Où se loger

Stadshotel Jeroen — BOUTIQUE HOTEL €€
(610 35 56 ; www.stadshoteljeroenbosch.nl ; Jeroen Boschplein 6 ; s/d à partir de 100/130 € ; wifi). Attenant au Jheronimus Bosch Art Center, ce petit hôtel propose 6 chambres luxueuses à la décoration propre. On prend le petit-déjeuner (compris) dans un café raffiné au rez-de-chaussée. Admirez les jets d'eau de la fontaine du centre Bosch.

Hotel Terminus — HÔTEL €
(613 06 66 ; www.hotel-terminus.nl ; Boschveldweg 15 ; s/d 38/70 €). Comme son nom l'indique, cet hôtel est proche de la gare. Il loue des chambres convenables, simples et colorées, avec sdb communes. Bar joyeux avec un bon choix de bières et concerts réguliers.

Eurohotel Den Bosch — HÔTEL €€
(613 77 77 ; www.eurohotel-denbosch.com ; Kerkstraat 56 ; s/d à partir de 85/95 € ; wifi). Un hôtel d'affaires Best Western qui propose des chambres standard et confortables. Elles réjouiront les amateurs de bleu. Service de qualité et emplacement central.

Où se restaurer et prendre un verre

Bordée de restaurants, la Korte Putstraat est une artère fréquentée le soir venu.

Goûtez la spécialité locale, le *Bossche Bol* (boule de Bois-le-Duc) – un gros chou fourré à la crème fouettée, glacé au chocolat.

Artisan NÉERLANDAIS CONTEMPORAIN €€€
(Verwerstraat 24 ; menus midi à partir de 29 €, menu dîner à partir de 43 € ; ⏲12h-22h mar-dim). Des produits frais, de provenance locale. Le midi, on y trouve des sandwichs créatifs, des salades et les plats du jour. Le soir : recettes de saison, des moules au rôti. Entre les deux, on peut siroter un verre de vin dans la cour.

Jan de Groot BOULANGERIE €
(Stationsweg 24 ; pâtisseries à partir de 2 € ; ⏲8h-18h lun-ven, jusqu'à 17h sam). Les habitants savent que c'est ici qu'on trouve le meilleur *Bossche Bol*, entre autres savoureuses pâtisseries. Formidable café où prendre une boisson, un en-cas ou un repas.

Koffiehuis Voltaire CAFÉ €
(☎613 96 72 ; Stoofstraat 6 ; plats à partir de 4 € ; ⏲10h-18h lun-sam ; 🖉). On déguste dehors ou dans une salle très colorée sa fabuleuse cuisine végétarienne. L'affable propriétaire propose notamment un formidable sandwich grillé au fromage bio, au pesto, à la roquette et à l'avocat, entre autres. Délicieux milk-shakes aux fruits.

In de Keulse Kar CAFÉ €€
(www.indekeulsekar.nl ; Hinthamerstraat 101 ; plats midi à partir de 7 €, plats soir à partir de 15 €). Installez-vous devant ce petit café épicurien pour admirer la cathédrale récemment restaurée. Ingrédients locaux et nombreux plats du jour ; belle carte des vins et des bières, idéale pour accompagner les tapas.

In de Bossche Eetkamer NÉERLANDAIS TRADITIONNEL €€
(☎613 28 28 ; Korte Putstraat 9 ; plats 21-25 € ; ⏲soir). Ce restaurant traditionnel propose viandes et produits de la mer. Tables en extérieur avec chaises en rotin.

Achats

Le jeudi soir est une soirée prisée des amateurs de shopping et de nombreux restaurants restent ouverts tard. Le mercredi et le samedi sont les jours de **marché** sur le Markt.

Uilenburg recèle des magasins d'antiquités, tandis que la **Vughterstraat** est jalonnée d'enseignes intéressantes. Filant vers l'est, l'**Hinthamerstraat** est une autre artère aux boutiques haut de gamme et originales.

Renseignements

Office du tourisme (Markt 77 ; ⏲13h-18h lun, 9h30-18h mar-ven, 10h-17h sam)

Comment s'y rendre et circuler

Les bus partent de la zone située sur la droite en sortant de la gare.

Train

La moderne **gare ferroviaire** se trouve à 600 m à l'est du Markt. Elle propose de nombreuses commodités, dont une bonne épicerie adaptée aux voyageurs. Les consignes sont situées dans le hall au-dessus des quais.

Vélo

Vous trouverez un magasin de vélos sous la gare. La piste cyclable **LF12** se dirige plein est, par un itinéraire tortueux qui traverse une campagne luxuriante, longe les rivières et coupe de petits villages sur 70 km jusqu'à Dordrecht. Elle passe par Slot Loevestein et suit la limite nord du parc national Biesbosch. La **LF12** file également vers le nord-est en direction de Nimègue (70 km), le long d'un parcours sinueux au bord de l'eau.

Pour un périple en toute liberté, parcourez 16 km vers le nord jusqu'au village ancien de **Zaltbommel**, puis traversez la large Waal et continuez vers le nord sur des sentiers ruraux pendant 11 km, jusqu'à **Beesd**, où vous pourrez rattraper la piste **LF17** et partir vers l'ouest en traversant la superbe vallée fluviale de la Linge, dans la Gueldre.

TRAINS AU DÉPART DE BOIS-LE-DUC

DESTINATION	PRIX (€)	DURÉE (MINUTES)	FRÉQUENCE (PAR HEURE)
Amsterdam	14	60	2
Bréda	8	31-35	4
Maastricht	19	85	2
Nimègue	8	30-39	4
Utrecht	8	30	4

À NE PAS MANQUER

LA GRANDE FÊTE DE TILBURG

À la mi-juillet, Tilburg, située à 25 km au sud-est de Bois-le-Duc, accueille pendant près de deux semaines le **Tilburgse Kermis** (Fête de Tilburg ; www.tilburgsekermis.com) – une grande fête foraine avec les habituels manèges, ses stands multiples, sa musique assourdissante, ses friandises de toutes sortes et sa bière à flots. Il s'agit de la plus importante fête foraine du Benelux.

Eindhoven

☎040 / 212 300 HABITANTS

Modeste village en 1900, Eindhoven a connu un développement exponentiel grâce à l'entreprise Philips, créée ici en 1891. Dans les années 1990, le géant de l'électronique, en mal de main-d'œuvre, a déménagé à Amsterdam, ne laissant à Eindhoven que les branches recherche et ingénierie. La ville est surtout connue pour son équipe de football, le PSV.

Comment s'y rendre et circuler

Avion

L'**aéroport d'Eindhoven** (EIN ; www.eindhovenairport.com), à 6 km à l'ouest du centre, est une plaque tournante des compagnies à petits budgets. La plupart des vols rallient des destinations prisées du sud de l'Europe, comme les Canaries.

Ryanair (www.ryanair.com) Bordeaux, Carcassonne, Marseille, Londres, Dublin…

Transavia (www.transavia.com) Nice, Berlin et autres villes de l'Union européenne.

Wizzair (www.wizzair.com) Budapest, Prague.

Toutes les 10 min, le bus n°401 assure une navette entre l'aéroport et la gare ferroviaire (22 min).

Train

Les voyageurs des vols low-cost trouveront aisément des correspondances en train pour le reste des Pays-Bas. La gare ferroviaire recèle des consignes, des points de change et toutes sortes d'autres prestations.

Vélo

Eindhoven se situe sur la **LF7**, qui relie Maastricht, dans le sud, et Amsterdam, et continue par la côte nord. Bois-le-Duc se trouve à 45 km au nord.

Efteling

Près de Tilburg, dans la modeste ville de Kaatsheuvel, **Efteling** (☎0416-288 111 ; www.efteling.nl ; Europalaan 1 ; 32 €, stationnement 10 € ; ⏰10h-18h toute l'année, horaires étendus les jours fériés) est la plus grande attraction touristique des Pays-Bas. Ce "Disneyland néerlandais" attire plus de trois millions de visiteurs par an, prouvant que la place de grand favori des familles qu'il occupe depuis cinquante ans n'a pas été remise en question par l'arrivée de nouveaux concurrents, comme le parc Six Flags dans la Frise.

On y trouve tous les ingrédients habituels : des manèges gigantesques et effrayants, des scènes tirées de récits célèbres et de contes de fées, des spectacles, etc.

Pour rejoindre Efteling, empruntez le bus n°300 au départ de la gare ferroviaire de Bois-le-Duc (35 min, 2/h).

Bréda

☎076 / 176 600 HABITANTS

Bréda peut être une halte agréable pour qui se déplace en train ou à vélo. La ville abrite des rues dignes d'intérêt, des parcs fleuris et une imposante église principale. Aujourd'hui agglomération paisible, Bréda a connu un passé troublé, lorsque la proximité de la frontière belge lui a valu de nombreuses invasions d'armées étrangères.

Le centre-ville se trouve à 500 m au sud-ouest de la gare en passant par le parc de Valkenberg.

TRAINS AU DÉPART D'EINDHOVEN

DESTINATION	PRIX (€)	DURÉE (MINUTES)	FRÉQUENCE (PAR HEURE)
Amsterdam	18	80	2
Maastricht	15	62	2
Rotterdam	17	70	2

Bréda

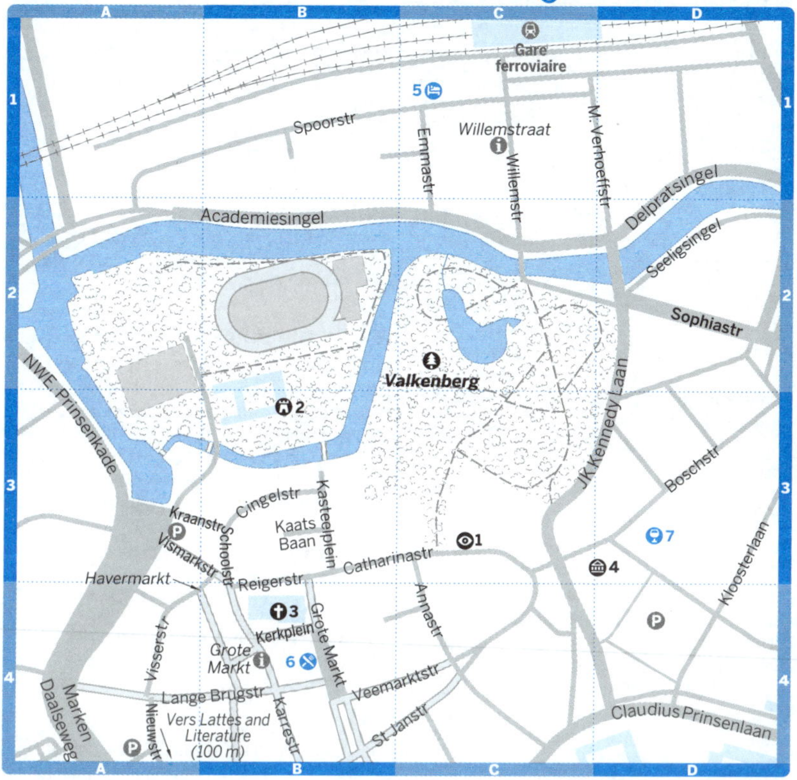

À voir et à faire

Valkenberg PARC

Le Valkenberg ("Montagne du faucon") est un vaste parc situé entre la gare et le centre. L'endroit est parfait pour se prélasser, bercé par le bruit des fontaines. Sur le côté sud se dresse le **Begijnhof** (béguinage ; petit musée 1 € ; 12h-17h mar-dim), une demeure du XIIe siècle où étaient hébergées des religieuses. Bréda compte plusieurs exemples merveilleusement préservés de ces béguinages, qui existaient sur l'ensemble du territoire. Celui-là possède de charmants jardins traditionnels de plantes aromatiques.

Château de Bréda CHÂTEAU

Interdit au public, ce château est une base militaire encore en activité. Ses abords méritent toutefois qu'on s'y attarde, en particulier pour la **Spanjaardsgat** (porte espagnole) du XVIe siècle, vestige du temps des fortifications.

Bréda

Les incontournables

Valkenberg C2

À voir

1 Begijnhof C3
2 Château de Bréda B3
3 Grote Kerk B4
4 MOTI (Musée de l'Image) D3

Où se loger

5 Apollo Hotel C1

Où se restaurer

6 Café de Bruine Pij B4

Où prendre un verre

7 Café De Beyerd D3

Grote Kerk ÉGLISE

(www.grotekerkbreda.nl ; 10h-17h lun-sam, 13h-17h dim). Grâce à une récente restauration, cette superbe église gothique en pierre

TRAINS AU DÉPART DE BRÉDA

DESTINATION	PRIX (€)	DURÉE (MINUTES)	FRÉQUENCE (PAR HEURE)
Bois-le-Duc	8	31-35	4
Roosendaal	5	20	2
Rotterdam	9	32	3

blanche resplendit. Érigée entre les XVe et XVIIe siècles, elle est dotée d'un clocher de 97 m de haut, parfois ouvert à la visite.

MOTI MUSÉE
(Musée de l'Image ; www.motimuseum.com ; Boschstraat 22 ; 7,50 € ; ⏲10h-17h mar-dim). Ce musée séduisant retrace un siècle de réalisation graphique et illustre le goût néerlandais pour la simplicité et la clarté. Les vieilles publicités Philips semblent n'avoir pas pris une ride.

Où se loger

Apollo Hotel HÔTEL €€
(☎522 02 00 ; www.apollohotelsresorts.com ; Stationsplein 14 ; ch à partir de 125 € ; ❄📶). L'ancienne poste principale a été transformée en un élégant hôtel de catégorie moyenne. Les 40 chambres ne sont pas immenses mais elles sont colorées. L'hôtel est bien situé, à proximité de tout, et surtout de la gare ferroviaire.

Où se restaurer et prendre un verre

Les cafés sont légion et, par temps ensoleillé, toutes les terrasses de la ville semblent prises d'assaut. Les meilleures se trouvent dans les rues piétonnes et les plus sélects dans Kasteelplein.

Café de Bruine Pij GRAND CAFÉ €
(☎521 42 85 ; Kerkplein 7 ; repas à partir de 8 € ; 📶). Le jour, ce café est suffisamment loin de l'agitation du Markt. En soirée, on peut profiter du calme de la place et des carillons de l'église (sauf si un groupe se produit). Longue liste de bières de la région.

Café De Beyerd PUB €
(☎521 42 65 ; www.beyerd.nl ; Boschstraat 26 ; repas à partir de 8 €). Un établissement réputé, spécialisé dans la bière, avec plus de 120 marques. L'endroit est parfait pour goûter les *bitterballen* (boulettes de bœuf) ou d'autres en-cas typiques.

Lattes and Literature CAFÉ €
(Nieuwstraat 18 ; boissons à partir de 2 € ; ⏲10h-17h). Cette librairie anglophone accueille un remarquable café.

Renseignements

Offices du tourisme (VVV ; ☎0900 522 24 44 ; www.vvvbreda.nl ; 📶). Il existe deux offices du tourisme : dans Willemstraat (Willemstraat 17-19 ; ⏲13h-17h30 lun, 9h-17h30 mar-ven, 10h-16h sam) et Grote Markt (Grote Markt 38 ; ⏲10h30-17h30 mer-ven, 10h30-17h sam). Ils vendent tous deux plans et dépliants.

Comment s'y rendre et circuler

Train

La **gare ferroviaire** dispose de toutes les prestations habituelles ; les consignes se trouvent dans la galerie.

Vélo

Vous trouverez un magasin de vélos juste à côté de la gare. La **LF11** part de Bréda et rejoint le nord-ouest et La Haye à 110 km, via Dordrecht et Rotterdam. La **LF9** passe par Utrecht et continue vers les côtes nord, tandis que la **LF13** traverse Bréda et part vers l'est, de Middelburg jusqu'à la frontière allemande.

Ouest du Brabant-Septentrional

Situé près de la frontière avec la Zélande, l'ouest du Brabant-Septentrional ressemble à son humide voisine : des canaux et des rivières s'entrecroisent sur ces terres sans relief.

Roosendaal constitue le principal embranchement des lignes ferroviaires ralliant Rotterdam au nord, la Belgique au sud, Bréda à l'est et la Zélande à l'ouest.

Le **carnaval de Bergen op Zoom** est le plus animé de la région ; il attire des noceurs venus de toute l'Europe pour participer à quatre jours de festivités.

Comprendre les Pays-Bas

Population au km²

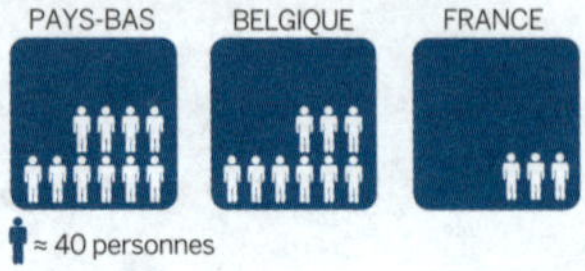

Les Pays-Bas aujourd'hui

Au nombre des qualités généralement associées aux Néerlandais figure leur esprit de tolérance – une tradition de longue date récemment remise en cause. Après la chute du gouvernement de centre-gauche, les élections législatives de 2010 se sont soldées par un net virage à droite. Au sein de la coalition formée à l'issue du scrutin se trouve Geert Wilders, dirigeant du Parti pour la Liberté (PVV), formation d'extrême droite prônant une forme d'intransigeance en matière de multiculturalisme et d'immigration.

Au cours des deux années qui ont suivi, le gouvernement, sous l'impulsion du Premier ministre Mark Rutte, a adopté un certain nombre de mesures en rupture avec les orientations politiques d'autrefois. Leur mise en œuvre a affaibli les réglementations environnementales et sabré les budgets consacrés à l'art et à la culture. L'attachement, autrefois viscéral, des Néerlandais à l'Union européenne a même fait l'objet d'un débat au sein de l'opinion publique.

En septembre 2012, à l'issue d'élections législatives anticipées, le curseur politique a toutefois retrouvé une position plus modérée. Le parti de Wilders est passé de 24 à 15 sièges au Parlement. Le parti libéral (centre-droit), dirigé par Rutte, a dû composer avec les travaillistes (sous la houlette d'un ancien militant de Greenpeace) pour former un gouvernement.

Une résurrection des coffee shops ?

En 2011, le gouvernement conservateur a adopté une loi qui visait à interdire la fréquentation des *coffee shops* aux étrangers et à limiter leur clientèle aux seuls habitants "membres". Les consommateurs

Quelques chiffres

» Population : 16,7 millions d'habitants

» Superficie : 41 526 km²

» Terre recouverte de bulbes de tulipes : 110 km²

» PIB par habitant : 40 040 €

» Taux de chômage : 6,5 % (2009)

» Nombre de moulins à vent : près de 1 000

Hollande ?

» Si l'on utilise souvent le terme "Hollande" pour désigner les Pays-Bas, il ne correspond en fait qu'à la région formée par les provinces de la Hollande-Septentrionale (Noord Holland) et de la Hollande-Méridionale (Zuid Holland).

À lire

» *Le Journal d'Anne Frank* (Anne Frank, 1952). Le journal intime d'une jeune fille juive qui vécut cachée à Amsterdam sous l'occupation nazie. Un récit poignant, traduit en 60 langues, indispensable témoignage des heures sombres de l'Histoire.

» *Max Havelaar* (Multatuli, 1860). Roman parodique, œuvre d'Eduard Douwes Dekker (sous le pseudonyme de Multatuli), entre autobiographie et brûlot anticolonialiste. Il fut à l'origine d'une prise de conscience nationale sur la cause "indigène".

Religion
(% de la population)

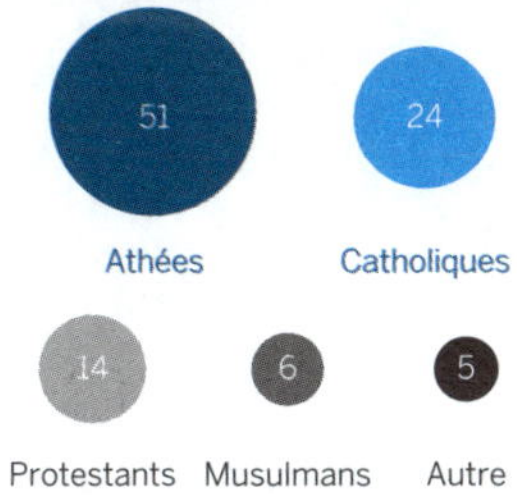

Sur 100 personnes aux Pays-Bas

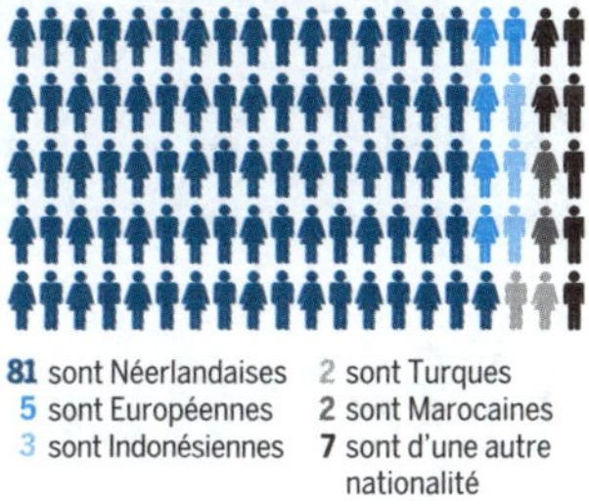

de marijuana et les défenseurs des libertés individuelles ont crié au scandale, tout comme une grande partie de l'opinion. Ces dispositions trouvaient leurs origines dans les récriminations de villes du sud du pays, telles que Maastricht, qui se sentaient envahies par les habitués du tourisme de la drogue, en provenance de la Belgique et de l'Allemagne voisines.

En mai 2012, Maastricht figurait parmi les premières villes où la nouvelle réglementation a été appliquée. Ses conséquences se sont révélées inattendues. Faute de clients, la plupart des coffee shops de la ville ont dû fermer leurs portes et de nombreux habitants ont perdu leur emploi. Les dealers sont réapparus dans les rues, proposant du cannabis mais aussi des drogues dures, ce qui a pris les forces de l'ordre au dépourvu. Peu après, le maire de Maastricht a annoncé qu'il n'était plus favorable à cette loi.

Au lendemain des élections anticipées, le gouvernement a fait machine arrière, abandonnant l'impopulaire "carte cannabis" et en délégant au maire le pouvoir d'interdire ou non l'accès des coffee shop aux étrangers. La législation n'en demeure pas moins floue, car si les coffee shops sont autorisés à vendre du cannabis, ils n'ont techniquement pas le droit d'en acheter pour la revente. Les législateurs se réjouissent déjà de combler cette faille et prévoient d'ajouter environ 300 millions d'euros de taxes aux 400 millions dont les coffee shops s'acquittaient chaque année jusque-là.

À voir

» *Black Book* (*Zwartboek*, réalisé par Paul Verhoeven, 2006). Ce film d'action se penche sur certains des aspects les moins glorieux de la Résistance néerlandaise pendant la Seconde Guerre mondiale.

» *Winter in Wartime* (*Oorlogswinter*, réalisé par Martin Koolhoven, 2008.) Élu meilleur film de l'année 2008 par la critique néerlandaise, ce long-métrage évoque un jeune garçon dont l'intégrité et la loyauté sont mises à l'épreuve, lorsqu'il décide d'apporter son aide à des résistants néerlandais ayant recueilli un pilote britannique blessé.

Histoire

Le calme actuel qui règne aux Pays-Bas ne laisse en rien imaginer les récents événements dramatiques que le pays a traversés.

Avidité, ambition et guerre jouent un rôle de premier plan dans l'histoire néerlandaise, également ponctuée de piraterie et d'aventures en haute mer. Entre invasions et périodes fastes, elle aura été marquée de paroxysmes, mais également par la production de magnifiques œuvres d'art.

La société née de ce parcours accorde désormais grande importance aux droits de l'homme, à la tolérance et au consensus.

Invasions et prémices

Les premiers envahisseurs des Pays-Bas actuels furent les Romains, qui, sous Jules César, conquirent une vaste région le long du Rhin et de ses affluents, vers l'an 59 av. J.-C. Les tribus celtes et germaniques se plièrent d'abord à la domination de César et Utrecht devint un avant-poste principal de l'empire.

Alors que le pouvoir romain commençait à s'affaiblir, les Francs, membres d'une confédération de tribus germaniques, s'imposèrent par la force. À la fin du VIIIe siècle, ils avaient achevé leur conquête des Pays-Bas et commencé à convertir la population locale au christianisme, usant de violence si nécessaire. Charlemagne connut le plus grand succès en la matière. Il fit construire un palais à Nimègue, mais l'empire carolingien perdit en influence après sa mort en 814.

Durant les deux siècles suivants, en butte aux incursions menées par les Vikings, qui remontaient les fleuves néerlandais, les dirigeants locaux mirent en place des villes fortifiées et établirent leur gouvernement et leurs lois.

Avec le temps, les seigneurs locaux, qui étaient liés à un roi allemand, acquirent plus de pouvoir. Lorsque deux seigneurs se disputaient un territoire, les habitants de leurs villes féales respectives leur apportaient

CHRONOLOGIE

3000-2000 av. J.-C.

Les habitants de l'actuelle province de Drenthe enterrent leurs morts sous des structures mégalithiques appelées *hunebedden*, et ce bien avant l'aménagement de Stonehenge.

59 av. J.-C.

Les Romains étendent leur empire à ce qui est aujourd'hui les Pays-Bas. Durant les 4 siècles qui suivent, ils construisent les villes, fermes et routes qui déterminent le paysage actuel.

800

Le christianisme est imposé par la force aux Pays-Bas pour remplacer diverses croyances germaniques. À Nimègue, Charlemagne érige une église, dont certaines parties subsistent.

invariablement leur soutien, mais uniquement en échange de diverses libertés, qui étaient alors inscrites dans des chartes. Dès le début du XIIe siècle, les villes néerlandaises avec un accès à la mer, comme Deventer et Zwolle, rejoignirent la Ligue hanséatique (un groupe de puissantes villes marchandes de l'Allemagne actuelle, lequel comprenait Hambourg et Rostock ; voir encadré p. 226). Mais ces petits seigneurs, aussi nombreux que désunis, ne purent empêcher les ducs de Bourgogne de s'emparer progressivement des Pays-Bas. Le duc Philippe le Bon, qui régna de 1419 à 1467, appliqua une politique de fermeté à l'endroit des villes sous leur férule, notamment par le rejet des chartes. La liberté des communes pâtit de cette domination, mais avec pour contrepartie une relative stabilité, laquelle faisait cruellement défaut à la région du temps des querelles seigneuriales. Le XVe siècle marqua le début d'une période de grande prospérité pour les Pays-Bas, la première parmi les nombreuses qui suivirent. Impliqués dans le commerce hanséatique, les Néerlandais devinrent experts en construction navale. Les marchands, eux, tiraient bénéfice de la vente de produits de luxe comme des tapisseries, des vêtements en vogue et des peintures, ainsi que des marchandises plus communes telles que le hareng salé et la bière.

Les archives nationales néerlandaises (www.nationaalarchief.nl) renferment près de mille ans de documents historiques, cartes, dessins et photos.

La lutte pour l'indépendance

Fervent catholique, Philippe II d'Espagne avait hérité de son père, entre autres possessions, les Pays-Bas, au terme d'une époque où, de la politique matrimoniale des princes, dépendaient le contrôle et la cession de vastes pans de territoire européen. Le conflit avec ces nouveaux sujets de l'Empire des Habsbourg était, dans l'intervalle, devenu inévitable : la Réforme protestante s'était en effet répandue aux Pays-Bas, alimentée par les idées d'Érasme et les menées de Martin Luther. Du reste, avant l'arrivée des Espagnols, la situation avait atteint, en matière religieuse, un relatif point d'équilibre. Ainsi, les luthériens exerçaient-ils aux premiers temps une forme de primat, tandis que les plus petites églises n'en avaient pas moins également leur place. Or, lorsque le calvinisme eut émergé dans les Pays-Bas comme le principal concurrent de l'Église catholique romaine et, partant, du règne de Philippe II, le souverain décida de mettre un terme à son influence.

La situation s'envenima en 1566, quand les calvinistes puritains se lancèrent dans une opération de pillage, détruisant l'art et les icônes religieuses des églises catholiques en maints endroits des Pays-Bas. Aujourd'hui, l'intérieur vide des églises néerlandaises témoigne de ce saccage.

Ces exactions poussèrent Philippe II à agir. En 1568, le duc d'Albe fut choisi pour mener une armée de 10 000 hommes aux Pays-Bas afin de réprimer l'agitation ; le duc n'ayant guère pour usage de faire des

Les premiers résidents du territoire inondable de la Frise construisirent leur maison sur des monticules de boue (appelés *terpen*) pour échapper aux fréquentes inondations.

1150-1300
Des barrages sont construits pour retenir l'IJ entre le Zuiderzee et Haarlem. Il s'agit de l'un des premiers efforts de ce qui deviendra une lutte acharnée contre la mer.

1200
Les seigneurs régnant sur de nombreuses villes en bord de fleuve, l'ère des cités-États connaît un plein essor. Le commerce entre les villes, source de richesse, prévient les conflits.

1275
Amsterdam est fondée quand le comte de Hollande accorde le droit de cité aux résidents des bords de l'Amstel. La cité obtient son premier accès direct à la mer via le Zuiderzee.

1287
Le Zuiderzee est inondé lors d'une tempête et plus de 80 000 personnes périssent. Hormis dans quelques villes portuaires de ses alentours, la mer est considérée comme une source de problèmes.

prisonniers, des milliers de personnes furent massacrées. La guerre de Quatre-Vingts Ans avait commencé.

Le *Hollandais Volant* est un vaisseau mythique du XVIIe siècle, condamné à voguer pour toujours sans jamais rentrer. L'histoire a de multiples variantes, souvent inventées par des marins alcoolisés.

Le prince d'Orange, Guillaume le Taciturne (ainsi nommé car il refusait de discuter des questions religieuses), fut l'un des rares nobles à ne pas se ranger du côté de Philippe II, et mena la révolte des Pays-Bas contre la couronne espagnole. D'autres nobles néerlandais, satisfaits de la situation politique, tentèrent de l'en empêcher. En 1572, Guillaume engagea une confédération de révoltés néerlandais pour combattre pour sa cause. Appelés les Watergeuzen (Gueux de la mer), ces derniers remontèrent les cours d'eau néerlandais et prirent des villes telles que Leyde.

En 1579, les provinces majoritairement protestantes du Nord, les plus rebelles, formèrent l'Union d'Utrecht. Cette alliance, résolument antiespagnole, prit le nom de Provinces-Unies, base des Pays-Bas tels que nous les connaissons aujourd'hui. Les régions du sud des Pays-Bas, toujours restées catholiques et beaucoup plus ouvertes aux compromis avec l'Espagne, formèrent ce qui deviendrait la Belgique.

Toutefois, les combats se poursuivirent jusqu'au traité de Westphalie, lequel, en 1648, mit fin à la guerre de Trente Ans qui déchirait l'Europe et incluait la reconnaissance par l'Espagne de l'indépendance des Provinces-Unies.

Le Siècle d'or

Au cours des troubles des XVe et XVIe siècles, les cités marchandes de Hollande (notamment Amsterdam) avaient réussi à maintenir vivace le commerce. Elles excellaient d'ailleurs tant dans les affaires et la navigation que, même au sommet de la rébellion, les Espagnols n'avaient d'autre choix que d'utiliser les bateaux néerlandais pour transporter leurs marchandises. Avec l'arrivée de la paix, ces villes se mirent à prospérer. Cette période d'essor économique et d'accomplissements culturels fut appelée le Siècle d'or, et vit naître des chefs-d'œuvre artistiques et architecturaux toujours appréciés aujourd'hui.

La tulipomania, l'histoire d'une fleur qui valait plus cher qu'un Rembrandt de Mike Dash s'intéresse à l'étrange fièvre du bulbe qui balaya la nation au XVIIe siècle.

La fortune de la classe commerçante finançait de nombreux artistes, dont Jan Vermeer, Jan Steen, Frans Hals et Rembrandt. Si, de ce faste, procédèrent des excès tels que la "Tulipomanie" (voir encadré ci-contre), les sciences ne furent pas en reste. Ainsi, Christian Huygens, physicien et astronome néerlandais, découvrit-il les anneaux de Saturne et inventa l'horloge à pendule. Benedictus de Spinoza écrivit quant à lui une brillante thèse affirmant que l'Univers et Dieu formaient un tout ; et René Descartes, ayant goûté la liberté intellectuelle des Pays-Bas, y demeura quelque 20 ans.

La promesse du maintien de la tolérance au sein de l'Union d'Utrecht conduisit à une étonnante diversité religieuse rare à cette époque en

1419

La fin des puissantes cités-États est proche. Les ducs de Bourgogne renforcent leur pouvoir en unifiant de riches villes commerçantes sous une seule férule. Les libertés pâtissent de la centralisation du pouvoir.

1452

Un incendie dévaste Amsterdam. Un nouveau code de construction décrète que seules la brique et la pierre seront désormais utilisées. L'allure actuelle du pays résulte de semblables incendies dans d'autres villes.

1519

Charles Quint est couronné saint empereur romain. Les traités et les mariages font d'Amsterdam une partie de l'Empire catholique espagnol. Les protestants sont tolérés en Hollande et dans le Nord-Est.

1543

Charles Quint réunifie les Pays-Bas (correspondant approximativement aux Pays-Bas, au Luxembourg et à la Belgique actuels), et fait de Bruxelles la capitale.

MON ROYAUME POUR UN BULBE : LA TULIPOMANIE

En matière de frénésie d'investissement, l'engouement pour la tulipe aux Pays-Bas, de 1636 à 1637, s'apparente à la bulle des mers du Sud de 1720, au krach boursier de 1929 et à la bulle Internet de la fin des années 1990.

Au départ, les tulipes étaient des fleurs sauvages originaires d'Asie centrale, d'abord cultivées par les Turcs, qui en habillaient leurs cours au printemps ("tulipe" dérive du mot turc signifiant "turban"). Au milieu du XVIe siècle, l'ambassadeur des Habsbourg à Istanbul rapporta quelques bulbes à Vienne, où le botaniste impérial, Carolus Clusius, apprit à les propager. En 1590, Clusius devint directeur de l'Hortus Botanicus de Leyde – le plus ancien jardin botanique d'Europe – et réussit à cultiver et à croiser des tulipes grâce au climat froid et humide de la Hollande et au sol fertile du Delta.

Les spécimens les plus exotiques comportaient des pétales frangés zébrés de couleurs chaudes, qui attirèrent l'attention de riches commerçants. Ces derniers les installèrent dans leur salon et couloirs pour impressionner les visiteurs. La richesse et la prospérité alimentèrent le goût pour l'exotisme en général, et les cultivateurs s'adaptèrent à la demande.

Une fièvre spéculative s'ensuivit, et les gens payaient des fortunes pour les plus jolis bulbes, qui souvent changeaient de propriétaire plusieurs fois avant d'éclore. D'importants profits furent réalisés et les spéculateurs s'entraînèrent dans la surenchère.

Évidemment, cela ne dura pas, et quand plusieurs négociants en bulbes de Haarlem n'obtinrent pas les prix escomptés en février 1637, le marché s'effondra. En quelques semaines, de nombreux négociants parmi les plus riches firent faillite et un nombre encore plus élevé de personnes plus modestes perdirent tout.

Cependant, l'amour de la tulipe a perduré. Aujourd'hui, les Néerlandais en sont toujours les premiers cultivateurs du monde. Ils excellent également dans la culture de bulbes de jonquille, de jacinthe et de crocus.

Quant à la tulipe aux pétales frangés et flamboyants du passé, elle a été nommée tulipe Rembrandt, au motif qu'elle apparaît sur de nombreuses toiles du XVIIe siècle.

Pendant la période de floraison, profitez des fleurs des Keukenhof Gardens (p. 158) près de Leyde. Autrement, visitez le marché aux fleurs d'Aalsmeer (p. 133).

Europe. Le calvinisme était la religion officielle du gouvernement, mais plusieurs autres cultes protestants, ainsi que des juifs et des catholiques étaient autorisés à pratiquer leur culte. Toutefois, suite aux conflits avec l'Espagne, les catholiques devaient toujours prier en privé, ce qui entraîna la création d'églises clandestines. La plupart de ces singuliers édifices sont toujours debout.

Colonies néerlandaises

La richesse – et le besoin de plus de richesse – poussèrent les Néerlandais à découvrir de nouveaux horizons. La flotte marchande, connue sous

1555

Philippe II d'Espagne sévit contre les protestants. Les guerres de Religion commencent et les calvinistes pillent les églises catholiques, emportant leurs décorations et leurs richesses.

1566-1568

Les Pays-Bas se révoltent contre la réduction de leurs libertés religieuses, démarrant la guerre de Quatre-Vingts Ans. La première victoire néerlandaise, en Frise, est immortalisée par l'hymne national.

1579

À partir des villes récupérées par les Watergeuzen (Gueux de la mer) calvinistes, Guillaume le Taciturne crée une République néerlandaise constituée de 7 provinces.

1596

Une expédition en Indonésie perd la moitié de son équipage mais rapporte des marchandises. L'archipel est colonisé.

le nom de Compagnie néerlandaise des Indes orientales, fut formée en 1602 et prit rapidement le monopole des routes commerciales et de navigation situées à l'est du cap de Bonne-Espérance et à l'ouest du détroit de Magellan, devenant la plus grande compagnie commerciale du XVIIe siècle. Presque aussi puissante qu'un État souverain, elle put former une armée et établir des colonies.

Sa sœur, la Compagnie néerlandaise des Indes occidentales, échangeait avec l'Afrique et les Amériques et fut au cœur même du commerce américain d'esclaves. Les marins travaillant pour ces deux compagnies découvrirent (selon l'acception occidentale du terme) ou conquirent des territoires, dont la Tasmanie, la Nouvelle-Zélande, la Malaisie, le Sri Lanka et Maurice. Alors qu'il cherchait le passage du Nord-Ouest, l'explorateur anglais, Henry Hudson, arriva en 1609 sur l'île de Manhattan que les colons néerlandais nommèrent la Nouvelle-Amsterdam.

MANHATTAN

En 1626, les Néerlandais *achetèrent* (un concept inconnu des tribus nord-américaines à l'époque) l'île de Manhattan aux Lenapes contre l'équivalent de 24 $US de perles.

Le monde étant ce qu'il est, les conflits internationaux menaçaient toujours. En 1652, les Provinces-Unies entrèrent en guerre contre l'Angleterre, leur ancien allié, principalement au motif que cette dernière entendait mettre un frein à l'influence croissante de la flotte marchande néerlandaise. Les deux pays conclurent, chacun de son côté, diverses alliances avec l'Espagne, la France et la Suède. Au terme d'une série de traités, les Néerlandais cédèrent la Nouvelle-Amsterdam aux Anglais (qui la renommèrent aussitôt New York) en échange du Suriname en Amérique du Sud et du contrôle total des îles aux épices en Indonésie.

En 1672, l'armée française envahit le pays et ne rencontra qu'une résistance minime au sol, les Néerlandais ayant consacré la majeure partie de leurs ressources à la marine. Durant les décennies de conflits qui suivirent, les Néerlandais n'étaient plus en mesure de financer leurs aventures en mer et à l'étranger. Les Anglais devinrent les maîtres des routes commerciales et les gardiens de la richesse qui en découlait.

LES CARAÏBES NÉERLANDAISES

Le royaume des Pays-Bas a encore rétréci avec la dissolution des Antilles néerlandaises. Il ne reste plus qu'une poignée de possessions dans les Caraïbes, et les îliens se sont toujours considérés avant tout comme des habitants de leur île. En 1986, Aruba fut la première à partir, sans regret. C'est désormais un pays indépendant au sein des Pays-Bas, ce qui signifie qu'elle est autonome mais économise d'importantes sommes sur la gestion des ambassades, l'armée, etc. Curaçao et Saint-Martin ont suivi l'exemple, tandis que les petites îles de Bonaire, Saba et Saint-Eustache restent beaucoup plus proches des Pays-Bas et se vouent à devenir des municipalités au sein de la nation, et autant de destinations touristiques chères aux néerlandais.

XVIIe siècle

Le Siècle d'or offre à Amsterdam une place dans le paysage culturel. Rembrandt peint dans son atelier et la ceinture de canaux intérieure se construit. La population de la ville atteint 200 000 habitants.

XVIIe siècle

Les richesses augmentent, des hôtels de ville, églises et autres superbes édifices civils sont construits. Beaucoup subsistent aujourd'hui et constituent l'attraction de centres-villes historiques.

1602

Constitution de la Compagnie néerlandaise des Indes orientales, qui obtient le monopole du commerce avec les Indes.

1620

Les Pères pèlerins arrivent dans le Nouveau Monde à bord du *Mayflower*, leur périple avait commencé tant bien que mal à Leyde aux Pays-Bas.

UNE FAMILLE (ROYALE) ORDINAIRE

Au pouvoir depuis 200 ans, la Maison d'Orange-Nassau remonte au XVIe siècle. Contrairement à une autre famille royale installée à l'ouest, de l'autre côté de la Manche, celle des Pays-Bas se révèle d'un intérêt limité pour les éditeurs de tabloïds, entre autres, qui espèrent profiter de leurs faits et gestes.

Le personnage le plus remarquable fut la reine Wilhelmine, qui s'inspira de la reine Victoria de Grande-Bretagne et envisagea sa fonction comme celle d'un général. Même si certains lui reprochèrent d'avoir fui les Allemands lors de la Seconde Guerre mondiale, elle finit par être félicitée pour son loyal soutien envers ses sujets.

Pendant les années d'après guerre, la famille royale était une présence discrète et bienveillante (sans aucun réel pouvoir au sein du gouvernement néerlandais), à l'exception du prince Bernhard, qui fut impliqué dans un scandale de corruption durant les années 1970 avec l'avionneur américain Lockheed.

La reine Beatrix (née en 1938) a abdiqué en 2013 au profit de son fils, mettant fin à un siècle de règne féminin. Le roi Willem-Alexander, père de trois filles, est monté sur le trône avec sa femme, Máxima Zorreguieta, ancienne banquière rencontrée lors d'une soirée en Espagne. Bien que le rôle du père de cette dernière dans le gouvernement argentin de Videla laisse certains sceptiques, Máxima est appréciée pour son travail sur les problèmes d'immigration et son soutien pour les droits des homosexuels.

Malgré son classement parmi les plus riches d'Europe, la famille royale renvoie une image plutôt modeste. Beatrix avait l'habitude de se déplacer à vélo à La Haye. Les Néerlandais boivent et portent la couleur nationale lors de Koningsdag, l'unique journée consacrée à la Maison d'Orange-Nassau.

En 2009, les festivités ont été marquées par une attaque contre la famille royale à Apeldoorn. Un conducteur fou tua délibérément 7 personnes avant de percuter un monument.

Les Néerlandais réussirent à conserver les Indes orientales néerlandaises (actuelle Indonésie) ainsi que quelques territoires des Caraïbes. Ils n'appliquèrent du reste jamais une forme culturelle de colonialisme aussi appuyée que celle des Britanniques. De fait, dans l'Indonésie d'aujourd'hui, les traces de la domination néerlandaise ou d'un héritage quelconque sont rares.

Les Indes orientales néerlandaises déclarèrent leur autonomie en 1945. Puis, après 4 années de combats et de négociations âpres, l'indépendance de l'Indonésie fut reconnue fin 1949. Le Surinam est devenu lui aussi indépendant en 1975. Aux Caraïbes, les Antilles néerlandaises se sont dissoutes en tant que telles, mais aucune des îles n'a rompu totalement le lien.

1642

Rembrandt peint la célèbre *Ronde de nuit*. Nombre des hommes représentés l'accueillent sur un mode mitigé. Ayant payé pour y figurer, ils ne goûtent guère d'y apparaître en arrière-plan.

INGOLF POMPE/GETTY IMAGES ©

» *La Ronde de nuit*, Rembrandt

Années 1650

Les Néerlandais se trouvent contraints de céder aux Britanniques leur colonie de Nouvelle-Amsterdam, future New York.

1700

Le Siècle d'or prend fin alors que les guerres vident la trésorerie néerlandaise, que les inondations se font fréquentes et que la classe dirigeante consomme davantage qu'elle ne produit.

LES JUIFS NÉERLANDAIS

L'histoire des juifs en Europe fut souvent marquée de répression, de persécution et de haine. Au Pays-Bas, elle connut davantage l'acceptation et la prospérité, à tout le moins jusqu'à l'arrivée des nazis.

Amsterdam est le centre de l'histoire juive des Pays-Bas, et les juifs ont joué un rôle majeur dans le développement de la ville au fil des siècles. La première preuve documentée de leur présence dans la ville remonte au XIIe siècle, mais les chiffres commencèrent à gonfler dans les années 1580 avec l'expulsion des juifs séfarades d'Espagne et du Portugal.

Comme presque partout en Europe, les guildes excluaient les nouveaux venus de la plupart des commerces. Si certains des Séfarades étaient des tailleurs de diamants, pour lesquels il n'existait aucune guilde, la majorité d'entre eux gagnaient durement leur vie comme manouvriers et petits négociants en marge de la société. Ils n'étaient toutefois pas confinés dans un ghetto et, malgré quelques restrictions, pouvaient acquérir un logement et pratiquer leur religion – des libertés inhabituelles en Europe.

Le XVIIe siècle vit arriver un nouvel afflux de réfugiés juifs, ashkénazes cette fois, fuyant les pogroms de l'Europe centrale et de l'Est. Les deux groupes ne s'entendaient pas et des synagogues séparées furent construites, faisant d'Amsterdam l'un des plus importants centres juifs d'Europe.

Les guildes et toutes les restrictions concernant les juifs furent abolies sous l'occupation française, et la communauté juive prospéra au cours du XIXe siècle. La pauvreté restait considérable, mais l'émancipation économique, sociale et politique des juifs permit à la classe moyenne de s'élever dans la société.

Tout cela prit fin avec l'occupation allemande des Pays-Bas. Les nazis annihilèrent presque totalement la communauté juive néerlandaise. Avant la Seconde Guerre mondiale, le pays comptait 140 000 juifs, dont environ deux tiers vivaient à Amsterdam. Moins de 25 000 ont survécu à la guerre, et le quartier juif d'Amsterdam devint une ville fantôme. De nombreuses maisons restèrent abandonnées jusqu'à leur démolition dans les années 1970, et seule une poignée de synagogues à travers le pays ont repris fonction de lieu de culte.

Aujourd'hui, on estime que la population juive des Pays-Bas comprend quelque 45 000 personnes, dont près de la moitié vivent à Amsterdam.

La fondation des Pays-Bas actuels

Les guerres contre la France mirent les Néerlandais en mauvaise posture au XVIIIe siècle. Les allégeances changeantes de la Hollande à l'endroit des Anglais, des Espagnols et de divers États germaniques contribuèrent à retenir les Français. Mais cette politique d'improvisation se révéla aussi coûteuse que préjudiciable et les liens qui unissaient les Provinces-Unies se délitèrent, initiant un lent mais sûr déclin. La

1795

Les troupes françaises instaurent la République batave, du nom d'un peuple jadis rebelle à la domination romaine. Auparavant fragmentées, les Provinces-Unies deviennent un État centralisé.

1813-1814

Les Français sont renversés, et Guillaume VI d'Orange est couronné roi Guillaume Ier. Le Nord protestant et le Sud catholique s'unissent pour former le Royaume des Belgiques.

1830

Avec l'aide des Français, les provinces du Sud font sécession pour former le Royaume de Belgique. Les provinces du Nord forment les Pays-Bas actuels.

1865-1876

Période de changement économique et social rapide. On creuse le canal de la mer du Nord, on agrandit le réseau ferré et certains principes socialistes sont appliqués aux méthodes de gouvernement.

population diminua au rythme de l'amoindrissement des fortunes et les digues commencèrent grandement à s'abîmer, faute d'argent pour les entretenir, et des inondations balayaient souvent le pays. Le Siècle d'or était bel et bien terminé.

Au niveau politique, les Provinces-Unies étaient aussi instables que les digues. Une série d'oppositions entre la Maison d'Orange-Nassau et ses opposants démocratiques conduisit à une guerre civile en 1785. La situation atteignit son paroxysme quand Napoléon renomma le territoire Royaume de Hollande et en nomma roi son frère, Louis Bonaparte, en 1806. Heureusement, la débâcle de l'Empereur en Russie permit aux Néerlandais d'établir leur propre souverain. Le prince Guillaume VI arriva ainsi à Scheveningen en 1813 et fut nommé prince souverain des Pays-Bas ; l'année suivante, il fut couronné roi sous le nom de Guillaume Ier, installant une monarchie qui perdure encore aujourd'hui.

Le site officiel de la famille royale néerlandaise (www.koninklijkhuis.nl) propose des mini-biographies et des visites virtuelles des palais.

Le royaume des Belgiques – les Pays-Bas au nord et la Belgique au sud – fut formé en 1815. Dès le départ, cette association était vouée à l'échec. Ses partenaires présentaient de grandes divergences, notamment leur religion dominante (calvinisme et catholicisme), leur langue (néerlandais et français) et leurs modèles économiques respectifs (commerce et industrie). Guillaume Ier n'arrangeait rien en prenant généralement le parti des habitants du Nord.

En 1830, les États du Sud se révoltèrent, et neuf ans plus tard, Guillaume Ier dut se séparer du Sud. Un an plus tard, il abdiqua pour épouser – surprise ! – une Belge catholique.

Son fils, le roi Guillaume II, accorda une Constitution plus libérale au peuple des Pays-Bas en 1848. Marquée d'esprit démocratique, celle-ci mit la monarchie au service du gouvernement élu. Ce document est tenu pour être à l'origine du mode de fonctionnement de l'actuel État néerlandais. Leur rôle sur la scène internationale désormais marginal, les Pays-Bas occupèrent une place minime dans les affaires européennes et se concentrèrent sur la politique intérieure. Le pays se garda de participer à la Première Guerre mondiale, et maintint commerce avec les deux camps.

Sites juifs historiques

- » Maison d'Anne Frank, Amsterdam (p. 55)
- » Joods Historisch Museum, Amsterdam (p. 51)
- » Kamp Westerbork, près de Groningen (p. 219)

Dans les années 1920, l'accroissement de la richesse de la classe moyenne entraîna un désir de plus de libéralisme. Les Pays-Bas se lancèrent dans des programmes sociaux innovants, portant sur la pauvreté, les droits des femmes et des enfants, et l'éducation. Rotterdam devint l'un des ports les plus importants d'Europe et le grand projet d'assèchement du Zuiderzee débuta en 1932.

Seconde Guerre mondiale

Les Pays-Bas tentèrent de rester neutres lors de la Seconde Guerre mondiale, mais furent envahis par les Allemands en mai 1940. Les nazis

1873

La Heineken est brassée pour la première fois. Cette bière légère remporte 4 récompenses dans les années qui suivent, des distinctions encore indiquées sur l'étiquette de la bière.

1890

Vincent van Gogh se suicide sans imaginer la cote et le prestige futurs de ses œuvres.

SUPERSTOCK/GETTY IMAGES ©

» *Autoportrait*, Van Gogh

1914-1920

Les Pays-Bas restent neutres pendant la Première Guerre mondiale. Les pénuries alimentaires qui paralysent le pays entraînent des grèves, et valent au parti communiste un soutien croissant.

LES PROVOS PROVOCATEURS

Les années 1960 furent une période propice à l'activité contestataire liée au mécontentement, et aux Pays-Bas, ce mouvement alternatif conduisit à la formation des Provos. Ce petit groupe d'individus anarchistes organisait des "happenings" dans la rue, des provocations (d'où leur nom) créatives et amusantes autour du Lieverdje (Petit Chéri) sur le Spui, à Amsterdam.

En 1962, Robert Jasper Grootveld, un laveur de vitres amstellodamois, auto-proclamé sorcier, commença à détourner des panneaux publicitaires pour les cigarettes en inscrivant une grande lettre "K" pour *kanker* (cancer) afin de dénoncer le rôle de la publicité dans la société de consommation. Habillé en médecin, il organisait des rassemblements dans son garage et s'insurgeait (sous l'emprise des stupéfiants) contre le tabagisme. Le mouvement prit de l'ampleur.

Le groupe obtint une notoriété internationale en mars 1966 lorsqu'il vint troubler le mariage de la princesse (future reine) Beatrix et de l'Allemand Claus von Amsberg. Les protestataires huèrent le cortège nuptial qui se déplaçait dans Amsterdam.

Cette même année, les Provos eurent suffisamment de soutien pour remporter un siège au conseil municipal d'Amsterdam. Leurs programmes environnementaux et sociaux (comme celui qui consistait à donner gratuitement un vélo à chacun) se révélèrent difficiles à appliquer et le mouvement disparut dans les années 1970 alors même que certaines de ses politiques libérales commençaient d'être mises en œuvre.

Musées de la Seconde Guerre mondiale

» Oorlogs Verzets Museum, Rotterdam (p. 174)

» Airborne Museum Hartenstein, près d'Arnhem (p. 236)

» Nationaal Bevrijdingsmuseum, Groesbeek (p. 236)

détruisirent une grande partie du centre de Rotterdam au cours d'une attaque destinée à pousser les Néerlandais à se rendre. Ce qu'ils firent.

La reine Wilhelmine se révolta publiquement et s'enfuit avec sa famille en Angleterre. La souveraine, qui s'était efforcée de maintenir la neutralité du pays lors de la Première Guerre mondiale, se retrouva à diffuser des messages d'encouragement à ses sujets via la BBC et Radio Orange. Les Allemands mirent l'industrie et les fermes néerlandaises à contribution pour leur effort de guerre et le peuple en souffrit de grandes privations. D'abord passive, la Résistance néerlandaise se structura lorsque des milliers d'hommes eurent été envoyés comme main-d'œuvre forcée en Allemagne. Un sort pire encore attendait les juifs du pays.

L'"hiver de la faim" de 1944-1945 fut une période de désespoir aux Pays-Bas. L'opération Market Garden menée par les Britanniques s'étant soldée par un échec (voir encadré p. 233), les Alliés avaient marqué le pas. Les Allemands accrurent le pillage des ressources néerlandaises, y compris au plan alimentaire, ce qui conduisit à une famine générale. En mai 1945, le supplice prit fin lorsque les troupes canadiennes libérèrent le pays.

Après la guerre, les Pays-Bas étaient ébranlés sur les plans économique et spirituel. Les procès de criminels de guerre s'ouvrirent, et 66 000 personnes furent reconnues coupables de collaboration avec les nazis

1919

KLM s'approprie le ciel, avec un vol entre Londres et Amsterdam. La ligne devient la plus ancienne ligne opérant toujours sous son nom d'origine.

1939

Le gouvernement néerlandais fait de Westerbork un camp d'internement pour les réfugiés juifs, bientôt mis à funeste contribution par les nazis. 107 000 juifs y transitent sur le chemin des camps de la mort.

1940

L'Allemagne envahit les Pays-Bas. Rotterdam est détruite, mais Amsterdam subit peu de dégâts avant de capituler. La reine Wilhelmine établit un gouvernement néerlandais en exil à Londres.

1944-1945

Les Alliés libèrent le sud des Pays-Bas, mais le nord et l'ouest sont coupés de l'approvisionnement en vivres. L'opération Market Garden échoue et des milliers de gens périssent pendant l'"hiver de la faim".

(900 furent condamnées à la peine de mort). Cependant, le nombre de collaborateurs était bien plus élevé et nombre d'entre eux – comme celui ou ceux qui dénoncèrent la famille d'Anne Frank – ne furent jamais jugés. Il n'en faut pas moins souligner que de nombreux Néerlandais risquèrent tout pour aider des juifs, des aviateurs alliés, et d'autres cibles de la vindicte nazie.

Prospérité et stabilité

Les Néerlandais se concentrèrent sur leur pays suite aux privations matérielles et au traumatisme de la Seconde Guerre mondiale. Au cours des années 1950, un pays prospère commençait à renaître des décombres. Après la désastreuse inondation en Zélande et dans le Sud en 1953, une campagne de 40 ans fut lancée afin de remodeler totalement le territoire et de maintenir la mer à distance.

Les bouleversements sociaux qui balayaient le monde dans les années 1960 arrivèrent également aux Pays-Bas. Étudiants, groupes travaillistes, hippies, et autres, descendaient dans les rues en signe de protestation. L'un des groupes les plus agités se fit appeler les Provos. Un important mouvement de squatteurs apparut à Amsterdam, et des groupes de sans-abris occupèrent des bâtiments vides – dont beaucoup avaient appartenus à des juifs – et refusèrent de partir.

C'est aussi à cette époque qu'émergea la tolérance envers la drogue et l'homosexualité. La politique nationale en matière de drogue s'imposa pour des raisons pratiques, lorsqu'un flot de jeunes gens s'installa à Amsterdam et rendit les contrôles de stupéfiants impossibles. La politique gouvernementale officielle se porta vers le soutien aux homosexuels qui peuvent se marier légalement depuis 2001.

Les Pays-Bas ont prospéré de manière croissante au fil des décennies, permettant le développement dès la fin des années 1980 d'une société composée d'une classe moyenne majoritaire.

Tous les gouvernements depuis 1945 relèvent de coalitions, constituées de partis opposés principalement sur les politiques économiques. Toutefois, ces alliances demeurent de simple circonstance, et varient en fonction du climat politique. Or, si la tension entre différentes couleurs politiques et principes n'avait jamais été un problème aux Pays-Bas, les meurtres de Theo van Gogh et de Pim Fortuyn ont instillé un changement dans la société.

Au début du XVIIe siècle, la Compagnie néerlandaise des Indes orientales inonda le marché de porcelaine à petit prix rapportée de Chine. Les Néerlandais créèrent alors ce que l'on appelle désormais la faïence de Delft. Aujourd'hui, la plupart des "faïences de Delft" sont des importations chinoises bon marché.

Virage à droite

La carrière politique de Pim Fortuyn, leader charismatique de la LPF (Lijst Pim Fortuyn) n'a duré que cinq mois, mais son impact sur le pays est indélébile. Lors de sa campagne pour le Parlement en 2002, ses propos sur l'immigration marquèrent les esprits : il affirmait notamment que les

1946
La Cour internationale de justice des Nations unies s'installant à La Haye, le siège du gouvernement néerlandais fait régulièrement la une des journaux les décennies suivantes.

1958
Lancement du Plan Delta suite aux grandes inondations en Zélande de 1953, à l'origine de nombreux décès et d'importantes destructions. De vastes projets de construction s'étalent sur 40 ans.

Années 1960
Les bouleversements sociaux déferlent aux Pays-Bas et conduisent à la création des Provos, un mouvement de contre-culture. L'occupation d'édifices vides se généralise.

1974
Les Pays-Bas terminent deuxième lors de la Coupe du monde de football. Après avoir terminé finaliste également en 1978 et en 2010, l'équipe détient le record du nombre de finales non remportées.

Pays-Bas étaient "complets" et que les immigrés devraient apprendre la langue ou s'intégrer pour pouvoir rester.

Quelques jours avant les élections législatives, en mai 2002, Fortuyn périt sous les balles d'un activiste à Hilversum, à une vingtaine de kilomètres d'Amsterdam. La LPF fit malgré tout, forte de membres élus au Parlement, partie de la coalition, mais disparut en 2007, privée de son chef.

Le plus grand parti politique d'après guerre des Pays-Bas a été l'Union chrétienne démocrate (CDA). Officiellement de centre-droit, il avait un penchant historique pour le pragmatisme, lequel lui a profité jusqu'en 2010, quand les électeurs ont préféré d'autres partis centristes.

Mais c'est surtout le meurtre du réalisateur controversé Theo van Gogh, deux ans plus tard dans les rues d'Amsterdam, qui marqua les esprits.

Le tueur de 27 ans, d'origine marocaine, avança la défense de l'islam pour justifier son geste – l'assassinat faisait suite à la diffusion à la télévision néerlandaise d'un des courts métrages de Van Gogh. Ce dernier, réalisé en collaboration avec Ayaan Hirsi Ali, membre du Parlement et réfugiée somalienne musulmane, associait l'interprétation des versets du Coran aux violences faites aux femmes. Une lettre menaçant la nation, les politiciens, et Hirsi Ali en particulier, fut retrouvée sur son corps. Ce meurtre fut d'autant plus choquant pour les habitants que le tueur était né et avait grandi à Amsterdam.

Depuis, les politiciens d'extrême droite, tels que Geert Wilders, tentent de tourner ces meurtres à leur avantage et ont mis l'islam au cœur de leurs préoccupations. Les grands partis politiques du pays ont répondu à ces tragédies par un virage à droite. En 2006, le gouvernement a voté une loi controversée sur l'immigration, astreignant les nouveaux arrivants à posséder des connaissances linguistiques et culturelles pour obtenir un permis de séjour. Les Pays-Bas n'en continuent pas moins d'apporter leur loyal soutien à l'Union européenne, un rôle qu'ils endossaient déjà aux premiers temps de la CEE.

1980

Le couronnement de la reine Beatrix est interrompu par un fumigène et une émeute sur le Dam. Émeutes et pillages deviennent fréquents dans le pays.

2001

Les Pays-Bas sont le premier pays au monde à légaliser le mariage entre personnes du même sexe. Dans les années qui suivent, la Belgique, l'Espagne, le Canada et l'Afrique du Sud font de même.

2004

L'assassinat de Theo van Gogh, réalisateur controversé et critique envers l'islam, déclenche un débat sur les limites du multiculturalisme et la nécessité pour les immigrés d'adopter les valeurs néerlandaises.

2013

La reine Beatrix abdique après 33 ans de règne au profit de son fils, le prince Willem-Alexander.

La société néerlandaise

Les Néerlandais ont un réel talent pour les structures, architecturales comme sociétales. Ce peuple qui a bâti ses maisons sur des polders a aussi inventé la *verzuiling* (pilarisation), un ordre social dans lequel chaque religion ou chaque courant politique jouit d'une existence et d'institutions propres. Il en résulte une grande diversité religieuse, mais également des stations de radio, des journaux, des partis politiques, des clubs de sport, etc., pour chaque courant. Ce concept (qui a même été jusqu'aux boulangeries "pilarisées") a facilité l'harmonie sociale en donnant à tout un chacun une liberté d'expression.

Même si cette "pilarisation" s'avère moins marquée aujourd'hui, il en découle un esprit de tolérance. À l'instar du patinage sur glace ou du hareng, la tolérance fait partie intégrante de la société néerlandaise. Qui plus est, elle créée un climat favorable aux affaires, au plan touristique comme au plan commercial. C'est aussi le cas de la *gezelligheid* (convivialité), cette familiarité presque innée. Quand d'autres peuples ont du mal à trouver leurs mots, les Néerlandais sont des bavards invétérés. Un client assis seul dans un bar se retrouvera vite entouré de nouveaux et joyeux amis.

Les Néerlandais ont aussi une tendance moralisatrice (issue du calvinisme) et une propension à manifester leur désapprobation. Ils peuvent parfois sembler un peu brusques, mais cela s'explique par leur désir d'être directs et sincères.

Très encadré, le suicide assisté, réalisé dans un cadre médical, est dépénalisé aux Pays-Bas depuis 2001. L'euthanasie représente 2% des décès par an (environ 3 100 personnes).

Mode de vie

Beaucoup de Néerlandais ont des vies bien remplies et organisées qu'ils mènent en toute indépendance. Un Néerlandais ne se présentera jamais à l'improviste quelque part, y compris chez sa mère. On ne fait généralement rien sans prévenir. Les rencontres ont surtout lieu chez les uns ou les autres, dans des cercles de vieux amis ou dans des clubs.

La plupart des ménages néerlandais comptent deux ou trois enfants. En raison des loyers élevés, les jeunes restent parfois au domicile familial bien après 20 ans ou vivent en colocation. Avec le ralentissement de l'économie mondiale, la politique libérale de ces dernières années sur les crédits immobiliers a montré ses limites puisqu'un pourcentage non négligeable des Néerlandais, en temps normal économes, n'a pu honorer ses dettes.

Bien qu'ils n'en fassent pas étalage, les Néerlandais ont un revenu par habitant désormais supérieur à celui des Allemands et une consommation soutenue, surtout en matière de voyages vers des latitudes plus clémentes.

Les Néerlandais se passionnent pour les détails, qui alimentent des statistiques aussi indispensables que le nombre de pigeons sur le Dam ou les conséquences de l'avancement de l'heure de sortie des poubelles...

Prostitution et drogue

Toujours pragmatiques, les Néerlandais considèrent que dans la mesure où un vice ne peut disparaître, il y a tout intérêt à le contrôler. S'ils parlent librement de sexe, la promiscuité sexuelle, elle, n'est pas de mise. Fait symptomatique, les Néerlandais ne représentent que 5% de la clientèle du quartier Rouge à Amsterdam (les Britanniques arrivent en tête).

De même, la marijuana et le hachisch restent tolérés, malgré des prises de position contraires. Mais ne vous méprenez pas, seule une petite fraction de Néerlandais fume. D'après une étude récente, seulement 5,4% d'entre eux avaient fumé de la marijuana l'année précédant l'enquête, contre une moyenne de 6,8% en Europe, 7% aux États-Unis et 15% en Australie où les législations sur la drogue sont bien plus strictes. En revanche, les drogues dures (héroïne, LSD, cocaïne, ecstasy) sont interdites et leurs dealers traduits en justice.

Homosexualité

La communauté gay et lesbienne jouit d'une grande liberté et du respect de la population, tous âges confondus. La loi et la société condamnent toute discrimination fondée sur l'orientation sexuelle. Les Pays-Bas ont été, en 2001, le premier pays au monde à légaliser le mariage entre personnes de même sexe.

Religion

Pendant des siècles, la société néerlandaise a été divisée entre les deux principales religions du monde occidental. Un Néerlandais était forcément catholique ou protestant. Aujourd'hui, 51% des plus de 18 ans déclarent n'avoir aucune attache religieuse et le nombre d'anciennes églises reconverties en bureaux, en galeries d'art et en boutiques témoigne de cette évolution.

La foi faiblit : 25% de la population se dit catholique et 15% protestante et ce pourcentage baisse chaque année. La frontière religieuse entre protestantisme et catholicisme subsiste néanmoins. La région située au nord d'une ligne allant approximativement de la province de la Zélande au sud-ouest à la province de Drenthe accueille la majorité des protestants, tandis que tout le Sud est à prédominance catholique.

L'Église ne dispose que de peu ou pas du tout d'influence sur les questions de société comme le mariage homosexuel, l'euthanasie et la prescription de cannabis à visée thérapeutique, tous trois légalisés aux Pays-Bas.

L'islam est la dernière religion ayant un grand impact sur la société néerlandaise. Près de 6% de la population se déclare musulmane, un chiffre en augmentation constante, surtout dans la ville multiculturelle de Rotterdam.

Aucun autre ustensile de cuisine n'incarne mieux le côté économe des Néerlandais que l'incontournable *flessenlikker* ("racle-bouteille"). Cet objet ingénieux muni d'un petit disque à son extrémité permet de racler le fond des bocaux de mayonnaise ou des flacons de sauce à salade pour ne pas en perdre une goutte.

Population

La nécessité d'aimer son voisin s'impose particulièrement aux Pays-Bas, pays le plus densément peuplé d'Europe avec 405 habitants au kilomètre carré. Près de la moitié de ses 16,5 millions d'habitants vit à l'ouest dans un périmètre autour d'Amsterdam, de La Haye et de Rotterdam. Les provinces de Drenthe, d'Overijssel et, au sud-ouest, de Zélande, présentent une faible densité de population, du moins pour les Pays-Bas.

Plus de 80% de la population ont des origines néerlandaises. Les 20% restants se composent principalement de personnes originaires des anciennes colonies (Indonésie, Surinam et Antilles néerlandaises) et, plus récemment, de personnes venues de Turquie, du Maroc et de toute l'Afrique.

COFFEE SHOPS ET DROGUES DOUCES

Le cannabis n'est *techniquement* pas légal aux Pays-Bas, il est seulement largement toléré. L'achat et la possession de drogues douces (marijuana, hachisch, *space cakes*, "champignons") sont tolérés dans la limite de 5 grammes par personne et les consommateurs ne feront pas l'objet de poursuites s'ils respectent ces quantités.

Si les Pays-Bas importaient autrefois la majorité des produits à base de cannabis, ils disposent aujourd'hui de leur propre production. Développée par des horticulteurs, la *nederwiet*, particulièrement puissante, peut contenir pour les variétés les plus fortes jusqu'à 20% de tétrahydrocannabinol (THC), la substance psychoactive. C'est pourquoi beaucoup de consommateurs locaux réguliers lui préfèrent des produits importés moins puissants.

Les *space cakes* et autres gâteaux à base de haschich ou de marijuana sont vendus en toute discrétion, en grande partie parce que les touristes ont souvent des problèmes avec ces produits aux effets parfois un peu trop longs et forts.

Lonely Planet déconseille à tous ses lecteurs l'usage de drogues. Si vous souhaitez néanmoins faire l'expérience d'un *coffee shop*, quelques conseils :

» Si vous fréquentez pour la première fois ce genre d'endroits, informez-en le personnel qui vous renseignera volontiers sur les produits et leur utilisation.

» La vente de drogues dures est illégale.

» Demandez conseil au personnel sur la quantité et écoutez leurs avis : la plupart des visiteurs s'accordent à dire que la marijuana et le haschich qu'ils fument, qu'ils consomment ou qu'ils inhalent sont beaucoup plus puissants que ce à quoi ils sont habitués.

» Renseignez-vous au bar sur l'offre de produits, généralement emballés dans de petits sachets. On trouve aussi des joints prêts à l'emploi (3-7 €) et, souvent, du papier à rouler et même des pipes à eau.

» L'alcool et les cigarettes sont interdits dans les *coffee shops*.

» La vente d'*herbal ecstasy*, mélange d'herbe, de vitamines et de caféine, est autorisée aux Pays-Bas dans les *smartshops*. Faites-vous conseiller par le personnel car certaines variétés peuvent avoir des effets secondaires désagréables.

» Les psilocybes (dits "champignons magiques") sont désormais interdits, mais beaucoup de *smartshops* vendent des "truffes" aux effets similaires.

Multiculturalisme

Les Pays-Bas ont une longue tradition de tolérance en matière d'immigration et ont la réputation d'accueillir les immigrés à bras ouverts. La plus grosse vague d'immigration date des années 1960 lorsque le gouvernement fit appel en masse à des travailleurs turcs et marocains pour combler un déficit en main-d'œuvre. En 1975, l'accès à l'indépendance du Surinam, une colonie néerlandaise d'Amérique du Sud, se traduisit par un afflux de Surinamiens.

Si l'orange est la couleur nationale, on le doit à la monarchie néerlandaise. Le règne de la Maison d'Orange débuta avec Guillaume Ier d'Orange-Nassau, en 1814.

Ces dernières années cependant, la politique de tolérance néerlandaise envers les immigrés a été remise en question. On a assisté à un virage politique à droite et par conséquent à une volonté de fermer les frontières aux immigrés. Les assassinats de Pim Fortuyn et de Theo Van Gogh (p. 266) ont entraîné un regain de tensions entre la population néerlandaise et les immigrés musulmans ainsi que la montée en puissance d'hommes politiques d'extrême droite islamophobes comme Geert Wilders. Néanmoins, lorsque Wilders a tenté de polémiquer sur le geste de l'ancienne reine Beatrix se couvrant la tête d'un foulard pour visiter une mosquée à Oman, la population a majoritairement soutenu sa reine. Il n'en demeure pas moins que la non-intégration dans la société néerlandaise des immigrés suscite l'inquiétude et qu'un ministère

UNE TÊTE DE PLUS QUE LA MOYENNE

Les Néerlandais sont les personnes les plus grandes au monde avec, selon les statistiques, une moyenne de 1,81 m pour les hommes et 1,68 m pour les femmes. La consommation importante de protéines de lait et la qualité des soins prénataux figurent parmi les raisons avancées. Quoi qu'il en soit, les Néerlandais continuent de grandir si bien qu'aujourd'hui les portes des maisons et bureaux nouvellement construits doivent mesurer au moins 2,315 m.

des Grandes Villes et de l'Intégration a été créé. Le gouvernement pousse officiellement les immigrés à suivre des cours de langue et de culture néerlandaises qui mettent l'accent sur la tolérance. Certaines municipalités ont été jusqu'à suggérer une baisse des aides sociales à l'encontre des immigrés ne participant pas à ces cours.

Reste à savoir si ce concept paradoxal d'apprentissage de la tolérance par la force fonctionnera.

Être une femme aux Pays-Bas

Le droit de vote des femmes aux Pays-Bas remonte à 1919 et le remboursement des IVG par la Sécurité sociale date des années 1970. Les femmes néerlandaises, très sûres d'elles, évoluent sur un pied d'égalité dans la société et sont susceptibles de prendre les devants avec le sexe opposé autant que les hommes. Des différences perdurent en revanche dans le monde du travail où on compte moins de femmes employées à plein temps et occupant des postes de direction. En 2011, environ 77% des femmes néerlandaises travaillent à mi-temps, moins de 25 heures par semaine, contre près de 26% des hommes néerlandais.

Sports

Les Néerlandais ont le goût du sport. Environ deux tiers de la population pratique une activité physique et y consacre en moyenne 20 minutes de plus par semaine que dans les années 1970. Les quelque 30 000 associations et clubs sportifs néerlandais comptent environ 5 millions d'affiliés. Lefootball, le cyclisme, le patinage et la natation raflent la mise.

Football

Le sport national ne démérite pas. L'équipe des Pays-Bas a participé à presque toutes les éditions de la Coupe du monde (en 2010, pour la première fois en finale depuis 1978, elle s'est inclinée 1-0 aux prolongations contre l'Espagne dans un match haletant) et de l'Euro (avec un échec cuisant en 2012 en perdant tous les matchs de son groupe). Les clubs néerlandais tels l'Ajax, le Feyenoord et le PSV bénéficient d'une renommée internationale, au même titre que des joueurs comme Ruud Gullit, Dennis Bergkamp et le légendaire Johan Cruijff. Approche unique mise au point par les Néerlandais, le "football total" (consistant à analyser et à appliquer des tactiques spatiales avec une précision méticuleuse) fascina le public à son apogée dans les années 1970.

Les Néerlandais vivent pleinement leur passion pour le ballon rond. La Fédération nationale de football totalise un million de membres et, chaque week-end, des équipes de football professionnel ou amateur jouent dans tout le pays. Les joueurs professionnels évoluent souvent dans des stades modernes high-tech tel l'Arena d'Amsterdam dotée de services de sécurité tout aussi high-tech, prêts à intervenir contre les hooligans.

Cyclisme

Les Néerlandais ont une passion pour la petite reine. Les courses cyclistes bénéficient d'une couverture médiatique importante et vous verrez des équipes en uniforme s'entraîner à toute allure dans des lieux reculés. Joop Zoetemelk a remporté le Tour de France en 1980 après être arrivé six fois deuxième.

Leontien Van Moorsel, l'une des meilleures athlètes néerlandaises de tous les temps, a multiplié les victoires en championnat dans les années 1990. Aux Jeux olympiques de 2000 et de 2004, elle a raflé au total 4 médailles d'or, une d'argent et une de bronze. Aux Jeux olympiques de 2012, Marianne Vos a remporté l'or dans l'épreuve de course en ligne.

La principale course cycliste néerlandaise, l'Amstel Gold Race, se tient dans la région vallonnée du Limbourg mi-avril. Le parcours d'environ 260 km comprend des dizaines de montées raides qui en font l'une des courses les plus difficiles du circuit professionnel.

Patinage

Le patinage fait autant partie de la culture néerlandaise que les *kroketten* (croquettes) et des milliers d'adeptes chaussent leurs patins dès que les lacs gèlent. Le pays compte quantité de patinoires aux normes olympiques où pratiquer le hockey, le patinage artistique ou le patinage de vitesse. L'*Elfstedentocht*, la plus célèbre course non professionnelle (voir encadré p. 204) parcourt la Frise sur 220 km.

Les Néerlandais dominent les épreuves de patinage de vitesse aux Jeux olympiques d'hiver. Ce sport leur a donné sept des huit médailles (dont trois en or) remportées à Vancouver en 2010.

Natation

La natation est le sport le plus pratiqué, même devant le football et le cyclisme. Un tiers des Néerlandais s'y adonnent en piscine, dans des lacs ou à la mer et plébiscitent les parcs aquatiques qui ont fleuri dans beaucoup de villes pour répondre à cette demande.

Légende néerlandaise de la natation, Inge De Bruijn a décroché 8 médailles aux Jeux olympiques de 2000 et de 2004. À Pékin, en 2008, l'équipe féminine de water-polo est montée sur la plus haute marche du podium. Enfin, en 2012, Ranomi Kromowidjojo a été sacrée double championne olympique en 50 m et 100 m nage libre.

Art

L'esprit associe d'emblée l'art néerlandais à la peinture. De fait, les maîtres hollandais n'ont pas volé cette appellation. Rembrandt, Frans Hals, Vermeer et d'autres de ces artistes emblématiques font partie des peintres les plus célèbres et les plus appréciés au monde. Et puis, bien sûr, il y a Vincent van Gogh, figure de l'impressionnisme finissant, tombé dans la misère et la folie malgré le soutien de son frère Théo. Mais pour comprendre ces monstres sacrés de la peinture néerlandaise et leur style, il faut se souvenir du temps où l'Italie était le creuset mondial des arts où les peintres venaient étudier.

XVe et XVIe siècles

L'école flamande

Avant la fin du XVIe siècle, alors que la Belgique appartient encore aux anciens Pays-Bas, les villes flamandes de Gand, de Bruges et d'Anvers se trouvent au cœur de la création artistique. Les peintures de l'école flamande représentent des scènes bibliques et allégoriques commandées par l'Église, la cour, et, dans une moindre mesure, la noblesse.

Parmi les plus grands noms de l'époque, citons Jan van Eyck (vers 1385-1441), fondateur de l'école flamande et premier peintre à perfectionner la technique de la peinture à l'huile, Rogier van der Weyden (1400-1464) dont les portraits religieux dévoilent la personnalité de ses sujets et Pieter Bruegel, dit Pieter l'Ancien (1525-1569) qui s'inspirait des paysages flamands et de la vie rurale dans ses allégories.

Jheronimus van Aken, dit Jérôme Bosch (1450-1516), peignait lui, en phase avec l'époque, des tableaux allégoriques sombres chargés de connotations religieuses. *Le Fils prodigue,* conservé au Museum Boijmans van Beuningen (p. 171) de Rotterdam (tout comme *Les Noces de Cana*) est une étude perspicace en mouvement.

Un artiste, un musée

- » Centre Vermeer, Delft (p. 166)
- » Jheronimus Bosch Art Center, Bois-le-Duc (p. 248)
- » Museum Het Rembrandthuis, Amsterdam (p. 51)
- » Musée Frans Hals, Haarlem (p. 104)
- » Mondriaanhuis, Amersfoort (p. 146)
- » Musée Escher in het Paleis, La Haye (p. 158)

L'école hollandaise

Dans la partie nord des anciens Pays-Bas, certains artistes commencent à affirmer leur propre style. Bien que ces derniers n'aient jamais atteint le niveau de reconnaissance de leurs homologues flamands, leur courant, baptisé école hollandaise, se distingue par la prédominance du réalisme sur l'allégorie et a pour centre Haarlem avec des artistes comme Jan Mostaert (1475-1555), Lucas van Leyden (1494-1533) et Jan van Scorel (1494-1562). Les peintres installés à Utrecht sont connus pour l'utilisation de la technique du clair-obscur (contraste important entre l'ombre et la lumière), associée au grand maître italien Caravage.

Siècle d'or (XVIIe siècle)

Avec l'expulsion des Espagnols des anciens Pays-Bas, le commerce de l'art évolue. Privés du mécénat de l'Église et de la cour qui achetaient leurs œuvres, les artistes doivent survivre dans un marché libéralisé typiquement néerlandais où l'art devient une activité commerciale. Une nouvelle classe bourgeoise de marchands, d'artisans et de commerçants se substitue aux anciens commanditaires et n'hésite pas à dépenser ses deniers pour embellir lieux de vie et de travail, la règle étant qu'elle puisse se reconnaître dans ces tableaux.

Les peintres deviennent des entrepreneurs à part entière, réalisant en série des banalités, des copies ou des chefs-d'œuvre dans leurs ateliers. La peinture devient un produit de masse, écoulée sur les marchés aux côtés des meubles et des poules. Les demeures les plus aisées se couvrent rapidement de tableaux du sol au plafond. Des témoignages de visiteurs étrangers indiquent que même les boulangeries et les boucheries possédaient une ou deux toiles. La plupart des peintres se spécialisent dans l'un des principaux genres alors en faveur.

Rembrandt

Grand artiste du XVIIe siècle, Rembrandt van Rijn (1606-1669), fils de meunier, grandit à Leyde. Vers 20 ans, il s'affirme déjà comme un peintre accompli.

En 1631, il s'installe à Amsterdam pour diriger l'atelier du riche marchand d'art Hendrick van Uylenburgh. Les portraits constituent une véritable manne pour l'atelier, aussi Rembrandt et ses disciples en produisent-ils en grand nombre, parmi lesquels des scènes collectives comme *La Leçon d'anatomie du docteur Tulp*. En 1634, Rembrandt épouse Saskia, la nièce de Van Uylenburgh, qui posait souvent pour lui.

Brouillé avec son patron, l'artiste met à profit la dot de Saskia pour acquérir une somptueuse maison attenante à l'atelier de Van Uylenburgh (devenue le Museum Het Rembrandthuis, p. 51). Il y installe son propre atelier avec du personnel travaillant dans un entrepôt du Jordaan. Ce sont des années fastes : ses peintures ont du succès et son atelier devient le plus important du pays, bien que ses manières bourrues et son agnosticisme assumé le privent des soirées mondaines.

Rembrandt devient par ailleurs l'un des principaux collectionneurs d'art de la ville. Il manipule non seulement à merveille le pinceau, mais a la réputation de faire monter la cote de ses propres œuvres aux enchères. Réalisant souvent des esquisses et des toiles pour son propre usage, il enjoint son personnel à en faire de même. Les habitants du quartier juif limitrophe constituent des sujets parfaits pour ses scènes bibliques théâtrales.

RONDE DE NUIT

En 1642, un an après la naissance de leur fils Titus, Saskia meurt et les affaires déclinent. Bien que la critique encense le majestueux portrait collectif *La Ronde de nuit* (1642), devenu la pièce maîtresse du Rijksmuseum, certains des personnages influents qui avaient déboursé 100 florins pour figurer sur le tableau n'apprécient guère d'y être relégués à l'arrière-plan. Rembrandt fait la sourde oreille et les commandes se mettent subitement à diminuer.

Il entame une relation avec la gouvernante de son fils, qu'il révoque quelques années plus tard quand il tombe amoureux de la nouvelle domestique, Hendrickje Stoffels, qui lui donnera une fille, Cornelia. L'opinion publique ne voit pas d'un bon œil son style de vie et l'augmentation vertigineuse de ses dettes, si bien qu'en 1656, Rembrandt fait faillite. Sa maison et sa précieuse collection d'art sont vendues et il s'installe à Rozengracht, dans le Jordaan.

L'Art au musée

- Rijksmuseum, Amsterdam (p. 65)
- Musée Van Gogh, Amsterdam (p. 65)
- Mauritshuis, La Haye (p. 157)
- Museum Boijmans van Beuningen, Rotterdam (p. 171)
- Lakenhal, Leyde (p. 151)

10 CHEFS-D'ŒUVRE DES MAÎTRES NÉERLANDAIS

Rijksmuseum, Amsterdam (p. 65)
» *Ronde de nuit*, Rembrandt
» *Autoportrait*, Rembrandt
» *Le Joyeux Buveur*, Frans Hals
» *La Joyeuse Compagnie*, Jan Steen
» *Femme en bleu lisant une lettre*, Vermeer

Mauritshuis, La Haye (p. 157)
» *La Jeune Fille à la perle*, Vermeer
» *La Leçon d'anatomie du docteur Tulp*, Rembrandt

Musée Frans Hals, Haarlem (p. 104)
» *Régents et Régentes de l'hospice des vieillards*, Frans Hals

Museum Boijmans van Beuningen, Rotterdam (p. 171)
» *La Tour de Babel*, Bruegel l'Ancien
» *Le Fils prodigue*, Jérôme Bosch

GRAVURES

Quoique tombé en disgrâce auprès de la riche bourgeoisie, Rembrandt continue à se consacrer à la peinture, au dessin et à la gravure. Le Museum Het Rembrandthuis conserve certaines des plus belles gravures de l'artiste. Il travaille encore parfois à la commande comme pour la monumentale *Conjuration de Claudius Civilis* (1661), destinée à l'hôtel de ville, mais que les autorités font retirer ne la trouvant pas à leur goût. En 1662, il achève les *Staalmeesters* pour la guilde des drapiers, en prenant soin de rendre bien visibles tous les personnages. Il s'agira de son dernier portrait de groupe.

DERNIÈRES ŒUVRES

Les derniers travaux de Rembrandt témoignent d'une maîtrise intacte. Affranchi des contraintes des clients, il goûte à une nouvelle liberté, produisant des œuvres moins conventionnelles tout en montrant encore plus d'empathie pour leur sujet, comme avec *La Fiancée juive* (1667). Ses nombreux portraits de Titus et d'Hendrickje et ses autoportraits toujours plus mélancoliques figurent parmi les plus remarquables de l'histoire de l'art.

Hendrickje succombe à l'épidémie de peste qui, de 1663 à 1666, emporte un habitant d'Amsterdam sur sept et Titus meurt en 1668, tout jeune marié, à 27 ans. Rembrandt, anéanti, s'éteint l'année suivante.

Un nouveau tableau a pu être attribué à Rembrandt en 2011 grâce à une authentification par rayons X mise en œuvre par le plus grand spécialiste mondial du peintre. *De oude rabbijn (Le Vieux Rabbin)* appartient à une collection anglaise privée et serait un auto-portrait.

Frans Hals

Autre grand peintre de l'époque, Frans Hals (1581-1666) naît à Anvers mais passe sa vie à Haarlem, à l'ouest d'Amsterdam. Il consacre une grande partie de sa carrière aux portraits, s'essayant aussi parfois à des scènes de genre avec la technique saisissante du clair-obscur. Doté de la même aptitude que Rembrandt à saisir les traits de ses sujets, il n'explore cependant pas autant que lui leur caractère. Les deux maîtres ont plusieurs points en commun, de la même touche expressive brute à l'évolution de leur style, passé de l'exubérance éclatante des débuts à une teneur plus sombre et solennelle. Les impressionnistes du XIXe siècle admireront l'œuvre de Hals. De fait, son *Joyeux Buveur* (1628-1630) aux touches vigoureuses, exposé au Rijksmuseum, passerait presque pour l'œuvre de l'un d'entre eux.

Vermeer

Johannes ou Jan Vermeer (1632-1675), dit Vermeer de Delft, complète le trio des grands peintres du XVIIe siècle. Auteur de seulement 35 toiles à la technique méticuleuse et père de dix enfants, il mourut dans la misère. Sa femme paya même une dette de plus de 600 florins au boulanger avec deux de ses tableaux. Pourtant, Vermeer maîtrise la peinture de genre comme personne. Parmi ses œuvres figurent des scènes historiques et bibliques en début de carrière, sa célèbre *Vue de Delft* (1661) conservée au Mauritshuis (p. 157) à La Haye et de tendres portraits de femmes inconnues, comme celui de toute beauté de la *Jeune Fille à la perle* (1666), également au Mauritshuis.

TOILES CÉLÈBRES

Vermeer est réputé pour ses tableaux baignés d'une lumière paisible filtrant par de grandes fenêtres. Les couleurs (bleu foncé, rouge vif, chaudes tonalités de jaune) et l'équilibre parfait de la composition accentuent le calme et la spiritualité qui en émanent. C'est le cas de plusieurs toiles du Rijksmuseum : *La Laitière* (1658), *La Femme en bleu lisant une lettre* (1664), et, pour son utilisation de la perspective, *La Lettre d'amour* (1670). *La Ruelle* (1658, Rijksmuseum) demeure la seule scène de rue peinte par Vermeer.

VERMEER

La Jeune Fille à la perle, un roman émouvant écrit par Tracy Chevalier en 1999 sur la genèse du célèbre tableau de Vermeer, a été porté à l'écran en 2003 par Peter Webber.

Autres peintres du Siècle d'or

Vers le milieu du XVIIe siècle, l'importance accordée aux états d'âme et aux subtils jeux de lumière commence à laisser place à la splendeur du baroque. Jacob van Ruysdael (vers 1628-1682) peint des ciels spectaculaires et Albert Cuyp (1620-1691) des paysages à l'italienne. Meindert Hobbema, disciple de Van Ruysdael, plébiscite lui des scènes moins héroïques et plus joyeuses, empreintes de charmants détails bucoliques.

La peinture de genre de Jan Steen (1626-1679) montre l'aspect presque frivole du style baroque. Steen tenait aussi une taverne et ses représentations du désordre domestique ont inspiré l'expression néerlandaise "maison à la Jan Steen". Caractérisé par une ambiance festive, son tableau *La Joyeuse Compagnie* (1668, Rijksmuseum) illustre bien son style. On peut y voir des adultes faire la noce autour d'un banquet, indifférents aux enfants au premier plan se servant à boire.

XVIIIe siècle

Le Siècle d'or de la peinture hollandaise prend fin aussi subitement qu'il avait commencé avec l'invasion des Pays-Bas par les Français en 1672. L'économie s'effondre et, dans son sillage, le marché de l'art. Les peintres toujours en activité se consacrent à des valeurs sûres inspirées de précédents chefs-d'œuvre. Au XVIIIe siècle, la mode est à tout ce qui provient de France et au style français, qu'ils copient.

Il en résulte des œuvres satisfaisantes mais pas révolutionnaires. Cornelis Troost (1697-1750) se distingue comme l'un des meilleurs

HALS ET LES PORTRAITS COLLECTIFS

Frans Hals se spécialise aussi dans de superbes portraits de groupe où il représente les participants dans des poses presque naturelles, contrairement aux lignes rigides de contemporains moins doués, mais sans aller jusqu'à l'audace de Rembrandt fondant les visages dans la composition. Le duo de toiles connu sous le nom de *Régents et Régentes de l'hospice des vieillards* (1664) conservé au musée Frans Hals de Haarlem en constitue un bon exemple. Ce musée a été aménagé dans un ancien hospice que Hals connaissait bien pour l'avoir fréquenté.

représentants de la peinture de genre. On le compare parfois à l'artiste britannique William Hogarth (1697-1764) pour ses portraits à la fois satiriques et sensibles du petit peuple. Troost introduit lui aussi des scènes domestiques festives dans ses toiles pastel.

Gérard de Lairesse (1640-1711) et Jacob de Wit (1695-1754) couvrent les murs et les plafonds des édifices de fresques. Celles en trompe l'œil du second au Bijbels Museum valent le détour.

Plongée émouvante dans la vie intime du peintre et témoignage de l'extraordinaire amitié et des liens artistiques qu'il partageait avec son frère Théo, *Vincent van Gogh. Les lettres* (Actes Sud, 2009) contient la correspondance de 902 lettres entre Vincent et son frère, ses amis, ses amours, ses confidentes et ses homologues artistes.

XIXe siècle

Durant la fin du XVIIIe siècle et une bonne partie du XIXe siècle, peu d'œuvres se démarquent, hormis les paysages et les marines de Johan Barthold Jongkind (1819-1891) et les scènes d'Amsterdam d'un réalisme presque photographique de George Hendrik Breitner (1857-1923). Ces derniers auraient inspiré les impressionnistes français, dont beaucoup visitèrent Amsterdam.

Jongkind et Breitner réinventent le réalisme du XVIIe siècle et influencent l'école de La Haye (fin du XIXe siècle). Hendrik Mesdag (1831–1915), Jozef Israëls (1824-1911) et les frères Maris (Jacob, Matthijs et Willem) réalisent des paysages, des marines et des scènes de genre. L'impressionnant *Panorama Mesdag* (1881), une immense peinture cylindrique à 360 degrés de la ville côtière de Scheveningen vue depuis une dune, est l'œuvre de Mesdag (voir p. 159).

Vincent van Gogh

Reflet de son propre monde, les formes tortueuses et les couleurs furieuses de Vincent van Gogh (1853-1890), sans aucun doute le plus grand peintre néerlandais du XIXe siècle, continuent à défier toute tentative de classification. Fut-il un post-impressionniste ? Un précurseur de l'expressionnisme ?

Si les maîtres hollandais se sont rendus célèbres par leurs tableaux sombres et méditatifs, Van Gogh fait de sa souffrance identitaire une forme d'art, dans un style tourmenté qui lui est propre. Il incarne, encore aujourd'hui, les turpitudes de l'artiste, entre douleur et pauvreté, manque de reconnaissance publique et dépendance à l'égard d'un mentor (son fidèle frère Théo), maladie mentale et mort prématurée.

Films sur Van Gogh

- *Van Gogh* (Maurice Pialat, 1991)
- *La Vie passionnée de Vincent van Gogh* (Vincente Minnelli, 1956)
- *Vincent et Théo* (Robert Altman, 1990)
- *Vincent* (Paul Cox, 1987)

LA LÉGENDE VAN GOGH : MYTHE ET RÉALITÉ

La souffrance de Van Gogh, ses vicissitudes et ses tribulations artistiques sont-elles aussi hautes en couleur que son inimitable coup de pinceau, reconnaissable par n'importe quel néophyte partout dans le monde ?

Il y a du vrai et du faux. Quelle que soit la légende, les faits demeurent. L'artiste s'est bien tranché l'oreille, mais seulement en partie et pour l'envoyer, non à une femme qui l'avait éconduit mais, dans un accès de désespoir, à une prostituée.

Il a par ailleurs bien vendu un tableau de son vivant, *La Vigne rouge*, exposée à Moscou. Alors que la culture populaire le donne souvent pour fou, la médecine contemporaine aurait probablement diagnostiqué un trouble bipolaire chez Van Gogh, qui séjourna à l'asile psychiatrique

LES DERNIERS MOTS DE VAN GOGH

Même les derniers mots de Van Gogh résonnent de la poignante beauté mélancolique de ses tableaux les plus réussis. "La tristesse durera toujours", aurait-il dit, son frère à son chevet, deux jours après s'être tiré une balle dans la poitrine après une séance de peinture frénétique.

ARTS GRAPHIQUES

La peinture sur toile n'a plus le monopole aux Pays-Bas où les arts graphiques prennent du galon.

» Dick Bruna, originaire d'Utrecht, a créé le célèbre petit personnage de fiction Miffy. Auteur et illustrateur de plus de 120 livres Jeunesse, il a dessiné plus de 2 000 couvertures de livres et des centaines d'autres ouvrages, affiches, cartes postales et estampes. La maison de Dick Bruna (p. 140), à Utrecht, lui rend hommage.

» Les Pays-Bas ont développé une tradition de codes de communication visuelle clairs depuis le début du siècle dernier. On en trouve des exemples au quotidien, comme avec la Compagnie nationale des chemins de fer, pionnière en la matière. Le meilleur de l'art graphique néerlandais s'expose au musée de l'Image (p. 252) à Bréda.

de Saint-Rémy-de-Provence où il possédait un atelier. La psychologie moderne fait clairement la distinction entre folie et psychose maniaco-dépressive. Historiens et médecins pensent désormais que Van Gogh souffrait de dépression, maladie commune pour laquelle à l'époque il n'existait pas de traitement médicamenteux efficace (même si certains soutiennent qu'il souffrait d'épilepsie, de saturnisme, de schizophrénie ou de quantité d'autres maux).

L'HÉRITAGE D'UN GÉNIE TORTURÉ

Avec ses tableaux tumultueux et passionnés, Vincent van Gogh est le deuxième artiste néerlandais le plus coté après Rembrandt. Qui eût cru, lors de son suicide en 1890, que le peintre qui peinait à se nourrir et à acheter ses fournitures verrait son *Portrait du docteur Gachet* vendu chez Christie's pour 82,5 millions de dollars ?

De tous les artistes à la célébrité posthume, Van Gogh est peut-être le plus mythique, de par son œuvre, mais aussi sa vie. En moins d'une décennie, il trouve l'énergie de se consacrer à la réalisation de quelque 900 tableaux et 1 100 dessins et esquisses. Les historiens de l'art pensent que sa frénésie, cette énergie implacable frisant la manie et conduisant à la mélancolie et au désespoir, aura alimenté – au prix fort – son imagination. Si ses peintures continuent à faire des émules par leur valeur artistique et restent, pour beaucoup, les plus révolutionnaires de l'époque bénie des impressionnistes, elles constituent aussi des témoignages de son génie torturé rappelant le lourd tribut que les artistes paient parfois pour leur talent.

Cinq chefs-d'œuvre de Van Gogh

Musée Van Gogh, Amsterdam (p. 65)

» *Les Tournesols*

» *Champ de blé aux corbeaux*

» *Autoportrait au chapeau de feutre*

Parc national Hoge Veluwe (p. 236)

» *Les Mangeurs de pomme de terre*

» *Le Métier à tisser*

XXe siècle

De Stijl

De Stijl ("le Style") est un courant artistique néerlandais prônant l'harmonie de tous les arts en renouant avec l'essence de l'expression artistique. Il a pour vitrine le magazine éponyme, publié pour la première fois en 1917 par Theo van Doesburg (1883-1931). La production artistique de Van Doesburg ressemble à celle de Mondrian, à la différence qu'il s'affranchit des lignes noires épaisses puis incline par la suite ses rectangles à 45 degrés, des modifications suffisamment importantes aux yeux de Mondrian pour rompre leur amitié.

Au cours des années 1920-1930, des sculpteurs, des poètes, des architectes et des designers rallient De Stijl. L'un d'entre eux, Gerrit Rietveld (1888-1964), à qui l'on doit le musée Van Gogh et plusieurs autres bâtiments, acquiert une notoriété internationale avec ses meubles, dont la *Chaise rouge et bleu* (1918) et sa série de sièges en zigzag peu ergonomiques, qui, vus de profil, forment un "z" avec un dossier.

Mondrian

Acteur majeur du mouvement De Stijl, Piet Mondrian (qui s'appelait à l'origine Mondriaan, 1872-1944) s'inscrit à ses débuts dans la tradition de l'école de La Haye. Après avoir flirté avec le cubisme, il commence à travailler des formes rectangulaires franches utilisant uniquement les trois couleurs primaires (jaune, bleu et rouge) sur les trois teintes neutres (blanc, gris et noir). Il considère ce style, qu'il baptise néoplasticisme, comme l'expression fidèle de la réalité au moyen de formes et de couleurs pures. Sa *Composition avec rouge, bleu, noir, jaune et gris* (1920), présentée au Stedelijk Museum (p. 66), en est un exemple sophistiqué.

Les dernières œuvres de Mondrian, plus "pures", regagnent en dynamisme lorsqu'il s'installe à New York en 1940. La plus grande collection de tableaux de Mondrian est conservée au Gemeentemuseum (p. 158) de La Haye, sa ville natale.

Du côté de la musique classique néerlandaise, le pianiste Ronald Brautigam jouit d'une notoriété internationale. La violoniste et altiste Isabelle van Keulen a fondé son propre festival de musique de chambre à Delft. Pieter Wispelwey, l'un des plus grands violoncellistes du pays, est réputé pour son répertoire ambitieux et Louis Andriessen se distingue parmi les compositeurs.

MC Escher

Maurits Cornelis Escher (1898-1972) a été l'un des plus remarquables graphistes du XXe siècle. Ses dessins, ses lithographies et ses gravures sur bois représentant des images impossibles continuent à fasciner les mathématiciens : une cascade qui s'alimente elle-même, des figures qui montent et descendent des escaliers finissant là où ils ont commencé, une paire de mains qui se dessinent mutuellement... Ses œuvres sont visibles au musée Escher in het Paleis (p. 158) de La Haye.

CoBrA

Après la Seconde Guerre mondiale, des artistes révoltés contre les conventions artistiques laissent exploser leur rage à travers l'expressionnisme abstrait. À Amsterdam, Karel Appel (1921-2006) et Constant (Constant Nieuwenhuys, 1920-2005) s'inspirent des styles élaborés par Paul Klee et Joan Miró et recourent aux couleurs vives et à un art enfantin non corrompu pour réaliser des tableaux vivants qui semblent sortir de leur cadre. En 1945, à Paris, ils fondent avec le peintre danois Asger Jorn (1914-1973), le peintre belge Corneille (Cornelis van Beverloo, 1922-2010) et d'autres artistes et écrivains le mouvement CoBrA (Copenhague, Bruxelles, Amsterdam), considéré comme le dernier grand mouvement avant-gardiste.

En 1949, leur première exposition d'envergure organisée au Stedelijk Museum suscite une levée de boucliers avec des commentaires du genre "mon enfant peint de la même façon". Il n'en demeure pas moins que les artistes du mouvement CoBrA ont exercé une forte influence dans leur pays respectif, même après leur séparation en 1951. Le Cobra Museum (p. 69), à Amstelveen, réunit un grand nombre de leurs œuvres, y compris des céramiques bariolées.

Quelques jazzmen néerlandais ont percé ces dernières années. Parmi les jeunes chanteuses talentueuses, citons Fleurine, Ilse Huizinga et Denise Jannah. Née au Surinam et considérée comme la meilleure chanteuse jazz du pays, cette dernière a enregistré pour le label Blue Note. Son répertoire se compose de standards américains mâtinés d'influences musicales du Surinam.

Artistes contemporains

Les artistes néerlandais d'aujourd'hui, réputés pour mélanger les supports, ne déméritent généralement pas sur la scène internationale. Ainsi Jan Dibbets (né en 1941) et Ger van Elk (1941) associent la photographie, la peinture et la sculpture et Marte Röling (née en 1939) produit des illustrations graphiques empreintes d'ironie. Parmi la jeune génération, le duo artistique Liet Heringa (1966) et Maarten van Kalsbeek (1962) se sont fait connaître pour leurs sculptures sombres aux formes inédites, Michael Raedecker (1963) pour ses natures mortes radieuses faisant rêver et Roger Braun (1972) pour son réalisme industriel.

Architecture

Maîtres de l'architecture et de l'utilisation de l'espace, les Néerlandais ont exercé, à travers les siècles, une grande influence dans les domaines de l'art et de la construction. Depuis les premières cathédrales sobres jusqu'aux élégantes structures modernes, leurs idées et leurs créations se sont répandues dans toute l'Europe mais aussi dans le Nouveau Monde.

Si les villes néerlandaises offrent souvent un panorama architectural qui s'étale sur plusieurs siècles, elles comptent en revanche peu d'édifices véritablement ostentatoires – et ce malgré l'ingéniosité de ses architectes, dont le renom dépasse largement les frontières du pays. L'excessif et l'apparat n'ont jamais fait partie du caractère des Néerlandais, et le charme de leur architecture se découvre plutôt dans les fioritures ou les subtiles touches d'humour qui émaillent les édifices.

Architecture romane

L'architecture romane, qui fit fureur dans le pays (et en Europe) entre l'an 900 et 1250, est le style architectural le plus ancien encore existant aux Pays-Bas, hormis les *hunebedden* (chambres funéraires). Une forme simple, des murs épais, de petites fenêtres et des arcs en constituent ses caractéristiques principales.

La plus ancienne église romane des Pays-Bas est Pieterskerk (p. 141) à Utrecht. Construite en 1048, elle faisait partie de la Croix de Bernold : l'évêque avait voulu ériger un ensemble de quatre églises disposées en forme de croix autour de la cathédrale. Sint Nicolaaskapel (p. 232), la chapelle aux 16 côtés de Nimègue, est la deuxième plus ancienne. C'est en fait une copie réduite de celle de Charlemagne à Aix-la-Chapelle, en Allemagne. L'Onze Lieve Vrouwebasiliek (p. 241), à Maastricht, est un autre exemple typique d'architecture romane.

La campagne hollandaise recèle aussi quelques édifices de ce style. Les plaines venteuses du Nord abritent bien de solides églises en briques, érigées aux XIIe et XIIIe siècles, telle l'église isolée, perchée sur un tertre façonné par l'homme, à Hogebeintum (p. 201), en Frise.

Architecture gothique

Aux environs de 1250, l'intérêt pour l'architecture romane s'était essoufflé, marquant l'avènement de l'ère gothique. Arcs brisés, croisées d'ogives et hauteurs vertigineuses étaient les caractéristiques de ce nouveau style architectural qui allait durer jusqu'en 1600. Si la taille des édifices néerlandais n'atteint pas celle des cathédrales gothiques françaises, le style riche qui émergea dans le Brabant catholique peut tout à fait rivaliser avec n'importe quel autre. Des églises en pierres, dotées de hautes voûtes et d'arcs-boutants, comme la cathédrale Saint-Jean (p. 247) à Bois-le-Duc et la Grote Kerk (p. 251) à Bréda, furent érigées. Toutes deux sont de beaux exemples du style gothique brabançon, comme on l'appela plus tard. Remarquez les voûtes en bois et l'utilisation fréquente de briques parmi la pierre.

La pierre, élément habituellement récurrent des édifices gothiques, était trop lourde (et trop rare) pour pouvoir être utilisée dans les terres marécageuses de l'ouest des Pays-Bas. En revanche, les constituants de base de la brique – argile et sable – abondaient. Toutefois, les briques n'étant pas un matériau léger, les limites de poids obligeaient les architectes à compenser le manque de hauteur par la longueur et la largeur. La Sint Janskerk à Gouda est la plus longue église du pays, avec une nef de 123 m. Son aspect majestueux et délicat rappelle une variante appelée le gothique flamboyant. L'ouest de la Hollande compte tout de même des structures gothiques en pierre : la Grote Kerk van St Bavo de Haarlem en est un magnifique exemple.

Maniérisme

À partir du milieu du XVIe siècle, le style Renaissance qui faisait rage en Italie commença à s'insinuer aux Pays-Bas. Les Néerlandais ajoutèrent naturellement leur touche personnelle à cette nouvelle forme architecturale, qui se fit connaître sous le nom de maniérisme (env. 1550-1650). Également appelé Renaissance néerlandaise, ce style unique se situe entre la Renaissance et le baroque ; il conserve les courbes audacieuses et les riches ornementations du baroque qu'il allie aux styles classiques grec et romain et au style néerlandais traditionnel. Les façades des bâtiments étaient ornées d'imitations de colonnes (pilastres) et les pignons simples furent remplacés par des pignons en escalier richement décorés de sculptures, de colonnes et d'obélisques. L'agréable interaction de briques rouges et de bandes horizontales en grès blanc ou jaune était basée sur des formules mathématiques conçues pour le plaisir des yeux.

Symboles du début du fonctionnalisme, les moulins à vent possèdent une variété de formes distinctes ; ils sont devenus de véritables emblèmes nationaux.

Hendrick de Keyser (1565-1621) fut un grand architecte maniériste. Ses Zuiderkerk (p. 53), Noorderkerk (p. 54) et Westerkerk (p. 55) à Amsterdam sont de remarquables exemples ; toutes les trois montrent une importante rupture avec les lignes sobres des églises en briques situées dans la campagne. Leur clocher est décoré et composé d'une variété de matériaux contrastée, tandis que les fenêtres sont encadrées de pierre blanche rehaussée de briques marron. Des détails ornementés égayent les murs et les lignes de toiture.

Siècle d'or

Une fois les Pays-Bas devenus une puissance commerciale mondiale, au XVIIe siècle, leurs riches marchands voulurent s'offrir de somptueux édifices dignes de leur statut.

La nouvelle architecture devait impressionner avant tout. Les spécialistes en la matière, tels que Jacob van Campen (1595-1657) et les frères Philips et Justus Vingboons, s'inspirèrent à nouveau des lignes anciennes grecques et romaines. Pour donner une apparence plus grande aux édifices, le pignon en escalier fut remplacé par un pignon à cou, et des piliers furent construits pour imiter les colonnes impériales, avec un piédestal. Des volutes décoratives furent ajoutées en guise de

PALANS ET MAISONS PENCHÉES

Nombre des vieilles demeures en bordure de canal penchent délibérément vers l'avant. Étant donné l'étroitesse des escaliers, les propriétaires avaient besoin d'un autre moyen pour monter les marchandises et meubles volumineux aux étages. Les pignons furent donc équipés de palan afin de hisser les objets jusqu'aux fenêtres. L'inclinaison permettait de ne pas abîmer la façade. Certaines propriétés disposent même au grenier d'une énorme roue accompagnée d'une corde et d'un crochet qui s'enroulent autour d'une poutre.

Le fait de pencher vers l'avant fait également paraître les maisons plus grandes, il est donc plus facile d'en admirer les façades et les pignons.

finitions, et le sommet comportait un triangle ou un globe pour imiter le toit d'un temple.

Construit à l'origine pour accueillir l'hôtel de ville en 1648, le Koninklijk Paleis (palais royal ; p. 44) à Amsterdam en est un magnifique exemple. Van Campen, l'architecte, opta pour des formes classiques et abandonna de nombreuses décorations de De Keyser, et le résultat respire la gravité avec ses lignes et ses formes sévères.

Cette nouvelle forme d'architecture convenait aux hommes d'affaires de la ville qui faisaient construire des demeures en bord de canal pour afficher leur succès. Malgré l'étroitesse des terrains, chacun des édifices impressionnait par son pignon, doté de sculptures et de formes multiples. Philips et Justus Vingboons étaient spécialisés dans ces résidences chics ; parmi leurs réalisations les plus célèbres figurent le Bijbels Museum (musée de la Bible ; p. 59) et des demeures disséminées dans la ceinture des canaux ouest d'Amsterdam.

La capitale n'est pas la seule à abriter cette superbe architecture. La Haye possède aussi des joyaux du XVIIe siècle, notamment le Paleis Noordeinde (p. 158) et le Mauritshuis (p. 157), et de nombreux autres exemples bordent les magnifiques canaux de Leyde, Delft et Maastricht, entre autres.

Si aujourd'hui elle semble presque ramassée à côté de ses voisins, la Witte Huis (Maison blanche, construite en 1898) aux 12 étages de Rotterdam fut le premier "gratte-ciel" d'Europe ; elle a survécu à la destruction de la ville en 1940.

Influence française

Au XVIIIe siècle, la classe aisée avait délaissé le commerce pour une vie plus rangée, dans la banque ou la finance, les gens passaient donc beaucoup plus de temps chez eux. À cette même période, les architectes néerlandais se mirent à adopter tout ce qui venait de France (ce qui refléta la domination française sur le pays) ; le mobilier Louis XV et les riches façades rococo faisaient fureur. Le moment était donc idéal pour que les nouvelles tendances de construction françaises s'imposent dans le pays. Daniel Marot (1661-1752), aidé de ses assistants Jean et Anthony Coulon, fut le premier à réaliser des intérieurs français en accord avec l'extérieur. Le Lange Voorhout à La Haye présente de bons exemples de leur travail.

L'éblouissant et vaste hôtel de ville de William Dudok, disciple de Frank Lloyd Wright, représente une raison suffisante pour se rendre à Hilversum, à l'ouest d'Amsterdam.

Néoclassicisme

Après l'interlude napoléonien du début du XIXe siècle, l'économie stagnait et l'architecture esthétique marqua un temps d'arrêt. Le néoclassicisme, considéré comme sûr et porteur, puisa à nouveau dans les modèles anciens grecs et romains. Connu pour son ordre, sa symétrie et sa simplicité, il fut utilisé pour les lieux de culte, les cours et autres bâtiments officiels. L'hôtel de ville de Groningue (p. 210) en est un brillant exemple ; remarquez les piliers classiques, même si l'utilisation de murs en briques est un élément purement néerlandais. De nombreuses églises étaient subventionnées par le ministère chargé de l'eau et ont été nommées Waterstaatkerk (église de l'eau de l'État), comme la bâtisse isolée de Schokland (p. 135). Le néoclassicisme fut le style dominant jusqu'aux années 1860, plus prospères.

Fin du XIXe siècle

La fin du XIXe siècle fut marquée par le style néogothique (de majestueuses cathédrales) et le style néo-Renaissance. Les catholiques retrouvèrent la liberté de culte et firent construire pléthore d'églises de facture néogothique.

À travers le pays, la nostalgie de la grandeur passée du Siècle d'or inspira la néo-Renaissance, très présente dans les premiers chefs-d'œuvre de De Keyser. Dans tout le pays, des bâtiments néo-Renaissance furent construits de façon à ressembler à ceux érigés trois siècles auparavant. Pour de nombreux spécialistes, ces édifices à pignons à redents, dotés de pierre et de briques, incarnent la quintessence de l'architecture néerlandaise classique.

Architecte majeur de son temps, Pierre Cuypers (1827-1921) réalisa plusieurs églises néogothiques, auxquelles il mêlait souvent le style néo-Renaissance, comme on peut le voir avec la Centraal Station (p. 45) et le Rijksmuseum (p. 65) d'Amsterdam. Ces structures principalement gothiques comportent des ornements de briques de style Renaissance néerlandaise.

Berlage et l'école d'Amsterdam

À l'approche du XXe siècle, Hendrik Petrus Berlage (1856-1934), père de l'architecture néerlandaise moderne, critiqua vivement les styles "néo" et leur attachement au passé et prôna la simplicité et une utilisation rationnelle des matériaux : la Beurs van Berlage (p. 48) de 1902 à Amsterdam affiche pleinement ces idéaux. Berlage coopérait avec des sculpteurs, des peintres et des carreleurs, afin de s'assurer que l'ornementation accompagne la conception d'ensemble, et non qu'elle soit ajoutée pour dissimuler la structure.

Berlage concevait les quartiers résidentiels comme un tout plutôt qu'une série de maisons individuelles. Il tient lieu de précurseur de ce qui devint l'école d'Amsterdam (env. 1916-1930) – certains de ses représentants rejetaient toutefois son rationalisme austère et préféraient des formes plus créatives. Michel de Klerk (1884-1923), Piet Kramer (1881-1961) et Johan van der Mey (1878-1949) comptent parmi les principaux représentants de l'école ; ce dernier en marqua les débuts avec son extraordinaire Scheepvaarthuis, qui accueille désormais un musée (p. 53).

Pour connaître toutes les personnalités du monde de l'architecture en Hollande, consultez le www.architectenweb.nl. Le site présente aussi les projets commandés et ceux en cours.

La brique était le matériau de choix pour ces architectes qui réalisaient les immeubles comme des sculptures, avec des angles arrondis, des fenêtres aux emplacements incongrus et des tours ornementales en forme de fusée. Leurs immeubles d'habitations à Amsterdam, tels que le "Navire" de De Klerk, à l'ouest, sont décrits comme des forteresses de contes de fées, revisitées dans une version néerlandaise de style Art déco. Privilégier la forme sur la fonction conduisait à des réalisations superbes à regarder mais pas toujours faciles à vivre, avec de petites fenêtres et un espace peu optimisé.

Les aides au logement déclenchèrent une frénésie constructive dans les années 1920. À l'époque, de nombreux architectes de l'école d'Amsterdam travaillaient pour le conseil municipal et dessinaient les bâtiments de l'Oud Zuid (Vieux Sud). Cette grande expansion, menée par Berlage, nécessitait des logements de qualité, de larges avenues et des places agréables.

LES PIGNONS

Parmi les superbes trésors que recèlent les vieux canaux d'Amsterdam, de Haarlem et d'ailleurs, figurent les magnifiques pignons – ces frontons qui ornent les élégantes demeures en bordure de canal. Les pignons servaient à dissimuler le toit et à identifier les maisons, jusqu'à ce que les Français introduisent les numéros de rue en 1795. Par la suite, ils sont devenus de simples ornements.

Il existe quatre principaux types de pignons : le pignon simple en pointe, avec contours en diagonale et fenêtres semi-circulaires ou volets, servait principalement pour les entrepôts, des années 1580 au début du XVIIIe siècle ; le pignon à redents, élément de style gothique tardif apprécié des architectes de la Renaissance néerlandaise ; le pignon à cou, également appelé pignon en goulot, élément introduit durablement dans les années 1640 ; et le pignon en cloche, apparu dans les années 1660 et devenu populaire au XVIIIe siècle.

Fonctionnalisme

Tandis que des édifices de l'école d'Amsterdam se construisaient dans toute la capitale, une nouvelle génération d'architectes commença à se révolter contre l'aspect peu pratique (sans parler de leur coût) des structures. En 1927, le groupe "de 8" se forma, influencé par le Bauhaus en Allemagne, Frank Lloyd Wright aux États-Unis et Le Corbusier en France, marquant le début du fonctionnalisme (1927-1970).

Des architectes tels que Ben Merkelbach (1901-1961) et Gerrit Rietveld (1888-1965) pensaient que la forme devait se plier à la fonction et prônaient l'utilisation de l'acier, du verre et du béton. Leurs agencements spacieux étaient pratiques et laissaient pénétrer la lumière du jour ; à Utrecht, la superbe Rietveld-Schröderhuis (p. 140) est l'unique maison construite entièrement suivant les lignes fonctionnalistes du mouvement De Stijl (p. 277).

Après la guerre, le fonctionnalisme prit de l'importance et s'imposa dans les nouveaux faubourgs à l'ouest et au sud d'Amsterdam, ainsi que dans des villes ravagées par la guerre, comme Rotterdam. Les tours construites à grande échelle n'étaient pas suffisantes pour absorber l'accroissement et l'urbanisation de la population néerlandaise. Mais le fonctionnalisme tomba en disgrâce car l'aspect ingénieux fut atténué dans des projets d'habitation bon marché pour le grand public.

Le Nederlands Architectuur Instituut (www.nai.nl) à Rotterdam fournit les dernières nouvelles concernant la construction et le design néerlandais et propose de bonnes rétrospectives sur les tendances qui ont façonné l'architecture du pays.

Modernisme et derniers projets

Depuis les années 1980, la construction est en effervescence aux Pays-Bas, et les architectes ont pu s'essayer à de nombreux courants tels que le structuralisme, le néorationalisme, le postmodernisme et le supermodernisme. On trouve des exemples de ces styles à Rotterdam (voir p. 177), où les urbanistes ont encouragé les structures audacieuses, allant des surprenantes Boompjestorens en forme de cube de Piet Blom à l'élégant Erasmusbrug de Ben van Berkel.

En réalité, la ville entière est une vitrine d'architecture moderne, où de nouvelles "pièces" se construisent sans cesse. Le plus grand édifice du pays, le MaasToren (p. 177), culmine à 165 m, non loin, le De Rotterdam en construction sera le plus vaste. Ce dernier est conçu par l'un des architectes les plus influents au monde, Rem Koolhaas.

Parmi les exemples frappants à Amsterdam figurent le NEMO (p. 68), qui évoque un sous-marin remontant à la surface, et le récent quartier résidentiel des docks de l'Est, où le "bleu est vert" – c'est-à-dire que l'eau environnante joue le rôle des pelouses et arbustes.

Les rives de l'IJ sont idéales pour découvrir les fameuses traditions néerlandaises du design urbain en action. Au nord-ouest de Centraal Station, Westerdokeiland est un imposant ensemble d'appartements, de bureaux et de cafés, installés autour d'un port de plaisance ; au nord-est, Oosterdokeiland occupe un emplacement de choix, avec ses bureaux et ses logements, et accueille l'Openbare Bibliotheek. De l'autre côté de la rivière, dans Amsterdam-Noord, Overhoeks est un quartier résidentiel installé sur un ancien complexe Shell qui borde l'EYE Film Institute (p. 45). Une nouvelle ville s'élève là où autrefois se trouvaient des marais ; c'est toute l'histoire des Pays-Bas.

Environnement

Les Pays-Bas ont été patiemment façonnés par la main de l'homme. Partout où le regard se pose, des digues aux polders, tout semble admirablement bien planifié et organisé. René Descartes ne disait-il pas lui même "*Dieu créa le monde, mais les Hollandais créèrent la Hollande*" ?

Cet arrangement avec la nature résulte en grande partie d'une nécessité : il est difficile de vivre sous le niveau de l'eau. Tous ces aménagements ont néanmoins mis l'écosystème à rude épreuve. Les dangers générés par la pollution, la déforestation et les inondations font pression sur l'environnement tant naturel qu'artificiel. Environ un tiers de la surface du pays est dévolu à l'agriculture, tandis que l'urbanisation et l'industrie se partagent l'essentiel des terres restantes.

Depuis les années 1950, on assiste à une importante prise de conscience écologique aux Pays-Bas. Les Néerlandais pratiquent le tri sélectif, apportent leur soutien inconditionnel aux politiques en faveur du vélo et protestent contre quantité de projets potentiellement néfastes. La limitation des places de stationnement, la fermeture de routes à la circulation ainsi que la mise en place de ralentisseurs et de parkings-relais ont permis de limiter la circulation en centre-ville. À la campagne, priorité est donnée aux pistes cyclables au détriment des automobilistes.

Une terre façonnée par l'homme

Encadrés par la Belgique, l'Allemagne et les eaux agitées de la mer du Nord, les Pays-Bas occupent principalement des terres gagnées artificiellement sur la mer au fil des siècles. Les cartes du Moyen Âge nous offrent la curieuse vision d'un pays où manquent de larges pans de la Hollande-Septentrionale et de la Zélande. Aujourd'hui, les 41 500 km^2 du pays équivalent à la superficie d'une région comme l'Aquitaine.

Les terres ne représentent que 81,6% de la surface totale du pays, soit 33 833 km^2, dont environ 7 000 km^2 ont été enlevés à la mer.

Le pays compte douze provinces au relief majoritairement aussi plat qu'une *pannenkoek* (crêpe hollandaise). Les seules collines dignes de ce nom se dressent à l'extrémité sud du pays, près de Maastricht. De formation relativement récente (moins de 10 000 ans), le sol à l'ouest et au nord se compose de tourbe et d'argile. La majorité de cette région, gagnée sur la mer, se situe sous le niveau de l'eau.

Digues et polders

Les Néerlandais ont entrepris de créer de nouvelles terres au prix d'efforts titanesques consistant à gagner ces terrains sur la mer omniprésente. Rien qu'au siècle dernier, quatre grands polders ont vu le jour grâce à des techniques astucieuses : le Wieringermeer en Hollande-Septentrionale, le Noordoostpolder (polder du nord-est), le Noordpolder (polder du nord) et le Zuidpolder (polder du sud) dans le Flevoland. La majorité de ces terres, plus de 1 700 km^2, ont été drainées après l'édification d'une digue qui ferma l'accès à la mer du Nord en 1932. Au total, pas moins de 20% des terres du pays ont été gagnés sur la mer.

Impossible de parler des Pays-Bas sans mentionner l'eau qui couvre près de 20% du territoire. L'éventualité d'une rupture des digues fait frémir plus d'un Néerlandais : si les 2 400 km des imposantes digues et dunes (pouvant atteindre 25 m de haut) des Pays-Bas venaient à céder, les métropoles seraient inondées. Les stations de pompage modernes qui ont remplacé les moulins à vent fonctionnent sans relâche.

Le risque d'inondation est plus élevé en Zélande, une province du sud-ouest qui s'apparente à un vaste estuaire vers où convergent l'Escaut, la Meuse, le Lek et le Waal. Les deux derniers sont des bras du Rhin qui achève ici sa course commencée dans les Alpes suisses. La Meuse fait partie des autres grands fleuves d'Europe à traverser le pays. Elle prend sa source en France puis passe par la Belgique avant de se jeter dans la mer du Nord, dans la région du Delta.

En 1953, des inondations dramatiques dévastèrent la Zélande et ses alentours. Elles eurent pour conséquence la mise au point du Plan Delta, l'un des plus grands projets de travaux publics au monde, afin de prévenir de nouvelles inondations (voir p. 193).

Moulins à vent

Emblème national, le moulin à vent est indissociable de ce combat du pays contre l'eau. Cette ingénieuse invention a permis de tirer profit des vents marins de la mer du Nord, quasi constants, afin de maintenir à distance les flots de la mer du Nord et d'ailleurs. Les premiers moulins à vent, apparus au XIIIe siècle, ont été utilisés pour pomper l'eau des terres plus basses que le niveau de la mer et la rejeter de l'autre côté des digues. Au fil des siècles, ils sont devenus de plus en plus nombreux dans le paysage.

NATURE

Quantité de petites routes longent les digues, comme celle près d'Alkmaar, en Hollande-Septentrionale. Elles permettent de se rendre compte à quel point les terres se trouvent sous le niveau de l'eau dans les canaux et d'apercevoir les anciens moulins à vent utilisés jadis pour le pompage de l'eau.

Faune et flore

La mainmise de l'homme a grandement influé sur la faune et la flore aux Pays-Bas. L'habitat naturel a rarement été laissé intact et plus de 10% des espèces sont importés. Si la faune et la flore ne cessent et ne cesseront d'évoluer, on relève une constante : les oiseaux s'y plaisent. De nombreuses variétés d'espèces peuplent les Pays-Bas toute l'année, et l'abondance de lieux d'observation comblera les ornithologues.

Faune

Les Pays-Bas sont un paradis pour les oiseaux et ceux qui aiment les observer. Les zones humides constituent une halte majeure pour les oiseaux migrateurs européens, en particulier le parc national Duinen van Texel sur l'île de Texel (p. 125), la réserve naturelle Oostvaardersplassen dans le Flevoland (p. 134) et la région du Delta (p. 193). Ainsi, une douzaine d'espèces d'oies (rieuse, à bec court, etc.) interrompent leur vol pour passer l'hiver ici.

En ville, près des canaux, vous apercevrez nombre de colverts, de foulques et de cygnes ainsi que de beaux grèbes à la calotte majestueuse. Le grand et gracile héron bleu pêche grenouilles et petits poissons dans les rigoles des polders. On peut aussi l'apercevoir aux abords de péniches en ville et à la campagne. Citons aussi le majestueux cormoran noir, un plongeur averti dont l'envergure peut atteindre 1 mètre.

Divers poissons évoluent dans les canaux et les estuaires. L'un des plus intéressants, l'anguille, prospère aussi bien dans l'eau douce que dans l'eau salée. Ces incroyables créatures se reproduisent dans la mer des Sargasses, au large des Bermudes, avant d'entreprendre leur périple jusqu'à la mer du Nord (quand elles ne finissent pas fumées dans l'assiette d'un amateur). Il n'est pas rare d'apercevoir des colonies de phoques sur des bancs de sable, autour de l'île de Texel par exemple

Certains mammifères comme les renards, les blaireaux et les daims ont trouvé réfuge dans les parcs nationaux et les réserves naturelles. D'autres espèces, comme le sanglier, le mouflon et le cerf, ont été réintroduites dans des zones contrôlées.

Flore

La majorité des personnes associent les Pays-Bas aux tulipes. En fait, la culture de ces bulbes illustre bien ce qu'est la flore du pays, des plantes souvent importées pour en faire commerce. Un certain nombre d'autres fleurs, fruits et légumes, à l'instar des tomates et du poivron, ont connu la même destinée. Bien sûr, les Pays-Bas ne comptent pas que des fleurs exotiques. Il existe des milliers de variétés sauvages comme l'orchidée des marais (couronnée de petites fleurs roses) ou l'impératoire de Zélande (aux gros bouquets de fleurs compacts).

Des prés, principalement utilisés pour le pâturage, recouvrent une grande partie des terres non cultivées. Le temps pluvieux permet à l'herbe de pousser et de rester verte la majorité de l'année dans les dunes comme dans les vasières et autour des lacs et des deltas marécageux. Les marais, la lande et les tourbières constituent l'autre paysage le plus commun. Les reliquats de forêts de chênes, de hêtres, de frênes et de pins font l'objet d'une gestion soigneuse.

Les poissons d'eau douce comme la brème bordelière, le rotengle, le brochet, la perche, l'épinoche et la carpe apprécient l'environnement des canaux. Pour en voir de plus près, cap sur l'aquarium reproduisant l'habitat d'un canal amstellodamois à l'Artis Royal Zoo d'Amsterdam.

Parcs nationaux

Avec aussi peu de terres laissées intactes, les Néerlandais chérissent la moindre parcelle de nature, et c'est encore plus vrai en ce qui concerne leurs parcs naturels (www.nationaalpark.nl). Si la première réserve naturelle date de 1930, il fallut tout de même attendre 1984 pour voir apparaître le premier parc national financé par l'État.

Aux Pays-Bas, les parcs nationaux s'avèrent souvent de taille réduite (la taille minimale est fixée à 10 km^2). Les parcs nationaux du pays affichent pour la plupart une superficie moyenne de 6 400 ha et n'ont pas pour fonction la protection de merveilles naturelles. Il s'agit simplement d'espaces naturels notables qui ne représentent que 3% du territoire, soit 1 200 km^2. Le parc le plus au nord se trouve sur l'île de Schiermonnikoog (p. 208), celui le plus au sud, au paysage en terrasse, à De Meinweg.

Certains parcs nationaux doivent leur popularité à une riche nature, mais aussi à la qualité de leur centre d'information des visiteurs et de leurs expositions sur la faune et la flore d'aujourd'hui. Créé en 1935, le parc de la Haute-Veluwe (p. 236) a ainsi du succès avec son paysage de dunes et de forêts, autrefois majoritaire dans cette région des Pays-Bas.

L'ORNITHOLOGIE POUR DÉBUTANTS

Quelques-unes des espèces les plus intéressantes à portée de vue d'un ornithologue amateur :

» **Avocette élégante** – Oiseau au bec retroussé et au plumage noir et blanc, espèce répandue dans la mer des Wadden et la région du Delta.

» **Pic noir** – Il tambourine bruyamment en solitaire dans les bois comme ceux du parc national De Hoge-Veluwe.

» **Gorgebleue à miroir** – Son chant s'apparente au bruit d'un vélo en roue libre. Dans le parc national De Biesbosch, le Flevoland et la région du Delta.

» **Grande aigrette** – Échassier courant dans les régions marécageuses. Apparu dans le Flevoland au début des années 1990.

» **Busard des roseaux** – Oiseau de proie planant souvent au-dessus des roseaux et des terres arables.

» **Spatule** – Jadis rare, ce curieux oiseau a proliféré sur les côtes de Zélande et des îles des Wadden.

» **Cigogne blanche** – En voie d'extinction dans les années 1980, elle a vu sa population se redévelopper. Leurs nids sont énormes.

PRINCIPAUX PARCS NATIONAUX ET RÉSERVES NATURELLES

NOM	CARACTÉRISTIQUES	ACTIVITÉS	MEILLEURE PÉRIODE
Parc national de Biesbosch (p. 188)	marécage couvert de roseaux (estuaire), bois	canoë, randonnée, vélo, observation des oiseaux	mars-septembre
Parc national Duinen Van Texel (p. 125)	dunes, lande, forêt	randonnée, vélo, observation des oiseaux, baignade	mars-septembre
Parc national de la Haute-Veluwe (p. 236)	marécages, forêt, dunes	randonnée, vélo, musée	toute l'année
Réserve naturelle Oostvaardersplassen	marécage couvert de roseaux, prés	randonnée, vélo, pêche, observation des oiseaux,	toute l'année
Parc national de Schiermonnikoog (p. 208)	dunes, vasières, île sans voiture	randonnée, marche dans la vase, observation des oiseaux	mars-septembre
Parc national de Weerribben-Wieden (p. 230)	tourbières	canoë-kayak, randonnée, observation des oiseaux	toute l'année
Parc national Zuid-Kennemerland (p. 108)	dunes, lande, forêt	randonnée, observation des oiseaux, vélo	mars-septembre

Parmi les 19 autres parcs nationaux, Weerribben-Wieden (p. 230) à Overijssel fait partie des plus importants. Ce parc protège un paysage jadis défiguré par l'extraction de la tourbe dans l'objectif de renouer avec la nature. Il en va de même d'une grande partie de l'île frisonne de Schiermonnikoog (p. 208), jadis habitée par une communauté cistercienne mais classée par l'Unesco depuis 2009 dans le cadre de l'inscription au Patrimoine mondial de la région plus vaste de la mer des Wadden. Des fermiers cultivant le jonc peuplaient autrefois Biesbosch (p. 188), près de Rotterdam.

En 2011, les parcs nationaux se sont invités dans le débat public suite à la proposition du gouvernement de transférer leur gestion aux provinces.

En 2012, la justice a donné raison à la branche néerlandaise de Greenpeace. La compagnie Shell l'avait saisie pour empêcher toute manifestation contre les forages pétroliers dans l'Arctique devant ses stations-services aux Pays-Bas.

Écologie

La population néerlandaise est largement sensibilisée aux problématiques environnementales. La densité de population, le nombre de voitures en circulation, l'industrialisation massive, l'intense agriculture et plus d'un quart du pays sous le niveau de la mer l'imposent.

Dès les années 1980, les gouvernements néerlandais successifs ont commencé à entériner des programmes de réduction de la pollution industrielle et agricole. Ils ont aussi familiarisé les foyers avec le recyclage, même si en 2012 le gouvernement de centre-droit a suscité la polémique en renonçant à consigner les bouteilles en plastique sous la pression des lobbies de l'industrie des boissons. Les autorités régionales et les mouvements écologiques ont signifié leur opposition à cette décision arguant que cela allait augmenter les volumes de déchets comme lorsque le Royaume-Uni abandonna un projet similaire dans les années 1980.

Voiture

La passion des Néerlandais pour le vélo ne les empêche pas d'aimer disposer d'une voiture. En dépit de la qualité et des tarifs modérés des transports en commun, le nombre d'immatriculations a fortement augmenté ces vingt dernières années. L'utilisation de véhicules par des particuliers est aujourd'hui environ 50% plus élevée qu'à la fin des années 1980. Des voix s'élèvent pour dénoncer l'engorgement prochain des routes et des autoroutes (comme c'est déjà le cas aux heures de pointe autour du Randstad) si aucune mesure n'est prise. Le prix exorbitant du stationnement (Amsterdam avec 30 €/jour détient le record national) et des contraventions, le manque de places de parking et la fermeture de rues aux automobilistes ont contribué à réduire la circulation en centre-ville.

On recense 12 variétés de crustacés près des côtes, y compris le très invasif crabe chinois à mitaine. Au large, une surpêche chronique met en péril les réserves de cabillaud, de crevettes et de soles en mer du Nord, ce qui a entraîné la mise en place de quotas par l'Union européenne.

Hors agglomération, le réaménagement de routes secondaires pour donner la priorité aux cyclistes contraint les automobilistes à circuler sur une seule voie. Associée à une offensive urbanistique pour la construction de pistes cyclables séparées, cette politique a quelque peu réduit l'utilisation de la voiture individuelle. Force est néanmoins de constater, lorsqu'un automobiliste vous dépasse sur une digue à 120 km/heure dans un tourbillon, que le concept d'utilisation modérée de la voiture n'a pas été adopté par tous.

Eau

Les effets du réchauffement climatique sont flagrants aux Pays-Bas. Au cours du XXe siècle, les hivers sont devenus moins longs et plus doux. L'Elfstedentocht, célèbre course en patins, pourrait bien disparaître définitivement car les canaux dans le nord de la province de la Frise gèlent rarement suffisamment (la dernière course date de 1997). Le service national de météorologie néerlandais (KNMI) estime que cette course ne pourra se tenir que de quatre à dix fois au XXIe siècle. Malgré le froid et l'humidité, les hivers aux Pays-Bas n'ont plus rien à voir avec les paysages entièrement gelés des tableaux de la Renaissance.

On peut déplorer cette absence de gel en hiver ; une élévation du niveau de la mer (comme le suggèrent les prévisions) constituerait, elle, un cataclysme. Tel l'Atlantide, le pays pourrait en théorie être submergé par les vagues, ou du moins subir des inondations annuelles. Des fonds ont été alloués pour l'extension des digues et des barrages antitempête.

La menace de l'eau est bien réelle, et pas seulement en provenance de la mer. Celle issue de la fonte des glaciers en Suisse finit sa course dans le Rhin, qui termine lui aux Pays-Bas. On table sur une augmentation de 12,5% des cours d'eau en crue ces dix prochaines années.

Agriculture

Les Pays-Bas font partie des plus importants pays avicoles du monde industrialisé avec quelque 100 millions de poulets. Ainsi, on dénombre six fois plus de poulets que d'habitants et environ autant de porcs que d'habitants. L'élevage et l'agriculture intensifs, pierres angulaires de l'agriculture néerlandaise depuis 1945, ont fait la fortune du pays. Qui n'a pas déjà vu ces tomates néerlandaises rouges et brillantes sur les étals des supermarchés en plein hiver ? Ces tomates insipides sont, encore vertes, gazées à l'éthylène pour devenir rouges (avant d'être expédiées à grands frais dans le monde entier.)

Un tiers des vaches laitières de la planète sont de race frisonne pie noir (Holstein Friesian). Cette race à la robe noir et blanc originaire du nord des Pays-Bas sert souvent d'effigie dans des publicités du monde entier.

Cependant, l'inquiétude sur la qualité des nappes phréatiques conduit à pointer du doigt l'agriculture intensive ainsi que les pesticides, les produits chimiques et les déchets animaliers afférents. Dans le Sud, la province du Brabant-Septentrional a été la première à limiter la taille des exploitations et à interdire les antibiotiques dans la nourriture pour animaux.

On accorde plus d'attention au développement durable. L'alimentation biologique gagne en popularité et l'importante industrie agricole se rend compte que profits et pratiques écologiques ne sont pas incompatibles, et pas uniquement pour les tomates.

La cuisine néerlandaise

Une révolution culinaire s'est emparée des Pays-Bas. Un vent nouveau souffle en effet sur la gastronomie traditionnelle, injectant dans les recettes ancestrales un esprit contemporain. Les créatifs chefs s'approprient des concepts venus de l'étranger pour les associer à des viandes, des produits de la mer et des légumes d'origine locale et d'excellente qualité. Dans l'ensemble du pays, on trouve de bonnes tables, souvent très innovantes.

La gastronomie néerlandaise ne jouissait pas jusqu'ici d'une grande renommée et, comme d'autres cuisines d'Europe du Nord, elle est surtout connue pour être copieuse et roborative. Un constat qui s'explique aussi par un contexte historique spécifique : les Néerlandais n'ont jamais accordé une très grande place à la nourriture, préférant privilégier le travail et accordant peu de temps à la cuisine. Ainsi, au Siècle d'or, les épices servaient plus de monnaie d'échange qu'à relever les plats.

Nous indiquons au début de chaque chapitre la liste de nos restaurants préférés. Nous nous sommes efforcés de couvrir l'intégralité du pays et de proposer des adresses dans toutes les gammes de prix et tous les types de cuisine, des simples friteries aux établissements renommés.

Au menu

Néerlandais

Avec *Les Mangeurs de pommes de terre*, Van Gogh a représenté l'ingrédient principal de la cuisine traditionnelle. Souvent bouillies, elles sont généralement accompagnées de viandes et de légumes, eux aussi cuits à l'eau, et d'une sauce au jus de viande. Pas très élaboré, mais nourrissant.

Rares sont les restaurants servant essentiellement des recettes néerlandaises, mais la plupart proposent au moins plusieurs plats traditionnels, surtout en hiver. Voici quelques plats incontournables :

» **stamppot** – plat à base de purée de pommes de terre et de légumes (chou frisé, choucroute ou endive) servi avec une saucisse fumée ou du bacon. Parfait en hiver.

» **hutspot** – ragoût comparable au *stamppot*, mais avec des pommes de terre, des carottes, de la viande braisée et des épices.

100% LOCAL

Véritable institution nationale, le hareng est sans doute l'en-cas préféré des Néerlandais. Les habitants aiment faire découvrir ce mets typique aux visiteurs, parfois surpris de les voir gober un de ces poissons crus sans façon. Le hareng se consomme aussi découpé en morceaux, salé ou mariné et accompagné d'oignons ou de cornichons. On le trouve sur d'innombrables étals à travers le pays – repérez les mots *haring* ou *Hollandse nieuwe*. En mai, la saison des harengs frais est source de réjouissance !

Autre régal national : le *drop*, un bonbon originaire de Hollande à base de réglisse. Les Néerlandais en raffolent et en consommeraient 30 millions de kilos par an. Son goût particulier, qui rappelle celui des médicaments de notre enfance, peut déplaire. Également une version liquide : vous trouverez des flacons de Dropshot dans les supermarchés.

Les Néerlandais commencent la journée par un petit déjeuner consistant mais peu excitant : du pain accompagné de confiture, de fromage et d'un œuf à la coque. Les buffets proposés par de nombreux hôtels – souvent inclus dans le prix de la chambre – sont généralement beaucoup plus fastueux.

Où acheter un bon fromage

» De Tromp Kaashuis, Alkmaar (p. 118)

» 't Kaaswinkeltje, Gouda (p. 165)

» Kaashandel De Brink, Deventer (p. 225)

» De Kaaskamer, Amsterdam (p. 96)

» Gestam, Edam (p. 114)

» **erwtensoep** – soupe de pois avec oignons, carottes, saucisse fumée et bacon. Parfois si épaisse que la cuillère tient toute seule. Servie uniquement en hiver.

» **asperge** – variétés blanches et croquantes ; très appréciée en saison (printemps) ; servie avec du jambon et du beurre.

» **kroketten** – boulettes à base de différents ingrédients, panées et frites ; en-cas très apprécié, les *bitterballen* (une variété de *kroketten*) sont servies avec de la moutarde.

» **mosselen** – moules cuites au vin blanc, avec des poireaux et des oignons émincés, et accompagnées de *frites* (ou *patat*) ; se consomment de septembre à avril.

L'agneau occupe une place de choix sur les menus. Lorsque vous vous trouvez près des côtes, tous les restaurants proposent des produits de la mer. Ils se consomment également sous forme d'en-cas, que l'on trouve un peu partout. Le hareng (*haring*) est incontournable ; il se déguste légèrement salé ou mariné, mais jamais cuit. L'anguille (*paling*), assez grasse, est généralement fumée. De nombreuses villes abritent de formidables restaurants de poissons fumés, comme Van Der Star à Texel.

Parmi les desserts typiques, citons les tartes aux fruits (pomme, cerise ou autre), le *vla* (sorte de crème anglaise) et la glace (goûtez les succulentes préparations d'Ijs van Co, près d'Hoge Veluwe, voir p. 237).

De nombreux snacks et pubs servent de l'*appeltaart* (tarte aux pommes). Certains Néerlandais mangent des *hagelslag* (vermicelles de chocolat) sur du pain au petit déjeuner.

La plupart des villes comptent au moins un établissement proposant des *pannenkoeken* (pancakes de la taille d'une crêpe), disponibles sous de nombreuses formes. Elles existent aussi en version miniature, appelées *poffertjes* et accompagnées de sucre ou de sirop. Les étals des marchés en vendent souvent de toutes fraîches.

Indonésien

La cuisine indonésienne, héritage de l'époque coloniale, est elle-même le fruit d'un complexe mélange de cultures. Les piments, la sauce à l'arachide et le curry proviennent de Thaïlande, la citronnelle et la sauce au poisson, du Vietnam ; les épices sont arrivées d'Inde et les méthodes culinaires sont asiatiques.

Aux Pays-Bas, les recettes sont en général adaptées au palais occidental. Si vous souhaitez que votre met soit bien relevé, demandez-le *pedis*

TERRE DE FROMAGES

Certains Néerlandais affirment qu'il fait grandir, d'autres qu'il donne des cauchemars. Quoi qu'il en soit, le fromage (*kaas*) demeure l'une des grandes spécialités des Pays-Bas, où la consommation annuelle atteint 14 kg par personne.

Le gouda représente près des deux-tiers des ventes de fromage. Les variétés les plus goûteuses offrent des saveurs puissantes et complexes, qui se marient bien avec un verre de vin. Goûtez le vieux (*oud*) gouda, dur et fort, servi dans les bars avec de la moutarde, à titre d'en-cas. L'oud amsterdammer, friable et orange foncé, est un vrai régal.

L'édam est comparable au gouda, bien qu'un peu plus sec et moins crémeux. Le leiden est également réputé à l'exportation. De saveur légère, il est généralement truffé de graines de cumin ou de carvi.

Dans les magasins, vous trouverez d'innombrables variétés de fromages méconnues en dehors du pays. Spécialité de la Frise, le nagelkaas est fabriqué à base de babeurre, de jus de persil et de graines de carvi. Le kruidenkaas comporte un mélange d'ingrédients comme le fenouil, le céleri, le poivre ou les oignons. Le graskaas correspond à du gouda de nouvelle récolte, à base de lait de vaches nourries à l'herbage des prés.

On trouve des fromages allégés incluant le milner, le kollumer et le maaslander. Un bon début pour ceux qui veulent perdre des kilos : les statistiques révèlent que malgré la pratique du vélo, les Néerlandais ont pris du poids au fil des ans.

FRITES

Autre institution nationale, les *Vlaamse Frites* ("frites flamandes") sont des frites épaisses, couvertes de mayonnaise (mais vous pouvez aussi demander du ketchup, de la sauce au curry ou à l'ail, etc.). Rappelez-vous les propos de Vincent Vega (John Travolta) dans le film *Pulp Fiction* de Quentin Tarantino: "Tu sais ce qu'ils mettent sur les frites en Hollande au lieu du ketchup ? De la mayonnaise. [...] Des frites noyées dans la mayonnaise !"

Trois de nos enseignes préférées : De Haerlemsche Vlaamse (p. 107) à Haarlem, Vleminckx (p. 81) à Amsterdam et Reitz (p. 244) à Maastricht.

(prononcez "pi*dis*") et accrochez-vous. Il est peut-être plus sûr de réclamer du *sambal* (pâte de piment) et de vous servir à votre guise. Le *sambal oelek* est rouge et épicé, tandis que le *sambal badjak*, marron foncé, est à base d'oignons, doux et sucré.

Le plat le plus prisé est le *rijsttafel* (littéralement "table de riz") : une série de petites préparations relevées, tels que du bœuf braisé, du *satay* de porc et des côtes de porc, servis avec du riz blanc. Le *nasi rames* est une assiette de riz agrémenté de plusieurs condiments. Dans le *bami rames*, le riz est simplement remplacé par des nouilles larges.

Les Pays-Bas comptent 17 millions d'habitants... et environ 14 millions de porcs. Malgré sa petite taille, ce pays est le plus grand exportateur de porcs d'Europe et la consommation nationale est considérable.

Surinamais

Les plats de cette ancienne colonie néerlandaise ont des origines caribéennes et associent des saveurs africaines et indiennes, saupoudrées d'influences indonésiennes introduites par les ouvriers javanais. La cuisine met l'accent sur les curries (poulet, agneau, bœuf). Les *roti,* pain à la farine de pois chiche fourré à la pomme de terre, au dolic, aux germes de soja et à la viande (il existe des versions végétariennes), sont de loin le mets indonésien préféré des Néerlandais. À Rotterdam par exemple, vous remarquerez de nombreux snacks surinamais ouverts tard le soir ; leurs spécialités sont les en-cas frits, légèrement relevés.

Boissons

Café et thé

La boisson chaude nationale est le café – après tout, ce sont les marchands d'Amsterdam qui en ont introduit les graines en Europe. Il est assez corsé et souvent excellent lorsqu'il vient d'être torréfié.

Si vous commandez un *koffie*, on vous servira une tasse de café noir relativement grande et un petit pot de *koffiemelk,* à la consistance de lait concentré. Le *koffie verkeerd* ressemble au *latte* ; il est servi dans une grande tasse avec beaucoup de lait. Les expressos et cappuccinos sont généralement corrects. N'espérez pas trouver du décaféiné, vous obtiendrez au mieux du café soluble.

Le thé est généralement servi en sachet, dans votre tasse ou dans une théière. On vous fera peut-être choisir votre thé dans une boîte offrant plusieurs saveurs. Si vous souhaitez du lait, dites *"met melk, graag"*. Nombreux sont ceux qui préfèrent ajouter une rondelle de citron.

Les Pays-Bas se classent au 5e rang des pays consommateurs de cafés, derrière la Finlande, la Norvège, l'Islande et le Danemark, avec près de 8,5 kg consommés annuellement par habitant.

Bière

La lager, une blonde, est la boisson la plus courante ; elle se sert bien fraîche, avec une impressionnante quantité de mousse. Heineken prétend qu'il s'agit de "bulles de saveur" et il est inutile d'essayer d'obtenir une bière sans mousse. En demandant *een bier* ou *een pils*, vous obtiendrez un verre de taille normale ; *een kleintje pils* correspond à un petit verre, et *een fluitje* est un verre haut et fin. Certains établissements proposent des choppes d'un demi-litre pour plaire aux touristes.

L'ABC DE LA BIÈRE

Les Néerlandais ont une passion pour la bière, automatiquement associée à un bon moment entre amis ou une soirée à faire la fête jusqu'au petit matin. Cet amour inconditionnel remonte au XIVe siècle et, à une époque, le pays comptait jusqu'à 559 brasseurs. La pils (pilsner), blonde limpide au net goût de houblon, est la version la plus fréquente.

La Heineken est la bière néerlandaise la plus connue, peut-être la plus célèbre à travers le monde. Elle souffre toutefois d'une piètre réputation sur son propre territoire, où elle est considérée comme "la bière du pauvre ". Amstel (qui appartient à Heineken) est une autre marque de renom, tout comme Grolsch et Oranjeboom, deux bières également commercialisées à l'étranger. La plupart des bières contiennent environ 5 degrés d'alcool.

Si les marques les plus connues se trouvent partout, les Pays-Bas comptent aussi d'innombrables petites brasseries dont les productions méritent d'être goûtées. Citons Gulpen, Haarlem's Jopen, Bavaria, Drie Ringen, Leeuw et Utrecht. La Trappe est l'unique bière de Trappistes néerlandaise, brassée près de Tilburg. Les bières fortes produites par la Brouwerij 't IJ d'Amsterdam sont vendues à la pression dans certains pubs de la ville – goûtez la Columbus (9 degrés).

Au nombre des autres microbrasseries méritant une halte figurent Texelse Bierbrouwerij à Texel, Stadsbrouwerij De Pelgrim à Rotterdam, Oudaen à Utrecht et De Hemel à Nimègue. De plus, toutes les villes ou presque abritent au moins un café ou un bar proposant un choix immense de bières. L'un des meilleurs du genre est le Take One à Maastricht.

Au printemps ou en automne, ne ratez pas l'occasion de goûter les bières de type bock de saison produites par Grolsch, comme la Lentebok (printemps) et l'Herfstbok (automne). On peut les déguster à Utrecht, au Café Ledig Erf, qui organise un festival de la bière bock sur un week-end d'automne.

Par une chaude journée d'été, les bières aux fruits rouges que vendent les grandes marques en saison sont particulièrement rafraîchissantes.

Autres alcools

Le *jenever* (genièvre), le gin local concocté à partir de baies de genièvre, se consomme bien frais dans un verre rempli à ras bord. La plupart des gens préfèrent le *jonge* (jeune) *jenever,* moelleux et qui se boit aisément. L'*oude* (vieux) *jenever* a un goût prononcé de genièvre que l'on finit par apprécier. Les Néerlandais pratiquent parfois le *kopstoot* ("coup de tête"), à savoir un verre de *jenever* suivi aussitôt d'une bière – rares sont ceux capables d'enchaîner plus de deux ou trois verres de ce cocktail. Les Pays-Bas offrent aussi quantité de liqueurs locales, dont l'*advocaat* (sorte de lait de poule) et le Beerenburg, un schnaps de la Frise à base d'herbes.

Où se restaurer et prendre un verre

Les innombrables restaurants sont adaptés à tous les goûts et à tous les budgets. Plutôt décontractés, les *eetcafés* sont des brasseries bon marché fréquentées par une clientèle locale. Le pays compte un nombre croissant de bistrots et d'autres types de restaurants inspirés de cultures étrangères.

Cafés

Amsterdam abrite à elle seule plus d'un millier de cafés ! Dans un pays qui accorde une grande importance aux relations sociales et à la conversation, les cafés occupent une place à part. On y peut passer des heures à discuter entre amis. La moindre bourgade abrite son café, que ses fidèles clients considèrent comme une deuxième maison.

De nombreux cafés possèdent une terrasse (*terras*), très appréciée en été, parfois couverte et chauffée l'hiver. Assis à une table en extérieur, on profite du spectacle de la rue et des rayons du soleil. La plupart servent des sandwichs et en-cas frits, comme les traditionnelles *bitterballen* (croquettes de viande), mais aussi parfois de savoureux repas complets.

Les Pays-Bas sont également réputés pour leurs *bruin cafés* (cafés bruns), qui doivent leur nom aux traces laissées par des siècles de fréquentation... et de fumée de cigarette. Des imitations récentes s'efforcent de vieillir artificiellement leurs murs en les peignant de marron ! Pour absorber la bière immanquablement renversée, le plancher est parfois couvert de sable et les tables protégées par des tapis.

Les "grands cafés" sont vastes, élégants et dotés d'un mobilier confortable. Beaucoup ont conservé la tradition de proposer les journaux du jour et des magazines (il y en a souvent un ou deux en anglais) sur une table de lecture, en salle. Tous affichent un menu, parfois très sophistiqué. Parfaits pour un brunch ou un dîner avant une soirée au théâtre.

Les cafés des théâtres sont souvent assez comparables à la catégorie précédente. Généralement attenants au théâtre ou au sein de celui-ci, ils servent des repas avant la représentation et des boissons après. Ils peuvent être l'occasion d'apercevoir les artistes après le spectacle mais ces lieux sont, dans l'ensemble, très agréables à tout moment de la journée.

Le top des bars

- » 't Arendsnest, Amsterdam (p. 89)
- » Locus Publicus, Delft (p. 169)
- » Locus Publicus, Rotterdam (p. 181)
- » De Mug, Middelburg (p. 191)
- » De Pintelier, Groningen (p. 215)
- » Take One, Maastricht (p. 244)

Sur le pouce

Les *broodjeszaken* (sandwicheries) et les snacks ne manquent pas. Derrière leur vitrine, on aperçoit les préparations, généralement à base de viande et d'épices, plongées dans une friteuse à la commande.

Les snacks du type de ceux de la chaîne de fast-food FEBO fonctionnent comme des distributeurs automatiques. Ils permettent aux fêtards de reprendre des forces à toute heure de la nuit. Très vite, vous ne pourrez plus vous passer de la *frikandel* (fricadelle – sorte de saucisse panée). Le *kaas soufflé* (soufflé au fromage) est un délice qui fond dans la bouche.

Les snacks libanais et turcs sont spécialisés dans le *shoarma* (kebab).

Végétariens

Seuls environ 4% des Néerlandais se déclarent végétariens. Hors des grandes agglomérations, vous aurez du mal à trouver un restaurant qui respecte strictement ce régime. Le plupart des établissements proposent néanmoins quelques plats végétariens. Renseignez-vous avant de passer commande, car il n'est pas toujours certain que la viande ou le poisson soient complètement absents de ces plats (la viande est omniprésente).

Si vous parvenez à trouver un restaurant végétarien, vous constaterez sans doute avec bonheur qu'il utilise des ingrédients biologiques et que tout y est souvent fait maison, du pain au gâteau.

Glossaire

Les restaurants ont l'habitude des visiteurs étrangers et les cartes traduites en anglais sont monnaie courante.

appelmoes *a* ·peul·mous compote de pommes

beenham *bén* ·Ham jambon

belegd broodje bœ· *lèRht brõ* ·tyeu sandwich

boerenomelet *bou* ·reun·õ·meu· *lèt* omelette aux légumes et au jambon

dagschotel *daRh* ·sRhõ·teul plat du jour

drop drrop bonbon au réglisse

frikandel frri·kan· *dèl* fricadelle

hagelslag *ha* ·Rheul·slaRh vermicelles de chocolat

Hollandse nieuwe *ho* ·lant·seu *niou*·eu hareng salé, premiers de la saison

hoofdgerecht *hõft* ·Rhœ·rèRht plat principal

kaas kãs fromage

kroket krõ ·*kèt* croquette (souvent fourrée à la viande ou au fromage)

nagerecht *na* ·Rhœ·rèRht dessert

organisch or· *Rhã* ·nis bio

pannenkoek *pa* ·neu·kouk crêpe

patat pa ·*tat* frites

poffertjes *po* ·feur·tyeus pets-de-nonnes

speculaas *spé·ku·lãs* spéculos

tosti *tos*· tĩ sandwich grillé

uitsmijter *euyt* ·smey·teur œuf au plat, jambon et fromage servis sur une tranche de pain

Vlaamse frites *vlãm*· seu frĩt frites larges

vlammetjes *vla* ·meu·tyeus rouleaux de printemps épicés

voorgerecht *fõr*· Rheu·rèRht entrée

Termes de cuisine

gaar Rhaar bien cuit

gebakken Rhœ ·*ba* ·keun sauté/frit

gebraden Rhœ· *brrã* ·deun rôti

gefrituurd Rhœ·frrĩ· *turrt* frit

gegratineerd Rhœ·Rhrra·tĩ· *nérrt* gratiné

gegrild Rhœ· *Rhrrilt* grillé

gegrild aan 't spit Rhœ· *Rhrrilt* ãnt spit rôti à la broche

gekookt Rhœ· *kõkt* bouilli

gepaneerd Rhœ·pa· *nért* pané

gepocheerd Rhœ·po· *chért* poché

gerookt Rhœ· *rrõkt* fumé

geroosterd Rhœ· *rõ* ·steurt toasté

gesauteerd Rhœ·sõ· *tért* sauté

gestoofd Rhœ· *stõft* braisé

gestoomd Rhœ· *stõmt* cuit à la vapeur

gevuld Rhœ· *vult* farci

half doorbakken half dõr· *ba* ·keun à point

peper *pé* ·peur poivre

rood rõt saignant

suiker *seuy* ·keur sucre

zout zaot sel

Desserts

amandelbroodje a· *man* ·deul·brõ·tyeu chausson fourré aux amandes

appelgebak *a* ·peul·Rhœ·bak tarte aux pommes

cake kék gâteau

ijs eys glace

slagroom *slaRh*· rõm crème fouettée

taart tãrt tarte

vla vlã crème anglaise

wafel *vã* ·feul gaufre

Boissons

bier bĩrr bière

brandewijn *bran* ·deuh·veyn eau-de-vie

jenever (ou *genever*) yeu· *né* ·veur genièvre

koffie *ko* ·fī café

koffie verkeerd *ko* ·fī feur· *kért* latte

melk mèlk lait

met melk/citroen mèt mèlk/sī· *troun* avec du lait/citron

rood/wit rōt/vit rouge/blanc

sinaasappelsap *si* ·nās·a·peul·sap jus d'orange

spa blauw spa blao marque d'eau minérale plate

spa rood spa rōt marque d'eau minérale pétillante

thee té thé

water *vā* ·teur eau

wijn veyn vin

zoet/droog zout/drōRh doux/sec

Fruits, légumes, aliments de base et épices

aardappel *ārt* ·a·peul pomme de terre

appel *a* ·peul pomme

artisjok ar·tī· *chok* artichaut

asperge a· *spèr* ·jeu asperge

aubergine ō·bèr·*ji*·neu aubergine

boon bon haricot

champignon chan·pī· *nyon* champignon

courgette kour· *jèt* courgette

erwt èrvt pois

groene paprika *Rhrou* ·neu *pa* ·prī·ka poivron vert (capsicum)

groente *Rhroun* ·teun légume

kers *kèrs* cerise

knoflook *knof* ·lōk aïl

komkommer kom· *ko*·meur concombre

kool kōl chou

maïs mays maïs

olijf o· *leyf* olive

peer pér poire

perzik *pèr* ·zik pêche

peterselie pé·teur· *sé* ·lī persil

pompoen pom· *poun* citrouille

prei prey poireau

pruim *preuy*·m prune

rijst *reyst* riz

rode paprika *rō* ·deu *pa* ·prī·ka poivron rouge (capsicum)

selderij *sè* ·deuh·rey céleri

sinaasappel *sī* ·nās·a·peul orange

sla slā laitue

spinazie spī· *nā* ·zī épinard

spruitjes *spreuy*·tyeus choux de Bruxelles

ui *euy* oignon

witlof *vit*·lof endive

wortel *vor*·teul carotte

Viande et volaille

beenham *bén*·Ham jambon à l'os

eend ént canard
ei ey œuf
everzwijn *é* ·veur·zweyn sanglier
fazant fa· *zant* faisan
gevogelte Rhœ· *võ* ·Rheul·teu volaille
hert hèrt cerf
kalfsvlees *kalfs* ·flés veau
kalkoen kal· *koun* dinde
kip kĩp poulet
konijn ko· *nain* lapin
lam lam agneau
lever *lé* ·veur foie
paard pãrt cheval
parelhoen *pã* ·reul·Houn pintade
ribstuk *rip* ·stuk entrecôte
rookworst *rok*· worst saucisse fumée
rundvlees *runt* ·vlés bœuf
schapenvlees *sRhã* ·peun·vlés mouton
slak slak escargot
spek spèk bacon
tong tong langue
varkensvlees *var* ·keuns·vlès porc
vlees vlès viande
vleeswaren *vlès* ·vã·reun charcuteries
wild vilt gibier
worst vorst saucisse

Produits de la mer

ansjovis *an* ·cho·vis anchois
baars bars brème
forel fo· *rrèl* truite
garnalen Rharr· *nã·leun* crevettes
haring *hã* ·ring hareng
inktvis *inkt* ·vis calmar
kabeljauw ka·beul·*yao* cabillaud
krab krap crabe
kreeft kréft homard
maatjes *mã* ·tyeus filets de hareng
makreel ma· *krél* maquereau
oester *ous* ·teur huître
paling *pã* ·ling anguille
rivierkreeft rĩ· *vĩr* ·kréft écrevisse
roodbaars *rõt* ·bãrs rouget
St Jacobsschelp sint· *yã* ·kop·sRhelp coquilles Saint-Jacques
schol sRhol carrelet
tong tong sole
tonijn tõ· *neyn* thon
vis fis poisson
zalm zalm saumon
zeebaars *zé* ·bãrs bar

Les Pays-Bas pratique

Carnet pratique

Alimentation

Les prix de l'alimentaire sont assez élevés par rapport aux normes européennes. Pour plus d'information sur la gastronomie, voir p. 289.

Ambassades et consulats

Amsterdam est la capitale du pays, mais le siège du gouvernement se trouve à La Haye, ainsi que les ambassades (dont celles de la France et du Canada). Amsterdam abrite plusieurs consulats.

Amsterdam

France (☎020-530 69 69 ; www.consulfrance-amsterdam.org ; Vijzelgracht 2)

Allemagne (☎020-574 77 00 ; Honthorststraat 36-8)

La Haye

Belgique (☎070-312 34 56 ; www.diplomatie.be/thehague ; Alexanderveld 97)

Canada (☎070-311 16 00 ; www.netherlands.gc.ca ; Sophialaan 7, Den Haag)

France (☎070-312 58 00 ; www.ambafrance.nl ; Smidsplein 1)

Argent

» Les Pays-Bas appartiennent à la zone euro.

» Pour connaître les taux de change en vigueur, consultez www.xe.com.

Cartes de crédit

La majorité des cartes de crédit internationales sont reconnues et acceptées dans la plupart des hôtels et les grandes enseignes. Toutefois, un certain nombre de boutiques, de restaurants et d'autres commerces (dont les chaînes de supermarché et les chemins de fer néerlandais) ne prennent pas les cartes de crédit ou n'acceptent que les cartes européennes à puce.

Certains établissements appliquent un surcoût de 5% (voire plus) en cas de règlement par carte de crédit. Renseignez-vous au préalable.

Pour éviter tout problème lié aux cartes à puce, vous pouvez recourir au **Chip and PIN Cash Passport** (http://www.travelex.com/us/products/cash-passport/), une MasterCard de débit préchargée proposée par Travelex et disposant d'une puce de sécurité. Il n'est pas nécessaire de se servir beaucoup de la carte, compte tenu du montant prohibitif des taux de change appliqués lorsque vous la chargez (lisez bien les conditions), mais elle peut s'avérer utile en cas d'urgence et/ou si votre carte de crédit ne fonctionne pas.

Chèques de voyage

Les chèques de voyage sont rares – vous aurez beaucoup de mal à trouver une banque qui accepte de les changer.

DAB

Vous trouverez des DAB à l'extérieur de la plupart des banques, dans les aéroports et dans de nombreuses gares ferroviaires. Les cartes Visa et MasterCard/Eurocard sont acceptées presque partout, tout comme celles des réseaux Plus et Cirrus.

Les DAB sont parfois le moyen le plus économique de changer de l'argent si vous venez d'un pays en dehors de la zone euro – avant votre départ, renseignez-vous auprès de votre banque sur le taux de change et les commissions appliquées.

Espèces

Les espèces sont très fréquemment utilisées pour les achats quotidiens dans tout le pays.

PRIX DES RESTAURANTS

Les fourchettes de prix ci-dessous correspondent à un plat principal :

€ moins de 12 €

€€ 12-25 €

€€€ plus de 25€

Pourboires

Le pourboire n'est pas obligatoire – le service est compris. Un petit extra est toujours le bienvenu, et même courant dans certains cas.

» **Portiers d'hôtel** 1-2 €

» **Restaurants** arrondissez ou laissez 5-10% de la note

» **Taxis** 5-10%

Assurance

Il est judicieux de souscrire une assurance de voyage si votre police ne vous couvre pas durant votre séjour. Bien que les soins médicaux et dentaires soient peut-être déjà couverts par des accords réciproques, il est nécessaire d'être assuré contre le vol et la perte, ou encore pour des modifications impromptues de votre voyage (annulations, etc.). Renseignez-vous sur les garanties de votre police d'assurance ou de vos cartes de crédit.

Voir aussi le paragraphe assurance du chapitre *Transport* p. 305.

Bureaux de poste

Le service national des postes a été privatisé et a déjà changé deux fois de nom.

L'opérateur actuel, **PostNL** (www.postnl.nl), a fermé la plupart des bureaux de poste municipaux. Pour envoyer une lettre ou un colis, vous devrez vous rendre dans un magasin assurant les services postaux, supermarché ou débit de tabac par exemple. Consultez le site Internet (en néerlandais uniquement) pour trouver la liste des points de dépôt à proximité. Notez que si vous souhaitez envoyer un colis à l'étranger, le personnel de l'enseigne prestataire ne sera peut-être pas à même de vous aider.

Cartes

Les meilleures cartes routières sont celles publiées par Michelin et par

Climat

Amsterdam

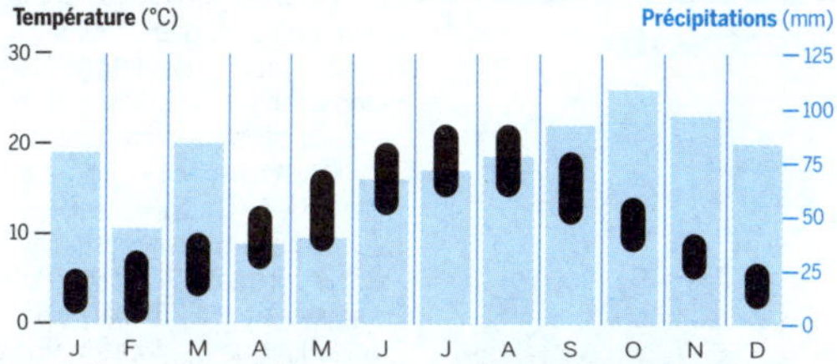

l'association automobile néerlandaise ANWB. L'ANWB édite également des cartes des provinces indiquant les pistes cyclables et les routes panoramiques. Vous trouverez un large choix de cartes en vente dans les offices du tourisme, ainsi que dans les librairies et chez les vendeurs de journaux.

Pour les cartes de cyclotourisme, voir p. 25.

Cartes de réduction

Quelques professions, (artistes, enseignants) ont parfois droit à des réductions dans certaines salles sur présentation d'un justificatif.

Bien souvent, les étudiants bénéficient d'une remise de quelques euros sur les entrées des musées (apportez votre carte).

Les plus de 65 ans (et leur conjoint de 60 ans ou plus) bénéficient de réductions dans les transports, pour les musées, les concerts, etc. Pensez à présenter votre pièce d'identité.

De nombreuses villes (dont Amsterdam, La Haye et Rotterdam) proposent des cartes de réduction valables dans les musées, les lieux d'attraction et les transports locaux. Renseignez-vous auprès des offices du tourisme.

Cultureel Jongeren Paspoort (carte jeune culturelle ; www.cjp.nl ; carte 15 €). Importantes réductions pour les moins de 30 ans dans les musées et diverses manifestations culturelles dans tout le pays.

Holland Pass (www.hollandpass.com ; 2/5/7 sites 28/44/54 €). Valable sur une longue période, cette carte s'achète pour 2, 5 ou 7 sites à sélectionner dans un "niveau" (les sites les plus prisés/onéreux se situent au niveau maximal). Disponible dans bureaux GWK Travelex et divers hôtels.

Museumkaart (carte de musée ; www.museumkaart.nl ; tarif plein/réduit 45/22,50 €, plus 5 € à la première inscription). Entrée gratuite ou à tarif réduit dans quelque 400 musées dans tout le pays pendant un an. Vendue aux guichets des musées et dans les billetteries Uitburo.

Douanes

Les ressortissants des pays de l'UE trouveront les limitations qui les concernent à l'adresse www.douane.nl – elles concernent essentiellement les achats à usage commercial (revente) en fort volume.

Les restrictions suivantes s'appliquent pour les ressortissants des pays hors UE :

» **Alcool** 1l d'alcool fort, de vin ou de bière.

» **Café** 500 g de café, ou 200 g d'extrait de café ou d'essence de café.

» **Parfum** 50 ml de parfum et 250 ml d'eau de toilette.

» **Thé** 100 g de thé ou 40 g d'extrait de thé ou d'essence de thé.

» **Tabac** 200 cigarettes, ou 250 g de tabac (à rouler ou

à pipe), ou 100 cigarillos ou 50 cigares.

Électricité

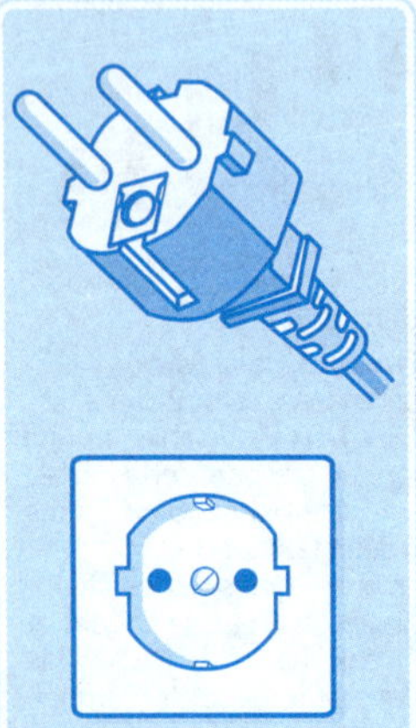

230 V/50 Hz

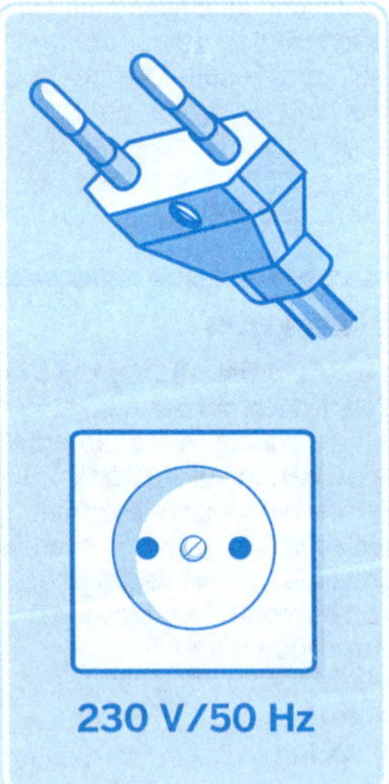

230 V/50 Hz

Femmes en voyage

Les femmes seules se font rarement importuner dans la rue et Amsterdam est peut-être la plus sûre des grandes villes d'Europe. Dans le quartier Rouge, mieux vaut toutefois se faire accompagner d'un ami de sorte à ne pas faire l'objet d'une attention non souhaitée.

La plupart des organisations de défense des droits des femmes sont implantées à Amsterdam. Le **Centrum voor Seksuele Gezondheid** (☎624 54 26 ; www.acsg.nl ; Sarphatistraat 618 ; ⏲9h-18h lun-ven, jusqu'à 21h mar) est une clinique qui fournit aide et renseignements concernant les problèmes d'ordre sexuel et la contraception, notamment la pilule du lendemain. Consultations sur rendez-vous.

Formalités et visas

Les ressortissants des pays membres de l'UE peuvent séjourner sur le territoire néerlandais trois mois avec une simple carte d'identité ou un passeport en cours de validité. Les touristes provenant de près de 60 pays – dont le Canada et la Suisse – n'ont besoin que d'un passeport en cours de validité pour les séjours de moins de trois mois.

Handicapés

Les Pays-Bas constituent une destination relativement accessible aux voyageurs à mobilité réduite, hormis dans les bâtiments les plus anciens.

» La plupart des grands musées disposent d'ascenseurs/rampes d'accès et de toilettes adaptées.

» Installés dans des bâtisses anciennes dotées d'un escalier étroit et sans ascenseur, de nombreux hôtels petits budgets et de catégorie moyenne n'offrent qu'une accessibilité limitée.

» Les rues pavées sont relativement incommodes en fauteuil roulant.

» Les restaurants se situent souvent au rdc, mais il y a parfois quelques marches.

» Les gares ferroviaires et les autres gares de transport disposent parfois d'ascenseur.

» La plupart des gares et des lieux publics abritent des toilettes pour handicapés.

» Les trains disposent très souvent d'un accès pour fauteuil roulant.

» L'organisation nationale néerlandaise des handicapés s'appelle l'**ANGO** (Algemene Nederlandse Gehandicapten Organisatie, association néerlandaise des handicapés ; ☎033-465 43 43; www.ango.nl).

Hébergement

Il existe aux Pays-Bas un vaste choix d'hôtels, d'auberges de jeunesse et de logements chez l'habitant, qui séduiront aussi bien les amateurs de cinq-étoiles que les voyageurs sac au dos. Les hôtels et les B&B constituent les formules les plus courantes. La plupart des établissements sont plutôt classiques et fonctionnels, mais on trouve aussi quelques hôtels de charme et de vrais petits bijoux.

Une grande partie du pays est victime de ce que l'on pourrait appeler "l'effet Amsterdam". Du fait de l'efficacité du réseau de transport et de l'engouement que suscite la capitale, de nombreux visiteurs préfèrent y séjourner, même lorsqu'ils voyagent ailleurs dans le pays. Inversement, des voyageurs astucieux choisissent comme port d'attache des villes charmantes et faciles d'accès telles Haarlem ou Delft et visitent la capitale sur une journée (et/ou une nuit ; les trains des lignes principales circulant toute la nuit).

Auberges de jeunesse

L'association néerlandaise des auberges de jeunesse **Stayokay** (www.stayokay.com) affiche toujours le logo HI (Hostelling International), bien que ses établissements s'appellent désormais Stayokay. La plupart offrent un large choix de chambres. Les infrastructures sont souvent imposantes et on trouve de nombreuses AJ de construction récente. Certaines, comme la Rotterdam Stayokay (p. 178), sont installées dans des édifices historiques.

Presque toutes les AJ Stayokay et la plupart des AJ indépendantes disposent de dortoirs pouvant héberger jusqu'à 8 personnes, ainsi que de chambres indépendantes pour une à quatre personnes. Comptez 20-30 € la nuitée par personne en dortoir et un minimum de 60€ en chambre indépendante. Réservez, surtout en haute saison.

Amsterdam compte de très nombreuses AJ indépendantes. Dans le centre, nombre sont fréquentées par des noceurs et des fumeurs de cannabis.

B&B

La formule bed-and-breakfast est un excellent moyen d'aller à la rencontre des habitants. Si les B&B ne sont pas très répandus en ville, ils sont légion à la campagne. Les offices du tourisme disposent toujours d'une liste de ces établissements, qui sont aussi l'occasion de découvrir des intérieurs souvent originaux. Les prix débutent à 25-30 € par personne.

Camping

Les Néerlandais sont de grands amateurs de camping, même sur leur propre territoire. Les campings constituent souvent des lieux très complets, disposant de boutiques, de cafés, d'aires de jeux et de piscines. Les offices du tourisme disposent de la liste des campings, avec leur classement (un à cinq étoiles).

Un emplacement de tente, qui coûte entre 10-20 €, correspond à deux personnes équipées d'une petite tente ; prévoyez un supplément de 2-6 € pour votre véhicule. Les caravanes sont très répandues – un habitant sur 15 en possède une ; vous trouverez quantité de raccordements.

De nombreux campings louent aussi des bungalows ou des gîtes (à partir de 35 €).

Hôtels

Les hôtels de plus de 20 chambres sont considérés comme de grands établissements et la plupart des chambres sont assez exiguës. Sur la façade de chaque hôtel est indiqué son nombre d'étoiles en fonction de la classification hôtelière du Benelux. Un établissement peut disposer d'une à cinq étoiles, attribuées davantage en fonction de ses prestations que de sa qualité. Autrement dit, un deux-étoiles peut être en meilleur état qu'un hôtel de catégorie supérieure, mais proposer moins de commodités.

PRESTATIONS

Presque tous les établissements sont équipés du Wi-Fi. La climatisation et la présence d'un ascenseur sont plus rares.

Catégorie supérieure Vous y trouverez ascenseurs, minibars et service en chambre. Les établissements les plus sélects disposent également de la climatisation et de salles de fitness. Le petit déj n'est généralement pas compris.

Catégorie moyenne La plupart de ces établissements mettent l'accent sur le confort. Ils offrent une ambiance assez décontractée et sont suffisamment petits pour ne pas négliger le souci du client. Les chambres disposent en général d'une salle de bains avec douche, d'une TV et d'un téléphone. Rares sont les hôtels de plus de deux étages de cette catégorie équipés d'un ascenseur. Il faut s'habituer à l'étroitesse des escaliers, surtout avec les bagages. Le tarif comprend souvent le petit-déj.

Petits budgets Hormis les auberges de jeunesse, on trouve assez peu d'hébergements dans cette catégorie. Certains sont en piètre état. Les meilleures adresses peuvent toutefois être impeccables, équipées d'un mobilier généralement gai et bon marché. Le petit déj est souvent compris.

Maisons et appartements de location

Louer un appartement pour quelques jours peut être une solution à la fois commode et plaisante. À Amsterdam, vous disposerez ainsi d'une cuisine et de commodités appréciables après une journée passée à arpenter la ville. En province, la formule permet de se sentir quasiment chez soi. Les logements meublés offrent des tarifs très compétitifs par rapport aux hôtels, tout en permettant davantage de possibilités.

Sites Internet à consulter :

www.airbnb.com On y trouve de tout : du studio minuscule à l'immense appartement ; particulièrement intéressant à Amsterdam.

www.homelidays.com Appartements et maisons, un peu partout en Europe.

PRIX DES HÉBERGEMENTS

Les fourchettes de prix ci-dessous sont indiquées sur la base d'une chambre double avec salle de bains en haute saison. Sauf mention contraire, le petit déjeuner n'est pas compris.

€ moins de 80 €

€€ 80-160€

€€€ plus de 160€

Heure locale

Les Pays-Bas se trouvent dans le fuseau horaire d'Europe centrale (celui de Paris et Berlin), en avance de 2 heures sur l'heure de Greenwich (GMT/UTC). Le pays adopte l'heure d'été et avance ses horloges d'une heure à 2h du matin le dernier dimanche de mars, puis les recule à nouveau d'une heure à 3h du matin le dernier dimanche d'octobre.

Lorsque les Néerlandais donnent l'heure en anglais, ils utilisent l'expression "half" pour désigner la demi-heure précédant l'heure indiquée. Si vous dites "half eight" (8h30 ou 20h30 dans la bouche de nombreux anglophones), un Néerlandais comprendra 7h30 ou 19h30.

Heures d'ouverture

En règle générale, les horaires d'ouverture sont les suivants :

» **Banques et administrations** 9h30-16h lun-ven

» **Bars et cafés** 11h-1h ; certains établissements ferment plus tard le week-end et d'autres n'ouvrent qu'en fin d'après-midi.

» **Commerces** 8h30-17h lun-ven.

» **Discothèques** 22h-4h ven et sam ; certaines ouvrent également mer, jeu et dim.

» **Musées** La plupart sont fermés le lun.

» **Bureaux de poste** 9h-18h lun-ven.

» **Restaurants** 10h ou 11h-15h et 18h-22h.

» **Magasins** 12h-18h lun, 8h30 ou 9h-18h mar-sam. La plupart des villes ont mis en place une *koopavond* ("soirée shopping"), où les magasins restent ouverts jusqu'à 21h, généralement le jeudi ou le vendredi. En ville, les grands supermarchés ferment à 20h. Les commerces ouvrant le dimanche sont de plus en plus nombreux ; les grands magasins sont souvent ouverts de 12h à 17h.

» Les commentaires du présent guide ne mentionnent généralement pas d'horaires, sauf lorsqu'ils diffèrent de ceux indiqués ici.

Homosexualité

La meilleure source nationale d'information est le **COC** (www.coc.nl), qui possède des antennes dans tout le pays. Celles-ci seront ravies de renseigner les visiteurs.

D'après des estimations partisanes, 20 à 30% de la population amstellodamoise serait homosexuelle. Ces chiffres sont sans doute exagérés, mais Amsterdam est assurément l'une des capitales européennes les plus ouvertes en la matière. En 2001, les Pays-Bas ont été le premier pays à légaliser le mariage homosexuel.

Peu de pays sont aussi respectueux de la culture homosexuelle. Le gouvernement subventionne depuis longtemps le COC, la police recrute à l'aide d'annonces dans les médias gays, et depuis 2009, les soldats homosexuels peuvent défiler en uniforme lors des manifestations de la Gay Pride.

En revanche, en dehors d'Amsterdam, les bars et les boîtes gays et lesbiens fonctionnent avec une discrétion extrême. Rotterdam constitue une exception, tout comme les villes universitaires comptant une importante population homosexuelle.

Internet (accès)

Le Wi-Fi est très répandu dans les hôtels et est accessible gratuitement dans de nombreux cafés, dans certains offices du tourisme et dans d'autres lieux publics. En allumant votre portable, vous constaterez souvent qu'un accès payant au Wi-Fi vous est proposé par **KPN** (www.kpn.com), l'opérateur téléphonique national, et par d'autres prestataires comme **T-Mobile** (www.t-mobile.nl). Les tarifs peuvent être exorbitants : plus de 16 € la journée d'accès.

Les cafés Internet se sont raréfiés. Dans les villes importantes, des petites enseignes, souvent situées près des gares, vendent des cartes téléphoniques bon marché et sont équipées de quelques terminaux. Quantité de bibliothèques, d'offices du tourisme, de *coffee shops* et d'hôtels disposent d'accès Internet (parfois gratuits). Tarif à partir de 2-4 €/h.

Si vous possédez un téléphone 3G qui fonctionne aux Pays-Bas, vous pourrez naviguer avec, mais sachez que les frais d'accès à Internet peuvent atteindre des sommets.

Jours fériés

Les jours fériés sont particulièrement respectés aux Pays-Bas. La plupart des musées adoptent à cette occasion (sauf pour Noël et le Nouvel An) les horaires d'un dimanche, même s'il s'agit d'un jour habituel de fermeture, un lundi par exemple. Le jour de l'Armistice (4 mai) est considéré par beaucoup comme férié.

Le carnaval est célébré avec ferveur dans le sud du pays, aux racines catholiques. Durant la période qui précède Mardi gras, les villes organisent des festivités et l'économie tourne alors au ralenti.

» **Nieuwjaarsdag** (Nouvel An) Festivités et feux d'artifice.

» **Goede Vrijdag** (Vendredi saint)

» **Eerste Paasdag** (dimanche de Pâques)

» **Tweede Paasdag** (lundi de Pâques)

» **Koningsdag** (fête du Roi) 27 avril

» **Bevrijdingsdag** (jour de la Libération) 5 mai. Il ne s'agit pas d'une fête nationale : seuls les fonctionnaires ou presque ne travaillent pas ce jour-là.

- **Hemelvaartsdag** (Ascension) Quarantième jour après le dimanche de Pâques.
- **Eerste Pinksterdag** (Dimanche de Pentecôte) Cinquantième jour après le dimanche de Pâques.
- **Tweede Pinksterdag** (Lundi de Pentecôte) Cinquantième jour après le lundi de Pâques.
- **Eerste Kerstdag** (Jour de Noël) 25 décembre
- **Tweede Kerstdag** (Lendemain de Noël) 26 décembre

Offices du tourisme

- Le site www.holland.com constitue une bonne source d'information en français.
- Aux Pays-Bas, le **VVV** (Vereniging voor Vreemdelingenverkeer, organisme de promotion du tourisme aux Pays-Bas ; www.vvv.nl) est le réseau officiel des offices du tourisme à travers le pays. Chaque office est géré à l'échelle locale et dispense des renseignements locaux et régionaux. Le VVV ne dispose que d'un petit nombre de publications gratuites et facture certains services (par exemple 3-15 € pour vous trouver un hébergement, 2-3€ pour réserver des places de théâtre). Les offices du tourisme sont un bon endroit où se procurer des cartes et des guides.
- L'**ANWB** (Association automobile néerlandaise ; www.anwb.nl) vend elle aussi des cartes et des guides. Elle vous renseignera très utilement et vous portera assistance si vous voyagez avec un véhicule, quel qu'il soit (voiture, vélo, moto, yacht, etc.). Dans certaines villes, le VVV et l'ANWB partagent les mêmes locaux. Vous devrez prouver que vous êtes membre d'un club automobile dans votre pays pour obtenir des cartes gratuitement ou bénéficier d'une remise.

Problèmes juridiques

Les policiers néerlandais (*politie*) affichent une attitude plutôt souple et serviable, tant que l'on ne commet pas d'infraction patente.

Tout contrevenant peut être retenu jusqu'à six heures pour interrogatoire (plus six heures supplémentaires si la police n'arrive pas à déterminer son identité, ou 24 heures s'il s'agit d'un problème grave). Il n'est pas possible de téléphoner, mais le consulat du ressortissant est prévenu. Les Pays-Bas appliquent la présomption d'innocence.

Pièces d'identité

Toute personne de plus de 14 ans doit toujours avoir sa pièce d'identité sur elle. Les étrangers doivent conserver sur eux leur passeport ou une photocopie des pages importantes ; un permis de conduire ne suffit pas.

Drogues

- La marijuana est en théorie illégale. Toutefois, la détention d'un maximum de 5 g de drogues "douces" (cannabis par exemple) est tolérée. Une quantité plus importante donne lieu à des poursuites judiciaires.
- Ne fumez pas ailleurs que dans un coffee shop sans avoir vérifié au préalable que vous y êtes autorisé.
- Les drogues dures sont un grave délit.
- N'achetez jamais de drogue, quelle qu'elle soit, dans la rue.

Prostitution

Les Pays-Bas autorisent la prostitution, laquelle est régie par la loi. Les prostituées paient des impôts. Cette ligne de conduite s'explique en grande partie par la volonté des pouvoirs publics d'amoindrir le rôle des souteneurs et de la pègre dans l'industrie du sexe.

À Amsterdam, les rues du quartier Rouge sont bien surveillées par la police, mais les ruelles sont plus louches.

Santé

Il est peu probable que vous rencontriez des problèmes de santé particuliers aux Pays-Bas mais, le cas échéant, sachez que la qualité des soins y est excellente. Il est néanmoins important de disposer d'une assurance santé pour votre voyage ; pour plus d'information, voir p. 299.

Quelques conseils de voyage :

- Apportez vos médicaments dans leurs boîtes d'origine, clairement étiquetées.
- Apportez vos ordonnances (ou des photocopies des emballages), mentionnant les appellations génériques, de manière à pouvoir obtenir des médicaments de remplacement s'il arrive malheur à vos bagages – conservez ces documents à part.
- Si vous avez des problèmes de santé susceptibles de requérir des soins, apportez une lettre datée et signée de votre médecin, précisant votre état de santé et votre traitement.
- Si vous voyagez avec des seringues, munissez-vous d'une lettre d'un médecin justifiant leur usage.
- Si vous avez une correction visuelle, prévoyez une paire de lunettes ou de lentilles de rechange, et/ou emportez votre prescription médicale.
- Aucun vaccin n'est nécessaire pour se rendre aux Pays-Bas. L'OMS

SITES INTERNET

De nombreux sites néerlandais sont disponibles en anglais – mais bien plus rarement en français. Vous trouverez des sites d'information générale p. 13.

recommande toutefois que tous les voyageurs soient vaccinés contre la diphtérie, le tétanos, la rougeole, les oreillons, la rubéole et la polio, quelle que soit leur destination.

Sécurité

Les Pays-Bas constituent une destination parfaitement sûre, même s'il va sans dire que les règles habituelles de prudence doivent être adoptées dans les grandes villes, comme à Amsterdam et Rotterdam. Voir p. 51 et p. 91 pour plus d'information sur la sécurité et les impairs à éviter.

Les piétons doivent apprendre à se méfier des vélos. En traversant la rue, il faut aussi bien surveiller les voitures que les vélos roulant à vive allure. Et mieux vaut ne pas s'aventurer sur une piste cyclable sans avoir regardé à gauche et à droite.

Téléphone

L'opérateur téléphonique national, **KPN** (www.kpn.com), fonctionne très bien, et les tarifs sont raisonnables au regard des standards européens.

Appel en PCV (collect gesprek ; ☎aux Pays-Bas 0800 01 01, à l'étranger 0800 04 10). Ces deux numéros sont gratuits.

Annuaire international (☎0900 84 18 ; 1,15 €/numéro)

Renseignements (☎0800 04 10)

Appels nationaux et internationaux

Pour appeler à l'étranger, composez le 00 puis l'indicatif du pays que vous souhaitez joindre.

Indicatif des Pays-Bas 31

Numéros gratuits 0800

Numéros de téléphones portables 06

Renseignements payants 0900 ; de 0,10 à 1,30 €/min.

Ne composez pas le 0 de l'indicatif de la ville si vous appelez de l'étranger (par exemple composez 20 pour Amsterdam et non 020). De même, ne composez pas l'indicatif de la ville si vous vous trouvez dans sa zone de couverture.

Appels via Internet

Grâce à **Skype** (www.skype.com) et **Google Voice** (www.google.com/voice), les appels à l'étranger sont bon marché. Renseignez-vous sur leurs sites Internet respectifs.

Cartes téléphoniques

» Les cartes pour les cabines publiques sont en vente (5, 10 ou 20 €) dans les bureaux de poste, aux comptoirs des gares ferroviaires, dans les agences VVV et GWK, et chez les buralistes.

» La carte KPN est la plus courante mais elle a de nombreuses concurrentes généralement moins chères.

Les gares ferroviaires sont équipées de cabines Telfort nécessitant une carte Telfort (disponible dans les agences GWK ou aux guichets). Mais vous devriez trouver sans mal une cabine KPN.

Tarifs

La tarification des appels est basée sur le temps de communication, partout et à toute heure. Voici une estimation des coûts (notez que les appels passés depuis les cafés et les hôtels coûtent souvent plus cher) :

Appel sur une ligne fixe aux Pays-Bas 0,10 €/15 sec.

Appel sur un portable aux Pays-Bas 0,10 €/9 sec.

Appel vers la Grande-Bretagne 0,058 €/min.

Appel vers les États-Unis 0,073 €/min.

L'appel reçu de l'étranger sur un téléphone portable néerlandais est en principe gratuit pour le propriétaire de ce dernier.

Téléphones portables

Les Pays-Bas utilisent le système GSM, compatible avec l'Europe, mais pas avec l'Amérique du Nord. Les téléphones 3G de type iPhone fonctionnent très bien, mais attention au coût exorbitant de l'accès à Internet, en particulier si vous téléchargez des données. Avant votre départ, prenez un abonnement international auprès de votre opérateur.

On trouve des téléphones portables prépayés dans les enseignes de téléphonie mobile. Comptez au minimum 35 €. On peut aussi acheter une carte SIM (à partir de 5 €) pour son propre portable qui se verra octroyer un numéro néerlandais. Repérez les enseignes Phone House, Orange, T-Mobile et Vodafone dans les principales zones commerçantes.

Les téléphones prépayés neufs comportent déjà un court temps de communication. Pour l'augmenter, achetez des minutes supplémentaires dans les magasins de téléphonie, chez les marchands de journaux ou dans les supermarchés, et suivez les instructions.

Transports

DEPUIS/VERS LES PAYS-BAS

Les Pays-Bas sont aisément accessibles. Le pays est particulièrement bien relié en train à grande vitesse à la France, la Belgique et l'Allemagne et l'on peut aussi très facilement passer la frontière (dématérialisée avec l'Union européenne) par la route. L'aéroport Schiphol d'Amsterdam bénéficie de nombreuses liaisons aériennes avec le monde entier. Quantité de compagnies low-cost européennes le desservent.

Une fois sur place, vous n'aurez aucune difficulté à vous déplacer. La plupart des trajets en train, en voiture ou en bus s'avèrent si courts qu'il ne faut souvent guère plus d'une demi-journée pour se rendre d'une région à l'autre. Le relief plat des Pays-Bas en fait aussi le paradis du vélo.

Entrer aux Pays-Bas

Les ressortissants de l'Union européenne et de la Suisse doivent voyager avec une carte d'identité ou un passeport valide. Les Canadiens doivent disposer d'un passeport valable trois mois après le retour.

Voie aérienne

Aéroports

AÉROPORT DE SCHIPHOL

Idéalement situé près d'Amsterdam, l'**aéroport de Schiphol** (AMS ; www.schiphol.nl) est le principal aéroport du pays et le quatrième d'Europe en termes de fréquentation. Plate-forme de correspondances de la compagnie aérienne néerlandaise, il accueille bon nombre de grandes compagnies internationales.

Semblable à une petite ville, l'aéroport est bien relié au reste du pays par le train, y compris des lignes à grande vitesse desservant au sud Rotterdam et la Belgique. Doté d'un immense centre commercial – le Schiphol Plaza – bien pourvu en articles pour voyageurs, l'aéroport fonctionne sans encombre au vu de sa taille. Des consignes permettent de stocker ses bagages jusqu'à une semaine. Des hôtels jouxtent l'aéroport.

AUTRES AÉROPORTS

Les aéroports de Rotterdam et d'Eindhoven présentent aussi un intérêt pour les touristes. Le premier a un trafic limité, le second accueille des vols de compagnies européennes low-cost.

Billets

La majorité des voyageurs au départ de Paris ou de la Belgique se rendent aux Pays-Bas en train. Si vous venez de province, de Suisse, ou du Canada, voici quelques ordres de prix.

DEPUIS LA FRANCE

Air France (www.airfrance.fr) dessert directement Amsterdam depuis de nombreuses villes de province, dont Marseille (A/R à partir de 130 € en basse saison), Nantes (A/R à partir de 200 € en basse saison) ou Strasbourg (A/R à partir de 180 € en basse saison). **Ryanair** (www.ryanair.com) dessert Eindhoven depuis Bordeaux/Carcassonne/Marseille à partir de 170/90/190 € A/R en basse saison. **Transavia** (www.transavia.com) dessert

AVERTISSEMENT

Les informations contenues dans ce chapitre sont particulièrement susceptibles de changements. Vérifiez directement auprès de la compagnie aérienne ou de l'agence de voyages les modalités d'utilisation de votre billet d'avion. N'hésitez pas à comparer les prestations. Les détails fournis ici doivent être considérés à titre indicatif et ne remplacent en rien une recherche personnelle attentive.

VOYAGES ET CHANGEMENTS CLIMATIQUES

Tous les moyens de transport fonctionnant à l'énergie fossile génèrent du CO2 – la principale cause du changement climatique induit par l'homme. L'industrie du voyage est aujourd'hui dépendante des avions. Si ceux-ci ne consomment pas nécessairement plus de carburant par kilomètre et par personne que la plupart des voitures, ils parcourent en revanche des distances bien plus grandes et relâchent quantité de particules et de gaz à effet de serre dans les couches supérieures de l'atmosphère. De nombreux sites Internet utilisent des "compteurs de carbone" permettant aux voyageurs de compenser le niveau des gaz à effet de serre dont ils sont responsables par une contribution financière à des projets respectueux de l'environnement. Lonely Planet "compense" les émissions de tout son personnel et de ses auteurs.

Rotterdam depuis de nombreuses villes en France dont Montpellier ou Nice (environ 1h40 et à partir de 120 € A/R en basse saison), mais également Eindhoven depuis Nice et Amsterdam depuis Nice et Chambéry pour des tarifs et des durées de vol similaires.

DEPUIS LA SUISSE

EasyJet (www.easyjet.com) assure des liaisons Genève-Amsterdam et Bâle-Amsterdam (1 heure 30). Comptez à partir de 80 € A/R en basse saison (90 € depuis Bâle). **KLM** (www.klm.com) assure des vols similaires pour un tarif un peu supérieur (comptez à partir de 90 € depuis Genève, 100 € depuis Bâle). La compagnie néerlandaise propose également un vol Zurich-Amsterdam (à partir de 140 € A/R en basse saison 1 h 40).

DEPUIS LE CANADA

KLM (www.klm.com) dessert directement Amsterdam depuis Montréal (A/R à partir de 1 000 € en basse saison ; 6 h 30 à 7 h 30), Toronto (A/R à partir de 1 000 € en basse saison ; 7 h 30 à 8 h), Vancouver (A/R à partir de 1 200 € en basse saison ; 9 h 30) et Calgary (A/R à partir de 1 200 € ; 9 h de vol).

AGENCES EN LIGNE ET COMPARATEURS DE VOLS

» www.boursedesvols.com
» www.skyscanner.fr
» www.kayak.fr
» www.liligo.fr
» www.easyvoyage.com
» www.ebookers.fr
» www.expedia.fr
» www.fr.lastminute.com
» www.govoyage.com
» www.nouvelles-frontieres.fr
» www.opodo.fr
» www.voyages-sncf.com

Voie terrestre

Bus

Eurolines (www.eurolines.com), un consortium de compagnies d'autocars, commercialise des trajets internationaux bon marché en provenance ou à destination des Pays-Bas. Les autocars disposent de toilettes à bord et de sièges inclinables.

Busabout (☎020-7950 1661 ; www.busabout.com) propose des circuits en bus en Europe incluant les villes principales destinés à un public jeune. La tarification est complexe.

Train

DEPUIS LA FRANCE ET LA BELGIQUE

Au départ de Paris, Anvers ou Bruxelles, le **Thalys** (www.thalys.com) dessert Rotterdam et Amsterdam (3 heures 30 pour un Paris-Amsterdam). La grille tarifaire favorable à ceux qui réservent tôt propose toute une série de réductions.

Géré par **Hispeed** (www.nshispeed.nl), la branche internationale des chemins de fer néerlandais, le train **Fyra** (www.fyra.com) reliant Bruxelles à Amsterdam a connu un lancement catastrophique en décembre 2012. Seule la ligne Amsterdam-Breda était assurée lors de la rédaction de ce guide. La **SNCB** (www.b-europe.com) propose une ligne Bruxelles-La Haye (2 h 15) via Dordrecht (1 h 30) et Rotterdam (1 h 50) notamment, d'où des correspondances sont proposées pour de nombreuses destinations aux Pays-Bas.

Dans le Sud, un train relie toutes les heures Liège à Maastricht (30 min).

Vélo

» Vous pouvez amener votre propre vélo aux Pays-Bas. Renseignez-vous auprès de votre compagnie aérienne sur les modalités d'enregistrement de celui-ci. En train, il vous faudra en principe démonter la roue avant et le placer dans une housse.

» Les pistes cyclables portent le nom de *landelijke fietsroutes* (LF) aux Pays-Bas et en Flandre.

BELGIQUE
Les cyclistes au long cours ont le choix entre divers itinéraires cyclables sûrs et faciles pour passer de la Belgique ou de l'Allemagne aux Pays-Bas. La **LF2** relie Bruxelles à Amsterdam via Gand en 340 km.

Voiture et moto

» La carte grise, le permis de conduire et une assurance au tiers sont obligatoires pour tous les conducteurs de véhicules particuliers. Votre assureur vous remettra votre carte nationale d'assurance automobile, de couleur verte.

» L'**ANWB** (www.anwb.nl) fournit des informations, des cartes et une assistance sur présentation d'une carte de membre de l'Automobile-Club de votre pays.

» Le stop est peu courant aux Pays-Bas.

COMMENT CIRCULER

Il est très facile de se déplacer aux Pays-Bas. Les villes et les sites principaux ne nécessitent pas de voitures car le réseau de trains et de bus quadrille le pays. Sinon, pour faire comme les Néerlandais, mettez-vous au vélo.

Avion

La taille réduite du pays (le plus long trajet en train, entre Groningue et Maastricht, dure 4 heures 30) explique l'absence de vols intérieurs.

Bateau

Ferry

Des bateaux relient le continent aux cinq îles des Wadden. D'autres sillonnent fréquemment toute l'année l'Escaut occidental (Westerschelde) dans le sud de la Zélande assurant une liaison pour les passagers entre le sud-ouest des Pays-Bas et la Belgique. Ces bateaux prisés des voyageurs utilisant le port de Zeebrugell circulent fréquemment toute l'année.

Le très efficace et rapide **Waterbus** (☎0900-899 8998 ; www.waterbus.nl ; forfait journalier adulte/enfant 11/6,75 €) relie Rotterdam à Dordrecht ainsi qu'aux destinations touristiques de Kinderdijk et du parc national de Biesbosch. Les bateaux partent de Willemskade toutes les demi-heures.

Beaucoup de petites compagnies proposent d'autres trajets sur la myriade de canaux et de voies d'eau du pays.

Location

La location de bateau constitue un moyen prisé de découvrir les cours d'eau, les lacs et les mers intérieures. On en trouve de toutes les formes, de toutes les tailles et pour tous les budgets, du canoë au bateau à moteur, du modeste voilier à d'anciens grands sloops. Des centaines d'agences existent dans tout le pays.

Bus

Les bus couvrent plutôt les trajets régionaux que les longues distances pour lesquelles le train est plus adapté. Ils assurent un service vital, surtout dans certaines régions du Nord et de l'Est, peu ou pas desservies par le train. Le zonage régit les tarifs. Il est toujours possible d'acheter un ticket à bord (2,70 € à 5 € pour de courtes distances) quoique la plupart des voyageurs paient avec une OV-chipkaart.

Il n'existe qu'une seule classe de transport. Certaines régions ont mis en place des forfaits journaliers valables dans tous les bus. Les chauffeurs sauront vous conseiller.

Train

Efficaces, rapides, confortables et fréquents, les trains néerlandais desservent à intervalle régulier, parfois jusqu'à 5 ou 6 fois par heure, les destinations nationales. Le réseau, excellent, permet de se déplacer dans tout le pays. Il présente quelques spécificités.

» La compagnie nationale de chemin de fer **NS** (www.ns.nl) gère les grandes lignes nationales. Les lignes secondaires au nord et à l'est ont été confiées à des compagnies d'autocar et de train privées. Leur tarification et les horaires demeurent du ressort du système national.

» Les vélos sont acceptés à bord.

» En gare, des panneaux indiquent l'heure de départ, mais pas le temps de trajet et l'heure d'arrivée. Il faut se renseigner sur Internet, à la billetterie ou au guichet d'information.

» La circulation cesse approximativement de minuit à 6h sauf sur la ligne Amsterdam-Schiphol-Rotterdam-La Haye-Leyde où les trains circulent toute la nuit (1/heure).

» Les trains rapides **Fyra** (www.fyra.com) relient Amsterdam, Schiphol, Rotterdam et Breda.

Gares

En gare, vous trouverez toutes sortes de services : bureau de change, DAB, épiceries, espaces restauration, snacks vendus dans des distributeurs, fleuristes, etc.

Ces services font souvent défaut en revanche dans les petites stations, devenues pour beaucoup des coquilles vides dotées d'une belle architecture avec parfois uniquement des billetteries automatiques. C'est particulièrement le cas pour les lignes que les NS ne gèrent plus.

CONSIGNES

Les gares sont généralement équipées de consignes. Elles fonctionnent avec une carte bancaire. Le tarif journalier oscille entre 3,60 et 6 € en fonction de la taille et de l'emplacement. Au bout de 24 heures, il vous faudra payer un supplément (toujours par carte bancaire). Au-delà de 72 heures, vos bagages seront déplacés et vous devrez régler une amende de 70 €.

Certaines gares touristiques (Enkhuizen, Delft) ne possèdent pas de consignes.

Tickets

Le train aux Pays-Bas reste abordable. Les tarifs sont les mêmes en journée et le soir, avec de nombreuses réductions.

ACHATS DE BILLETS

Il faut savoir qu'il est quasiment impossible d'acheter un billet de train aux Pays-Bas avec une carte bancaire autre que néerlandaise.

Au guichet On en trouve dans les gares de moyenne et de grande taille. Le personnel parle anglais et vous proposera en général le tarif le plus avantageux, surtout pour les itinéraires complexes en journée. Les guichets ferment parfois le soir et les files peuvent être longues.

Au distributeur La plupart n'acceptent que les cartes bancaires néerlandaises. Environ 25% fonctionnent à pièces, aucun avec des billets. On peut choisir la langue des instructions.

Si, en gare, tous les guichets ont fermé et que vous n'avez pas de monnaie pour le distributeur, informez-en le contrôleur à bord (inutile de tricher, les contrôleurs connaissent les gares concernées) qui vous fera généralement régler votre billet sans amende (35 €) pour absence de titre de transport. En cas de verbalisation, il est possible de déposer une demande de remboursement au guichet.

BILLETS

» *Enkele reis* (aller) – aller simple donnant la possibilité de faire une pause en chemin sur un trajet direct.

» *Dagretour* (aller-retour dans la journée) – aller-retour classique pour le jour même, de 10% à 15% moins cher que deux allers simples.

» *Weekendretour* (aller-retour dans le week-end) – même prix qu'un aller-retour classique, valable du vendredi 19h au lundi 4h.

» *Dagkaart* (forfait journalier) – 81,60/48 € en 2e/1re classe pour un nombre illimité de trajets en train dans tout le pays. Rentable uniquement si vous prévoyez de voyager beaucoup en une journée.

» *Railrunner* (forfait journalier enfant) – 2,50 € ; forfait journalier pour les 4-11 ans.

» Sachez que tout retard supérieur à une demi-heure (toutes causes confondues) donne droit à un remboursement de 50% du prix du billet pour 30 à 60 minutes et intégral à partir d'1 heure de retard.

» Les trains internationaux fonctionnent sur réservation avec un supplément. En s'y prenant tôt, on peut bénéficier de tarifs d'appel.

PASS

Il existe plusieurs pass pour les personnes résidant aux Pays-Bas ou ailleurs. Ils s'avèrent peu intéressants, même pour les gros voyageurs. Ils s'achètent avant d'arriver aux Pays-Bas :

Eurail (www.eurail.com) Pass Benelux valable 3-5 jours sur une période de un mois dans tous les trains aux Pays-Bas, en Belgique et au Luxembourg. 228-312/147-201 € en 1re/2e classe pour les 26 ans et plus, 97-132 € pour les 25 ans et moins en 2e classe.

InterRail (www.interrail.eu) Pass Bénélux valable pendant 3-8 jours sur une période de un mois. 194-395/123-251 € en 1re/2e classe pour les plus de 26 ans, 81-165 € pour les 25 ans et moins en 2e classe.

LE CASSE-TÊTE DE L'ACHAT DE BILLETS

Pour prendre le train aux Pays-Bas, le plus difficile consiste à acheter son billet. Voici ce qu'il faut savoir :

» Seuls certains distributeurs acceptent les paiements en espèces et ils ne fonctionnent qu'avec des pièces. Prévoyez de la monnaie.

» Les distributeurs acceptant les cartes bancaires refusent la plupart des cartes étrangères, sauf un nombre restreint de distributeurs à Schiphol et à Amsterdam Centraal.

» Les guichets ne prennent pas les cartes bancaires. Le fait de passer par le guichet (ce qui est souvent inévitable) entraîne une majoration du prix et il y a souvent la queue.

» Les billets à tarif réduit pour les trains Hispeed et Fyra vendus sur Internet requièrent une carte bancaire néerlandaise. Les tarifs d'appel ne sont pas disponibles au guichet.

» Le très prisé *Voordeelurenabonnement* (abonnement heures creuses) offre de bonnes réductions, mais il est réservé aux titulaires d'un compte bancaire néerlandais.

TARIF DES TICKETS ET DES OV-CHIPKAARTS

Les tickets prennent la forme d'une **OV-chipkaart** (www.ov-chipkaart.nl), une carte de transports magnétique.

» Il s'agit d'une carte réutilisable, à acheter à l'avance dans un bureau d'informations de transport régional, ou à usage unique, à acheter à bord des bus et des tramways.

» Dans certains tramways, des receveurs gèrent la billetterie, dans d'autres, il faut s'adresser aux conducteurs.

» En montant *et* en descendant du bus, du tramway ou du métro, passez la carte sur le lecteur situé au niveau des portes ou des barrières. Le système calcule votre trajet et le déduit de votre carte. Si vous ne validez pas à la descente, vous payerez le tarif maximal.

» Les cartes réutilisables sont beaucoup plus avantageuses que celles à usage unique. Valables 5 ans, elles ont néanmoins un coût initial de 7,50 €.

» La solution la plus intéressante reste souvent l'achat d'une OV-chipkaart proposant des trajets illimités pour une journée ou plus. Elle est en vente auprès des transporteurs.

» Les OV-chipkaarts rechargeables fonctionnent dans les trains sur tout le territoire.

RÉSERVATIONS

Pour les trains nationaux, il suffit de se présenter en gare. Il y a rarement plus d'une demi-heure d'attente pour le prochain train. La réservation est obligatoire sur certaines lignes internationales.

Trains

CATÉGORIES

Par ordre de vitesse décroissante :

Thalys (www.thalys.com). Train à grande vitesse (comme le TGV français) entre Paris, Bruxelles, Rotterdam, Schiphol et Amsterdam. Bon confort et connexion Wi-Fi.

Fyra (www.fyra.com). Train à grande vitesse national circulant entre Amsterdam, Rotterdam et Breda, lors de la rédaction de ce guide. Tarification calquée sur le modèle des compagnies aériennes.

ICE (Intercity Express ; www.nshispeed.com). Train à grande vitesse allemand circulant entre Amsterdam, Cologne, Francfort.

Intercity Les meilleurs trains classiques nationaux. Ils circulent sur les principales lignes sans s'arrêter dans les petites gares. Rames duplex généralement climatisées.

Sneltrein. Train rapide plus lent que l'Intercity mais plus rapide que le *stoptrein.* Pas toujours climatisé.

Stoptrein. Omnibus assez lent. Pas toujours équipé de toilettes.

CLASSES

Si le plus long trajet en train (Maastricht-Groningue) dure environ 4 heures 30, la majorité des trajets prend beaucoup moins de temps. La 1ère classe, assez similaire à la 2e classe, présente peu d'intérêt au vu de la rapidité des trajets.

En revanche, en période de pointe, cela vaut la peine de payer plus cher en 1ère classe quand la 2e est bondée.

Treintaxi

Une trentaine de gares proposent l'excellent service de *treintaxi* (taxi-train) pour de courts trajets depuis/vers la gare à prix fixe. Comptez 4,90 € la course par personne au guichet ou au distributeur et 5,50 € pour le tarif à bord. Ce service fonctionne tous les jours de 7h (8h le dimanche et les jours fériés) jusqu'au soir. Il dispose le plus souvent d'une borne-taxi dédiée près de la borne classique et d'une hot-line (0900-873 46 82, 0,35 €/min).

Le *treintaxi* a ceci de pratique qu'il permet de rejoindre des lieux éloignés des gares non desservis en bus, tel le camp de Westerbork à Drenthe. Malheureusement, les grandes gares proposent rarement ce service.

Transports locaux

Bus, tramway et métro

Les bus et les tramways circulent dans nombre de villes. Amsterdam et Rotterdam possèdent en plus le métro.

Taxi

Les taxis se réservent en principe par téléphone. Officiellement, on ne peut pas les héler dans la rue. Des taxis stationnent aussi devant les gares et les hôtels. La course revient à environ 12 € pour 5 km. La facture peut vite monter même pour les courts trajets en ville. Au départ de nombreuses gares, il est souvent plus intéressant et pratique d'opter pour les *treintaxis*.

Vélo

Toutes les villes néerlandaises ou presque disposent de pistes cyclables, sur la route ou séparées pour une circulation plus fluide. Pour en savoir plus, voir p. 27.

CALCUL D'ITINÉRAIRE

Le service **9292.nl** (☎0900 9292, 0,70 €/min ; www.9292.nl) est un moyen infaillible de calculer son itinéraire aux Pays-Bas. Il réunit tous les horaires nationaux de train, de tramway et de bus (en néerlandais et en anglais) et dispose d'une application gratuite efficace pour smartphone.

Sur Internet ou sur votre mobile, il vous suffit d'entrer vos points de départ et d'arrivée (une adresse, une gare, un musée, un hôtel, etc.). Les résultats incluent le coût et les itinéraires à pied.

Vélo

Au pays du vélo, la *fiets* (vélo) s'impose. La plupart des moyens de transport, dont le train et le bus, acceptent les vélos et les pistes cyclables desservent presque tout le pays. Reportez-vous p. 24 pour en savoir plus sur les joies du vélo aux Pays-Bas et p. 27 pour connaître le code de la route à vélo.

Voiture et moto

Le vaste réseau autoroutier néerlandais a tendance à être surchargé. La circulation s'avère particulièrement dense aux heures de pointe et lors des départs en vacances sur les autoroutes autour d'Amsterdam, la A4 en direction de la Belgique au sud ainsi que la A2 au sud-est jusqu'à Maastricht. Il peut y avoir jusqu'à 350 km de bouchons, voire plus en période de vacances.

Les routes secondaires bénéficient généralement d'un bon entretien. Néanmoins, les campagnes visant à décourager l'utilisation de la voiture ont mis en place de nombreux moyens dissuasifs comme la transformation de routes à deux voies en une seule voie avec de larges pistes cyclables ou l'instauration de barrières, de ralentisseurs et autres outils de limitation de la circulation.

Le stationnement peut s'avérer difficile et coûteux. Les villes limitent délibérément les places de parking afin de dissuader les automobilistes et fixent des tarifs élevés. Les hôtels proposent des tarifs de stationnement préférentiels pour leurs clients. Il vous en coûtera en moyenne 40 €/jour pour vous garer à Amsterdam.

Assurance

L'assurance-collision sans franchise représente un surcoût sur les contrats de location et ne se justifie pas toujours. Sans cette assurance, vous serez responsable des dommages pour la totalité de la valeur du véhicule. Avant de souscrire à cette option onéreuse (à partir de 10€/jour), assurez-vous que vous ne bénéficiez pas déjà, ce qui est souvent le cas, de cette prestation avec votre carte bancaire ou votre propre assurance auto.

Chez la plupart des loueurs, l'assurance collision inclut tout de même un franchise allant de 500 € à 1 000 € que l'on peut annuler en optant pour une formule renforcée (entre 10 et 20 €/jour). Encore une fois, vérifiez bien ce que couvrent votre carte bancaire et votre propre assurance auto. La souscription d'options supplémentaires n'est pas toujours nécessaire et fait sensiblement augmenter la note de tarifs à la base compétitifs.

Automobile-club

L'Automobile-Club néerlandais, l'**ANWB** (☎070-314 71 47 ; www.anwb.nl), dispose d'antennes dans la plupart des grandes villes. Il fait notamment bénéficier de l'assistance, de cartes gratuites et de réductions les membres d'Automobiles-Clubs d'autres pays.

Carburant

Comme partout en Europe occidentale, le carburant coûte cher et son prix fluctue régulièrement. Lors de notre passage, il fallait compter 1,70 €/l à la pompe. L'essence se dit *benzine*, le sans plomb *loodvrij* et le gazole *diesel*. Les stations-essence GPL affichent un logo spécifique.

Code de la route

Conduire une voiture aux Pays-Bas nécessitera toute votre attention, car vous serez amené à céder la priorité à certains automobilistes, aux cyclistes débouchant de nulle part et aux piétons. Si les règles sont les mêmes qu'en France ou en Belgique, certains points mériteront particulièrement votre attention :

» Les tramways ont toujours la priorité.

» Lorsque l'on tourne à droite, les vélos ont la priorité.

RADARS DE CIRCULATION

Plus de 800 radars automatiques discrets (appelés *flitspalen*) surveillent les autoroutes néerlandaises. En cas d'infraction, la police routière vous infligera une amende à laquelle s'ajouteront, pour une voiture de location, les frais de service prélevés par l'agence, et ce, même une fois de retour dans votre pays.

DISTANCES ROUTIÈRES (KM)

	Amsterdam	Apeldoorn	Arnhem	Bréda	Bois-le-Duc	La Haye	Dordrecht	Eindhoven	Enschede	Groningue	Haarlem	Leeuwarden	Leyde	Maastricht	Nimègue	Rotterdam	Tilburg
Apeldoorn	86																
Arnhem	99	27															
Bréda	101	141	111														
Bois-le-Duc	88	91	64	48													
La Haye	55	133	118	72	102												
Dordrecht	98	133	102	30	65	45											
Eindhoven	121	109	82	57	32	134	92										
Enschede	161	75	98	212	162	224	200	180									
Groningue	203	147	172	260	236	252	248	254	148								
Haarlem	19	117	114	121	103	51	94	136	184	204							
Leeuwarden	139	133	158	248	222	188	234	240	163	62	148						
Leyde	45	125	110	87	99	17	60	132	192	242	42	178					
Maastricht	213	201	167	146	124	223	181	86	274	348	228	334	239				
Nimègue	122	63	18	101	44	135	98	62	134	208	135	194	131	148			
Rotterdam	73	128	118	51	81	21	24	113	195	251	70	206	36	202	114		
Tilburg	114	115	88	25	25	102	60	34	186	260	129	246	117	123	68	81	
Utrecht	37	72	64	73	55	62	61	88	139	195	54	181	54	180	85	57	81

» La circulation est limitée à 50 km/h en agglomération, 80 km/h hors agglomération, 100 km/h sur voie rapide et 120 km/h sur autoroute (parfois 100 km/h si des panneaux l'indiquent).

Location de voiture

» Les agences de location, bien présentes aux Pays-Bas, ont pour les principales enseignes de nombreuses antennes.

» Hormis à Amsterdam et à Schiphol, elles ne sont pas toujours situées près des gares.

» Il faut être âgé de 23 ans au moins. Certaines compagnies font payer un petit supplément aux conducteurs de moins de 25 ans.

» Une carte bancaire est requise.

Permis de conduire

Les voyageurs peuvent conduire avec un permis étranger jusqu'à 185 jours dans l'année.

La présentation d'un permis de conduire en cours de validité est obligatoire pour louer une voiture, mais il n'est pas nécessaire de posséder un permis de conduire international.

Langue

POUR ALLER PLUS LOIN

Indispensable pour mieux communiquer sur place : le guide de conversation *Néerlandais* de Lonely Planet (7,99 €). Pour réserver une chambre, lire un menu ou simplement faire connaissance, ce manuel permet d'acquérir des rudiments de néerlandais. Inclus : un minidictionnaire bilingue.

Le néerlandais, parlé par 20 millions de locuteurs dans le monde, est la langue officielle des Pays-Bas. Comme l'anglais, il appartient à la famille des langues germaniques.

Le néerlandais a une sonorité très gutturale. Il dispose d'une large palette de voyelles, qui peuvent être brèves ou longues. Cette distinction (dans la transcription les voyelles longues sont surmontées d'un trait) peut entraîner des significations différentes. Ainsi *man* veut dire homme et *maan* signifie lune. Le néerlandais a également recours à de nombreuses diphtongues. Ainsi "au" se prononce ao comme dans "chaos".

En néerlandais, on prononce toutes les consonnes, même en fin de mot. Le "g" (noté Rh) donne lieu à un son très guttural semblable à la *jota* espagnole et le "r" est roulé. Ces deux sons demandent un peu de pratique. En outre, le "b" et le "d" se prononcent respectivement p et t en fin de mot. Cela dit, si vous lisez la prononciation reportée en bleu comme s'il s'agissait du français, vous n'aurez aucune peine à faire passer votre message. Les syllabes accentuées sont indiquées en italique.

FORMULES COURANTES

Bonjour.	*Dag./Hallo.*	daRh/ha·*lō*
Au revoir.	*Dag.*	daRh
Oui./Non.	*Ja./Nee.*	yā/né
S'il vous/ te plaît.	*Alstublieft. /Alsjeblieft.*	al·stū·*blīft* a·chœ·*blīft*
Merci. (pol/fam)	*Dank u/je.*	dangk ū/yeu
De rien.	*Graag gedaan.*	RhrāRh Rheu·*dān*
Excusez-moi.	*Excuseer mij.*	èks·kū·*zér* mey

Comment allez-vous/vas-tu ?
Hoe gaat het met u/jou? — hou Rhāt heut mèt ū/yao

Bien. Et vous/toi ?
Goed. — Rhoot
En met u/jou? — èn mèt ū/yao

Comment vous appelez-vous/t'appelles-tu ?
Hoe heet u/je? — hou hēt ū/yeu

Je m'appelle ...
Ik heet ... — ĭk hēt ...

Parlez-vous anglais/français ?
Spreekt u Engels/Frans? — sprékt ū *eng*·euls

Je ne comprends pas.
Ik begrijp het niet. — ĭk bœ·*Rhreyp* heut nīt

HÉBERGEMENT

Avez-vous une chambre ... ?	*Heeft u een ...?*	hèft ū eun ...
simple	*éénpersoons-kamer*	*én*·peur·sōns·kā·meur
double	*tweepersoons-kamer met een dubbel bed*	*tvé*·peur·sōns·kā·meur mèt eun *deu*·beul bèt
à lits jumeaux	*tweepersoons-kamer met lits jumeaux*	*tvé*·peur·sōns·kā·meur mèt lī jū·*mō*

Quel est le prix par ...?	*Hoeveel kost het per ...?*	hou·*vēl* kost heut peur ...
nuit	*nacht*	naRht
personne	*persoon*	peur·*sōn*

Le petit déjeuner est-il compris ?
Is het ontbijt inbegrepen? — is heut ont·*beyt* in·bœ·Rhré·peu

salle de bains	*badkamer*	*bat*·kā·meur
bed & breakfast	*gasten-kamer*	*Rhas*·teun·kā·meur
camping	*camping*	*kèm*·ping
pension	*pension*	pèn·*chyon*
hôtel	*hotel*	hō·*tèl*
fenêtre	*raam*	rām
auberge de jeunesse	*jeugd-herberg*	*yeuRht*·hèrr·bèrRh

ORIENTATION

Où est le/la ...?
Waar is ...? — vār is ...

C'est à quelle distance ?
Hoe ver is het? — hou fèr is heut

C'est à quelle adresse ?
Wat is het adres? — vat is heut a·*drès*

Pouvez-vous me l'écrire ?
Kunt u dat alstublieft opschrijven? — kunt ū dat al·stew·*bleeft* *op*·sRhrey·veun

Pouvez-vous me montrer (sur la carte) ?
Kunt u het mij tonen (op de kaart)? — kunt ū heut mey *tō*·neu (op deu kārt)

au coin	*op de hoek*	op deu houk
au feu	*bij de verkeerslichten*	bey deu feur·*kérs*·liRh·teun
derrière	*achter*	*aRh*·teur
devant	*voor*	fōrr
gauche	*links*	links
près (de)	*dicht bij*	diRht bey
à côté de	*naast*	nāst
en face de	*tegenover*	té·Rheun·ō·veur
tout droit	*rechtdoor*	rèRht·*dōrr*
droite	*rechts*	rèRhts

AU RESTAURANT

Que me conseillez-vous ?
Wat kan u aabevelen? — vat kun ū *ān*·bœ·fé·leu

Qu'y a-t-il dans ce plat ?
Wat zit er in dat gerecht? — vat zit eur in dat Rhœ·*rèRht*

Je voudrais la carte.
Ik wil graag een menu. — ĭk vil RhrāRh eun mœ·*nū*

Délicieux !
Heerlijk/Lekker! — *hér*·leuk/*lè*·keurr

Santé ! *Proost!* — prōst

Puis-je avoir l'addition ?
Mag ik de rekening alstublieft? — maRh ĭk deu *ré*·keu·ning al·stū·*blīft*

PHRASES-CLÉS

En associant ces phrases simples aux mots de votre choix, vous pourrez vous exprimer en néerlandais :

À quelle heure est (le prochain bus) ?
Hoe laat gaat (de volgende bus)? — hou lāt Rhāt (deu *fol*·Rheun·deu bus)

Où se trouve (la gare) ?
Waar is (het station)? — vārr is (heut sta·*chyon*)

Je cherche (un hôtel).
Ik ben op zoek naar (een hotel). — ĭk bèn op zouk nārr (eun hō·*tèl*)

Avez-vous (une carte) ?
Heeft u (een kaart)? — héft ū (eun kārrt)

Y-a-t-il (des toilettes) ?
Is er (een toilet)? — is eurr (eun toa·*lèt*)

Je voudrais (le menu).
Ik wil graag. (een menu) — ĭk vil RhrrāRh (eun me·*nū*)

Je voudrais (louer une voiture).
Ik wil graag (een auto huren). — ĭk vil RhrrāRh (eun *ao*·tō *hū*·rreu)

Est-ce que je peux (entrer) ?
Kan ik (binnengaan)? — kan ĭk (*bi*·neun·Rhān)

Pourriez-vous m'aider s'il vous plaît ?
Kunt u alstublieft (helpen)? — kunt ū al·stū·*blīft* (*hèl*·peu)

Dois-je avoir un visa ?
Moet ik (een visum hebben)? — mout ĭk (eun *vī*·zeum *hè*·beu)

Je voudrais réserver une table pour ...	*Ik wil graag een tafel voor ... reserveren.*	ĭk vil RhrāRh eun *tā*·feul fōr ... ré·sèr·*vé*·reu
(2) personnes	*(twee) personen*	(tvé) peur·*sō*·neun
(8) heures	*(acht) uur*	(aRht) ūr

Je ne mange pas (de/d') ...	*Ik eet geen ...*	ĭk ét Rhén ...
œufs	*eieren*	*ey*·yeu·reun
poisson	*vis*	fis
viande (rouge)	*(rood) vlees*	(rōt) flés
noix	*noten*	*nō*·teun

Mots de base

assiette	*bord*	bort
avec	*met*	mèt
bar	*bar*	bar
bouteille	*fles*	flès
café	*café*	ka·*fé*

carte des boissons	*drankkaart*	*drang*·kārt
chaud	*heet*	hét
couteau	*mes*	mès
cuillère	*lepel*	*lé*·peul
déjeuner	*middagmaal*	*mi*·daRh·māl
dîner	*avondmaal*	ā·vont·māl
épicé	*pikant*	pī·*kant*
épicerie	*kruidenier*	kreuy·deu·*nīr*
fourchette	*vork*	fork
froid	*koud*	kaot
marché	*markt*	markt
menu	*menu*	me·*new*
petit déjeuner	*ontbijt*	ont·*beyt*
pub	*kroeg*	krouRh
restaurant	*restaurant*	rès·tō·*rant*
sans	*zonder*	*zon*·deur
végétarien (cuisine)	*vegetarisch*	vé·Rhé·*tā*·ris
verre	*glas*	Rhlas

Viande et poisson

agneau	*lamsvlees*	*lams*·vlés
bœuf	*rundvlees*	*runt*·vlés
canard	*eend*	ént
crevette	*garnalen*	Rharr·*nā*·leun
crevette rose	*steurgarnaal*	*steur*·Rhar·nāl
dinde	*kalkoen*	kal·*koun*
encornet	*inktvis*	*inkt*·vis
hareng	*haring*	*hā*·ring
homard	*kreeft*	kréft
huîtres	*oester*	*ous*·teur
moules	*mosselen*	*mo*·seu·leun
pétoncles	*kammosselen*	*ka*·mo·seu·leun
poisson	*vis*	fis
porc	*varkensvlees*	*far*·keuns·vlés
poulet	*kip*	kīp
saumon	*zalm*	zalm
thon	*tonijn*	tō·*neyn*
truite	*forel*	fo·*rrèl*
veau	*kalfsvlees*	*kalfs*·vlés
viande	*vlees*	vlés

Fruits et légumes

ananas	*ananas*	*a*·na·nas
baies	*bessen*	*bè*·seun
banane	*banaan*	ba·*nān*
carotte	*wortel*	*vor*·teul
champignons	*paddestoelen*	*pa*·deu·stou·leun
chou	*kool*	kōl
chou-fleur	*bloemkool*	*bloum*·kōl
citron	*citroen*	sī·*troun*
concombre	*komkommer*	kom·*ko*·meur
épinard	*spinazie*	spī·*nā*·zī
fruit	*fruit*	frreuyt
haricots	*bonen*	*bō*·neun
légumes	*groenten*	*Rhroun*·teun
lentilles	*linzen*	*lin*·zeun
noix	*noten*	*nō*·teun
oignons	*uien*	*euy*·yeun
orange	*sinaasappel*	si·*nās*·a·peul
pêche	*perzik*	*pèr*·zik
petits pois	*erwtjes*	*èrv*·tyeus
poivron	*paprika*	*pa*·pri·ka
pomme	*appel*	*a*·peul
pommes de terre	*aardappels*	*ārt*·a·peuls
prunes	*pruimen*	*preuy*·meun
raisins	*druiven*	*dreuy*·veun
tomates	*tomaten*	tō·*mā*·teun

Autres aliments

beurre	*boter*	*bō*·teur
fromage	*kaas*	kās
gâteau, pâtisserie	*gebak*	Rhœ·*bak*
glace	*ijs*	eys
huile	*olie*	ō·lī
jambon	*jam*	jèm
miel	*honing*	*hō*·ning
nouilles	*noedels*	*nou*·deuls
œufs	*eieren*	*ey*·yeu·reun
pain	*brood*	broht
poivre	*peper*	*pé*·peur

Indications

Ingang	Entrée
Uitgang	Sortie
Open	Ouvert
Gesloten	Fermé
Inlichtingen	Informations
Verboden	Interdit
Toiletten	Toilettes
Heren	Hommes
Dames	Femmes

riz	*rijst*	reyst
sauce soja	*sojasaus*	sō·ya·saos
sel	*zout*	zaot
soupe	*soep*	soup
sucre	*suiker*	*seuy*·keur
vinaigre	*azijn*	a·*zeyn*

Boissons

bière	*bier*	bīr
boisson sans alcool	*frisdrank*	*frris*·drrank
café	*koffie*	*ko*·fī
eau	*water*	*vā*·teur
jus	*sap*	sap
lait	*melk*	mèlk
thé	*thee*	té
vin blanc	*witte wijn*	*vi*·teu veyn
vin rouge	*rode wijn*	*rō*·deu veyn

URGENCES

À l'aide !
Help! hèlp

Laissez-moi tranquille !
Laat me met rust! lāt meu met rust

Je suis perdu(e).
Ik ben verdwaald. īk bèn feur·*dvālt*

Il y a eu un accident.
Er is een ongeluk gebeurd. eur is eun *on*·Rhœ·luk Rhœ·*beurt*

Appelez un médecin !
Bel een dokter! bèl eun *dok*·teur

Appelez la police !
Bel de politie! bèl deu pō·*lī*·sī

Je suis malade.
Ik ben ziek. īk bèn zīk

Où sont les toilettes ?
Waar zijn de toiletten? vār zeyn deu tua·*lè*·teun

Je suis allergique aux (antibiotiques).
Ik ben allergisch voor (antibiotica). īk bèn a·*lèr*·Rhīs fōr (an·tī·bī·*yō*·tī·ka)

Pronoms interrogatifs

Comment ?	*Hoe?*	hou
Quoi/quel ?	*Wat?*	vat
Quand ?	*Wanneer?*	vā·*nérr*
Où ?	*Waar?*	vārr
Qui ?	*Wie?*	vī
Pourquoi ?	*Waarom?*	vā·*rrom*

ACHATS ET SERVICES

Je voudrais acheter ...
Ik wil graag ... kopen. īk vil RhrāRh ... *kō*·peun

Je ne fais que regarder.
Ik kijk alleen maar. īk keyk a·*leyn* mār

Puis-je regarder ?
Kan ik het even zien? kan īk heut *é*·veun zīn

En avez-vous d'autres ?
Heeft u nog andere? hēft ū noRh *an*·deu·reun

Combien ça coûte ?
Hoeveel kost het? hou·*vēl* kost heut

C'est trop cher.
Dat is te duur. dat is tœ dūr

Pouvez-vous baisser le prix ?
Kunt u wat van de prijs afdoen? kunt ū vat fan deu preys *af*·doun

Il y a une erreur dans l'addition.
Er zit een fout in de rekening. eurr zit eun faot in deu *ré*·keu·ning

DAB	*pin-automaat*	*pin*·ao·tō·māt
change	*wisselkantoor*	*vi*·seul·kan·tōr
bureau de poste	*postkantoor*	*post*·kan·tōr
centre commercial	*winkel-centrum*	*vin*·keul·sèn·treum
office du tourisme	*VVV*	vé·vé·*vé*

HEURE ET DATE

Quelle heure est-il ?
Hoe laat is het? hou lāt is heut

Il est (10) heures.
Het is (tien) uur. heut is (tīn) ūr

Il est 10h30.
Half (elf). half (èlf)

du matin	*'s ochtends*	*soRh*·teuns
de l'après-midi	*'s middags*	*smi*·daRhs
du soir	*'s avonds*	*sā*·vonts

hier	*gisteren*	*Rhis*·teu·reun
aujourd'hui	*vandaag*	van·*dāRh*
demain	*morgen*	*mor*·Rheun

Lundi	*maandag*	*mān*·daRh
Mardi	*dinsdag*	*dins*·daRh
Mercredi	*woensdag*	*vouns*·daRh
Jeudi	*donderdag*	*donn*·deur·daRh
Vendredi	*vrijdag*	*frey*·daRh
Samedi	*zaterdag*	*zā*·teur·daRh
Dimanche	*zondag*	*zon*·daRh

Nombres

1	*één*	én
2	*twee*	tvé
3	*drie*	drī
4	*vier*	fīr
5	*vijf*	feyf
6	*zes*	zès
7	*zeven*	*zé*·veun
8	*acht*	aRht
9	*negen*	*né*·Rheun
10	*tien*	tīn
20	*twintig*	*tvin*·tīRh
30	*dertig*	*dèr*·tīRh
40	*veertig*	*fér*·tīRh
50	*vijftig*	*feyf*·tīRh
60	*zestig*	*ses*·tīRh
70	*zeventig*	*zé*·veun·tīRh
80	*tachtig*	*taRh*·tīRh
90	*negentig*	*né*·Rheun·tīRh
100	*honderd*	*hon*·deurt
1000	*duizend*	*deuy*·zeunt

Janvier	*januari*	*ya*·nū·ā·rī
Février	*februari*	*fé*·brū·ā·rī
Mars	*maart*	mārt
Avril	*april*	a·*pril*
Mai	*mei*	mey
Juin	*juni*	*yū*·nī
Juillet	*juli*	*yū*·lī
Août	*augustus*	ao·*Rhus*·tus
Septembre	*september*	sèp·*tèm*·beur
Octobre	*oktober*	ok·*tō*·beur
Novembre	*november*	nō·*vèm*·beur
Décembre	*december*	dé·*sèm*·beur

TRANSPORTS

Transports en commun

Est-ce le ... pour (la rive gauche)?	*Is dit de ... naar (de linker-oever)?*	is dit deu ... nārr (deu *lin*·keur·*ou*·veur)
ferry	*veerboot*	*fèr*·bōt
métro	*metro*	*mè*·trō
tram	*tram*	tram

quai	*perron*	pè·*ron*
horaires	*dienst-regeling*	*dīnst*·rrē·Rhœ·ling

Quand passe le ... (bus) ?	*Hoe laat gaat de ... (bus)?*	hou lāt Rhāt deu ... (bus)
premier	*eerste*	*èr*·steu
dernier	*laatste*	*lāt*·steu
prochain	*volgende*	*fol*·Rheun·deu

Un billet pour ..., s'il vous plaît.
Een kaartje naar ... graag. — eun *kār*·tyeu nār ... RhrāRh

À quelle heure part-il ?
Hoe laat vertrekt het? — hou lāt feur·*trèkt* heut

S'arrête-t-il à ...?
Stopt het in ...? — stopt heut in ...

Quel est le prochain arrêt ?
Welk is de volgende halte? — vèlk is deu *fol*·Rheun·deu *hal*·teu

Je voudrais descendre à ...
Ik wil graag in ... uitstappen. — ik vil RhrāRh in ... *euyt*·sta·peu

Ce taxi est-il libre ?
Is deze taxi vrij? — is *dé*·zeu *tak*·sī frey

Emmenez-moi à ... s'il vous plaît.
Breng me alstublieft naar ... — brèng mey al·stū·*blift* nār ...

Vélo

Je voudrais louer un ...	*Ik wil graag een ... huren.*	īk vil RhrāRh eun ... *hū*·reu
vélo	*fiets*	fits
panier	*mandje*	*man*·tyeu
siège enfant	*kinderzitje*	*kin*·deur·zi·tyeu
casque	*helm*	hèlm

J'ai crevé.
Ik heb een lekke band. — ik hèp eun *lè*·keu bant

Je voudrais faire réparer mon vélo.
Ik wil graag mijn fiets laten herstellen — īk vil RhrāRh meyn fits *lā*·teu hèrr·*stè*·leu

Avez-vous un parking à vélo ?
Heeft u parking voor fietsen? — hēft ū *par*·king fōr *fit*·seun

Peut-on y aller à vélo ?
Kunnen we er met de fiets heen? — *ku*·neu veu eur mèt deu fīts hén

piste cyclable	*fietspad*	*fīts*·pat
pompe à vélo	*fietspomp*	fīts·*pomp*
réparateur de vélos	*fietsen-maker*	fīt·seun·*maa*·keur
râtelier à vélo	*fietsenrek*	fīt·seun·*rèk*

GLOSSAIRE

abdij – abbaye
ANWB – Association automobile néerlandaise
apotheek – pharmacie

benzine – essence/gasoil
bevrijding – libération
bibliotheek – bibliothèque
bos – bois ou forêt
botter – type de bateau de pêche du XIXe siècle
broodje – petit pain (avec garniture)
bruin café – café brun ; débit de boisson traditionnel
buurt – quartier

café – pub, bar ; aussi appelé *kroeg*
coffee shop – café ayant l'autorisation de vendre du cannabis

eetcafé cafes bars servant des repas

fiets – vélo
fietsenstalling – rack à vélo sécurisé
fietspad – piste cyclable

gemeente – municipal, municipalité
gezellig – convivial, confortable
GVB – Gemeentevervoerbedrijf ; régie des transports municipaux d'Amsterdam
GWK – Grenswisselkantoren ; bureaux de change officiels

haven – port
hof – cour
hofje – hospice ou ensemble de bâtiments entourant une petite cour, également appelé begijnhof
hoofd – littéralement "tête" mais dans les noms de rue, signifie en général "principale"
hunebedden – constructions mégalithiques préhistoriques peut-être utilisées comme monuments funéraires

jenever – alcool fort néerlandais ; également appelé *genever* (genièvre)

kaas – fromage
koffiehuis – bar à expresso ; café (différent d'un coffee shop)
klooster – cloître, maison religieuse
koningin – reine
koninklijk – royal
kunst – art
kwartier – quartier

LF routes – landelijke fietsroutes ; véloroutes (longue distance)
loodvrij – sans plomb (essence)

markt – place principale ; marché
meer – lac
molen – moulin à vent ; moulin

NS – Nederlandse Spoorwegen ; société nationale des chemins de fer

OV-chipkaart – carte de transports en commun

paleis – palais
polder – bandes de terre séparées par des canaux
postbus – boîte aux lettres

Randstad – littéralement "ville-anneau" ; l'agglomération urbaine rassemblant Amsterdam, Utrecht, Rotterdam et La Haye
Rijk(s-) – l'État

scheepvaart – transport maritime
schouwburg – théâtre
sluis – écluse (pour bateaux/navires)
spoor – quai de gare
stadhuis – hôtel de ville
stedelijk – civil, municipal
stichting – fondation, institut
strand – plage

terp – en Frise, monticule de terre tassée ayant servi de refuge pendant les inondations
treintaxi – "train-taxi" ; taxi partagé destiné aux passagers d'un train
tuin – jardin
tulp – tulipe

verzet – résistance
Vlaams – Flamand
VVV – office du tourisme

waag – ancienne maison de pesage
wadlopen – marche dans les vasières
weeshuis – orphelinat
werf – quai, chantier naval
winkel – boutique

zaal – pièce, hall
zee – mer
ziekenhuis – hôpital

En coulisses

VOS RÉACTIONS ?

Vos commentaires nous sont très précieux et nous permettent d'améliorer constamment nos guides. Notre équipe lit toutes vos lettres avec la plus grande attention. Nous ne pouvons pas répondre individuellement à tous ceux qui nous écrivent, mais vos commentaires sont transmis aux auteurs concernés. Tous les lecteurs qui prennent la peine de nous communiquer des informations sont remerciés dans l'édition suivante, et ceux qui nous fournissent les renseignements les plus utiles se voient offrir un guide.

Pour nous faire part de vos réactions, prendre connaissance de notre catalogue et vous abonner à notre newsletter, consultez notre site Internet : **www.lonelyplanet.fr**

Nous reprenons parfois des extraits de notre courrier pour les publier dans nos produits, guides ou sites Web. Si vous ne souhaitez pas que vos commentaires soient repris ou que votre nom apparaisse, merci de nous le préciser. Notre politique en matière de confidentialité est disponible sur notre site Internet.

UN MOT DES AUTEURS

Ryan Ver Berkmoes

Double ration de boulettes pour Karla Zimmerman, collègue, coauteure et amie exceptionnelle ! Il y aurait trop de gens à remercier aux Pays-Bas, mais impossible de ne pas mentionner l'incomparable Hortance van den Beld à Deventer, ainsi que le spécialiste des langues qui m'a enfin expliqué la signification de mon nom : "du bouleau dans le marais" ou quelque chose d'approchant. Merci également à Floor van Abbema et à Joachim Maurer pour cette formidable soirée.

Karla Zimmerman

Tous mes remerciements à Jeremy Gray, à Kimberley Lewis et à l'équipe du Randy Roy's, à Roel et Martijn de Haas, ainsi qu'à Manon Zondervan pour ses connaissances et son aide sur le terrain. Merci à mon coauteur Ryan Ver Berkmoes, qui maîtrise son sujet, des meilleures bières aux fours traditionnels. J'adresse un immense remerciement à Eric Markowitz, le meilleur compagnon au monde, qui m'a rejoint à Amsterdam pour affronter escaliers raides, cafés bruns et moulins à vent.

REMERCIEMENTS

Données des cartes du climat adaptées de Peel MC, Finlayson BL & McMahon TA (2007) 'Updated World Map of the Köppen-Geiger Climate Classification', *Hydrology and Earth System Sciences*, 11, 163344.

Photographie de couverture : Champ de tulipes et moulin à vent traditionnel, Pays-Bas, Cornelia Doerr/Getty Images.

À PROPOS DE CET OUVRAGE

Cette 1re édition du guide *Pays-Bas* est une traduction-adaptation de la 5e édition du guide *Netherlands* (en anglais), rédigé par Ryan Ver Berkmoes et Karla Zimmerman, et commandé par le bureau londonien de Lonely Planet.

Traduction Aurélie Belle, Christine Bouard, Adeline Guichart, Julie Marcot, Karine Thuillier

Direction éditoriale Didier Férat

Coordination éditoriale Nicolas Benzoni

Responsable prépresse Jean-Noël Doan

Maquette Marie Dautet

Cartographie Cartes originales de Hunor Csutoros, David Kemp, Laura Matthewman, Anita Banh et Amanda Sierp, adaptées par Caroline Sahanouk

Couverture Adaptée en français par Annabelle Henry

Remerciements à Angélique Adagio, Jean-Victor Rebuffet et Jacqueline Menanteau pour leur précieuse contribution au texte ainsi qu'à Claire Chevanche pour le travail de référencement. Comme toujours, un grand *dank je* à Dominique Spaety et à la *dream team* du bureau de Paris.

Index

Références des cartes **en gras**
Références des images **en bleu**

N

O

P

Q

R

Références des cartes **en gras**
Références des images **en bleu**

S

T

U

V

INDEX DES ENCADRÉS

ART ET PATRIMOINE

CULTURE ET SOCIÉTÉ

DÉTOURS ET ITINÉRAIRES

INDEX ENCADRÉS

INDEX DES ENCADRÉS (FIN)

Comment utiliser ce guide

Ces symboles vous aideront à identifier les différentes rubriques :

- À voir
- Activités
- Cours
- Circuits organisés
- Fêtes et festivals
- Où se loger
- Où se restaurer
- Où prendre un verre
- Où sortir
- Achats
- Renseignements/transports

Ces symboles vous donneront des informations essentielles au sein de chaque rubrique :

- Numéro de téléphone
- Horaires d'ouverture
- Parking
- Non-fumeurs
- Climatisation
- Accès Internet
- Wi-Fi
- Piscine
- Végétarien
- Familles bienvenues
- Animaux acceptés
- Bus
- Ferry
- Métro
- Tramway
- Train

		dort	Dortoir	ch	Chambre
s	Chambre simple	d	Chambre double	tr	Chambre triple
f	Chambre familiale	app	Appartement	ste	Suite

Les adresses sont présentées par ordre de préférence de l'auteur.

Les pictos pour se repérer

- Les coups de cœur de l'auteur
- BON PLAN — Les meilleurs rapports qualité/prix
- Les adresses écoresponsables

Nos auteurs ont sélectionné ces adresses pour leur engagement dans le développement durable – par leur soutien envers des communautés ou des producteurs locaux, leur fonctionnement écologique ou leur investissement dans des projets de protection de l'environnement.

Légende des cartes

À voir
- Centre d'intérêt
- Château
- Église/cathédrale
- Monument
- Musée/galerie
- Mosquée
- Plage
- Ruines
- Synagogue
- Temple bouddhiste
- Temple hindou
- Vignoble
- Zoo

Activités
- Plongée/snorkeling
- Canoë/kayak
- Ski
- Surf
- Piscine/baignade
- Randonnée
- Planche à voile
- Autres activités

Se loger
- Hébergement
- Camping

Se restaurer
- Restauration

Prendre un verre
- Bar
- Café

Sortir
- Spectacle

Achats
- Magasin

Renseignements
- Poste
- Point d'information

Transports
- Aéroport/aérodrome
- Poste frontière
- Bus
- Téléphérique/funiculaire
- Piste cyclable
- Ferry
- Métro
- Monorail
- Parking
- S-Bahn
- Taxi
- Train/rail
- Tramway
- Tube
- U-Bahn
- Autre moyen de transport

Routes
- Autoroute à péage
- Autoroute
- Nationale
- Départementale
- Cantonale
- Chemin
- Route non goudronnée
- Rue piétonne
- Escalier
- Tunnel
- Passerelle
- Promenade à pied
- Promenade à pied (variante)
- Sentier

Limites et frontières
- Pays
- Province/État
- Contestée
- Région/banlieue
- Parc maritime
- Falaise/escarpement
- Rempart

Population
- Capitale (pays)
- Capitale (État/province)
- Grande ville
- Petite ville/village

Géographie
- Refuge/gîte
- Phare
- Point de vue
- Montagne/volcan
- Oasis
- Parc
- Col
- Aire de pique-nique
- Cascade

Hydrographie
- Rivière
- Rivière intermittente
- Marais/mangrove
- Récif
- Canal
- Eau
- Lac asséché/salé/intermittent
- Glacier

Topographie
- Plage/désert
- Cimetière (chrétien)
- Cimetière (autre religion)
- Parc/forêt
- Terrain de sport
- Site (édifice)
- Site incontournable (édifice)

LES GUIDES LONELY PLANET

Une vieille voiture déglinguée, quelques dollars en poche et le goût de l'aventure, c'est tout ce dont Tony et Maureen Wheeler eurent besoin pour réaliser, en 1972, le voyage d'une vie : rallier l'Australie par voie terrestre via l'Europe et l'Asie. De retour après un périple harassant de plusieurs mois, et forts de cette expérience formatrice, ils rédigèrent sur un coin de table leur premier guide, *Across Asia on the Cheap*, qui se vendit à 1 500 exemplaires en l'espace d'une semaine. Ainsi naquit Lonely Planet, qui possède aujourd'hui des bureaux à Melbourne, Londres et Oakland, et emploie plus de 600 personnes. Nous partageons l'opinion de Tony, pour qui un bon guide doit à la fois informer, éduquer et distraire.

NOS AUTEURS

Ryan Ver Berkmoes

Auteur, coordinateur ; tous les chapitres sauf Amsterdam

Les Néerlandais prononcent mieux son nom qu'il ne le fait lui-même, sans doute car ses ancêtres viennent des environs – Ryan est d'ailleurs plus que ravi de voir que les Pays-Bas sont restés un pays plein de charme, d'originalité et de caractère. Auteur de guide, Ryan voyage dans le monde entier. Plus d'informations sur http://ryanverberkmoes.com ou sur Twitter:@ryanvb.

Pour en savoir plus sur Ryan :
lonelyplanet.com/members/ryanverberkmoes

Karla Zimmerman

Amsterdam

Ses voyages à Amsterdam ont été l'occasion pour Karla d'admirer des œuvres d'art, de se déplacer à vélo (sans incident), d'avaler un nombre indécent de frites et de boire du *jenever* (genièvre) comme les autochtones. Elle se rend régulièrement dans la capitale néerlandaise depuis 1989, s'y régale toujours de *stroopwafels* (gaufres au sirop) et ne parvient pas à se lasser de l'oscillation des péniches, du son des sonnettes de vélos et de l'inclinaison des maisons bordant les canaux. Basée à Chicago, Karla rédige des articles de voyage pour des journaux, des magazines et des sites Internet. On lui doit plusieurs guides Lonely Planet, notamment sur les États-Unis, le Canada, les Caraïbes et l'Europe.

Pour en savoir plus sur Karla :
lonelyplanet.com/members/karlazimmerman.

Pays-Bas
1re édition
Traduit et adapté de l'ouvrage *Netherlands*, 5th edition, May 2013

Dépôt légal Juin 2013
ISBN 978-2-81613-357-8

Imprimé par IME (Imprimerie Moderne de l'Est), Baume-les-Dames, France

En Voyage Éditions | un département place des éditeurs